Ellen Jones

# Die Königin und die Hure

Historischer Roman

Aus dem Amerikanischen
von
Hans Freundl

Rütten & Loening
Berlin

Titel der Originalausgabe
*Beloved Enemy*
*The Passions of Eleanor of Aquitaine*

ISBN 3-352-00495-1

1. Auflage 1995

Einbandgestaltung Dieter Heidenreich
Typographie Peter Friederici
Clausen & Bosse, Leck
Printed in Germany

# Vorbemerkung

Dies ist ein Roman, dessen Handlung sich vor dem Hintergrund tatsächlicher historischer Ereignisse entfaltet. Die Charaktere sind, mit wenigen Ausnahmen, real und haben ihren Platz in der Geschichte. Viele der dargestellten Ereignisse haben tatsächlich stattgefunden; andere, die auf Legenden oder Gerüchten beruhen, sind dagegen eher zweifelhaft. Die Geschichtsschreiber des 12. Jahrhunderts waren sich nicht immer einig, und auch spätere Historiker haben die Vergangenheit auf unterschiedliche Weise interpretiert. Auch ich habe mir erlaubt, mit Daten, Schauplätzen und verschiedenen Ereignissen etwas freier umzugehen.

## Liste der handelnden Personen

### Das Haus Poitou-Aquitanien

| | |
|---|---|
| Wilhelm IX. | Herzog von Aquitanien und VII. Graf von Poitou, der »erste Troubadour« |
| Wilhelm X. | Sohn von Wilhelm IX., des Herzogs von Aquitanien und VIII. Grafen von Poitou |
| Eleonore | älteste Tochter von Wilhelm X., des Herzogs von Aquitanien, Enkelin des ersten Troubadours, später Herzogin von Aquitanien |
| Dangereuse | Mätresse des ersten Troubadours, Eleonores Großmutter |
| Petronilla | Eleonores jüngere Schwester |
| Agnes | eine Äbtissin von Saintes, Eleonores Tante |
| Raimund | Fürst von Antiochia, Eleonores Onkel, jüngerer Bruder ihres Vaters |
| Ralph de Faye | Eleonores Onkel |
| Conon | ein Stallmeister |
| Meister André | ein Geistlicher in Poitiers |

### Die Capetinger

| | |
|---|---|
| Ludwig VI. | »der Dicke«, König von Frankreich |
| Ludwig VII. | Sohn von Ludwig VI., des Königs von Frankreich |

## Das Haus Anjou-Plantagenet

| | |
|---|---|
| Heinrich II. | Herzog der Normandie und Graf von Anjou, später König von England |
| Gottfried | Graf von Anjou, Heinrichs Vater |
| Mathilde | Gräfin von Anjou, Heinrichs Mutter |
| Gottfried | Heinrichs unehelicher Sohn |

## Kirchliche Würdenträger

| | |
|---|---|
| Äbtissin von Fontevrault | Vorsteherin eines Klosters für Mönche und Nonnen |
| Erzbischof von Bordeaux | |
| Abbé Suger | Berater von Ludwig VI. und Ludwig VII. |
| Bernhard von Clairvaux | Abt von Citeaux |
| Theobald von Bec | Erzbischof von Canterbury |
| Thomas Beckett | ein Erzdiakon von Canterbury, später Lordkanzler von England |

## Das Personal der Bordelle

| | |
|---|---|
| Ykenai | genannt Bellebelle, eine Dirne |
| Gytha | Bellebelles Mutter, eine Dirne |
| Morgaine | eine Dirne aus Wales |
| Gilbert | ein Bordellwirt in Southwark |
| Hawke | ein Bordellwirt in London |

## Weitere Personen

| | |
|---|---|
| Bernard de Ventadour | ein Troubadour aus Aquitanien |
| Robert de Beaumont | Graf von Leicester, Justitiar (höchster politischer und juristischer Beamter des Königs von England) |
| Richard de Lucy | königlicher Justitiar |
| William Fritz-Stephen | Sekretär von Thomas Beckett |
| Hans de Burgh | ein flämischer Ritter |
| Ivo | ein Waldarbeiter im Dorf |
| Elfgiva | eine Wirtsfrau im Dorf |

Mit einem Weibe gefahrlos zusammenzuleben
ist schwieriger, als Tote wieder zum Leben zu erwecken.

HL. BERNHARD VON CLAIRVAUX
*Predigten über das Hohelied*

Der hartnäckigste Haß ist jener,
der aus verschmähter Liebe entsteht.

WALTER MAP, 12. JH.
*De Nugis Curialium*

In vollständiger Übereinstimmung und Einmütigkeit,
So muß die Liebe wahrhaft Liebender sein.
Zwei Willen können nur Zufriedenheit erlangen
In absoluter Gleichberechtigung.

BERNARD DE VENTADOUR
*Limousin Troubadour*

# Prolog

## Poitou, im Jahre 1130

Eleonore stand vor dem großen Eichentisch der Äbtissin und verbarg ihre Angst hinter dem trügerisch süßen Lächeln und der unschuldigen Miene, die sie in Gegenwart von Autoritäten immer aufsetzte. Die Äbtissin war noch nicht eingetreten, aber die ganze Kammer war erfüllt von einem Hauch von Verbotenem, der den mit Teppichen behängten Wänden, den silbernen Kandelabern, der geschnitzten Eichentruhe und sogar den flackernden, elfenbeinfarbenen Kerzen zu entströmen schien. Es war ein heißer Augustnachmittag, aber hier in diesen Räumen begann man fast zu frösteln.

Eleonore konnte sich nicht denken, weshalb sie aus dem Schulzimmer hierher gerufen worden war. Gedanken an Klosterregeln, gegen die sie in letzter Zeit verstoßen hatte, schossen ihr durch den Kopf: Sie war im Garten auf einen Apfelbaum geklettert, hatte nach dem Komplet aus der Küche einen Laib Brot stiebitzt, hatte eine Schar Hühner aus ihrem Stall entkommen lassen und hatte sich einmal nach der Abendandacht aus dem Schlafsaal gestohlen – es war zuviel, um alles aufzuzählen. Es erfüllte sie mit einem gewissen Stolz, als sie sah, wie viele Klosterregeln man brechen konnte, bis die Äbtissin von Fontevrault es merkte.

Die Tür hinter ihr öffnete sich. Mit unruhigen Fingern glättete Eleonore den Rock ihrer schwarzen Nonnenkluft und vergewisserte sich, daß ihr Häubchen fest unter ihrem Kinn zusammengebunden war.

»Setz dich, mein Kind.« Die Äbtissin erschien auf der anderen Seite des Tisches.

Umrahmt von einem schlichten weißen Wimpel, wirkte das strenge Gesicht mit der langen aristokratischen Nase gütig, fast freundlich. Der Gesichtsausdruck der Äbtissin war so ungewöhnlich, daß Eleonore instinktiv wußte, daß diese Vorladung nichts mit ihren Missetaten zu tun haben konnte. Dunkle Vorahnungen schwirrten wie ein Schwarm Schmetterlinge durch ihren

Bauch. Nachdem sie sich gesetzt hatte, fiel ihr Blick auf die Bilder von gemarterten Heiligen, die auf den Wandbehängen dargestellt waren. Sie schaute schnell weg.

»Mein Kind, ich fürchte, ich habe schlechte Neuigkeiten für dich«, begann die Äbtissin mit ihrer ruhigen Stimme. »Heute morgen erschien bei uns ein Sendbote vom Herzogspalast in Poitou. Er teilte uns mit, daß der Tod deine Mutter und deinen Bruder ereilt hat.« Sie bekreuzigte sich. »Ich empfinde tiefes Mitgefühl mit dir angesichts dieses schmerzlichen Verlustes, aber ich bitte dich auch, nicht zu vergessen, daß deine Mutter und dein Bruder nun bei der heiligen Muttergottes weilen dürfen. *Requiescant in pace*.«

Ihre Mutter sollte gestorben sein? Und auch der kleine Wilhelm, der noch keine zwei Jahre alt war? Eleonore versuchte, sich ihre Mutter vorzustellen, die sie nicht mehr gesehen hatte, seit sie vor einem Jahr nach Fontevrault gekommen war. Alles, was sie in sich wachrufen konnte, war eine schwache, schattenhafte Gestalt, die sie ermahnte, sich anständig zu verhalten. Aber während der ersten sieben von ihren acht Lebensjahren war dieser Schatten immer an ihrer Seite gewesen, war so zuverlässig aufgetaucht wie die Morgensonne oder der Abendstern. Es war unmöglich, sich ein Leben ohne sie vorzustellen. Es mußte sich um einen Irrtum handeln. Eleonore öffnete den Mund, um etwas zu sagen, doch die Worte blieben ihr im Hals stecken.

»Für den Rest des Nachmittags brauchst du nicht mehr am Unterricht teilzunehmen«, fuhr die Äbtissin fort. »Ich weiß, du wirst in der Kapelle beten wollen. Schwester Cäcilia wird dich begleiten.«

»Aber ich muß nach Hause.« Sie stieß die Worte seltsam krächzend hervor. »Sofort. Es – es ist vielleicht gar nicht wahr.«

»Ich glaube doch. Es ist immer besser, der Wahrheit so früh wie möglich ins Auge zu blicken. Dein Vater hält es für das beste, wenn du einstweilen noch hierbleibst. Offensichtlich sind die Verhältnisse in Aquitanien noch ungeordnet und...«

»In Aquitanien ist immer alles ungeordnet«, entgegnete Eleonore. »Ich kann nicht hierbleiben. Meine Schwester Petronilla braucht mich, und dann – und dann wird es ja auch eine Beerdigung geben...« Sie konnte nicht mehr weitersprechen.

»Angesichts der Hitze wird man die Beerdigung sofort vornehmen.«

»Ich möchte mit dem Boten reden.«

»Natürlich. Er ruht sich im Gästequartier aus.« Die Äbtissin erhob sich. In ihrem schwarzen Habit wirkte sie so groß und eindrucksvoll und so gebieterisch, daß jeglicher Widerstand in ihrer Gegenwart sofort zusammenbrach. Sie schwebte wie ein großer Vogel um den Tisch, blieb vor Eleonore stehen und umfaßte ihr Kinn mit ihren krallenartigen Fingern.

»Dein Unterricht darf nicht unterbrochen werden. Du wirst einmal eine außergewöhnlich gute Schülerin werden, wenn deine aufsässige Art und dein ausgelassenes Benehmen sich ein wenig gelegt haben. Nachdem du sehr schlecht begonnen hast, bin ich jetzt eigentlich recht zufrieden mit den Fortschritten, die du im letzten Jahr gemacht hast.«

Ihre Augen, die grau waren wie ein Tümpel im Winter, blickten Eleonore unverwandt an.

»Es ist besser, wenn du nicht zu lange über deinen Verlust nachgrübelst. ›Müßiggang ist der Feind der Seele‹, sagt der heilige Benedikt. Der Unterricht wird dich ablenken. Schließlich bist du ein Mädchen von acht Jahren und kein kleines Küken mehr, das ständig umhegt werden muß. Wie heißt es in der Heiligen Schrift? ›Der Herr gibt, und der Herr nimmt. Geheiligt sei der Name des Herrn.‹«

»Aber ich will nach Hause«, flüsterte Eleonore, die ihr kaum zugehört hatte.

»Es ist alles gesagt.« Die Äbtissin schwieg einen Moment, als sei sie sich unschlüssig. Dann schien sie zu einer Entscheidung gekommen zu sein. »Ich will, daß du mir jetzt aufmerksam zuhörst, Eleonore!« Die Krallen schüttelten ihr Kinn so ungeduldig, daß Eleonore zusammenzuckte.

Die Äbtissin begann zu sprechen, wobei sie darauf achtete, ihre Worte sorgfältig zu wählen. »Dein einziger Bruder ist tot. Wenn dereinst auch dein geliebter Großvater, Herzog Wilhelm, sterben wird, dann wird deinem Vater das Herzogtum Aquitanien zufallen. Aber wer kommt nach ihm? Nur noch du und deine jüngere Schwester. Unglücklicherweise besitzt dein Vater einen unbeherrschten Charakter und ein ungezügeltes Temperament. Sollte ihm etwas zustoßen – was der Himmel verhüten möge –, dann würdest du, als sein ältestes Kind, die Erbfolge antreten. Natürlich ist anzunehmen, daß dein Vater sich wieder verheiraten und weitere Söhne haben wird, aber bis dahin…« Die Äbtissin ließ Eleonores Kinn frei.

Eleonore war verwirrt. Sie verstand nicht, was diese Worte bedeuteten. »Sich wieder verheiraten? Ihr meint, eine neue Frau wird an die Stelle meiner verstorbenen Mutter treten?« Der Gedanke an einen derartigen Verrat raubte ihr den Atem.

»Komm, schau nicht so erstaunt. Herzog Wilhelm kommt allmählich in die Jahre, und bald wird Gott ihn zu sich rufen. Aber dein Vater hat noch ein langes Leben vor sich, und gewiß wünscht er sich einen männlichen Erben für Aquitanien.«

»Anstelle – Ihr meint, anstelle von mir?« Die Welt taumelte auf einem schmalen Grat. Unter ihm tat sich ein schier endloser Abgrund auf. Eine neue Mutter? Neue Brüder, die den kleinen Wilhelm ersetzen würden? Vollkommen fremde Leute als Herrscher in Aquitanien? Die Kammer begann vor ihren Augen zu tanzen, und Eleonore mußte sich am Tisch festhalten.

»Das ist eben der Lauf der Welt. Nicht, daß ich diese Tradition billige, nach der die Söhne als Erben bevorzugt werden. Frauen sind dazu genauso imstande. Das heißt, Frauen mit einer gewissen Bildung.«

Die Kammer kam wieder zur Ruhe. Die Äbtissin schwebte zur Tür.

»Ich will keine neue Mutter«, sagte Eleonore mit einer grimmigen Stimme, die sie selbst überraschte. »Und auch keinen neuen Bruder. Ihr habt gesagt, wenn es nicht dazu kommt, dann wird Aquitanien mir zufallen?«

Es folgte ein langes Schweigen, währenddessen die Mutter Oberin Eleonore nachdenklich musterte. »Ich habe nur gesagt, daß du zum gegenwärtigen Zeitpunkt als nächste an der Reihe wärst. Die Wahrscheinlichkeit, daß du eines Tages wirklich das Herzogtum regieren wirst, ist allerdings gering, wenngleich es in Aquitanien kein Gesetz gibt, das eine weibliche Erbfolge untersagt.«

Eleonore starrte sie an. »Dann – dann wäre es also möglich?«

»Alles ist möglich. Aber wenn du eine erfolgreiche Herzogin werden willst, dann darfst du nicht auf den Kopf gefallen sein. Der englische König Alfred hat es einmal sehr treffend ausgedrückt: ›Ein ungebildeter König ist wie ein gekrönter Hintern.‹ Das trifft auf jeden Herrscher zu. Daher tust du gut daran, deine Ausbildung fortzusetzen.«

Obwohl Eleonore innerlich aufgewühlt war, warf sie der Äbtissin einen respektvollen Blick zu. Am Ende bekam die Mutter Oberin immer, was sie wollte. Und Eleonore erkannte, daß sie auch gar keinen Grund hatte, ihr zu widersprechen. Nach ihrer Reise nach Poitiers würde sie bestimmt wieder in das Kloster zurückkehren, um mit ihrer Ausbildung fortzufahren. Wenn sie Aquitanien davor bewahren wollte, Fremden in die Hände zu fallen, dann brauchte sie in der Tat einen klaren Kopf.

Die Glocke läutete zur Vesper.

»Geh jetzt.« Die Äbtissin öffnete die Tür. »Bete zur Muttergottes. Sie wird deine Gebete erhören.« Ein flüchtiges Lächeln umspielte ihre Mundwinkel. »Auch ich werde dich in meine Gebete einschließen.«

Sofort kehrte der strenge Gesichtsausdruck wieder zurück. Aber Eleonore, die der Mutter Oberin von Anfang an nur mit Ehrfurcht und Angst begegnet war, wußte, daß sie eine unerwartete Verbündete gewonnen hatte.

Nachdem sie mit Schwester Cäcilia die Kapelle Saint-Benoit aufgesucht und, so gut es ging, zu beten versucht hatte, sagte Eleonore, sie brauche kein Abendessen, und machte sich auf, um nach dem Boten zu suchen. Sie lief an der hohen Steinmauer entlang, die das Kloster umgab, vorbei am Fischteich, am Gemüsegarten, am Kornspeicher, an der Mühle und am Taubenschlag. Weiter vorne erblickte sie die vom Nonnentrakt getrennten Quartiere der Mönche und eine lange Schlange schwarz gekleideter Gestalten, die zum Refektorium unterwegs waren.

Sie gelangte zum Gästequartier, wo sie auf Conon stieß, einen jungen Mann mit Haaren, die aussahen wie dichtes Stroh. Er lag auf einer Pritsche und schlief. Eleonore stieß ihn mit dem Fuß an. Er erwachte mit einem Ruck.

»Ist es wahr? Sind meine Mutter und mein Bruder wirklich tot?«

Conon rappelte sich auf. »Ja, Herrin.« Er senkte den Kopf und bekreuzigte sich.

»Wie ist es passiert? Niemand hat mir gesagt, daß sie krank gewesen wären.«

»Dazu war keine Zeit, denn es ist sehr schnell und unerwartet gekommen. Eure Mutter und Euer Bruder machten eines Nachmittags einen Ausflug. Es war sehr heiß, und das Essen, das sie mitgenommen hatten, war vermutlich verdorben – auch mehrere Bedienstete sind krank geworden und gestorben. Am nächsten Morgen jedenfalls hatten beide Fieber und klagten über starke Bauchschmerzen. Die Ärzte konnten nichts tun. Beide starben innerhalb von vierzehn Tagen.«

Conon traten Tränen in die Augen. Eleonore fühlte, wie sich ein schweres Gewicht auf ihre Brust legte.

»Eure Großeltern sind untröstlich. Der ganze Hof ist in Trauer versunken. Man fürchtet, Eure Schwester könnte vor Kummer vergehen, so sehr ist es ihr zu Herzen gegangen. Herzog Wilhelm hat sogar eigens ein Klagelied geschrieben.« Conon wischte sich die Augen aus und begann, ein paar Töne zu summen.

»Und mein Vater?«

Conon legte eine Hand auf sein Herz und schloß die Augen. »Der Kummer hat ihn überwältigt. Mein Herr hat seit einer Woche weder Speis noch Trank zu sich genommen. Er weint unablässig. Herrin, Ihr habt noch nie eine derartige Verzweiflung erlebt. Man befürchtet, er könnte an gebrochenem Herzen sterben – es wird schon der Sarg für ihn gezimmert...«

Das war die typisch aquitanische Art, Dinge zu beschreiben. Alles wurde maßlos übertrieben, aber doch enthielt Conons Geschichte bestimmt mehr als nur ein Körnchen Wahrheit. In einer solchen Situation war ihre launische, unberechenbare Familie zu allem imstande. Plötzlich hatte Eleonore eine Vision: Eine Schar hochwohlgeborener Frauen drängte sich um ihren Vater. Alle versuchten, ihn zu trösten, in der Absicht, die nächste Herzogin von Aquitanien zu werden, sobald ihr Großvater, Herzog Wilhelm, gestorben war. Eleonore erstarrte. Sie mußte unverzüglich nach Hause.

»Nimmst du mich mit, wenn du zurückreist, Conon?«

»Aber Herzog Wilhelm hat gesagt, Ihr sollt hierbleiben.«

»Bitte, Conon.« Ihre Unterlippe begann zu zittern. Er mußte sie einfach mitnehmen. Er durfte es ihr nicht abschlagen.

»Was wird denn der Herzog sagen, wenn ich seine Anweisungen mißachte? Außerdem muß ich zuerst noch nach Châtellerault, um Eure Onkel zu informieren. Aber wenn ich einen wichtigen Grund hätte, Euch mitzunehmen...«

Eleonore schloß die Augen, keuchte und preßte ihre Hände seitlich an den Kopf. »Ich werde verrückt, wenn ich nicht nach Hause komme – ich werde sterbenskrank werden...« Sie begann zu torkeln.

Conon nickte. »Sehr gut, Herrin. Ich werde dem Herzog sagen, daß ich mit meinen eigenen Augen gesehen habe, wie Ihr in Ohnmacht gefallen seid, und daß ich mich, da ich um Euer Leben fürchtete, entschlossen habe, seinen Anordnungen nicht Folge zu leisten. Aber falls er das nicht als Entschuldigung akzeptiert, dann müßt Ihr für mich eintreten.«

»Das verspreche ich. Danke, vielen Dank.« Erleichtert schlang Eleonore ihre Arme um den Hals des Sendbotens.

Als Eleonore drei Tage später zu Hause ankam, herrschte in der Burg die übliche Aufregung; es war alles noch fast genauso wie vor einem Jahr, als sie sie verlassen hatte.

»Ich bin froh, daß du gekommen bist, Nell«, sagte die sechsjährige Petronilla, ohne sich besonders überrascht zu zeigen, als

Eleonore im Hof erschien, die Kleider staubbedeckt von der Reise. »Mama und Wilhelm sind weggegangen und werden nicht wieder zurückkommen.« Das Gesicht ihrer Schwester war schmutzverschmiert, und ihre Augen waren rotgerändert. »Niemand sagt mir, was ich jetzt tun soll.« Sie warf sich Eleonore in die Arme. »Ich habe gewußt, daß du kommst.«

Für Eleonore war eine Welt zusammengebrochen, doch hier schien alles weitgehend unverändert zu sein. Im Hof eilten Bedienstete umher und schöpften Wasser aus dem Brunnen, Hühner gackerten laut, und Falkner riefen ihre Befehle. Alle Leute, die sich um sie versammelten, bekundeten Eleonore ihr Mitgefühl; sogar die dicke Köchin kam herausgewatschelt, um sie zu umarmen.

Nachdem sie sich zuerst in der Burg umgesehen hatte, entdeckte Eleonore ihren Vater schließlich im Stall. Er war ein Bär von einem Mann mit himmelblauen Augen und strohblondem Haar. Er bedachte sie mit einem düsteren, fragenden Blick.

»Solltest du denn nicht in Fontevrault bleiben, Nell?«

»Ich – äh, ich mußte einfach heimkommen, und deswegen habe ich Conon überredet, mich mitzunehmen. Ihn trifft keine Schuld.«

Ihr Vater nickte geistesabwesend. »Vielleicht ist es so das beste. Ich weiß nicht, was ich mit Petronilla tun soll. Kein sehr schönes Willkommen, fürchte ich.« Er strich ihr liebevoll über den Kopf, dann nahm er sie ungestüm in die Arme. »Ich freu' mich, dich zu sehen, meine Tochter. Deine arme Mutter – und der kleine Wilhelm – sie sind beide tot.« Er begann zu schluchzen.

»Ich weiß, Vater.« Sie ertrug es nicht, ihn in einem solchen Zustand zu sehen.

Er seufzte und wischte sich die Augen aus. »Was soll ich denn tun? Ich brauche doch einen Erben!« Er biß sich auf die Lippen und schüttelte den Kopf. »Nun, ich muß nach Limousin. Die Barone dort machen uns im Augenblick mehr Scherereien als sonst. Diese hinterhältigen Schweinehunde wissen die Gunst der Stunde zu nutzen. Und dieser Hurensohn, der König von Frankreich, hat deinen Großvater wieder einmal vorgeladen, damit er ihm wegen irgendeiner lächerlichen Anschuldigung Rede und Antwort steht. Unter uns gesagt, dem Herzog geht es nicht gut, er ist nicht reisefähig, also muß ich an seiner Stelle gehen. Was für ein heilloses Durcheinander. Du mußt dich selbst um dich kümmern und um Petronilla.«

»Was tust du denn hier, Nell?« fragte ihr Großvater, Herzog Wilhelm, beim Abendmahl im großen Saal des Maubergeonne-Turmes.

»Die Mutter Oberin – die Mutter Oberin meinte, ich sollte heimreisen.«

Das einstmals sonnengelbe Haar ihres Großvaters war nun grau geworden. Sein Gesicht, früher bronzefarben und von Wind und Wetter gegerbt, sah bleich und alt aus. Herzog Wilhelm, den alle liebevoll den Troubadour nannten, blickte sie mit seinen blauen, aber nicht mehr so durchdringend wie früher wirkenden Augen an. »Entgegen meiner eindeutigen Anweisung? Das glaube ich nicht. Wenn du schon lügen mußt, dann mach es geschickter. Aber trotzdem bin ich froh, dich zu sehen, mein Kind. Wie ich gehört habe, bist du jetzt die beste Schülerin in Fontevrault. Sehr gut.«

Er wendete sich den Gästen am hohen Tisch zu. »Eine Zeitlang befürchtete ich schon, Nell würde bald wieder von der Klosterschule verwiesen werden. Wegen ihres unbotmäßigen Verhaltens, wie man mir sagte.« Er rollte mit den Augen. »Wahrscheinlich hat sie die ehrwürdigen Mönche von ihren Gebeten abgelenkt, meine kleine Enkelin, habe ich recht?« Er küßte die Hand einer Dame, die neben ihm saß, zwinkerte einer Schönheit am anderen Ende des Tisches zu und – Eleonore konnte es nicht genau sehen und war sich deswegen nicht sicher – drückte den Oberschenkel der Ehefrau eines Adeligen, die an seiner anderen Seite Platz genommen hatte.

»Ja, wahrscheinlich«, bemerkte der Erzbischof von Poitou mißbilligend.

Eleonore vermutete, daß der Herzog sich mehr Zurückhaltung auferlegt hätte, wenn auch ihre herrische Großmutter am Tisch gesessen hätte, die allerdings ihre eigenen Gemächer hatte, die sie nur selten verließ. Als alle in das folgende Gelächter einstimmten, fühlte sie sich unbehaglich. Sie war nach Hause gekommen, um den Rest ihrer Welt zu beschützen, der ihr noch geblieben war. Ihr Vater und Petronilla waren niedergeschlagen, aber sonst herrschte auf der Burg dieselbe fröhliche und ausgelassene Stimmung wie früher. Warum trauerte niemand um ihre Mutter? In ihrer Brust barst ein Damm. Tränen schossen ihr über die Wangen. Zum ersten Mal wurde es ihr auf eine grausame, schreckliche Weise bewußt. Ihre Mutter war wirklich tot.

Für kurze Zeit trat Schweigen ein, das nur durch ihr Schluchzen unterbrochen wurde. Sie sah, daß alle Gäste am Tisch zu ihr schauten.

»Der Tod deiner Mutter und deines Bruders ist ein großes Unglück.« Der Herzog bekreuzigte sich. »Eine Tragödie. Aber, wie ich immer sage, man soll sich um die Menschen kümmern, solange sie noch leben, nicht erst, wenn sie gestorben sind. Wir müssen eine neue Mutter für dich finden, mein Kind, je früher, um so besser. Dein Vater muß einen Erben zeugen, und...«

Eleonore würgte es, was ihn zum Schweigen brachte.

Die Unterhaltung ging weiter. Niemand beachtete sie mehr. Eleonore wischte sich die Tränen aus den Augen und suchte den jüngeren Bruder ihres Vaters. Raimund würde sie bestimmt verstehen und sie trösten. Aber er saß nicht am hohen Tisch, und sie hatte ihn auch seit ihrer Ankunft noch nicht gesehen.

»Wo ist Onkel Raimund?«

»Der ist nach England an König Heinrichs Hof gegangen, um dort sein Glück zu suchen«, antwortete ihr Großvater. »Nein, in Wirklichkeit hat mein unverbesserlicher Sohn ein bißchen zu heftig mit einer gewissen Dame herumgetändelt, und der wutentbrannte Ehemann ist deswegen auf ihn losgegangen. Er konnte mit knapper Not über die Grenze nach Anjou entkommen.« Er seufzte. »Hoffen wir, daß der englische Hof eine läuternde Wirkung auf ihn ausübt und daß Raimund nicht nur älter, sondern auch ein bißchen klüger wird.«

»Das wage ich zu bezweifeln! Der Apfel fällt bekanntlich nie weit vom Stamm!« rief jemand, der schon leicht angesäuselt war. »Der englische König hat doch selber schon so viele Bastarde in die Welt gesetzt, daß er bei Gott nicht das beste Vorbild abgibt.«

Herzog Wilhelm unterdrückte ein Lächeln. »Ja, vielleicht hätte ich Raimund doch lieber in den Vatikan schicken sollen?«

Brüllendes Gelächter antwortete ihm.

»Herzog, das ist wahrlich ein höchst unpassendes Gesprächsthema in Gegenwart des Kindes.« Der Erzbischof rümpfte die Nase.

»Ja, Ihr habt recht. Der Erzbischof versucht, darauf hinzuwirken, daß der Bann der Exkommunikation von mir genommen wird, unter dem ich seit Jahren stehe.« Er zwinkerte Eleonore verschmitzt zu. »Als Gegenleistung habe ich ihm versprochen, meinen Lebenswandel zu bessern. Was immer man im Laufe seines Lebens angestellt hat, man sollte am Ende stets in den Schoß der Kirche zurückkehren.«

Herzog Wilhelm, der Troubadour, begann seine Laute anzuschlagen und trug dann mit seiner kratzigen, aber anrührenden Stimme, die Eleonore so liebte, eine von ihm komponierte Kanzone vor. Heute abend jedoch vermochte selbst die Musik ihres

Großvaters es nicht, Eleonore das Gefühl der Verlassenheit zu nehmen und ihren Kummer zu verscheuchen. Sie hatte ihren Onkel Raimund sehr gern gemocht. Er war nur acht Jahre älter als sie und ein guter Kamerad. Sie vermißte ihn fast so schmerzlich wie ihre Mutter.

Ihr Großvater beendete sein Lied mit einem Wirbel an Akkorden und erntete viel Applaus. Dann fragte er: »Wo war ich stehengeblieben?«

»Ihr spracht vom Schoß der Kirche«, antwortete der Erzbischof mit selbstgefälligem Lächeln.

»Ah ja. Ein Schoß, der weit weniger verlockend ist als manch anderer Schoß, den ich kenne. Übrigens, da fällt mir etwas ein«, sagte der Herzog und begann, eine seiner Geschichten zum besten zu geben.

Als der Saal vom Gelächter widerhallte, packte der Erzbischof, der inzwischen rot angelaufen war wie ein Truthahn, Eleonore an der Hand und zog sie unter lautem Protest hinaus.

Während der nächsten paar Wochen wurde Eleonore zunehmend bewußt, daß sie genausogut auch in Fontevrault hätte bleiben können. Niemand kümmerte sich um sie, auch ihr Vater nicht. Er war nach zehn Tagen zurückgekehrt, mißmutig und enttäuscht, nachdem er bei einer Auseinandersetzung mit den rebellischen Adeligen des Limousin den kürzeren gezogen hatte. Er stürmte in der Burg umher, rief, er werde der Vorladung des französischen Königs nicht Folge leisten, und wurde immer unausstehlicher. Genau wie Eleonore befürchtet hatte, widmeten ihm die anwesenden Damen einen großen Teil ihrer Zeit, um ihn zu trösten.

»Jede von diesen dummen Schnepfen macht sich Hoffnung, ihn später heiraten zu können«, sagte Eleonore, während sie Petronilla dabei zuschaute, wie die sich Marzipan in den Mund stopfte.

Sie saßen in der Küche, wo sie bei der dicken Köchin immer herzlich willkommen waren.

»Will nicht, daß er wieder heiratet«, sagte ihre Schwester, der Speichel über das Kinn lief. »Jetzt sagt uns keiner mehr, was wir zu tun und zu lassen haben. Das gefällt mir.«

»Du wirst noch krank, wenn du immer soviel süße Sachen ißt«, meinte Eleonore. »Ich will auch nicht, daß er wieder heiratet. Niemand kann den Platz unserer Mutter einnehmen. Die Mutter Oberin sagt, ich bin jetzt die Erbin. Wenn Vater wieder einen Sohn bekommt, dann bin ich's nicht mehr.«

»Mir wäre es lieber, wenn Aquitanien dir gehören würde, Schwester, statt irgend jemand anderem.«

Eleonore beugte sich hinüber und drückte einen Kuß auf Petronillas klebrige Wange.

Kurz nach der Rückkehr ihres Vaters rief Eleonores Großmutter Dangereuse sie alleine zu sich. Onkel Raimund hatte Eleonore erzählt, daß Dangereuse früher mit einem von Herzog Wilhelms Vasallen verheiratet gewesen war, bis der Herzog sie als seine Mätresse nach Poitiers geholt hatte. Da er damals noch mit Philippa von Toulouse verheiratet war, der Mutter seiner sieben Kinder, rief dies einen Sturm der Entrüstung hervor. Um die Wogen wieder einigermaßen zu glätten, sagte Raimund, hatte sein Vater eilig die Tochter, die seine Geliebte von dem Vasallen hatte, mit seinem ältesten Sohn verehelicht, der damals sechzehn Jahre alt war. Eleonore war ihr erstes Kind.

Obwohl sie es noch nicht genau verstand, wußte Eleonore, daß ihre Großeltern eine schwere Sünde begangen hatten – für die die Kirche immer noch Buße forderte. Sie hatte mitbekommen, wie die Bediensteten hinter vorgehaltener Hand darüber redeten, daß die launische alte Großmutter den Herzog von Aquitanien immer noch in ihrem Bann hielt. Die Ehebrecherin würde dies durch Hexerei bewerkstelligen, tuschelten sie, durch Zaubertränke und magische Sprüche. Eleonore glaubte das zwar nicht, aber dennoch war Dangereuse von einer Aura des Geheimnisvollen umgeben, die Eleonore Angst machte.

An einem heißen Nachmittag in der letzten Augustwoche stieg sie die Wendeltreppe zur obersten Etage des Maubergeonne-Turmes empor, wo Dangereuse ihre Gemächer hatte. Eleonore hatte ihre Großmutter seit ihrer Rückkehr aus dem Kloster nicht gesehen – man besuchte sie nur, wenn sie einen zu sich bestellte. Der Boden der Kammer war mit Teppichen belegt, die Gartennelken und weiße Lilien zeigten. Silberne Schalen und Krüge zierten die glänzenden Eichentische. Ihre immer noch hübsche Großmutter, die ein hermelinbesetztes Kleid trug, lag auf einem Himmelbett mit einem grün und golden bestickten Baldachin. Ihr kastanienbraunes, von einzelnen weißen Strähnen durchsetztes Haar fiel üppig über ihre zarten Schultern. Sie streckte Eleonore müde ihre weiße Hand entgegen. In der anderen Hand hielt sie einen silbernen Spiegel, den sie hin und her drehte, während sie ihr schmales Gesicht mit den hohen Backenknochen und den unnatürlich violetten Lippen studierte.

»Ich freue mich, dich zu sehen, mein Kind.« Eleonore küßte die ausgestreckte Hand, die angenehm nach Rosenwasser duftete. »Ich hoffe, diese Nonnen haben dir nicht die Seele aus dem Leib geprügelt?« Sie warf Eleonore einen durchdringenden Blick zu. »Wie ich sehe, scheint das nicht der Fall zu sein. Es ist besser, wenn du bald wieder nach Fontevrault zurückkehrst, um deine Ausbildung fortzusetzen.«

Als Eleonore dagegen zu protestieren begann, streckte ihre Großmutter gebieterisch den Zeigefinger in die Höhe. »Widersprich mir nicht! Bildung ist wichtig für eine Frau. Sie macht sie dem Mann ebenbürtig. Wissen ist Macht.«

Während sie immer noch in den Spiegel schaute, befeuchtete sie einen Finger und fuhr damit über eine Augenbraue. »Wie geht es deinem Vater? Ich habe ihn in letzter Zeit kaum gesehen.«

Tränen der Bitterkeit schossen Eleonore in die Augen. »Mein Vater ist die meiste Zeit weg, und wenn er einmal zu Hause ist, dann hat er schlechte Laune. Mein Großvater behandelt mich wie Luft. Die Diener, die für uns sorgen sollen, kümmern sich mehr darum, miteinander zu tratschen. Mir fehlt meine Mutter.«

»Ich vermisse sie auch, aber das Leben muß weitergehen.« Sie legte den Spiegel weg und blickte Eleonore an. »Heilige Maria Muttergottes, ich hoffe, du fängst nicht an, dich zu bemitleiden. Ich hasse nichts mehr als jammernde Frauenzimmer. Wenn dir die Dinge nicht passen, so wie sie sind, dann ändere sie.«

Sie fuhr mit den Fingern angewidert durch Eleonores dichte kastanienbraune Locken. »Schau dich doch einmal an! Welcher Mann soll denn einer schmutzigen, ungekämmten Göre Aufmerksamkeit schenken? Wasch deine Haare mit Essig.« Sie strich Eleonore mit der Hand über die Wangen und die Stirn. »Was für eine feine, glatte Haut du hast, aber ich sehe auch Flecken und Pickel. Zuviel Sonne und zuviel Süßigkeiten.«

»Keiner interessiert sich dafür, was wir essen oder ob wir überhaupt etwas essen.«

Dangereuse gab Eleonore einen kräftigen Klaps auf die Finger. »Als erstes mußt du lernen, daß eine Frau selbst dafür verantwortlich ist, sich Aufmerksamkeit zu verschaffen.«

»Aber wie?«

»Wie? Wie?« Mit einem verächtlichen Schnauben nahm ihre Großmutter den Spiegel wieder zur Hand. »Wer danach erst fragen muß, wird es nie lernen.«

»Mein Vater redet davon, wieder zu heiraten. Er will einen Sohn.«

Dangereuse zuckte mit den Schultern und verzog das Gesicht

vor dem Spiegel. »Na und? Männer reden immer davon, zu heiraten und Söhne zu bekommen. Das ist ihre einzige Beschäftigung neben Krieg spielen und Frauen verführen.«

»Aber ich könnte eine neue Mutter nicht ertragen – oder einen neuen Bruder.«

»Natürlich nicht.« Die Großmutter kicherte amüsiert. »Denn dann würdest du ja zur Seite geschoben werden, nicht wahr? Ich vermute, du bist scharf darauf, Herzogin zu werden.«

»Nein! Ich meine, ja – ich weiß nicht...«

Großmutters Augen, die eine mattgrüne Farbe hatten, mit braunen Einsprengseln, und an den Ecken leicht schräg standen, wie bei einer Katze – oder einer Hexe –, brachten Eleonore durch einen vernichtenden Blick zum Schweigen.

»Du dummes Kind! Was verstehst du denn von diesen Angelegenheiten? In den vergangenen drei Jahrhunderten war das Herzogtum trotz seines Reichtums immer ein Unruheherd. Keiner der Herzöge ist hier seines Lebens froh geworden. Aquitainia nannten es die Römer, wegen der vielen Flüsse, die hier entspringen. Hah! Flüsse von Blut sind das!«

»Ich könnte es nicht ertragen, wenn hier Fremde regieren«, flüsterte Eleonore, verblüfft durch das, was ihre Großmutter gerade gesagt hatte. »Ich liebe unser Land.«

»Ich auch. Und das zeigt, daß wir beide Dummköpfe sind. Du wirst nicht viel Freude haben an diesem Paradies, das kann ich dir versichern.« Dangereuse zuckte mit den Schultern. »›Aus wilden Schwänen werden niemals zahme Gänse‹, heißt es. Was soll man auch anderes erwarten?« Nach einer vielsagenden Pause griff sie wieder zum Spiegel, um sich darin zu betrachten. »Wenn kein männlicher Nachkomme vorhanden ist, wird Aquitanien einer Frau zufallen. Daher gibt es keinen Grund – keinen rechtlichen Grund –, weshalb du, falls dein Vater keinen Sohn mehr bekommt, nicht Herzogin werden solltest. Falls du einigermaßen klug bist, was sich aber erst noch herausstellen muß.« Ihr Blick wendete sich vom Spiegel ab und heftete sich auf Eleonores Gesicht. »Wenn du bekommen willst, was du dir wünschst, mußt du die Dinge selbst in die Hand nehmen. Aber um das tun zu können, mußt du dir erst einmal Aufmerksamkeit verschaffen. Aber wenn du nicht einmal das von alleine zuwege bringst, dann sehe ich schwarz für dich.« Sie beugte sich nach vorne, bis ihr Gesicht fast das von Eleonore berührte. »Ich verlasse zwar meine Gemächer nicht, aber ich werfe einen langen Schatten, mein Kind. Wenn ich das Wort ergreife, dann hört der Herzog mir zu...«

Es klopfte an der Tür, und Herzog Wilhelm trat ein, einen

Strauß dunkelroter Rosen im Arm. Dangereuse winkte Eleonore schnell zur Seite.

»Meine Liebste, wie wunderschön du heute wieder aussiehst, wie ein junges Mädchen. Nell stattet dir gerade einen Besuch ab?« Er setzte sich aufs Bett, nahm Dangereuses zarte Hand in die seine und drückte sie sanft an seine Wange. »Es verlangte mich plötzlich danach, dich mit Rosen im Haar zu sehen.«

»Wilhelm«, murmelte Eleonores Großmutter, deren Gesicht plötzlich jugendlich wirkte und strahlte.

Sie sahen sich an, während der Herzog die Köpfe mehrerer Blumen abschnitt und damit begann, sie ihr in das Haar zu flechten. Daß Eleonore auch noch da war, schienen sie vergessen zu haben. Eleonore schlich zur Tür. Sie wünschte sich, daß eines Tages irgend jemand auch sie so innig lieben würde wie ihr Großvater ihre Großmutter.

Sie war schon aus der Tür getreten, als Dangereuse ihr noch nachrief: »Sag meinem neuen Kaplan, Meister André, er soll damit anfangen, dir Provenzalisch beizubringen. Es ist besser, für alle Eventualitäten gerüstet zu sein. Für den unwahrscheinlichen Fall, daß du mir doch noch eine Überraschung bereitest.«

Während der nächsten Tage lief Eleonore gedankenverloren in der Burg umher und dachte an ihre Mutter. Sie hatte zwar ein heißes Bad genommen und ihre Haare mit Essig gewaschen, aber noch immer beachtete man sie nicht.

Sie aß, was ihr in den Sinn kam – verzichtete allerdings auf Süßigkeiten –, und tat auch sonst, wozu sie aufgelegt war. Als sie Bauchschmerzen bekam, nachdem sie sich mit unreifen Äpfeln vollgestopft hatte, schien das niemandem sonderlich Sorgen zu bereiten. Sie sprang mit ihrem Pony über verbotene Zäune und hoffte dabei fast, sie würde vom Pferd fallen und sich verletzen, so daß irgend jemand sich um sie würde kümmern müssen. Sie überredete den Ober-Falkner dazu, ihr beizubringen, wie man Sperber fliegen ließ, und niemand verwehrte ihr das. Als man sie und den Sohn des Haushofmeisters dabei entdeckte, wie sie, beide splitternackt, ihre körperlichen Unterschiede erforschten, da schlug der Haushofmeister zwar seinen Sohn, beließ es bei Eleonore aber mit der Ermahnung, sie solle endlich anfangen, sich wie eine Dame zu benehmen. Soweit sie wußte, erzählte er später niemandem von dem Vorfall. Ihr Vater und ihr Großvater, die beide mit den Problemen Aquitaniens und mit ihrer Auseinandersetzung mit König Ludwig von Frankreich beschäftigt waren, schienen ganz vergessen zu haben, daß es sie auch noch gab.

Ihr fiel nichts ein, wodurch sie ihre Umgebung auf sich hätte aufmerksam machen können.

Eines Tages brach ihr Vater zu einer Reise nach Bordeaux auf.

»Bitte nimm mich mit«, bat sie ihn.

»Was soll ich denn dort mit dir? Ich muß Lehensleute aufsuchen, Gelder eintreiben, Streitfälle schlichten...« Er schüttelte den Kopf.

Zu ihrer Überraschung begann Eleonore, das Kloster Fontevrault zu vermissen: die Unterrichtsstunden, die schöne Umgebung, die Schwestern, die wie eine Schar schwarzer Stare über den Boden schwebten. Sogar die ruhige, bestimmende Gegenwart der Mutter Oberin fehlte ihr, was sie noch mehr erstaunte. Ihr einziger Trost war der Unterricht, den sie von Meister André erhielt, dem jungen Kaplan.

Ungefähr einen Monat, nachdem sie aus Fontevrault heimgekehrt war, kam die sauertöpfische Tante Agnes, eine der fünf Schwestern ihres Vaters, aus Maillezais angereist, das zehn Wegstunden entfernt lag.

»Sieh dich doch nur an, Eleonore«, sagte sie, kaum daß sie die Kammer betreten hatte, in der Eleonore und ihre Schwester schliefen. »Wann hast du zum letzten Mal ein sauberes Gewand getragen? Ich habe gute Lust, dich und Petronilla wieder zu mir nach Hause zurückzunehmen. Der Hof deines Großvaters ist nicht der richtige Aufenthaltsort für unbehütete Mädchen.« Sie rümpfte die Nase. »Hier hast du nur diese verkommene alte Großmutter, an die du dich halten kannst.«

Eleonore und Petronilla wechselten ängstliche Blicke. Jedermann wußte, daß Agnes Dangereuse haßte. Sie hatte es ihr nie verziehen, daß sie ihre Mutter, Philippa von Toulouse, von der Seite des Herzogs verdrängt hatte. Philippa, durch die amourösen Eskapaden ihres Ehemannes schwer gekränkt, hatte sich mit gebrochenem Herzen in das Kloster Fontevrault zurückgezogen, wo sie schließlich auch starb – weniger an Kummer, als an Haß und Verbitterung, wie böse Zungen behaupteten. Tante Agnes hatte dann alles getan, Eleonores Mutter das Leben schwerzumachen, indem sie sie ständig daran erinnerte, daß nicht nur die Kirche – sowohl der Herzog als auch Dangereuse waren exkommuniziert worden –, sondern sogar die eher leichtlebigen aquitanischen Adeligen das skandalöse Verhalten ihres Herzogs mißbilligten. Daß Herzog Wilhelm das ehebrecherische Verhältnis mit seiner Mätresse aber offen und unbekümmert fortgesetzt hatte, hielt die Glut von Tante Agnes' Empörung stets am Glimmen.

Einen Tag, nachdem Eleonores Vater wieder aus Bordeaux zurückgekehrt war, erschien eine große Zahl von Gästen am Hof. Einige kamen sogar aus der Champagne oder aus Anjou. Als Eleonore sich auf ihren Platz am hohen Tisch setzte, war ihr Großvater gerade mitten in einer Geschichte.

»... nun, meine Freunde, ich habe zwar ein sehr bewegtes Leben hinter mir, habe an einem Kreuzzug teilgenommen und etwas gesehen von der Welt, habe viele Kämpfe ausgefochten, wenngleich ich dabei meistens unterlag, und habe mich unzählige Male mit den aufmüpfigen Adeligen dieses Herzogtums herumgeschlagen, aber ich muß sagen, die glücklichsten Augenblicke in meinem Leben waren jene, in denen ich entweder hinter Frauen her war, Frauen verführt habe oder Lieder über Frauen geschrieben habe. Wie Ihr wißt, habe ich, um der Kirche zu Gefallen zu sein, dies alles aufgegeben und versucht, mich eines gesitteteren Lebenswandels zu befleißigen. Mein einziger Trost besteht in der Hoffnung, daß der Himmel der Christen am Ende auch nicht viel anders aussehen wird als jener der Moslems – nämlich bevölkert mit vielen wunderschönen Huris.«

Im Saal erhob sich lautes Gelächer.

Dann berichtete Eleonores Vater von der prekären Lage in Bordeaux, sprach davon, daß seine Vasallen in Angoulême ihm den Gehorsam verweigerten, und erzählte von den Schwierigkeiten, die es ihm bereite, alle Abgaben einzutreiben, die dem Herzogtum zustanden.

An diesem Tag war der große Saal besonders festlich hergerichtet worden. Die Damen trugen farbenprächtige Gewänder mit langen Schleppen, goldener Schmuck glänzte auf ihren Dekolletés. Spielleute hantierten mit silbernen Bällen, Akrobaten vollführten Purzelbäume, und Sänger trugen Herzog Wilhelms Kanzone über die edle Herrin vor, die ehrbaren Rittern ihre Gunst erwies.

Eleonore aber fühlte sich elend. Um sich attraktiver zu präsentieren, hatte sie erneut in einem Zuber mit heißem Wasser gebadet, ein einigermaßen sauberes gelbes Kleid angezogen und ein goldfarbenes Seidenband in ihre Haare geflochten.

Ihr Großvater streckte eine Hand hoch. Die Sänger verstummten, und auch die anderen Künstler zogen sich zurück.

Herzog Wilhelm begann, seine Laute anzuschlagen. Ein Troubadour aus dem maurischen Spanien, der zu Besuch gekommen war, tanzte in die Mitte des Saals und begleitete den Herzog, indem er seine Kastagnetten im Takt der Musik schlug. Die Luft war blau vor Rauch und erfüllt von dem Duft gebratenen Wildfleisches. Unter den Tischen rauften sich Hunde um die Knochen, Diener eilten im Saal umher, füllten die Becher mit Wein nach und trugen die dampfenden Speisen auf.

Überwältigt von einem plötzlichen Drang, den sie sich später nie mehr erklären konnte, sprang Eleonore auf die hölzerne Bank und stieg auf den breiten, mit einem weißen Tuch bedeckten Tisch. Dann begann sie, mit den Füßen im Takt der Musik zu stampfen. Für einen kurzen Augenblick trat Stille ein. Sie sah, daß alle Gesichter sich ihr zuwandten, bemerkte, wie die Leute sie amüsiert oder ungläubig anstarrten. Ihr Herz raste, und einen Augenblick lang dachte sie daran, wieder herunterzusteigen und sich auf ihren sicheren Platz zurückzuziehen. Aber dann fing sie den erstaunten Blick ihres Großvaters auf, dessen Hand kurz innehielt, bevor er weiterspielte, und sie sah, wie ihr Vater sie mit seinen blauen Augen verblüfft anstarrte. Die beiden Männer sahen aus, als hätten sie sie noch nie in ihrem Leben gesehen.

Langsam hob Eleonore den Saum ihres Kleides, zog es höher und höher ihre gelbbestrumpften Beine hinauf, bis zuerst ihre Knie, dann auch ihre dünnen Oberschenkel zum Vorschein kamen. Sie wirbelte herum, dehnte und streckte sich und begann über und zwischen den silbernen Salzständern, den Gedecken mit Wildfleisch, gebratenem Geflügel und gebackenem Fisch und den silbernen Schalen mit Birnen, Nüssen und Süßigkeiten zu tanzen.

»Holla! Holla! Das ist meine Enkelin!« Ihr Großvater feuerte sie an. Ein Ausdruck freudigen Entzückens huschte über sein Gesicht, und für einen kurzen Moment erblickte Eleonore in ihm wieder den alten Schelm. »Seht Euch Nell an, meine Freunde, die *gai saber* fließt in ihren Adern! Sie ist eine echte Tochter Aquitaniens!« Er sprang auf und begann, schneller zu spielen; die Kastagnetten schlossen sich an.

»Das ist abstoßend!« schimpfte Tante Agnes. »Sie stellt sich zur Schau wie eine Dirne.«

Eleonore, die ein bisher nicht gekanntes Gefühl von Macht verspürte, achtete nicht auf sie. Jetzt endlich stand einmal sie, und nur sie, im Mittelpunkt.

Als die Musik endete, blickte ihr Vater sie an. »Wunderbar, einfach wunderbar! So kenne ich dich gar nicht, meine Tochter! Wie alt bist du jetzt?«

»Acht.«

»Wie die Zeit vergeht! Ich habe dich vernachlässigt, Nell. Ich muß mir wieder mehr Zeit für dich nehmen.«

»Dangereuse hat mich gerade daran erinnert, daß Nell deine

Erbin ist, solange du nicht wieder heiratest und einen Sohn hast. Vergiß das nicht, Wilhelm«, sagte Eleonores Großvater. »Vielleicht wäre es gut, wenn sie schon anfängt zu lernen, was es heißt, Aquitanien zu regieren.«

»O ja, ich möchte die Erbin sein, Vater. Bitte, bitte, heirate nicht noch einmal.« Sie setzte sich auf seinen Schoß, schlang die Arme um ihn und drückte ihr Gesicht an seinen Hals.

Wieder erhob sich ein Sturm des Gelächters. Herzog Wilhelm ergriff eine von Eleonores Händen und küßte die Fingerspitzen. »Das ist ja eine richtige kleine Verführerin, wie? Wer kann ihr denn widerstehen? Übrigens, da wir gerade von Verführerinnen reden, fällt mir etwas ein. Habe ich Euch schon von den zwei scharfen Schwestern erzählt, denen ich einmal begegnet bin...« Und schon wieder war er mitten in einer seiner Geschichten.

Für den Rest des Abends blieb Eleonore auf dem Schoß ihres Vaters sitzen, kuschelte sich in seine warmen Arme und war überglücklich. Es stimmte, was ihre Großmutter gesagt hatte: Wenn man bekommen wollte, was man sich wünschte, dann mußte man die Dinge selbst in die Hand nehmen.

Von diesem Zeitpunkt an veränderte sich Eleonores Leben. Tante Agnes verließ Poitiers ohne sie, nicht aber, ohne ihr noch ein schlimmes Schicksal vorausgesagt zu haben. Eleonore kehrte wieder nach Fontevrault zurück, aber jedesmal, wenn sie nach Hause kam, stand sie im Mittelpunkt des Interesses, wurde von ihrem Vater umhegt und gepflegt, und ihr Großvater brachte ihr das Lautespielen und einige seiner Lieder bei.

Ein Jahr später starb ihre Großmutter. Herzog Wilhelm folgte ihr sechs Monate später. Daraufhin wurde Eleonores Vater als Wilhelm X. neuer Herzog von Aquitanien. Er hatte zwar ein paar halbherzige Versuche unternommen, eine neue Frau zu finden, aber es hatte sich nichts ergeben – bis jetzt jedenfalls. Die Leute schüttelten den Kopf und meinten, es sei wohl Gottes Wille.

Als sie zehn Jahre alt wurde, nahm der neue Herzog Eleonore mit auf eine Rundreise durch das Herzogtum. »Alle Vasallen Aquitaniens schulden nun mir Treue, ebenso wie ich dem verdammten König von Frankreich Treue schulde«, sagte er zu Eleonore. »Ich möchte, daß du mit eigenen Augen siehst, was das alles bedeutet.«

Eleonore saß auf dem Pferd ihres Vaters, der den langen Troß von Schreibern, Sekretären, Stallburschen, Köchen, Troubadouren und Rittern anführte. Nachdem sie die Wälder von Poitou durchquert hatten, besuchten sie die Waffenschmiede von Blaye, dann die Abtei von Saintes, wohin sich die inzwischen verwitwete Tante Agnes als Nonne zurückgezogen hatte.

Agnes hatte ihre Griesgrämigkeit noch nicht verloren. »Dieses Mädchen sollte besser zu Hause bleiben und sich mit Stricken und Handarbeit beschäftigen, anstatt im Herzogtum umherzureisen. Das wirst du eines Tages noch bereuen, Bruder.«

Glücklicherweise hörte Eleonores Vater nicht auf seine nörgelige Schwester, und sie setzten die Reise fort. Eleonore sah, wie ihr Vater in den Dörfern die Abgaben in Form von Schweinen, Hühnern und Säcken mit Mehl einsammelte.

Bei der Traubenernte in Cognac half Eleonore den Dörflern dabei, die Weintrauben zu zerstampfen, während ihr Vater das Verladen von Fässern mit der Ernte des vergangenen Jahres überwachte.

»Kommt nächstes Jahr wieder, kleine Herzogin!« riefen die Leute ihr nach, als sie ging, und zogen ihre Mützen. »Ihr seid eine von uns.«

»Kleine Herzogin«, wiederholte sie gerührt für sich.

Als nächstes besuchten sie das Limousin, wo Eleonore die widerspenstigen Barone zu Gesicht bekam, von denen sie schon so viel gehört hatte, und miterlebte, wie ihr Vater ihnen neue Treuegelöbnisse abnahm und zwischen zwei niederen Adeligen einen Streit um Wasserrechte schlichtete. Als sie vor diesen selbstherrlichen Edelleuten einige der Minnelieder sang, die ihr Großvater ihr beigebracht hatte, erntete sie großen Beifall.

»Du hast dieselbe Begabung wie der Troubadour«, sagte ihr Vater, als sie südwestwärts weiterritten, in Richtung der Hauptstadt Bordeaux. »Du weißt, wie du deine Untertanen für dich einnehmen kannst.«

Eleonore wußte nicht recht, was mit dieser Begabung gemeint war, aber sie erkannte, daß die Unbeherrschtheit und die Schroffheit, die ihr Vater manchmal an den Tag legte, ihm nicht gerade die Sympathien seiner Vasallen eintrug.

Im September kehrten sie nach Poitou zurück. Dort machten sie zuerst in dem Fischerdorf Talmont halt, das auf einer felsigen Landspitze hoch über dem Meer lag. Ihr Großvater hatte hier Falken gehalten. Sie hörte, wie ihr Vater sich mit den Fischern über Boote und Netze unterhielt und darüber, welche Fangmenge sie in dieser Saison erwarteten.

»Du siehst, wie unterschiedlich die einzelnen Teile unseres Herzogtums sind«, sagte ihr Vater. »Und du kennst noch nicht einmal die Hälfte von Aquitanien. Zwischen Poitou und den Pyrenäen sind die Menschen sehr verschieden.«

Er nahm sie an der Hand und führte sie zu den Klippen. Es war sehr heiß, am Himmel zeigte sich keine Wolke. Kein Windhauch bewegte die Luft. Der Herzog wendete den Blick von den Wellen ab, die sich an dem roten Stein brachen, und zeigte zu den Bergen in der Ferne, die mit dem silbernen Horizont verschmolzen.

»Die Herzöge von Aquitanien herrschen hier schon seit undenklichen Zeiten, Nell. Und wir werden weiter hier herrschen, solange es uns gelingt, uns gegen begehrliche Oberherren wie den König von Frankreich zu behaupten und unsere aufmüpfigen Vasallen in Schach zu halten. Dieses Land liegt uns im Blut, wir können uns davon nicht befreien.«

Herzog Wilhelm bückte sich und hob einen rostfarbenen Stein auf. Er glänzte wie ein Edelstein in der Sonne.

»Auf diesen Klippen, auf denen wir jetzt stehen, haben die Römer eine Siedlung gegründet, die Goten haben Waffen aus dem Gestein geschlagen, und die Araber haben ihre Zuchthengste hierher geführt.« Er drückte ihr den Stein feierlich in die Hand. »Dies ist das reichste Lehen im ganzen Abendland, ein heiliges Gut, das von Generation zu Generation weitervererbt wird. Ich beabsichtige, mich wieder zu verheiraten, um einen Sohn zu bekommen. Aber sollte auf Grund irgendeiner Wendung des Schicksals dieses kostbare Juwel dir anvertraut werden, dann befolge meine Worte und hüte dieses Erbe gut.«

Ein männlicher Erbe. Eleonore hatte gehofft, durch ihre Liebe zu ihrem Vater würde es ihr gelingen, diese dunkle, drohende Wolke zu verscheuchen.

Es durfte nicht, und es konnte nicht soweit kommen.

Die Heilige Muttergottes – und vielleicht auch andere Heilige – würden ihre Gebete nicht unerhört lassen.

Seit jenem Augenblick, als sie sich entschlossen hatte, auf dem Tisch zu tanzen, und das Gefühl der Macht wie eine Woge in ihr aufgebrandet war, wußte Eleonore in ihrem Innersten, daß ihr Schicksal und das von Aquitanien untrennbar und für alle Zeit miteinander verbunden waren. Sie mußte Aquitanien beschützen, lieben und sogar dafür sterben, ob sie wollte oder nicht.

# Erster Teil

Aquitanien ist ein Land des Überflusses, in jeglicher Hinsicht.

RALPH VON DICETO

Die Bewohner Poitous sind sehr lebensfreudig und gute Soldaten, sie sind tapfer, geschickt bei der Jagd und kleiden sich elegant. Sie haben eine stattliche Erscheinung, sind einfallsreich, aufgeschlossen und gastfreundlich.

*Aus einem Pilgerführer des 12. Jahrhunderts*

Mit der Süße des Frühlings
belauben sich die Wälder, und die Vögel
singen, ein jeder in seiner Art
nach der Versart des neuen Gesangs:
da ist es ganz recht, wenn man sich mit dem versorgt,
wozu man am meisten Lust hat.

WILHELM IX., HERZOG VON AQUITANIEN
UND VII. GRAF VON POITOU, DER ERSTE TROUBADOUR,
*Mit der Süße des Frühlings*

## 1. Kapitel

### Bordeaux, im Juni 1137

Eleonore wurde aus dem Schlaf geschreckt durch das Geräusch von Pferdehufen, die über das Pflaster des Hofes klapperten. Wenn mitten in der Nacht Reiter in Bordeaux eintrafen, lange nachdem die Tore der Stadt geschlossen worden waren, dann bedeutete das nichts Gutes: vielleicht irgendwo in Aquitanien ein Aufstand, ein plötzlicher Todesfall – immerhin war ihr Vater noch nicht von seiner Pilgerfahrt zum Grab des heiligen Jakob nach Santiago de Compostela in Spanien zurückgekehrt!

Eleonore schlüpfte nackt aus dem Bett, das sie mit ihrer jüngeren Schwester Petronilla teilte, lief zu dem kleinen Fenster des Turmzimmers und stieß es auf. Der Geruch von Geißblatt und Jasmin stieg ihr in die Nase. Bleiches Mondlicht ergoß sich über die Mauern des Palastes l'Ombrière, beleuchtete den gedrungenen Turm, in dem Eleonore wohnte, und die Reiter unten im Hof.

Zwei dunkel gekleidete Gestalten stiegen ab und wurden sofort von Knappen und Palastwachen umringt.

»Weckt Herzogin Eleonore und den Erzbischof!« rief eine Stimme, die Eleonore als diejenige von Conon, dem Stallmeister ihres Vaters, erkannte.

Darauf donnerten Stiefel über den Hof.

»Wo ist Herzog Wilhelm?« Die Stimme eines Wächters brachte eine Frage zum Ausdruck, die auch Eleonore sich stellte.

Die Antwort ging in dem Lärm unter, den die Reiter, die Knappen und die Wachen machten, als sie den Hof verließen. Eleonores Herz begann zu klopfen. Ja, wo war ihr Vater? Sie wartete noch einen Augenblick, um zu sehen, ob vielleicht noch weitere Reiter kamen. Doch der Hof blieb leer und wirkte nun ziemlich gespenstisch unter den schwarzen Wolken, die sich vor den Mond geschoben hatten.

Eleonore wendete sich vom Fenster ab und erstarrte. Ihr Atem stockte. *Herzogin* Eleonore? Hatte Conon das wirklich gesagt? Heilige Muttergottes – sie hielt sich eine Hand vor den Mund, um nicht aufzuschreien. Nein. Das hatte sie sich eingebildet. Sie war ja noch gar nicht richtig wach.

Aber irgend etwas war im Gange. Im Geiste hörte sie die sanfte Stimme ihrer toten Mutter, die sie immer vor unziemlicher Neugierde gewarnt hatte. »Aber diese Angelegenheit, was immer es auch ist, geht mich etwas an«, flüsterte Eleonore. »Ich weiß es. Bitte versteh das.«

Behutsam und darauf bedacht, ihre schlafende Schwester nicht zu wecken, lief sie über den syrischen Teppich, den ihr Großvater von seinem Kreuzzug ins Heilige Land mitgebracht hatte, griff sich den ersten Gegenstand, den sie sah – einen elfenbeinfarbenen Kittel, der auf dem Boden lag – und zerrte ihn sich eilig über den Kopf. Sie versuchte, die stechenden Schmerzen in ihrer Brust zu ignorieren, ergriff einen silbernen Kerzenleuchter und schlüpfte an den schlafenden Zofen vorbei aus der Kammer.

Ihre nackten Füße machten kein Geräusch auf dem Steinboden, als sie den Gang entlanglief, die Wendeltreppe hinuntereilte und erst vor den offenen Türen des großen Saals stehenblieb. Dort entzündeten gerade gähnende Pagen die Fackeln in den eisernen Wandhalterungen. Das Feuer warf flackernde Schatten auf die hölzernen Tische und Bänke und verlieh den Jagdszenen, die auf den Wandteppichen dargestellt waren, ein unheimliches Funkeln.

Das Licht der Fackeln beleuchtete den rundlichen, mit einer Tonsur versehenen Kopf des Erzbischofs von Bordeaux, der in ein Gespräch mit den beiden Stallmeistern Conon und Roland vertieft war.

Klopfenden Herzens blies Eleonore die Kerzen aus und betrat den Saal.

»Wo ist mein Vater?« fragte sie mit zitternder Stimme.

Der Erzbischof wechselte schnell einen Blick mit den Stallmeistern. »Mein armes Kind, ich wollte dich schon wecken – gütiger Himmel, du bist ja gar nicht richtig angezogen! Geh zurück in deine Kammer und kleide dich, wie es sich gehört!«

Eleonore überging diese Bemerkung und raffte sich dazu auf, die Frage zu wiederholen: »Bitte, wo ist er?«

»Ich bringe schlechte Nachrichten, Herrin.« Conon blickte sie mit gebeugtem Kopf an. »Herzog Wilhelm – Gott lasse ihn ruhen in Frieden – ist an einem Fieber gestorben.«

An einem Fieber gestorben. An einem Fieber gestorben. Diese Worte hämmerten in Eleonores Kopf, sie verstand zunächst nicht, was sie bedeuteten. Unmöglich, daß dieser wuchtige, bärenstarke, lebenslustige Mann plötzlich wie eine Kerzenflamme ausgelöscht worden sein sollte. Am liebsten wäre sie wieder zurück zu ihrem Bett gelaufen, um sich unter der Decke zu verstecken und so zu tun, als habe sie Conons erschütternde Worte nie gehört. Aber sie blieb wie angewurzelt stehen, sie verspürte den Zwang, alles bis ins letzte, quälende Detail zu erfahren.

»Wo?« fragte sie flüsternd.

»In Santiago in Spanien. Wir haben ihn dort vor zehn Tagen begraben und sind dann so schnell wie möglich nach Aquitanien zurückgeritten. Auf dem Sterbebett bat der Herzog uns noch, die Nachricht vorerst geheimzuhalten.«

Eleonore traten Tränen in die Augen. »Warum geheimhalten?« Ihre Stimme war kaum zu hören.

»Warum?« fragte Conon zurück, offensichtlich überrascht, und wechselte einen Blick mit dem Erzbischof. »Wegen Euch, Mademoiselle, wegen Euch.«

»Das verstehe ich nicht.«

»Sobald sich die Nachricht von seinem Tod im Ausland herumgesprochen hat, mein Kind«, sagte der Erzbischof, »werden alle besitzgierigen Fürsten Europas wie die Geier über dieses Herzogtum herfallen. Und die begehrlichen Vasallen innerhalb Aquitaniens werden nach Bordeaux ausschwärmen wie die Bienen nach dem Nektar.«

Eleonore blickte vom Erzbischof zu Conon und zu Roland.

»Sie versteht es nicht, Euer Gnaden«, sagte Roland. »Es ist der Schock.«

Der Erzbischof schnalzte mit den Fingern. »Bring deiner Herrin einen Kelch Wein«, sagte er, als eine Magd erschien.

»Ich weiß, dies ist eine fürchterliche Tragödie, Eleonore, aber du mußt dich zusammennehmen. Du bist jetzt eine gute Partie. Viele werden dich heiraten wollen, auch mit Gewalt möglicherweise, wenn sie dich auf anderem Wege nicht bekommen können. Wer dich besitzt, der besitzt auch Aquitanien. Du und das Herzogtum, ihr seid ab jetzt untrennbar miteinander verbunden.«

Die Worte des Kirchenmannes durchschnitten ihre Qual. Verblüfft trat sie einen Schritt zurück. Als die Magd ihr den Kelch Wein reichte, konnte sie ihn kaum halten und leerte ihn in einem Zug.

»Nun, mein Kind, wir werden entscheiden, was wir tun, wenn du angezogen bist.«

»Was – was hat mein Vater sonst noch gesagt, Conon?«

Conon zog eine versiegelte Pergamentrolle aus seinem Kettenhemd. »Herzog Wilhelm hat uns aufgetragen, diese Botschaft unverzüglich König Ludwig von Frankreich zu überbringen.«

Für einen kurzen Augenblick begannen der Saal und die Menschen darin sich zu drehen. Eine Botschaft für den ärgsten Feind ihres Vaters? War die Welt verrückt geworden?

Als die Wände und die Holzbalken an der Decke wieder zur Ruhe gekommen waren, sah Eleonore, daß sogar der Erzbischof verblüfft dreinblickte.

»Kennt Ihr diese Botschaft?«

»Nur allzu gut, Euer Gnaden«, antworte Conon voller Bitterkeit. »›Eleonore wird ab jetzt eure Herzogin sein‹, sagte der Herzog, als er in den letzten Atemzügen lag. ›Sie ist kaum fünfzehn Jahre alt, und ich mache mir große Sorgen um sie. Ich muß sie und das Herzogtum jemandes Obhut anvertrauen, bis sie heiratet. Ludwig von Frankreich ist der oberste Lehnsherr von Aquitanien, er wird für sie einen passenden Mann finden.‹ Das waren die Worte des Herzogs. Und das steht in diesem Pergament.«

Conon stopfte die Rolle wieder zurück in sein Kettenhemd.

»*Benedicamus dominum!*« Der Erzbischof schüttelte ungläubig den Kopf und bekreuzigte sich. »Das begreife ich nicht. Ich nehme an, der arme Herzog glaubte, dies sei der einzige Weg, Aquitanien vor den Geiern zu retten. Eine verzweifelte Lage erfordert verzweifelte Maßnahmen.« Er bekreuzigte sich abermals. »Aber vielleicht war der Herzog in der Stunde seines Todes doch mit Weisheit gesegnet. Vielleicht urteilen wir falsch über ihn. Aber Frankreich? Kommt, Leute, ihr braucht jetzt einen Kelch Wein und etwas zu essen, sonst werdet ihr den Ritt nach Paris nicht überstehen.«

Er schnalzte mit den Fingern und befahl der Magd, für die Stallmeister Wein und kaltes Fleisch zu bringen.

Dann zeigte er mit einem Finger auf Eleonore. »Geh nun und tue, um was ich dich gebeten habe.«

Seit dem Tod ihres Bruders und ihrer Mutter vor sieben Jahren hatte Eleonore gewußt, daß sie nach dem Ableben ihres Vaters Herzogin von Aquitanien und Gräfin von Poitou werden würde – falls er sich nicht wieder verheiraten würde, was er nicht getan hatte. Aber sie hatte nie gedacht, daß dieser Tag so bald schon kommen würde. Sie war doch noch so jung, so unerfahren. Der Gedanke daran, daß die Bürde, die ihr Vater getragen hatte, nun auf ihren Schultern lasten würde, machte ihr Angst.

Als ihre Mutter gestorben war, hatte Eleonore immer noch ihren Vater gehabt, ihren Großvater und ihre Großmutter, um ihr Leid und ihren Kummer mit ihnen zu teilen. Jetzt aber hatte sie niemanden mehr außer ihrer kleinen Schwester, die von Eleonore immer erwartete, daß sie sich um sie kümmerte und sie tröstete.

Einen Augenblick lang nahm es ihr den Atem. Wie sollte sie diesen zweiten Verlust ertragen? Sie fühlte sich so allein, so klein, so unvorbereitet darauf, diese schwere Aufgabe zu übernehmen.

»... was für einen Ehemann der König für sie finden wird, das frage ich mich«, sagte der Erzbischof gerade. »Es ist solch ein großes Risiko.«

Ehemann? Dieses Wort und seine Bedeutung verscheuchten Eleonores Verzweiflung. Ein Fremder in ihrem Bett? In ihrem Herzogtum? Es konnte doch nicht sein, daß ihr Vater, solange er noch bei klarem Verstand gewesen war, ihr Schicksal in die Hand eines derart gehaßten und verachteten Mannes wie des Königs von Frankreich gelegt hatte. Ihre Familie hatte diesem Oberherrn niemals mehr Vertrauen entgegengebracht als der Kirche. Nein. Trotz aller Warnungen vor den Geiern, die über ihr geliebtes Aquitanien herfallen würden, sie wollte und sie brauchte keinen Ehemann. Dieser Gedanke war so schrecklich, daß Eleonore spürte, wie sie zu zittern begann.

»Das muß ein Irrtum sein, Conon«, sagte sie. »Wie Seine Gnaden schon gesagt hat, war mein Vater am Ende wahrscheinlich ziemlich verzweifelt und hat sich so große Sorgen um mich gemacht, daß er nicht mehr wußte, was er tat. Ich bitte Euch, überbringt diese Botschaft nicht dem König von Frankreich.«

Der Erzbischof gackerte wie eine alte Henne. »Die Botschaft nicht überbringen? Mein Kind, wie kannst du nur auf diesen Gedanken kommen? Das Wort eines Sterbenden ist heilig. Was immer wir auch persönlich davon halten, Conon muß tun, was ihm der Herzog aufgetragen hat.«

»Seine Gnaden hat recht, Mademoiselle. Der Herzog war im Vollbesitz seiner geistigen Kräfte, als er mir das auftrug. Es war eine qualvolle Entscheidung für ihn, aber er tat es, um Aquitanien zu schützen – und Euch.«

Eine Magd füllte den Kelch nach. Eleonore umklammerte ihn mit beiden Händen und leerte ihn wieder in einem Zug, wobei sie sich an dem bitteren Bodensatz fast verschluckte. Sie mußte etwas tun. Was konnte sie sagen, um die Männer von ihrem Vorhaben abzubringen?

»Ich...« Sie holte tief Luft. »Ich bin – ich bin jetzt die Herzogin von Aquitanien. Das habt Ihr doch selbst gesagt, oder?« Sie machte eine Pause, während sie verzweifelt nach den richtigen Worten suchte. »Ich – ja – hiermit befehle ich, daß dieser Brief nicht nach Frankreich gebracht wird. Wir werden einen anderen Weg finden, das Herzogtum und mich zu schützen.«

Die beiden Stallmeister und der Erzbischof starrten sie an, als sei sie ein Ungeheuer mit zwei Köpfen. Wollten sie sich etwa über ihre Worte hinwegsetzen? Sich weigern, ihrem Geheiß nachzukommen? Wie hatten ihr Vater und ihr Großvater ihre Untergebenen dazu gebracht, zu gehorchen?

»Eleonore ist noch sehr jung, starrköpfig und unbeherrscht, wie wir alle wissen. Und im Augenblick ist sie von Kummer überwältigt«, sagte der Erzbischof streng. »Weshalb also sollten wir ihren Worten Beachtung schenken? Tut, wie der Herzog euch aufgetragen hat.«

»Conon, Roland…« Heilige Maria Muttergottes, was sollte sie jetzt sagen? Welchen Zauberspruch konnte sie anwenden, um Macht über ihre Herzen zu gewinnen? Eleonore zögerte. Sie zitterte und hatte feuchte Hände.

»Seit dreihundert Jahren herrscht meine Familie, deren Wurzeln bis zu Karl dem Großen und noch weiter zurückgehen, über Aquitanien. Wenn ich spreche, dann hört Ihr nicht nur meine Stimme, sondern die Stimmen all der Herzoge, die dieses Land bisher regiert haben.«

Sie bemerkte, wie die beiden Stallmeister zuerst sich und dann den Erzbischof anschauten. Eleonore fühlte Erleichterung in sich aufsteigen, als sie sah, wie Conon und Roland die Knie beugten und die Köpfe senkten.

»Wie Ihr wollt, Herrin, ich stehe Euch zu Diensten«, sagte Conon.

»Ich ebenfalls«, schloß sich Roland an.

»Ich hoffe, damit ist deine Eitelkeit befriedigt, du dummes, selbstsüchtiges Kind«, sagte der Erzbischof mit eisiger Stimme. »Aber dadurch gibst du Aquitanien und auch dich selbst dem erstbesten Räuber preis, der mit seiner Streitmacht des Weges kommt. Dieselbe Starrköpfigkeit wie bei deinem Vater.«

Eleonores Erleichterung währte nur kurz. Die Worte des Kirchenmannes erfüllten sie mit Angst. Hatte er vielleicht doch recht? War Ludwig von Frankreich doch die klügere Wahl? Der erste Sonnenstrahl der Morgendämmerung blitzte durch die offene Tür herein, gefolgt von einer frischen Brise. Sie fröstelte und wurde sich bewußt, wie leicht sie bekleidet war und welch unvorteilhaften Eindruck sie auf die Männer machen mußte.

»Bitte wartet«, sagte sie mit schwacher Stimme. »Ich bin gleich wieder zurück.«

Sie stolzierte aus dem Saal, so würdevoll, wie es ihr möglich war. Bevor sie die Treppe erreichte, hörte sie noch, wie der Erzbischof sagte: »...durch und durch wie der Vater und der Großvater. Eigenwillig und nur mit den eigenen Zielen beschäftigt. Ich fürchte, es liegt im Blut. Der Apfel fällt nicht weit vom Stamm.«

In der Kammer lagen ihre Schwester und die Zofen noch in tiefem Schlaf. Obwohl sie versucht war, in den Armen ihrer jüngeren Schwester Trost zu suchen, brachte Eleonore es nicht übers Herz, sie zu wecken. Petronilla würde die traurige Nachricht noch früh genug erfahren.

Sie schlich auf Zehenspitzen über den Teppich zu der Stange, die über einer fein verzierten Truhe an der Wand angebracht war. An dieser Stange hingen mehrere Kleidungsstücke. Auf der Truhe stand ein Holzkistchen mit einer Einlegearbeit, dessen Deckel offen war. Im Kistchen lagen mehrere silberne und goldene Halsketten, juwelenbesetzte Broschen und Ringe. Etwas Rostfarbenes stach Eleonore ins Auge. Sie wühlte in der Kiste umher und umschloß dann mit ihren Fingern den Stein, den ihr Vater ihr vor so langer Zeit in dem Fischerdorf Talmont gegeben hatte. Als sie ihn herausnahm, hörte sie noch einmal die Worte ihres Vaters: »...dieses kostbare Juwel wird dir anvertraut werden. Hüte dieses Erbe gut.«

Eleonore fuhr sich mit zitternder Hand über die Stirn. Trotz aller Widrigkeiten hatte sie jetzt bekommen, was sie sich immer gewünscht hatte: Aquitanien gehörte ihr. Aber wie lange? Würde der begehrliche König Ludwig versuchen, das Herzogtum seinem Reich einzuverleiben, wenn sie ihn verärgerte? Und falls sie dem Wunsch ihres Vaters folgen würde, welche Art von Gemahl würde der französische König wohl für sie aussuchen? Eleonore wußte immerhin schon so viel, daß sie in dieser Angelegenheit kein einziges Wort mitzureden haben würde.

Es konnte sich um einen Mann handeln, der so alt war, daß er ihr Großvater hätte sein können, oder auch um einen achtjährigen Knaben. Als sie an diese Möglichkeiten dachte, begann es sie zu frösteln. Was war das größere Übel? Der Teufel, den man kannte, oder der Teufel, der einem bis jetzt noch unbekannt war, der König von Frankreich oder das Risiko, daß Aquitanien von – wie hatte der Erzbischof gesagt? – von Räubern und machtgierigen Vasallen überrannt wurde. An wen konnte sie sich wenden? An Gott? Er würde ihr nur empfehlen, dem Rat des Erzbischofs zu folgen. Eleonore unterdrückte die Tränen, sank neben der Truhe auf die Knie und bat ihr Innerstes um Führung.

Als sie schließlich die Augen wieder aufschlug, wußte sie, was sie zu tun hatte.

## 2. KAPITEL

### FRANKREICH, IM JAHRE 1137

Ludwig der Dicke, der König von Frankreich, lag dösend im Bett und versuchte, seinen Anfall von Bauchschluß, den ständigen Ausfluß aus den Gedärmen, auszukurieren, den dritten Anfall dieser Art in weniger als einem Jahr. Da Paris unter einem außergewöhnlich heißen Juni stöhnte, hatte er sich zu einem Jagdsitz etwas außerhalb der Stadt begeben, wo es ein wenig kühler war. Hier, in dieser überfüllten Kammer, versuchten Pagen vergeblich, den dunklen Fliegenschwarm zu verscheuchen, der sich über den Eichentisch und das Bett legte, auf die Zinkkrüge mit dem säuerlichen Wein und sogar auf Ludwigs aufgedunsenen Leib.

Aus zusammengekniffenen Augen beobachtete er, wie ein schwarzgekleideter Arzt mit Hilfe einer Sanduhr seinen Puls maß, während ein anderer seinen Urin untersuchte und ihn in einem silbernen Behälter mehrmals hin und her schwenkte. Der Geruch von Exkrementen und ungewaschenem Leib hing wie eine Wolke über der Kammer.

Seine Augen fielen zu, und er war schon am Einschlafen, als eine Stimme ihn wieder aufschreckte.

»Sire, ich habe wichtige Neuigkeiten. Es sind gerade Kuriere aus Bordeaux angekommen und haben uns mitgeteilt, daß Herzog Wilhelm von Aquitanien in Santiago in Spanien gestorben ist.«

Die Stimme gehörte Abbé Suger, seinem Vertrauten und Berater. Ludwig zwang sich, die Augen zu öffnen, und versuchte zu sprechen. Obwohl die Krankheit seinen Geist nicht angegriffen hatte, gelang es ihm manchmal nicht, seinen schwachen Körper dazu zu bringen, den Befehlen seines Kopfes zu gehorchen.

»Gott und allen Heiligen sei es gedankt«, brachte er schließlich krächzend heraus, während sein Herz von unbändiger Freude durchflutet wurde. Sein unbequemster und aufsässigster Vasall war tot. »Das ist wirklich ein Wunder.«

Seine schwache Hand machte das Kreuzzeichen, während sein

Verstand allmählich die volle Bedeutung der Worte des Abtes zu begreifen begann. »Wenn Herzog Wilhlem jetzt tot ist, wer ist dann – laßt mich nachdenken –, ist sein Sohn nicht auch schon vor Jahren gestorben? Dann gibt es also nur noch die kleine Tochter?«

»Eleonore. Sie erbt Aquitanien und Poitou. Und das ist noch nicht alles«, antwortete Abbé Suger. »Diese Kuriere sagen, daß Herzog Wilhelm noch auf dem Sterbebett ein Schreiben verfaßt hat, in dem er Euch als den obersten Lehnsherrn von Aquitanien bittet, für seine Tochter einen passenden Mann zu finden.«

Der König versuchte, sich zu erheben, stöhnte dann auf und wand sich in einem Krampf. Sogleich kamen die Ärzte herbeigeeilt.

»Sire, wir müssen einen weiteren Aderlaß vornehmen.«

»Ihr Schwachköpfe, ich habe inzwischen doch kaum mehr Blut in meinen Adern.«

Einer der Ärzte streckte ihm einen Kelch entgegen. »Wein gewürzt mit Mohn...«

»Wird mich gerade in dem Augenblick einschlafen lassen, in dem es darauf ankommt, daß ich wachbleibe. Holt mehr Pagen herbei, die mir helfen sollen, mich aufzusetzen. Es geht mir schon besser. Diese Nachricht hat mehr für meine Genesung getan als alle eure verfluchten Tränke und Aderlässe zusammen. Los, geht.«

»Natürlich war Herzog Wilhelm in großer Sorge«, sagte Abbé Suger. »Wie üblich wird sein Land von Unruhen erschüttert. Und wenn dann sein Tod bekannt wird...«

»Ich bin kein Dummkopf, Vater«, unterbrach ihn Ludwig. »Weshalb sonst hätte Herzog Wilhelm seine Tochter meiner Obhut anvertraut? Wir standen alles andere als freundschaftlich zueinander. Nein, er hat sie seinem Oberherrn nur aus einem einzigen Grunde anvertraut: um sein Herzogtum vor seinen eigenen Vasallen und anderen Fürsten zu schützen, die durch eine Heirat mit der Erbin von Aquitanien zu Wohlstand und Reichtum zu kommen hoffen.«

Er leckte sich über seine blutleeren Lippen. »Diese fette Beute dürfen wir uns keinesfalls entgehen lassen.« Die Augen des Königs begegneten dem wäßrig blauen Blick seines Beraters. »Wir müssen als erste handeln.« Ein schwaches Glucksen entwich dem Mund mit den verfaulenden Zähnen. »Einen passenden Ehemann, sagt Ihr? Wer könnte passender sein als mein Sohn Ludwig, der Thronerbe?«

Es gelang ihm, einen dick angeschwollenen Arm hochzuheben. Aufgedunsene Finger, die dicken Würsten ähnelten, packten Abbé Suger an der Schulter. »Wißt Ihr, was das heißt? Seit undenklichen Zeiten haben die aufsässigen Herzöge von Aquitanien die Autorität der Krone und der Kirche herausgefordert. Jetzt ist ihre Herrschaft zu Ende. Nur noch ein kleines Mädchen steht zwischen der französischen Krone und dem reichsten Lehnsgut Europas. Ein wahres Wunder!« Er fiel wieder zurück und keuchte heftig; das Reden hatte ihn angestrengt.

Ein Heer von Dienern erschien und begann, den mächtigen Leib des Königs in eine Sitzposition zu bringen und mit Kissen abzustützen. Nachdem er ein wenig Wein getrunken hatte, besserte sich Ludwigs Gesichtsfarbe, und auch seine Stimme wurde kräftiger.

»Mein Sohn soll sofort mit einem großen Ritterheer nach Aquitanien aufbrechen. Gleich nach seiner Ankunft soll die Trauung in Bordeaux vollzogen werden. Wir können nicht warten, bis die Trauerzeit vorüber ist. Wo ist mein Junge jetzt?«

Der Abbé hustete. »In der Kathedrale, Sire.«

»Ich hätte nicht danach fragen sollen. Der Junge gleicht mehr einem Geistlichen, denn einem künftigen König.« Er zeigte anklagend auf Suger. »Das ist Euer Werk, Vater, das müßt Ihr jetzt wieder rückgängig machen. Begleitet ihn nach Bordeaux. Bereitet ihn auf die Hochzeit vor. Macht einen Mann aus ihm.«

Der König wußte, daß diese Anschuldigung ungerecht war. Wenn der Junge nicht dazu bereit war, sich eine Frau zu nehmen – und schließlich auch König zu werden –, dann war dies schwerlich die Schuld des Abbés. Er war für das Kloster, nicht für den Thron erzogen worden, und nur der plötzliche Tod seines älteren Bruders hatte aus dem Novizen Ludwig einen Thronerben gemacht.

Abbé Suger erhob sich langsam. Seine Stirn lag in Falten. Nach kurzem Zögern begann er zu sprechen: »Da gibt es noch die Blutsverwandtschaft, Sire. Ihr wißt, daß Ludwig und Eleonore im dritten Grade verwandt sind? Die Ehe wird vom Papst genehmigt werden müssen, und dafür brauchen wir...«

»Es wäre mir auch gleich, wenn sie im ersten Grad verwandt wären! Ich will Aquitanien, und ich will es jetzt! Bevor jemand anderes es kriegt. Es ist Eile angesagt. Hört auf, mir Knüppel zwischen die Beine zu werfen. Um die nötigen Genehmigungen könnt Ihr Euch immer noch kümmern. Im Augenblick geht es darum, Ludwig zu verheiraten.« Er kniff die Augen zusammen. »Solltet Ihr so töricht sein, diese unwichtige Tatsache der Blutsverwandtschaft zur Sprache zu bringen, dann wird sich dies zu einem europäischen Skandal auswachsen. Lassen wir schlafende Hunde ruhen.«

Abbé Suger, der äußerst unbehaglich dreinblickte, räusperte sich.

Der König funkelte seinen Ratgeber an. »Möge Gott mir Geduld verleihen. Ich sehe an Eurem Gesicht, daß noch mehr kommt. Also gut, was noch? Heraus damit!«

»Es betrifft die junge Herzogin.«

Ludwig runzelte die Stirn. »Das Mädchen ist entstellt? Geistig verwirrt? Oder ähnelt einer Kröte? Oder ist mit einer Hasenscharte geschlagen?«

»Im Gegenteil, es heißt, das Mädchen sei viel zu hübsch für ihr Alter, außergewöhnlich intelligent für eine Frau und auch sehr gebildet.« Aus jedem Wort des Abtes sprach seine Mißbilligung. »Es heißt auch, sie sei hitzköpfig, frivol, eigensinnig und schwer unter Kontrolle zu halten. Ihr werdet Euch erinnern, daß ihre Mutter starb, als sie noch ein Kind war. Der einzige weibliche Einfluß, dem sie danach ausgesetzt war, kam von ihrer ehebrecherischen Großmutter, Gott schütze uns.« Er bekreuzigte sich.

»Das ist schlechter, als wenn sie gar keinem Einfluß ausgesetzt gewesen wäre.«

»In der Tat, Sire. Ihr Vater und der gesamte Hof haben dem Mädchen freie Bahn gelassen. Man hat in ihr die Vorstellung entstehen lassen, Aquitanien sei ihr Futtertrog und sie könne sich nach Belieben daraus bedienen.« Der Abbé machte eine bedeutungsvolle Pause. »Außerdem ist sie auch keine gehorsame Tochter der Kirche.«

Ludwig zuckte ungeduldig mit den Achseln. »Habt Ihr jemals einen Aquitanier gesehen, der das gewesen wäre? Das Herzogtum ist eine Hochburg der Häresie...« Seine schwarzen Augenbrauen zogen sich plötzlich zusammen. »Bei Gott, wollt Ihr damit etwa sagen, sie ist unkeusch?«

Der Abbé schürzte die Lippen. »Ich habe nicht gehört, daß sie unkeusch ist, wohl aber, daß sie schon so manchem Manne den Kopf verdreht haben soll. Wie auch immer, bei diesen Weibern aus dem Süden...« Er zuckte mit den Schultern. »Was mir Sorgen macht, Sire, ist ihr Charakter und die Probleme, die daraus in der Zukunft für uns entstehen könnten. Eine derart undisziplinierte Frau könnte einen schlechten Einfluß auf unseren unschuldigen Ludwig ausüben, worunter letztlich auch Frankreich zu leiden hätte.«

Ludwigs Augen verengten sich zu kleinen schwarzen Schlitzen. »Seid Ihr plötzlich taub geworden? Wie oft muß ich es denn noch sagen? Durch diese Heirat fällt Aquitanien der französischen Krone zu. Solange sie noch Jungfrau ist, kann uns alles andere gleichgültig sein. Habt Ihr das verstanden?«

Er blickte zu einem der Wächter an der Tür. »Du, hol meinen Sohn aus der Kathedrale. Sag ihm, er soll sich sofort reisefertig machen, um nach Bordeaux aufzubrechen.«

Der Mann zögerte. »Jetzt gleich, Sire?«

»Nein, erst nächste Woche, nächsten Monat, nächstes Jahr! Mein Gott, ich bin von Schwachköpfen umgeben. Schon gut, schon gut. Tu einfach nur, was ich dir aufgetragen habe.«

Er wendete sich wieder Abbé Suger zu. »Wollt Ihr mir sagen, daß diese Tochter Evas, die fast noch ein Kind ist, Euch ernsthafte Sorgen bereitet? Daß es uns vielleicht nicht gelingen könnte, dieses wilde Vögelchen zu zähmen, bevor es Königin von Frankreich wird?« Suger lief rot an, was Ludwig lächelnd zur Kenntnis nahm. »Gut, jetzt geht.«

Nachdem der Abt sich mehrmals verneigt und dann entfernt hatte, schloß Ludwig seine Augen. Dieses Gespräch hatte ihn viel Kraft gekostet.

Doch die Aussicht, daß Aquitanien in den Besitz Frankreichs übergehen würde, erweckte in seinem kränklichen Leib neue Lebensgeister. Zugleich aber durchfuhr ihn ein Schauer banger Erwartung. Gegenüber Suger hatte er sich zwar zuversichtlich gegeben und dessen Bedenken zu zerstreuen versucht, aber innerlich hatte ihn eine Unruhe erfaßt, die zum einen dem Bewußtsein seiner eigenen Sterblichkeit entsprang, zum anderen von der Sorge um den Bestand seines Reiches ausgelöst wurde.

Nach seinem Tod – der, so fürchtete er, eher früher als später eintreten würde – würde die alte Ordnung zusammenbrechen. Das war immer der Fall, wenn ein neuer Herrscher den Thron bestieg. Aber was kam dann? Er wünschte, er könnte in die Zukunft sehen. Herr im Himmel, betete er, laß mich jetzt noch nicht sterben. Jedenfalls noch nicht so bald. Mit einem schüchternen, unerfahrenen jungen Mann und einem energischen, leidenschaftlichen Mädchen an der Spitze – was wird da aus Frankreich werden?

»Mein Vater hat Aquitanien der Obhut des französischen Königs anvertraut und ihn gebeten, für mich einen Ehemann zu finden – wenn es an der Zeit ist«, sagte Eleonore, in deren zitternder Stimme Angst und Besorgnis mitschwangen. »Weshalb soll ich also einwilligen, seinen Sohn zu heiraten, wenn ich mich noch in der Trauerzeit befinde?«

Eleonore war entsetzt über die Nachricht, daß der französische Prinz auf dem Weg nach Bordeaux war, kaum sechs Wochen nach dem Tod ihres Vaters. Sie saß immer noch in dem Karren, der sie von einem Weinberg außerhalb von Bordeaux in den Hof des Palastes l'Ombrière gebracht hatte.

»Eine derartige Eile ist zwar ungebührlich, aber Gott wird dafür Verständnis haben«, erwiderte der Erzbischof von Bordeaux. »König Ludwig glaubt offenbar, er kann Aquitanien nicht den nötigen Schutz zukommen lassen, solange Ihr nicht eng mit der Familie der Capetinger verbunden seid. Es ist wirklich eine große Ehre, die er Euch damit erweist.«

Er rümpfte mißbilligend die Nase, als er sah, daß Eleonores Röcke bis über die Knie hochgeschoben waren und roter Traubensaft von ihrem Kinn auf ihre nackten Beine heruntertropfte.

»Ich frage mich allerdings, ob der französische König immer noch so erpicht auf die Hochzeit sein würde, wenn er Euch in diesem Zustand sehen könnte. In Eurem Alter immer noch Trauben treten! Abscheulich!«

Eleonore ignorierte diese Bemerkung. Er hatte ihr Verhalten kritisiert, solange sie denken konnte, aber sie hatte sich nie etwas daraus gemacht. »Wie könnt Ihr diese erzwungene Heirat als eine Ehre bezeichnen, Euer Gnaden? Das Herzogtum beschützen! Der französische König hat doch schon immer begehrliche Blicke auf Aquitanien geworfen.«

Eleonore hatte gerade im Weinberg bei der Traubenernte geholfen, als der Stallmeister Conon erschienen war und ihr die Nachricht überbracht hatte, daß Prinz Ludwig Paris mit fünfhundert Rittern verlassen habe. Er sei auf dem Weg nach Bordeaux, um sie zu heiraten, und sie müsse sofort in den Palast zurückkehren.

»Fünfhundert Ritter! Der dicke Ludwig läßt mir keine andere Wahl.« Sie betete darum, daß sie sich nicht selbst entwürdigte, indem sie plötzlich in Tränen ausbrach. »Zählen meine Gefühle, meine Trauer hier überhaupt nichts?« Es war eine dumme Frage, denn sie kannte die Antwort.

Der Erzbischof riß ungeduldig die Hände hoch. »*Eure* Gefühle? Wir alle sind in Trauer. Aber was haben unsere Gefühle mit dieser Angelegenheit zu tun?« Er verschränkte die Arme vor der Brust. »Was, glaubt Ihr eigentlich, bedeutet es, Herzogin zu sein? Meint Ihr, Ihr könnt dann tun und lassen, was Ihr wollt? Glaubt Ihr etwa, jeder springt gleich, wenn Ihr einen Befehl erteilt? Ihr habt ein gewaltiges Erbe angetreten. Herrschen heißt auch dienen, sich dem Willen anderer beugen, wenn es nützlich ist.«

Eleonore warf ihm einen trotzigen Blick zu. »Ich kann mich nicht erinnern, daß sich mein Vater jemals dem Willen anderer gebeugt hätte.« Außer wenn er gezungen wurde, es zu tun, sagte eine schwache Stimme in ihrem Kopf.

»Natürlich nicht«, erwiderte der Erzbischof trocken. »Und das war auch einer der Gründe dafür, weshalb er ein unfähiger Herzog war. Natürlich konnte er oft nicht anders, aber – nun, ich will das jetzt nicht weiter vertiefen. Er ist jedenfalls kein Beispiel, dem Ihr nacheifern solltet. Euer Großvater andererseits, wieviel man an ihm wegen seines liederlichen Lebenswandels auch auszusetzen haben mochte, wußte, wann er nachzugeben hatte, wenn die Situation es erforderte.« Er hielt inne. »Oder er verstand es jedenfalls, bei anderen diesen Eindruck zu erwecken. Eine große Gabe.«

Eleonore spürte, wie sich ein Kloß in ihrem Hals bildete. Ihr bezaubernder Großvater, der Troubadour. Der lieber Frauen als fremde Länder erobert hatte. Hatte ihr Vater nicht einmal gesagt, sie besäße dieselbe Begabung wie ihr Großvater?

»Wir verschwenden unsere Zeit. Es gibt viel zu besprechen.« Der Erzbischof bedachte den Kutscher mit einem gebieterischen Wink. »Bring diesen Karren zurück in den Weinberg!«

Als der Karren sich nicht gleich in Bewegung setzte, runzelte der Erzbischof die Stirn. »Los, los, Junge! Bist du taub?«

Der Junge blickte fragend zu Eleonore. Ein plötzliches, wärmendes Gefühl des Triumphes stieg in ihr auf und verlieh ihr neuen Mut. Sie schüttelte leicht den Kopf.

Nun ergriff der Stallmeister Conon das Wort.

»Da sich die Nachricht vom Tode Eures Vaters mittlerweile herumgesprochen hat, Herrin, ist der französische König darauf bedacht, so schnell wie möglich zu handeln, und ich danke Gott dafür, wie ungebührlich seine Eile auch sein mag.« Er warf einen Blick zum Erzbischof. »Wir wollten Euch nicht beunruhigen, aber es gibt Gerüchte, daß im Limousin ein Aufstand bevorsteht und daß Eure dortigen Vasallen sich darauf vorbereiten, nach

Bordeaux zu marschieren, Euch gefangenzusetzen, um Euch dann mit Gewalt mit einem der Ihren zu verheiraten. Ihr habt also wirklich nicht mehr viel Zeit zu verlieren.«

»Das hättet Ihr mir gleich sagen sollen.« Ihr neugewonnener Mut verließ sie wieder.

Die Barone des Limousin! So lange sie zurückdenken konnte, hatte es in diesem Gebiet Unruhen gegeben.

»Aber eine Wahl bleibt mir doch noch«, meinte sie bitter. »Entweder werde ich von einem meiner Vasallen geschändet und dann gewaltsam mit ihm verheiratet, oder ich werde zur Ehe mit dem französischen Prinzen gezwungen und dann im Namen der Kirche geschändet. Ich fühle mich so, wie sich wahrscheinlich Königin Radegund gefühlt hat, als sie von den Franken verfolgt wurde.«

»Ich würde Euch nicht unbedingt als eine Kandidatin für die Seligsprechung bezeichnen, mein Kind«, meinte der Erzbischof.

Vor sechs Jahrhunderten war Königin Radegund aus dem Frankenreich und vor ihrem gewalttätigen Ehemann geflohen. Später wurde sie Nonne und gründete das Kloster Sainte-Croix in Poitiers. Die heilige Radegund, nun eine der Schutzpatronen von Poitiers, hatte immer schon zu Eleonores Lieblingsheldinnen gezählt.

Wenn sie nur auch weglaufen könnte. Tränen schossen ihr in die Augen, und um sich keine Blöße zu geben, sprang Eleonore vom Karren herunter und ging ein paar Schritte zur Seite. Sie richtete ihren Blick zu den dunklen Bergen, die am fernen Horizont mit dem blauen Himmel verschmolzen. Davor lagen die Weinberge, in denen sie eben noch gearbeitet hatte, der sich windende Fluß und eine Weide, auf der eine Herde Kühe friedlich graste. Ja, sie hatte wirklich Ähnlichkeit mit der heiligen Radegund. Sie war auch eine Märtyrerin. Dann hörte sie hinter sich ein vorsichtiges Husten.

»Verzeiht, wenn ich Euch in Euren Gedanken störe, Herrin.«

Sie wischte die Tränen weg und drehte sich um. »Nun?«

»Es gibt bei dieser Angelegenheit einen weiteren Gesichtspunkt, der noch nicht zur Sprache gekommen ist«, sagte Conon. »Der wichtigste überhaupt.« Er machte eine Pause. »Eines Tages werdet Ihr Königin von Frankreich werden.«

»Ich?« Sie erfaßte die Bedeutung dieser Worte nicht sofort.

»Ja, Mademoiselle, wer denn sonst? Niemand, nicht einmal der große Troubadour, hätte es gewagt, ein solch hohes Ziel anzustreben.« In seiner üblichen dramatischen Art beugte Conon das Knie. »Von diesem glorreichen Tage an werden alle Eure treuen Vasallen – ich natürlich eingeschlossen – sicherer schlafen können, da sie wissen, daß Herzogin Eleonore, *Königin* Eleonore von nun an in Paris regiert.«

Königin? Dieser Gedanke raubte ihr den Atem. Es war unvorstellbar. Sie konnte es immer noch nicht richtig begreifen. Königin Eleonore! Langsam wiederholte sie diesen Titel im stillen für sich.

Sie spürte, daß Conon und der Erzbischof sie unverwandt anblickten. Nach einer langen Pause fragte sie: »Wie alt ist denn dieser französische Prinz, und wie sieht er aus?«

Der Erzbischof seufzte erleichtert.

»Sechzehn. Ein Jahr älter als Ihr. Mit einem angenehmen Äußeren, sagt man, nicht wahr, Conon?«

»Ja, es ist so, wie Seine Gnaden sagt, Mademoiselle. Der Prinz hat in der Tat ein angenehmes Äußeres, wenngleich diese Bezeichnung ihm nicht ganz gerecht wird. Wohlgestaltet würde besser passen.« Conon schloß die Augen und trat ein paar Schritte zurück. »Er ist schlecht mit Worten zu beschreiben... Noch nie habe ich einen derart anmutigen jungen Mann gesehen. Seine Schönheit übertrifft sogar...«

»Ja, ja. Aber wie sieht er aus?«

»Blaue Augen. Silbrig glänzendes Haar wie alle Capetinger. Angenehm und bescheiden, wie es einem Knaben geziemt, der gerade frisch aus dem Kloster kommt.«

Conon dachte einen Augenblick nach. »Auch durchaus weich, war mein Eindruck. Ja, ziemlich sanftmütig.« Er warf Eleonore einen bedeutungsvollen Blick zu.

Weich. Von allem, was bisher gesagt worden war, gefiel ihr dieses Wort am besten. Conon verstand ihr Dilemma viel besser als der Erzbischof. Ein weicher Ehemann würde nicht versuchen, sie zu kontrollieren oder zu unterdrücken. Er würde sich nicht zu sehr in die Angelegenheiten Aquitaniens einmischen. Als Königin von Frankreich würde sie in der Lage sein, ihr angestammtes Herrschaftsgebiet zu schützen.

Und offenbar war der Prinz auch nett anzuschauen. Conon übertrieb sicherlich kräftig, aber er hätte ihr niemals Lügen aufgetischt. Das Bild einer ritterlichen Gestalt, flott und schneidig, entstand vor ihrem geistigen Auge. Die Barone des Limousin hatten, wie sie sich voller Abscheu erinnerte, dunkle Gesichter, waren recht beleibt und rochen meistens nach Knoblauch.

»Es gibt für die Hochzeit noch viel vorzubereiten, bevor er

eintrifft. Wenn ich zurück bin, können wir die Gästeliste besprechen.« Eleonore sprang wieder auf den Karren hinauf. »In Ordnung, Jean. Ich bin soweit.«

»Um Himmels willen, was habt Ihr vor?« rief der Erzbischof, als die Pferde den Karren davonzuziehen begannen.

»Ich muß weiter bei der Traubenernte helfen.«

Den ganzen Weg zurück zum Weinberg, während der Karren über die Schlaglöcher auf der Straße rumpelte, dachte Eleonore über ihre Entscheidung nach. Hatte sie richtig gehandelt? Sie wußte, sie hatte keine andere Wahl, aber sie konnte immer noch versuchen, zu ändern, was ihr nicht gefiel, so wie es ihr die Großmutter mit auf dem Weg gegeben hatte. Was hatte die schlaue alte Frau noch gesagt? Um das zu bekommen, was du dir wünschst, mußt du die Dinge selbst in die Hand nehmen. Bis zum Tode ihres Vater hatte Eleonore gedacht, sie hätte schon alles, was sie sich wünschte: Freude, Spaß, ein sorgenfreies Leben. Eines Tages würde sie das Herzogtum erben, eines Tages würde sie sich verlieben und einen Mann heiraten, der zu ihr paßte. Dies alles war nun anders geworden.

Von nun an mußte sie ihre eigenen Wünsche und Ziele dem Wohl Aquitaniens unterordnen. Das Herzogtum mußte gesichert werden. Einer Königin von Frankreich dürfte das doch nicht schwerfallen? Wie in einem Traum erinnerte sich Eleonore daran, wie sehr sie Aquitanien gewollt hatte, ohne daran zu denken, daß sie dafür auch einen Preis würde zahlen müssen. In irgendeiner dunklen Ecke ihres Geistes konnte sie Dangereuse lachen hören…

# 3. Kapitel

»Ich glaube, ich sehe ihn.« Petronilla lehnte sich weit aus dem Fenster des Turmzimmers im Palast l'Ombrière.

»Wen?« fragte Eleonore.

Unbeeindruckt von der Geschäftigkeit der weiblichen Dienerschaft und der Verwandten, die Kisten packten, Satteltaschen mit Schuhen, juwelenbesetzten Stirnbändern und wollenen Strümpfen für die Reise nach Paris vollstopften, saß Eleonore auf einem Schemel und betrachtete sich in einem Handspiegel, während eine Zofe ihr langes kastanienbraunes Haar kämmte.

»Das weißt du ganz genau. Den französischen Prinzen, wen sonst? Komm her und sieh selbst.«

Eleonore, die nur ihr eichenfarbenes Leinenkleid trug, rührte sich nicht. Nun, da der lange erwartete Augenblick gekommen war, hatte sie Angst davor, dem französischen Thronerben gegenüberzutreten. Die Begeisterung ihrer Schwester machte alles nur noch schlimmer. Sie starrte weiter in den Spiegel. Große haselnußbraune Augen, die von dichten schwarzen Wimpern gesäumt wurden, blickten ihr daraus entgegen. Das übliche Funkeln in ihren Augen war nun getrübt. Die vollen Lippen, die ein Troubadour einmal mit zerstoßenen Wildbeeren verglichen hatte, waren zusammengepreßt. Sogar ihre Haut hatte ihren charakteristischen bernsteinfarbenen Schimmer eingebüßt. Sie ließ den Spiegel zu Boden fallen.

»Nell, hör auf zu schmollen und komm her!«

Eleonore seufzte und stand auf. In der Kammer, die vom überwältigend süßen Duft von Moschusöl erfüllt war, herrschte ein gewaltiges Durcheinander. Auf dem breiten Bett und der Holztruhe häuften sich Berge von scharlachroten, smaragdfarbenen und blauen Kleidern, samtenen Umhängen und ledernen Schuhen. Zwischen Broschen mit Perlen oder Lapislazuli und goldenen und silbernen Kettchen lag ein Armreif, der mit Rubinen besetzt war. Die Steine kamen ihr vor wie große Blutstropfen.

Eleonore ging zum Fenster. Das französische Ritterheer hatte sein Lager am Ostufer der Garonne aufgeschlagen, die neben dem alten Römerwall entlangfloß, der die Stadtgrenze von Bordeaux bildete. Unter den blaugoldenen Farben des Lilienbanners hatte sich eine schier unüberblickbare Menge von Rittern, Baronen, Herolden, Knappen und Standartenträgern versammelt.

Eleonore schirmte ihre Augen mit der Hand gegen die Morgensonne ab. »Welcher ist Ludwig?«

»Siehst du diese Gruppe von Männern?«

Während Mitglieder des königliches Trosses damit begannen, auf der Wiese bunte Zelte aufzuschlagen, hatten sich mehrere Männer vom Pulk gelöst und gingen gerade zum Fluß hinunter, wo Boote darauf warteten, sie überzusetzen.

»Bei einem der Männer blitzt etwas in der Sonne. Das muß eine Krone sein.«

Nun bemerkte Eleonore den schlanken jungen Mann im Zentrum der Gruppe, der einen schwarzen Umhang und einen goldenen Reif auf dem Kopf trug. Sie sah sein blondes Haar, konnte auf diese Entfernung aber seine Gesichtszüge nicht genau erkennen. War das der französische Prinz? Enttäuschung erfaßte sie. Der erste Eindruck war ernüchternd, der Prinz hatte so gar nichts von dem strahlenden Rittersmann an sich, als den sie ihn sich in ihren Träumen vorgestellt hatte.

»Er kommt mir vor wie ein großer, harmloser Hase«, sagte sie zu Petronilla und rümpfte die Nase.

Die Frauen in der Kammer kicherten.

Petronilla, die trotz ihrer dreizehn Jahre schon einen voll entwickelten Körper hatte, blickte ernst drein. »Ein Hase, der zum Priester geweiht worden ist, wäre passender. Ich frage mich, was für einen Gemahl er abgeben wird.«

»Hör auf zu sticheln, Petronilla!« rief Tante Agnes, die soeben aus dem Kloster von Saintes angekommen war. »Eleonore hat eine sehr gute Partie gemacht. Bete zur Heiligen Muttergottes, daß du ähnlich viel Glück hast.«

»Ich will aus Liebe heiraten, Tante.« Petronilla streckte die Zunge heraus, nachdem sich die Tante abgewendet hatte.

»Einen solchen Unsinn habe ich noch nie gehört.« Tante Agnes, die trotz ihres schwarzen Habits nicht wie eine Klosterschwester aussah, drehte sich wieder um und stemmte die Hände in ihre breiten Hüften. »Eine Heirat ist ein geschäftlicher Vertrag und hat nichts mit Liebe zu tun. Ein Lehen heiratet ein anderes. So geht es eben zu im Leben, und eine vernünftige Frau findet sich damit ab. Du hast offenbar zu viele Minnelieder deines Großvaters gehört.«

»Aber Großmutter hat Großvater aus Liebe gewählt«, widersprach Petronilla.

»Liebe, Liebe! Heutzutage denken die Mädchen nur noch an die fleischliche Liebe!« schimpfte Agnes. »Kein Wunder, daß ihr beide solche Flausen im Kopf habt, wenn ihr die ganze Zeit diesen Unsinn von Liebelei und Tändelei hört. Als eure Mutter starb – Gott lasse sie ruhen in Frieden –, habe ich eurem Vater gesagt: Wilhelm, du läßt den Mädchen zuviel Freiheit. Und was diese verruchte Großmutter betrifft, sie wurde offiziell nie Herzogin von Aquitanien, weil jeder ihr den Respekt und die Anerkennung versagte, die einer rechtmäßigen Ehefrau zustehen.«

»Das schien ihr aber nichts auszumachen. Was hat sie immer gesagt, Nell?« Petronilla hielt sich eine Hand vor den Mund, um ein Lachen zu unterdrücken.

»Ah – laß mich nachdenken – eine Frau regiert die Welt mit dem, was sie zwischen ihren Beinen hat?« Eleonore versuchte ernst zu bleiben, als sie den wütenden Gesichtsausdruck ihrer Tante sah. In Wirklichkeit hatte nicht ihre Großmutter, sondern ihr Großvater diese Bemerkung gemacht, und sie und Petronilla hatten jahrelang darüber gerätselt, was sie genau bedeutete.

»Ekelhaft! Man sollte euch die Münder mit Salz und Essig auswaschen!«

»Eine Frau hat nie viel zu sagen, Tante«, fuhr Petronilla fort. »Nells Ehemann, der Hasenprinz, wird ab jetzt in Aquitanien herrschen.«

»Nein, das wird er nicht«, widersprach Eleonore. »Aquitanien gehört mir.«

Sie blickte über die Stadtmauern hinweg in die Ferne. Eines Tages würde sie eine Krone tragen – aber das zählte nichts im Vergleich dazu, Herzogin eines Landes zu sein, das mindestens zweimal so groß war wie Frankreich. Ein Kloß bildete sich in ihrem Hals, und sie spürte die Versuchung, die Arme auszustrecken und das gesamte Herzogtum fest an sich zu drücken.

»Aquitanien gehört mir«, wiederholte sie. »Es wird niemals einem Fremden gehören.« Zu ihrer Überraschung bemerkte sie, wie sich ihre Stimmung dadurch wieder besserte.

»Ich kann mir nicht denken, daß Nell den Hasenprinzen jemals lieben wird.« Petronilla warf sich auf das Bett und hob die Arme über den Kopf. »Sie wird aus ihm einen Hahnrei machen müssen, wenn sie ein bißchen Spaß im Leben finden will.«

»Petronilla!« Tante Agnes bekreuzigte sich. »Was für eine schamlose, lasterhafte Bemerkung! Bitte die Heilige Muttergottes um Vergebung!«

Eleonore verließ ihren Platz am Fenster, stürzte sich auf Petronilla und begann, sie an ihren dicken Zöpfen zu ziehen. »Natürlich werde ich dem armen Hasenprinzen keine Hörner aufsetzen. Falls er nicht mit einem Stummelschwänzchen ausgestattet sein sollte.« Sie streckte einen Daumen in die Höhe.

Brüllend vor Lachen wälzten sich die beiden auf dem Bett. Auch die übrigen Damen wurden von der Heiterkeit angesteckt. Sogar Tante Agnes konnte sich ein säuerliches Grinsen nicht verkneifen.

»Nun, wir dürfen die beiden nicht zu ernst nehmen«, meinte sie schließlich. »Sie sind ja noch Kinder.«

Als Eleonore am Nachmittag im großen Saal dem jungen Prinzen vorgestellt wurde, gelang es ihr nur mit Mühe, ernst zu bleiben. Ludwig trug ein dunkelblaues Gewand, das ihm nicht stand, und an seinem Hals baumelte ein silbernes Kreuz. Er war hoch aufgeschossen, eher schmächtig, hatte blondes Haar, einen Spitzbart und sanfte blaue Augen. Sein Überbiß, den Eleonore bei genauerer Betrachtung entdeckte, bekräftigte den Eindruck eines verschreckten Hasens, den sie beim ersten Anblick von ihm gewonnen hatte. Offensichtlich war er hingerissen von ihr, was einerseits zwar sehr erfreulich war, doch andererseits empfand es Eleonore mittlerweile schon als Selbstverständlichkeit, daß ihr solche Aufmerksamkeit zuteil wurde.

Ein schmächtiger Benediktiner, der einen wachsamen Ausdruck in seinem bleichen Gesicht hatte, stand schützend neben dem Prinzen. Das mußte der berühmte Abbé Suger sein, der Berater von König Ludwig dem Dicken, ein Kirchenmann mit beträchtlichem Einfluß. Eleonore hatte gehört, er sei der heimliche Herrscher von Frankreich.

Der Abbé war sichtlich weniger von ihr beeindruckt als Ludwig. Seine verschwommenen blauen Augen verengten sich, als er seinen Blick über ihr scharlachrotes, goldbesticktes Kleid gleiten ließ, über das eng geschnürte Mieder, das ihren schlanken Leib umschloß und ihre hochgestützten Brüste und die schmalen Hüften zur Geltung brachte. Sogar an den funkelnden Steinen an ihrer Halskette und ihrem Armreif und dem perlenbesetzten Band, das ihre kastanienbraunen Haare zusammenhielt, die in langen Wellen ihren Rücken hinunterfielen, schien er Anstoß zu nehmen.

»Ich freue mich, Euch kennenzulernen.« Eleonore zwang sich, Ludwig anzulächeln, als habe sie ihr ganzes Leben lang auf diesen Augenblick gewartet. Was immer sie auch empfand, die

Regeln aquitanischer Gastfreundschaft mußten eingehalten werden. »Wir haben Euch zu Ehren ein großes Fest vorbereitet. Die besten Troubadoure und Spielleute aus dem ganzen Herzogtum sind gekommen, um uns zu unterhalten.«

Ludwig errötete und wendete sich zu Abbé Suger, der den Kopf schüttelte. »Prinz Ludwig sollte heute fasten. Er hat eine lange, gefahrvolle Reise hinter sich und hat seit zwei Tagen keine Messe mehr besucht. Ein Tag des Gebetes wird ihm guttun. Auch morgen ist noch Zeit, mit den Hochzeitsfeierlichkeiten zu beginnen.«

»Aber das Fest gehört zu den Vorbereitungszeremonien.« Eleonores dunkle Augenbrauen zogen sich zusammen. »Alle meine Vasallen und Verwandten, ganz zu schweigen von den Gästen, werden sich beleidigt fühlen, wenn ihr künftiger Herzog nicht anwesend ist.«

»Ludwig ist ein Sohn der Kirche und weltlichen Dingen abgewandt«, erwiderte der Abbé, während er einen liebevollen Blick auf den Prinzen warf. »Er weiß wenig über Feste und Unterhaltung, wie es sich auch für jemanden geziemt, der im Kloster groß geworden ist.«

»Wenn er unser neuer Herzog wird, wäre es dann nicht klug, wenn er sich mit den Gebräuchen Aquitaniens vertraut machte?« frage Eleonore und versuchte, so höflich wie möglich zu klingen. Sie hatte sich vorgenommen, sich wie ihr diplomatischer Großvater und nicht wie ihr jähzorniger Vater zu verhalten.

»Vielleicht, ehrwürdiger Vater, wäre es am besten, wenn ich den Gebräuchen folge«, sagte Ludwig mit sanfter Stimme. »Schließlich sind wir Gäste in diesem Land, deshalb sollten wir es vermeiden, die Gastgeber vor den Kopf zu stoßen.«

Er konnte also doch reden! Eleonore lächelte. Sie streckte ihm ihre Hand mit den funklenden Ringen entgegen. Nach kurzem Zögern ergriff sie Ludwig vorsichtig mit seiner verschwitzten Hand, als handele es sich um eine wertvolle, leicht zerbrechliche Reliquie. Abbé Suger verbeugte sich und trat zurück, aber Eleonore bemerkte, wie es in seinen Augen feindselig aufblitzte.

»War die Reise wirklich so gefahrvoll« fragte sie fast flüsternd.

»Vielleicht war das ein wenig übertrieben. Aber es gibt einen gewissen Unmut unter den Bauern und den Bürgern in einigen französischen Städten. Ihr müßt wissen, mein Vater hat eine Sondersteuer verordnet, um die Heirat zu finanzieren.«

»Ihr vergeßt, wie wir in Limoges empfangen wurden«, warf der Abbé ein, während er die Augen auf Eleonore gerichtet hielt. »Es gab mehrere Ausbrüche von Gewalt, die von unseren Soldaten schnell erstickt werden konnten. Nicht jedermann in Eurem Herzogtum, Madame, ist mit dieser Verbindung mit Frankreich einverstanden. Nach meiner Ansicht hält nur die Anwesenheit unseres Heeres die gesetzlosen Vasallen Aquitaniens von einer offenen Rebellion ab.«

Heilige Radegund, dieser alte Mann hatte Ohren wie ein Fuchs. Aber was er sagte, stimmte wahrscheinlich. Die Vasallen waren genausowenig wie sie selbst entzückt darüber, daß Aquitanien einen französischen Herzog bekommen sollte. Einerseits war sie dankbar dafür, daß die Barone des Limousin in die Schranken gewiesen worden waren, andererseits ärgerte es sie, daß die Franzosen sich in ihre Angelegenheiten einmischten. Das mußte sie Ludwig ein für allemal klarmachen – sobald sich ein günstiger Augenblick dafür ergab.

Eleonore sah, wie Ludwig hilflos vom Abt zu ihr blickte, offensichtlich verwirrt durch die Spannung, die er zwischen ihnen beiden spürte. Dieser Anfang stand unter keinen guten Vorzeichen, denn sie war nicht gewillt zuzulassen, daß der Abbé das Leben ihres künftigen Gemahls bestimmte – und noch weniger ihres. Sie spürte instinktiv, daß sie, wenn sie Aquitanien vor Schaden bewahren wollte, Ludwig dem Einfluß dieses anmaßenden Kirchenmannes entziehen mußte.

Beim Festmahl saß Eleonore, mit Ludwig zu ihrer Linken, am Kopfende des hohen Tisches, der mit dem schönsten goldumrandeten Geschirr des Palastes und mit juwelenverzierten Kelchen gedeckt war, die ihr Großvater von seinem Kreuzzug mitgebracht hatte. Der große Saal des Palastes l'Ombrière war mit riesigen seidenen Wandteppichen, mit frisch gepflückten Blumen und neuen Schilfmatten geschmückt. Er war überfüllt mit Gästen aus Aquitanien, der Champagne, aus Blois und Anjou, sogar aus Spanien. Die Pagen, die die Speisen auftrugen, hatten Mühe, zwischen den Tischen hindurchzukommen.

»Es müssen gut sechshundert Leute hier sein, vielleicht sogar tausend, wenn man auch die mitzählt, die sich draußen vor dem Palast aufhalten.« Eleonore überhäufte Ludwigs Brett mit Meeräsche, Hummer und Reis, der in Haselnußmilch gekocht und mit Zimt bestreut war, mit Happen von gebratenem Pfau, Kranich und Gans und mit Scheiben heißen, dampfenden Schweinefleisches.

Sie beobachtete Ludwig dabei, wie er in seinem Essen herumstocherte, vorsichtig etwas von dem Schweinefleisch probierte und an dem roten Wein aus ihrer Provinz Gascogne nur leicht nippte. »Habt Ihr keinen Hunger?«

Angesichts des enormen Appetits, den ihr Großvater und ihr Vater an den Tag gelegt hatten, kam ihr dieses Verhalten reichlich unmännlich vor. Weiter unten am Tisch entdeckte sie Petronilla, die sich den Mund mit Hummer vollstopfte, um nicht lachen zu müssen, und deren Augen Eleonore zu fragen schienen: Habe ich es dir nicht gleich gesagt? Eleonore schnitt eine Grimasse und blickte sich dann im Saal um, nickte Verwandten zu, lächelte einem Vasallen aus Quercy, dann einem aus Perigord zu, die sie alle schon seit ihrer Kindheit kannte.

Plötzlich traf sich ihr Blick mit den kornblumenblauen Augen eines Fremden, der am anderen Ende des Tisches saß. Er war von außergewöhnlich beindruckender Erscheinung, hatte rotgoldenes Haar und eine helle Haut. Zudem war er sehr aufwendig gekleidet, trug ein grün und blau gemustertes Gewand, einen goldbestickten Umhang und eine blaue Mütze, auf der ein gelber Ginsterzweig prangte. Er hob seinen Kelch und prostete ihr mit einem entwaffnenden Lächeln zu. Eleonores Puls beschleunigte sich, und sie erwiderte das Lächeln. Dann bemerkte sie, daß er etwas auf seinem Schoß zu halten schien. Vielleicht einen Hund? Sie konnte es nicht genau erkennen.

Sie beugte sich zum Erzbischof von Bordeaux, der rechts von ihr saß. »Wer ist dieser Herr mit dem Ginsterzweig an der Mütze?«

»Graf Gottfried von Anjou. Ihr werdet Euch erinnern, daß Euer Vater – Gott hab' ihn selig –, bevor er zu seiner Pilgerfahrt nach Spanien aufbrach, den Grafen bei dessen Versuch unterstützte, das Herzogtum Normandie von Stephan von Blois zurückzugewinnen.«

»Ja, ich erinnere mich.« Dann war dies also der Mann, den man Gottfried den Schönen nannte. Anjou war ihr nächster Nachbar im Norden. »Er hat die Normandie gewiß noch nicht zurückgewonnen?«

»Nein. Eine leichte Verwundung am Bein zwang den Grafen, sich nach Angers zurückzuziehen. Es ist eine große Ehre für uns, daß er den weiten Weg nach Bordeaux zurückgelegt hat, um uns seinen Respekt zu erweisen.«

Eleonore wollte sich gerade den übrigen Gästen zuwenden, als ein lauter Schrei sie veranlaßte, ihre Augen wieder auf den Grafen zu richten. Was sie für einen Hund gehalten hatte, entpuppte sich als ein kleiner, ungefähr vier Jahre alter Junge mit rötlichen Haaren. Graf Gottfried, dem dies offensichtlich peinlich war, redete beruhigend auf den Knaben ein, aber Eleonore sah, daß der Junge energisch den Kopf schüttelte und dann mit einer Lautstärke zu kreischen begann, die sein dickliches, kleines Gesicht rot anlaufen ließ.

Der Graf, der nun auch schon einen roten Kopf hatte, erhob sich und warf sich den Knaben wie einen Sack Mehl über die Schulter. Als er an Eleonore vorüberhumpelte, starrte der Junge zu ihr hin. Plötzlich grinste er. Eleonore grinste zurück und warf ihm eine Kußhand zu. Sie hatte das komische Gefühl, daß sich ein verschwörerisches Band zwischen ihnen beiden gebildet hatte. Der gewiefte kleine Schreihals hatte die Aufmerksamkeit aller auf sich gezogen, und seinem dramatischen Abgang folgte mitleidvolles Gelächter. Sie hätte in diesem Alter genau auf dieselbe Weise Aufmerksamkeit zu erzielen versucht.

Der Erzbischof hob den Kopf. »Der junge Sproß des Hauses Anjou scheint einen richtigen Heißsporn in die Welt gesetzt zu haben«, bemerkte er. »Wie ich hörte, soll der kleine Heinrich starrköpfig und eigensinnig sein, genau wie seine normannische Mutter, und nach dieser Vorstellung bezweifle ich das nicht mehr. Es schaudert mich, wenn ich daran denke, wie er sich erst als Erwachsener aufführen wird.«

»Wahrscheinlich wird er jemand, mit dem man rechnen muß«, meinte Eleonore.

Als das Obst, die Feigen und die Beeren aufgegessen und die silbernen Krüge mit rotem und weißem Wein geleert waren, hatten die Männer schon alle ihre Gürtelschnallen gelockert und ihre pelzgefütterten Überjacken abgelegt. Die Frauen dösten. Sogar die Hunde, die mit Essensresten gefüttert worden waren, lagen erschöpft hechelnd unter den Tischen. Der Haushofmeister stieß in ein silbernes Horn, und die Pagen verließen den Saal. Mehrere Troubadoure traten ein und fingen an zu spielen. Als die Klänge der Violen, der Rebecs und der Flöten den Saal erfüllten, erhoben sich manche der aquitanischen Herren und begannen, ihre ländlichen Tänze darzubieten.

Nach einiger Zeit kam das Klacken von Kastagnetten hinzu, und der Rhythmus wurde schneller. Eleonore hielt es nicht mehr auf ihrem Sitz, und sie drängte sich an den Tischreihen vorbei in die Mitte des Saales. Der Graf von Ventadorn gesellte sich zu ihr, und begleitet von begeistertem Klatschen und Singen ihrer Vasallen tanzten sie den Fandango, einen neuen Tanz, der aus dem maurischen Spanien gekommen war. Eleonore wirbelte umher, drehte und streckte sich und fühlte, wie das Blut in ihren Ohren pulsierte und der Rhythmus der Musik ihren ganzen Körper erfaßte. Die Aufmerksamkeit aller richtete sich auf sie.

Mit gerötetem Gesicht und schwer atmend kehrte sie schließlich wieder an den Tisch zurück. Abbé Suger fielen schier die Augen aus dem Kopf, während es Ludwig offenbar die Sprache verschlagen hatte.

Eleonore nahm einen Schluck Wein. »Gibt es in Frankreich keine Tänze und Troubadoure?«

»Prinz Ludwig hat natürlich noch nie getanzt«, sagte der Abbé streng. »Und auch eine derart bizarre Musik gefällt ihm nicht. Kirchenmusik, das ist natürlich etwas anderes.«

»Kann Ludwig das nicht selber sagen?« Eleonore zog ihre Augenbrauen hoch.

»Wie der Vater Abbé schon sagte, derartige Vergnügungen sind mir fremd, Euer Gnaden.«

»Oh, bitte, Ludwig, nennt mich Eleonore. Schließlich werden wir bald das Bett miteinander teilen.«

Ludwig senkte den Kopf und errötete bis unter die Haarspitzen. Abbé Sugers Blick sagte ihr, daß er diese Bemerkung für höchst taktlos hielt.

In diesem Augenblick ging ein erwartungsvolles Raunen durch den Saal; ein Troubadour schritt in die Mitte des Saales, und nach einer eleganten Verneigung vor Eleonore beugte er das Knie.

»Wir fühlen uns aufs höchste geehrt, daß der große Cercamon bei unserem Fest zugegen ist«, sagte sie laut.

Der Troubadour stimmte seine Laute und begann dann mit einer melodischen, weittragenden Stimme ein Planh, ein Klagelied, für Eleonores Großvater zu singen. Als sie an diesen schweren Verlust erinnert wurde, stiegen Eleonore Tränen in die Augen. Nachdem er geendet hatte, herrschte eine Zeitlang ehrfürchtige Stille im Saal, und so mancher der Barone aus dem Süden wischte sich verstohlen über die Augen.

»Was möchte unsere geliebte Herzogin gerne hören?« rief der Troubadour.

Irgendein Teufel ergriff Besitz von ihr, und ohne über die Folgen nachzudenken, antwortete Eleonore: »Das Lied vom unfehlbaren Herrn und danach das von den zwei Schwestern.«

Unter den aquitanischen Adeligen erhob sich schallendes Gelächter, und sie blinzelten sich wissend zu. Cercamon runzelte die Stirn, lächelte Eleonore verschwörerisch zu und neigte den Kopf.

»Ich werde jetzt einige Kanzones vortragen, die der erste Troubadour schrieb, unser vielgeliebter neunter Herzog von Aquitanien, dessen bewegtes, abenteuerliches Leben einem Manne zum Maßstab gereichen kann.« Er machte eine kurze Pause. »Seine Kanzones handeln von einigen dieser – Abenteuer.«

»Verzeiht, aber ich weiß nichts über das Leben Eures Großvaters«, sagte Ludwig respektvoll. »Auf welch glorreiche Taten bezieht sich der Sänger?«

Eleonore beobachtete Cercamon, wie er die ersten Saiten anschlug. »Er erinnert uns daran, daß der Herzog die meiste Zeit seines Lebens damit zugebracht hat, Frauen entweder nachzustellen, zu verführen oder Lieder über sie zu schreiben. Für ihn war die Liebe ein Spiel, so wie Schach, ein Spiel zwischen zwei gleichen Partnern.«

Ludwigs Gesichtsausdruck spiegelte seine Verblüffung wider. Abbé Suger gab einen zischenden Laut von sich, der Eleonore an eine Schlange erinnerte, auf die sie einmal getreten war. Ihre Mutter hätte das, was sie soeben getan hatte, für ziemlich verwerflich gehalten, ihr Großvater aber wäre begeistert gewesen. Manchmal fühlte sie sich zwischen diesen beiden Einflüssen hin und her gerissen, doch je älter sie wurde, desto mehr schien das Blut ihres Großvaters in ihren Adern die Oberhand zu gewinnen. Hätte sie ihre gedankenlos dahingesprochenen Worte rückgängig machen können, sie hätte es getan, aber Cercamon hatte schon zu singen angefangen.

Man nennt mich den »unfehlbaren Meister«,
denn es gibt kein Weib, das nach einer Nacht
mit mir nicht wünschte, daß ich am nächsten Tage
wiederkomme;
und ich darf wohl sagen, ich kenne mich so gut aus
in diesen Dingen,
daß ich damit mühelos meinen Lebensunterhalt bestreiten
könnte
auf jedem beliebigen Marktplatze.

Die aquitanischen Gäste begannen lauthals zu lachen. Den Franzosen dagegen schien es furchtbar peinlich zu sein, und Ludwig war so blaß geworden, daß Eleonore schon befürchtete, er würde gleich in Ohnmacht fallen. Abbé Suger hatte vor Entsetzen den Mund weit aufgerissen.

Cercamon fuhr in seinem Vortrag fort und begann nun mit der berühmten Ballade von den beiden lasterhaften Schwestern, mit denen Herzog Wilhelm sich acht Tage lang im Bett vergnügt hatte. Der Saal tobte vor Vergnügen.

Als nächstes gab Cercamon ein Lied zum besten, das er, wie er sagte, zu Ehren der glorreichen Herzogin geschrieben habe. Ihre Haut, liebkost von der warmen Sonne Aquitaniens, gleiche dem weichen Fleisch einer reifen Birne. Ihre leuchtenden Augen funkelten wie die Wasser der Garonne; ihr Haar sei prächtig wie ein blühender Kastanienbaum, ihre Lippen so weich wie Rosenblüten, ihr Leib so rank und schlank wie der Stamm einer jungen Weide, ihre Brüste so fest und rund wie reifende Äpfel. Doch, leider, leider, könne er sie nur aus der Ferne anbeten.

Gott sei Dank hatte er diesen Schluß noch angefügt. Die Worte des Troubadours erinnerten Eleonore daran, daß er wußte, wovon er sprach. Vor sechs Monaten hatte sie dem schlanken, lockigen Sänger erlaubt, sie kurz zu küssen und ihre Brüste zu streicheln, ihn dann aber lachend weggestoßen, als seine Augen sich lüstern weiteten.

Während die Aquitanier weiterhin begeistert klatschten und mit den Füßen stampften, wurde es den Franzosen zunehmend unbehaglicher. Ludwig hatte die Augen geschlossen, und er schien zu beten. Als der erzürnte Blick von Abbé Suger sie traf, wußte Eleonore, daß sie sich einen ernstzunehmenden Feind geschaffen hatte. War Cercamon mit ihrer Erlaubnis etwas zu weit gegangen? Vielleicht. Andererseits mußten diese Leute sie so nehmen, wie sie eben war.

Was waren diese kalten, bärtigen Franken doch für ein seltsamer Menschenschlag, struppige Barbaren verglichen mit den eleganten, sauber rasierten Aquitaniern in ihren prächtigen Gewändern, mit ihren langen Locken und ihrem unersättlichen Verlangen nach Unterhaltung und Vergnügen. Hatten die Franzosen das Lachen verlernt? Verdammten sie jedes Vergnügen gleich als Sünde? Ein eisiger Schauer durchfuhr Eleonore. Bald würde sie Aquitanien verlassen und sich von der Lebensweise verabschieden müssen, die sie hier schätzen gelernt hatte. Wie würde ihr Leben unter diesen seltsamen Fremden im Norden aussehen?

Sie blickte zum anderen Ende des Tisches, wo der elegante Graf von Anjou nun ohne seinen Sohn wieder Platz genommen hatte. Die Person, der sie sich an diesem Abend am meisten verbunden gefühlt hatte, war komischerweise nicht Ludwig gewesen, ihr künftiger Ehemann, sondern der aufsässige junge Heinrich von Anjou.

## 4. KAPITEL

»Ich kann es nicht«, sagte Eleonore. »Und ich will es nicht.«

Eleonore, angetan mit ihrem weißen Hochzeitskleid, stand im Turmzimmer, umgeben von Petronilla, ihren Hofdamen und all den weiblichen Verwandten, die sich in der Burg eingefunden hatten. Sie starrten sie an, als wäre sie verrückt geworden – was in gewisser Weise ja auch stimmte.

»Jede Braut fürchtet sich vor dem Hochzeitstag«, rief Tante Agnes. »Das ist natürlich. Wenn du keine Angst hättest, würde ich mich ernstlich fragen, was mit dir los ist.«

Eleonore seufzte. »Ich habe keine Angst. Ich weiß nur, daß ich in mein Unglück renne, wenn ich ihn heirate.«

»Wie oft muß ich dir noch sagen, daß niemand heiratet, um sein Glück zu finden!« Tante Agnes wendete sich den übrigen Verwandten zu. »Das kommt dabei heraus, wenn ein Mädchen von Männern aufgezogen wird – insbesondere von Männern wie meinem Vater, die mit dem Kopf immer in den Wolken schweben –, wenn keine Frau sich um sie kümmert und sie mit der Wirklichkeit des Lebens vertraut macht.«

»Nell«, sagte Petronilla ängstlich, »alle warten auf dich. Es ist zu spät, um jetzt noch deine Meinung zu ändern. Du mußt zur Hochzeit erscheinen.«

»Das Glück stellt sich ein, wenn man dem Ehemann dient, ihm Kinder gebärt und seine Pflichten als Ehefrau und Mutter erfüllt«, bemerkte eine andere Verwandte.

Das zustimmende Gemurmel der anderen erinnerte Eleonore an eine Schar gackernder Pfauenhennen.

Sie ging zum Bett, wobei sie fast über die lange Schleppe gestolpert wäre, und setzte sich. »Nein.«

Tante Agnes rang die Hände. »Ich habe es ihrem Vater hundertmal gesagt: Das Mädchen hat keine Mutter, die sie auf den rechten Weg bringt. Du läßt ihr zu viele Freiheiten. Sie wird ein eigensinniges, störrisches Biest werden, ganz und gar unweiblich. Aber er wollte ja nicht hören!«

Ihre Mutter. Ein Gefühl der Wehmut und der Verlassenheit durchzog Eleonores Brust. Ihre Mutter hätte sie verstanden, hätte sie nicht zu einer Heirat gezwungen, von der sie instinktiv wußte, daß sie in einem Desaster enden würde.

Tante Agnes setzte sich neben sie. »Hör zu, meine kleine Nichte.« Sie senkte ihre Stimme. »Sobald du einen oder auch zwei Stammhalter für Frankreich in die Welt gesetzt hast, wird sich niemand mehr sonderlich um dich kümmern. Und dann, unter uns verheirateten Frauen gesagt, kannst du tun, was dir gefällt, wen stört es dann noch?«

Eleonore wußte nicht, ob sie lachen oder weinen sollte. Warum gaben sich die Frauen nach außen immer so sittsam und tugendhaft und taten im geheimen doch, wonach es sie gelüstete? Die Männer waren zumindest weniger verlogen.

»Die Menschen werden immer ein Auge auf mich haben, Tante. Ich bin Herzogin und werde eines Tages Königin werden. Ich habe weder die Absicht, für die französische Herrscherdynastie nur die Gebärkuh zu spielen, noch werde ich zulassen, daß Ludwig mir die Verwaltung meines Herzogtums aus der Hand nimmt und mich dazu verurteilt, untätig herumzusitzen.«

»Untätig herumsitzen?« Tante Agnes und die übrigen Damen starrten sie offenen Mundes an.

Schließlich schüttelte ihre Tante ungläubig den Kopf. »Es wird immer schlimmer. Natürlich wirst du etwas zu tun bekommen. Sehr viel sogar. Wer, glaubst du denn, kümmert sich um alles? Die Männer? Natürlich nicht. Die Frauen! Ohne uns würden doch alle Burgen und Herrenhäuser in Aquitanien verfallen. Wer, denkst du, organisiert den Haushalt, beaufsichtigt die Pagen und Zofen, kümmert sich um das Essen, die Kleidung, die Versorgung bei Krankheiten, die Erziehung der Kinder...«

»Und wenn die Männer auf Pilgerfahrt sind oder wir belagert werden, wer bereitet dann das heiße Wasser zu, das heiße Öl...«, warf eine andere Verwandte ein.

»Ich muß mich sogar darum kümmern, daß die Rüstung meines Gatten immer geölt und sauber poliert ist, daß seine Pfeile geschärft sind...«, fügte eine ältere Cousine an.

Die übrigen Damen murmelten zustimmend.

Tante Agnes rümpfte die Nase. »Warum sollte es in Frankreich anders sein? Du wirst die ganze Arbeit erledigen, aber dein Gemahl wird es wahrscheinlich kaum zur Kenntnis nehmen. Mein verblichener Mann – Gott erbarme sich seiner – hat in seinem Leben nicht eine einzige Entscheidung getroffen – und er wußte es auch nicht. Das ist das Los der Frauen. Wir machen die ganze Arbeit, erhalten dafür aber nie eine Anerkennung. Das ist eben so auf der Welt.«

Eleonore mußte lachen. »Aber das genügt mir nicht. Wenn ich mich um die Angelegenheiten meines Herzogtums kümmere, will ich, daß alle es wissen. Daß alle mich beachten. Ich will mich nicht hinter meinem Ehemann verstecken.«

»Hm. Wie sagen die alten Weisen? ›Demut ist besser als Hochmut‹ und ›Die Ehe ist die härteste aller Prüfungen‹. Und was soll aus Aquitanien werden? Wenn du nicht in Paris ein Auge auf das Herzogtum hast, wer, glaubst du, wird es sonst tun? Weißt du denn überhaupt, was es heißt, Herzogin zu sein? Deine Untertanen verlassen sich darauf, daß du dich um sie kümmerst, vergiß das nicht!« Tante Agnes wedelte mit dem Zeigefinger vor Eleonores Gesicht umher. »Wer die Bürde einer Krone nicht tragen kann, sollte besser auf sie verzichten.«

Eleonore stand auf und ging zum Fenster. Der Hof unten war voller Leute, deren nach oben gereckte Gesichter Eleonore vorkamen wie Gänseblümchen, die zur Sonne strebten. Jemand erspähte sie, zeigte herauf und begann zu rufen. Sofort zog sie sich zurück. Wie sollte sie das vergessen? Am Ende kam immer wieder alles nach Aquitanien zurück. Sogar der Ruhm der französischen Krone.

Sie straffte sich und ordnete ihren Schleier.

Als Eleonore und Ludwig kurze Zeit später unter Glockenläuten und Hörnerklängen den Hochzeitszug durch die gepflasterten Straßen Bordeauxs führten, brachte Eleonore nur mit Mühe ein Lächeln zustande. Allein ihre jubelnden Untertanen, die den Weg säumten, hielten sie davon ab, sich ganz der trübseligen Stimmung hinzugeben, die sie überkommen hatte. Sie nahm die bunten Fahnen, die an den Häusern flatterten, nur flüchtig wahr, spürte die Wärme des Julimorgens kaum und war gleichgültig gegenüber dem strahlend blauen Himmel und der von Wohlgerüchen erfüllten Luft.

Sie schenkte Ludwig, der wie ein stummer Schatten neben ihr her marschierte, keine Aufmerksamkeit, registrierte nur, daß er dem Anlaß entsprechend gekleidet war. Er trug ein weißes Leinenhemd, ein dunkelrotes Übergewand aus Tuch und Seide, das mit einem Pelz verbrämt und am Hals und den Ärmeln goldbestickt war, und einen gleichfarbigen, ebenfalls pelzverbrämten Umhang. Sein helles Haar krönte ein goldenes Kränzchen. Die Steine funkelten hell im Sonnenlicht.

Im Inneren der Kathedrale Saint-André hatte man Hunderte

von weißen Kerzen entzündet, Weihrauch hing wie ein dichter Nebel in der Luft, die Gesänge der Mönche erfüllten die Kirche. Eleonore kniete sich vor dem Erzbischof von Bordeaux nieder. Sie fühlte sich umfangen von einem Netz aus Zweifeln und Einsamkeit. Hatte ihre Tante recht? Würde sie ihr Schicksal gefaßter auf sich nehmen, sogar Ludwig gegenüber freundlicher sein, wenn ihre Mutter lange genug gelebt hätte, um sie auf den richtigen Weg zu bringen? Zum ersten Mal seit vielen Jahren begann sie sich nach der Geborgenheit zu sehnen, die sie früher einmal erfahren hatte – und wahrscheinlich nie mehr erleben würde.

Der Erzbischof blickte sie stirnrunzelnd an, sie durfte nicht länger zögern. Mit stockender Stimme sprach sie das Treuegelübde, während Ludwig vor Angst und Aufregung den Ehering fallen ließ.

Nachdem der Hauptteil der Trauung vorüber war, stimmte der Erzbischof das Te Deum an, und als der Chor das Dankgebet beendet hatte, erteilte er den beiden seinen Segen.

»Gib, daß aus diesem Mädchen eine Frau wird, die so liebenswert ist wie Rachel, so klug wie Rebekka und so treu wie Sarah. Gib, daß sie demütig wird durch Wahrheit, verehrungswürdig durch Bescheidenheit und weise durch himmlische Führung.«

Die Zeremonie ging weiter. Schließlich wurde das Agnus Dei gesungen. Ludwig trat an den Alter und erhielt vom Erzbischof den Friedenskuß. Dann sollte er sich umdrehen, Eleonore unter dem großen Kreuz umarmen und ihr den Kuß weitergeben. Er legte Eleonore behutsam den Arm um die Hüfte, vergaß aber, sie zu küssen. Einen Augenblick lang herrschte verblüfftes Schweigen, doch bevor sie ihn noch daran erinnern konnte, hatte er sie schon wieder freigegeben.

Nach der Zeremonie beugten sie ihre Häupter und erhielten die goldenen Diademe, die sie formell zum Herzog und zur Herzogin von Aquitanien machten. Als Eleonore den schmächtigen, schüchternen Ludwig musterte und ihn mit den stattlichen, ungestümen Riesen verglich, die ihr Vater und ihr Großvater gewesen waren, wußte sie, daß sie ihn nie wirklich als Herzog würde akzeptieren können. Im Grunde war sie Herzogin und Herzog zugleich, die Retterin ihres Landes. Hatte sie denn durch die Heirat mit Ludwig Aquitanien nicht davor bewahrt, zur Beute ihrer rücksichtslosen Vasallen oder habgieriger Fremder zu werden? Dieser Gedanke heiterte sie ein wenig auf. Es war vollbracht, jetzt war sie eine Prinzessin Frankreichs und mußte das Beste daraus machen.

Die Hochzeitsfeierlichkeiten fanden im Palast l'Ombrière

statt. Auf Eleonores Befehl waren die Wände mit roten und grünen Seidentüchern behängt und der Boden mit frisch gepflückten Rosen und Lilien bestreut worden. Auf dem hohen Tisch lag ein gebratener Schwan, so hergerichtet, als wäre er noch am Leben, auf einem Bett aus grünem Kuchen, der mit kleinen Bannern geschmückt war.

Dem Brauch entsprechend, erhielt Ludwig einen silbernen Kelch. Seine Hand zitterte, als er trank, und als er den Kelch an Eleonore weiterreichte, verschüttete er ein wenig von dem Wein. Eleonore blickte an sich hinunter. Die tiefroten Weintropfen wirkten auf ihrem weißen Kleid wie Blutspritzer. Ebenso wie der vergessene Friedenskuß war das ein schlechtes Omen.

Zwei Stunden nach Beginn des Festes kam Abbé Suger, der bis dahin gefehlt hatte, an den hohen Tisch geeilt.

»Ich habe gerade eine Nachricht erhalten, wonach es im Limousin zu Unruhen gekommen ist, die sich leicht bis nach Bordeaux ausbreiten könnten«, sagte er. »Wie ich Euch schon bei unserer Ankunft sagte, Madame, sind die Barone dort erbost über die Allianz mit Frankreich. Kaum waren unsere Soldaten abgezogen, kam es zu einem Aufstand. Es ist daher am besten, wenn wir die Feierlichkeiten vorläufig beenden, die Hochzeitsnacht verschieben und uns sofort nach Norden, nach Poitou begeben. Ich habe schon angeordnet, daß unser Lager abgebrochen und die Packpferde gesattelt werden.«

»Aber es ist nicht notwendig, abzureisen«, sagte Eleonore überrascht. »Die Barone im Limousin haben schon oft für Unruhe gesorgt.«

Gelegentliche Zusammenstöße mit den aufrührerischen Vasallen gehörten zur aquitanischen Lebensweise; niemand nahm das allzu ernst. Außerdem freute sie sich schon auf die Hochzeitsnacht. Sollte sich Ludwig trotz aller gegenteiligen Anzeichen doch als passabler Liebhaber erweisen, bestand noch ein wenig Hoffnung, daß sie zusammen glücklich werden konnten.

»Das mag sein«, erwiderte Abbé Suger, »aber ich will nicht das Risiko eingehen, daß wir in Geplänkel mit Euren Vasallen verwickelt werden. Soll etwa die Hochzeitsnacht durch ein Gefecht mit Aufständischen gestört werden?«

»Vielleicht habt Ihr recht«, sagte Eleonore langsam. »Wir sollten Blutvergießen möglichst vermeiden.«

»*Benedicamus dominum!* Ich freue mich, daß Ihr anders seid als Euer hitzköpfiger Vater – Gott vergebe ihm seine Sünden –, der kaum ein Blutvergießen ausgelassen hat.«

Eleonore verkniff sich eine bissige Erwiderung. »Unglücklicherweise hat das wilde Temperament meines Vaters häufig seine Entscheidungen beeinflußt. Aber ich habe aus seinen Fehlern gelernt. Wenn die Diplomatie uns weiterhilft, müssen wir sie nutzen. Gewalt ist in meinen Augen immer nur das letzte Mittel.«

Abbé Suger runzelte skeptisch die Stirn, ließ die Angelegenheit aber auf sich beruhen. Eleonore hatte nicht gesagt, daß sie es ganz in Ordnung fand, wenn ihr Vater Rebellionen in seinem Herzogtum blutig niedergeschlagen hatte, aber sie wollte auf jeden Fall vermeiden, daß französische Soldaten aquitanisches Blut vergossen. Unter diesen Umständen war es besser, den Vollzug der Ehe noch ein wenig hinauszuschieben.

Während der Reise nach Poitou schlief Eleonore wieder bei Petronilla, die ihr anvertraute, sie habe sich unsterblich in den Seneschall Frankreichs, Ralph von Vermandois, verliebt.

»Aber er ist doch dreimal so alt wie du und hat schon Enkel!«

»Was spielt das für eine Rolle? Es ist wirklich Liebe.«

»Oh, es wäre nicht das erste Mal, daß du dir vorstellst, du seist unsterblich in jemanden verliebt«, erwiderte Eleonore. Sie nahm sich vor, ein Auge auf ihre flatterhafte Schwester zu haben.

Am zweiten Tag überholte sie der Graf von Anjou mit einer kleinen Gruppe von Rittern in der Nähe von Angoulême. Er hatte seinen Sohn vor sich auf den Sattel gesetzt, und als Gottfried sein Pferd zum Stehen brachte, verlangte der kleine Heinrich kreischend, absteigen zu dürfen.

»Wie schön, Euch wiederzutreffen«, sagte Eleonore, deren Herz beim Anblick des stattlichen Edelmannes schneller zu schlagen begann. »Begleitet Ihr uns ein Stück?«

Gottfried lächelte zu ihr herunter. »Nichts täte ich lieber, aber ich muß nach Anger zurück, um einen weiteren Feldzug gegen die Normandie vorzubereiten.«

»Ich verstehe. Wir werden Eure Gesellschaft vermissen, nicht wahr, Ludwig?«

Zu Eleonores Verblüffung murmelte Ludwig irgend etwas Unverständliches und wandte den Blick ab. Er schien sich unwohl zu fühlen, war unsicher, wie er sich verhalten sollte, wenn andere zugegen waren. Sie lächelte Gottfried entschuldigend an, der ihr einen mitleidvollen Blick zuwarf.

»Los, komm, Heinrich!« rief er seinem Sohn zu, der im Gebüsch neben der Straße verschwunden war.

Heinrich erschien mit einem Sträußchen weißer Lilien in seiner schmutzigen Faust. Er trottete zu Eleonore und bot ihr die

Blumen mit feierlichem Gesichtsausdruck und höflichem Lächeln an.

»Das ist wirklich sehr aufmerksam.« Eleonore nahm den Strauß entgegen, gerührt von der Geste des Knaben. »Ich danke Euch, mein Herr.« Sie erwiderte sein Lächeln und festigte dadurch das Band, das auf dem Fest in Bordeaux zwischen ihnen entstanden war.

Den Jungen überkam eine plötzliche Scheu, und er lief zu seinem Vater zurück, der ihn aufs Pferd hob.

»Ihr habt eine weitere Eroberung gemacht, Madame«, sagte Gottfried lachend und bedachte sie mit einem bedeutungsvollen Blick.

Er ritt mit seinem Gefolge weiter. Der kleine Heinrich, der den Kopf umgewendet hatte, winkte Eleonore nach, bis er in einer Staubwolke verschwand.

»Was ist der kleine Heinrich von Anjou doch für ein Charmeur«, meinte Eleonore. »Er wird noch viele Herzen brechen, wenn er einmal groß ist.«

Ludwig erwiderte nichts darauf.

Als die Reisegruppe fünf Tage später die Grenze nach Poitou überquerte, setzte sich Eleonore mit Ludwig von den anderen ab, denn sie war begierig darauf, ihm all die Sehenswürdigkeiten zu zeigen, die ihr so vertraut waren. Wenn es ihr gelang, in ihm die Liebe zu ihrem Heimatland zu wecken, würde im Lauf der Zeit vielleicht doch eine herzlichere Beziehung zwischen ihnen entstehen. Ludwig ließ sich zwar von ihr führen, aber sie wußte nicht, was in seinem Kopf vorging, denn er war immer noch sehr wortkarg. Seine Verschlossenheit begann Eleonore allmählich zu ärgern.

An einem warmen Morgen Anfang August, sechs Tage nach ihrer Abreise aus Bordeaux, erreichten sie den Fluß Clain, der die alten Stadtmauern von Poitiers, der Hauptstadt Poitous, umfloß. Kleine weiße Wölkchen verteilten sich am blauen Himmel, die Sonne tauchte die roten Dächer und die Zinnen der Stadt in helles Licht. Die Glocken der Kirche Notre Dame la Grande läuteten zur Sext. Eleonores Herz schlug schneller, als sie diese wohlvertrauten Töne vernahm.

»Diese Stadt ist mir die liebste in ganz Aquitanien«, erklärte sie Ludwig.

Sie trieb ihr Pferd an und ritt den Berg hinauf. Die Tore der Stadt standen offen, und sie nahmen ihren Weg durch die engen Straßen, auf denen kreischende Kinder und quiekende Schweine beiseite stoben, um ihnen Platz zu machen. Männer zogen ihre Mützen, Frauen knicksten und lächelten ihr zu. Eine dicke Frau, die etwas in den Armen hielt, kam auf die Straße herausgelaufen. Sie beugte ihr Knie vor Eleonore und überreichte ihr ein sauber gefaltetes Spitzentuch.

»Dame Marie, habt Ihr das für mich gemacht?« Eleonore nahm das Tuch in die Hand. »Wunderschön! Ich weiß nicht, wie ich Euch danken soll. Wie geht es Euren Kindern? Hat der kleine Jean sich von seiner Krankheit erholt?« Sie stieß Ludwig an. »Dame Marie ist die beste Spitzenklöpplerin von Poitiers, Ludwig. Hast du schon einmal so etwas Feines gesehen?«

»Von Poitiers?« Dame Marie warf Eleonore einen leicht indignierten Blick zu. »Von ganz Poitou, Madame, mindestens.«

Eleonore lachte. »Natürlich. Wahrscheinlich von ganz Aquitanien, wenn man es genau nimmt.«

Dame Marie strahlte. Ludwig blickte ausdruckslos vor sich hin. Was war bloß los mit ihm? War er vielleicht schwachsinnig, und man hatte es ihr bis jetzt vorenthalten?

»Meister Grimbold, wie aufmerksam von Euch. Haben die Schmerzen in Eurem Bein inzwischen nachgelassen?« fragte sie einen großen Mann, der ihr stolz zwei Räder weißen Käses präsentierte. »Meister Grimbold macht den besten Käse in Poitiers – in ganz Poitou. Riecht er nicht wunderbar, Ludwig?«

Nachdem sie noch viele weitere Geschenke erhalten und die Glückwünsche ihrer Untertanen entgegengenommen hatte, wartete Eleonore, bis sie außer Hörweite waren, und wendete sich dann an Ludwig.

»Hat dir eine Katze die Zunge abgebissen? Warum sagst du denn überhaupt nichts?«

»Ich – ich weiß nicht, was ich sagen soll. Kennst du wirklich all diese einfachen Leute?« Ludwigs erstaunter Gesichtsausdruck wirkte fast komisch. »Kennst du sie wirklich mit Namen?« Das war die erste Frage, die er ihr stellte.

»Natürlich kenne ich sie. Mein Vater hat mich immer auf seinen Reisen durch das Herzogtum mitgenommen, seit ich zehn Jahre alt war. Bist du nie mit deinem Vater durch Frankreich gereist?«

»Ich? O nein. Ich bin nur selten aus Paris hinausgekommen – oder aus dem Kloster.«

Aus dem Kloster. Das Kloster hatte sie ganz vergessen. Was für einen König würde er wohl abgeben, dachte sie, wenn er nichts über Land und Leute wußte?

»Da du formell auch Graf von Poitou werden wirst, könnte es

nicht schaden, wenn du diese Menschen kennenlernst«, sagte sie. »Ich werde dir dabei helfen, so gut ich kann«, fügte sie hinzu und griff nach seiner Hand.

Sie gelangten zum Marktplatz, der von Menschen überfüllt war, die das Brautpaar mit Blumen bewarfen und ihre neue Gräfin mit Beifallsrufen begrüßten. Zu ihrem Entzücken wurde Elenore von einigen ihrer begeisterten Untertanen vom Pferd gehoben und auf den Schultern zum Maubergeonne-Turm getragen, der zum alten Kastell der Grafen von Poitou gehörte.

Dort zog sie den verdutzten Ludwig sofort mit sich hinaus zu ihren Lieblingsorten: in den Garten, dessen Obstbäume sich unter der Last von Birnen und Pfirsichen bogen, und in den Stall mit den Araberhengsten und den Falkenkäfigen. Sie stellte ihn sogar Meister André vor, ihrem guten Lehrer. Eleonore ignorierte Ludwigs Teilnahmslosigkeit und wies ihre Dienerschaft an, für den Abend ein Fest vorzubereiteen mit den berühmtesten Troubadouren und Spielleuten der Stadt. Sie war entschlossen, diesen gleichgültigen und verschlossenen Prinzen zum Leben zu erwecken, ob er es nun wollte oder nicht.

Schließlich war dies ja auch eine besondere Nacht: Die Ehe sollte jetzt zum ersten Mal vollzogen werden.

# 5. Kapitel

## Poitiers, im Jahre 1137

An diesem Abend überreichte Eleonore am hohen Tisch Ludwig ein Geschenk.

»Dieser wunderschöne Kelch gehörte meinem Vater«, begann sie ihre kleine Rede, die sie vorbereitet hatte. »Er erbte ihn von seinem Vater, dem Troubadour, der immer behauptet hat, er sei das Geschenk eines maurischen Prinzen.«

Sie hielt ihm den Kelch entgegen. Er war aus einem einzigen Stück Bergkristall gemeißelt, mit einer juwelenbesetzten Goldfassung versehen und gehörte zu ihren kostbarsten Besitztümern. Bevor Ludwig das Geschenk entgegennehmen konnte, riß es ihr Abbé Suger aus der Hand, als wäre es ein Stück glühend heißer Kohle. »Ich werde es in Verwahrung nehmen.«

Bevor Eleonore widersprechen konnte, wurde ihre Aufmerksamkeit abgelenkt durch eine riesige Pastete, die vom Oberkoch und zwei Pagen hereingetragen wurde. Sie stellten sie stolz vor Ludwig auf den Tisch.

»Schneide sie auf«, sagte Eleonore und reichte Ludwig ihr Messer.

Dieser blickte zum Abt, der ihm zunickte. Ein erwartungsvolles Raunen ging durch den Saal, als Ludwig sich erhob und vorsichtig ein kleines Loch in die Pastete bohrte. Die Gäste kicherten.

»Ist das alles, was Ihr zustandebringt?« rief jemand. »Ich hoffe, bei Madame Eleonore stellt Ihr Euch besser an.«

Derbes Gelächter hallte durch den Saal.

»Unsere Gräfin braucht einen Mann, vergeßt das nicht!« rief ein anderer.

»Ja, das wilde Blut des Troubadours fließt in ihren Adern.«

Der Saal brüllte vor Lachen. Ludwig, der vor Verlegenheit feuerrot angelaufen war, schien erstarrt zu sein. Da erbarmte Eleonore sich seiner, nahm ihm das Messer aus der Hand und schlitzte die Pastete mit einem kräftigen Schnitt auf. Eine Schar kleiner Vögel flatterte heraus und schwirrte im Saal umher.

»Ja, so geht das. Ihr werdet dem französischen Prinzen auch noch einiges andere zeigen müssen.« Alle Gäste im Saal applaudierten.

Eleonore lächelte breit und blickte zur Tür, wo einige Falkner mit ihren Tieren warteten. Auf ein Kopfnicken von ihr ließen sie ihre Falken frei. Die Gäste, die gerade noch fröhlich und ausgelassen gewesen waren, sprangen nun von ihren Sitzen auf und versuchten, den Raubvögeln auszuweichen, die sich auf ihre Beute stürzten und die kleinen Vögelchen auf die Tische hinunterstießen. Die Hunde begannen zu bellen und nach den Falken zu schnappen. Der ganze Saal geriet in Aufruhr, Blut spritzte durch die Luft, Federn flogen umher.

Ludwig war so bleich geworden, daß Eleonore schon fürchtete, er könnte in Ohnmacht fallen. Waren die Adeligen Frankreichs so weltfremd, daß sie derartige Vergnügungen nicht kannten? Was taten die Franzosen eigentlich sonst noch außer kämpfen und beten?

Schließlich ging die Hochzeitsfeier zu Ende. Eleonore und Ludwig wurden in die große Kammer geführt, in der schon ihr Vater und ihr Großvater gewohnt hatten. Die Kammer wurde durch fünfzig weiße Kerzen in silbernen Ständern erhellt und war mit Girlanden aus rosafarbenen Rosen und blauen Vergißmeinnicht geschmückt. Der Erzbischof von Bordeaux segnete das Ehebett und verteilte Weihwasser in der Kammer, um Dämonen zu verscheuchen, die hier vielleicht lauern mochten – denn man wußte nur zu gut, daß die Teufelsbrut durch fleischliche Vergnügen besonders angezogen wurde.

Nachdem die förmliche Zeremonie beendet war, verließen auch Eleonores Hofdamen kichernd die Kammer. Petronilla warf ihr noch einen wissenden Blick zu und ging dann ebenfalls. Eleonore unterdrückte ein Lächeln, schlüpfte aus ihrem hermelinbesetzten Kleid und legte sich mitten auf das breite, mit einem purpurroten Baldachin überzogene Bett. Zu ihrer Überraschung stieg Ludwig, der noch angekleidet war, plötzlich aus dem Bett und kniete sich vor das Betpult, das in einer Ecke der Kammer stand – das Betpult, das, soweit Eleonore sich erinnerte, zuletzt von ihrer verstorbenen Mutter benutzt worden war.

Hab Geduld, ermahnte Eleonore sich. Gib ihm Zeit. Überstürze es nicht.

Aber wie bei ihren Vorfahren pulste auch in ihren Adern das heiße Blut Aquitaniens. Da sie schon in früher Kindheit von den Freuden der irdischen Liebe erfahren hatte, insbesondere durch das Beispiel, das ihre lüsternen Großeltern ihr boten, hatte Eleonore sich immer schon darauf gefreut, ihre Jungfernschaft zu verlieren.

Schon damals, als sie als Kind auf dem Tisch getanzt hatte, hatte sie eine wichtige Lektion über die Wirkung weiblicher Macht gelernt. Als sie älter wurde, hatte es immer wieder Männer gegeben, wie etwa den Troubadour Cercamon, die sich von ihrer verführerischen Schönheit angezogen fühlten wie die Motten von einem Kerzenlicht. Sie wußte, jeder Mann, der sie anschaute, wollte ihre reifen Lippen spüren, ihre festen Brüste mit seinen Händen umfangen und sich an ihren straffen, schlanken Körper drücken. Diese Männer kamen ihr vor wie hechelnde Hunde, die mit heraushängenden Zungen auf ihren Bauch krabbelten, um gestreichelt zu werden. Nachdem sie entdeckt hatte, welche Macht sie über Männer ausüben konnte, hatte sie sich einen Spaß daraus gemacht, sie zu necken, während sie sich selbst unnahbar gab. Im Grunde genommen erfüllte sie das geifernde Verlangen der Männer mit Verachtung.

Nur einmal war sie ernsthaft in Gefahr geraten, vom Feuer der Begierde verschlungen zu werden.

Vergangenen Winter hatte ein wohlgestalteter Troubadour mit bronzefarbener Haut aus dem maurischen Spanien ihren Vater am Hof von Bordeaux besucht, wo er durch seine einschmeichelnde Stimme und den mitreißenden Rhythmus seiner Kastagnetten großes Aufsehen erregt hatte. Seine heißen, dunklen Augen waren so eindringlich über ihren Körper geglitten, daß Eleonore sich vorkam, als würde sie von ihm ausgezogen. Nach seinem Auftritt im großen Saal hatte er sie mit hinaus genommen in den mondhellen Garten und sie, obwohl sie sich wehrte, feurig auf den Mund geküßt. Dann hatte er behauptet, sie sei das schönste weibliche Wesen, das er jemals zu Gesicht bekommen habe, und er würde sterbenskrank werden, wenn er sie nicht besitzen könnte. Eleonore wußte, daß dies das geringste Kompliment war, das ein Troubadour jeder einigermaßen hübschen Dame machte, wollte er nicht Gefahr laufen, grober Unhöflichkeit geziehen zu werden.

Aber er war anders als die übrigen Männer, drängender, weniger ehrfurchtvoll, und bevor sie ihn daran hindern konnte, hatte er sie dazu gebracht, ihren Mund zu öffnen. Zugleich hatte er eine Hand an der seidenweichen Haut ihres Oberschenkels hinaufgeschoben und begann nun mit seinen Fingern, die Geheimnisse ihres Geschlechts zu erforschen. Eleonore war wie benommen und machte keine Anstalten, ihn zurückzuweisen. Oft hatte sie sich später gefragt, was noch alles geschehen wäre, hätte ihre Schwester sie nicht überrascht. Noch Tage später wurde sie feucht zwischen den Beinen, wenn sie an die erregende Berührung seiner Finger dachte.

Einige Kerzen waren schon am Verlöschen, als Ludwig endlich seine Andacht beendete, ans Bett zurückkehrte und dabei Eleonore aus ihren Träumen riß. Er war bleich und wirkte betrübt; Eleonore kam er vor wie ein Schaf, das zur Schlachtbank geführt wurde. Bevor er sich auszog, blies er alle Kerzen aus, und dann legte er sich zu ihr ins Bett. Zitternd rollte er sich neben ihr zusammen. Eleonore, die spürte, daß er Angst hatte, versuchte, ihm ihr Mitgefühl zu zeigen, empfand dadurch das Gefühl der Zurückweisung aber nur noch stärker.

»Ich bin nicht zerbrechlich, Ludwig«, flüsterte sie. »Es besteht kein Grund, Angst zu haben.« Sie zwang sich, die Arme zu öffnen, und legte sie um ihn, als wäre er ein verschüchtertes kleines Kind. »Was bedrückt dich? Findest du mich nicht begehrenswert?« Eine dumme Frage, denn sie spürte, wie sich sein Glied an ihrer Seite versteifte.

»Du bist ein Engel des Liebreizes«, sagte er mit erstickter Stimme, während er sich sofort wieder ihrer Umarmung entzog. »Doch unsere Heilige Kirche lehrt, daß sein Weib zu begehren für einen Mann eine ebenso schwere Sünde ist wie Ehebruch. Ich habe nie gedacht, einmal verheiratet zu sein und – und...«

»Betrachtest du unser Zusammensein als einen Akt der Unzucht, obwohl wir verheiratet sind?«

Sie nahm sein Schweigen als Zustimmung und wußte im Augenblick nicht, was sie sagen sollte. Daß ein Mann sich beschämt fühlte durch seine Manneskraft, durch sein natürliches Verlangen, konnte sie nicht begreifen. Das ist das Werk der Kirche, dachte sie verbittert. Derart harte und unnatürliche Lehren hatten sich hier im lebenslustigen Süden nie durchsetzen können und waren gewiß auch einer der Gründe gwesen, daß ihre Vorfahren so beharrlich versucht hatten, sich dem Einfluß eifernder Gottesmänner zu entziehen.

Als Ludwig keine Anstalten machte, sich ihr zu nähern, ergriff sie sachte seine Hand und legte sie auf ihre Brust. Aber er riß sie gleich wieder weg, als habe er sich verbrannt. Dann küßte er sie scheu auf die Wange. Wie ein Bruder. Auf Eleonore, die sich danach sehnte, leidenschaftlich genommen zu werden, wirkte diese Geste ungemein ernüchternd. Was konnte sie tun?

»Die Kirche will doch gewiß auch einen Erben für Frankreich«, sagte sie. Wenn ihn schon nichts anderes antrieb, dann lag ihm doch zumindest daran, die eigene Dynastie am Leben zu erhalten.

»Ja, das stimmt.«

Dank sei der Heiligen Jungfrau Maria. Sein Schutzwall bekam erste Risse. »Nun, dann wollen wir ihr einen Erben liefern. Das ist unsere Pflicht.«

Ihre Worte schienen ihm Mut einzuflößen. Ludwig schloß die Augen, wälzte sich umständlich und mit ehrfürchtiger Scheu über sie und begann, an allen möglichen falschen Stellen umherzustochern. Daß es ihm schließlich doch gelang, in sie einzudringen, war nur jenen Kenntnissen zu verdanken, die Eleonore mittlerweile in diesen Dingen besaß. Als er auf ihr Jungfernhäutchen stieß, bekam Ludwig einen Schreck und hätte sich sogleich wieder zurückgezogen, hätte sie ihn nicht vorsichtig ermutigt, während sie die Zähne zusammenbiß, um nicht vor Schmerzen aufzuschreien, als er sie nach einigen vorsichtigen Stößen schließlich entjungferte. Gott sei Dank war es schnell vorbei.

»Du bist eine christliche Märtyrerin, daß du diese Qualen auf dich nimmst. Möge die Heilige Jungfrau dich mit Fruchtbarkeit segnen.«

Damit wir das nicht allzu oft tun müssen, fügte sie für sich hinzu. Ludwig hatte das zwar nicht gesagt, aber sie hatte es so deutlich gehört, als hätte er es von den Zinnen heruntergeschrien. Wenn ihr diese Nacht einen Vorgeschmack darauf geboten hatte, was künftig auf sie zukommen würde, konnte sie ihm darin nur beipflichten.

Ludwig stieg aus dem Bett, legte seine Kleider an und kniete sich erneut vor das Betpult. Eleonore verspürte eine abgrundtiefe Enttäuschung. Sie rutschte unbehaglich im Bett umher und versuchte, ihren Ärger zu verdrängen. Vielleicht war sie im Unrecht? Noch nie hatte sie ein derartiges Gefühl des Scheiterns überkommen. Unten tat es ihr weh, und zwischen ihren Beinen verspürte sie etwas Feuchtes, bei dem es sich wahrscheinlich um ihr Blut handelte. Dann würde zumindest das Bettuch davon Zeugnis ablegen, daß sie als Jungfrau in die Ehe gegangen war, was niederträchtige Menschen wie Tante Agnes bezweifelt hatten. Ludwig freilich hätte den Unterschied sowieso nicht gemerkt. Mit einem bedauernden Seufzer dachte sie zurück an die Berührung des spanischen Troubadours.

Eleonore versuchte, sich in den Schlaf zu weinen, während Ludwig weltentrückt am Betpult verharrte. Als sie am Morgen erwachte, befand er sich immer noch dort. Er lag auf dem Boden und schlief.

Um die betrüblichen Ereignisse der vergangenen Nacht zu vergessen, stürzte sich Eleonore in die Vorbereitungen für allerlei Festlichkeiten, die in den kommenden Wochen stattfinden sollten: Jagdpartien, weitere Hochzeitsfeiern, Tanzveranstaltungen.

Sie befand sich gerade im Hof und zeigte Ludwig ihren berühmten weißen Ger-Falken, als eine Gruppe französischer Edelleute hereingaloppiert kam. Einer von ihnen sprang vom Pferd und beugte vor Ludwig das Knie.

»Werter Prinz, mit tiefstem Bedauern muß ich Euch mitteilen, daß der Tod nun doch den König von Frankreich von uns genommen hat.«

»Mein Vater ist tot?« Verständnislos blickte Ludwig zuerst zu Abbé Suger, dann zu Eleonore.

»Mein armer Prinz, welch ein Unglück!« rief der Kirchenmann verblüfft. Dann, als er sich wieder gefangen hatte, beugte er ebenfalls das Knie. »Eure Majestät, ich möchte Euch mein Beileid bekunden zu diesem schmerzhaften Verlust.«

In diesem Augenblick wußte Eleonore, daß ihre sorglose Kindheit endgültig vorüber war. Stimmte es, daß sie noch bis vor drei Monaten die übermütige, verwöhnte Tochter des Herzogs von Aquitanien gewesen war? Und jetzt – diese Erkenntnis traf sie wie ein Schlag – jetzt war sie Königin von Frankreich.

# 6. Kapitel

## Paris, im Jahre 1142

Fröstelnd ging Eleonore den schmalen, nur schwach beleuchteten Weg entlang, auf dem es ihr vorkam, als würde sie in einer Welt des immerwährenden Zwielichts leben. Auch nach fünf Jahren konnte sie sich noch nicht mit der ungastlichen Atmosphäre und dem kalten Nieselwetter Frankreichs abfinden, das so ganz anders war als das sonnige, warme Aquitanien.

Eleonore erinnerte sich daran, wie erschrocken sie gewesen war, als sie den alten Sitz der Könige von Frankreich zum ersten Mal gesehen hatte. Sie hatte nicht glauben können, daß die bröckelnde alte Steinfestung mit dem verrosteten Tor und der befestigten Brücke, die ihr Ludwig voller Stolz zeigte, eine königliche Burg sein und daß dieses kleine Eiland in der Seine das Herz des französischen Königreiches darstellen sollte.

Sogar Paris war eine herbe Enttäuschung gewesen. In Poitiers hatte sie sich noch auf diese Stadt gefreut, denn sie hatte gehört, daß sie das Zentrum der Bildung im westlichen Europa war und Scharen von Studenten ebenso wie eine große Zahl hervorragender Lehrer anzog.

Man hatte Eleonore nicht gesagt, daß die französische Hauptstadt aus einem Wirrwarr lärmender, überfüllter Straßen bestand mit schmalen Holzhäusern, deren überhängende obere Stockwerke das Sonnenlicht von den Gassen fernhielten. Schweine und Ziegen suchten überall nach Futter, während Straßenhändler den Passanten ihre Butterwaffeln und Gewürzkuchen aufzudrängen versuchten, die sie in Körben bei sich trugen. Auch mit dem allgegenwärtigen Gestank verfaulender Nahrungsmittel und menschlicher Exkremente, der sich an die Kleidung heftete und sie sogar bis in die Burg verfolgte, hatte sie nicht gerechnet. Und, was das Schlimmste war, sie war nicht darauf vorbereitet gewesen, daß die Pariser so humorlos und streitsüchtig waren, daß sie jegliche Lebenskultur vermissen ließen und sich so sehr von den sorglosen, lebenslustigen Aquitaniern unterschieden.

An diesem kühlen Septemberabend betrat Eleonore den großen Saal, der trotz der Fackeln, die an den Wänden brannten, genauso trostlos wirkte wie alles andere in dieser Burg. Die düstere Atmosphäre wurde noch verstärkt durch die dunklen blaugrauen Wandteppiche, auf denen Märtyrer und gepeinigte Sünder dargestellt wurden.

Die königliche Familie – Ludwig, seine Mutter und Ludwigs Neffe Ralph von Vermandois, der Seneschall von Frankreich – saßen am hohen Tisch, zusammen mit Petronilla, dem allgegenwärtigen Abbé Suger und einem Gast. Eleonore wurde mulmig. Heilige Muttergottes, nicht schon wieder. Bei diesem Gast handelte es sich um einen sehr häufigen Besucher, um Bernhard von Clairvaux, den Abt des Zisterzienserklosters in Citeaux.

Als Eleonore sich dem Tisch näherte, hörte sie, wie der Mönch gerade wieder eine seiner dunklen Äußerungen von sich gab.

»Seine Vorlesungen riechen nach Häresie.«

»Wessen Vorlesungen?« Eleonore setzte sich an den Tisch.

»Die von Peter Abaelard, Liebste«, antwortete Ludwig und lächelte sie freundlich an.

»Ist er wieder zurück in Paris? Ich würde gerne einmal eine Vorlesung des großen Abaelard hören«, erwiderte sie.

»Auf keinen Fall, Liebste«, widersprach Ludwig. »Es wäre höchst unziemlich, wenn man die Königin dort sehen würde.«

»Höchst unziemlich«, echote die Königinmutter. Sie machte keinen Hehl aus ihrer Abneigung gegen die leichtlebige Gattin ihres Sohnes, die ihr die Schau stahl.

»Warum? Es heißt doch, Abaelard ist einer der größten Gelehrten in Paris und ein blendender Redner.«

»Wie du weißt, öffnen wir, wenn es warm wird, den Studenten unsere Tore«, sagte Ludwig, ohne auf ihre Frage einzugehen, »und ich hätte nichts dagegen, wenn du hier in unseren Gärten eine theologische Vorlesung besuchst oder wenn du dich auf das linke Ufer begibst, was du ja auch schon getan hast – aber ich möchte nicht, daß du Abaelard hörst.«

Auf einem dieser seltenen Ausflüge auf das linke Seine-Ufer hatte Eleonore einmal einen Einblick in das intellektuelle Leben erhalten, für das Paris so berühmt war und das sie an Ludwigs Hof so schmerzlich vermißte. Die hitzigen Debatten zwischen Lehrern und Schülern, das Aufeinanderprallen von Meinungen, das leidenschaftliche Eintreten für neue Ideen hatten sie gefesselt.

»Hütet Euch vor einem Manne, der den Verstand über den Geist stellt.« Bernhard erhob seine Stimme. »Wie heißt es im zehnten Psalm? ›...wer viel redet, wird der Sünde nicht entfliehen.‹ Und es steht auch geschrieben: ›Den Klugen erkennt man daran, daß er wenig spricht.‹«

Bernhard trug eine einfache weiße Kutte, die durch einen Strick zusammengehalten wurde, und wirkte darin wie ein asketischer Mönch, der Reichtum und weltlichen Pomp verabscheute. Man betrachtete ihn allgemein als einen Heiligen, und er verfügte über enormen Einfluß an den europäischen Höfen. Er behauptete zwar, er ziehe die Ruhe und Abgeschiedenheit des Klosters vor, aber Eleonore hatte den Eindruck, daß der fromme Gottesmann mehr Zeit dafür aufwendete, sich in weltliche Angelegenheiten einzumischen, als seinen Pflichten hinter den Klostermauern nachzukommen.

»Ich verstehe Eure Abneigung nicht, Vater. Seid Ihr deswegen gegen ihn, weil Abaelard die Heilige Dreifaltigkeit eher als göttliche Merkmale denn als göttliche Personen betrachtet?« fragte sie mit zuckersüßer Stimme, mehr um den Kirchenmann zu provozieren, als daß sie seine Antwort ernsthaft interessiert hätte. »Oder weil er uns lehrt, alles in Frage zu stellen?«

Eleonore wollte zwar durchaus mehr über die Ansichten Abaelards erfahren, ihr Interesse an dem gelehrten Mönch entsprang jedoch hauptsächlich der Tatsache, daß es vor nicht langer Zeit einen Skandal um ihn und seine Novizin Héloise gegeben hatte. Daß ein Priester sich von seiner leidenschaftlichen Liebe zu einer Nonne dazu hinreißen ließ, seine Gelübde zu brechen, fand Eleonores uneingeschränkte Bewunderung.

»Du kennst Abaelards Werk?« Ludwig wirkte bestürzt.

Bernhards dunkle, funkelnde Augen hefteten sich auf Eleonore. »Offensichtlich, mein Sohn.« Er schwieg eine Weile, während sein Blick langsam über ihr scharlachrotes Gewand glitt, dann zu den goldenen, mit Perlen besetzten Ohrringen hinaufwanderte und schließlich auf ihrem ovalen Gesicht verharrte, das von einem weißen Schleierkopfputz mit einer goldenen Krone umrahmt wurde.

»Mein Lehrer in Poitiers hatte einen sehr erlesenen Geschmack.«

Alle am Tisch starrten sie an, als wären ihr plötzlich Hörner gewachsen.

»Dein Lehrer hat dir erlaubt, Werke von Abaelard zu lesen?« Ludwig konnte es nicht fassen.

»Poitou ist ja bekannt für seine abweichlerischen Ansichten, mein Sohn.« Abbé Suger bekreuzigte sich.

»Ganz Aquitanien ist eine Brutstätte der Ketzerei«, meinte Bernhard.

So konnte man es zweifellos sehen, überlegte Eleonore. Die Aufgeschlossenheit und die Toleranz, die im Süden herrschten, gaben zwangsläufig den verschiedensten geistigen Ideen Raum.

»Das geht vielleicht ein bißchen zu weit«, sagte sie. »Gewiß, wir betrachten die Dinge ein wenig großzügiger...«

»Ein wenig großzügiger?« Bernhard hob seine buschigen Augenbrauen. »Es gibt nur Gläubige, Ketzer und Ungläubige. Nichts dazwischen.«

»So eng möchte ich es nicht sehen...«, widersprach Eleonore.

»Natürlich, das ist offensichtlich. Nehmt Euch in acht, Madame, nehmt Euch in acht vor den möglichen Folgen Eures ungezügelten Wesens.« Bernhard hob warnend einen Zeigefinger. »Ihr seid rastlos und unstet wie Euer Vater, doch am Ende hat die Heilige Kirche ihn gezwungen, sich zu unterwerfen. Es würde Euch gut zu Gesicht stehen, aus seinem Beispiel zu lernen.«

Erzürnt über diesen öffentlichen Tadel, mußte Eleonore all ihre Kraft zusammennehmen, um sich nicht zu einer heftigen Erwiderung hinreißen zu lassen. *Ihr* habt ihn gezwungen, sich zu unterwerfen, wollte sie sagen. *Ihr* habt dafür gesorgt, daß mein Vater exkommuniziert wurde. *Ihr* habt ihn dazu gebracht, sein Leben zu ändern und sich auf diese verhängnisvolle Pilgerfahrt zum Grab des heiligen Jakob nach Santiago de Compostela zu begeben, auf der er den Tod fand. *Ihr*, Bernhard von Clairvaux, seid dafür verantwortlich, und das werde ich Euch nie verzeihen. Aber sie tröstete sich damit, daß sie Abaelards Vortrag hören würde, ob mit oder ohne Einwilligung der Kirche.

Später an diesem Abend, während Ludwig wie üblich in der Kapelle betete, ging Eleonore, immer noch verärgert, durch den schwach beleuchteten Gang zu ihren Gemächern, als sie aus Ralphs Gästekammer Kichern und spitze Schreie vernahm. Das Kichern klang verdächtig nach Petronilla, die, wie Eleonore wußte, immer noch eine starke Zuneigung zu dem Grafen von Vermandois hegte. Ralph war ein Bär von einem Mann, mit lokkigem dunklem Haar und einem gebräunten, kantigen Gesicht. Er war zweifellos sehr anziehend, aber er war verheiratet und hatte eine Enkelin, die ungefähr so alt war wie Petronilla. Sie hatte ihre Schwester gewarnt, sich nicht zu sehr mit diesem Edelmann einzulassen und keinen Skandal zu verursachen.

Die Tür der Kammer war nur angelehnt. Eleonore drückte sie vorsichtig einen Spaltbreit auf und erstarrte, als sie sah, was sich ihren Augen darbot.

Petronilla saß auf dem Bett mit dem roten Baldachin, nur mit ihrem Unterkleid angetan, das heruntergezogen war, so daß ihre nackten Brüste zum Vorschein kamen, die rund und voll waren wie reife Kohlköpfe. Neben ihr saß Ralph, schwer atmend und verzückt auf ihren halb entkleideten Körper starrend. Eleonore wußte, daß sie schnurstracks in die Kammer gehen und gegen die Verführung ihrer Schwester protestieren mußte – aber sie war sich nicht sicher, wer hier eigentlich wen verführte.

Ralph begann nun, Petronillas üppige Brüste mit seinen riesigen, behaarten Händen zu liebkosen. Petronilla ließ sich auf das Bett zurücksinken und zog Ralph zu sich hinunter.

Eleonore spürte, daß sie heftiger zu atmen begann. Ralph vergrub sein Gesicht zwischen Petronillas Brüsten, während sie eine seiner Hände ergriff und unter ihr Unterkleid schob. Offensichtlich taten sie beide das nicht zum ersten Mal. Eleonore wurde sich bewußt, daß ihr Herz schneller zu schlagen angefangen hatte, und sie fühlte, wie sie zwischen den Beinen feucht wurde.

Was immer Ralph unter Petronillas Unterkleid anstellte, es brachte ihre Schwester dazu, zu stöhnen und sich in offensichtlicher Verzückung zu winden. Der Graf von Vermandois, dessen Mund anderweitig beschäftigt war, begann nun so heftig durch die Nase zu keuchen und zu pfeifen, daß Eleonore schon fürchtete, er würde jeden Augenblick das Zeitliche segnen. Eleonore konnte diesen Anblick nicht länger ertragen und zog sich zurück.

Zitternd vor unerfülltem Verlangen und schweißgebadet, lehnte sich Eleonore an die Wand, um wieder zu sich zu kommen. Nach einem kurzen Augenblick der Sammlung marschierte sie entschlossen in das königliche Schlafgemach. Sie schickte ihre Zofen weg, zog sich rasch aus, rieb ihre Brüste, ihren Bauch und die Hüften mit Öl ein, das nach Rosenblüten duftete, legte sich dann in das blaue Himmelbett und zog die Decke über ihren nackten Körper.

Als Ludwig in die Kammer kam, lächelte sie ihn so einladend und aufmunternd an, wie es ihr nur möglich war. Ludwig entkleidete sich und legte sich neben sie. Als er die Kerze ausmachen wollte, fiel sie ihm in den Arm und warf die Bettdecke zurück.

»Du brauchst dich nicht so zu beeilen«, sagte sie und schlang ihre Arme um seinen Hals. »Du hast schon seit Wochen nicht mehr mit mir verkehrt.«

»Oh – ich habe nicht erkannt, daß...« Er errötete und entwand sich ihren Armen. »Ich empfange morgen die heilige Kommunion. Du weißt, daß ich – daß ich deshalb drei Tage vorher nicht mit dir verkehren darf.« Er wendete seine Augen ab. »Deck dich wieder zu.«

Doch anstatt ihm zu antworten, zog Eleonore seinen Mund zu dem ihren hinunter und küßte ihn, zwang ihn, seine widerstrebenden Lippen zu öffnen. Sie nahm eine seiner Hände und drückte sie fest auf ihre Brust. Wenn sie die ganze Angelegenheit Ludwig überließ, dann liebkoste er niemals ihre Brüste und küßte sie auch nicht mit geöffnetem Mund. Er drang nur kurz in sie ein und zog sich sogleich wieder zurück, nachdem er seinen Samen ergossen hatte.

Wenn er sich verweigerte, brachte es Eleonore normalerweise nicht über das Herz, von sich aus den Anfang zu machen und ihn zu drängen. Ihr Stolz verbot es ihr. Doch heute abend ergriff sie seine widerstrebende Hand und schob sie langsam über ihre seidenweiche Haut hinunter, bis sie auf den braunen Haaren zwischen ihren Schenkeln ruhte. Ludwig stockte der Atem. Eleonore sah, daß seine Augen verstohlen dorthin schossen, wo seine Hand lag. Sie öffnete ihre Schenkel. Einen Augenblick lang zögerten seine Finger, dann begannen sie, wie von einer eigenen Kraft getrieben, sie zu berühren.

Die Glocke zum Komplet erklang. Ludwig riß seine Hand weg.

»Du darfst nicht so daliegen – deine Nacktheit ziemt sich nicht«, sagte er mit belegter Stimme.

»Doch, es ist vollkommen natürlich – wenn du ein natürlicher Gemahl wärst.«

»Was meinst du damit?«

Eleonore setzte sich im Bett auf. »Ich will damit sagen, wenn wir hier so weiterleben, dann werde ich noch verrückt werden.«

Ludwig wirkte aufrichtig überrascht. »Ich verstehe nicht, was du damit meinst.«

»Ich bekomme keine Befriedigung, keine Erfüllung. Ich habe auch meine Bedürfnisse...«

Sie verstummte, als sie Ludwigs entsetzten Gesichtsausdruck sah und die tiefe Röte, die sein Gesicht überzog.

»Meine Liebe«, begann er verlegen, »du weißt, ich liebe dich so, wie ein guter christlicher Ehemann seine Ehefrau lieben soll, aber wenn du so sprichst, fürchte ich um dein Seelenheil. Wie oft habe ich dir schon gesagt, daß das Verlangen des Weibes Teufelswerk ist? Keine züchtige oder gläubige Frau verspürt fleischliche Gelüste. Abbé Suger hat mir einmal gesagt, wenn ein Mann seine Frau zu leidenschaftlich liebt, begeht er eine schwerere Sünde als Ehebruch.«

»Vielleicht kann ich deswegen kein Kind empfangen – weil immer Abbé Suger mit bei uns im Bett ist!«

Ludwig bekreuzigte sich, schlüpfte aus dem Bett und kniete sich vor den Betstuhl. Eleonore beobachtete ihn mit einer Mischung aus Verärgerung und Verzweiflung. Jedesmal, wenn sie von einem Kind sprach, reagierte er auf diese Art. Wenn er zur Kommunion gegangen war, würde er sie bestimmt beschlafen – auf seine Weise. Ludwig konnte nur mit ihr verkehren, wenn sie absolut still dalag, sich nicht bewegte, wie eine Marmorstatue, und keinerlei Gefühle zeigte. Warum versuchte sie es eigentlich immer wieder?

Wenn es so weiterging, würde aus ihr eines Tages ein verbittertes, enttäuschtes Weib werden, das nichts wußte von den Freuden der Liebe, den Wonnen der Ehe. Eleonore hätte am liebsten geschrien. Es war einfach nicht gerecht, daß der dummen, liederlichen Petronilla all das mühelos zufiel, was sie, Eleonore, schon so lange ersehnte und wofür sie nun wahrlich reif genug war. Sie waren beide Töchter des heißblütigen Südens, aber Eleonore fragte sich mittlerweile, ob dieses Vermächtnis nicht eher ein Fluch denn ein Segen war.

Sie mußte einen Ausweg finden aus dieser mißlichen Lage.

Nach Zerstreuung suchend, schweifte Eleonore durch das Marktviertel von Paris. Jede dieser schmutzigen, gepflasterten Straßen stellte laut und lärmend ihre jeweilige Besonderheit heraus: die Straße der Tuchhändler, die Straßen der Bäcker und der Goldschmiede, die Straße der Juden, wo Geld verliehen und gewechselt wurde. Daß sie ständig Ballen von Zindeltaft und Wolle, kostbare Juwelen, Duftöle aus dem Orient und andere Luxusgüter einkaufte, brachte ihr großen Ärger mit der Königinmutter ein.

»Ich kann mit dieser – diesem verschwenderischen Luder nicht länger unter einem Dach leben!« rief Ludwigs Mutter eines Abends, nachdem Eleonore mit einem goldenen, rubinbesetzten Ring vom Markt zurückgekehrt war.

Ludwig trat von einem Bein auf das andere.

»Ludwig, willst du zulassen, daß dieses Weib mich beleidigt?«

Die Königinmutter wendete sich an Eleonore. »Ich verlasse den Palast, hörst du? Du hast nicht nur meinen Sohn verhext, du verkommene Kreatur, deine Verschwendungssucht wird Frankreich noch in den Ruin treiben.«

Eleonore beachtete ihre erzürnte Schwiegermutter nicht. »Ludwig, wie kannst du daneben stehen und das zulassen?«

»Deine Mutter hat recht, Ludwig«, sagte Abbé Suger, während er Eleonore einen düsteren Blick zuwarf. »Sogar dein

Kronrat beschuldigt die Königin, das Schatzamt auszuplündern. Du mußt ihrem Treiben ein Ende setzen.«

Doch Ludwig, bleich und stumm wie immer, wenn er mit einer unangenehmen Situation konfrontiert wurde, konnte ihr nichts abschlagen – jedenfalls nicht, wenn es um materielle Dinge ging. Er ignorierte seinen Kronrat, seine Mutter und Abbé Suger und ließ sie weiter gewähren, als versuchte er damit, sie für sein Versagen im Bett zu entschädigen.

Die Königinmutter verließ Paris, aber nicht, ohne vorher noch wüste Beschimpfungen und düstere Prophezeiungen von sich gegeben zu haben. Abbé Suger, der spürte, daß sein Einfluß zu schwinden begann, kam immer seltener in den Palast, und man sah ihn immer häufiger in der Kirche Saint-Denis, die gerade restauriert wurde. Er, der Eleonores Verschwendungssucht kritisiert hatte, gab selbst beträchtliche Summen aus, um bemalte Glasfenster und anderen Zierrat für sein Lieblingsprojekt anzuschaffen.

Eleonore bekam daher am Ende das Gefühl, daß sie doch gewissermaßen einen Sieg davongetragen hatte.

Dies war allerdings nur ein erbärmlicher Ersatz für die fehlende Liebe und machte ihr Dasein keineswegs erträglicher.

Mehrere Monate später stattete Gottfried von Anjou, der gerade seinen Feldzug in der Normandie siegreich abgeschlossen hatte, Paris einen seiner gelegentlichen Besuche ab.

»Ihr werdet einen großen Unterschied gegenüber Eurem letzten Besuch vor zwei Jahren feststellen, Graf«, sagte Eleonore, die wie immer erfreut war, ihn zu sehen.

Sie stand in der Tür zum großen Saal und zeigte ihm stolz die Veränderungen, die sie im Palast vorgenommen hatte: die neuen Teppiche aus blauer und scharlachroter Wolle, die nun die steinernen Wände zierten, und den halbfertigen Herd, der noch einen Kamin bekommen würde, um den Rauch abzuleiten.

»*Grâce à Dieu*, der Saal wird ja ein vollkommen anderes Gesicht bekommen«, rief Gottfried. »Früher hat mich die Burg immer an ein Verlies erinnert.«

»Vielleicht habe ich mich deswegen hier auch immer wie eine Gefangene gefühlt.«

»Und jetzt? Ist es immer noch nötig, Euch zu befreien?« Gottfrieds kornblumenblaue Augen blickten sie so intensiv an, daß ihr ein Schauer den Rücken hinunterlief.

»Und wenn es so wäre?«

»Dann würde ich es als meine Pflicht ansehen, es zu tun.«

Eleonore führte ihn den Gang hinunter und dann eine Wendeltreppe hinauf zum Söller, wo ein Troubadour auf seiner Laute klimperte.

»Ich beabsichtige auch, die engen Fensterschlitze zu verbreitern, damit mehr Licht hereinkommt.« Eine Magd brachte ihnen silberne Weinkelche auf einem hölzernen Tablett. »Und den Wein importieren wir jetzt aus Bordeaux und der Gascogne, damit wir ihn auch trinken können.«

Gottfried lächelte, als er seinen Kelch nahm. »Das ist nicht alles, was Ihr importiert habt. Ich habe gehört, daß Scharen von Troubadouren, Rittern und Spielleuten aus Aquitanien nach Paris strömen. Und ich bin überzeugt, auch sie sind neu hier.« Er deutete mit einem Kopfnicken zu Eleonores Hofdamen, die wie bunte Schmetterlinge auf dem Söller umherschwirrten, plauderten, lachten und mit dem Sänger mitsangen. »Ich muß Euch wirklich beglückwünschen.«

Ihre Blicke trafen sich, und Gottfrieds Hand streifte wie durch Zufall die ihre. Eleonores Herz raste, und sie rührte sich nicht von der Stelle. Aber plötzlich wurde ihr bewußt, daß ihre Zofen sie beobachteten. Sie spürte, wie sie errötete, und machte einen Schritt zurück.

Die Glocke rief sie zur Vesper. Eleonore führte sie aus dem Söller und über den Korridor.

»Wie geht es Eurem bezaubernden Sohn? Er muß jetzt neun oder zehn Jahre alt sein?«

Gottfried verlangsamte seine Schritte. Sein ebenmäßiges Gesicht verzog sich zu einer Grimasse, und er zuckte mit den Schultern. »Mein bezaubernder Sohn Heinrich ist gegenwärtig bei seiner Mutter in England. Wenngleich ich mir um sein Wohlergehen in diesem vom Krieg zerrissenen Land Sorgen mache, ist es doch gewissermaßen eine Erleichterung für mich. Die Normandie zu unterwerfen ist einfacher, als Heinrich im Zaum zu halten.«

Eleonore lachte. Sie erinnerte sich lebhaft an die Begegnung zwischen ihr und dem kleinen Rabauken auf dem Hochzeitsfest und auch daran, wie er ihr auf der Straße nach Poitiers den Blumenstrauß gebracht hatte.

»Kommt Ihr häufiger nach Aquitanien?« fragte Gottfried, während sie den Weg zur Kapelle fortsetzten.

»Nur selten. Ludwig möchte nicht, daß ich ohne ihn reise, und er verreist nicht gerne, also...« Sie zuckte mit den Achseln. »Ich habe Sehnsucht nach meinem Herzogtum. Ich kann Euch gar nicht sagen, wie sehr.«

»Es betrübt mich, daß Ihr unglücklich seid, Madame.«

Plötzlich füllten sich ihre Augen mit Tränen. Gottfried streckte einen Arm aus, als wolle er sie berühren, zog ihn aber wieder zurück.

Als Graf Gottfried sich am nächsten Tag verabschiedete, wünschte Eleonore, sie könnte einen Vorwand finden, ihn zu bitten, noch länger zu bleiben. Im Hof beugte er sich über ihre Hand, und seine Blicke streichelten sie in einer Art und Weise, daß sie ein heißer Schauer durchfuhr.

Wehmütig beobachtete sie, wie der angevinische Graf seinen schwarzen Hengst bestieg und im Nieselregen des trüben Herbstnachmittags davonritt.

Üppig ausgestattete Gemächer, Unterhaltung von früh bis spät und stets gutgelaunte Menschen in ihrer Umgebung – das alles vermochte die große Leere in ihrem Herzen nicht zu füllen. Sogar ein heimlicher Besuch bei einem Vortrag von Peter Abaelard, wohin sie als Page verkleidet gegangen war, hatte nur für kurze Zeit die Eintönigkeit durchbrechen können. Nach einer Weile hatte sie der Vortrag zu langweilen begonnen. Spielte es wirklich eine Rolle, ob ein Schwein, das man auf den Markt trieb, von einem Strick oder einem Mann geführt wurde? Sie war immer noch ruhelos, fühlte sich unglücklich und kam sich wie eine Gefangene vor. Was konnte sie tun?

»Du brauchst einfach einen Liebhaber, Nell«, meinte Petronilla eines Nachmittags, während sie sich auf Eleonores Bett im Söller räkelte.

»Aber ich bin noch nicht soweit, das zu wagen. Es wäre zu gefährlich. Du weißt, was man mit ehebrecherischen Königinnen macht?«

»Würde die Ehe annulliert werden? Würde man dich in ein Kloster stecken? Nein, dir könnte man das nicht antun, du bist schließlich die Herzogin von Aquitanien! Außerdem müßte man dich erst einmal erwischen.«

»Alle beoachten mich. Ich weiß, Bernhard von Clairvaux lauert wie ein Habicht darauf, daß ich irgend etwas tue, was verdächtig aussieht.«

»Du kannst dir nicht vorstellen, was du alles versäumst, Schwesterherz.«

Der Skandal, den die Liebschaft zwischen Petronilla und Ralph ausgelöst hatte und der immer weitere Kreise zog, stellte die einzige Abwechslung in Eleonores tristem Leben dar. Neben einigen harmlosen Tändeleien mit ihren Troubadouren oder gelegentlichen Besuchern wie Gottfried von Anjou bot ihr die ehebrecherische Affäre ihrer Schwester den lebhaftesten Vorgeschmack auf das von Leidenschaften erfüllte Leben, nach dem sie sich verzehrte.

Ludwig allerdings zeigte sich schockiert über das Verhalten des Liebespaares. »Ralph ist mit der Schwester des Grafen der Champagne verheiratet, einem meiner mächtigsten Vasallen. Er ist höchst ungehalten über diesen Vorgang und über Gerüchte, die besagen, Ralph würde eine Annullierung der Ehe anstreben. Diese – diese elende Affäre muß endlich aufhören!«

Sie befanden sich in ihrem Schlafgemach und schickten sich an, zu Bett zu gehen. Ludwig war gerade von seinem Betstuhl aufgestanden.

»Was hast du gesagt?« rief Eleonore, die sich unter die pelzverbrämte, blau und golden bestickte Decke gekuschelt hatte. »Sie lieben sich, sie werden sich niemals trennen. Es hat nichts mit dem Grafen der Champagne zu tun. Wieso hast du nur so wenig Verständnis für eine Romanze?«

»Aber meine Liebe, der Graf hat sich beim Papst beschwert, der mich schon getadelt hat, weil ich an meinem Hof dieses ehebrecherische Treiben dulde. Ralph ist mein Cousin. Ich kann das einfach nicht billigen...«

»Warum bist du so feige, warum nur?« Eleonore warf sich zurück auf das Kissen und trommelte mit den Fäusten auf die Bettdecke. »Zeig doch einmal ein bißchen Stehvermögen. Stell dich dem Papst entgegen und dem Grafen! Behaupte dich! Sei wenigstens einmal ein Ritter ohne Furcht und Tadel!«

Eleonore wußte, daß sie sich wie ein zänkisches Weib aufführte, aber das war ihr gleichgültig. Wenn Ludwig wenigstens einmal wie ein richtiger König auftreten würde, wie der tapfere Held, als den sie ihn so gern gesehen hätte! Doch Ludwig kroch einfach nur unter die Bettdecke und drehte sich zur Seite. Warum hatte Gott sie mit einem solchen Ehemann geschlagen? Was hatte sie nur angestellt, um zu einem derart erbärmlichen Leben verdammt zu werden? Wie lange konnte sie das noch aushalten?

Einen Monat später erschien Bernhard von Clairvaux unerwartet im Palast und verlangte, sie zu sprechen.

»Ihr seid nun fünf Jahre verheiratet und habt immer noch kein Kind empfangen. Darüber spricht man schon in ganz Paris«, sagte der Mönch, als sie sich in der Kapelle Saint-Nicholas trafen. »Wie viele andere mache auch ich mir Sorgen um die Zukunft unseres Königreiches.«

Diese Sorge teilte Eleonore, und deshalb hatte sie auch nichts dagegen, sich über dieses Thema zu unterhalten, sogar mit diesem Mönch, der sich immer in alles einmischte. Vielleicht konnte er ihr ja von Nutzen sein.

»Ludwig hält sich immer noch für einen angehenden Geistlichen und erfindet alle möglichen Vorwände, um nicht mit mir das Lager zu teilen«, sagte sie. »Sonntags, mittwochs und freitags ist es ihm sowieso verboten, mit mir das Lager zu teilen. Außerdem immer die letzten vierzig Tage vor Ostern und Weihnachten, und auch drei Tage, bevor er den Leib des Herrn empfängt. Ihr wißt, wie oft Ludwig zur Kommunion geht? Ihr seht also, es liegt nicht an mir. Ich bin dazu mehr als bereit.«

»König Ludwig verhält sich wie ein frommer Sohn der Mutter Kirche, aber ich werde Seiner Heiligkeit in Rom schreiben. Ich bin gewiß, daß der Heilige Vater auf meine Empfehlung hin König Ludwig von einigen Pflichten freistellen wird. Das Wohl des Reiches steht auf dem Spiel.« Bernhards Blick bohrte sich in sie. »Ihr seid mehr als bereit, sagt Ihr? Was bedeutet das genau?«

»Was glaubt Ihr denn, was es bedeutet, Vater?« Eleonore überkam plötzlich der Drang, diesem frömmlerischen Gottesmann einen Schock zu versetzen. »Ich bin jung und reif für das Ehebett.«

»Ich bin überzeugt, Ihr wißt, daß die Fleischeslust, auch wenn es sich um Eheleute handelt, als sündhaft gilt. Die Beziehung zwischen Eheleuten ist nicht auf die Befriedigung der Lust ausgerichtet, sondern dient ausschließlich dem Zweck, Kinder zu gebären. Doch angesichts des schlechten Beispiels, das Euch Eure Familie diesbezüglich gegeben hat, kann man offensichtlich auch nichts anders erwarten als verwerfliche Begierden.« Er kniff die Augen zusammen. »Beabsichtigt Ihr, Euch anderweitig zu trösten, um Eure Lust zu befriedigen?«

Eleonore war verblüfft. »Nein. Gäbe es denn Möglichkeiten, dies zu tun?«

Ein Ausdruck des Abscheus trat in Bernhards asketisches Gesicht, und er seufzte. »Unglücklicherweise stehen dem Teufel unzählige Mittel und Wege zur Verfügung, um die Ungefestigten in Versuchung zu führen. Er erleichtert mich, daß Ihr darüber nichts wißt.«

Eleonore setzte ihren unschuldigen Mädchenblick auf. »Nicht das geringste. Ihr müßt mir erzählen, welche – welche Mittel und Wege das sind, damit ich sichergehen kann, sie zu meiden.«

»Ihr dürft niemals, niemals Euch selbst berühren – mit irgendeinem Gegenstand und auch nicht anders.«

»Mit einem Gegenstand?« Eleonore mußte den Ausdruck ungläubigen Staunens nicht vortäuschen.

Nun schien es Bernhard unbehaglich zu werden. »Ich habe gehört, daß der Satan häufig eine Kerze bei seiner Versuchung benutzt.«

Mit einem gekünstelten Ausruf des Erschreckens bekreuzigte sich Eleonore.

Bevor sie die Kapelle verließ, zeigte Bernhard ihr noch das Bußregister. Er wies sie darauf hin, daß sich zwar viele Abschnitte mit den Sünden des Ehebruchs und der Sodomie befaßten, die überwiegende Mehrzahl aber sich auf die Sünde der Selbstbefleckung der Laien bezog. Da Eleonore Latein verstand, bemerkte sie, bevor Bernhard das Buch schnell zuklappte, daß es auch noch ein ganzes Kapitel gab, das der Selbstbefleckung der Geistlichen gewidmet war. Sie verkniff sich ein Lächeln. Dann waren also auch die Männer der Kirche nicht gegen jene Begierden gefeit, die in ihr loderten.

»Haltet Eure Fleischeslust im Zaum«, warnte Bernhard sie, »wenn Ihr Euch nicht der Sünde der Onanie oder Selbstbeflekkung schuldig machen wollt, die in meinen Augen schlimmer ist als Ehebruch. Ich werde Euch ein vierzigtägiges Bußgebet aufgeben und mahne Euch eindringlich, Tag und Nacht zur Heiligen Jungfrau Maria zu beten, auf daß sie Euch fruchtbar mache. Außerdem empfehle ich eine Pilgerfahrt zu einem heiligen Grab.«

Nach dieser Unterredung erhielt Ludwig die Erlaubnis, sie fünfmal in der Woche zu beschlafen, wovon er aber kaum Gebrauch machte. Eleonore ihrerseits fand Möglichkeiten, so unvollkommen sie auch waren, zumindest vorübergehend ihr quälendes Verlangen zu stillen. Das brachte sie nicht zum ersten Mal zu der Frage, ob die strengen Vorschriften der Kirche die Menschen nicht erst dazu trieben, jene Sünden zu begehen, die sie eigentlich verhindern sollten.

Eleonore wurde nicht schwanger, aber sie hatte auch nicht die Absicht, ein heiliges Grab aufzusuchen noch die vierzigtägige Buße zu erfüllen. Statt dessen bot sich eine andere Lösung an.

Eines Tages zu Beginn des Frühjahrs, als sie mit ihren Zofen auf dem Markt unterwegs war, hörte sie zufällig, wie sich zwei Pariser Bürgerinnen darüber unterhielten, daß gerade eine Seherin in der Stadt weilte, eine Zigeunerin aus dem maurischen Spanien, die berühmt sei für ihre Wahrsagekunst.

Nachdem Eleonore in die Burg zurückgekehrt war, beauftragte sie einen ihrer Knappen aus Poitiers, zum Markt zu gehen und sich unauffällig nach dieser Zigeunerin zu erkundigen. Nach einigen Stunden kehrte er zurück und berichtete ihr, daß diese Frau tatsächlich existierte, und er wußte auch, wo sie zu finden war. Die Seherin, so sagte er, reise die meiste Zeit in Europa umher und sei im geheimen nach Paris gekommen. Im Süden waren die Zigeuner wohlgelitten. In Frankreich aber, das wußte Eleonore, war die Kirche sehr feindselig eingestellt gegenüber Sehern im allgemeinen und Zigeunern im besonderen, weil sie die Gabe des zweiten Gesichts besaßen, das die Kirchenväter als Hexerei verdammt hatten.

Eleonore schickte den Diener weg, rief Petronilla zu sich und überredete sie, zusammen mit ihr die Seherin aufzusuchen.

Eine Woche später, als Ludwig in Chartres ein neu eingebautes bemaltes Glasfenster besichtigte, stahlen sich Eleonore und Petronilla an einem kalten Novemberabend aus der Burg. Ohne ihren Schmuck und ihre teuren Umhänge wirkten sie wie zwei Frauen aus dem Volke. Zwei Stallburschen aus Poitou und der Knappe, die alle zu strengem Stillschweigen verpflichtet worden waren, begleiteten sie zu Fuß.

Eleonore hatte bisher nur selten Paris nach Einfall der Dämmerung gesehen. Es waren nicht mehr viele Leute unterwegs, stellte sie fest, und die wenigen schienen sehr darauf bedacht zu sein, ihnen aus dem Weg zu gehen. Das verlieh dem ganzen Unternehmen etwas Gefährliches, Aufregendes. Sie passierten mehrere dunkle Gassen, bis sie zu einem schmalen Holzhaus in einer gewundenen Straße am Ufer der Seine kamen. Über der Straße lag der Nebel, der vom Fluß heraufzog, und das Licht des sichelförmigen Mondes warf geheimnisvolle Schatten auf den Boden. Kaum hatten sie geklopft, wurde die Tür auch schon geöffnet von einem jungen Mann mit dunklen Haaren und dunkler Haut, der sagte, er werde sie zu seiner Großmutter bringen.

Petronilla bekam es mit der Angst und sagte, sie wolle lieber mit den Dienern vor der Kammer warten. Auch Eleonore wurde es mulmig, aber sie war entschlossen und ging alleine hinein. Die Seherin, die mehrere Röcke in Violett-, Rosé- und Purpurtönen trug, saß auf einem Diwan, der mit Kissen erhöht worden war. Auf einem niedrigen Tisch vor ihr stand eine Messinglampe, in der eine nackte Flamme brannte. Durch einen Wink bedeutete sie Eleonore, auf einem Schemel auf der anderen Seite des Tisches Platz zu nehmen. Das Gesicht der Frau lag zwar im Schatten, aber sie schien schon ziemlich alt zu sein. Um ihren Kopf hatte sie ein schwarzes Tuch geschlungen, und an ihren Ohren bemerkte Eleonore goldene Ringe.

»Was ich wissen will...«, begann Eleonore mit unsicherer Stimme.

»Ich weiß, was Ihr wollt, Enkelin des Troubadours«, unterbrach sie die alte Frau.

Eleonore verstummte erschrocken. Wie konnte die Frau wissen, wer sie war?

Die Alte kicherte leise, zufrieden über die Wirkung, die sie erzielt hatte. »Euer Großvater und Euer Vater waren immer gut zu meinem Volk, deshalb habe ich mich bereit gefunden, Euch zu empfangen. Gebt mir Eure Hand.« Sie streckte einen Arm vor, der fast bis zu den Ellbogen mit klimpernden goldenen Reifen besetzt war.

Eleonore hielt ihr eine zitternde Hand entgegen. Die Frau ergriff sie mit ihren warmen braunen Fingern, die überraschend kräftig zudrückten. Einen Augenblick später war Eleonore schon dabei, der Alten von ihrer Ehe mit Ludwig zu erzählen und von ihrer Befürchtung, sie werde mit diesem Ehemann niemals einen Sohn zustande bringen.

»Ihr werdet viele Söhne haben«, sagte die alte Frau mit leiser, eindringlicher Stimme, während sie in Eleonores Hand schaute. »Es steht klar hier geschrieben. Aber nicht mit dem Mann, mit dem Ihr gegenwärtig verheiratet seid.« Sie hob die Augen. Über der flackernden Flamme trafen sich ihre Blicke. »Hierin wird viel über Euch enthüllt. Zum Beispiel, daß es Euch aus jugendlichem Ungestüm danach drängt, Euch in der Liebe zu verlieren, in der Flamme der Leidenschaft zu verbrennen. Doch hütet Euch davor, denn eine solche Liebe trägt die Saat ihres Scheiterns in sich und könnte Euer Untergang sein.«

Die Worte der alten Frau erinnerten Eleonore an die Ermahnungen Bernhards, und sie war versucht, sie zu ignorieren.

»Hütet Euch außerdem vor dem Streben nach Macht, das...«

»Wo ist dieser Mann, dem ich Söhne schenken werde?« unterbrach sie Eleonore. Sie war nicht hergekommen, um sich eine Predigt anzuhören. »Wann werde ich ihm begegnen? Wird es schon bald sein?«

Die Seherin lächelte und ließ Eleonores Hand los. »Nein, noch nicht sehr bald, glaube ich. Gegenwärtig ist er erst neun Jahre alt.« Sie hielt inne. Ihr Lächeln verschwand, und sie schloß die Augen. Während sie sich in einer Art Trance wie eine Schlange vor und zurück wiegte, kamen die Worte mit einem leisen Zischen aus ihrem Mund.

»Ein Kind der Sonne seid Ihr, und Ihr werdet viele gefahrvolle Reisen unternehmen und viel Kummer erleiden, mehr als die meisten anderen Frauen. Vier – ja, vier Könige werdet Ihr kennenlernen und zwei fremde Länder, doch der Weg, der vor Euch liegt, ist mit Verrat gepflastert und mit Blut befleckt.« Ihre Stimme erstarb.

Nach einer kurzen Pause öffnete die Zigeunerin wieder die Augen und streckte Eleonore eine Hand entgegen.

Zutiefst erschüttert, ließ Eleonore ein paar Silbermünzen in die Hand gleiten. »Eure Worte – was bedeuten sie?«

Die undurchdringlichen Augen der Seherin hielten Eleonores Blick stand. »Ich spreche aus, was ich sehe; die Deutung liegt jenseits meiner Fähigkeiten. Aber das eine weiß ich: Ihr seid mit der Kraft ausgestattet, zu ertragen, was Ihr ertragen müßt. Anderen, die Euren Weg kreuzen, wird weniger Glück beschieden sein. Ihr werft einen langen Schatten, Madame – und Ihr werdet bestehen.«

Eleonore erhob sich und stolperte wie in einem Traum aus der Kammer. Auf dem ganzen Rückweg zur Burg hallten die Worte der Seherin in ihr nach. Von einem weit entfernten Ort her schien ein Hauch von Angst, von heraufziehendem Verhängnis sie zu streifen, ganz schwach, ganz flüchtig nur, und einen Herzschlag später fragte sie sich, ob sie ihn tatsächlich wahrgenommen oder sich nur eingebildet hatte.

# 7. Kapitel

## England, im Jahre 1142

Der Wagen rumpelte über ein Schlagloch in der Straße. Heinrich von Anjou, der dadurch aus dem Schlaf gerissen worden war, steckte seinen Kopf durch das Stroh und sah, wie die fahle Morgendämmerung über der bewaldeten englischen Landschaft heraufzog. Er schob einen Käfig mit gackernden Hühnern und ein paar Käseräder beiseite, setzte sich auf und rieb sich den Schlaf aus den Augen. Sie waren nach der Morgenandacht in Wallingford aufgebrochen. Jetzt war es bestimmt nicht mehr weit bis London.

»Sind wir bald da?« fragte er den Kutscher.

Der alte Anson wendete seinen Kopf und funkelte ihn an. »Bleibt unten, Master Henry, um Himmels willen. Wie oft muß ich Euch noch sagen, daß wir uns in Feindesland befinden? Ja, bald sind wir da, wenn ich mich nicht irre.«

London! Endlich würde er mit eigenen Augen diese berühmte Stadt sehen, von der ihm seine Mutter erzählt hatte, diese Stadt, die mehr als jede andere sein Geburtsrecht verkörperte. Als Heinrich erfahren hatte, daß London weniger als eine Tagesreise von Wallingford entfernt lag, wo er sich gerade mit seiner Mutter und seinem Onkel aufhielt, hatte er sich entschlossen, sich die Stadt anzuschauen – ungeachtet des andauernden Bürgerkriegs zwischen seiner Mutter und König Stephan, dem Cousin, der sich widerrechtlich des Thrones bemächtigt hatte. Auf Grund der Gefahr, in der sie sich befanden, hatte man ihm streng verboten, den Bereich der Burg zu verlassen.

Die Morgennebel hatten sich verzogen, und Heinrich, der nun hellwach war, sog mit tiefen Atemzügen die frische Frühlingsluft ein, während er umherblickte. Die Bäume hatten noch kein Laub, aber aus der Erde begannen schon die ersten grünen Triebe zu sprießen. So weit er es überblicken konnte, waren sie allein auf der Straße.

»Es kann mich doch niemand sehen, Anson«, sagte Heinrich.

»Habt wohl geschlafen, was? Sind gerade an einer Pilgergruppe vorbeigekommen. Ein oder zwei Karren sind genau wie wir unterwegs zum Markt, außerdem eine Sänfte, begleitet von bewaffneten Rittern. Als nächstes stoßen wir vielleicht auf eine Horde der flämischen Söldner des Königs. Was wär' denn, wenn die uns anhalten und Euch hopsnehmen? Geht das denn nicht in Euren Kopf, Master Henry? Es wimmelt hier von Soldaten. Wenn Ihr nicht unten bleibt, fahrn wir sofort wieder zurück nach Wallingford.« Er beugte sich zur Seite, um auszuspucken. »Muß völlig bescheuert gewesen sein, daß ich mich von Euch und Master William zu diesem hirnverbrannten Blödsinn überreden lassen habe.«

Heinrich kaute an seiner Unterlippe. Der alte Mann war imstande, seine Drohung wahrzumachen. »Ich paß' schon auf.«

Ein zweifelndes Schnauben war die Antwort.

Heinrich stieß seinen Cousin, Wilhelm von Gloucester, mit dem Ellbogen an. »Wach auf. Wir sind gleich da.«

Wilhelm, der älteste Sohn von Heinrichs Onkel, Graf Robert von Gloucester, richtete sich gähnend auf, kratzte sich am Kopf und rieb sich die verschlafenen Augen.

»Paß auf!« Heinrich schob vorsichtig einen Korb mit Eiern zur Seite. »Der alte Anson bringt uns um, wenn wir seine kostbaren Eier beschädigen.« Er senkte die Stimme. »Er hat ein paar bewaffnete Ritter vorbeireiten sehen, und jetzt redet er von flämischen Söldnern. Ich glaub', der hat Angst.«

»Natürlich hat er Angst. Willst du ihm das verübeln?« Wilhelm fröstelte. »Das ist eine gefährliche Reise, auch wenn du's eher als Jux auffaßt.«

Heinrich wünschte, er hätte nichts gesagt. Er beobachtete die Wiesen und die sanft gewellten Hügel mit den zahllosen Hecken, die sich bis zum rötlichen Horizont erstreckten. Nicht ein einziges Mal, während sie den alten Anson, den Wagenbauer von Wallingford, bedrängt hatten, sie nach London zu bringen, hatte er ernsthaft daran gedacht, was passieren würde, sollten sie gefangengenommen werden. Ihm war natürlich bekannt, daß London vom Erzfeind seiner Mutter, König Stephan, gehalten wurde, aber das hatte keine wirkliche Bedeutung für ihn.

Da er wußte, daß er imstande war, die meisten Menschen dazu zu bringen, zu tun, was er wollte, hatte ihn das Risiko nicht sonderlich geschreckt. Auch die ständigen Ermahnungen seines Vaters, des Grafen von Anjou, hatte er in den Wind geschlagen. Gedankenlos, rücksichtslos, tollkühn – das waren nur einige der Ausdrücke, die der Graf verwendete, wenn es um seinen Sohn und Erben ging.

»Nun, ich hab' jedenfalls keine«, sagte Heinrich herausfordernd.

»Was?«

»Keine Angst.«

»Wenn du auch nur einen Funken Verstand hättest, dann würdest du Angst haben. Wenn du nicht nur ein paar Monate, sondern die ganzen letzten drei Jahre hier gelebt hättest, dann hättest du allen Grund, Angst zu haben, das kann ich dir sagen.«

»Wußte gar nicht, daß du so ein Feigling bist, lieber Cousin.«

Wilhelm bewarf ihn mit einem Büschel Stroh. »Halt deinen Mund, Kleiner. Du bist erst neun. Ich bin dreizehn und werd' bald zum Ritter geschlagen werden. Behandle mich mit dem nötigen Respekt, oder du kannst was erleben.«

Heinrich knurrte, denn er haßte es, an sein Alter erinnert zu werden. War es wirklich schon so lange her, wie Wilhelm gesagt hatte? Er zählte es an seinen Fingern ab: Stephan hatte sich 1135 des Thrones bemächtigt, seine Mutter war 1139 nach England aufgebrochen, um den Thron zurückzugewinnen, und jetzt schrieb man 1142. Drei Jahre. Sein Cousin hatte recht.

Heinrich beobachtete Wilhelm, der über das Stroh kroch und in den fahlen Himmel hinausstarrte. »Meine Güte, wenn mein Vater davon Wind bekommt, dann werd' ich eine ganze Woche lang nicht mehr sitzen können.« Er blickte Heinrich an. »Und wenn erst deine Mutter davon erfährt – mir jedenfalls wäre es zehnmal lieber, mit meinem Vater aneinanderzugeraten, als Tante Mathilde zu erklären, warum ich mich überreden ließ, unser Leben zu riskieren, nur um dir London zu zeigen.«

Heinrich bedachte Wilhelm mit einem verdrießlichen Blick. »Ich bin doch der Thronerbe und soll eines Tages König von England werden. Ich will einfach nur London sehen, meine künftige Hauptstadt. Ist das denn so fürchterlich?«

»Hast du denn vergessen, daß London deine Mutter und alles Angevinische heftig bekämpft? Was, glaubst du, wird mit dir geschehen, wenn du König Stephan in die Hände fällst?«

Heinrich hatte darüber noch nicht nachgedacht und wußte deshalb keine Antwort.

»Na, ich werd's dir sagen, du Dickschädel«, fuhr Wilhelm fort. »Man würde dich als Geisel nehmen und für dich ein Lösegeld verlangen. Der Krieg wäre vorbei, deine Mutter hätte verloren, und die ganzen Strapazen, die wir hier für dich auf uns genommen haben, wären umsonst gewesen. Verstehst du das? Umsonst! Die Ländereien meines Vaters würde eingezogen werden, deine Mutter würde nie mehr Königin sein, und auch wenn

Stephan dich am Leben lassen würde, König von England könntest du bestimmt nie mehr werden.«

In Wilhelms Stimme schwang eine Bitterkeit mit, die Heinrich noch nie bei ihm bemerkt hatte. Er überlegte, ob sein Cousin es vielleicht seiner Mutter zum Vorwurf machte, daß sie nach England zurückgekehrt war, um für ihren Anspruch zu kämpfen, und dadurch das Land in einen Bürgerkrieg gestürzt hatte.

»Du hättest nicht mitkommen sollen, wenn du meinst, es ist zu gefährlich.«

»Es muß doch jemand auf dich aufpassen, der ein bißchen mehr Grips hat als du.«

Heinrich warf sich auf Wilhlem und begann, ihn mit den Fäusten zu bearbeiten. Aber Wilhelm versetzte ihm einen kräftigen Hieb auf die Nase, daß es Heinrich fast den Atem nahm.

»Niemand muß auf mich aufpassen«, keuchte Heinrich. »Und man muß mich auch nicht von den Gefahren fernhalten. Man hat mich hierhergebracht, damit die Anhänger meiner Mutter sich hinter uns scharen. Jeder weiß, daß ich eines Tages König von England sein werde. Was kann mir also passieren?«

»Das werdet Ihr schnell genug herausfinden, junger Herr, wenn hier auch nur ein Ei zerbricht oder einem Huhn etwas zustößt. Hört sofort auf damit, oder...« Anson verstummte und lauschte angestrengt. »Was ist denn das für ein Lärm?«

Von hinten hörte man das Geräusch von Pferden, die schnell näher kamen. Heinrich setzte sich auf und spähte hinaus, konnte aber nur eine große Staubwolke erkennen.

»Das müssen feindliche Soldaten sein«, sagte Wilhelm. »Sicher keine Männer meines Vaters, so nah bei London. Um Himmels willen, werden die uns anhalten?«

»Und wenn?« Heinrich rieb sich die Augen. »Wir sind einfach nur Bauernjungen, die unterwegs sind zum Markt. Warum sollten sich Stephans Soldaten für uns interessieren?«

»Also, ich hab' euch Burschen schon erklärt, wie ihr euch verhalten sollt, wenn wir angehalten werden«, sagte Anson schnell. »Bleibt unter dem Stroh, vielleicht sehen sie euch dann nicht.«

Wenige Augenblicke später erschien eine große Gruppe flämischer Söldner hinter dem Karren. Anson zerrte an den Zügeln, und das Pferd zog den Karren weg von der Straße. Heinrich und Wilhelm gruben sich in das Stroh ein, während die Soldaten vorüberritten. Einer der Soldaten am Ende des Trupps verlangsamte sein Pferd und ritt an ihren Karren heran.

»Was hast du denn hier, Alter?« Er hatte einen kräftigen flämischen Akzent.

»Nur Eier, Käse und Hühner. Will sie auf 'm Markt in London verkaufen«, antwortete Anson.

Heinrich hörte das Zittern in seiner Stimme.

»Ja. Und was ist das?« Der Soldat hatte sein Schwert gezogen und zerteilte damit das Stroh. »Sind diese Burschen auch zu verkaufen?«

Einige seiner Kameraden lachten. Zu Heinrichs Entsetzen hob der Soldat sein Schwert in die Höhe, so daß die Spitze genau auf den Kopf von Wilhelm zeigte, der Heinrich vorkam wie ein Kaninchen, das verängstigt auf ein Wiesel starrte.

Er setzte sich auf und funkelte den Soldaten an. »Hört auf. Ihr könntet ihn verletzen.«

»Hört euch diesen jungen Gockel an!« Der Soldat grinste ihn wölfisch an. »Ja, ich könnte ihn verletzen – und was würdest du dagegen unternehmen?«

Das Schwert senkte sich herunter und verfehlte Wilhelms Bein um kaum einen Zoll, wie es Heinrich schien, fuhr durch einen hölzernen Käfig und spießte ein Huhn auf, das laut zu gackern begann und dann plötzlich verstummte, als das Schwert seine Innereien durchbohrte.

Die Soldaten lachten dröhnend, während ihr Kamerad sein Schwert herauszog, das Blut an Wilhelms Wams abwischte und dann das Schwert wieder in die Scheide steckte.

»Sei froh, daß ich nicht dich aufgespießt hab', Kleiner«, sagte er zu Heinrich.

Der Trupp verschwand in einer Staubwolke. Anson lenkte das Pferd und den Karren zurück auf die Straße. »Bei allen Heiligen, da hat Gott seine Hand über uns gehalten«, sagte er mit zitternder Stimme. »Wenn wir nicht schon so nah bei London wären, würd' ich auf der Stelle umkehren. Master William, alles in Ordnung?«

»Es geht ihm gut«, sagte Heinrich, der bemerkte, daß Wilhlem außerstande war, zu antworten. Blut war über das Stroh und über die Hühner verteilt, die aufgeregt gackerten und kreischten. »Ich werd' dafür sorgen, daß dir dieses Huhn ersetzt wird, Anson.«

Als Antwort kam nur ein Grunzen.

Heinrich musterte seinen Cousin besorgt. Sein hellbraunes Wams war rot verschmiert und sein Gesicht kreidebleich. Er sah aus, als kämpfe er mit den Tränen.

»Diese flämischen Hurensöhne.« Heinrich kaute verbissen auf seinen Lippen.

Der König hatte die flämischen Söldner und ihren Anführer

Wilhelm von Ypern ins Land geholt, damit sie ihm beim Kampf gegen die angevinischen Truppen beistanden. Heinrich wußte von seiner Mutter und seinem Onkel, daß diese Söldner sich kaum von wilden Tieren unterschieden und auf beiden Seiten gehaßt und gefürchtet wurden.

»Eines Tages werden sie dafür bezahlen«, sagte er.

Wilhelm drehte sich plötzlich um und begann, sich über die Brüstung des Karrens zu erbrechen. Heinrich, der so tat, als sehe er es nicht, musterte aufmerksam die Giebel eines efeubewachsenen Herrenhauses und das strohgedeckte Dach eines Holzhäuschens, an denen sie vorüberfuhren.

Daß der Flame ihn als »jungen Gockel« gehänselt hatte, klang noch in seinen Ohren nach. Wie gern hätte er ihm diese Bemerkung mit gleicher Münze heimgezahlt oder ihm sogar ein Schwert in die Brust gerammt. Manchmal kam es ihm vor, als würde er für immer neun Jahre alt bleiben, als würde er nicht schnell genug wachsen. Aber, bei Gott, eines Tages würde man ihn ernst nehmen müssen! Eines Tages würde es niemand mehr wagen, sich über ihn lustig zu machen. Wenn er König von England werden würde, dann würde er als erstes diesen flämischen Abschaum aus dem Land jagen.

*Wenn* er König werden würde, wiederholte er für sich, an *falls* dachte er nicht einen Moment. Solange er sich erinnern konnte, wußte er, daß er eines Tages von seinem Vater die Grafschaften Anjou und Maine erben und ihm von seiner Mutter der englische Thron und das Herzogtum Normandie zufallen würden, zwei Erbschaften, die sie von ihrem Vater, König Heinrich, erhalten hatte.

Würde es eine Gerechtigkeit in der Welt geben, dann würde seine Mutter jetzt auf dem Thron sitzen. Ihr Vater hatte seine Magnaten dazu gezwungen, ihr die Treue zu versprechen und sie nach seinem Tod als Königin anzuerkennen. Aber die adeligen Herren hatten es statt dessen zugelassen, daß der durchtriebene Cousin seiner Mutter, Stephan von Blois, sich den Thron angeeignet hatte. Mehr als die Hälfte der Barone hatten ihren Eid gebrochen und Stephan zum König gekrönt.

Heinrich, der damals erst zwei Jahre alt gewesen war, hatte natürlich die weitreichenden Konsequenzen dieser Entwicklung noch nicht verstanden. Doch mit seinem Herzen hatte er gespürt, daß seine bis dahin wohlgeordnete Welt durcheinander zu geraten drohte. In den folgenden Jahren hatte er erlebt, wie seine Mutter zwischen Angst und Zorn hin und her schwankte und sein Vater wütend in der Burg umherstampfte und der ganzen

Welt Rache schwor. Alle hätten Stephan von Blois vertraut und ihn geliebt, hatte sein Onkel Robert immer und immer wieder gesagt. Stephans Verrat hatte auf Heinrich einen nachhaltigen Eindruck ausgeübt, der ihn, davon war er überzeugt, sein ganzes Leben lang prägen würde.

Von diesem Augenblick an wußte Heinrich, daß er niemals jemandem voll vertraut und auch nie etwas für gesichert hingenommen hatte. Auch der liebste Freund, der die heiligsten Eide schwor, konnte in seinem Herzen insgeheim Verrat hegen. Er hatte auch nicht vergessen, wie sehr ihn die Trennung von seinen Eltern geschmerzt hatte, als vor drei Jahren seine Mutter mit dem Schiff nach England gefahren war, um ihre Ansprüche durchzusetzen, und sein Vater sich aufgemacht hatte, die Normandie Stephans Truppen zu entreißen. Glücklicherweise hatte ihn sein Vater dann nach Angers geholt, und das letzte Jahr hatte er in Rouen verbracht, bevor man ihn nach England zu seiner Mutter geschickt hatte.

Sein Vater war gut vorangekommen; die Normandie war schon fast vollständig befreit. Doch in England tobte der Krieg zwischen Stephan und seiner Mutter immer noch, und es war kein Ende abzusehen.

Ein kräftiger Windstoß brachte das Stroh auf dem Karren zum Rascheln. Die Straße begann abzufallen, und die bewaldeten Hügel verschwanden hinter ihnen. In der Ferne erblickte Heinrich die Themse und einen hohen Turm.

»Das ist Westminster«, sagte Wilhelm. Er war zwar noch bleich, hatte sich aber anscheinend wieder gefangen.

»Geht's dir wieder besser?«

»Ja. Danke, daß du – daß du versucht hast, mir zu helfen.« Verlegen wendete er die Augen ab. »Ich hoffe, ich hätte das auch getan – das heißt, ich hätte den Mut gehabt, dasselbe zu tun.«

Heinrich spürte, wie ihn dieses ungewohnte Lob seines älteren Cousins mit Stolz erfüllte. Dadurch wog die Schuld etwas weniger schwer, die er empfand, weil er diese Situation heraufbeschworen hatte. Er konnte schon seinen Vater hören: »Wenn du dir die möglichen Folgen vorher überlegt hättest, dann hättest du nicht leichtfertig drei Menschenleben aufs Spiel gesetzt.«

Die Straße fiel weiter ab. Unten tauchten Mühlräder auf, die sich an einem Bach drehten, der in die Themse floß. Etwas weiter entfernt führte eine hölzerne Brücke zu einem Tor in der Stadtmauer. Heinrich ließ seinen Blick über die massiven Mauern und das Dickicht der Schornsteine und Häuser wandern. Eine Vielzahl von Geräuschen drang an seine Ohren: die Rufe der Wächter auf den Zinnen der Stadtmauern, der Lärm der Menschenmenge, die am Tor Einlaß in die Stadt begehrte.

Der alte Anson überquerte die Brücke, fuhr an der Mauer entlang und bog dann in eine Gasse ein, die zu einem freien Platz führte. Von den Kirchen der Stadt läuteten die Glocken zur Terz, als er den Karren zum Stehen brachte.

»Das ist der Marktplatz von Smithfield«, sagte er. »Weiter fahr' ich nicht. Wenn ihr in die Stadt hineinwollt, müßt ihr zu Fuß gehen.« Er zeigte auf den Markt. »Ich werd' hier meine Sachen verkaufen und bin bis zum Mittagsoffizium fertig zur Abreise. Bis dahin müßt ihr zurück sein. Bis Mittag, vergeßt es nicht. Und seid vorsichtig.«

Heinrich und Wilhelm sprangen vom Karren. Als sie Aldersgate erreichten, fanden sie sich inmitten einer großen Menge von Menschen, Pferden und Karren. Klopfenden Herzens blickte Heinrich hinauf zu den achtzehn Fuß hohen Mauern mit den beiden Schwingtoren aus schwerer, eisenbeschlagener Eiche. Über dem Eingang steckte ein blutverschmierter menschlicher Kopf auf einer Stange. Raben umschwirrten das augenlose Gesicht.

»Ist das ein Beispiel für die Gerechtigkeit des Königs?« Heinrich empfand Abscheu.

»Das sieht mehr nach seinen flämischen Henkersgesellen aus. Stephan ist zu weich für irgendeine Art von Gerechtigkeit.« Wilhelm blickte aufmerksam umher. »Halt dich nah bei mir. Ich kenn' mich in London aus und kann dich herumführen. Allein würdest du dich verlaufen.«

Sie passierten das Tor und betraten die Stadt. Die Straße, auf der sie sich nun befanden und die, wie Heinrich überrascht feststellte, volle zehn Fuß breit war, führte zur Newgate Street und zum Friedhof von Saint Paul's, wo gerade eine große Kathedrale gebaut wurde, wie ihm Wilhelm erklärte. Heinrich, der sich bemühte, nicht alles erstaunt anzuglotzen, was ihm vor die Augen kam, fragte sich, ob sie wohl fertig sein würde, bis er König wurde. Überall roch es nach Fisch, Bier, Wolle und getrocknetem Leder.

Sie gingen durch eine Gasse, die zum Kai führte. Die lauten Rufe der Bootsmänner und die schrillen Schreie der Fischweiber, die ihre Waren auf der Brücke feilboten, berührten Heinrich auf sonderbare Weise. Das ist meine Stadt, dachte er. Das ist meine Stadt.

»Hier ist eine Garküche«, sagte Wilhelm. Sie kauften sich geröstete Kastanien und zwei Pasteten mit Schinken und Aal.

Während sie an ihrem Essen kauten, wanderten die beiden über den Kai. Heinrich sah die Docks, die sich flußauf- wie flußabwärts aneinanderreihten und auf denen stämmige Matrosen unablässig Schiffe be- und entluden, die hier festgemacht hatten.

Wilhelm machte eine herrische Geste. »Diese Schiffe kommen aus Nantes, aus Flandern und der Normandie. Einige sogar aus der Levante. Du mußt zugeben, lieber Cousin, daß Anjou und die Normandie ziemlich rückständige Nester sind verglichen mit London.«

Heinrich knurrte nur. Er wollte nicht eingestehen, wie beeindruckt er war, aber er fühlte sich erleichtert, daß Wilhelm wieder ganz der alte zu sein schien.

»Es bleibt uns noch Zeit, die London Bridge zu überqueren, bevor wir wieder zurück nach Smithfield müssen«, sagte Wilhelm.

Gerade als sie auf die Brücke traten, kamen ihnen einige junge Männer entgegengerannt, die von Soldaten verfolgt wurden. Heinrich wurde zu Boden gestoßen. Als sie vorübergelaufen waren, waren Heinrichs Kastanien überall auf dem Boden verstreut, und Wilhelm war verschwunden. Eine Gruppe von zerlumpten Kindern schwärmte auf den Holzplanken aus, um die Kastanien aufzusammeln. Heinrichs Hose war zerrissen und sein blaues Wams beschmutzt. Er rappelte sich auf. Zumindest hatte er noch seine Pastete.

Es herrschte ein solches Gedränge und Geschiebe auf der Brücke, daß Heinrich von der Menschenmenge fortgerissen wurde. Er war schon fast auf der anderen Seite angelangt, als er endlich wieder zum Stehen kam und Luft holen konnte. Von Wilhelm immer noch keine Spur. Offensichtlich war sein Cousin in eine andere Richtung geschoben worden. Sollte er nach ihm suchen? Nein. Wilhelm hatte doch damit geprahlt, wie gut er sich in der Stadt auskannte, also würde er auch alleine zurechtkommen. Heinrich würde sich den Weg zurück nach Smithfield erfragen, und alles würde wieder in Ordnung kommen. Außerdem war es viel aufregender, wenn er ganz auf sich allein gestellt war.

Er biß in seine Pastete und lehnte sich über das hölzerne Geländer. Eine scharfe Windbö, die vom Fluß heraufwehte, zerzauste seine Haare und blies ihm salzigen Schaum ins Gesicht. Plötzlich spürte er, daß neben ihm jemand stand. Es war ein Mädchen. Sie schien ungefähr im selben Alter zu sein wie er. Ein verblichener gelber Kittel, der ihr viel zu groß war, schlotterte um ihre dürre Gestalt; ihr Gesicht war rußgeschwärzt, und ihre Haare bildeten einen dichten Wald schwarzer Locken. Sie roch stark nach verdorbenem Fisch, abgestandenem Bier und anderen unangenehmen Düften. Heinrich rückte von ihr weg, aber das schien sie gar nicht zu bemerken, weil sie gespannt in das schmutzige, wirbelnde Wasser hinabblickte.

»Da, schau! Schnell! Siehst du ihn?«

»Wen?«

»Den großen Silberfisch. So lang wie mein Arm ist er und hat große grüne Augen.«

Heinrich starrte in das Wasser. »Ich seh' keinen Fisch. Es ist zu schmutzig da unten. Außerdem hab' ich noch nie von einem Fisch gehört, der so aussieht.«

»Aber er ist da unten. Mußt nur richtig hinschaun.«

Ihre seltsame Aussprache war für Heinrich kaum zu verstehen, und ihre Stimme klang schrill, hatte aber einen leicht singenden Tonfall.

»Willst du mich für dumm verkaufen?« Er warf ihr einen argwöhnischen Blick zu. »Ich glaub' nicht, daß es so einen Fisch gibt, also versuch' nicht, mir weiszumachen, jemand hätte einen gefangen.« Er biß in seine Pastete.

»O nein. Man kann ihn gar nicht fangen. Man kann ihn nur anschaun.« Ihre Augen verfolgten seine Hand.

»Hast du Hunger?«

Sie nickte, und er reichte ihr seine Pastete.

Sie riß sie ihm fast aus der Hand und lächelte ihn dankbar an. Dadurch veränderte sich ihr Gesicht vollkommen. Heinrich bemerkte jetzt ihre riesigen blauen Augen und die kleinen weißen Zähne. Ohne den Ruß und den Schmutz, stellte er fest, würde sie durchaus hübsch aussehen. Er beobachtete sie, wie sie gierig abbiß.

»Ooh, die ist gut«, sagte sie, während ihr Fleischsaft aus den Mundwinkeln triefte.

»Freut mich, daß es dir schmeckt.« Er machte eine Pause. »Ich heiße Henry. Ich besuche meine Mutter hier in England.«

»Dann hast du keinen Vater?«

»Natürlich habe ich einen Vater. Jeder hat einen Vater.«

Sie blickte ihn einen Augenblick lang schweigend an. »Und wo ist dein Vater?«

»Zur Zeit ist er in Rouen. Er ist der Graf von Anjou und zugleich der Herzog der Normandie – so lange, bis ich soweit bin, seine Nachfolge anzutreten.« Er warf ihr einen verstohlenen Blick zu, um zu sehen, wie sie darauf reagierte.

Das Mädchen nickte und biß in die Pastete. »Die Normandie. Wo ist das?«

»Auf der anderen Seite vom Kanal. Bei Frankreich.«

»Von Frankreich hab' ich schon gehört. Warst du schon mal dort?«

»Nein.« Heinrich schwieg einen Augenblick. »Aber ich bin schon der französischen Königin begegnet.«

»Nein, das glaub' ich nicht.«

»Wenn ich's dir sage. Ich habe ihr Blumen geschenkt!«

Sie starrte ihn an, und ihre großen blauen Augen glühten vor Bewunderung. »Ist sie – ist sie so schön, wie alle sagen?«

Heinrich, der sich nur noch ungenau an Eleonores Aussehen erinnern konnte, grinste. »Natürlich.«

Sie seufzte. »Bleibst du länger hier?«

»Nein. Mein Vater erwartet mich.«

Sie nickte abermals und gab ihm die Pastete zurück. »Hab' gleich gewußt, daß du nicht aus London bist, natürlich, aber ich bin noch nie einem Ausländer begegnet. Vielleicht, weil du so komisch redest. Man nennt mich Bellebelle.«

Heinrich schluckte, erfreut darüber, daß sie fast alles widerspruchslos akzeptierte, was er sagte. »Du kannst die Pastete behalten. Ich bin satt. Ein seltsamer Name.«

»Ist nicht so, wie du meinst. Meine Mama sagt, ich bin auf den Namen Ykenai getauft – ein Sachsenname, aber alle rufen mich Bellebelle.« Sie stopfte sich den Rest des Essens in den Mund und zeigte zum anderen Ende der Brücke. »Ich bin aus Southwark.«

Sie beendete ihre Mahlzeit, leckte sich die Finger, wischte sich die Nase an ihrem Ärmel ab und beugte sich dann neben ihm über das Geländer. Gemeinsam beobachteten sie eine Gruppe von Jungen auf kleinen Booten. Sie standen am Bug, hielten Lanzen in den Händen und flitzten über das Wasser auf einen Schild zu, der von einer Stange herunterhing. Sie warfen die Lanzen auf das Ziel und stürzten dann ins Wasser. Heinrich und Bellebelle lachten ebenso wie alle anderen Zuschauer.

»Ich komm' sooft hierher, wie ich kann«, sagte Bellebelle. »Sooft, wie ich meine Mama dazu bringen kann, daß sie mich mitnimmt.«

»Und wo ist sie jetzt?«

Bellebelle zeigte zu einer Gruppe von Frauen in bunten, gestreiften Umhängen, die am anderen Ende der Brücke zusammenstanden. Heinrich bemerkte, daß einige Passanten den Frauen etwas zuriefen, aber er war zu weit entfernt, um es zu verstehen. Ein Mann schleuderte etwas auf sie, was wie ein toter Fisch aussah.

»Warum behandelt man sie so?«

Bellebelle schabte mit einem ausgetretenen Schuh über die Holzplanken. Ihr Augen verdüsterten sich, ihr Gesicht wurde rot, und sie antwortete nichts.

Ein plötzlicher Lärm hinter ihnen lenkte Heinrichs Aufmerksamkeit ab. Zwei Soldaten, die er zuvor schon in der Stadt gesehen hatte, kamen näher und schoben einen Jungen vor sich her, der offensichtlich betrunken war. Sie brüllten ihn an, und jedesmal wenn er stolperte oder schwankte, versetzten sie ihm Tritte mit ihren schweren Stiefeln. Dem Jungen liefen Tränen übers Gesicht.

»So darf man mit diesem armen Teufel doch nicht umspringen«, empörte sich Heinrich. »Er hat ja so viel getrunken, daß er nicht mehr gerade gehen kann.«

»Das sind die Flamen des Königs«, flüsterte Bellebelle. »Am besten, man geht ihnen aus dem Weg.«

Also wieder diese verfluchten Flamen. Heinrich machte einen Schritt nach vorne. Einer der Soldaten blieb stehen, starrte ihn frech an und stieß ihn zur Seite. Alle Leute auf der Brücke wichen zurück, aber Heinrich, der die Wut in sich aufsteigen fühlte, war entschlossen, sich an seinem Platz zu behaupten. Da packte ihn eine überraschend starke Hand am Arm und riß ihn zur Seite.

»Bist du blöd?« Die Angst in Bellebelles Stimme war unüberhörbar. »Das ist London, und die Flamen haben hier freie Hand. Du kannst nichts tun. Niemand kann was tun.« Sie machte eine Pause. »Aber du hättest es gern versucht, hab' ich recht?«

»Eines Tages wird es anders sein«, preßte Heinrich hervor und schluckte seinen Ärger hinunter, während die Soldaten weiterzogen. »Glaub's mir. Wenn ich einmal König von England bin, dann wird es nicht mehr notwendig sein, blutige Köpfe über die Tore zu stecken, und ich werde dafür sorgen, daß auch so ein armer Kerl gerecht behandelt wird.«

Bellebelle nickte und blickte ihn ehrfürchtig an. »Natürlich, das wirst du tun. Weil du jemand mit einem Rückgrat bist und kein Feigling.«

Heinrich lächelte, und ihm fiel auf, daß sie es überhaupt nicht in Zweifel gezogen hatte, daß er eines Tages König werden würde. »Danke. Ich muß jetzt gehen. Ich habe meinen Begleiter verloren und muß zurück nach Smithfield. Kannst du mir sagen, wie ich da hinkomme?«

Bellebelle beschrieb ihm den Weg genau und schaute dann wieder über das Geländer in den Fluß, das Kinn in die Hände gestützt. Heinrich blinzelte und blickte ebenfalls in das Wasser.

»Ich seh' den Fisch«, sagte er.

Bellebelle drehte sich um und lächelte ihn strahlend an.

Als Heinrich nach Smithfield kam, schlugen die Glocken gerade Mittag. Wilhelm wartete schon und klopfte ihm erleichtert auf den Rücken.

»Gott sei Dank. Ich hab' mir schon Sorgen gemacht. Hab' dich überall gesucht. Was hast du denn gemacht?«

Heinrich zuckte mit den Schultern. »Ach, nichts.«

Den ganzen Weg zurück nach Wallingford, während Wilhelm von seinem Abenteuer mit einem Möchtegern-Taschendieb erzählte, dachte Heinrich an Bellebelle, an London und die Flamen. Die Stadt hatte einen seltsamen Eindruck auf ihn gemacht, den er nicht beschreiben konnte. Städte wie Angers oder Rouen hatten immer ganz anders auf ihn gewirkt. Sie war wie – ja, jetzt wußte er es – wie ein Schiff ohne Steuermann.

Wenn er dereinst König sein würde, so beschloß Heinrich, dann sollte jeder, der nach London kam, sogleich wissen, daß hier jemand die Dinge im Griff hatte und das Schiff auf sicherem Kurs hielt.

## 8. Kapitel

### Southwark, im Jahre 1145

»Sie wollen dich jetzt sehen, Belle!« rief der Wirt aus der Schenke.

Bellebelle, die auf der Treppe stand, spürte, wie ihre Knie weich wurden. Warum hatte sie solche Angst? Sie wußte doch, was passieren würde, und hatte sich schon oft ungeduldig gewünscht, es möge endlich soweit sein. Aber jetzt, da es ernst wurde...

Sie blickte hinauf zu den weißen Wolken, die über den graublauen Himmel dahinzogen. Ein kalter Februartag ging allmählich zu Ende, doch für sie fing er erst an. Salziger Wind, der den Geruch von verfaulendem Fisch und stinkendem Abwasser mit sich trug, schlug ihr ins Gesicht. Über sich hörte sie, wie das schmutzige Schild der Schenke The Bishop's Hat wie üblich in seinen ledernen Scharnieren ächzte und knirschte, doch an diesem Spätnachmittag mischte sich auch ein unheimliches Stöhnen darunter.

»Belle! Gilbert verlangt dich, und du willst doch keine Schwierigkeiten machen, oder?«

Sie tat, als höre sie nichts.

Die Schenke und das damit verbundene Bordell standen auf einem kleinen Abhang neben der Straße. Von ihrem Standort aus konnte Bellebelle rechts die Dächer des Klosters Saint Mary Overie sehen, wohin Morgaine sie letztes Jahr zu Ostern mitgenommen hatte, und die Turmspitzen der Kirchen Saint Mary Magdalene und Saint Margaret, die hoch in die Himmel ragten. Zu ihrer Linken befand sich die Brücke, die den Fluß überspannte, dann kam der Kai, an dem die Heringsboote vertäut waren, und dahinter der Fluß, auf dem die Schiffe aus fernen Ländern vor Anker lagen.

Immer wenn sie über die Brücke ging, hielt Bellebelle nach dem Jungen Ausschau, diesem Heinrich, den sie hier vor drei Jahren getroffen hatte. Er war der einzige Mensch, dem sie das Geheimnis von ihrem Zauberfisch anvertraut hatte. Monatelang hatte sie damals nach ihm gesucht, wann immer ihre Mutter oder eine der anderen Dirnen sie mitgenommen hatten. Aber zu ihrer großen Enttäuschung hatte sie ihn nie mehr gesehen. Jetzt war sie schon fast vierzehn und damit eigentlich zu alt für so etwas, doch als sie das letzte Mal an der Brücke gewesen war, vor mindestens sechs Monaten, hatte sie wieder einen kurzen Blick auf den Fisch erhascht.

»Komm endlich, Belle!« rief Arnulf, der Wirt. »Ich weiß, daß du mich hörst.«

Mit bangen Gefühlen drehte Bellebelle sich um und betrat widerstrebend die Schenke, die wie üblich nur von ein paar Kerzen erhellt wurde. Am Abend war die Schenke immer erfüllt von lautem Geschrei und wildem Gelächter, aber tagsüber, wenn nur eine Handvoll Würfelspieler im Schankraum saßen, war es hier angenehm ruhig. An diesem Nachmittag aber bemerkte Bellebelle die spielenden und trinkenden Männer gar nicht.

»Hoffe, es läuft alles gut«, meinte Arnulf, der vor seinen Weinfässern kniete, die auf niedrigen hölzernen Böcken standen.

»Bestimmt krieg' ich einen mit feinen Manieren.« Bellebelle zwang sich tapfer zu einem Lächeln. »Gilbert hat jedenfalls gesagt, sie sind alle Gentlemen.«

»Gilbert! Er ist ein Bordellwirt, Mädchen. Dem darfst du kein Wort glauben.« Er schüttelte den Kopf. »He, Mädchen, du siehst ja auch im Teufel noch das Gute.« Arnulf senkte die Stimme. »Gute Manieren oder nicht, es gibt Edelmänner, die sind genauso roh und rücksichtslos wie die Matrosen. Paß gut auf dich auf. Man hätte den Kerl auspeitschen müssen dafür, daß er deine Jungfernschaft wie einen Fang Heringe verkauft hat.«

Sie erwiderte nichts, denn Arnulf hatte Bellebelles ärgste Befürchtungen angesprochen. Nachdem sie jahrelang den Erzählungen der Dirnen gelauscht hatte, wußte sie, daß einige Kunden brutal und verletzend sein konnten. Insbesondere die großen, grobschlächtigen Burschen von den Docks. Die Dirnen fürchteten diese Männer, doch der Bordellwirt zwang sie, allen Kunden gleichermaßen zu Willen zu sein. Bis auf eine Ausnahme, die Bellebelle nie vergessen hatte. Ihre Mutter Gytha hatte sich einmal geweigert, einen Mann zu akzeptieren, und zwar wegen der Größe seines Gliedes. Es würde sie umbringen, hatte sie gesagt. Gilbert hatte Gytha deswegen geschlagen, aber ihre Mutter hatte gesagt, lieber ertrage sie die Prügel als dieses Glied.

Bellebelle verdrängte die Erinnerung an diesen schrecklichen Vorfall aus ihrem Kopf, ging langsam durch die Hintertür der Schenke und blieb einen Augenblick in dem dunklen Hof stehen, der die Schenke vom Hurenhaus trennte. Sie fürchtete sich davor, den Eingangsraum des Bordells zu betreten und in die unbekannten Gesichter der Kunden zu blicken, die gekommen waren, ihre Jungfernschaft zu ersteigern.

Die Dirnen hatten Bellebelle immer wieder versichert, daß sie wunderschön anzuschauen war. Die Blicke der Männer, die in der Schenke und im Bordell verkehrten, schienen das auch zu bestätigen. Doch die Männer, die sich an diesem Spätnachmittag hier versammelt hatten, waren von einer anderen Art, wohlhabend und aus besseren Kreisen – so hatte Gilbert jedenfalls behauptet. Solche Männer besuchten in der Regel nicht die Bordelle in der Hafengegend von Southwark. Wenn sie nun keinem von ihnen gefiel und keiner ein Gebot für sie abgab? Sie wollte ihnen gefallen, und sie hatte von den anderen Huren genug gelernt, um zu wissen, wie man Männer zufriedenstellte. Aber wenn keiner sie wollte, würde Gilbert sie nicht weiter behalten. Wovon sollte sie dann leben?

»Wo bleibst du denn solange, verdammt noch mal?« Gilbert stand in der Tür des Bordells und funkelte sie böse an. »Komm rein hier, aber schnell!«

Bellebelle eilte über den Hof und folgte Gilbert in die hintere Kammer. Inzwischen hatte sich ein breites Lächeln auf sein Gesicht gelegt. Er stellte sich hinter einen Tisch. Ihm gegenüber standen zehn Männer.

»Das ist sie«, sagte Gilbert mit der öligen Stimme, die er immer dann zum Einsatz kommen ließ, wenn er es mit Kunden zu tun hatte. »Zieh deine Kleider aus, Mädchen, aber behalt den Unterrock noch an.«

Bellebelles Herz klopfte, und sie wendete die Augen ab. Mit klammen Fingern zog sie ihre ausgetretenen schwarzen Schuhe und die wollenen Strümpfe aus, wobei sie sich bewußt war, daß die Männer mit lüsternen Blicken jede ihrer Bewegungen verfolgten. Sie zwang sich, im stillen die ständigen Ermahnungen ihrer Mutter vor sich herzusagen: »Die Lust ist nichts, was du fürchten mußt, aber du mußt sie zu deinem eigenen Vorteil nutzen. Sonst kann es dir schlimm ergehen.«

»Ihr seht, meine Herren, Bellebelle ist von unverdorbener Schönheit, eine Jungfrau so rein wie eine Nonne«, sagte Gilbert zu den Männern. »Und der Glückliche, der ihre Jungfernschaft gewinnt, wird sich nicht zu beklagen haben, das kann ich Euch versprechen, denn sie ist zwar noch eine Jungfrau, aber sie hat schon die Erfahrung einer Erwachsenen. Ihre Mutter war meine beste Dirne, das Mädchen ist also sozusagen schon von klein auf in der Ausbildung.« Er zwinkerte den Männern zu. »Sie hat es sozusagen schon mit der Muttermilch eingesogen.«

»Wollt Ihr damit sagen, daß sie nichts anderes kennt als das Bordell?« In der Stimme des Mannes schwang echtes Entsetzen mit. »Was für ein fürchterliches Schicksal!«

»Das ist richtig, sie kennt nichts anderes. Ein fürchterliches Schicksal? Nun, das kann man auch anders sehen. Sie könnte auch schon längst tot sein: Ich hätte sie den Hunden zum Fraß vorwerfen oder im Fluß versenken können, aber ich habe sie aus lauter Gutherzigkeit hierbehalten.«

Und wegen des Geldes, das du mit mir verdienen kannst, wollte Bellebelle sagen, während sie sich langsam ihren blauen Kittel über den Kopf zog.

Dann stand sie fröstelnd in ihrem ausgewaschenen Unterrock da und begann, vor den Männern hin- und herzugehen.

»Also gut, Ihr habt sie jetzt alle gesehen«, sagte Gilbert. »Nun zeigt mir Eure Barschaft, und dann eröffnen wir die Versteigerung.«

Während die Männer ihre Geldbeutel auf den Tisch entleerten, verkroch sich Bellebelle in einer Ecke. Sie wollte nicht zuhören, wie man sie wie einen Fang Heringe an den Meistbietenden versteigerte, deshalb zwang sie sich, an etwas anderes zu denken.

Solange sie zurückdenken konnte, hatte Bellebelle den Wunsch gehegt, es besser zu haben. Das bedeutete für sie, daß sie nicht so leben wollte wie ihre Mutter. In ihrer frühesten Erinnerung an Gytha sah sie ihre Mutter halbnackt auf einer Pritsche liegen. Sie roch nach Bier, weinte und jammerte über ihr schlimmes Schicksal. Bei den seltenen Gelegenheiten, bei denen sie ihre Mutter allein im Bett vorfand, kroch sie unter die schmutzige graue Wolldecke und schlang ihre kleinen Arme um ihren Hals, um sie zu trösten. Meistens aber hielten sich Fremde bei Gytha auf, Männer, die sich keuchend und grunzend über ihren Körper wälzten und dann ein paar Münzen auf das Bett warfen, bevor sie sich wieder anzogen und gingen. Bellebelle, die sich auf einer Pritsche in der Ecke zusammengerollt hatte, übersahen sie meistens.

Die Kammer ihrer Mutter war ihre Arbeitsstätte und zugleich ihr Zuhause. Darin standen ein großes, breites Bett, ein wackeliger Eichentisch, zwei zerkratzte Holzstühle und eine Truhe, ebenfalls aus Eiche, in der sie ihre wenigen Habseligkeiten aufbewahrten. Außerdem gab es noch ein Kohlenbecken, einen eisernen Wasserkessel und einen Stapel alter Leintücher, die immer schmutzig aussahen.

Einmal, in einer Nacht, die Bellebelle nie vergessen würde, entdeckte ein Herr mit einem schwarzen Umhang, der mit einer schweren Silberschnalle an einer seiner Schultern befestigt war, Bellebelle in der Ecke. Er griff in seine Geldbörse, die an seinem juwelenbesetzten schwarzen Gürtel angebracht war, und reichte ihr eine Silbermünze.

»Hier«, sagte er mit freundlicher Stimme, während er ihr die struppigen schwarzen Locken aus dem schmutzverkrusteten Gesicht strich und in ihre großen blauen Augen schaute.

Einen derart hübschen Mann hatte sie hier im Bordell bisher nicht gesehen.

»Welch eine wunderschöne Rose, die hier auf diesem Misthaufen sprießt. Ich vermute, es hat sich noch kein Landbursche und auch kein fremder Söldner an ihr vergriffen. Weißt du, wer der Vater ist, Gytha?«

»O ja, ein feiner Herr war er, ein Normanne wie Ihr«, antwortete ihre Mutter mit einer Spur von Bitterkeit in der Stimme. »Sie ist ihm wie aus dem Gesicht geschnitten. Sogar er hat das gemerkt. Hat versprochen, sich um die Kleine zu kümmern, und eine Zeitlang ist er auch regelmäßig gekommen. Hat mir Geld geschickt, als er nicht mehr selber kommen konnte. Aber dann ist er plötzlich ausgeblieben. Hab' nie wieder was von ihm gehört.«

»Das Land wird schon lange von Unruhen und Bürgerkrieg heimgesucht«, erwiderte der Mann. »Hast du dir nie gedacht, daß er vielleicht tot sein könnte?«

Gytha zuckte mit den Achseln. »Jedenfalls ist er verschwunden. Aber was kann das Mädel sich für seine Schönheit kaufen, he? Ein Leben im Bordell, genau wie ich, darauf läuft's hinaus. Besser, sie wär' eine Totgeburt gewesen.«

»Gott vergebe dir diese Worte.« Der Mann lächelte Bellebelle an, während er sich bekreuzigte. »Vielleicht hat Gott etwas anderes mit ihr vor. Wie heißt du, Kind?«

»Ykenai oder Bellebelle.«

»Ich hab' ihr den alten Sachsennamen Ykenai gegeben, aber sie ist am Michaelistag beim letzten Glockenschlag der Morgenandacht geboren«, sagte Gytha, »deshalb nennen die anderen sie Belle.«

»*Une belle Belle.*« Der Mann zog ihr Kinn hoch.

»Bellebelle.« Sie wiederholte es mit einem scheuen Lächeln.

Der Name war ihr geblieben. Sie sah den Mann zwar nie wieder, aber dieses Ereignis hatte für Bellebelle aus zwei Gründen eine besondere Bedeutung: Dadurch war ihr zum ersten Mal bewußt geworden, daß ihr Vater ein besonderer Mann gewesen war, ein Mann, an den sich ihre Mutter erinnerte, nicht irgendein gesichtsloser, grunzender Fremder. Dadurch war sie zu einem anderen Menschen geworden.

Der zweite Grund war, daß dieser Besucher gemeint hatte, Gott könnte ein anderes Schicksal für sie vorgesehen haben. Diesen Gedanken verwahrte sie tief in ihrem Herzen, und er wärmte sie wie ein Kohlenfeuer an einem kalten Morgen.

»So einer kann leicht von einem besseren Leben reden«, begann Gytha zu jammern, nachdem der Mann gegangen war. »Aber was andres als eine Hure kann ein Hurenbalg schon werden – selbst wenn sie so aussieht wie du?« Sie griff sich den stählernen Spiegel, das wohlgehütete Geschenk eines Stammkunden, und betrachtete sich aufmerksam.

Mit ihrem hellen goldenen Haar, ihren violett-blauen Augen und ihrer milchweißen Haut war ihre Mutter die schönste Frau, die Bellebelle bisher gesehen hatte. Durch und durch sächsischer Herkunft, hatte Gilbert gemeint. Bellebelle wünschte sich so sehr, ihr ähnlich zu sehen.

Mit einem enttäuschten Seufzen legte Gytha den Spiegel weg und griff nach dem hölzernen Krug mit Bier, der auf dem Tisch neben dem Bett stand. Bellebelle, die ihre Mutter nach ihrem unbekannten Vater befragen wollte, wußte, daß Gytha nun bald wieder so betrunken sein würde, daß man nicht mehr mit ihr reden konnte. Der Augenblick verstrich, und später fand Bellebelle nie mehr eine Gelegenheit, ihrer Mutter gegenüber dieses Thema anzusprechen.

Es gab keine anderen Kinder im Bordell, das ziemlich klein war und nur fünf bis sechs Frauen eine Bleibe bot. In den größeren Häusern lebten bis zu zwanzig Dirnen. Wenn die Frauen nichts zu tun hatten, unterhielten sie sich, und Bellebelle bekam daher schon frühzeitig mit, was für ein schweres Leben sie führten: Auf der Straße mußten sie buntgestreifte Umhänge tragen, damit man sie gleich erkannte. Dadurch waren sie den gehässigen Bemerkungen und dem bösen Spott der Passanten, oft auch Schlimmerem, schutzlos preisgegeben. Sie konnten nicht kommen und gehen, wie es ihnen beliebte, sondern der Bordellwirt, von dem sie wie Sklaven abhängig waren, legte fest, wann sie anwesend zu sein hatten. Sie konnten das Bordell auch nicht einfach verlassen, wohl aber hatte Gilbert die Möglichkeit, sie ohne weiteres hinauszuwerfen, wenn sie zu alt wurden, nicht mehr gefragt waren oder wenn der Verdacht bestand, daß ihre Geschlechtsteile von der brennenden Krankheit befallen waren.

Belle wußte, daß ihre Mutter Gilberts beliebteste Dirne war. Er teilte ihr nur die besseren Kunden zu: Bürger aus der Stadt, die wenigen Landadeligen, die ab und zu nach Southwark kamen, Ritter von jenseits des Kanals und andere Männer dieser Art. Die rohen Kerle von den Docks, die Seemänner und die übrigen Herumtreiber von Southwark mußten mit den weniger gefragten Dirnen vorliebnehmen.

Auf Bellebelle war Gilbert erst vor ungefähr zwei Jahren aufmerksam geworden. Eines Tages hatte ihre Mutter sie zu der Garküche an der Straße geschickt, auf einen Besorgungsgang, vor dem Bellebelle sich immer fürchtete. Der Stand lag inmitten eines großen Hofes, der übersät war mit Schlaglöchern und Schlammpfützen und in dem eine Unzahl von gackernden Hühnern umherlief. Schwarze Rauchschwaden stiegen in den Himmel empor, und die Luft war erfüllt von dem Geruch gebackenen Brotes und gebratenen Fleisches. Dürre, barfüßige Kinder spielten neben den Pfützen, ausgezehrte Frauen wiegten ihre Kleinkinder in den Armen, während sie miteinander schwätzten. Sie beäugten Belle immer finster und starrten hungrig auf ihren Korb mit den heißen Aalpasteten, langen Weizenlaiben und gebratenem Geflügel.

»Hurenbrut«, spotteten sie. »Bastard. Wo ist denn dein Vater?«

Bellebelle verstand nicht, weshalb die Frauen sie verhöhnten und die anderen Kinder sich weigerten, mit ihr zu spielen und sie ab und zu mit Steinen und Abfall bewarfen. Sie eilte immer schnell über den Hof und verschnaufte erst, wenn die Schenke und das Bordell wieder in Sicht kamen.

An diesem Morgen stand Gilbert, ein kleiner Mann mit dikkem Bauch und schmierigen Haaren, in der Tür des Bordells und beobachtete sie. In seine Schweinsäuglein trat ein Glitzern, das in Bellebelle ein mulmiges Gefühl auslöste.

»Du wirst allmählich erwachsen, Kleine«, sagte Gilbert, während er sie anstierte. »Komm her.« Er kam auf sie zu und fuhr mit seiner schmutzigen Pranke über ihre flache Brust.

»Was treibst du denn da?« fragte eine Stimme hinter ihr. »Belle ist noch zu jung dafür, hat noch nicht genug gelernt.«

Bellebelle drehte sich um und sah Morgaine, die walisische Dirne, die gerade zum Bordell zurückkehrte. Unter ihrem gestreiften Umhang trug sie ein sauberes, aber verblichenes blaues Kleid. Ihr üppiges braunes Haar fiel in einem dicken Zopf ihren Rücken hinunter.

»Sie wird bald groß sein«, sagte Gilbert. »In 'n paar Jahren wird sie mein Zugpferd, eine echte Schönheit.« Er schwieg einen Augenblick »'s gibt sicher welche, die sie jetzt schon haben wollen.« Er fuhr sich mit seiner dicken, weiß belegten Zunge über die Lippen. »In dem Haus da unten«, fuhr er fort, »da wär' sie schon lange keine Jungfrau mehr. Aber Kinder verkuppeln, das bringt nix. Das verdirbt sie nur für später.«

Morgaine griff nach ihrem scharf geschliffenen Messer, ohne das sie nie aus dem Haus ging. »Ich bring' Gytha um, wenn ihr versucht, Belle vor der Zeit zu verkaufen. Laßt das Mädchen in Frieden. Vielleicht will sie ja gar nicht in die Fußstapfen ihrer Mutter treten.« Sie blickte Gilbert durchdringend an.

Bellebelle sah, daß er von einem Bein auf das andere trat. Morgaine arbeitete zwar für ihn, aber sie schüchterte ihn ein – wie auch alle anderen.

»Spinnst du? Was soll das Mädel denn sonst tun? Was kann sie denn sonst?« Er ließ seine Augen über Bellebelle wandern und rieb sich die Hände. »Der erste, der sie kriegt, wird 'nen guten Preis für sie zahlen. Jungfrauen bringen immer einen guten Preis. Wird Zeit, daß sie sich ihren Unterhalt verdient.«

Eine Woge der Erbitterung schnürte Bellebelle die Kehle zu. Schon seit sie gehen konnte, hatte sie ihr Essen auf die eine oder andere Weise selbst verdient – durch Besorgungsgänge, Putzarbeiten, Abfälle wegbringen.

Aber trotzdem hatte Bellebelle bisher keine andere Möglichkeit gefunden, wovon sie später ihren Lebensunterhalt bestreiten konnte. Ihre Mutter hatte bereits begonnen, sie in das Gewerbe einzuweisen. Sie lernte, wie man Männer in Stimmung brachte, wenn sie schüchtern waren oder wenn es einmal nicht klappen wollte. Ein unzufriedener Kunde würde sein Geld zurückverlangen, hatte Gytha gesagt, und das bedeutete Ärger. Deshalb mußte sie alle Tricks in diesem Geschäft kennen.

Morgaine zerzauste Bellebelles schwarze Locken. »Brauchst keine Angst haben vor dem geilen alten Bock«, sagte sie, als Gilbert davonschlurfte. »Aber paß auf, daß du nie mit ihm allein bist.«

Bellebelle hatte bereits herausgefunden, wie man sich am besten den Nachstellungen der Männer entzog, aber sie lächelte dankbar. Morgaine war ihr die Liebste unter den Dirnen.

Mit fünfzehn war Morgaine von ihrer Familie in den Bergen von Wales entführt und zwei Jahre später in das Bordell verkauft worden. Von ihrer Mutter hatte Bellebelle gehört, Morgaine kenne eine geheime Medizin zur Kräftigung der Muskeln der weiblichen Geschlechtsorgane. Sie rühmte sich, jeden Mann nach kurzer Zeit zum Erguß bringen zu können. Sie war beliebt bei den Kunden, aber die anderen Dirnen fürchteten sie wegen ihrer angeblichen Zauberkräfte und ihres zweiten Gesichts. Gilbert nannte sie hinter ihrem Rücken »die walisische Hexe«.

»Ich komm' grad von diesem fetten Priestersack in Saint Mary«, sagte Morgaine. »Hat mir die Kommunion verweigert. ›Erst wenn du deinen sündhaften Lebenswandel aufgegeben hast‹, hat er gemeint. Soll ihn doch der Teufel holen.«

Im Gegensatz zu den anderen Dirnen besuchte Morgaine immer die Messe, wenn Gilbert ihr erlaubte, das Bordell zu verlassen. Der Priester weigerte sich jedesmal, sie zur Kommunion zuzulassen, aber sie versuchte es immer wieder. Von Morgaine lernte Bellebelle auch die wenigen Gebete, die sie kannte: das Gegrüßet-seist-du-Maria und das Vaterunser.

»Wenn ich nicht im Bordell arbeiten will, Morgaine, wohin könnte ich dann gehen?« hatte Bellebelle sie gefragt. Sie saß auf der hölzernen Treppe und zog ihren gelben Kittel über die Knie.

Die Dirne schaute sie verblüfft an. »Beim heiligen David, das weiß ich auch nicht, Mädchen. Weiß nicht mehr, was mir durch den Kopf geschossen ist, als ich das zu Gil gesagt hab'. Vielleicht gibt's für dich irgend 'ne andere Arbeit in London – Heringe verkaufen oder irgendwas anderes auf der Straße anbieten.« Sie machte eine Pause, dann fügte sie hinzu: »Vielleicht schaffst du's, einen von den Kunden hier zu heiraten.«

Bellebelle hatte auch schon daran gedacht. Sie hatte die Heringsverkäufer und die Fischweiber gesehen, die bei jedem Wetter unterwegs waren, die Rücken gebeugt unter der schweren Last der Körbe auf ihren Schultern. Sie sahen bereits in jungen Jahren alt und verbraucht aus, viel schlimmer als die Huren. Aber als sie an die ungehobelten Männer von den Docks dachte, an die Seemänner, die in die Bordelle kamen, schauderte es sie.

»Vielleicht werde ich doch eine Dirne«, sagte sie langsam. »Wenn man einen Kunden findet, der einen so mag, daß er einen von hier wegholt, dann kann man vielleicht genug Geld sparen, um mit der Arbeit aufzuhören, bevor man alt wird.«

Morgaine lächelte sie nachsichtig an. »Und was machst du dann?«

»Das weiß ich nicht.« Bellebelle versuchte, es zu erklären. »Dort leben, wo die Leute nett zu einem sind. Wo man nicht mehr jedem gefallen muß.«

»Das ist nichts weiter als ein schöner Traum, Belle. Am besten, du vergißt das alles. Das Leben ist nicht leicht, schon gar nicht das der Frauen. Viel Arbeit, wenig Freuden, ganz gleich, ob du 'ne Hure, 'ne Heringsverkäuferin oder eine feine Dame bist, die jedes Jahr Kinder in die Welt setzt. Für uns hat das Leben eben nichts anderes zu bieten, so ist das.« Sie schnaubte, wobei ihre Nasenflügel vibrierten. »Und als Frau wirst du immer anderen gefallen müssen. Einige von uns werden dafür bezahlt, andere nicht, das ist der einzige Unterschied.« Morgaine seufzte. »Wird Zeit, daß du das endlich begreifst, Kleine.«

Bellebelle kaute an ihren Lippen. Lieber wollte sie dafür bezahlt werden.

»He, nimm's dir nicht so zu Herzen, Belle! Wir haben ein Dach überm Kopf und kriegen was zu essen. Vergiß eines nie, Mädchen: Was immer du tust, tu's richtig.«

Obwohl Bellebelle erwartungsvoll in die Zukunft blickte, veränderte sich ihr Leben in den folgenden zwei Jahren kaum. Der Bürgerkrieg zwischen Kaiserin Mathilde und König Stephan forderte einen hohen Blutzoll im Land. Draußen tobte der Krieg, aber in der kleinen Welt des Bordells blieb alles beim alten. Außer, daß Bellebelle erwachsen wurde.

Eines Tages entdeckte sie, daß ihre Brüste zu wachsen begonnen hatten und ihre Hüften runder geworden waren, und bald darauf begann auch ihre Periode. Ihre Mutter beklagte sich darüber, daß sie wie ein Kübel voller Abfälle stank, zwang sie, in einen hölzernen Zuber mit Wasser zu steigen, schrubbte den Dreck von ihrem Gesicht und ihrem Körper und wusch die Läuse aus ihren Haaren. Als sie sie abgetrocknet hatte, trat Gytha zurück und schaute sie an, als sähe sie sie zum ersten Mal.

Bellebelle nahm den Spiegel ihrer Mutter und betrachtete sich darin. Eine Fremde blickte ihr entgegen. Was war aus dem dürren kleinen Mädchen geworden, das nur aus Augen und verfilzten Haaren zu bestehen schien? Überrascht betastete sie das ovale Rund ihres Gesichts. Hier stand ein junges Mädchen mit weichen Ringellocken, schwarz wie die Nacht, die ihr sanft über die Schultern fielen. Im Kontrast zu ihrer weißen Haut, die nun gerötet war nach dem Schrubben, leuchteten ihre Augen wie dunkelblaue Saphire. Gytha brach plötzlich in Tränen aus. Bellebelle konnte sich nicht denken, weshalb, aber sie war schon so an Gythas Weinkrämpfe gewöhnt, daß sich darüber weiter keine Gedanken machte.

Eines Morgens erwischte sie dann Gilbert alleine in der Kammer. Bellebelle hatte das Durcheinander aus verstreuten Kleidungsstücken, nassen Leintüchern und halbvollen Bechern mit Bier aufgeräumt, das Gytha üblicherweise hinterließ. Gilbert hatte sich von hinten an sie herangeschlichen und ihre Hüften umfaßt, bevor sie sich hatte wehren können. Sein fauliger Atem verursachte Bellebelle Übelkeit, und sie versuchte, sich zu befreien. Während er seine Hände auf ihre kleinen, runden Brüste drückte, begann sie zu schreien und trat gegen seine Beine. Er ließ sie erst los, als Gytha und Morgaine in die Kammer stürzten und ihn unter Flüchen und Verwünschungen davonscheuchten. Er bestritt jede Absicht, sie zu schänden, obwohl er das Recht dazu gehabt hätte. Er behauptete, er habe nur herausfinden wollen, ob sie schon reif war.

»Und jetzt ist sie soweit«, verkündete er. »Sie ist jetzt groß genug, um selbst ihren Unterhalt zu verdienen.«

»Nein, sie ist noch zu jung dafür«, widersprach Gytha. »Ist doch kaum elf, eher noch zehn.«

»Sie wird von Jahr zu Jahr jünger, wenn man dir so zuhört. Dieses Mädel ist gut dreizehn Jahre alt, vielleicht sogar schon vierzehn«, sagte Gilbert. »Ich kann mich noch daran erinnern, wann sie geboren wurde. Also keine weiteren Ausreden, Gytha. Sie wird ab jetzt selbst für sich aufkommen, oder ich verkauf' sie an das Haus weiter unten an der Straße.«

Diese Drohung brachte Gytha zum Schweigen.

»Ich werd' die besten und zahlungskräftigsten Kunden zusammentrommeln und ihre Jungfernschaft versteigern. Wer am meisten bietet, kriegt sie. Die Kleine wird mich reich machen, ja, das wird sie.«

»Und zum dritten!«

Gilbert ließ seine Faust schwer auf den Tisch krachen. »Sie geht an den Gentleman aus London. Die Ware wird morgen abend geliefert. Herzlichen Glückwunsch, Sir!«

Bellebelle, die aus ihren Erinnerungen herausgerissen wurde, sprang auf. Sie hatte schon fast vergessen, wo sie war und was hier vor sich ging.

»Ist eben alles ein Geschäft, Mädchen.« Gilbert winkte ihr zu.

Sie ging zum Tisch hinüber und versuchte, sich durch den Ausdruck enttäuschter Begierde, der in neun Augenpaaren stand, nicht zu sehr verunsichern zu lassen. Doch sie warf auch einen vorsichtigen Seitenblick auf den Mann, der ihre Jungfernschaft ersteigert hatte.

Da überkam sie ein Gefühl der Erleichterung. Es war ein junger Mann, gut beleibt und mit einem roten Gesicht. Der pelzverbrämte Umhang, das Übergewand aus schwarzem Samt und die Goldkette um seinen Hals zeigten Bellebelle, daß er recht wohlhabend sein mußte. Er lächelte ihr schüchtern zu, als sie zurückging.

Schnell schlüpfte sie in ihre Kleider und verließ den Raum, um ihrer Mutter zu berichten, daß es sich bei dem Gentleman, der sie bekommen hatte, offensichtlich um einen Mann handelte, der leicht zufriedenzustellen war. Überrascht stellte Bellebelle fest, daß sie sich sogar in gewisser Weise auf den kommenden Abend freute, an dem ihr Leben als Dirne nun endlich beginnen sollte.

## 9. Kapitel

Am folgenden Morgen drängten sich alle Dirnen in Bellebelles Kammer. In diesem winzigen Raum, der frisch geschrubbt worden war, standen ein Kohlenbecken, ein hölzernes Bett mit einer dicken Strohmatratze, ein wackeliger Stuhl, ein Kübel für die Notdurft und einer für frisches Wasser sowie eine alte Holztruhe. Das war die erste Kammer, die ganz ihr gehörte.

Es war ein außergewöhnlich milder Wintertag. Bellebelle, die auf dem Stuhl saß, beobachtete Gytha, die es sich auf der Matratze bequem gemacht hatte und Bier aus einem hölzernen Becher trank. Seit Sonnenaufgang hatten die Huren erzählt, wie sie ihre Jungfernschaft verloren hatten, um Bellebelle an ihren Erfahrungen teilhaben zu lassen.

»Wasch dich immer unten rum, ja, am besten mit Weißwein oder frischer Tierpisse«, sagte eine dralle Dirne, die gerade aus Flandern gekommen war.

»Wir trinken hier eigentlich nur Bier. Gilbert würd' uns nie Weißwein geben. Aber Essig und Wasser sind genauso gut. Das hab' ich dem Mädchen schon alles beigebracht«, erwiderte Gytha. »Auch, welche Kräuter sie nehmen soll und wann. Belle soll nicht so einen Reinfall erleben wie ich seinerzeit mit ihr.«

»Du mußt immer so tun, als ob's dir Spaß macht«, meinte Agnes, ein dickliches Mädchen, kichernd und setzte sich ebenfalls auf das Bett. »Ich mach' manchmal die Augen zu und stöhne, wie wenn ich gleich ohnmächtig werden würd'.«

»Es gibt Schwachköpfe, die kaufen dir alles ab.« Morgaine erschien in der Tür. »Wichtiger ist, daß du dich vor Kerlen in acht nimmst, die was Teuflisches im Blick haben.« Sie bekreuzigte sich und machte mit zwei Fingern das alte Zeichen, mit dem man den Teufel abwehrte.

»Vor so einem wie dem, der neulich ausgepeitscht werden wollte?« Bellebelle blickte ihre Mutter fragend an, und es schauderte sie bei der Erinnerung daran, wie Gytha über dem Mann stand, ihn leicht mit einer Weidenrute schlug, die der Kunde selbst mitgebracht hatte, und dabei an seinem Glied herumspielte, während der Mann lustvoll stöhnte.

»Nein, der war harmlos«, entgegnete Gytha. »Und auch der arme Teufel, der mit verrosteten Eisenketten gefesselt werden wollte. Aber 's gibt immer wieder Kunden, die wollen dir weh tun. Gilbert sieht so was allerdings gar nicht gern.«

Bellebelle wußte, daß in Gilberts Etablissement, im Unterschied zu den anderen Bordellen, derartige Praktiken nicht angeboten wurden.

»Hab' den Londoner gesehen, der dich ersteigert hat. Der hat nix Teuflisches im Blick. Ich habe die Runen befragt, um sicherzugehen.« Morgaine lächelte Bellebelle aufmunternd an. Bellebelle wußte, daß die walisische Dirne ein kleines Holzkästchen besaß, in dem sie viele Steine mit sonderbaren Zeichen aufbewahrte.

Die anderen Huren bekreuzigten sich, als sie von den Runen hörten. Bellebelle wußte nicht, weshalb sie Morgaine und ihre magischen Steine so fürchteten. Wodurch unterschied sich das denn von der besonderen Macht, die sie selbst dem Kruzifix zuschrieben?

»Wahrscheinlich gehört er zu denen, die wollen, daß man sie mit Vater oder Bruder anredet oder die einen mit dem Namen ihrer Schwester oder ihrer Mutter rufen«, meinte Gytha. »Ein bißchen bescheuert zwar, aber harmlos. Jedem das Seine, sag' ich immer.«

Sie kicherte. »Morgaine, erinnerst du dich an diesen verrückten Alten, der uns alle Schwester Maria genannt und uns danach gesegnet hat?«

»Der sich dann schließlich als Landpfarrer entpuppt hat? Den werd' ich so schnell nicht vergessen.« Morgaine rollte mit den Augen. »Wir mußten vorher und nachher beten.«

»Und bevor er gegangen ist, hat er noch versucht, uns von unserem sündhaften Lebenswandel abzubringen«, ergänzte Gytha.

Morgaine schnaubte. »Unseren sündhaften Lebenswandel sollen wir aufgeben? frag' ich ihn. Willst du denn, daß der Bischof verhungert? An wen, glaubst du, zahlt Gilbert seine Abgaben? frag' ich. An den Bischof von Winchester natürlich. Die sind alle gleich, diese Kirchensäcke, mit der einen Hand verdammen sie den Sünder, mit der anderen kassieren sie den Lohn der Sünde.«

»Der komischste Kauz, den ich jemals hatte, hat nur einen hochgekriegt, wenn ich nackt vor ihm stand und einem Hühnchen den Hals umgedreht hab'«, sagte Gytha und schüttelte den Kopf. »Gilbert hat den doppelten Preis von ihm verlangt, wegen dem Hühnchen, und das tote Vieh hat er dann an eine Garküche verkauft.«

Die Huren brachen in wildes Gelächter aus, aber Bellebelle fühlte sich elend. Sie hoffte, sie würde bei ihrer Arbeit niemals jemandem weh tun müssen – weder einem Mann noch einem Huhn. Sie wollte sich gern um die Leute kümmern, ihnen Vergnügen bereiten, aber sie ertrug den Gedanken nicht, jemandem Schmerzen zufügen zu müssen. Hoffentlich verlangte der Mann, der sie ersteigert hatte, nichts Ungewöhnliches von ihr.

Aber als dieser wohlhabende Bürger aus London, dessen Name Johan de Mornay lautete, am Abend erschien, zeigte sich, daß er eigentlich viel ängstlicher war als sie. Als Bellebelle nackt vor ihm stand und ihr Fleisch im Schein der einzigen Kerze in der Kammer glühte, da starrte er sie an, als stehe er unter einem Bann. Seine Hände zitterten, als sie ihre schwellenden Brüste berührten. Bellebelle, die sich schon auf eine härtere Gangart gefaßt gemacht hatte, war überrascht – und erleichtert –, daß der Mann sich als so zartfühlend erwies. Er verbrachte viel Zeit damit, ihren Körper zu erforschen und zu liebkosen, bis er schließlich in sie eindrang.

Sie war darauf vorbereitet; er bewegte sich langsam und vorsichtig, aber trotzdem war es schmerzhaft, schmerzhafter, als sie es sich vorgestellt hatte, und Bellebelle mußte schreien, als er ihr Jungfernhäutchen durchstieß. Einen Augenblick später ergoß er seinen Samen in sie. Gott sei Dank, es war vorbei. Johan schien verlegen zu sein wegen des blutbefleckten Bettuchs und betrübt wegen Bellebelles offensichtlichem Unbehagen. Sie war dankbar, daß er sich so besorgt zeigte, und nachdem er gegangen war, ohne einen weiteren Versuch unternommen zu haben, weinte sie vor Erleichterung.

Sie wusch sich mit Essig und Wasser, die Gytha ihr hingestellt hatte. Bellebelle mochte Johan fast schon ein bißchen, aber das Gewerbe war viel schlimmer, als sie es sich vorgestellt hatte. Wie hielten die anderen Dirnen das nur aus, Nacht für Nacht, Jahr für Jahr?

»Darfst nicht jammern, Mädchen«, sagte Morgaine später zu ihr, als sie ihre wunde Stelle mit einer Salbe bestrich. »Ich weiß, es hat dir weh getan, aber 's hätt' viel schlimmer kommen können. Ich könnte dir Geschichten erzählen...« Sie schüttelte den Kopf und bekreuzigte sich. »Die heilige Maria Magdalena ist die Schutzpatronin der Dirnen, sie hat dir heute abend beigestanden.«

Die übrigen Huren versicherten ihr, sie werde sich im Lauf der Zeit schon daran gewöhnen, und meinten, sie solle einfach vergessen, was geschehen war. Aber Gytha heulte und kreischte und betrank sich bis zur Besinnungslosigkeit. Den Rest der Nacht brachte Bellebelle damit zu, ihre Mutter in den Armen zu halten.

Zur Verblüffung der Dirnen vereinbarte Johan de Mornay mit Gilbert, daß Bellebelle ihm als seine Privathure zur Verfügung stehen sollte, wenn er sich in London aufhielt. Weder Gytha noch Morgaine, den Königinnen des Bordells, war jemals eine solche Ehre widerfahren. Gytha war zwischen Neid und Stolz hin und her gerissen. Bellebelle dagegen nahm ihr Glück gelassen auf. Schließlich hatte sie ja davon geträumt, daß etwas Derartiges geschehen würde, und jetzt wurde dieser Traum wahr. Sie betrachtete es als einen ersten Schritt auf dem Weg, der sie aus Southwark hinausführen würde.

Trotz des Bürgerkrieges führten Johans geschäftliche Interessen ihn oft über den Kanal in die Normandie und nach Paris. Wenn er auf Reisen war, stand es Bellebelle frei, auch andere Kunden zu bedienen – was sie aber nur tat, wenn Gilbert sie dazu zwang. War Johan in London, kam er zwei- bis dreimal in der Woche nach Southwark und brachte ihr jedesmal Geschenke mit.

Zum ersten Mal in ihrem Leben erhielt Bellebelle neue Kleider; bisher hatte sie immer die abgelegten, ausgewaschenen Sachen ihrer Mutter oder der anderen Dirnen getragen. Ihr erstes neues Kleid war aus hellem Zindeltaft, hatte lange, fließende Ärmel und wurde unter einem blauen wollenen Übergewand mit rotgrünen Saum getragen. Johan erklärte ihr, das sei zur Zeit sehr gefragt in Paris, wo Königin Eleonore den Stil der Mode bestimme. Außerdem brachte er ihr goldene und schwarze Lederschuhe mit, weiße Wollstrümpfe, eine goldene, perlenbesetzte Brosche und einen schwarzen Umhang mit roten Streifen, dessen Kapuze und Futter aus grauem Eichhörnchenfell bestanden. Bellebelle hatte noch nie etwas so Wundervolles gesehen. Manchmal, wenn sie alleine war, strich sie über das Fell, als wäre das Tier noch am Leben.

Außer mit Geschenken versorgte Johan sie auch mit Nachrichten aus der Welt jenseits des Kanals.

»Es gibt ernsthafte Schwierigkeiten im Heiligen Land. Papst Innozenz II. hat König Ludwig und seine ihm ergebenen Vasallen in einer Bulle gedrängt, der Kirche im Morgenland gegen mögliche Angriffe der Feinde beizustehen«, erzählte er ihr eines

Abends Anfang März. »Der Heilige Vater sichert ihnen dafür die Freisprechung von ihren Sünden zu. Es heißt, Ludwig wird Gott, der ihm bisher einen Sohn versagt hat, um Vergebung bitten. In den hundertfünfzig Jahren der Herrschaft der Capetinger hat es bis jetzt immer einen männlichen Thronerben gegeben.«

»Welche Sünden könnte er denn begangen haben, daß Gott ihm einen Sohn verweigert?« Bellebelle blickte ihn fragend an. Sie saßen auf ihrem Bett und aßen geröstete Kastanien, die Johan ihr aus London mitgebracht hatte.

Johan zuckte die Schultern. »König Ludwig hat zwar den Ruf eines Heiligen, aber in Wirklichkeit ist er alles andere als das. Denk zum Beispiel an die Affäre zwischen der Schwester der Königin, Petronilla, und dem Grafen von Vermandois.« Er verzog mißbilligend das Gesicht. »Du hast doch auch davon gehört, oder? Das war das Stadtgespräch in Paris.«

»Ich kann mich nicht erinnern. Was ist passiert?«

Johan machte es sich auf dem Bett bequem. »Ralph war mit der Schwester des Grafen der Champagne verheiratet. Das ist ein sehr mächtiger Fürst. Ralph hat drei Bischöfe seines Landes dazu gebracht, die Ehe zu annullieren – mit Ludwigs Einverständnis, wie man sagt –, und hat dann Petronilla geheiratet. Der erzürnte Graf der Champagne beschwerte sich deshalb beim Papst, der daraufhin nicht nur das ehebrecherische Paar, sondern auch Ludwig exkommuniziert hat.«

Bellebelle nickte. Was Exkommunizierung bedeutete, hatte sie schon von Morgaine erfahren. »Also deswegen muß er Gott um Vergebung bitten?«

Johan warf eine ausgetrocknete Kastanie durch die Kammer. »Ja, zum Teil. Aber es kommt noch schlimmer. Angestachelt von Königin Eleonore, wie es heißt, ließ Ludwig seine Truppen in der Champagne einmarschieren, die dort die Häuser und Hütten der Stadt Vitry niederbrannten.« Johans Stimme senkte sich zu einem Flüstern. »Dreizehnhundert Einwohner hatten sich in den Schutz des Gotteshauses gerettet, aber die Flammen griffen auf die Kirche über. Alle, die darin zusammengepfercht waren, sind umgekommen.« Er bekreuzigte sich.

Bellebelle schrie auf. »Wie furchtbar! Die armen Leute. Kein Wunder, daß der König Abbitte leisten will für seine Sünden.«

Johan seufzte. »Ludwig ist in eine tiefe Melancholie gefallen. Er kasteit sich und will nichts mehr essen. Offensichtlich beeindruckt durch diese Anzeichen von aufrichtiger Reue, hat der Papst Ludwig volle Absolution erteilt und ihn wieder in den Schoß der Kirche aufgenommen.«

»Nehmen die Franken dem König sein Verhalten übel?«

Johan schüttelte den Kopf. »Die Franzosen lieben Ludwig. Sie machen eigentlich mehr Ludwigs Gemahlin, Eleonore von Aquitanien, für alles verantwortlich. Wenn sie das sündhafte Treiben ihrer Schwester nicht unterstützt hätte, so sagen die Leute, wäre das alles nicht passiert. Es sind böse Gerüchte über sie im Umlauf, die vor allem von der Kirche in die Welt gesetzt werden, die sie schon seit Beginn ihrer Ehe mit Ludwig haßt.«

Bellebelle schob sich eine Kastanie in den Mund. »Warum?«

»Die Prälaten behaupten, sie würde Ludwig gegen sie aufhetzen und sich in einer Weise verhalten, die sich für die Frau eines Königs nicht geziemt.«

Bellebelle spürte, wie eine gewisse Sympathie für diese französische Königin in ihr aufkeimte, die offensichtlich nicht die einzige Frau war, die Schwierigkeiten mit der Kirche hatte. Schließlich lag auch Morgaine ständig im Streit mit dem Priester von Saint Mary. »Was wirft ihr die Kirche vor? Außer der Affäre ihrer Schwester?«

»Alles mögliche. Das jüngste Beispiel ist der Wunsch der Königin, den Kreuzzug mitzumachen – wenn es jemals dazu kommt. Sie hat damit gedroht, ihre Vasallen in Aquitanien von einer Teilnahme abzuhalten – was ihr gutes Recht als Herzogin ist –, wenn sie nicht auch mitkommen darf.«

»Habt Ihr ihn gesehen? Wie sieht sie aus?« Bellebelle biß in eine weitere Kastanie.

»Sie ist schöner, als man es sich vorstellen kann.« Johan küßte ihre Finger. »Sie hat das Gesicht eines Engels und einen Leib, der seinesgleichen sucht. Und sie tritt auch auf wie eine Königin. Neben ihr macht Ludwig eine schlechte Figur.« Er fuhr fort, Eleonore in den leuchtendsten Farben zu beschreiben.

Bellebelle, die spürte, daß Johan, obwohl er sich mißbilligend über sie geäußert hatte, die französische Königin verehrte, wurde verwirrt durch das, was er sagte. Sie konnte sich nicht vorstellen, daß es eine Frau gab, die soviel Macht besaß, daß sie den Männern ihren Willen aufzwingen konnte. Die Männer beherrschten schließlich die Welt, die Frauen hatten nichts zu sagen.

»Die französischen Barone und die Kirche sind auch deswegen erbittert, weil Eleonore zugleich aus eigenem Recht Herzogin von Aquitanien ist«, fuhr Johan fort. »Soviel Macht sollte nicht in den Händen einer Frau vereinigt sein, meinen sie.«

Bellebelle schüttelte den Kopf. »Das versteh' ich nicht. Wenn Maria die Himmelskönigin ist, aus – aus eigenem Recht, wie Ihr gesagt habt –, warum soll es dann verkehrt sein, wenn Eleonore Königin und Herzogin ist?«

Johan lachte. »Wenn man es so betrachtet, ist es schlüssig, aber laß das bloß keinen Priester hören.«

Bellebelle seufzte. Wie gern hätte sie diese faszinierende, willensstarke Königin kennengelernt! Das war natürlich unmöglich. Aber auch einfach nur zu wissen, daß es irgendwo eine solche Frau gab, war schon eine Art Trost für sie.

Wenn Bellebelle von nun an zur Jungfrau Maria betete, dann erschien vor ihr immer das Bild der Eleonore von Aquitanien, so wie Johan sie ihr geschildert hatte. Die französische Königin wurde zu ihrem Zauberstein, zu einem Schutzschild gegen die Angst und die Übel der Welt, in der sie lebte.

# 10. Kapitel

## Paris, im Jahre 1145

An einem sonnigen Märznachmittag des Jahres 1145 befand sich Eleonore auf ihrem Söller im neu eingerichteten Palast der Ile-de-Cité. Ihre Hofdamen waren um sie versammelt, und ein aquitanischer Troubadour sang ein Liebeslied.

Der Haushofmeister trat ein und verkündete, Bernhard von Clairvaux sei im Palast eingetroffen und bitte um eine Unterredung.

»Ich will ihn nicht sehen«, erwiderte Eleonore mit leichtem Unbehagen. »Sag ihm, ich lasse mich entschuldigen. Führ ihn zum König. Er ist bestimmt in der Kapelle.«

Der Haushofmeister verneigte sich und zog sich zurück.

Eleonore hoffte, daß er sich an ihre Anweisungen hielt. Dem Zisterziensermönch war durchaus zuzutrauen, daß er darauf beharrte, sie persönlich zu sprechen, bis er seinen Willen durchsetzte. Er ließ sich durch nichts von einem Ziel abbringen, wie sie festgestellt hatte. Was wollte Bernhard diesmal von ihr? Vermutlich hatte es mit der Absicht des Papstes zu tun, die Christenheit im Morgenland von den Ungläubigen zu befreien. Der Heilige Vater verkündete einen weiteren Kreuzzug und drängte die Franzosen, dabei eine führende Rolle zu übernehmen. Eleonore hatte Ludwig erklärt, daß sie, wenn er sie nicht mitkommen ließe, ihren aquitanischen Rittern die Teilnahme daran verbieten würde. Der Mönch, der sich in alles einmischte, hatte zweifellos Wind davon bekommen. Manchmal fragte sie sich, ob er Spione hatte, die in ganz Europa an den Türen lauschten.

Bei ihrer letzten Begegnung hatte der Mönch sie öffentlich eine widerspenstige Evastochter genannt, die den sanftmütigen Ludwig verhext und vom Pfad der Tugend abgebracht habe. Bei der Erinnerung daran schäumte sie.

»Der Mönch besteht darauf, Euch allein zu sprechen, Madame«, verkündete ihr der Haushofmeister, als er erneut den Söller betrat. »Ich könnte ihn nur gewaltsam vor die Tür setzen...« Er warf ihr einen hilflosen Blick zu.

»Ich verstehe.«

Mit einem ergebungsvollen Seufzer nickte Eleonore und entließ den Troubadour und ihre Hofdamen. Sie beschloß, in ihrem Stuhl mit der hohen geschnitzten Rücklehne und den Seitenlehnen sitzen zu bleiben. Sie war die Königin. Der Mönch sollte zu ihr kommen. Sie glättete die Röcke ihres karmesinroten Übergewandes und rückte ihre cremefarbene Haube zurecht. Während sie wartete, beobachtete sie, wie die Strahlen der Nachmittagssonne durch die vergrößerten Fenster in die Kammer drangen und diese in goldenes Licht tauchten.

Bernhard betrat steifbeinig den Raum, bleich und finster wie ein Prophet des Alten Testaments. Seine weiße Mönchskutte war zu weit für seine ausgemergelte Gestalt. Er wirkte von Mal zu Mal ausgezehrter. Der Abbé ging auf den Lehnstuhl zu und blieb unvermittelt davor stehen. Er neigte seinen Kopf mit der Tonsur und blickte sie mit seinen dunklen Augen an. Eleonore fühlte sich von den großen brennenden Augen durchbohrt. Eine Ewigkeit lang starrten sie sich mit unverhohlener Feindseligkeit an.

Sie hatte die Absicht gehabt, den Mönch zu sich kommen zu lassen, und deshalb ärgerte sie sich, als ihr bewußt wurde, daß sie aufgestanden war und nun quer durch das Gemach schritt. Sie schäumte innerlich vor Wut, weil sie fühlte, daß sie hier von einem Willen beeinflußt wurde, der so stark war wie ihr eigener, nein, noch stärker.

Als sie vor ihm stand, aber keine Anstalten machte, den Kopf zu neigen oder scheu den Blick zu senken, wandte er sich mit seiner leisen, melodiösen Stimme, die schon zahllose Bewunderer in ihren Bann geschlagen hatte, an sie.

»Hört auf mit Eurer ständigen Einmischung, Madame, mit Eurem gefährlichen Eingreifen in Staatsangelegenheiten. Wie heißt es in der Heiligen Schrift? ›Laß ab von deinem eigenen Willen.‹ Eure offensichtliche Begünstigung des Ehebruchs Eurer Schwester und auch, daß Ihr den König überredet habt, in die Champagne einzufallen, hat Frankreich Schaden zugefügt.«

»Frankreich? Wie soll es Frankreich Schaden zugefügt haben?«

»Wenn Ihr das nicht von selbst erkennt, seid Ihr weniger intelligent, als ich gedacht habe. Wie heißt es im zehnten Spruch Salomos? ›Des Gerechten Lippen erquicken viele, aber die Toren werden an ihrer Torheit sterben.‹ Wollt Ihr etwa leugnen, daß Euer Einfluß auf Ludwig zu dem Bannstrahl des Heiligen Vaters gegen ihn führte?«

Eleonore war klug genug, darauf nichts zu erwidern. Insgeheim war sie stolz auf ihren Einfluß auf Ludwig. Sie konnte die Staatsangelegenheiten nicht direkt lenken, aber durch ihren Ehemann war es ihr möglich, entsprechenden Einfluß auszuüben.

»Wollt Ihr leugnen, daß Eure grobe Einmischung zum Tod von dreizehnhundert unschuldigen Menschen führte?« Bernhards Stimme wurde eindringlich.

Natürlich mußte er Salz auf die noch offene Wunde streuen. Vitry. Wie oft würde sie noch an die wenig glanzvolle Rolle erinnert werden, die sie bei diesem verheerenden Ereignis gespielt hatte?

»Wer hätte ein solch schreckliches Ergebnis voraussehen können?« fragte Eleonore und bekreuzigte sich. »Ihr könnt mich nicht dafür verantwortlich machen. Es ist typisch für Ludwig, daß unter seiner Führung aus einem gewöhnlichen kleinen Einfall gleich ein Gemetzel an der Bevölkerung wird. Ein schneller Einmarsch in die Grafschaft, ein kurzes Scharmützel hätten völlig genügt.«

Bernhard kniff seine Lippen zu einem dünnen Strich zusammen. »Ihr solltet besser mit Euch selbst ins Gewissen gehen, Madame, statt Euren Gemahl zu kritisieren. Denkt an den sechzehnten Spruch Salomos: ›Manchem scheint ein Weg recht; aber zuletzt bringt er ihn zum Tode.‹«

»Meint Ihr, ich hätte mein Gewissen nicht erforscht? Aber nach meiner Meinung hat sich Ludwig ins eigene Fleisch geschnitten, genau wie in Aquitanien.« Wenn er noch ein weiteres Zitat aus den Sprüchen Salomos zum besten gab, überlegte Eleonore, würde sie anfangen zu schreien.

»Aha. *Benedicamus dominum!* Nun kommen wir zur Sache«, sagte Bernhard mit einem triumphierenden Blick. »Ihr habt Ludwig nie vergeben, was er in Poitiers getan hat, nicht wahr? Ihr würdet Frankreichs Wohlergehen bedenkenlos dieser ketzerischen, lasterhaften Kloake opfern, die Euch so am Herzen liegt?.«

Eleonore erstarrte. Alles, was er ihr vorwarf, stimmte. Sogar heute, wenn sie an die damaligen Ereignisse dachte, empfand sie ohnmächtige Wut über das, was vor zwei Jahren geschehen war, als Rebellen in Poitou sich vom König von Frankreich losgesagt und Poitou zur freien Stadt erklärt hatten. Sie war bereit gewesen, auf der Stelle in die Grafschaft zu reisen, aber Ludwig verbot es ihr. Trotz ihres inständigen Flehens und der Bitten der Vassallen, die die Nachricht überbracht hatten, war er unnachgiebig geblieben. Es war das einzige Mal, daß es ihr nicht gelungen war, Ludwig gefügig zu machen. Schließlich war er, ausgestattet mit

Briefen von ihr und mit ausführlichen Anweisungen, wie die Rebellen zu behandeln seien, in Poitiers einmarschiert.

Das Ergebnis war niederschmetternd. Ludwig hatte keine ihrer Anweisungen beachtet. Er hatte es nicht mit Diplomatie versucht, sondern hatte die arglosen Führer der Aufständischen gefangensetzen und jedem von ihnen eine Hand abhacken lassen. Eleonore war wütend und verzweifelt gewesen und hatte ihr Bestes getan, die Situation zu retten und die Ordnung wiederherzustellen, aber die politischen Wunden, die Poitou zugefügt worden waren, reichten tief. Sie wußte, daß sie, wollte sie sich einen Rest von Wohlwollen in der Bevölkerung Poitous bewahren, es nie mehr erlauben durfte, daß Ludwig die Grafschaft aufsuchte, es sei denn, sie selbst war mit dabei.

»Ich sehe, Ihr macht keinen Versuch, dies zu leugnen, Madame!«

»Weshalb sollte ich?« fragte sie herausfordernd. »Nein, ich habe Ludwig seine brutale und sinnlose Grausamkeit, seine Unfähigkeit, die Situation richtig einzuschätzen, nie verziehen und werde es auch nie tun.«

Der Mönch wandte ihr den Rücken zu und begab sich zum Fenster, die Arme über der Brust gekreuzt. »Wißt Ihr, was die Leute über Euch sagen?«

»Nein, aber Ihr werdet es mir bestimmt mitteilen.«

Er schnellte plötzlich herum und deutete anklagend mit dem Zeigefinger auf sie. »Es war ein Unglückstag für Frankreich, sagen sie, als die aquitanische Hexe unseren geliebten Ludwig heiratete. Sie verachten Euch, Madame. Könnt Ihr es ihnen verübeln?«

Eleonore, die nicht gewußt hatte, daß sie mittlerweile so verhaßt war, kam sich vor, als hätte sie einen Schlag ins Gesicht erhalten. Aber lieber wäre sie gestorben, als es Bernhard merken zu lassen. »Ich habe nichts getan, was ihr Mißfallen rechtfertigen würde. Ich finde, Ihr geht zu weit.«

»Ganz im Gegenteil, Madame, ich bin nicht weit genug gegangen. Ihr habt nichts getan, sagt Ihr?« Bernhard betrachtete seine Finger. »Erstens, und das ist der wichtigste Punkt: Ihr habt dem Reich keinen Erben geschenkt. Zweitens: Euer respektloses Verhalten, Eure ständigen Einmischungen betrachtet man in ganz Europa als skandalös. Drittens: Es ist kein Geheimnis, daß Eure Loyalität gegenüber Aquitanien weitaus größer ist als gegenüber Frankreich. Habe ich denn nicht gerade wieder einen Beweis dafür erhalten? Viertens: Die Gerüchte wollen nicht verstummen, daß Ihr Eurem Gatten Hörner aufgesetzt habt. Wie heißt es in der Heiligen Schrift? ›Du sollst deinen Gelüsten nicht nachgeben.‹«

Eleonore spürte, wie ihre Wangen glühten. Auch wenn die Gerüchte über ihre Untreue nicht stimmten, ein Verlangen danach hatte sie wohl verspürt.

»Habt Ihr darauf nichts zu erwidern? Soll Euer Schweigen bedeuten, daß diese Beschuldigungen richtig sind?«

Eleonore blickte den Mönch hocherhobenen Hauptes an. »Der Vorwurf des Ehebruchs ist eine unverschämte und schändliche Lüge. Wer wagt es, mich anzuklagen? Dieser Feigling soll mir persönlich gegenübertreten. Und was den bis jetzt fehlenden Thronerben angeht: Ich dachte, Ihr hättet Euch bemüht, darauf hinzuwirken, daß Ludwig seine diesbezüglichen Verhaltensweisen ändert. Statt dessen ist es noch schlimmer geworden.«

Einen Augenblick lang schwieg Bernhard und blickte ausdruckslos vor sich hin. »Ich höre mit Erleichterung, daß diese Gerüchte unbegründet sind. Es wurde viel geredet, als Ludwig den liebestollen Minnesänger von Eurem Hof entfernte, und ich habe auch vernommen, daß sich Graf Gottfried von Anjou bei verschiedenen Anlässen überaus aufmerksam zeigte...«

Eleonore bemühte sich, höflich zu bleiben. »Die Grenzen der Schicklichkeit wurden nie überschritten.« Dies entsprach absolut der Wahrheit. Der Minnesänger hatte ein Lied komponiert und vorgetragen, das nicht nach Ludwigs Geschmack war, und folglich war er nach Aquitanien zurückgeschickt worden. Gottfried von Anjou hatte sich sehr aufmerksam gezeigt, ja, und wenn sich eine Gelegenheit geboten hätte... Nun, zum Glück war das nicht der Fall gewesen.

»Wie Ihr wißt, hatte ich eine Unterredung mit dem Papst, und er hat Ludwig von einigen Pflichten dispensiert«, fuhr Bernhard fort. »Aber nun ist mir klar, daß der Fehler irgendwo anders liegt.«

Er zeigte mit dem Finger auf sie. »Tochter von Belial, du mußt deine Sünden bereuen: Höre auf, gegen die Kirche und Frankreich zu hetzen; gehorche deinem Gatten, wie es der heilige Paulus befiehlt, und beschreite den Pfad der Tugend, sonst werden deine schamlosen Handlungen dieses Reich zerstören!«

Er faßte sie fest ins Auge, und sie wich einen Schritt zurück.

»Ich verabscheue Euch – Euch und Eure Hofdamen, die mit Gold und Silber beladen sind, mit affektierten Schritten trippeln, in unziemlicher Weise ihren Busen zur Schau stellen. Sie sind so aufgeputzt und geschmückt, daß sie besser in einen

Tempel passen würden als an einen gottesfürchtigen Hof. Schämt Ihr Euch nicht?«

Der asketische Bernhard bemerkte also durchaus weibliche Brüste. Eleonore war keineswegs von Scham erfüllt, sondern fasziniert.

»Wenn Ihr bereit seid, zu tun, was ich verlange, und aufhört, das sündige Verhältnis Eurer Schwester zu begünstigen, verspreche ich Euch, bei unserem Herrn Fürbitte für Euch einzulegen, damit Ihr fruchtbar werdet.« Bernhard schwieg einen Augenblick. »Man sollte nicht vergessen, daß eine unfruchtbare Königin jederzeit verstoßen werden kann. Ein Wort an die richtige Adresse...«

Eleonore, die ihren Ärger unterdrückte, hätte ihm am liebsten entgegnet, daß es lächerlich war, ihr zu drohen – aber war es wirklich nur eine leere Drohung? Sie tat besser daran, eine solche Drohung nicht auf die leichte Schulter zu nehmen, insbesondere wenn sie von Bernhard kam. Sie hielt es zwar für unmöglich, daß dieser anmaßende Mönch ihre Unfruchtbarkeit beheben konnte, andererseits gab es viele Stimmen, die auf seine Wundermittel schworen.

Eleonore dachte kurz nach und faßte einen Entschluß. Ralph und Petronilla mußten selbst für sich sorgen; sie konnten keine weitere Hilfe von ihr erwarten. Sie würde Ludwig überreden, mit dem Grafen der Champagne Frieden zu schließen und ihm alle Ländereien zurückzugeben, die er konfisziert hatte. Und was die Einmischung betraf, die Bernhard so sehr mißbilligt hatte – sie würde künftig eben vorsichtiger zu Werke gehen. Nicht einmal Ludwig würde merken, woher seine Ideen stammten.

Eleonore setzte eine demütige Miene auf, senkte den Blick und faltete die Hände über der Brust. »Vater, wenn Ihr mir durch Euren heiligen Einfluß helfen könnt, ein Kind zu empfangen, würde ich alles tun, was Ihr wollt.«

Plötzlich durchfuhr sie ein tückischer Gedanke, der sie erröten ließ. Sie verachtete diesen frömmlerischen Kirchenmann zutiefst. Aber sollte sie je einem Mann begegnen, der genauso viel Willensstärke und Entschlußkraft besaß wie Bernhard von Clairvaux und dessen Leidenschaft und Eifer nicht nur auf Gott gerichtet waren und auf die Errettung der Seelen – sie wagte nicht, diesen Gedanken zu Ende zu denken.

»Sehr gut, mein Kind. Ich werde tun, was in meiner Macht steht. Frankreich braucht Söhne, und zudem werdet Ihr dann damit beschäftigt sein, Euch um Eure Kinder zu kümmern, womit auch jene Gerüchte aus der Welt geschafft wären, die besagen, Ihr hättet vor, Ludwig auf einem Kreuzzug ins Heilige Land zu begleiten. Oh, mein Gott, was für eine absonderliche Idee!« Er hielt inne. »Seid eine gehorsame Gattin, und die Heilige Jungfrau Maria wird unsere Gebete erhören. Das heißt…«

»In der Heiligen Schrift, Vater, steht auch geschrieben: ›Einen Weisen erkennt man am sparsamen Gebrauch der Worte.‹«

Die strengen Lippen zuckten. Eleonore beschloß, die Anspielung auf den Kreuzzug zu überhören. Eines nach dem anderen. Sie schenkte Bernhard ihr anmutigstes, unwiderstehlichstes Lächeln. Der Mönch bedachte sie mit einem letzten eindringlichen Blick, der ihr verriet, daß er sich keinen Augenblick täuschen ließ und sehr genau wußte, was in ihrem sündigen Kopf vor sich ging. Aber sie spürte, daß auch in diesem asketischen, eifernden Gottesmann noch eine Spur des alten Adams zu finden war.

Ludwig schloß mit dem Grafen der Champagne Frieden. Am Ende des Jahres gebar Eleonore mit dreiundzwanzig Jahren ihr erstes Kind, eine Tochter, die nach der Himmelskönigin Maria getauft wurde. Das war zwar nicht der Sohn, den sie und Ludwig sich so dringend wünschten, aber es war immerhin ein Anfang. Eleonore, die sich nach einem Kind gesehnt hatte, war verblüfft, empfand aber keinerlei Schuldgefühle, als sie feststellte, daß dieses kleine, wimmernde Wesen kaum Muttergefühle in ihr weckte. Nie hätte sie es für möglich gehalten, daß sie eine solch kühle Mutter sein würde, und diese unerwartete Reaktion verwirrte sie sehr.

Ludwig fand, um sich eines Sohnes würdig zu erweisen, müsse er sich noch mehr anstrengen, rein von Sünde zu werden. Die Ereignisse in Vitry hafteten noch deutlich in seinem Gedächtnis, und er trug immer noch ein härenes Büßerhemd und betete Tag und Nacht in der Kapelle.

»Wenn ich eine Pilgerreise ins Heilige Land unternehme, am Grab Christi Buße tue und bis dahin enthaltsam lebe«, erklärte er Eleonore, »wird uns Gott bestimmt einen Sohn schenken.«

Eleonore warf ihm einen vernichtenden Blick zu. »Ich verstehe. Ein paar Jahre enthaltsam zu leben ist die beste Methode, einen Sohn zu zeugen.«

Ludwig runzelte die Stirn; er verstand sie nicht. Derartige Anspielungen verfehlten bei ihm ihren Zweck.

Dann dann traf in Paris eine Nachricht von Eleonores Onkel, dem Fürsten von Antiochia, ein. Die ungläubigen Türken hatten den christlichen Staat Edessa eingenommen, teilte Raimund mit, und er schrieb weiter, nicht nur Antiochia sei bedroht, sondern auch Jerusalem schwebe in höchster Gefahr. Er bat seine Nichte, ihren Gemahl zu überreden, den gefährdeten christlichen Staaten zu helfen. Plötzlich bekamen die inständigen Bitten des Papstes, der sie schon lange zum Handeln drängte, eine neue und persönliche Bedeutung für sie und Ludwig.

»Hier bietet sich mir die Chance, nicht nur deinem Onkel zu helfen, sondern auch meine Seele zu reinigen, indem ich mich auf einen Kreuzzug gegen die Feinde unseres Herrn begebe«, sagte Ludwig zu Eleonore, mit Tränen der Freude in den Augen. »Ich werde den Papst bitten, mir die Führung bei diesem großartigen Unternehmen zu übertragen.«

Da jetzt ihre eigene Familie betroffen war, verspürte Eleonore eine bis dahin nicht gekannte Aufgeregtheit. Sie erinnerte sich, wie ihr Großvater seinen Hof mit Geschichten über seine Heldentaten und amourösen Abenteuer unterhalten hatte, die er bei seinem ersten Kreuzzug ins Heilige Land erlebt hatte. Diese Erfahrung hatte Herzog Wilhelm in enge Berührung mit der ganz andersartigen Welt der Muselmanen gebracht, die ihn bei der Komposition der Lieder und der Musik inspirierte, die ihm den Titel des ersten Troubadours eintrugen.

Eleonore war entschlossener denn je, Ludwig auf seiner Pilgerfahrt zu begleiten. Onkel Raimund, der jüngere Bruder ihres Vaters, den sie mit sieben das letzte Mal gesehen hatte, war in Not und bat um Hilfe. Raimund war einer ihrer treuesten Verbündeten gewesen. Sie erinnerte sich noch, wie enttäuscht sie nach ihrer Rückkehr aus Fontevrault gewesen war, als sie von seiner Abreise erfuhr. Natürlich hatte sie von seinen Abenteuern am Hof König Heinrichs von England gehört, dann von seinen Reisen in den Orient und seiner Heirat mit einer Prinzessin aus Antiochia. Sie sehnte sich danach, ihn wiederzusehen.

Eine ganze Armee von Kinderschwestern kümmerte sich um ihre kleine Maria. Sie brauchte sie nicht. Und hier bot sich ihr endlich eine Gelegenheit, ihr brennendes Verlangen, etwas Aufregendes zu erleben, zu stillen. Zum ersten Mal seit sie Königin geworden war, gab es etwas, worauf sie sich freute.

»Ich habe dir bereits gesagt, daß du nicht mitkommen kannst, meine Liebe«, erklärte ihr Ludwig.

»Völlig ausgeschlossen«, bekräftigte Abbé Suger.

Die anderen Mitglieder von Ludwigs Kronrat beäugten Eleonore mißtrauisch und flüsterten miteinander.

An einem kalten Februartag des Jahres 1146 hatten sie sich alle in Ludwigs Ratskammer versammelt.

»Entweder ich darf dich auf dieser Pilgerfahrt begleiten – natürlich zusammen mit meinen Hofdamen –, oder ich verbiete den aquitanischen Rittern, an dem Kreuzzug teilzunehmen, wie ich dir ja schon angedeutet habe. Sie werden auf mich hören, und auch mit Drohungen oder Strafen wirst du nichts ausrichten, anders als in Poitou.«

Ludwig wurde blaß, wie immer, wenn sie die Ereignisse in Poitiers erwähnte. Er warf einen flehentlichen Blick zu Abbé Suger. Der Abt, von dem Eleonore wußte, daß er den Kreuzzug mißbilligte, bemühte sich nicht im geringsten, seine Abneigung und sein Mißtrauen ihr gegenüber zu verbergen.

»Sich auf eine solche Reise zu begeben, wäre höchst unklug, Madame. Auch Ludwig sollte sie nicht unternehmen. Was soll aus Frankreich werden, wenn er getötet oder verstümmelt wird? Und wenn Euch etwas zustößt...«

»Ich habe beschlossen mitzukommen, Ludwig«, sagte Eleonore und ignorierte Abbé Suger. »Wenn du weiterhin dagegen bist, mußt du die Folgen tragen. Darf ich alle Anwesenden daran erinnern, daß am ersten Kreuzzug viele Edelfrauen teilgenommen haben? Heute noch drängen sich auf den Straßen von Aquitanien Pilger auf dem Weg nach Santiago de Compostela, darunter auch viele Frauen. Mein Großvater hat mir erzählt, daß seinerzeit die Markgräfin Ida von Österreich ihr eigenes Heer aufstellte und selbst anführte.«

Die Ratsmitglieder schauten sich bestürzt an.

»Ich glaube, sie wurde bei einem Gemetzel getötet«, bemerkte Abbé Suger. »Das muß reiflich überlegt werden.«

Der Troubadour dagegen hatte erzählt, Ida sei von einem mächtigen Sultan gefangengenommen worden und in dessen Harem verschwunden – eine viel romantischere Version.

Ein paar Tage später teilte Ludwig ihr mit, sein Rat und die Kirche hätten widerstrebend zugestimmt, daß sie sich ihnen anschloß.

Eleonore begab sich nach Aquitanien, um jene Ritter und Damen, die sie mitnehmen wollte, auszusuchen und einen loyalen Vasallen zu bestimmen, der in ihrer Abwesenheit die Regierungsgeschäfte übernehmen sollte. Zu ihrer Überraschung stieß sie allerdings auf unerwartet heftigen Widerstand auch ihrer wichtigsten Vasallen. Sie erinnerten sie daran, daß sich für ihre Väter und Großväter schon der erste Kreuzzug als ein selbstzerstörerisches Unterfangen erwiesen hatte: Viele Ländereien hatten verpfändet werden müssen, um Geld aufzutreiben, und nur wenige Männer waren am Ende zurückgekehrt. Warum sollten sie für Fremde ihr Leben aufs Spiel setzen? fragten die Barone.

Schließlich gelang es Eleonore doch, einige von ihnen zu überreden, am Kreuzzug teilzunehmen. Aber insgesamt war die Reaktion sehr verhalten, nicht nur bei den Aquitaniern, auch bei den französischen Vasallen. Der Papst, der am Kreuzzug festhielt und beunruhigt war, weil sich so wenige Freiwillige meldeten, wendete sich in einem dringenden Appell an Bernhard von Clairvaux, der sich bereit erklärte, am 31. März bei einer Versammlung unter freiem Himmel in der Stadt Vezelay in Burgund zu reden. Es fand sich eine so große Menschenmenge ein, daß außerhalb der Kirche eine Plattform aufgestellt werden mußte, damit alle ihn hören konnten. Der respektgebietende Bernhard, der schmächtiger und hinfälliger denn je aussah, wandte sich mit Donnerstimme an die Zuhörer, forderte alle auf, ihre persönlichen Probleme hintanzustellen und sich gegen die Ungläubigen zusammenzuschließen, um das Heilige Land zu befreien.

»Alle Sünden werden vergeben!« rief er. »Jene, die das Kreuz aufnehmen, erwartet im Himmel die ewige Belohnung.« Neben ihm befand sich ein riesiger Stapel roter Filzkreuze. Bernhard hielt eines hoch. »Ein rotes Kreuz auf dem Übergewand ist das Zeichen des Kreuzritters.«

In der Menge erhob sich ein Beifallssturm. Ludwig, den der religiöse Eifer erfaßt hatte, fiel vor dem Zisterziensermönch weinend auf die Knie. Eleonore, die unwillkürlich auch bewegt war, schwor ebenfalls, das Kreuz zu nehmen.

Bernhard runzelte zweifelnd die Stirn. »Ich habe festgestellt, daß Ihr große Frömmigkeit an den Tag legt, Madame, wenn Eure eigenen Interessen zufällig mit denen der Heiligen Kirche zusammenfallen.«

Nachdem Eleonore ihr Kreuz empfangen hatte, verschwand sie mit einigen ihrer wagemutigeren Gefährtinnen. Ein paar Stunden später kehrten sie zurück. Mit ihren weißen Pferden, ihren blutroten Stiefeln, weißen Überkleidern und dem roten Kreuz über der Brust sorgten sie für gehöriges Aufsehen. Mit gezückten Schwertern ritten sie durch die Menge und ermunterten die Zaghaften, Gottes Ruf zu folgen. Der entsetzte Bernhard konnte wenig unternehmen, als eine Menge Freiwilliger sich um die Kreuze drängte.

Bald verlangten alle hier versammelten Barone, Ritter, Kirchenmänner und einfachen Leute nach ihrem Kreuz. Es war inzwischen dunkel, aber immer mehr Menschen strömten zusammen.

Der Kreuzzug, der ursprünglich im Frühjahr 1147 beginnen sollte, wurde wegen der ungewöhnlich schwierigen Vorbereitungen verschoben: in ganz Europa mußten für die Finanzierung des gigantischen Unternehmens Steuern erhoben werden, und man mußte darüber entscheiden, ob die Reise auf dem Land- oder Seeweg erfolgen sollte.

Im Juni 1147 schließlich versammelte sich eine große Menschenmenge vor der Abtei Saint-Denis außerhalb von Paris. Papst Eugen III. war höchstpersönlich anwesend, um Gottes Segen für die Kreuzfahrer zu erflehen. Soweit das Auge reichte, sah man ein gewaltiges Heer von Rittern, die aus Britannien, Burgund, der Normandie, Paris, der Champagne und Aquitanien zusammengekommen waren. Fußsoldaten waren aus jedem Weiler, jeder Stadt und jedem Hof rekrutiert worden. Außerdem waren Bischöfe, Kaplane, barfüßige Pilger, Bettler und sogar Verbrecher hier versammelt, die sich alle das Seelenheil erhofften. Pferdegespanne zogen eine endlose Kolonne von Karren, die mit Waffen, Rüstungen, Schleudermaschinen und Sturmböcken beladen waren. Andere Wagen ächzten unter dem Gewicht von Lebensmitteln und Zelten.

Eleonore bemerkte, daß die Männer mißbilligend ihr großes Gefolge aus Hofdamen, Zofen und Troubadouren musterten, ganz zu schweigen von den vielen Karren, die Truhen mit Bettzeug, Gewändern, Juwelen, Koch- und Waschutensilien, Fässer mit Wein aus der Gascogne und andere Dinge beförderten, die nach Eleonores Meinung unerläßlich waren. Sogar kleine Falken, die am Handgelenk ihrer Herrinnen befestigt wurden, waren dabei, entgegen Bernhards ausdrücklichem Befehl, sie zu Hause zu lassen.

»Wollt Ihr die Falken auf die Ungläubigen loslassen«, fragte Abbé Suger anzüglich, »während die Troubadoure mit ihrem sanften Gesäusel den Feind zur Unterwerfung bewegen?«

Eleonore würdigte ihn keiner Antwort. Sie war froh, daß der Abbé in Frankreich blieb, um in Ludwigs Abwesenheit das Königreich zu verwalten. Trotz der vielen Klagen über ihr Gefolge und das viele Gepäck war Eleonore nicht gewillt, sich von irgend jemandem die Reise verderben zu lassen. Voller Vorfreude war sie davon überzeugt, daß sie in ein großartiges Abenteuer zog, das ihr Leben verändern würde.

## 11. Kapitel

### Southwark, im Jahre 1148

Zur allgemeinen Überraschung blieb Johan de Mornay Bellebelles treuer Kunde. Die Huren sagten, seine Anhänglichkeit würde nicht anhalten, aber auch drei Jahre, nachdem sie ihre Jungfernschaft verloren hatte, kam er nach wie vor regelmäßig ins Bordell. Er hatte allerdings nichts unternommen, um sie aus dem Hurenhaus herauszuholen, und sie wiederum hatte es nicht gewagt, das Problem anzusprechen – und sie würde es wohl auch nie tun. Sie war erst sechzehn oder siebzehn – niemand wußte es genau – und hatte, wie Gytha sagte, hier noch viele gute Jahre vor sich.

An einem Nachmittag Mitte Juli gingen Morgaine und Bellebelle über die Brücke in die Innenstadt von London. Sie hatten Gilbert überredet, ihnen ein paar Stunden freizugeben. Nach viel Gebrumme hatte er zugestimmt, unter der Voraussetzung, daß sie rechtzeitig zurück wären, um die Abendkunden zu bedienen. Die Luft war kühl, aber am klaren blauen Himmel, an dem weiße Wolken dahinzogen, stand die Sonne.

Bellebelle schlenderte langsam über die Planken. Sie trug einen blauweiß gestreiften Umhang über einem neuen rosafarbenen Gewand, das Johan ihr geschenkt hatte, und unter ihrem Hemd einen kleinen Lederbeutel mit Münzen, den sie um die Taille befestigt hatte. Eine Gruppe von jungen Leuten befand sich draußen auf dem Fluß und schaukelte in kleinen Booten. Sie dachte an den Jungen, an Heinrich, den sie vor so langer Zeit hier kennengelernt hatte, und fragte sich, wie schon so oft, was wohl aus ihm geworden war. Sie hielt einen Augenblick inne, um einen Blick über das Geländer zu werfen, aber der Fisch war nicht zu sehen.

Morgaine griff nach ihrer Hand, trieb sie zur Eile an und verlangsamte ihre Schritte erst, als sie die Strand erreichten. Bellebelle, die fast ein Jahr lang nicht mehr in der Stadt gewesen war, wunderte sich, wie viele Marktbuden und Schenken die Straßen säumten. Mindestens doppelt so viele, als sie in Erinnerung hatte. Es gab jetzt so viel zu sehen, daß sie nicht wußte, wohin sie zuerst blicken sollte. Bürger mit roten Wangen drängten, nach einem kurzen Blick auf ihre gestreiften Umhänge, Bellebelle und Morgaine freundlich zur Seite, um sich vor der öffentlichen Garküche anzustellen, wo es Fleisch, Wachteln und Fasan zu kaufen gab.

Morgaine und Bellebelle schauten sich, angesteckt von dem allgemeinen Trubel, bei den Buden um, begutachteten interessiert Wollknäuel und Seidenballen, Lederstiefel aus Spanien, Zwiebel- und Knoblauchschnüre aus Britannien.

»Man kann sich gar nicht vorstellen, daß Krieg herrscht«, meinte Bellebelle. »Zumindest nicht hier in London.«

Morgaine nickte. »Es ist so, wie Gilbert sagt. Krieg oder nicht Krieg, einige Dinge gehen trotzdem weiter. Der Handel, das Essen und die Hurerei.«

Bellebelle schloß aus den bewundernden Blicken, mit denen sie bedacht wurde, daß, wäre der gestreifte Umhang nicht gewesen, niemand je auf die Idee kommen würde, daß sie eine Hure war, geschweige denn eine aus dem Bordell am Hafen.

»Los, komm jetzt. Wir dürfen die Zeit nicht verplempern.«

Zu Bellebelles Überraschung schien Morgaine ein bestimmtes Ziel zu haben, denn sie ließ eine Straße nach der anderen hinter sich. Schließlich erkundigte sie sich bei einem Passanten nach dem Weg, und sie gelangten zu einer engen Gasse.

»Das ist es. Gropecuntlane.«

»Was wollen wir hier?«

»Ist hier ein berühmtes Bordell, nicht wie das von Gilbert und die übrigen miserablen Häuser.« Morgaines Augen funkelten vor Aufregung. »Hier arbeiten ganz andere Huren.«

»Wie anders?«

»Nun, die Mädchen haben bessere Arbeitsbedingungen. Haben nur reiche oder adelige Kunden, das heißt, sie verdienen mehr. Kunden wie Johan, nur besser.«

Langsam gingen sie die Gasse hinunter, die sich verbreiterte, als sie sich einer Reihe hoher Holzhäuser näherten, die schwarz, rot und blau angestrichen waren.

Morgaine deutete auf ein Haus mit geschlossenen blauen Fensterläden, das aussah wie ein privates Wohnhaus, sich aber irgendwie von den anderen Häusern unterschied. Am unteren Ende der Gasse befand sich eine Schenke mit einem frisch gestrichenen Schild, auf dem ein blauer Hahn mit Krone abgebildet war. Neben der Schenke stand eine Garküche, die in einen Dunstschleier eingehüllt war. Verglichen mit Gilberts Bordell und der Hafengegend sah es hier weniger schmutzig und auch nicht so gefährlich aus.

»Schau. Das muß es sein.« Morgaine stupste Bellebelle in die Rippen. »Wie würd's dir gefallen, in so was zu arbeiten? Das wär' doch riesig, oder? Ein Mädchen, das aussieht wie du, würde hier bestimmt leicht Arbeit finden. Sollen wir reingehen und uns rumführen lassen?«

Bellebelle starrte sie ungläubig an.

Morgaine lachte. »Hast du deine Zunge verschluckt?«

»Wie könnte ich jemals meine Mama verlassen? Du weißt, wie sehr sie mich braucht.«

»'türlich weiß ich das«, erwiderte Morgaine besänftigend. »Wir wollen uns ja nur umsehen, das ist alles. Kein Wort zu Gil oder deiner Mama, aber ich suche nach einer Möglichkeit, dich aus Gilberts Puff rauszukriegen, Belle. Ich weiß, daß du dir das seit 'ner Ewigkeit wünschst.« Morgaine warf ihr einen flüchtigen Blick zu. »Ich meine, wenn der richtige Augenblick gekommen ist.«

Kirchenglocken läuteten zum Mittagsoffizium.

»Wußte nicht, daß es schon so spät ist. Wir müssen jetzt los, Belle.«

Den ganzen Weg über die Brücke konnte Bellebelle an nichts anderes als an die Gropecuntlane denken. Die Vorstellung, nur adelige oder reiche Kunden, solche wie Johan, zu bedienen, und in einer angenehmen Umgebung zu arbeiten, eröffnete ihr eine völlig neue Welt. Ihr Kopf schwirrte. Wenn eine Hure an einem solchen Ort hart arbeitete, konnte sie vielleicht genug Geld verdienen, um etwas davon zu sparen und das Bordell zu verlassen, bevor sie zu alt war oder zu ausgelaugt. Wenn sie einen Weg finden könnte, Gytha mitzunehmen, und eine kleine Unterkunft außerhalb Southwarks auftreiben könnte... Ihr Traum von einem besseren Leben schien plötzlich in Reichweite gerückt zu sein.

»Gilbert wird uns eine Tracht Prügel verabreichen«, holte sie Morgaine in die Wirklichkeit zurück und fing jetzt an zu rennen. »Wir müssen uns beeilen.«

Bellebelle verließ der Mut. Sie hatte Gilbert vergessen. Nie und nimmer würde er sie ziehen lassen. Er besaß sie, wie all die anderen Huren. Sie erinnerte sich an die gräßliche Geschichte, die ihr Gytha einst über eine Dirne erzählt hatte, die versucht hatte, das Bordell zu verlassen. Gilbert war ihr auf die Schliche gekommen und hatte sie so grausam zusammengeschlagen, daß sie für den Rest ihres Lebens gezeichnet war. Die arme Hure konnte nicht mehr arbeiten und wurde folglich vor die Tür gesetzt. Es blieb ihr nichts anderes übrig, als für ihren Lebensunterhalt zu betteln.

Als sie zum Bordell gelangten, ging gerade die Sonne unter. Die Schenke daneben war bereits erfüllt vom Lärm der Betrunkenen, von Gelächter und Flüchen. Bellebelle entdeckte fünf Pferde, die von Stallburschen in Uniform bewacht wurden.

Als sie das Bordell betraten, griff Gilbert nach Bellebelle und stieß sie barsch die Treppe hoch.

»Warum warst du so lang weg, he?« fragte er, die Augen mißtrauisch zusammengekniffen. »Nun, spielt jetzt keine Rolle. In der Schenke sitzen ein paar Ritter und bechern kräftig. Unter ihnen ist ein Flame, scheint der Befehlshaber zu sein. Hat ein üppiges Essen in der Garküche bestellt und nach fünf meiner besten Huren verlangt. Ihr werdet beide gebraucht. Also, macht euch zurecht, Mädels, und kommt dann runter!«

An diesem Abend herrschte eine seltsam aufgeladene Atmosphäre im Bordell. Oben im Flur konnten die Dirnen, die bereits saubere Unterröcke angezogen hatten, kaum ihre gespannte Erwartung verbergen, außer Gytha, die bereits betrunken war und nichts mehr mitbekam.

Die Hure aus Flandern folgte Bellebelle in ihre Kammer, während diese in aller Eile ihren Umhang, ihr Gewand und ihren Münzbeutel ablegte. Als sie nur noch das haferfarbene Hemd trug, spritzte sie sich aus dem Kessel Wasser ins Gesicht.

»Deine Mutter läßt sich jeden Tag mit Bier vollaufen. Es geht ihr immer schlechter, Belle, es scheint ihr egal zu sein, ob sie noch lebt oder nicht.« Ihre Stimme senkte sich zu einem Flüstern. »Ich hab' sie dabei erwischt, wie sie sich heute drei- oder viermal mit Wasser und Essig abgerieben hat und sich kratzte wie eine Hündin mit Flöhen. Du weißt ja wohl, was das bedeutet.«

Bellebelle schaute sie entsetzt an. Die brennende Krankheit! Jede Hure fürchtete sie, lebte in ständiger Angst davor und wußte, daß ihr Auftreten das Ende ihres Lebens als Dirne bedeutete – falls sie erwischt wurde – oder manchmal sogar vorzeitigen Tod.

Bellebelle hatte keine Zeit, die Flamin weiter auszufragen. Vom Ende der Treppe erklang unflätiges Lachen, und sie mußte sich beeilen, ihr Haar zu kämmen, sich in die Wangen zu kneifen, damit sie röter aussahen, und das blöde Lächeln aufzusetzen, das die Kunden zu erwarten schienen.

Mit pochendem Herzen verließ Bellebelle den Raum.

Gilbert, der eine brennende Fackel trug, kam die Treppe hoch. Von den fünf Männern, die hinter ihm gingen, erregte nur einer Bellebelles Aufmerksamkeit. Er trug eine Silberkette um den Hals, an der ein großes, mit fünf grünen Steinen besetzes Silbermedaillon befestigt war, das im Fackelschein funkelte. Sein starres Lächeln und sein leerer Blick verursachten Bellebelle Übelkeit. Neben ihr holte die Hure aus Flandern tief Luft.

»Mein Gott! Er ist es…«

Bellebelle konnte sehen, daß sie unter dem aufgemalten Rouge der Wangen blaß geworden war. »Wer?«

»Dieser – dieser Flame…« Sie deutete mit zitterndem Finger auf den Mann mit dem Silbermedaillon. »Ich kenn' diesen Teufel aus Brügge. Varn, wie auch immer…«

Einer der Ritter näherte sich glucksend. »Welche der Milchkühe hat das größte Euter?«

Die Hure aus Flandern riß sofort ihr Hemd auf und enthüllte ihre üppigen weißen Brüste.

Der Ritter grapschte danach und drehte an einer geröteten Brustwarze. »Die ist für mich.«

Die Hure aus Flandern war sichtlich erleichtert, als sie mit dem Ritter in ihrem Schlafraum verschwand. Ein anderer Ritter griff sich die dralle, kichernde Agnes.

Bellebelle bemerkte zu ihrem Mißfallen, daß der Flame sofort Gytha ins Auge faßte. Er deutete mit einem trägen Finger auf sie, und in seinen Schlangenaugen blitzte es auf. Plötzlich durchfuhr Bellebelle eine dunkle Vorahnung, so daß sie fast aufgeschrien hätte. Aber auch ohne diese Eingebung hätte sie instinktiv gespürt, daß dieser Mann nicht wie die anderen war, sondern einer, der den Teufel im Leib hatte.

Bellebelle versuchte, ihrer Mutter ein Zeichen zu geben, aber Gytha, die recht wackelig auf den Beinen war, schenkte ihr keine Beachtung und schlurfte, den Flamen im Schlepptau, zu ihrer Kammer. Zu spät. Morgaine, die die Warnung der Hure aus Flandern gehört hatte, drückte Bellebelles Hand.

»Meine Kammer ist in der Nähe von der deiner Mama, und du bist ja auch nebenan«, flüsterte sie ihr schnell zu. »Horch auf alles, was sich ungewöhnlich anhört. Da, nimm das.« Damit ließ sie ihr Messer mit dem Perlmuttgriff in Bellebelles Hand gleiten.

Bellebelle nickte, versteckte das Messer auf dem Rücken und fragte sich, was sie wohl damit anstellen sollte. Im Bordell gab es alle möglichen seltsamen Geräusche, die aber zu dieser Umgebung paßten. Wie konnte sie etwas erkennen, das wirklich ungewöhnlich war?

Sie hatte keine Zeit mehr für weitere Überlegungen, da ihr Kunde auf sie zukam. Ein stämmiger Mann in mittleren Jahren, der Bellebelle einen müden Blick zuwarf. Als sie ihre Kammer betreten hatten, ließ er sich mit einem Seufzer auf das Bett fallen und bat Bellebelle, ihm seine Stiefel auszuziehen und seine Füße zu massieren. Sie tat, wie er sie geheißen, und legte das Messer auf den Tisch neben dem Bett. Bis jetzt konnte sie kein Geräusch aus der Kammer ihrer Mutter nebenan vernehmen.

Der Kunde, der sich ihr als Ralph vorstellte, schien ihr Unbehagen oder ihre mangelnde Aufmerksamkeit nicht zu bemerken. Er war offensichtlich, der Muttergottes sei Dank, mehr daran interessiert, zu reden als sie zu vögeln. Er erzählte ihr, er sei mit seinen eigenen Männern und einem gewissen Hans de Burgh, der eine Truppe der flämischen Söldner des Königs befehligte, aus York hergeritten.

»De Burgh«, wiederholte sie zerstreut, um zu zeigen, daß sie zuhörte.

»Ein unglaublich fieser Bastard. O Gott, ich könnte dir Geschichten über ihn erzählen! Der Mann ist schlimmer als ein Tier, wie eben die meisten von diesen Flamen, aber de Burghs Mutter ist eine Normannin, was alles noch schwerer verständlich macht. Doch der König ist vernarrt in seine Flamen, also müssen wir mit ihnen auskommen.«

Bellebelle rang sich ein Lächeln ab, massierte weiterhin seine Füße und versuchte, jeden Laut aus dem Raum nebenan zu erheischen. Plötzlich wurde ihr bewußt, daß der Mann, von dem er berichtete, sehr wohl der Flame sein konnte, der gerade bei ihrer Mutter war.

»Ist er hier?« fragte sie.

»Ja, natürlich. De Burgh ist der Mann mit dem Silbermedaillon, das mit Smaragden besetzt ist. Er ist mit der Flachshaarigen abgezogen.

Bellebelles Angst nahm zu. Wenn ihn sogar sein Kamerad als Tier bezeichnete...

»In York haben wir einen Stoßtrupp der Schotten zurückgeschlagen«, berichtete Ralph, »und sind gerade nach London zurückgekehrt, um mit Verstärkung nach Norden zurückzureiten. Man rechnet mit einem größeren Kampf mit dem schottischen König und seinem normannischen Großneffen Henry-Fitz-Empress...«

Bellebelle nickte, aber sie begriff nicht wirklich, was er sagte. Zum Glück wurde von einer Hure nie eine Erwiderung erwartet.

Ralph gähnte herzhaft. »Ich werde zu alt für solche Feldzüge.

Würde es dir was ausmachen, wenn ich mal kurz...« Mitten im Satz fiel er in tiefen Schlaf.

Erleichtert stand Bellebelle schnell im Bett auf und kroch zur Wand. Sie preßte das Ohr dagegen und lauschte aufmerksam. Eine Weile konnte sie nichts hören, aber ihr Unbehagen nahm zu. Ihr dämmerte, daß gerade das völlige Fehlen von Geräuschen das Erschreckende war. Plötzlich hörte sie ein unterdrücktes Kichern, das ihr das Blut in den Adern gefrieren ließ. Dann herrschte absolute Stille.

Später konnte sie sich nicht mehr erinnern, nach Morgaines Messer gegriffen zu haben, was sie ja wohl getan hatte, denn als sie aus ihrer Kammer schlüpfte und leise die Tür zum Schlafraum ihrer Mutter öffnete, hielt sie es fest umklammert.

Der Anblick, der sich ihr bot, schien aus einem höllischen Alptraum zu stammen. Gytha, die mit einem ihrer eigenen Strümpfe geknebelt war und deren Hände mit dem anderen Strumpf über dem Kopf gefesselt waren, war über und über mit Blut besudelt. Ihre Augen waren starr vor Entsetzen, ihr Gesicht verzerrt von einem erstickten Schrei. Ihre Beine zuckten, während der Flame nackt über ihr kauerte. Mit einem verzerrten Lächeln grub er langsam und methodisch ein langes Messer in ihr Fleisch.

Sie hatte keine Zeit, um Hilfe zu rufen. Dieser Teufel tat ihrer Mutter weh und mußte gebremst werden. Instinktiv stürmte sie in die Kammer, eilte pfeilschnell zum Bett. Als de Burgh von Gytha herunterkletterte, entwickelte Bellebelles Arm ein Eigenleben und schnellte über ihren Kopf hoch. Mit der ganzen Kraft, die sie besaß, ließ sie dann den Arm heruntersausen, wobei die Spitze von Morgaines Dolch tief in de Burghs Seite drang.

Seine Hände umfaßten Bellebelles Hals mit eisernem Griff, drückten zu, bis sich der Raum um sie drehte. Dann wurden seine Augen glasig, und er rollte seitlich über Gythas Körper.

Bellebelle, die nach Luft rang, stieß ihn vom Bett, so daß er zu Boden plumpste. Ihre Mutter hatte die Augen jetzt geschlossen, ihr Gesicht war schlaff. Sie war ohnmächtig. Bellebelle kniete sich neben sie, nahm ihr den Knebel aus dem Mund und die Fessel von den Händen und versuchte unter Tränen, das Blut, das in Bächen über ihren nackten Körper rann, zu stillen. Zu ihrem Entsetzen entdeckte sie, daß der Flame Gytha auch Brandwunden mit der Kerze zugefügt hatte, denn über ihre Brust zogen sich rote Striemen und getrocknetes Wachs.

An der Tür war ein Geräusch. Bellebelle wandte den Kopf. Dort stand Morgaine, völlig angekleidet. Sie trat ein und schloß behutsam die Tür hinter sich.

»Mein Kunde ist eingeschlafen«, sagte sie und erfaßte die Lage mit einem Blick. »Beim heiligen David, ich wußte, dieses Ungeheuer würde Ärger machen, aber damit hab' ich nicht gerechnet.« Sie begab sich zu de Burghs lebloser Gestalt und blickte in sein wächsernes Gesicht. »Heilige Muttergottes, hast du ihn umgebracht?«

»Umgebracht?« Verständnislos starrte Bellebelle die leblose Gestalt an. Hatte sie de Burgh wirklich getötet? Schockiert blickte sie Morgaine an.

»Ich – ich weiß nicht.«

»Sieht tot aus.« Sie stieß ihn mit dem Fuß an.

»Tot? Aber ich ...«

»Du mußt verschwinden, Belle. Sofort. Seine Männer werden bald nach ihm schauen. Sie werden schnell herausfinden, wer dafür verantwortlich ist, und dann wie der Teufel hinter dir her sein, und wenn sie dich erwischen ...« Morgaine bekreuzigte sich. »Sie wissen sehr genau, was er getan hat, aber er steht im Dienst des Königs, und du und Gytha, ihr seid lediglich Huren. Sie werden Gilbert bezahlen, damit er den Mund hält und niemand von dem hier etwas erfährt.« Sie berührte Bellebelles Hals, an dem Druckstellen waren. »Da.« Sie nahm ihre Kette mit den blauen Steinen ab und ließ sie über Bellebelles Kopf gleiten. »Als Schutz gegen die Mächte der Finsternis.«

»Meine Mama – ich kann sie doch nicht alleinlassen.«

Morgaine bückte sich, um Gythas leblosen Körper zu untersuchen, hob ihre Augenlider und nickte. »Dem Himmel sei Dank, daß sie ohnmächtig ist, sonst würde sie Zeter und Mordio schreien, und du hättest keine Chance zu entkommen. Wir kümmern uns um sie, Belle, keine Angst. Sie hat Schnitt- und Brandwunden, aber nichts, was nicht mit der Zeit heilen wird. Sieht schlimmer aus, als es ist. Du hast sie gerettet vor ... egal.«

Sie versetzte Bellebelle einen Stoß. »Pack deine Sachen, nur leichtes Gepäck. Geh nach London, wenn du kannst. Zur Gropecuntlane. Sie werden dich nehmen, wie ich's dir gesagt hab'. Laß dich in Southwark nicht mehr blicken. Das ist deine Chance, Mädchen! Ergreif sie. Geh jetzt, hörst du? Jetzt sofort!«

Als letztes sah Bellebelle den geschundenen Körper ihrer Mutter in der Kammer. Morgaine entfernte in aller Ruhe das Messer aus de Burghs Seite, wischte sorgfältig die Klinge am Laken ab und steckte es unter ihre Röcke.

Wie benommen rannte Bellebelle aus der Kammer. Im Flur war niemand. Leise öffnete sie die Tür zu ihrer eigenen Kammer. Ralph, ihr Kunde, schlief tief und schnarchte gottserbärmlich.

Eilig wusch sie ihre blutigen Hände im Wasserkübel, band sich unter dem blutverschmierten Hemd den Münzbeutel um die Taille, schlüpfte in die Kleider, die sie früher am Tag getragen hatte, stopfte ein paar Habseligkeiten in einen Strohkorb und verließ auf Zehenspitzen den Raum.

Starr vor Angst und mit schmerzender Kehle, stand sie einen Augenblick unentschlossen da, wußte nicht, was sie tun sollte. Dann trieben sie Gekicher und obszönes Männerlachen zum Treppenabsatz.

Nach einem letzten flüchtigen Blick zur Tür ihrer Mutter schlich Bellebelle vorsichtig die Treppe hinunter, durchquerte die Vorhalle und öffnete behutsam die Tür einen Spalt. Das Geschrei und der Gesang aus der Schenke würden jedes Geräusch, das sie machte, übertönen. Sie stieß die Tür ganz auf und spähte hinaus. In kurzer Entfernung sah sie die Umrisse der Pferde und die Stallknechte, die sich miteinander unterhielten. Das Bild des mit Schnitt- und Brandwunden übersäten Körpers ihrer Mutter tauchte vor ihr auf, und einen Augenblick lang war sie unschlüssig. Von oben drangen jetzt Geräusche zu ihr herunter, jemand hämmerte gegen die Tür, Stimmen erhoben sich. Bellebelle bat die Jungfrau Maria, sie zu beschützen, wandte sich um und rannte den dunklen Gang hinunter, der zum Hinterausgang führte.

Sie schlüpfte durch die offene Tür, lief über den schmutzigen Hof und hinaus zum hinteren Gatter. Wie ein schweigender, unsichtbarer Schatten rannte sie die verlassene Straße entlang, weg vom Bordell, weg von ihrer geliebten, hilflosen Mutter, weg von ihrem bisherigen Leben. Die Nacht umhüllte sie wie ein warmer, schützender Umhang. Bald war sie in den dunklen, gewundenen Gassen von Southwark verschwunden.

# 12. Kapitel

»Die Wunde ist nicht tödlich, Ihr werdet überleben«, sagte der schwarzgekleidete Arzt, während er de Burgh einen Verband anlegte.

»Aber nicht dank dieser Schlampe, die versucht hat, mich umzubringen«, murmelte de Burgh. »Los, helft mir auf die Beine.« Zwei Ritter halfen ihm hoch. Schwankend stand er zwischen ihnen.

Morgaine, die krank vor Sorge um Bellebelle war, fühlte sich erleichtert. Zumindest würde das arme Mädchen nicht des Mordes angeklagt werden. Die anderen Huren sowie Gilbert, Ralph, de Burgh und drei weitere Ritter waren in Gythas Kammer versammelt.

Der Arzt – meist vollgepumpt mit Bier – wohnte im Hafenviertel und behandelte sie manchmal. Jetzt schlurfte er zu Gytha, die immer noch ohnmächtig war. Nach einer flüchtigen Untersuchung tat er Salbe auf ihre Wunden und Verbrennungen und wandte sich dann an Gilbert.

»Wußtet Ihr, daß sie die brennende Krankheit hat? Die Schnitte und Verbrennungen werden wieder heilen, aber das andere…« bemerkte er achselzuckend.

De Burgh zischte wie eine Natter. »Hurensohn. Schweinehund!« Er drohte Gilbert mit der Faust. »Was für ein Höllenhaus betreibt Ihr hier? Ich sorge dafür, daß Ihr nie wieder ein Bordell führen werdet.«

»Bei allen Heiligen, ich schwöre, ich wußte nichts«, wehrte sich Gilbert mit weinerlicher Stimme und aschfahl im Gesicht. »Meine Herren«, wandte er sich dann beschwörend an Ralph und die anderen. »Gytha hat es mir verheimlicht. Wie sollte ich es denn wissen?«

»Glaubt Ihr, daß die dreckige Hexe mich angesteckt hat?« De Burgh warf dem Arzt einen ängstlichen Blick zu. Sein schweißüberströmtes Gesicht wirkte talgig, seine Augen waren blutunterlaufen und sein Blick wild.

Morgaine schauderte. Der Mann sah todkrank aus, und wenn es eine Gerechtigkeit auf dieser Welt gab, würde dieser Spießgeselle des Satans entweder an seiner Verletzung oder an der brennenden Krankheit sterben.

»Wer kann das wissen, mein Herr?« erwiderte der Arzt und rang die Hände. »Einige werden angesteckt, andere nicht. Es liegt in Gottes Hand.«

De Burgh schüttelte die Männer ab. Bevor Morgaine oder die anderen begriffen, was er vorhatte, stolperte er zum Bett und griff nach seinem Krummdolch, der immer noch mit Gythas Blut verschmiert war. Er schob den verblüfften Arzt zur Seite und stieß Gytha die Klinge in die Brust.

»Du stinkende, verdorbene Hexe, du sollst in der Hölle schmoren!« schrie er, das Gesicht verzerrt vor Wut. Dann, die Hand auf die Wunde gepreßt, fing er an zu torkeln. Ein blutroter Fleck erschien auf dem weißen Laken.

Die Ritter eilten zu ihm und zogen ihn weg. Halb ohnmächtig schleppten sie ihn in eine Ecke des Raums. Die Dirnen kreischten und vergruben ihre Gesichter in den Händen. Mit einem Schrei stürzte Morgaine zu Gytha, obwohl sie wußte, daß es zu spät war. Zum Glück hatte das arme Geschöpf nichts gespürt.

»Du hast alles überstanden, meine Liebe«, flüsterte Morgaine und streichelte den leblosen Körper der Freundin. »Niemand kann dir mehr weh tun.« Sie bekreuzigte sich und murmelte etwas auf walisisch.

Dann trocknete sie sich die Augen und deutete anklagend auf de Burgh. »Mörder! Mörder!« Sie wandte sich den anderen Männern zu. »Ihr wart alle Zeugen eines kaltblütigen Mordes. Will denn keiner von Euch, daß das Recht siegt?«

Gilbert, der sich wieder gefangen hatte, nickte. »Ja, sie hat recht. Zuerst quält dieser Mann meine beste Dirne, und nun hat er sie auch noch getötet. Ich führe ein anständiges Haus, ja, Ihr könnt jeden in der Hafengegend fragen! Hatte vor diesem Verrückten nie irgendwelchen Ärger!«

De Burgh fiel ohnmächtig zu Boden. Ralph bedachte ihn mit einem verächtlichen Blick. »Ja, er ist verrückt. Ich wußte, daß dieser Abschaum eines Tages zu weit gehen würde. Bringt den Schweinehund hier raus, nehmt ihn mit nach London.«

Einer der Ritter nahm de Burgh über die Schulter und trug ihn aus der Kammer. Die beiden anderen Ritter warfen sich unbehagliche Blicke zu.

»Wenn der flämische Hauptmann des Königs das erfährt, wird er die Dirne mit eigenen Händen erwürgen wollen«, sagte einer der Ritter. »Sie ist nur eine unbedeutende Hure, aber de Burgh ist für den Hauptmann von großem Wert. Wir dürfen sie nicht entkommen lassen.«

Ralph nickte widerstrebend. »Nein, das arme Mädchen muß festgenommen und der Gerechtigkeit zugeführt werden, auch wenn sie einen guten Grund für die Tat hatte. Folgt ihr. Sie ist zu Fuß unterwegs und kann noch nicht weit gekommen sein. Dann benachrichtigt einer von euch den Sheriff – in Southwark gibt es ja wohl einen.«

Die beiden Ritter verließen eilends die Kammer.

»Und was ist mit Gytha?« wollte Morgaine wissen. Wenn es hier einen Sheriff gab, dann hatte sie ihn noch nie zu Gesicht bekommen. Gab es hier überhaupt ein Gesetz? Wohl kaum. »Soll der Mord an ihr ungesühnt bleiben?«

Ralph seufzte. »Ich befürchte, de Burgh wird niemals für diesen Mord oder eine seiner anderen üblen Taten zur Rechenschaft gezogen werden. Aber da ist eine Entschädigung für Euch.« Er drückte Gilbert, dem Arzt und schließlich auch Morgaine ein paar Münzen in die Hand. »Teilt dies mit den anderen Dirnen.«

Morgaine blickte ihn verächtlich an. Glaubte er im Ernst, Geld könne sie über den Verlust ihrer Freundin hinwegtrösten? Sie fühlte sich so hilflos. Wie konnte sie es bewerkstelligen, daß dieses schreckliche Unrecht doch noch gerächt wurde? Wer würde sich in diesen gesetzlosen Zeiten, in denen ein Erlaß des Königs kaum noch Gewicht hatte und täglich Hunderte Menschen starben, um den Mord an einer Hure kümmern?

Die Glocken läuteten schon zum Morgengebet, als Gythas Leichnam gewaschen war. Morgaine hüllte ihn in ein Laken, damit er am nächsten Tag zu ungeweihter Erde gebracht werden konnte, wo Gytha in ein Armengrab kommen sollte – dorthin, wo sie alle enden würden.

Morgaine beschloß, morgen wieder einen ihrer Ausflüge zur Kapelle Saint Mary Overie zu machen, die sich in letzter Zeit gehäuft hatten, und für die Jungfrau Maria eine Kerze anzuzünden, ob es dem Hundesohn von Priester gefiel oder nicht. Sie wollte auch darum beten, daß Bellebelle irgendwo und irgendwie sichere Zuflucht finden würde. Ich bin stolz auf dich, Mädchen, sagte sie zu einer unsichtbaren Belle, du hast Rückgrat bewiesen.

Bellebelle hatte keine Ahnung, wo sie sich befand. Sie mußte wohl stundenlang durch Southwark gelaufen sein, da sie nicht nur Mitternacht hatte läuten hören, sondern auch das Morgengebet. Sie hatte sich entschlossen, bis zum Tagesanbruch zu warten und dann wieder ins Bordell zurückzukehren, wenn es auch noch so gefährlich war. Trotz Morgaines Versicherungen konnte sie ihre Mutter nicht im Stich lassen. Nun befand sie sich in einem Wirrwarr enger, verlassener Straßen, die erschreckend fremd aussahen, zumindest in der Dunkelheit.

Sie war schweißgebadet und erschöpft. Jeder Schritt bereitete ihr Mühe. Sie blieb stehen, um sich gegen die Holzwand eines Hauses zu lehnen und Atem zu holen. Sie schloß die Augen und sah den mit Schnitten und Brandwunden übersäten Leib ihrer Mutter vor sich und den Körper von de Burgh mit Morgaines Messer in der Seite.

Sie hatte einen Mann getötet.

Bellebelle konnte die schreckliche Wirkung eines solchen Verbrechens nicht verkraften. Wie hatte es geschehen können, daß sie, die Sanftmut in Person, die keiner Fliege etwas zuleide tun konnte, einen Menschen umbrachte? Entsetzen übermannte sie. Sie spürte, wie ihr die Galle hochkam, und blickte auf ihre Hände hinunter.

Das Geräusch von Schritten und rohes Gelächter drangen in ihr Bewußtsein. Sie wandte sich um und entdeckte eine Gruppe von jungen Männern, die die Straße hinunterschlenderten, auf sie zukamen. Sie waren in Schwarz gekleidet und hatten das unbeschwerte Aussehen von Theologiestudenten. Bellebelle betete darum, daß sie sie nicht entdeckten, und versuchte, sich eng an die Wand des Hauses zu drücken.

»Oh, was haben wir denn da?« rief eine betrunkene Stimme, als einer der Jungen sie erblickte. »Alles, was recht ist, ein Flittchen! Was für ein Glück!«

»Woher weißt du das?« fragte eine andere undeutliche Stimme.

»Weil sie ihren gestreiften Umhang trägt, du Trottel.«

Im Licht des Vollmonds erkannte Bellebelle vier junge Männer, alle betrunken und bereit, Dummheiten zu machen. Sie kreisten sie ein.

»Wir haben bereits Bacchus gehuldigt«, verkündete einer von ihnen. »Nun ist die schöne Aphrodite an der Reihe.« Er rülpste laut. »Leg dich nieder, schönste Göttin, und laß uns dein – ah – Heiligtum anbeten.«

Alle fingen an zu lachen. Hände zerrten an ihrem Umhang, der zu Boden fiel. Bellebelle spürte den heißen Weinatem der Männer im Gesicht, fühlte, wie gierige Finger an ihren Unterröcken zerrten. Sie versuchte, sich ihnen zu entziehen, und schlug blindlings um sich. Voller Panik fing sie an zu schreien.

Da hörte sie über sich ein Knarren, Fensterläden wurden aufgerissen, und eine empörte Stimme rief: »He, hört sofort auf! Sofort, sage ich. Haut ab! Der Wächter kommt jeden Augenblick vorbei, und ihr solltet verschwunden sein, bevor er auftaucht. Wo soll das enden, wenn anständige Leute nachts um ihren wohlverdienten Schlaf gebracht werden?«

Die Studenten ließen von ihr ab und brüllten der Stimme über ihnen Beschimpfungen zu. Während sie so abgelenkt waren, duckte sich Bellebelle und schlängelte sich an ihnen vorbei. Allerdings gelang es ihr nicht, ihren Umhang von den Pflastersteinen aufzuheben. Als sie die Straße hinuntereilte, drehte sie sich einmal kurz um und sah, wie eine Gestalt mit Nachtmütze, die sich im Fenster abzeichnete, einen Eimer Spülwasser über den Studenten ausgoß. Bei dem Gekreische und den Flüchen, die darauf folgten, dachte keiner daran, sie zu verfolgen. Sie rannte los und wurde von der Dunkelheit verschluckt.

Bellebelle eilte mit schnellen Schritten vorwärts, als sie in einiger Entfernung Hufgetrappel hörte. Das waren wohl de Burghs Männer, die sie suchten. Sogar in Southwark war es nicht üblich, daß Reisende so spät noch durch die Stadt ritten. Außer den betrunkenen Studenten war sie nur auf ein paar streunende Hunde gestoßen. Sie umklammerte ihren Korb, den sie trotz der Belästigung durch die jungen Männer irgendwie hatte retten können, und ging rasch eine breite Straße hinunter. Irgendwie kam ihr diese vertraut vor. Ein imposantes Gebäude zeichnete sich in der Dunkelheit ab, und sie erkannte, daß es das Haus des Bischofs von Winchester war. Zumindest wußte sie jetzt, wo sie war.

Als das Hufgetrappel näher kam, bog Bellebelle um eine Ecke und fing an zu rennen. Am Ende der gepflasterten Straße drehte sie sich um und entdeckte zwei Reiter, die hinter ihr in die Straße einbogen. Als sie sie erblickten, gaben sie ihren Pferden die Sporen.

Bellebelle suchte verzweifelt eine Möglichkeit, ihnen zu entrinnen. Sie hielt sich links, entdeckte eine dunkle, enge Gasse und schlüpfte hinein. Ihr Herz klopfte zum Zerspringen, sie konnte kaum atmen, und ihre Beine zitterten so sehr, daß sie Angst hatte, sie würde zusammensacken. Direkt vor ihr befand sich ein Holzgatter, das in einen Hof führte. Sie rannte durch das Gatter. Dahinter erhob sich das massive Steingebäude einer Kirche. Auf der Ostseite war eine schmale Tür angelehnt. Das Hufgetrappel hinter ihr wurde lauter. Bellebelle lief zur Tür und stolperte durch den Eingang.

Sie konnte kaum etwas sehen, als sie ein Seitenschiff hinunterging, vorbei an den Kirchenbänken. Ihre Schuhe dröhnten auf dem Fußboden. Als sie am Ende des Seitenschiffs angelangt war, bog sie um eine Ecke und entdeckte, daß sie eine kleine Kapelle betreten hatte. Sie kam ihr bekannt vor. Das war bestimmt die Marienkapelle von Saint Mary Overie, wohin Morgaine sie vor einem Jahr zu Ostern mitgenommen hatte. Das mußte sie sein. Sie erinnerte sich, daß die Kirche in der Nähe des Wohnhauses des Bischofs von Winchester stand. Im Augenblick war kein Mensch hier, und mit den leeren Bänken und den flackernden Kerzen wirkte die Kapelle ein wenig unheimlich. Mit klopfendem Herzen setzte sich Bellebelle in eine Bank. Wenn sie Glück hatte, würden ihre Verfolger nicht auf die Idee kommen, sie hier zu suchen.

Als sich ihre Augen an das schwache Licht gewöhnt hatten, sah sie in einiger Entfernung eine Gestalt vor sich und hätte fast aufgeschrien. Die Gestalt bewegte sich nicht, aber schnell erkannte Bellebelle, daß es die Statue der Heiligen Jungfrau Maria war, die vor dem Altar stand. Kerzenlicht beleuchtete einen goldbesetzten blauen Mantel über einem weißen Gewand und das juwelenbesetzte Diadem auf ihrem mit einem Schleier verhüllten Haupt. In der einen Hand hielt sie ein goldenes Zepter, in der anderen die Weltkugel.

Vor der Kapelle vernahm sie Stimmen und Schritte.

»Ist nicht anzunehmen, daß Ihr Eure flüchtige Dirne in der Kirche findet«, sagte eine fremde Stimme, »und wenn, könnt Ihr ihr nichts anhaben, da sie sich hier auf heiligem Grund befindet.«

»Nicht in der Kirche, das ist klar«, erwiderte eine andere Stimme. »Aber wenn sie hier ist, muß sie früher oder später rauskommen. Und wenn sie rauskommt, wird der Sheriff von Southwark, den wir jetzt benachrichtigen werden, sie erwarten. Da es in seinem Bezirk passiert ist, ist es seine Pflicht, sofern wir die Hure heute abend nicht finden, nach ihr zu suchen und sie der Gerechtigkeit zuzuführen. Wir kehren mit unseren Soldaten nach York zurück, um gegen den schottischen König und seinen Neffen Heinrich von Anjou zu kämpfen.«

Das war wohl einer der Ritter aus Ralphs Truppe. Bellebelle fiel auf die Knie, faltete die Hände und kniff die Augen fest zusammen. Die Ritter, die vorher schon kräftig dem Wein zugesprochen hatten, hatten sie nur im flackernden Schein der Fackel in ihren Unterkleidern gesehen. In ihrer jetzigen Kleidung sah sie nicht aus wie eine Hure, und vielleicht erkannten sie sie deshalb nicht. Dank der Muttergottes hatte sie ihren gestreiften

Umhang verloren, der sie sofort verraten hätte. Vielleicht hielten sie sie jetzt für eine frühe Kirchgängerin.

Die Schritte kamen näher, verharrten.

»Aber wenn die Mutter des Mädchens noch im Bordell ist, wird sie ja wahrscheinlich dorthin zurückkehren?« bemerkte die erste Stimme.

»Wenn sie das tut, wird man sie fassen, Vater«, erwiderte der Ritter. »Sie werden nicht gerade sanft mit ihr umgehen. Der Flame hat ihre Mutter getötet, als er herausfand, daß sie die brennende Krankheit hatte. Das ganze Bordell ist in Aufruhr. Mir tut die Kleine leid. De Burgh benimmt sich manchmal wie ein Verrückter, liebt es, Huren zu quälen und ihnen Schmerzen zuzufügen. Die Dirne hat geblutet wie eine frisch geschlachtete Sau. Das Mädchen hat doch nur versucht, ihre Mutter zu schützen, als sie nach ihm stach. Aber de Burghs Hauptmann wird das gar nicht gefallen, egal, was der Grund war.«

Sie begriff nicht gleich, was sie gesagt hatten. Gytha war getötet worden? Von de Burgh? Aber sie hatte den Mann doch umgebracht. Sie hatte bestimmt nicht richtig gehört. Es mußte ein schreckliches Mißverständnis sein. Die Schritte wurden lauter.

»Was für ein fürchterlicher Anblick für die Tochter. Gott möge sich ihrer erbarmen – und der armen Mutter ebenfalls. So zu sterben...«

Der Priester – er mußte ein Priester sein, sonst hätte ihn der Ritter nicht als Vater angesprochen – schwieg. »Das Mädchen wird man wohl in den Kerker werfen? Bleibt nur zu hoffen, daß ihr bei der Urteilsfindung mildernde Umstände zugebilligt werden.«

Die Stimmen waren jetzt ganz in ihrer Nähe. Bellebelle unterdrückte einen Schrei. Das Clinke war Southwarks schlimmstes Gefängnis.

»Einer Dirne, Vater? In diesen gesetzlosen Zeiten?« Der Ritter lachte grimmig. »Sie wird dort bestimmt verrotten – falls sie es überhaupt lebend in den Kerker schafft. Wenn de Burghs Flamen aus York zurückkehren und sich ihren Spaß mit ihr machen, wird nicht viel von ihr übrigbleiben. De Burgh persönlich wird dafür sorgen. Er vergißt auch nicht die geringste Kränkung.«

»Erspart mir diese unappetitlichen Einzelheiten.«

Einen Augenblick lang empfand Bellebelle große Erleichterung. Er war nicht tot, lediglich verwundet. Der Heiligen Jungfrau Maria sei Dank, sie hatte niemanden getötet. Aber ihre Mutter...

Stiefel tauchten neben ihrer Bank auf. Bellebelle war starr vor

Angst, spürte, wie ihr der Atem gefror. Ihr Herzschlag schien ausgesetzt zu haben. Sie wußte, daß das Gesetz es verbot, jemanden aus einer Kirche zu holen.

»Wer ist das?« vernahm sie die Stimme des Ritters.

Jetzt würden gleich eiserne Finger ihren Arm umklammern und sie aus der Bank ziehen. Aber nachdem Gytha tot war, spielte es da noch eine Rolle, was aus ihr wurde? Ob sie im Clinke starb oder auf den Straßen von Southwark oder durch de Burghs Spießgesellen – welchen Unterschied machte das schon? Ihr Leben war gelaufen.

»Ah...« Es entstand eine längere Pause. »Ich glaube, ich habe die Frau schon einmal hier gesehen. Ist wohl kaum die, die Ihr sucht.«

Jemand grunzte, und die Schritte entfernten sich.

Nachdem es lange still geblieben war, öffnete Bellebelle die Augen, erwartete aber immer noch, den Ritter vor sich zu sehen, bereit, sie zum Clinke abzuführen. Ein rundlicher Priester im schwarzen Gewand und mit einer Tonsur grauen Haares stand neben ihrer Bank, die Arme über der Brust gefaltet.

»Du bist die Dirne, die sie suchen, stimmt's?«

Bellebelle schnappte nach Luft. »Nein, nein, bin ich nicht.«

»Willst du jetzt zu deinen anderen Sünden auch noch die der Lüge hinzufügen?«

»Wie – wie kamt Ihr darauf?«

Er deutete auf ihre Halskette mit den blauen Steinen. »Ich bin Vater Sebastian, und ich habe dieses heidnische Amulett schon einmal gesehen, bei der walisischen Puffmutter, die ab und zu hierherkommt. Du gehörst zu dem gleichen sündigen Haus des Teufels?«

Sie nickte stumm.

»Mein armes Kind«, sagte der Priester und bekreuzigte sich, »wie grausam, daß du auf diese Weise vom Tod deiner Mutter erfahren mußtest. Gott möge sich ihrer Sünden erbarmen. Ich will dir für heute nacht Zuflucht gewähren, aber nicht länger. Du mußt auf jeden Fall von hier weg. Die Flamen, diese gesetzlose Bande, sind durchaus dazu fähig, in die Kirche zu stürmen und dich gewaltsam mitzunehmen, egal, was der normannische Ritter sagt.« Er bekreuzigte sich abermals. »Als er schilderte, was mit dir geschehen könnte, brachte ich's nicht übers Herz, ihm zu sagen, daß du vielleicht die Gesuchte sein könntest. Da unser Herr Erbarmen mit Maria Magdalena hatte, wie konnte ich da anders handeln?«

»Ich danke Euch«, stammelte Bellebelle mit bebenden Lippen,

ohne den Sinn seiner Worte zu begreifen. »Ich danke Euch dafür, daß Ihr mich beherbergt.«

Er musterte sie streng. »Komm, ich gebe dir etwas Wein und einen Kanten Brot. Dann nehme ich dir die Beichte ab.«

Bellebelle, die immer noch ihren Korb bei sich hatte, folgte ihm aus der Kapelle in eine kleine Kammer mit einem Strohlager und einer Decke auf dem Boden. Auf Regalen stapelten sich schwarze Priestergewänder und Wachskerzen. Auf einem kleinen Tisch befanden sich ein Weinkrug aus Holz, ein Holzbecher und ein halber Brotlaib. Ein Kerzenstumpf zischte in einem rostigen eisernen Kerzenhalter.

»Vater – ich will keine – Beichte ablegen, aber ich werde Euch Eure Freundlichkeit mit Silber vergelten.« Bellebelle, die sich wie versteinert vorkam, machte sich unter ihren Röcken zu schaffen, aber der Priester gebot ihr mit einer strengen Geste Einhalt.

»Die Heilige Kirche kann nicht den Lohn der Sünde annehmen.«

Er brach ein Stück Brot, reichte es ihr und goß dann einen Becher Wein aus dem Krug ein. »Gib dein lasterhaftes Leben auf, damit entlohnst du mich am besten. Wie sagt Leviticus? ›Prostituiere nicht deine Tochter, mache sie nicht zu einer Hure: damit nicht das Land der Hurerei anheimfalle, und überall im Land Lasterhaftigkeit herrsche.‹«

Sie starrte ihn stumm an, biß ein Stück von dem Brot ab und fing langsam an zu kauen. Das Brot war hart und trocken und schwer hinunterzukriegen. Als er ihr den Wein reichte, leerte sie den Becher mit einem einzigen Zug und überlegte, weshalb Morgaine sich so abfällig über diesen Priester geäußert hatte, der sie jetzt vor einem schrecklichen Schicksal bewahrt hatte. Beim Gedanken an Morgaine sah sie Gythas Körper vor sich. Plötzlich löste sich ihre Benommenheit, und aus ihrem tiefsten Inneren drang ein Schluchzen, das ihre ganze Qual verriet. Als sie die Schreie hörte, die an ein verwundetes Tier erinnerten, merkte sie zuerst nicht, daß sie selbst es war, die diese Laute von sich gab.

»Denk immer daran«, sagte Vater Sebastian, »wäre deine Mutter mit dem Leben davongekommen, hätte man sie auf die Straße gesetzt, und sie wäre wegen der brennenden Krankheit einen langsamen, qualvollen Tod gestorben. Gott war also in seiner unendlichen Weisheit am Ende doch gnädig zu ihr.«

Bellebelle wußte nicht, wie lange sie geweint hatte, aber als schließlich der Tränenstrom versiegte, fühlte sie sich ausgelaugt und leer. Der Priester war immer noch da und beobachtete sie.

»Vielleicht ist es kein Zufall, daß du in deiner Seelenqual zu Saint Mary Overie gekommen bist«, sagte er. »Der Herr gebe dir Ruhe, mein Kind.«

Er ließ den Kerzenstummel brennen und schloß die Tür hinter sich.

Bellebelle zitterte vor Erschöpfung, und in ihrem Kopf wirbelte es von dem ungewohnten Wein. Sie legte sich auf die Pritsche und war im Nu eingeschlafen.

Sie erwachte vom Geläut der Glocken, die die erste Gebetsstunde einläuteten. Bellebelle fröstelte in der Morgenkühle. Sie erhob sich, glättete ihre Kleider und schlüpfte, mit dem Korb in der Hand, schnell aus dem winzigen Raum. Sie wollte weg sein, bevor der Gottesdienst begann und alle sie sehen könnten. Ihr Herz tat ihr weh, und ihr Kopf fühlte sich an, als wäre er mit Federn gefüllt. Sie wußte nicht, wohin sie gehen sollte. Sie schlich zurück in die Marienkapelle und nahm auf einer der vorderen Bänke Platz. Sie war hungrig und durstig, aber Essen und Trinken waren nicht so wichtig wie Sicherheit. Es stand außer Zweifel, daß sie nie mehr ins Bordell zurückkehren konnte. Aber wohin sollte sie sich wenden? Wer würde sie aufnehmen?

Bellebelle starrte die Statue der Jungfrau an, die sich genau vor ihr befand. Dann holte sie tief Luft und rieb sich die Augen. Was war geschehen? Verlor sie ihren Verstand? Sie hielt sich die Hand vor den Mund, um nicht laut aufzuschreien. Ganz langsam verwandelte sich die Statue der Muttergottes in die einer Königin. Sie war prachtvoll gekleidet und erstrahlte im Licht. Ihre Anwesenheit erfüllte die Kapelle mit Ehrfurcht.

Auch wenn es unmöglich war, aber die Gestalt sah aus wie Eleonore von Aquitanien, genauso wie Johan sie beschrieben hatte. Hilf mir, rief Bellebelle, hilf mir! Lächelte die Königin? Die Kapelle verschwamm vor ihren Augen. Dann ließen die Schmerzen in ihrem Herzen nach; die Furcht, die wie eine Ratte an ihrem Leib genagt hatte, verschwand. Sie hörte Morgaines Stimme, so deutlich, als stünde sie direkt neben ihr: »Nun, Mädchen, jetzt zeig, daß du Rückgrat hast. Geh nach London.«

Bis zu diesem Augenblick hatte sie Morgaines Worte über das Bordell in der Gropecuntlane völlig vergessen. Neue Hoffnung keimte in Bellebelle auf. Wenn sie ungeschoren zur Gropecuntlane gelangen konnte, würde man sie dort wahrscheinlich aufnehmen, wie Morgaine es vorausgesagt hatte. Der Ritter hatte erwähnt, Ralph wolle nach York zurückkehren. Der Trupp konnte inzwischen schon aufgebrochen sein. Und der Sheriff hatte sie noch nie gesehen. Im Getümmel des Morgenverkehrs auf der Brücke würde sie unbemerkt bleiben. Wenn sie sich beeilte – plötzlich hielt Bellebelle die Luft an und klammerte sich an die Holzbank vor ihr.

Der Tod ihrer Mutter hatte sie für immer vom Gefängnis dieses Bordells befreit. Morgaine hatte ihr gepredigt, sie solle ihre Chance nutzen, ein besseres Leben zu führen. Jetzt, da sie wieder einen klaren Kopf hatte, konnte sie diese Chance ergreifen.

Tränen der Erleichterung füllten ihre Augen. Danke, danke, danke. Sie brachte ihre Dankbarkeit in einer inbrünstigen Litanei zum Ausdruck. Als sie sich die Tränen abwischte, war die Vision verschwunden, und die Statue sah wieder so aus wie vorher, ebenso die Kapelle. Nur Bellebelle hatte sich verändert.

# 13. Kapitel

## York, im Jahre 1148

Heinrich von Anjou saß grübelnd in seinem Zelt am Rand des dichten Waldes in der Nähe der Stadt York. Sollte er seinen Gefühlen freien Lauf lassen? Gewiß hatte er das Recht dazu, wenn man bedachte, wie sehr er getäuscht worden war. Als er vor sechs Monaten von der Normandie herübergesegelt war, um von seinem Großonkel, König David von Schottland, zum Ritter geschlagen zu werden, hatte er von einem großartigen Kampf gegen König Stephan, den Usurpator des Throns seiner Mutter, geträumt.

Von der englischen Küste war er geradewegs nach Bristol geritten, um seinen Vetter Wilhelm zu besuchen, der von seinem Vater die Grafschaft Gloucester geerbt hatte und ein überzeugter Anhänger der angevinischen Sache war. In Begleitung eines kleinen Rittertrupps, den ihm Wilhelm gestellt hatte, hatte sich Heinrich dann auf Nebenwegen von Bristol nach Schottland begeben, um sowohl den königlichen Truppen als auch den tückischen Straßenräubern, die die Hauptwege so gefährlich machten, aus dem Weg zu gehen. Er war entsetzt gewesen, als er die verlassenen Obstgärten gesehen hatte, die halb bestellten Felder, die schwelenden Ruinen der Häuser und Bauernhöfe, die Kadaver hingeschlachteter Tiere – und die Leichen. Ob durch die Hand von Straßenräubern oder durch die Truppen des Königs, sein Land war geschändet worden. Heinrich konnte es kaum abwarten, seine Rache einzufordern.

Heinrich hatte sich schon ausgemalt, wie er nach dem erwarteten Kampf gegen König Stephan, aus dem er natürlich als strahlender Sieger hervorgehen würde, im Namen seiner Mutter seinen rechtmäßigen Platz als Herrscher von England einnehmen würde. Alles hatte sich bis jetzt so entwickelt, wie er es sich vorgestellt hatte: Er war von seinem Großonkel ordnungsgemäß zum Ritter geschlagen worden und hatte ihn überredet, mit seinem Highlander-Heer nach York zu kommen, um mit ihm gegen den englischen König zu kämpfen.

Dann, vor einigen Stunden erst, hatte ihn der schottische König darüber unterrichtet, daß Stephans Truppen, die bei weitem stärker als seine eigenen waren, York umstellt hatten. Täglich strömten mehr Soldaten herbei, und es bestehe wenig Hoffnung, auch nur ein Scharmützel zu gewinnen, geschweige denn einen harten Kampf, beklagte sich sein Großonkel. Enttäuscht und niedergeschlagen wollte sich Heinrich in das Zelt zurückziehen, sich auf den Boden werfen und seiner Wut freien Lauf lassen. Aber da er den respektvollen Blicken der ungestümen Herren aus den Highlands ausgesetzt war, hielt er sich im Zaum. Schließlich war er jetzt ein Ritter und verpflichtet, makellos dazustehen.

Heinrich kam sich vor, als würde ihm ein strammer Helm auf den Kopf gedrückt. Vor Erregung und Enttäuschung fing er an, an seinen Nägeln zu knabbern. Er fühlte sich getäuscht: er war um die Chance betrogen worden, Ruhm zu erringen, die Anerkennung seines Großonkels von Schottland zu erlangen und seine Eltern, den Grafen und die Gräfin von Anjou, zu beeindrucken. Wenn er gegen Stephan erfolgreich gewesen wäre, hätte er sie vielleicht dazu überreden können, ihn zum Herzog der Normandie zu machen, ein Titel, den seine Mutter geerbt hatte, den aber, zumindest bis jetzt noch, sein Vater innehatte. Eines Tages würde er Stephan für diese Demütigung büßen lassen, eines Tages, wenn er König war...

»Mein Herr, wollt Ihr etwas Wein?« Sein Knappe, Jocelin, kniete vor ihm und bot ihm ein Holztablett mit Holzbechern dar.

Heinrich nahm einen Becher und leerte ihn in einem Zug. Dann erhob er sich. »Mein Gott, ich kann hier nicht dauernd wie ein eingepferchtes Schaf herumsitzen und nichts tun!« Er ergriff seinen kurzen Eichenbogen und einen Köcher mit Pfeilen, den er über die Schulter schwang. Dann durchwühlte er seine abgenutzte lederne Satteltasche nach einem alten Jagdhorn aus Elfenbein, dessen Lederriemen er sich um den Hals hing. »Ich gehe jetzt in den Wald und schieße uns zum Abendbrot einen Hirsch.«

Zu seinem Mißfallen erhoben sich sechs mürrische Ritter mit ihm. »Ich möchte lieber allein gehen. Ist ja nur ein kurzer Weg in den Wald. Ich will auch mein Pferd nicht mitnehmen, nur die Hunde.«

Die grauhaarigen Männer seines Großonkels, allesamt erfahrene Krieger, warfen sich besorgte Blicke zu.

»Ach, Junge, ich meine, mein Herr, Ihr könnt nicht allein gehen...«, hub einer an.

»Jocelin, sorg dafür, daß sie mir nicht folgen. Ich brauche weder eine Glucke noch ein blödes Kindermädchen, die mir an den Fersen kleben«, spottete Heinrich leise, während er insgeheim über den »Jungen« schäumte.

In Begleitung von zwei riesigen Wolfshunden, die seinem Großonkel gehörten, verließ er schnell das Zelt, durchschritt das Lager der Schotten und verschwand im dichten Wald. Er wünschte sich sehnlichst, auf einen Hirsch zu stoßen, aber auch mit einem Fuchs hätte er vorlieb genommen, denn er mußte unbedingt etwas töten, wollte er nicht platzen.

Großonkel David rechnete fest damit, daß er am Morgen von York aufbrach, zurück zur Küste ritt und dann Segel setzte in Richtung Normandie. Die Vorstellung, sich wie ein feiger Hund vor Stephans Truppen davonzuschleichen, machte ihn ganz krank.

»Bei Gott!« schrie er und stieß mit seinem schmutzverkrusteten schwarzen Stiefel wütend gegen den matschigen Rasen. Sofort ließ der Druck in seinem Kopf nach.

In den Bäumen raschelte es. Heinrich schnellte herum und zog sein Messer aus der Lederscheide, die er am Gürtel trug. Ein braunweißer Hase sprang hinter einer Buche hervor und verschwand im grünen Gebüsch. Die Hunde, die wütend kläfften, preschten ihm hinterher. Heinrich steckte sein Messer wieder ein, rief die Hunde zurück und befestigte Lederriemen um ihre starken muskulösen Hälse. Dann drang er tiefer in den Wald vor.

Seine weichen Lederstiefel machten kein Geräusch, als er durch den Wald stapfte. Er trug einen kurzen braunen Umhang über einem dunkelgrünen Waffenrock, der von einem Gürtel mit goldenen Schnallen zusammengehalten wurde, eine braune Kappe auf dem Kopf, alles großartig abgestimmt auf das leuchtende Grün des Dickichts. Grünes Moos bedeckte den Boden; majestätische Buchen, deren grüne Zweige im Licht des Hochsommers glänzten, thronten über ihm. Durch die säulenartigen Baumstämme erhaschte Heinrich einen Blick auf eine kleine Lichtung mit wildem Fingerhut, Spitzenfarn und dichtem Stechginster.

Ein Ast knackte. Heinrich sank hinter einem Dornbusch auf die Knie. Die Jagdhunde knurrten leise. Heinrich spähte aus seinem Versteck hervor und erblickte einen großen braunen Hirsch auf der Lichtung. Dieser hielt den Kopf hocherhoben und witterte. Seine kurze Blume schwenkte hin und her, und mit einem Huf stampfte er auf den Boden. Es war nicht der Traumhirsch mit den zehn Gabelenden, aber immerhin... Behutsam griff Heinrich nach seinem Bogen und spannte einen Pfeil. Nachdem er die Hunde losgelassen hatte, sprang er hoch und stürmte zur

Lichtung. Die Wolfshunde rannten in großen Sprüngen auf den Hirsch zu, der mitten im Sprung zu erstarren schien. Heinrichs Bogen schwirrte, und der Pfeil bohrte sich in die rechte Flanke des Hirsches. Das Tier taumelte und verschwand dann blitzschnell von der Lichtung. Die Hunde knurrten wütend und rasten hinter ihm her.

Heinrich folgte ihnen und entdeckte nicht weit entfernt den Hirsch, der zusammengebrochen war und von den Hunden umkreist wurde. Mit einer schnellen Bewegung fuhr Heinrich mit dem Messer über die Kehle des Tieres. Heißes Blut sprudelte aus der tödlichen Wunde, die Augen blickten ihn entsetzt an, dann wurden sie glasig. Sanft legte Heinrich eine Hand auf den edlen Kopf und die samtene Schnauze. Wie immer nach einer erfolgreichen Jagd war er überwältigt von Mitleid und Ehrfurcht. Einen Augenblick lang waren Sieger und Opfer, Jäger und Beute, in einem geheimnisvollen alten Stammesritual der Blutsverwandtschaft vereint.

Heinrichs Ärger versiegte mit dem Blut des Hirsches; Ruhe erfüllte ihn. Als die Hunde das Blut aufleckten, das langsam in den Boden sickerte, zog er den Pfeil aus der Flanke des Tieres, rieb ihn an seinem Gewand ab und steckte ihn in den Köcher zurück.

Im Unterholz krachte es, und mehrere Männer seines Großonkels tauchten auf.

»Mein Herr, Ihr müßt sofort ins Lager zurückkehren. König David hat uns mitgeteilt, daß die feindlichen Truppen alle Straßen nach York versperrt haben. Ihr müßt jetzt durch den Wald reiten. Morgen ist es zu spät.«

Heinrich bedachte sie mit einem verdrossenen Blick. »Ich breche gleich auf. Der Hirsch muß zurückgetragen werden.«

Während die Ritter die Beine des Hirschbocks an einen Ast banden, überlegte Heinrich, daß seine Reise nach York reine Zeitverschwendung gewesen war. Es war zu keinem Kampf gekommen, und daß er seinen Großonkel bewegt hatte, von Schottland nach York zu marschieren, hatte ihm nichts eingebracht. Vielleicht konnte er auf seiner Rückreise zur Küste seinen Cousin Wilhelm dazu überreden, ihn auf einen Beutezug in den Süden Englands zu begleiten. Auch ein kleinerer Kampf würde ihm die Möglichkeit geben, sich des Herzogstitels als würdig zu erweisen.

Heinrich spürte instinktiv, daß die Zeit gekommen war, die Normandie zu übernehmen. König Ludwig befand sich noch auf dem Kreuzzug und konnte sich nicht einmischen. Bis der französische König aus dem Heiligen Land zurückkehrte, konnte er sich fest etabliert haben, und Ludwig würde dann nichts anderes übrigbleiben, als ihn als den rechtmäßigen Herzog anzuerkennen.

Er war sechzehn, und sein Leben glitt an ihm vorbei. Wenn es so weiterging, konnte er sich nie einen Namen machen.

## London, im Jahre 1148

Bellebelle, die von der Menschenmenge auf der Brücke vorwärtsgeschoben wurde, konnte nicht glauben, daß sie erst gestern mit Morgaine hier gewesen war. Heute fühlte sie sich wegen des düsteren grauen Himmels deprimiert, sie verspürte eine Leere in ihrem Inneren und das verzweifelte Verlangen, zu fliehen, bevor es zu spät war. Sie fröstelte; die feuchte Luft über dem Fluß verbreitete Kälte. Man hätte glauben können, es sei November und nicht Juli; sie vermißte ihren Umhang.

Als sie einen Jungen entdeckte, der sich über den Holzzaun lehnte, rannte sie auf ihn zu und rief: »Heinrich?«

Das Kind wandte sich um und warf ihr einen erstaunten Blick zu. Bellebelle lächelte verlegen und ging weiter. Verlor sie allmählich den Verstand? Heinrich war ja kein Junge mehr, sondern ein junger Mann von mindestens fünfzehn oder sechzehn Jahren.

»Macht Platz, macht Platz für die Truppen des Königs!« rief eine Stimme hinter ihr.

Im Rücken hörte sie Hufgetrappel. Die Menschenmenge drängte zu den Geländern. Panik erfaßte sie, als sich ein Trupp Flamen näherte. Sie hielt sich im Hintergrund, damit die Männer sie nicht entdeckten, und starrte auf die Barkassen und Koggen, die sich auf der Themse drängten. Die Hufschläge donnerten vorbei. Als sie nicht mehr zu hören waren, hielt sie in dem trüben Wasser Ausschau nach ihrem Zauberfisch. Da sie es aber nicht wagte, länger zu verweilen, machte sie sich wieder auf den Weg.

Als sie zur Strand kam, läuteten die Glocken zur Terz. Bellebelle schlüpfte in eine verlassene Gasse, griff unter ihre Röcke und holte eine Münze aus ihrem Lederbeutel. Ausgehungert kaufte sie sich in der Garküche eine heiße Schinken-Aal-Pastete und schlang sie, obwohl sie ihr im Mund brannte, fast auf einmal hinunter. An einem Marktstand, wo Stoffballen verkauft wurden, feilschte sie um ein beflecktes Endstück eines grauen Lincolnshire-Wollstoffs und legte ihn sich dann als Schal um die

Schultern. Da sie jetzt etwas gegessen hatte und nicht mehr so fröstelte, verspürte sie wieder Zuversicht und war überzeugt, daß sie in der Gropecuntlane Arbeit finden würde und den Flamen entgehen konnte.

Plötzlich überkamen sie Schuldgefühle und Schmerz. Ihre Mutter hatte soeben einen schrecklichen Tod erlitten, und sie hatte bei ihrem Gang über die Brücke nicht einen Gedanken an sie verwendet. Weshalb war sie so zuversichtlich? War dafür ihr Erlebnis in der Marienkapelle verantwortlich? Oder lag es daran, daß ihr der Priester erklärt hatte, der Tod ihrer Mutter sei eher ein Segen als ein Fluch? Was auch immer der Grund sein mochte, das eine stand fest: Gytha hätte bestimmt gewollt, daß sie den Flamen entkam und überlebte. Natürlich würde sie ihre Mutter immer schmerzlich vermissen, aber irgendwie hatte das tiefe Entsetzen über ihren Tod nachgelassen, und dafür war sie dankbar.

Ein Rudel abgemagerter Hunde lief zähnefletschend an ihr vorbei. Sie dachte daran, sich einen Stock zu ihrem Schutz zu beschaffen, falls die Hunde hier genauso aggressiv waren wie in Bankside. Sie kehrte der Strand den Rücken und bog in eine andere breite Straße ein. Vor ihr fuhren zwei Karren, die mit Körben voller Eier, Käselaiben, Holzkäfigen mit Hasen und quietschenden Ferkeln beladen waren.

Mit dem Quieken der Schweine und dem Geklapper der Räder und Hufe vermischten sich die Stimmen der Straßenverkäufer, die ihre Waren feilboten, und die Gerüche von Gewürzen, Leder und gebrannten Nüssen.

»Köstlicher weicher Käse aus Cheshire!«

»Frische Milch! Hier gibt's frische Milch aus Kent!«

»Heiße Kastanien, 'n halber Penny für eine Tüte!«

Bellebelle kam an einer Reihe offener Stände vorbei. Einer schien leer zu sein, doch im Hintergrund hörte sie das Klick-Klack eines Weberschiffchens, das jemand auf dem Webstuhl hin- und herbewegte. Im Nachbarstand bearbeitete ein Schuster seinen Leisten, und in der Bude nebendran drehte ein Sattler seine Ahle. In der nächsten Straße polierte ein Tischler gerade das Bein eines frisch gebauten Schemels. Von allen Seiten hörte man Glocken: Schafe und Ziegen trugen Glocken um den Hals, Bettler hielten welche in der Hand, und außerdem ertönte überall das Geläut der Kirchenglocken.

Plötzlich entstand Aufruhr, und Bellebelle wich aus, als ein Reisiggeflecht, das von zwei Pferden gezogen wurde, durch die Straße polterte und Schmutz aufwirbelte. Ein Mann war daran gefesselt, und unter seinem Kinn hatte man einen runden Laib Brot befestigt. Während er vorübergezogen wurde, überschüttete ihn die Menge mit spöttischen und höhnischen Bemerkungen.

»Was hat er getan?« fragte Bellebelle den Tischler, vor dessen Bude sie stehengeblieben war.

»Is 'n Bäcker am Ende der Straße. Hat wohl schimmeliges Brot verkauft oder beim Wiegen geschummelt. Solche Leute müssen doch an den Pranger gestellt werden, nicht wahr?« Und er bewarf den Bäcker mit einem Stück Holz.

Hinter dem geschmähten Bäcker fuhr ein Karren, der von einem Maultier gezogen und von einem grinsenden jungen Mann gelenkt wurde. In dem Karren saß ein junges Mädchen, das bekleidet war mit einem Hemd und einem kapuzenartigen Überwurf aus grobem Stoff. Sie hielt einen Büßerstab hoch. Ihr Gesicht war von der Kälte gerötet, und Tränen rollten über ihre Wangen. Bellebelle fühlte Übelkeit in sich aufsteigen. Sie wußte, es mußte sich bei dem Mädchen um eine Dirne handeln, denn sie hatte diese Art der Bestrafung schon einmal miterlebt. Ihr Vergehen mochte darin bestanden haben, daß sie die brennende Krankheit verschwiegen oder ihren gestreiften Umhang nicht getragen hatte. Beklommen beobachtete Bellebelle, wie man sie mit Schmutz und Abfall bewarf.

Da sie den erbärmlichen Anblick nicht länger ertragen konnte, rannte sie die Straße hinunter, bog in eine enge Gasse ein, rutschte auf dem glitschigen, schmutzigen Belag aus und wäre fast in ein Schlagloch gefallen. Dann bewegte sie sich vorsichtig weiter und bog am Ende der Gasse um die Ecke. Sie befand sich jetzt auf einer breiteren Straße, auf der man besser laufen konnte. Das Bild des Mädchens im Karren ging ihr nicht aus dem Sinn.

Die bloße Vorstellung, daß ihr das gleiche passieren konnte, erfüllte sie mit Panik. Als Hure zu arbeiten war das einzige, was sie kannte, und bis jetzt war sie nicht schlecht damit gefahren. Aber angenommen, das Bordell in der Gropecuntlane würde sie nicht nehmen und sie mußte auf der Straße leben? Angenommen... Bellebelle blieb stehen, denn sie erkannte plötzlich die rot, schwarz und blau angestrichenen Häuser. Ja, da war es: ein Holzhaus mit blauen Läden, genauso wie sie es in Erinnerung hatte.

Sie strich sich übers Haar, ging langsam vor dem Haus auf und ab und versuchte, sich ein Herz zu fassen, um an die Tür zu klopfen. Schließlich blieb sie vor der Schenke stehen, unschlüssig, was sie als nächstes tun sollte. Ein hochgewachsener kräftiger Mann mit schwarzer Augenklappe stürmte heraus, ein Gefährte folgte ihm dicht auf den Fersen. In der Eile hätte er Bellebelle fast umgerannt.

»He, paß doch auf, wohin du gehst.« Er blieb stehen und kniff die Augen zusammen. »Was lungerst du hier rum? Hab' dich noch nie gesehen. Bist nicht vom Bordell. Ich kenn' die Mädels dort, und du bist keine von ihnen. Machst wohl dein eigenes Geschäft, was? Das wird Hawke aber gar nicht gefallen.« Er packte sie grob am Arm. »Hast ihnen wohl auch die Kleider gestohlen? Eine Hure und obendrein 'ne Diebin, möchte ich wetten.«

»Nein, guter Herr. Ich... bin neu im Bordell.« Sie entwand ihm ihren Arm und fing an zu rennen, aber der Mann holte sie ein.

»Ah, laß sie doch, Hugo, laß uns essen gehn.«

»Sie gehört nicht zum Bordell, das sag' ich dir. Der Schwarze Hugo irrt sich nie. Schätze, sie hat außer den komischen Kleidern auch noch Geld mitgenommen.«

»Doch, ich bin von dort.« Bellebelle versuchte verzweifelt, sich seinem eisernen Griff zu entwinden. »Laßt mich gehn.«

»Mal sehn, wer recht hat. Los. Hawke wird mir dankbar sein, wenn ich dich vertreibe. Er mag's nämlich nicht, wenn jemand in sein Gebiet eindringt.«

Der Schwarze Hugo zerrte Bellebelle die Straße hinunter und klopfte an die Tür des Hauses mit den blauen Läden. Die Tür ging auf, und ein Mann trat in den Türrahmen. Bis auf ein paar bläuliche Stoppeln war er kahl; eine leuchtend rote Narbe verzerrte sein Gesicht zu einer abscheulichen Maske.

»Du bist hier nicht willkommen, Hugo, wie oft muß ich dir das noch sagen?« Zu Bellebelles Überraschung redete er fast wie ein Gentleman. »Wenn du Ärger willst....«

»Nein, Sir, keinen Ärger.« Die Stimme des Schwarzen Hugo glich jetzt eher einem Winseln. »Diese Dirne hat vor der Schenke herumgelungert, sie behauptet, eine von Euren Neuen zu sein, also...«

»Ich habe sie noch nie gesehen... oh, auf Wiedersehen, meine Herren, ich hoffe, Ihr wurdet gut bedient?«

Zwei gutgekleidete Männer erschienen im Eingang und schickten sich an zu gehen, während der Bordellbesitzer – Bellebelle war davon überzeugt, daß er es war – um sie herumscharwenzelte. Einer der Männer, der viel älter aussah als der andere und dessen helles Kopf- und Barthaar graumeliert war, musterte sie interessiert.

»Was für ein entzückendes Geschöpf. Die habe ich hier noch nie gesehen, Hawke, ist sie neu? Von all Euren Mädchen sieht sie am wenigsten wie eine Hure aus. Nächstes Mal möchte ich sie haben.« Er verneigte sich vor Bellebelle und begab sich zusammen mit seinem Gefährten zur Garküche.

»Ja, Mylord, geht in Ordnung«, rief ihnen Hawke hinterher. »Laß dich ja nicht mehr hier sehen, du Abschaum«, wandte er sich dann an den Schwarzen Hugo, zog Bellebelle ins Haus und knallte die Tür zu.

»Komm mit.«

Er geleitete sie einen dunklen Flur hinunter und führte sie in ein großes, sauberes Gemach, das mit einem Tisch, mehreren Schemeln, zwei großen, mit Eisen beschlagenen Eichentruhen, einem Bett und einem munter flackernden Kohlebecken ausgestattet war. Ein Stapel lederartigen Papiers, seltsame federähnliche Utensilien, ein mit einer schwarzen Flüssigkeit gefülltes Steingefäß und ein dreiarmiger Silberleuchter, wie Bellebelle ihn noch nie gesehen hatte, befanden sich auf dem Tisch. Hawke dirigierte sie zu einem Schemel und nahm ihr gegenüber Platz

»Ich bin Hawke, der Besitzer dieses Bordells. Erzähl mir, wo du herkommst, Mädchen. Wenn du mich anlügst, überlaß' ich dich Hugo und seinen Kumpanen. Und ich tu's wirklich, das darfst du mir glauben.«

Er war ein kräftiger Mann, und Bellebelle konnte nicht sagen, ob er alt oder jung war. Sie mußte ständig die Narbe, den runden kahlen Kopf und den schweren schwarzen und mit Silber beschlagenen Gürtel anstarren. Bellebelle erzählte ihre Geschichte, anfangs etwas stockend. Sie ließ nichts aus, auch nicht die Verletzung, die sie de Burgh zugefügt hatte. Das einzige, was sie ihm verschwieg, war ihre Vision in der Marienkapelle. Hawkes Augen, die so kalt wie Eis wirkten, fixierten sie unentwegt.

»Hans de Burgh«, meinte er schließlich. »Letztes Jahr hat dieser flämische Bastard eines meiner besten Mädchen so übel zugerichtet, daß sie nie mehr wird arbeiten können. Dieser Schweinehund ist hier nicht willkommen, und das weiß er auch. In der Gropecuntlane bist du vor Kerlen wie ihm sicher. Wir haben gute Kunden, manche sogar aus sehr hohem Hause, wenn du verstehst, was ich meine.«

Bellebelle hatte keine Ahnung, hielt es aber für klüger zu schweigen. »Gilbert legt auch keinen Wert auf Brutalität«, sagte sie.

Hawke starrte sie an, als ob sie nicht ganz zurechnungsfähig wäre. »Was interessiert mich, was Gilbert tut? Ich liefere alles, was ein Mann wünscht, verstehst du? Mädchen, Jungfrauen, Kinder, Jungen, leichtes Peitschen... ist alles das gleiche für mich. Aber manche Praktiken sind teuer. Alles Nötige wird vorher vereinbart. Alles verläuft ordnungsgemäß. Hier herrscht anständiges Geschäftsgebaren.«

Er starrte sie weiterhin an, und sie fröstelte unter seinem eisigen Blick. »In London verlangen wir die höchsten Preise und bekommen sie auch. Für Hawkes Bordell ist nur das Beste gut genug.«

Er stand auf. »Zieh dich ganz aus.«

Mit zitternden Fingern streifte Bellebelle ihren Wollschal und ihr Gewand ab, bis sie im Hemd dastand.

»Bist du taub? Ganz, hab' ich gesagt. Habe keine Verwendung für eine verklemmte Dirne.«

»Ich – ich habe ein bißchen Geld darunter«, flüsterte sie.

»Hast du's ehrlich erworben?«

»O ja«, erwiderte sie und erzählte ihm von Johan de Mornay.

»Dein Geld interessiert mich nicht«, erwiderte Hawke ungeduldig. »Nur die Ware, die ich zum Kauf anbiete.«

Als sie nackt vor ihm stand, umkreiste er sie und klopfte mit dem Finger gegen seine langen gelben Zähne. Geschäftsmäßig betastete er ihre Brüste und schüttelte den Kopf. »Bißchen klein, aber die wachsen noch. Wie alt bist du jetzt, vierzehn, fünfzehn?«

»Sechzehn. Vielleicht auch älter...«

»Vierzehn, wenn jemand fragt. Ich beabsichtige, dich als Jungfrau auszugeben.«

»Aber ich bin keine...«

»Glaubst du, das spielt eine Rolle? Ich kenn ein paar Mittel, Jungfrauen zu machen.« Er schenkte ihr ein mitleidiges Lächeln. »Du hast in diesem Bankside-Bordell wohl nicht viel gelernt, was? Zur Zeit habe ich genug Jungfrauen, also lassen wir dich in Ruhe.«

Hawke kniff ihr ins Hinterteil und seufzte. »Hüften wie ein Junge. Wir müssen unbedingt deinen Po aufpolstern. Auch magere Schenkel entzücken keinen Mann.«

Dann mußte sie den Mund aufmachen, und er untersuchte ihn gründlich.

»Nichts schreckt einen Kunden mehr ab als kaputte Zähne oder fauler Atem«, erklärte er und nickte zufrieden über ihre ebenmäßigen weißen Zähne.

Dann kniete er sich vor sie, spreizte ihre Beine und untersuchte, zu Bellebelles Mißbehagen, ihren intimen Bereich. Als er ganz geschäftsmäßig seinen Finger tief einführte, erstarrte Bellebelle vor Schmerz und Demütigung. Aber er blieb ungerührt.

»In Ordnung. Du hast keine Mißbildungen, und ich sehe und fühle, daß du auch nichts Ansteckendes hast. Wie heißt du?«

»Bellebelle. Aber mein Taufname ist Ykenai.«

»Gefällt dir deine Arbeit?«

»Ich kenne nichts anderes. Ich mach' meine Arbeit, damit ich leben kann.«

»Natürlich. Sehe ich wie ein Dummkopf aus? Ich meine, ob dir die Hurerei Spaß macht? Zum Beispiel mit dem Kerl, der dir die Kleider und das Geld geschenkt hat?«

Er beobachtete sie aufmerksam. Angeekelt schüttelte sie den Kopf. »Nein, nie. Ich verstehe nicht, weshalb es den Männern gefällt.«

Hawke war mit ihrer Antwort zufrieden. »Gut, gut. Huren, die nichts dabei empfinden, das sind die besten. Gut, Bellebelle – Ykenai ist kein Name für eine Hure –, ich brauch' im Moment zwar keine weitere Dirne, aber der Lord von Crowmarsh, der Mann, den du zuvor gesehen hast, will dich, was für dich spricht. Wenn du dich mir gegenüber fair verhältst, werde ich's auch dir gegenüber tun. Vergiß nicht, du bist nicht mehr in Bankside, und sprich darüber auch nicht mit deinen Kunden. Es könnt' sie abschrecken.« Er hielt inne. »Ja und noch etwas: Huren können mich nicht 'rumkriegen, denn ich interessiere mich nicht für Frauen.«

War er Sodomit? Bellebelle hatte davon schon gehört, aber da Gilbert damit nichts im Sinn hatte, war sie noch keinem Sodomiten begegnet. Sie gestand sich ein, daß Hawke und das Bordell sie mit Angst erfüllten. Aber auch wenn seine Art und seine häßliche Narbe ihr Unbehagen verursachten, hatte sie das Gefühl, daß Hawke ein besserer Bordellwirt war als Gilbert.

»Will mir nur schnell was aufschreiben, dann erklär' ich dir die Regeln und wieviel du verdienen wirst.«

Während sie wieder in ihr Hemd schlüpfte, schob Hawke den Schemel an den Tisch, rückte den Silberleuchter näher heran und glättete einen Bogen des lederartigen Materials. Er ergriff die lange Feder und tauchte sie behutsam in die schwarze Flüssigkeit. Neugierig näherte sich Bellebelle dem Tisch.

»Hast wohl noch nie jemanden schreiben gesehen?«

Sie schüttelte den Kopf.

»Nun, in Bankside verkehren wohl keine gebildeten Männer? Das hier ist ein Federkiel, und das ist Tinte. Ich schreibe auf Pergament.«

Er begann langsam und sorgfältig zu schreiben und sagte laut: »Am 21. Juli des Jahres 1148 kam eine gewisse Ykenai, genannt Bellebelle, früher im Marktflecken Southwark in der Gemeinde von...«

Er sah sie fragend an.

»Ich weiß nicht genau, ich glaube, Saint Mary.« Unvermittelt fing Bellebelle an zu weinen.

Hawke warf ihr einen gleichgültigen Blick zu, dann zuckte er mit den Achseln. Im flackernden Kerzenlicht schien sich die Narbe wie eine rote Schlange zu bewegen. Er ignorierte das Mädchen und wandte sich wieder seinem Schriftstück zu.

Bellebelle kleidete sich eilends an. Noch nie war sie sich so töricht vorgekommen, hatte sich so beschämt und so allein gefühlt. Weshalb weinte sie denn? Sie war doch in der Gropecuntlane aufgenommen worden, ein wichtiger Schritt nach vorn. Sie war sicher vor de Burgh und hatte das Bankside-Bordell hinter sich gelassen. Was war los mit ihr? Schließlich hatte sie doch immer davon geträumt, ihre Lage zu verbessern.

## 14. Kapitel

### Antiochia, im Jahre 1148

»Wir müssen mit dem Schiff reisen«, erklärte Eleonore Ludwig. Es fiel ihr schwer, höflich zu bleiben.

Der Rest des Kreuzritterheeres, das vor einem Jahr Paris verlassen hatte, war an der griechischen Küste gelandet. Eleonore war es jetzt schmerzlich bewußt, daß sie Antiochia nie auf dem Landweg erreichen würden.

Sie konnte es kaum fassen, daß ihre ursprüngliche Begeisterung für das große Abenteuer sich in Verzweiflung verwandelt hatte, ja fast in Haß auf ihren Gatten und die Franzosen umgeschlagen war. Es war ihr jetzt völlig klar – und allen anderen auch –, daß dieser Kreuzzug beileibe nicht das ruhmreiche Abenteuer darstellte, das sie alle erhofft hatten, sondern eine vollkommene Katastrophe war. Der Ärger hatte bereits drei Monate nach dem Aufbruch bei der Durchquerung der ungarischen Ebenen begonnen – und fast ausschließlich die Franken waren daran schuld gewesen.

Eleonore und der Hauptmann der aquitanischen Truppe und auch die Herren anderer Provinzen hatten es verstanden, ihre Ritter und Fußsoldaten unter Kontrolle zu halten. Aber das französische Heer, das sich Ludwigs Befehlen widersetzte, hatte Bauernhöfe und Dörfer geplündert. Schon lange bevor sie in Konstantinopel eintrafen, verbreiteten sie überall Angst und Schrecken.

Von da an hatten Unglücksfälle, überraschende Angriffe der Türken und heftige Winterstürme das Unternehmen in einen gräßlichen Alptraum verwandelt, den Eleonore am liebsten sofort vergessen hätte. Ludwig hatte sich als ein völlig unfähiger Führer erwiesen – aber Eleonore wußte, daß viele der Ärgernisse ihr und den Aquitaniern angelastet wurden. Die Franzosen beklagten sich, Eleonores Gepäck und ihre Hofdamen würden sie aufhalten, ihre Frivolität sei ungehörig und ihre Ritter seien nicht gewillt, Befehle von den Franzosen entgegenzunehmen. Die Franzosen und Aquitanier machten keinen Hehl aus ihrer gegenseitigen Abneigung, die sich immer mehr verstärkte. Ludwigs persönliches Versagen dagegen schien niemand zur Kenntnis zu nehmen.

»Ja, mit dem Schiff«, erwiderte Ludwig resigniert. Sie hatten während des letzten Teils der Reise über alles mögliche gestritten, und Eleonore sah, daß er zu erschöpft war, um einen weiteren Streit heraufzubeschwören.

»Aber es gibt nicht genug Schiffe«, wandte der Hauptmann der aquitanischen Truppe ein. »Das bedeutet, daß ein großer Teil unserer Ritter und Fußsoldaten, die noch am Leben sind, zurückbleiben muß.«

»Wie können wir diese Menschen einem ungewissen Schicksal überlassen?« rief Eleonore. »Wir können doch bestimmt etwas dagegen tun?«

»Ihr Schicksal ist keineswegs ungewiß, Madame«, erklärte der Hauptmann. »Diese Leute werden alle umgebracht werden, wenn sie sich nicht zum Islam bekehren. Das ist die einzige Möglichkeit, unter den Ungläubigen zu überleben. Wenn wir unser eigenes Leben retten wollen, müssen wir so bald wie möglich Antiochia erreichen.«

»Zum Islam bekehren!« wiederholte Ludwig totenbleich und bekreuzigte sich. »Lieber umkommen, als seinen Glauben aufgeben!«

Eleonore wagte nicht, zu sprechen. Das war wieder typisch für Ludwig! Sie wußte genau, würde sie sich in einem ähnlichen Dilemma befinden, dann würde sie tun, was zu tun war, um zu überleben.

Der kümmerliche Rest einer großen Armee, die einst ein paar tausend Mann umfaßt hatte, verließ schließlich die griechische Küste. Nach einer gefährlichen Seereise mit heftigen Stürmen und tobender See gelangten sie zu dem Hafen in der Nähe von Antiochia. Eleonore, blaß, abgemagert, kurz vor dem Zusammenbruch, stand an Deck des Schiffes. Sie klammerte sich an die Reling und beobachtete eine Gruppe von Rittern, die am Kai warteten. War Raimund unter ihnen? Eleonore, die ihren Onkel seit neunzehn Jahren nicht mehr gesehen hatte, zweifelte, ob sie ihn wiedererkennen würde.

Eine hochgewachsene Gestalt in einem goldbestickten Gewand, sicherlich ein Abgesandter ihres Onkels, trat vor, um sie zu begrüßen. Er war ein ungewöhnlich attraktiver Mann mit einem einnehmenden Wesen – Eleonore fühlte sich sofort zu ihm hingezogen. Sein Haar war dunkelblond, vermischt mit Braungold; seine Augen waren so blau wie das Meer zur Mittagszeit in

Talmont und schimmerten leicht grünlich. Als er lächelte, wurde es Eleonore warm ums Herz; sie konnte den Blick nicht von ihm wenden. Ihr Interesse war erwacht. Einen Moment später erkannte sie ihn. Einen verrückten Augenblick lang hatte sie geglaubt, ihr geliebter Großvater sei aus dem Grab auferstanden.

»Majestäten, welche Ehre, Euch in Antiochia willkommen heißen zu dürfen«, begrüßte sie Fürst Raimund auf französisch. Und dann fügte er im weichen, melodiösen Languedoc seiner Heimat Aquitanien hinzu: »Trotz all der Unbill, die du in letzter Zeit erlebt hast, liebe Nichte, hat sich die vielversprechende Schönheit deiner Mädchenjahre jetzt voll entfaltet. Ich habe nie vergessen, welch bezauberndes Kind du gewesen bist.«

Eleonore wurde rot vor Freude und vergaß auf der Stelle ihr schäbiges, ungepflegtes Aussehen. Ludwig, der den Dialekt des Languedoc nicht beherrschte, ließ seine Blicke zwischen Raimund und ihr hin und her wandern, als könne er nicht glauben, daß dieser schöne Mann der Onkel seiner Frau war. Auch Eleonore fiel es schwer zu akzeptieren, daß dieser Mann ein enger Verwandter von ihr war und lediglich acht Jahre älter als sie selbst.

Nachdem Raimund sie mit einem amüsierten Blick bedacht hatte, der zu sagen schien, daß er genau wußte, was in ihrem Kopf vorging, befahl er, die königliche Truppe für den Ritt nach Antiochia ordnungsgemäß auszustatten. Dann wandte er König Ludwig seine ungeteilte Aufmerksamkeit zu.

Als sie sich der befestigten Stadt Antiochia näherten, entdeckte Eleonore eine Menschenmenge, die sie erwartete. Es war ein herrlicher Tag, die Sonne strahlte wie ein goldener Ball am Himmel, der so leuchtend blau war, daß ihr die Augen schmerzten. Die klare Luft war erfüllt vom Duft der Orangenblüten. Eleonore entdeckte üppiges grünes Laubwerk, Obstgärten mit goldenen Früchten, einen breiten Fluß mit Schiffen.

Schwere Tore sprangen auf. Neugierige Bürger und prächtig gekleidete Kirchenmänner empfingen sie jubelnd. Als sie in die Stadt einzogen, hielt Eleonore den Atem an. Terrassenförmige Gärten verliefen steil den Hügel entlang; anmutige Paläste gaben den Blick frei auf rosa-gelbe Blumenbeete, weiße Marmorspringbrunnen und geflieste Schwimmbecken. Neben den emporstrebenden Kirchtürmen der christlichen Kirchen und den zierlichen Minaretten der islamischen Moscheen befanden sich die Überreste alter griechischer und römischer Tempel. Auf den Straßen beobachtete sie fasziniert, wie arabische Händler mit schneeweißen Turbanen sich mit christlichen Händlern vermischten. Die entspannte Atmosphäre der Stadt erinnerte Eleonore an Bordeaux, und sie erlag auf der Stelle ihrem Zauber.

Als sie im Palast ankam und die gutausgestatteten Gemächer sah, die für sie und ihre Hofdamen hergerichtet worden waren, brach sie zusammen und weinte vor Rührung. Nach der schweren Zeit, die sie durchgemacht hatte, erschienen ihr die aufmerksamen Diener, die Gewänder aus Seide und hauchdünnen Stoffen, die gewebten Umhänge, Spiegel mit Elfenbeinrahmen, Silberschalen und parfümierten Seifen wie ein Wunder. Seit dem Aufbruch in Konstantinopel hatte sie keine Gelegenheit mehr gehabt zu baden, und Eleonore und ihre Hofdamen verbrachten daher Stunden in den riesigen Holzwannen, wuschen sich gegenseitig die Haare, während Dienerinnen heißes, nach Rosenblättern duftendes Wasser über sie gossen.

Kaum waren sie wieder angekleidet, als drei wohlbeleibte dunkelhäutige Eunuchen auftauchten, um sie zu massieren. Eleonores Hofdamen zeigten sich zutiefst schockiert.

»Ich habe noch nie von solchen Männern gehört«, sagte eine von ihnen. »Ich wurde auch noch nie von einem anderen Mann als meinem Ehemann berührt.«

Sogar Eleonore empfand bei der Vorstellung Unbehagen, war aber bereit, sich zu fügen.

»Müssen wir uns ausziehen?« fragte sie.

Einer der Eunuchen verbeugte sich und nickte. Er deutete zum Bett und hob ein langes weißes Leinentuch hoch.

»Wie wissen wir, daß sie wirklich – nun, ich meine, keine Männer mehr sind?« flüsterte eine der Damen.

»Sei nicht töricht. Natürlich sind sie's nicht mehr.«

»Würden wir eine Sünde begehen?« fragte die erste.

Eleonore, die entschlossen war, sich gelassener zu geben, als ihr zumute war, schlüpfte aus ihren Kleidern, hüllte sich in das Laken und legte sich unter den erstaunten Blicken ihrer Damen bäuchlings aufs Bett.

Der Eunuch entfernte das Laken. Als seine kräftigen, aber trotzdem behutsamen Finger ihre Haut mit Jasminöl einrieben, entspannte sich Eleonore auf der Stelle. Seine unpersönliche, fast gleichgültige Berührung entbehrte jeglicher sinnlichen Ausstrahlung. Vermutlich hätte er eine Kuh genauso massiert. Im Grunde erinnerten seine Berührungen sie an Ludwig. Da war keine Zuneigung, Zärtlichkeit oder gar Begierde. Ludwig war genau wie ein Eunuch. Wäre es nicht so tragisch gewesen, hätte sie darüber lachen können.

Nachdem Eleonore drei Tage lang nur geschlafen und gegessen hatte, fühlte sie sich wieder erholt. Sie betrachtete sich kritisch in einem der Spiegel und stellte fest, daß sie besser aussah als bei ihrer Ankunft. Ihre Wangen waren wieder pfirsichfarben, ihr Haar war wie von der Sonne gesponnen, und ihre haselnußbraunen Augen funkelten. Obwohl sie immer noch sehr dünn war, wirkte sie nicht mehr wie eine asketische Einsiedlerin. In dieser Zeit bekam sie Raimund und Ludwig, der mit seinem Gefolge im Palast des Prinzen untergebracht war, nur selten zu Gesicht. Und wenn sie ihre Kammer verließ, erfrischt und voller Tatendrang, angetan mit einem meergrünen Gewand mit goldbesticktem Überkleid, erwarteten sie vielfältige Zerstreuungen.

Es gab die Jagd mit Falken und die normale Jagd, üppige Feste, auf denen exotische Früchte aufgetragen wurden, von denen Eleonore noch nie gehört hatte: blutrote Granatäpfel, Datteln, rote Feigen und eine lange, gelbe Frucht namens Paradiesapfel. Alles wurde statt auf Brotbrettern auf goldenen Tellern serviert. Dazu wurde ein schwerer süßer Landwein gereicht.

Eleonore erfuhr, daß Ludwig und seine Männer nicht nur mit neuen Gewändern, sondern auch mit Waffen und Pferden ausgestattet worden waren. Sie nahm an, er würde jetzt wieder in besserer Stimmung sein, nachdem die Unbilden der aufreibenden Reise vorüber waren. Vielleicht würden jetzt auch ihre ewigen Streitereien aufhören.

Am Abend des vierten Tags nach ihrer Ankunft in Antiochia besuchten Eleonore und Ludwig ein Fest im großen Saal von Raimunds Palast, das ihr Onkel zu Ehren seiner erlauchten Gäste gab.

»Mein Onkel ist ungeheuer großzügig«, erklärte sie Ludwig. »Er hat die aquitanische Gastfreundschaft nicht vergessen.«

Die Franken wurden von Troubadouren, Spielleuten und einer Gruppe von geschmeidigen sarazenischen Tänzerinnen unterhalten, von denen Ludwig züchtig den Blick abwandte.

»Eine Großzügigkeit mit Hintergedanken.«

»Was für Hintergedanken?« Bei der Heiterkeit und dem Gelächter, die hier herrschten, fühlte sich Eleonore wie neugeboren, fühlte sich an den Hof ihres Großvaters in Poitiers erinnert.

»Raimund möchte, daß ich meine Reise nach Jerusalem verschiebe. Er behauptet, er befände sich den Türken gegenüber in einer heiklen Lage. Sollten sie mit allen Männern Antiochia angreifen, erklärte er mir, würde die Stadt fallen, genau wie Edessa.«

»Das war dir bekannt, Ludwig, bevor wir hierherkamen. Es ist einer der Gründe, weshalb wir diese Reise unternommen haben.«

Ludwig spießte mit dem Messer ein Stück Wild auf und musterte es argwöhnisch. »Er glaubt, er kann den Ungläubigen zuvorkommen, indem er die türkische Stadt Aleppo einnimmt.«

Eleonore nickte. »Eine kluge Taktik.«

»Klug?«

»Natürlich. Durch eine Niederlage der Türken bei Aleppo würden nicht nur das Fürstentum von Antiochia und andere christliche Staaten gerettet werden, auch die Straße nach Jerusalem würde geschützt werden.«

»Wie ich sehe, hat dein Onkel seine Sache gut vertreten«, erwiderte Ludwig mit vorwurfsvollem Blick. »Genau das ist sein Hauptargument.«

»Raimund hat mir wirklich nichts von seinen Plänen erzählt, das darfst du mir glauben«, sagte Eleonore. »Aber es ist das einzige, das einen Sinn ergibt. Du verstehst das doch, oder?«

»Ja, wirklich? Nur weil er uns mit Pferden und Waffen versorgt hat und wir in seiner Schuld stehen, glaubt er, wir müßten uns seinen Plänen anschließen. Ich unterwerfe mich Gottes Willen, aber nicht dem von Raimund von Antiochia.«

»Ich hatte den Eindruck, daß du Gottes Willen gefolgt bist, als du hierher kamst, um die Ungläubigen zu bekämpfen.«

Ludwig starrte sie an. Sein Blick war so feindselig, daß sie ihn am liebsten geschüttelt hätte. Heilige Radegund, und schon ging es wieder los, sie waren wie zwei Hunde, die nacheinander schnappten, genau wie im vergangenen Jahr. Vor nicht allzu langer Zeit war Ludwig noch ihr willfähriger Diener gewesen, hatte auf ihre Meinung gehört und manchmal sogar ihren Rat befolgt. Eleonore war davon überzeugt, daß Ludwig sie immer noch liebte, aber die Verluste, die er in letzter Zeit erlitten hatte, hatten ihn weitaus unzugänglicher gemacht, als er es in Paris gewesen war.

Es wurde stürmisch geklatscht, und Eleonore sah, daß die Tänzerinnen jetzt durch zwei Spielleute abgelöst worden waren. Der eine war ein Mohr in maurischer Kleidung, der andere ein flachshaariger Mann in provenzalischer Tracht.

Ludwigs Gesicht wurde krebsrot. Er bekreuzigte sich und zischte durch die Zähne.

»Wie gottlos! Ein Muselmane und ein Christ, die zusammen singen! Er bringt den Feind an seinen eigenen Hof?« Ludwig wandte sich ab, als die beiden Männer ein Duett anstimmten.

Eleonore, die die beiden bereits am Hof ihres Großvaters erlebt hatte, fand dies ganz natürlich. Sie war versucht, Ludwig von der ungewöhnlichen Gruppe von Spielleuten zu erzählen, die sie einst am Hof ihres Vaters in Bordeaux gesehen hatte. Sie bestand aus Mauren, Christen und einem Juden. Zwei der Mauren waren Frauen, die weltliche Lieder sangen und zur Freude aller Anwesenden tanzten. Spielleute, egal, woher sie stammten, waren keine Krieger, sondern Anhänger der *gai saber*, erhaben über Schlachten, Angriffe und Belagerungen. Aber Ludwig hatte keinerlei Sinn für dergleichen, wie sie an seinem empörten, sturen Gesichtsausdruck sehen konnte.

Genau dieselbe Miene hatte er zur Schau getragen, als er darauf bestanden hatte, allein nach Poitou zu reisen. Sie deutete darauf hin, daß Ludwig einen Entschluß gefaßt hatte und ihn nichts mehr davon abbringen konnte, auch wenn er noch so unsinnig war. Eleonore hatte eine dumpfe Vorahnung. Sollte sie Raimund warnen?

Doch bevor sie handeln konnte, wurde ihr die Angelegenheit aus der Hand genommen.

Den nächsten Tag verbrachte Eleonore in Gesellschaft von Constance, Raimunds Frau, in einem märchenhaften Garten, in dem Palmen Schatten spendeten. Der Mosaikboden des Hofs war mit Teppichen und Kissen ausgelegt. Auf niedrigen Tischen standen Silberschalen mit einer orangefarbenen Frucht namens Aprikose, die in Schnee aus den Bergen kühl gehalten wurde.

In diese friedliche Stimmung platzte ihr Onkel. Ein Blick in sein zorniges Gesicht verriet Eleonore, daß das eingetreten war, was sie befürchtet hatte.

»Ludwig hat sich geweigert, dir zu helfen?«

»Ja. Constance, Liebes, ich würde gern mit meiner Nichte unter vier Augen reden. Bitte, nimm deine Damen mit.«

Als sich seine Frau mit ihrem Gefolge in einen anderen Teil des Gartens zurückgezogen hatte, arrangierte Raimund ärgerlich ein paar Kissen und nahm vor ihr Platz.

»Ich habe Ludwig zum zehnten Mal erklärt, daß die Muselmanen panische Angst vor dem französischen Heer haben und jetzt der richtige Zeitpunkt gekommen ist, sie anzugreifen und einen leichten Sieg zu erringen. Dein Gatte meinte, er habe das gründlich durchdacht, müsse aber ablehnen. Er müsse seinem Gewissen folgen und könne nicht in den Kampf ziehen, ohne zuvor für seine Sünden gegenüber Gott und der Heiligen Kirche Buße getan und seine Pilgerreise zum Grabmal Christi zu

Ende geführt zu haben. Sobald er Vergebung erlangt habe, würde er gegen die Ungläubigen kämpfen. Kann das wirklich wahr sein?«

»Ich habe befürchtet, daß seine Antwort so ausfallen würde«, erwiderte Eleonore mit einem gequälten Seufzer. »Ich kann dir nicht sagen, wie leid es mir tut. Aber mein Mann ist so ein Narr, daß…« Sie rang die Hände. »Manchmal weiß ich nicht, wie ich ihn all die Jahre ertragen habe.«

Raimunds meerblaue Augen suchten ihren Blick. »Deine unglückliche Lage ist mir nur allzu bewußt, liebe Nichte. Doch es heißt, du hättest immer großen Einfluß auf deinen Gatten gehabt.«

Eleonore zuckte mit den Achseln. »In der Vergangenheit war das auch der Fall. Aber auf unserer Pilgerreise hierher wurde seine Zuneigung zu mir auf eine harte Probe gestellt. Wir hatten viele häßliche Auseinandersetzungen.«

»Ich bitte dich jetzt, deinen ganzen Einfluß, den du noch hast, einzusetzen, um meine Sache vor deinem Ehemann zu vertreten. Er muß uns einfach helfen. Unser Überleben hier in Antiochia steht auf dem Spiel.«

Die Erregung in seiner Stimme war unüberhörbar.

Impulsiv griff Eleonore nach seiner Hand. »Natürlich. Ich tue mein Bestes.«

Raimund bedachte sie mit einem warmen, dankbaren Lächeln. Er führte ihre Hand an seine Lippen und drückte einen glühenden Kuß darauf, der Eleonore durch und durch ging. Ihr Herz klopfte; sie mußte Ludwig unbedingt überreden, die Pilgerreise zu unterbrechen und ihrem Onkel im Kampf gegen die Türken beizustehen.

In dieser Nacht begab sich Eleonore zum erstenmal zu Ludwigs Privatgemächer in Raimunds Palast. Er war gerade in der kleinen Kapelle neben seinem Schlafgemach ins Gebet vertieft.

»Das ist eine angenehme Überraschung, Weib«, begrüßte er sie und beendete sein Gebet. »Aber ich hoffe, du bist nicht wegen deines Onkels gekommen.«

Erstaunt, weil Ludwig im allgemeinen nicht so scharfsinnig war, nahm sie auf einem der reich bestickten Schemel Platz. »Und wenn doch? Ich bitte dich nur, mich anzuhören, allein.« Sie warf den Dienern, die herumstanden, einen vielsagenden Blick zu.

Nachdem Ludwig sie weggeschickt hatte, bedeutete ihm Eleonore, einen Schemel zu nehmen. »Raimunds Plan spricht für sich. Seit dreizehn Jahren herrscht er als Fürst von Antiochia und kennt daher die Schliche der Ungläubigen. Weshalb weigerst du dich, ihn beim Angriff auf Aleppo zu unterstützen, obwohl das doch deine eigenen Pläne vorantreiben würde?«

»Ich habe ihm erklärt, daß ich jetzt noch nicht an einem Feldzug teilnehmen kann, weil ich erst mein Gelübde, das ich zu Beginn dieser Pilgerfahrt abgelegt habe, erfüllen muß: am Grabmal unseres Herrn zu beten. Wenn ich das getan habe, kann ich zu den Waffen greifen – und brauche auch nicht länger enthaltsam zu sein.« Er senkte den Blick. »Aber das weißt du ja bereits.«

»Ich weiß nur, daß du nicht ganz bei Sinnen bist. Das Ziel dieses Unternehmens war es, Edessa zurückzuerobern und Jerusalem zu schützen. Jetzt bietet sich die Gelegenheit dazu, und doch lehnst du ab.«

Ludwig wurde rot. »Ich sehe, dein Onkel hat dich für sich eingenommen. Bei mir und meinen Baronen allerdings verfehlt sein heidnischer Zauber seine Wirkung. Wir haben keine Verwendung für diesen... diesen verkommenen, heidnischen Potentaten, der es wagt, sich als Christ zu bezeichnen.«

Eleonore schnellte hoch. »Der es wagt, sich als Christ zu bezeichnen? Nachdem er dich und deine Leute mit Geschenken überhäuft hat? Nachdem er allen Kreuzfahrern in Not seine Gastfreundschaft angeboten hat? Sankt Peter ist die schönste christliche Kirche, die ich je gesehen habe. Du selbst hast gesagt, der Gesang der Mönche höre sich an wie ein Himmelschor.«

»Es ist mir gleich, was ich gesagt habe.« Ludwigs Mundwinkel zuckten vor Ärger. »Ich bin entsetzt über das, was ich hier sehe. Es widert mich an! Antiochia scheint doch überhaupt nicht in Gefahr zu sein. Es ist eine leichtlebige Stadt, die sich nur dem Vergnügen hingibt. Ein richtiges Sodom des Lasters. Raimund trägt in seinem Palast leichte Pantoffeln und lose Gewänder, wie ein Sultan der Ungläubigen. Die Europäer tragen hier Turbane und Bärte und wallende Gewänder wie die Muselmanen. Man kann sie kaum noch von ihnen unterscheiden.«

»Heilige Radegund, was hat das zu tun mit...«

Aber Ludwig ließ sich in seinen Schmähungen nicht bremsen. »Hast du bemerkt, daß es in der Stadt genauso viele Moscheen gibt wie christliche Kirchen? Daß einige Christen sogar Sarazenen geheiratet haben?« Die Augen gingen ihm fast über.

»Muslime und Christen leben hier anscheinend in Freundschaft miteinander, und im Palast essen sie sogar zusammen. Du hast es neulich abends bei den Spielleuten selbst gesehen.«

»Am Hof meines Großvaters verkehrten auch viele muselmanische Troubadoure aus dem maurischen Spanien. Sie traten ebenfalls zusammen mit christlichen Minnesängern auf. Was ist dabei?«

»Was dabei ist?« Einen Augenblick lang war Ludwig bestürzt. »Nun, dann überrascht mich bei deiner Familie gar nichts mehr. Wirklich gar nichts mehr! Man braucht nur Raimunds Vater zu betrachten, um zu verstehen, woher seine häretischen Neigungen stammen.«

»Seine häretischen Neigungen? Du bist ja verrückt.«

»Nicht ich bin verrückt.« Ludwig bekreuzigte sich. »Erst heute morgen habe ich herausgefunden, daß viele der christlichen Kirchen hier von sarazenischen Malern ausgeschmückt worden sind. Gottlos! Und du hast noch die Kühnheit, mich zu bitten, einen solchen Mann zu unterstützen!« Seine Stimme troff vor Gehässigkeit, sein Körper bebte vor Empörung.

Eleonore war sprachlos. So hatte sie Ludwig noch nie erlebt. Seine Bigotterie war immer ein wunder Punkt zwischen ihnen gewesen, aber nun schien sie in Fanatismus auszuarten, der ihn für den eigentlichen Zweck des Kreuzzugs blind machte. Dahinter spürte Eleonore eine tiefer reichende Feindschaft. Die alte Feindseligkeit zwischen Franken und Aquitaniern, zwischen Norden und Süden hatte sich seit Beginn des Kreuzzugs ständig gesteigert.

Nein, nein, nein! Wie hatte sie nur so blind sein können? Die Spannung hatte sich schon lange davor aufgebaut, seit Beginn ihrer Ehe. Angefangen hatte es mit der Verlobungsfeier in Bordeaux, aber sie hatte die Augen davor verschlossen. Die Jahre in Paris hatten ihre Verschiedenartigkeit noch verstärkt, der Kreuzzug hatte sie auf die Spitze getrieben. Raimund verkörperte alles, was die Franzosen haßten und fürchteten. Vergnügen, Spaß, Sinnlichkeit, Redefreiheit, Toleranz, die Förderung neuer Ideen, die den Status quo gefährden konnten.

Das war aber nicht alles. Wie eine Giftschlange lauerte da auch noch Ludwigs Eifersucht. Er spürte, daß sie sich zu Raimund hingezogen fühlte, einem Gleichgesinnten, der sie an ihr geliebtes Aquitanien erinnerte. Ludwigs unterschwelliger Haß auf alles, was sie verkörperte, war jetzt zum Ausbruch gekommen. Eleonore erkannte, daß er keinen Finger krümmen würde, um ihrem Onkel zu helfen.

Erschreckt durch diese Erkenntnis, floh sie aus dem Raum. Sie war erschüttert über die unerwartete Enthüllung der wahren Gefühle ihres Gatten. Sie begab sich zu Raimund und erzählte ihm, was passiert war.

»So hat also der König von Frankreich Tausende von Menschen auf eine lange, gefährliche Reise geführt, die bereits Hunderte von Menschenleben gefordert hat, nur um sich zu brüsten, daß er am Heiligen Grab gebetet hat?« Raimund schüttelte den Kopf. »Es ist nicht zu fassen.« Er warf Eleonore einen Blick zu. »Mein Herz schlägt für dich, liebe Nichte. Hätte mein Bruder im geringsten geahnt, was auf dich wartete, er hätte niemals deine Zukunft in die Hände Ludwigs des Dicken von Frankreich gelegt.«

Eleonore, die sich an ihre ursprüngliche Weigerung, Ludwig zu heiraten, erinnerte, war bewegt, unterdrückte aber tapfer ihren Kummer. Wäre sie damals ihrem Instinkt gefolgt, dann...

»Eine solche Verschwendung von Schönheit, Jugend und Geist.« Raimund schüttelte erneut den Kopf und schwieg. Als er wieder zu sprechen anhub, klang es eher wie ein Selbstgespräch. »Ich erlaube Ludwig nicht, dem Haus Aquitanien oder mir persönlich diese Kränkung zuzufügen. Er wird bedauern, was er getan hat oder vielmehr, was er versäumt hat zu tun. Gott ist mein Zeuge: Er wird diese Sünde schwer büßen.«

»Aber was kannst du tun?« Eleonore blickte ihn an, halb ängstlich, halb fasziniert. In der gleichen herausfordernden Art hatte ihr Vater seine Feinde eingeschüchtert.

Raimund schenkte ihr ein geheimnisvolles Lächeln.

## 15. Kapitel

Am nächsten Morgen gingen Ludwig und sein Gefolge in Begleitung von Constance in die Peterskirche, wo sie an einer eigens für sie abgehaltenen Mittagsmesse teilnahmen. Danach wollten sie ein altes Kloster vor den Stadtmauern besuchen. Eleonore, die wütend auf Ludwig war und keine Lust hatte, mit ihm irgendwohin zu gehen, schickte ihre Hofdamen weg und blieb im Palast.

Als die Glocken zur Sext läuteten, lag sie gerade schmollend in einer Holzbadewanne mit duftendem heißem Wasser. Seit ihrer Ankunft im Fürstentum hatte sie sich angewöhnt, jeden zweiten Tag zu baden, ein Luxus, den sie noch nie zuvor genossen hatte. Aber im Heiligen Land, so hatte man ihr berichtet, suchten Männer wie Frauen zwei- bis dreimal wöchentlich die öffentlichen Bäder auf. Seit dem Beginn des Kreuzzugs war sie das erste Mal allein, da die allgegenwärtigen Eunuchen und Dienerinnen aus unerklärlichen Gründen abwesend waren.

Eleonore schloß die Augen, lehnte sich in ihrer Wanne zurück und genoß den Moschusduft des brennenden Weihrauchs und den Duft frisch gepflückter Anemonen, der ständig die Gemächer und Flure des Palasts zu erfüllen schien. Durch das offene Fenster, das Aussicht auf den gefliesten Hof gewährte, drang das Murmeln eines Springbrunnens, begleitet von sanftem Lautenklang. Wie vertraut ihr die Melodie vorkam. Was war das noch einmal? Ja, genau! »Der unfehlbare Herr«, eines der Lieblingslieder ihres Großvaters. Eleonore lächelte und fing an, laut zu singen.

Als sie hörte, wie jemand das Gemach betrat, achtete sie nicht weiter darauf, da sie annahm, eine der Dienerinnen sei zurückgekehrt. Erst als eine tiefe Stimme in ihren Gesang einstimmte, blickte sie erstaunt hoch.

Raimund, der seine Gewänder auf den Perserteppich hatte fallen lassen, stieg gerade zu ihr in die Wanne.

Er tauchte in dem warmen, duftenden Wasser unter, dennoch

war ihr sein muskulöser Körper mit den breiten Schultern und dem flachen Bauch nicht entgangen. Sein goldbraunes Brusthaar war gelockt, sein Schamhaar etwas dunkler.

»Es macht dir doch nichts aus, wenn ich dir Gesellschaft leiste?« fragte er, als ob das die natürlichste Sache der Welt wäre. Sein Blick verweilte auf ihren Brüsten, die wie runde, schimmernde Perlen mit korallenroten Punkten auf dem Wasser schwammen.

Eleonore, deren Herz flatterte, versank tiefer im Wasser. Sie wußte nicht, was sie sagen sollte.

»Ich habe die Diener weggeschickt«, bemerkte Raimund beiläufig. »Niemand wird uns stören.«

Es entstand eine lange Stille. Raimund lächelte sie an. »Steh auf«, sagte er plötzlich leise.

Eleonore konnte sich nicht überwinden. Sie schüttelte den Kopf.

»Du hast doch keine Angst?«

Sie nickte.

Er runzelte die Stirn. »Eine Enkelin des Troubadours leidet doch nicht an falscher Scham.« Er hielt inne. »Weil ich dein Onkel bin?«

Sie nickte erneut.

»Empfindest du für mich wie für einen Onkel?«

»Nein… im Augenblick nicht.«

»Und sonst?«

Sie schüttelte den Kopf.

»Nun, sind wir nicht in Wahrheit zwei Fremde, die sich dank eines gütigen Schicksals in einem fremden Land gefunden haben? Wie die Muslime sagen würden, *inshallah* – wie Gott will.«

Eleonore sah es zwar etwas anders, aber… Sie stand auf, und das Wasser perlte in kristallklaren Bächen an ihr herunter. Sie bemerkte, wie Raimund sie mit aufmerksamem Kennerblick ausgiebig betrachtete. Es war das erste Mal, daß ein Mann sie wirklich nackt sah, und Eleonore genoß den anerkennenden Blick, der langsam und bewundernd von ihrer Halsbeuge über die straffe Brust glitt, über ihren schlanken Körper weiterwanderte und auf dem seidigen, goldbraunen Flaum zwischen ihren Beinen verweilte.

»Wirklich hinreißend. Du weißt ja nicht, wie entzückend du bist, süße Nell«, sagte er und gebrauchte den Namen, den nur ihre nächsten Angehörigen kannten. Sanft berührte er eine ihrer harten Brustwarzen.

Die Erregung, die Eleonore erfaßte, war so gewaltig, daß sie kaum atmen konnte. Raimund stand gemächlich auf und streckte die Arme aus. Eleonore ruhte plötzlich an seiner Brust, spürte seine starken Arme, die sie umschlungen hielten. Seine nassen Brusthaare kitzelten ihre Brüste. Als er den Kopf neigte, um ihre Lippen zu berühren, fühlte sie sich wie auf Wolken. Sie hatte gar nicht vor, ihm Widerstand zu leisten, und sie wußte auch, es würde sinnlos sein.

Eleonore, die seit Jahren ihre Wünsche und Gelüste hatte unterdrücken müssen, sehnte sich nach Zuneigung und Leidenschaft. Als Raimund sie zum Lager trug, eine Schale mit Feigen und Honigmandeln zur Seite schob und sie behutsam auf die duftenden Laken bettete, spürte sie bereits unbändiges Verlangen. Der letzte Funke Vernunft, der ihr geblieben war, sagte ihr, daß er tatsächlich ihr Onkel war, ein erfahrener Verführer offensichtlich, und daß sie ihn nicht wirklich liebte, aber das alles spielte jetzt keine Rolle. Sie war ihrem übermächtigen Verlangen hilflos ausgeliefert.

»Hat Ludwig seit eurer Ankunft in Antiochia das Bett mit dir geteilt?« wollte er wissen. Seine Hände liebkosten ihre Brüste, streichelten ihre seidige Haut, stimulierten die rosigen Spitzen, bis sie hart wie Bergkristalle wurden.

»Er hat ein Gelübde abgelegt, enthaltsam zu leben, bis er am Grabe Christi seine Gebete verrichtet hat«, flüsterte Eleonore. Sie schloß die Augen, um sich ganz dem Genuß seiner behutsamen, erfahrenen Liebkosungen hinzugeben.

»Ich hätte es wissen müssen. Trotzdem gibt es nicht nur eine Art der Lust. Aber ich bezweifle, ob du bei dem Mönch, den du geheiratet hast, jemals irgendeine Art Lust erlebt hast?«

Eleonore, die jetzt unfähig war zu sprechen, wünschte sich, er möge schweigen. Er hatte eine ihrer Brustspitzen in den Mund genommen und umkreiste sie mit der Zunge. Eleonore spürte, wie es in ihr loderte. Sie preßte seinen Kopf an ihre Brust, kostete den Geschmack seiner Lippen.

»Wie aufgeregt wir doch sind«, sagte er mit träger Stimme, als er zu ihr hochblickte.

Seine Finger glitten über ihre Hüften, um den seidenweichen Flaum zwischen ihren Schenkeln zu streicheln. Als sie spürte, wie er behutsam mit einem Finger in ihre geheimnisvolle Höhle eindrang, glaubte sie, in Ohnmacht zu fallen, war verwirrt über den feuchten Erguß, den seine Berührung bewirkte. Erneut vergrub er den Kopf an ihrer Brust.

Eleonore hatte das Gefühl, ein Strom fließenden Feuers durchflute sie; sie war nicht gefaßt auf diese überwältigende Reaktion. Raimunds erfahrene Finger schienen genau zu wissen, welche Nischen sie erforschen mußten, um ihre Lust zu entfachen. Sie fühlte, wie sie eine Woge der Ekstase erfaßte und hochhob. Eine Stimme, die sie nicht erkannte, schrie laut. Später wußte sie, daß es ihre eigene gewesen war. Aber inzwischen hatte ihr Raimund eine Feige in den Mund gesteckt.

Sie öffnete die Augen und fing an zu lachen, würgte an der Feige. Raimund betrachtete sie amüsiert.

»Du lieber Himmel, das war ein Feuer, das unbedingt gelöscht werden mußte. Das muß ja schon seit Jahren gelodert haben, wenn ich mir ein Urteil erlauben darf.«

Eleonore, die jetzt völlig entspannt war, gab einen tiefen Seufzer der Zufriedenheit von sich, räkelte sich wohlig und verzehrte den Rest der Feige.

»Ich muß gestehen, daß ich mich gelegentlich getröstet habe«, sagte sie. »Aber das war, wie ich jetzt weiß, eine ziemlich laue Angelegenheit.«

Raimund verdrehte die Augen. »Als würde man versuchen, ein loderndes Feuer mit ein paar Spritzern Wasser zu löschen. Wie schade, daß ich dir nicht alle Freuden der Liebe zeigen darf. Aber da Ludwig zur Zeit nicht das Lager mit dir teilt, wäre das zu gefährlich.«

Eleonore stützte sich auf einen Ellbogen. »Nun, was erwartest du von mir...«

Raimund hob abwehrend die Hand. »Oh, meine Liebe, hier im Orient bekommt man ein Übermaß an fleischlichen Wonnen in allen Größen, Formen und Farben geboten, und ich habe sie alle genossen. Ich brauche nichts. Dir Lust zu verschaffen, bedeutete mir ein großes Vergnügen.«

Er bedachte sie wieder mit dem besonderen Lächeln, das er bereits als Junge immer aufgesetzt hatte. »Keine Gewissensbisse gegenüber Ludwig oder der Kirche?« Sie schüttelte den Kopf. »Fein. Wie mein Vater zu sagen pflegte: Diese kleinen Sünden des Fleisches beunruhigen Gott am wenigsten.«

Sie lächelte zustimmend und fragte sich, warum nur die Männer aus Aquitanien ihre Lebensanschauung zu teilen schienen. Sie setzte sich auf und schickte sich an aufzustehen. Aber er zog sie in die zerwühlten Laken zurück.

»Wohin drängt es dich denn?«

»Oh, nun, ich dachte...«

»Meine liebe Nell, heute Nachmittag denken wir nicht, sondern fühlen und genießen alles in Ruhe. Wir haben noch genug Zeit. Wie entzückend naiv du doch in solchen Dingen bist. Das war erst der Anfang. Es gibt noch viel mehr Feuer, die entfacht werden müssen – und gelöscht.

Als die Glocken zum Mittagsoffizium läuteten, hatte Eleonore eine Lektion in Liebeskunst erhalten, die sie nicht für möglich gehalten hätte. Ohne richtig in sie einzudringen, hatte Raimund sie durch einen Garten der Lust geleitet und ihr beigebracht, alle Freuden auszukosten. Sogar Petronilla würde sie beneiden, dachte sie mit Genugtuung. Sie konnte es kaum abwarten, nach Frankreich zurückzukehren, um ihrer Schwester alle köstlichen Einzelheiten zu berichten.

Ihr einziges Bedauern – wenn dieser Ausdruck hier überhaupt angebracht war – bestand darin, daß ihr Herz nicht genauso fühlte wie ihr Körper. Sie hatte eine Leere empfunden, als hätte die Erfahrung, auch wenn sie noch so befriedigend war, sie nur an der Oberfläche berührt. Dabei sehnte sie sich danach, überwältigt zu werden, zutiefst aufgewühlt zu sein bis in ihr innerstes Wesen.

Doch sie war Raimund für das, was er ihr gezeigt hatte, dankbar: daß ihr Körper auf die erfahrenen Hände eines kundigen Spielmanns geschmeidig reagierte, wie eine gutgestimmte Laute. Und sie erkannte, was noch wichtiger war, daß der weibliche, der sinnliche Teil ihres Wesens, der jetzt voll erweckt worden war, nicht mehr so einfach würde unterdrückt werden können.

»Du siehst, was dir Ludwig all die Jahre vorenthalten hat«, meinte Raimund. »Man kann gegen die Ungläubigen vorbringen, was man will, aber wenn ich an all die Einschränkungen denke, mit denen die Kirche den Liebesakt belegt hat, danke ich Gott, daß ich in einem kultivierteren Land lebe. Wenn bei den Mohammedanern Ehepaare nicht mindestens einmal in der Woche das Lager miteinander teilen, ist das Grund genug, die Ehe aufzulösen.«

»Wenn das in Frankreich genauso wäre, hätten Ludwig und ich uns schon nach den ersten zwei Wochen trennen müssen!« Eleonore seufzte, als sie in ihr Hemd und ihr Gewand schlüpfte. »Wie kann ich weiterhin mit diesem Mönch leben, ohne dabei meinen Verstand zu verlieren?«

Ihr Onkel, der jetzt ein glänzendes rotes Gewand trug, lehnte sich gegen einen Stapel rosaroter und lavendelfarbener Kissen, während ihm eine Dienerin mit bronzefarbenem Teint – die, kurz nachdem Raimund und sie ihre Liebkosungen beendet hatten, lautlos hereingeschlüpft war – gewürzten Wein und Datteln, Feigen und in Honig getauchte, glänzende Quittenscheiben brachte. Eleonore überlegte, ob das Mädchen wohl an der Tür gelauscht hatte.

»Möchtest du ihn loswerden?«

»Natürlich, aber das ist unmöglich.«

»Schwierig, ja, aber nicht unmöglich. Hast du vergessen, daß Ludwig und du in einem Verwandtschaftsverhältnis steht, bei dem die Kirche eine Eheschließung verbietet? Ihr seid, glaube ich, Vettern dritten oder vierten Grades.«

Eleonore starrte ihn an. Sie hatte es völlig vergessen, wenn sie überhaupt je gewußt hatte, daß sie entfernt verwandt waren. »Aber damals hat niemand diese Blutsverwandtschaft zur Sprache gebracht. Die Heirat wurde auf dem schnellsten Wege vollzogen, als wäre ich schon schwanger gewesen. Abbé Suger und der Erzbischof von Bordeaux müssen es jedoch gewußt haben.«

»Eine solche Blutsverwandtschaft wird geziemend übersehen, wenn eine Heirat erwünscht ist. Aber will man eine Ehe beenden, erinnert man sich sofort wieder daran. Wenn jemand eine ungeliebte Ehefrau loswerden möchte, entdeckt man plötzlich, daß eine Verwandtschaft dritten oder vierten Grades vorliegt.«

»Aber Ludwig würde nie und nimmer einer Annullierung der Ehe zustimmen.«

Raimund knabberte an einer Feige. »Wenn die Gründe für eine Annullierung nicht zu widerlegen sind? Außer einer Tochter, die offensichtlich ein Zeichen von Gottes Mißfallen ist, gibt es keine Erben. Und Ludwig wird bestimmt das Gewissen plagen, wenn man ihn daran erinnert, daß er mit seiner eigenen Cousine dritten Grades in Sünde lebt. Habt ihr je einen päpstlichen Dispens bekommen?«

»Nein. Zwischen dem Tod meines Vaters und meiner Heirat mit Ludwig wäre dafür auch keine Zeit gewesen«, sagte Eleonore langsam, als sie diese Möglichkeiten begriff. »Ich frage mich, ob Ludwig es weiß. Dieses Thema wurde nie angeschnitten. Kein einziges Mal.«

»Natürlich nicht. Wenn der dicke Ludwig von Frankreich und Abbé Suger in ihrer Habgier, Aquitanien auf dem schnellsten Weg zu vereinnahmen, ein paar Regeln der Kirchen brachen, wer würde dann so dumm sein, darauf aufmerksam zu machen? Gewiß hat der gute Abbé für einen behelfsmäßigen Dispens gesorgt, aber das ist kein Ersatz für den päpstlichen Dispens, den das kanonische Recht fordert. Damals wollte man sicher keine schlafenden Hunde wecken.«

Eleonore war sprachlos. Die Möglichkeit, sich von Ludwig zu befreien, war schon von Anfang an in Reichweite gewesen.

Warum hatte sie das nicht schon eher erkannt? Das Argument der Blutsverwandtschaft war wirklich der einzige Weg, um dem Gefängnis ihrer Ehe zu entfliehen. Da sie jetzt nicht nur körperliche Erfüllung erlebt, sondern auch eine Seelenverwandtschaft entdeckt hatte, war es undenkbar, daß sie weiter bei Ludwig blieb. Sie paßten in keinem Punkt zusammen und – sie war tief in Gedanken versunken, als sie die spöttischen meerblauen Augen ihres Onkels auf sich ruhen fühlte.

Er wußte genau, was ihr durch den Kopf ging. Ihre Haut kribbelte, und sie schluckte, als ihr plötzlich wieder in den Sinn kam, was ihr Onkel über Ludwigs Beleidigung des Hauses Aquitanien gesagt hatte und daß er es bereuen würde, ihm nicht geholfen zu haben. Eleonore erinnerte sich auch an sein geheimnisvolles Lächeln, als sie ihn gefragt hatte, was er denn unternehmen wolle. Raimund von Antiochia hatte als erfahrener Verführer ihre Schwäche geahnt und die Situation ausgenutzt. Seine sorgsam geplante Verführung hatte ihr ihre tiefsten, unerfüllten Bedürfnisse vor Augen geführt – den Teufel in ihrem eigenen Fleisch, so hätte Ludwig es wohl bezeichnet. Da er ihre Reaktion genau vorausgesehen hatte, war sie zum Instrument seiner Rache gegen ihren Ehemann geworden.

Ihr Stolz war tief verletzt, und Eleonore war auf das heftigste empört. Wie konnte er es wagen, sie, seine eigene Nichte, so rücksichtslos zu benutzen? Und doch – wie konnte sie ihm böse sein? In Wahrheit hatte Raimund ein verschlossenes Tor geöffnet, das sie schließlich in die Freiheit führen würde.

Er erhob sich vom Bett. »*Mea culpa. Mea maxima culpa*. Ich sehe, daß ich entlarvt und verurteilt bin – aber trotzdem Verzeihung erlangt habe.« Er trat zu ihr, ergriff ihre Hand und hauchte einen Kuß darauf. »Du wirst nie bereuen, was an diesem Nachmittag geschehen ist, süße Nell. Eines Tages wirst du mir dankbar sein. Du bist eine lebenssprühende, kluge Schönheit mit einem einmaligen und großartigen Talent für die Liebe; ich beneide den Mann, dem einst deine Liebe gehören wird. Glaub' mir, du verdienst einen Besseren als Ludwig von Frankreich.«

Eleonore errötete, aber seine Worte, die er wohl sorgfältig gewählt hatte, schmeichelten ihrem Stolz. »Über Ludwig sind wir einer Meinung. Aber wie genau kann ich ihn loswerden? Abbé Suger wird nie zulassen, daß Frankreich Aquitanien verliert.«

»Der Abbé ist ein alter Mann; er wird nicht ewig leben. Die Zeit arbeitet für dich. Und einfallsreiche Frauen finden immer einen Weg. Du hast eine mächtige Waffe zur Verfügung, benutze sie.«

»Du hörst dich an wie meine Großmutter. Sie hat immer gesagt, eine kluge Frau kann das, was ihr nicht gefällt, jederzeit ändern, indem sie die Dinge selbst in die Hand nimmt.«

Raimund lachte. »Dangereuse war eine höchst bemerkenswerte Person. Eine vorbildliche Frau, auch wenn sie meine Mutter verdrängt hat.«

Eleonore seufzte ungeduldig, versuchte, den Druck seiner Lippen auf ihrer Hand zu ignorieren. »Ich schwöre, wenn ich je aus diesem Wirrwarr herauskomme, werde ich nicht mehr heiraten, sondern Aquitanien allein regieren.«

»Mit einem Liebhaber, der dich von Zeit zu Zeit tröstet?« fragte Raimund und ließ ihre Hand los. Er legte sich aufs Bett und forderte sie auf, zu ihm zu kommen. »Das wäre nicht das richtige für dich. Ich möchte damit nicht sagen, daß du keinen Liebhaber haben sollst, bei Gott nicht. Aber du brauchst einen starken Ehemann und ein paar Söhne – und ein eigenes Land, das du regieren kannst.«

»Ich werde keinen Mann mehr heiraten, den ich nicht mag.« Eleonore legte sich hin und nahm gedankenverloren eine in Honig getauchte Quittenscheibe.

»Es sind dabei nicht nur deine Wünsche zu berücksichtigen. Du kannst Aquitanien nicht allein regieren, es wäre verhängnisvoll, dies zu versuchen.«

»Nicht du auch noch! Genau dieses Argument hat der Erzbischof von Bordeaux benutzt, als er mich überredete, Ludwig zu heiraten.«

»Natürlich. Seine Hauptsorge galt Aquitanien – und deine sollte ihm ebenfalls gelten. Bei einem so zerrissenen Land wie unserem, in dem ständig Unruhen herrschen, brauchst du einen Mann, der dir beim Regieren hilft. Du weißt genau, daß ich recht habe.«

»Ich hätte Ludwig eine wirkliche Hilfe sein können, wenn er sich nicht so gegen meine Einmischung, wie er es nennt, gesträubt hätte. Manchmal hat er auf mich gehört, aber nicht, was Aquitanien betraf, wo ich die Menschen doch so gut verstehe.«

»Man hat dich gerade deshalb daran gehindert, weil du möglicherweise das Herzogtum besser hättest verwalten können. Es gibt kaum einen Mann, der sich durch eine Frau, die Macht ausübt, nicht bedroht fühlt. Auch ein stärkerer Mann, als Ludwig es ist, hätte Bedenken gehabt. Sogar mein Vater, ein höchst erfahrener Mann in bezug auf Frauen, glaubte nie, daß sie den Männern ebenbürtig sein könnten – höchstens in Herzensangelegenheiten.«

»Und was glaubst du?«

Raimund schenkte ihr wieder ein geheimnisvolles Lächeln. »So viele Fragen? Eine kluge Frau beherrscht die Welt…«

»Mit dem, was sie zwischen ihren Beinen hat«, beendete sie den Satz für ihn. »Ja, ich weiß.«

»Folge dem Beispiel deiner Großmutter.« Er berührte ihren Arm. »Du brauchst nicht nur einen Mann, der dir gefällt, sondern auch einen, der große Willenskraft besitzt – oder du verschlingst ihn bei lebendigem Leib.« Er streichelte ihre Wange. »So entzückend, so widersprüchlich – Aphrodite und Artemis in einem.« Er berührte zärtlich ihre Brust. »So begehrenswert. Aber was für eine Träumerin! Du möchtest eine große, verzehrende Liebe erleben.« Als sie ihn erstaunt anblickte, lachte er. »Glaubst du, ich wüßte das nicht? Aber gleichzeitig möchtest du im vollen Besitz deiner Macht sein. Ich befürchte, du kannst nicht alles gleichzeitig haben.«

Eleonore lachte schallend. Was für eine absurde Unterhaltung. Sie warf eine Dattel nach Raimund, der sich mit einer Handvoll Feigen revanchierte.

»Denk über meine Worte nach, Nell. Denk ernsthaft darüber nach. Wenn du erst einmal die Annullierung deiner Ehe durchgesetzt hast, kommt deine große Liebe von selbst.«

»Wie Gott will – *inshallah*?«

»Ah, du lernst schnell.« Er lächelte. »Und wenn du diese große leidenschaftliche Liebe gefunden hast, nach der du dich so verzweifelt sehnst, denk daran: Versuch nicht, alles besser zu machen als er.«

Alle Glocken läuteten zur Vesper. Gleichzeitig forderte der Muezzin seine Gläubigen zum Gebet auf. Inzwischen waren wohl auch Ludwig und die anderen zurückgekehrt, um den Abendgottesdienst zu besuchen. Es wäre klug, wenn sie sich zu ihnen gesellte. Eleonore erhob sich und begab sich zur Tür. Sie öffnete sie und wandte den Kopf, um Raimund einen letzten Kuß zuzuwerfen. Er ruhte mit geschlossenen Augen auf den Kissen. Sie war weder überrascht noch verwirrt, als sie entdeckte, daß das Mädchen vor ihm kniete, den Kopf zwischen seinen Beinen. Mit einem Lächeln schloß sie behutsam die Tür hinter sich.

## 16. Kapitel

Als sich Eleonore am nächsten Morgen zu Constance und ihren Hofdamen gesellte, um das nächtliche Fasten zu brechen, erfuhr sie, daß Raimund im Laufe der Nacht eine Eilbotschaft erhalten hatte, die ihn darüber unterrichtete, daß es an der Nordgrenze seines Fürstentums zu Unruhen gekommen war. Er war schon vor Sonnenaufgang aufgebrochen, um eine dreitägige Inspektion des Gebiets vorzunehmen. Die Hälfte seines Heeres war bei ihm. Eleonore war enttäuscht, sie hegte die leise Hoffnung, die lustvollen Stunden des vergangenen Nachmittages würden sich wiederholen. Leider war Ludwig immer gegenwärtig und benahm sich sehr seltsam – er war aufgeregt und verhielt sich ihr gegenüber fast feindselig. Hatte er Verdacht geschöpft, ahnte er, was sich zwischen ihr und Raimund abgespielt hatte? Das war kaum möglich, aber andererseits...

»Stimmt etwas nicht?« fragte sie ihn, nachdem sie die Mittagsmesse in Sankt Peter besucht hatten und sich auf dem Rückweg zu ihren Gemächern befanden.

»Wie kommst du darauf?« fragte er mit grimmigem Gesicht zurück, wobei er ihrem Blick auswich.

»Du hast doch etwas«, beharrte Eleonore. »Du benimmst dich seltsam.«

»Vielleicht habe ich Grund dazu.« Er preßte die Worte zwischen den Zähnen hervor, als ob er bereute, sie ausgesprochen zu haben. Dabei sah er ihr kein einziges Mal in die Augen.

Eleonores Kehle schnürte sich zusammen, ihr Herz pochte. Sie beschloß, alles auf eine Karte zu setzen. »Wenn du mir etwas zu sagen hast, Ludwig, dann sag es. Hör auf, in Rätseln zu reden.«

»Ich finde, es wird Zeit, daß wir Antiochia verlassen und uns nach Jerusalem begeben. Deswegen sind wir ja schließlich hiergekommen.«

»Wir sind hier, um den christlichen Staaten, die von den Ungläubigen bedroht werden, beizustehen, aber du willst ja keinen

Finger rühren, um Raimund zu helfen.« Sie schüttelte den Kopf. »Ich will hier noch nicht weg.«

Ludwig starrte sie an. »Aber ich. Ich befehle dir als dein Herrscher und Gatte, dich meinen Wünschen zu fügen. Wir werden diesen – diesen gottlosen Ort auf der Stelle verlassen.«

»Ich weigere mich, abzureisen. Aber du kannst ja ohne mich aufbrechen.«

Er verfiel in das für ihn typische dumpfe Schweigen. Eleonore verbrachte den Rest des Tages in gedrückter Stimmung; ihr kam es vor, als würde eine schwere dunkle Wolke den Palast, ja die ganze Stadt einhüllen. Wenn sie auf Ludwig und sein Gefolge stieß, steckten sie die Köpfe zusammen und flüsterten. Sobald sie Eleonore erblickten, verstummten sie sofort.

»Was ist mit deinem Gatten und seinen Männern los? Sie benehmen sich höchst seltsam«, bemerkte Constance, als sie im Hof neben dem weißen Marmorbrunnen saßen.

Also existierte die Vorstellung, daß eine Verschwörung im Gange war, nicht nur in Eleonores Phantasie.

»Wenn nur mein Onkel da wäre«, seufzte Eleonore und hätte sich sogleich auf die Zunge beißen können wegen ihrer Unbeherrschtheit.

Constance warf ihr von der Seite einen flüchtigen Blick zu. Lag da ein Schimmer von Unmut in ihren Augen? Eleonore war äußerst unbehaglich zumute.

»Ja, das Leben ist immer viel amüsanter, wenn Raimund zugegen ist. Er dürfte in zwei Tagen zurück sein.« Constance lächelte milde.

Eleonore unterdrückte ein aufkommendes Schuldgefühl und überlegte, ob sie es zulassen sollte, daß ihr Gewissen ihr einen Streich spielte.

Der Rest des Tages, die Nacht und der folgende Tag verliefen ereignislos. Aber Eleonore wurde immer ängstlicher. Obwohl sie nicht genau sagen konnte, was eigentlich nicht stimmte, vermittelten ihr Ludwigs feindselige Haltung und ihre Intuition den Eindruck, daß sie von Feinden umgeben war. Nur noch ein Tag, dann würde Raimund zurück sein.

In dieser Nacht konnte Eleonore kaum ein Auge zutun. Alle paar Stunden schreckte sie hoch, von Unruhe erfüllt, und fiel wieder in einen schlechten Schlaf. Als die Kirchenglocken um Mitternacht läuteten, erwachte sie erneut, schlief aber wieder ein. Plötzlich hörte sie Schritte. Als sie die Augen öffnete, erkannte sie Gestalten, die schemenhaft aus der Dunkelheit auftauchten und ihr Bett umringten. Sie wollte schreien, aber eine

Hand legte sich auf ihren Mund. Zwei der Gestalten, nach ihren langen Röcke zu schließen, Frauen, stülpten ihr ein Hemd, Gewand und einen Umhang über den Kopf, bevor sie voll erfaßte, was mit ihr geschah. Als sie anfing, sich zu wehren, wurden ihr Augen und Mund mit Stoffetzen verbunden, ihre Knöchel und Handgelenke mit einem Strick gefesselt. Dann wickelte man sie in eine Felldecke, jemand warf sie sich wie einen Mehlsack über die Schulter und trug sie aus der Kammer.

Niemand sprach ein Wort. Eleonore spürte, daß sie aus dem Palast hinausgetragen und in eine Sänfte gepackt wurde. Wut und Angst rasten in ihr. Waren die Türken in Antiochia eingedrungen? Hatten sie sich wie Diebe in der Nacht in den Palast geschlichen und sie entführt, um Lösegeld zu verlangen?

Die Sänfte schlingerte wie ein Schiff auf wogender See. Dahinter vernahm sie das gedämpfte Geräusch von Karren und Pferdehufen, dann das Knirschen von Scharnieren, die sich langsam öffneten. Sie passierten wohl gerade das Tor von Saint Paul's. Heilige Radegund, es hörte sich an, als ob das gesamte französische Heer Antiochia verließ. Hatte etwa Ludwig selbst sie entführt? Das letzte Geräusch, das sie vernahm und das sie nie wieder vergessen sollte, war der Ruf des Muezzin, der die Gläubigen zum Morgengebet rief.

Eleonore erschien es wie eine Ewigkeit, bis ihr endlich die Augenbinde abgenommen wurde, die Fesseln von Knöcheln und Handgelenken entfernt wurden. Sie saß neben Ludwig in der Sänfte. Als sie den Vorhang zur Seite schob, sah sie die Mittagssonne am Himmel stehen. Die Helligkeit brannte ihr in den Augen.

»Wie geht es dir, Weib?« fragte er besorgt und reichte ihr eine silberne Taschenflasche mit Wein. »Wir sind schon ein gutes Stück von Antiochia entfernt, auf dem Weg nach Jerusalem.«

Eleonore war so überwältigt von Zorn, Schmerz und Demütigung, daß sie nur heisere, unverständliche Laute hervorbrachte. Ludwig, dessen bleiches Gesicht triumphierend leuchtete, betrachtete sie besorgt. Mit letzter Kraft schlug ihm Eleonore die Flasche ins Gesicht. Blut spritzte aus seiner Nase.

Der triumphierende Ausdruck in seinen Augen verwandelte sich in Entsetzen.

»Warum um Gottes willen hast du das getan? Bring mich nach Antiochia zurück!« schrie sie, trommelte mit den Fäusten gegen sein Gesicht. Dabei liefen ihr Tränen über die Wangen. »Das werde ich dir nie verzeihen.«

Ihre Schreie und Proteste rührten Ludwig nicht.

»Raimund übt einen unguten Einfluß auf dich aus. Da du nicht freiwillig mitkommen wolltest, sah ich mich zu deinem eigenen Schutz gezwungen, diese Maßnahme zu ergreifen, bevor er zurückkehrte. Er hat mehr Männer als ich und hätte uns zweifellos daran gehindert, abzureisen.« Mit dem Ärmel wischte er das Blut von seinem Gesicht. »Wenn wir in Jerusalem sind, wird es dir wieder besser gehen.«

Was Ludwig über den leidenschaftlichen Nachmittag herausgefunden und wie er es entdeckt hatte, würde ein Geheimnis für sie bleiben. Aber er hatte zu spät eingegriffen. Er konnte sie bis zum Mond bringen, doch er konnte es nicht mehr ungeschehen machen.

Eleonore wußte, daß die Begegnung mit Raimund von Antiochia ihr Leben von Grund auf verändert hatte.

## Jerusalem, in den Jahren 1148/49

Jerusalem erwies sich als eine faszinierende Stadt, aber Eleonore wußte, daß sie sich immer voller Bitterkeit daran erinnern würde.

Die Perserteppiche, die blaßblauen Damastvorhänge, die Marmorwände und geschnitzten Elfenbein- und Holzmöbel, die in Antiochia einen so prächtigen Eindruck gemacht hatten, wirkten in ihren Räumen im Davidsturm eher düster. Sogar das chinesische Porzellangeschirr, das Karawanen aus dem Osten mitgebracht hatten, hielt den Vergleich mit Raimunds Goldtellern nicht stand.

Ludwig jedoch konnte seine Freude nicht verbergen. Er bestand darauf, daß sie ihn bei einer Besichtigung der Sehenswürdigkeiten der Stadt begleitete. Großzügig verteilte er Almosen. Als er die Oriflamme, die er aus Frankreich mitgebracht hatte, auf das Grab des Erlösers legte, befand er sich in einem Zustand hehrer Ekstase.

Obwohl er sie mit Geschenken überschüttete – eine edle persische Vase, ein mit Rubinen besetztes Goldkreuz –, wurde es Eleonore im Laufe der Wochen immer klarer, daß Ludwig sie beobachten ließ. Entweder folgte er ihr selber auf Schritt und Tritt, oder er ließ sie von seinen persönlichen Dienern begleiten. Was, glaubte er wohl, würde sie tun? Versuchen, zu Raimund zu fliehen? Sehr gern hätte sie genau das getan, aber sie wußte, daß es unmöglich war. Sie hatte bisher keinerlei Nachrichten aus Antiochia erhalten, und da nun schon einige Zeit vergangen war, kam ihr dies immer rätselhafter vor.

Inzwischen schlenderte sie rastlos durch die Stadt, ließ sich ablenken durch die schattigen Höfe, die engen Straßen mit ihren vielen Stufen, die Basarstände, die Kamelkarawanen, die Gewürze und verlockende Düfte mit sich führten. Aber ihre Gedanken weilten bei Raimund. Immer wieder mußte sie an den zauberhaften Nachmittag denken, den sie mit ihm erlebt hatte.

Um sich nicht ständig den Kopf darüber zu zerbrechen, was in Antiochia geschehen sein mochte, begleitete sie Ludwig auf seinem Pilgerzug durch die Via Dolorosa, besuchte mit ihm die Messe am Heiligen Grab, besichtigte den Ort, wo das Letzte Abendmahl stattgefunden hatte, und erklomm mühsam die Hügel zum Ölberg. An einem blaßgrauen Morgen begaben sie sich zum See Genezareth.

»Schau«, sagte Ludwig zu Eleonore, als sie am Ufer standen und die Fischer in ihren kleinen Booten beobachteten. »Sie lassen ihre Netze ins Wasser, genau wie zur Zeit der Apostel.« Er fiel auf die Knie und küßte ehrfurchtsvoll das sandige Ufer.

Eleonore beobachtete ihn kühl. In den elf Jahren, die sie zusammen waren, hatte er noch nie soviel Leidenschaft gezeigt wie jetzt.

»Sag, Ludwig, wie können dich diese Ruinen in solche Begeisterung versetzen? Alles hier ist alt und dem Verfall geweiht. Ich gestehe dir zu, daß es sich um ein kostbares Denkmal der biblischen Geschichte handelt, aber es ist nur dann von Wert, wenn es einen Bezug zur Gegenwart hat und uns etwas lehren kann. Ich habe alles gesehen, was mich interessiert. Laß uns nach Frankreich zurückkehren.«

»Ich bin noch nicht bereit dazu«, erwiderte er und richtete sich auf. »Ich hoffte, die heilige Stadt würde einen guten Einfluß auf dich ausüben. Was auch immer du hier gesehen hast, ich habe nicht den Eindruck, daß du jetzt eine bußfertigere und pflichtbewußtere Ehefrau geworden bist.«

»Was verstehst du darunter?«

»Ich glaube, das brauche ich dir nicht zu sagen.«

Eleonore beherrschte sich und hielt den Mund. Ludwig machte ständig Anspielungen auf ihr Verhalten, wollte aber nicht verraten, was er damit meinte. Die Situation war unerträglich.

Wortlos stürmte Eleonore zur Sänfte zurück. »Bringt mich auf der Stelle in die Stadt zurück«, befahl sie den Stallknechten. »Ihr könnt später zum König zurückkehren.« Sie empfand ein abartiges Vernügen dabei, den verblüfften König allein an den sonnenüberfluteten Ufern des Sees zurückzulassen.

Als sie im Davidsturm ihre Gemächer aufsuchen wollte, erfüllt von Enttäuschung und Groll, erwartete sie ein Ritter aus Antiochia.

»Madame, ich bringe schlechte Nachrichten.«

Eleonore schickte ihre Hofdamen weg, ließ syrischen Wein kommen und nahm auf einem gepolsterten Diwan Platz. Ihr Herz war voll böser Ahnung; sie scheute sich, die Frage zu stellen, die ihr auf der Zunge lag.

»Es geht um Fürst Raimund«, sagte der Ritter.

Sie schloß die Augen und atmete tief durch. »Berichtet.«

»Es fällt mir nicht leicht.«

»Wie dem auch sei, ich möchte alles wissen.« Sie verkrampfte die Hände im Schoß. Zum Glück war Ludwig nicht hier.

»Zusammen mit einer Handvoll Rittern gelang es mir, aus Antiochia zu entkommen und nach Jerusalem zu reiten«, begann er. »Als Fürst Raimund zum Palast zurückkehrte und feststellte, daß Ihr und der König abgereist wart, wurde er wütend und war entschlossen, den Franzosen zu beweisen, daß er sie nicht brauchte. Ich habe meinen Herrn noch nie so außer sich erlebt, so wenig bereit, Vernunft walten zu lassen.«

Eleonore hob die Hand und gebot ihm Einhalt. »Ich kann es kaum ertragen, den Rest zu hören. Heilige Radegund, das klingt wieder ganz nach meiner Familie.« Ihre Stimme drohte zu versagen. »Verzeiht, fahrt fort.«

»Euer Onkel, der im Grunde ein friedliebender Mann ist, verwarf die Ratschläge kühlerer Köpfe. Er verhielt sich, als wäre er von einer Art Tollheit besessen. Mit nur wenigen Männern griff er ganz ohne Sinn die Türken an. Es kam zu einem Gemetzel. Fürst Raimund wurde auf der Stelle getötet. Sein Kopf...« Der Ritter hielt inne, da Eleonore entsetzt aufschrie. »Verzeiht, Madame, ich wußte, das würde Euch zutiefst betrüben, aber Ihr wolltet es ja hören. Ihm wurde der Kopf abgeschnitten, der Schädel in Silber gefaßt und dem Kalifen von Bagdad gesandt. Antiochia fiel an die Türken.«

Eleonore hatte Tränen in den Augen, eine schwere Last legte sich auf ihr Herz. Unfähig, etwas zu sagen, griff sie nach der Hand des Ritters und drückte sie. Dann begann sie zu schluchzen. Verschwommen nahm sie wahr, daß der Ritter den Raum verließ und ihre Hofdamen hereinkamen. Wein wurde ihr eingeflößt. Immer noch in Tränen aufgelöst, ließ sie sich in ihre Kammer führen und zu Bett bringen.

Ihr kam es vor, als hätte sie gerade erst die Augen geschlossen, als sie aufwachte. Es war Abend. Die Kerzen waren angezündet worden, und ein sanftes Licht erhellte den Raum. Eleonore, die lediglich ihr Hemd anhatte, schlüpfte aus dem Bett. Ihr Körper war wie zerschlagen, ihr Kopf benebelt. Sie war nicht in der Lage, ihre Kleidungsstücke zu suchen. Wo waren ihre Hofdamen? Als sie zu der geschlossenen Tür stolperte, wäre sie fast über einen kleinen Tisch aus Olivenholz gestürzt. Darauf befanden sich zwei Vasen und das Rubinkreuz von Ludwig. Plötzlich fühlte sie eine solch rasende Wut in sich aufsteigen, daß ihr der Atem stockte.

Eleonore nahm das Kreuz vom Tisch und ließ es mit voller Wucht auf eine der Vasen krachen. Das Porzellan zerbarst wie eine Eierschale; violette Scherben flogen ihr um den Kopf, wirbelten über den Tisch und fielen auf den dicken Teppich.

»Ich bring' dich um, Ludwig!« schrie eine ihr fremde Stimme. »Du sollst so leiden, wie ich gelitten habe.« Sie zerschmetterte auch die andere Vase und hämmerte dann auf den Tisch. Riesige Kerben, beschmiert mit dunkelroter Farbe, erschienen in dem glatten Holz. »Hörst du mich? Ich werde dich töten, töten, töten!«

Die blutroten Flecken verteilten sich. Eleonore starrte verwirrt darauf, dann blickte sie an sich herunter. Ihr Hemd war mit Blut bespritzt, von der einen Hand tropfte Blut. Eine Scherbe war in ihre Handfläche gedrungen, und sie hatte es nicht einmal bemerkt. Sie zog die Scherbe schnell heraus, zurück blieb eine kleine Wunde. Dann ließ sie das Kreuz auf den Boden fallen, hielt sich die Hände vor den Mund und überließ sich ihrem Schmerz.

Irgendwo in ihrem tiefsten Inneren hatte Eleonore immer eine Ahnung von dieser wilden Ungezügeltheit verspürt, die jetzt ihre Vernunft ausgeschaltet hatte. Diese Raserei war erschreckend, machte sie zu allem fähig, und sie mußte mit ihrer ganzen Kraft dagegen ankämpfen. Sie mußte es tun. Dieselbe rasende Zerstörungswut hatte Raimund in seinen allzu frühen Tod getrieben. Das war der Fluch, der auf ihrer Familie lastete; sie durfte diesem Drang nicht nachgeben, wollte sie überleben.

Sie vernahm Schritte. Ihre Hofdamen stürmten herein, blickten verblüfft auf das Blut, den demolierten Tisch, die zerschmetterten Vasen. Eleonore, die immer noch zitterte, hatte sich jetzt wieder einigermaßen in der Gewalt.

»Verbindet meine Wunde, räumt die Kammer auf und findet heraus, was der Tisch kostet. Und vor allem, entfernt dieses Kreuz, ich will es nie wieder sehen!«

Nach ein paar Tagen hatten sich ihr Kummer und ihre Wut gelegt. Sie betrachtete die Ereignisse nun mit kühlerem Kopf. Aber das eine stand fest: Raimund hatte sich zwar unbesonnen verhalten, aber Ludwig war schuld an seinem Tod.

Jedesmal, wenn sie Ludwig anschaute, sah sie vor ihrem geistigen Auge das grauenhafte Bild von Raimunds Kopf, der an die Tore von Bagdad genagelt war. Ihr Ehemann war ihr schon lange zuwider, aber jetzt fing sie an, ihn mit einer eisigen Ruhe zu hassen, die beängstigend war.

Immer wieder dachte sie darüber nach, was Raimund ihr über die Auflösung ihrer Ehe gesagt hatte und welche juristischen und politischen Aspekte dabei zu berücksichtigen waren. Was in Antiochia als bloße Spekulation angefangen hatte, reifte jetzt zu einem festen Entschluß. Eleonore schwor sich, diesen mönchischen Franken, den sie geheiratet hatte, loszuwerden, ganz gleich wie lange es dauerte und welche Kosten damit verbunden waren. Nur durch die Befreiung von dieser Ehe würde Raimunds Tod gerächt und ihr eigenes Leben wiederhergestellt werden können.

Sie erinnerte sich zwar deutlich daran, daß der Ehevertrag besagte, daß sie im Falle der Auflösung der Ehe oder von Ludwigs Tod Aquitanien behalten würde, aber sie wagte es nicht, dies offen zu überprüfen. Noch nicht. Jeder Schritt, den sie unternehmen würde, könnte Verdacht erregen. Außerdem hatte sie keine Garantie, daß der Vertrag auch respektiert werden würde. Gewiß würden weder Ludwig noch sein Rat bereit sein, den Verlust von Frankreichs größtem Lehen kampflos hinzunehmen. Andererseits war es ebenso unvorstellbar, daß sie zwar ihre Freiheit wiederbekam, aber Aquitanien verlor. Ein Plan zeichnete sich in ihrem Kopf ab. Es war noch viel zu früh, ihn auszuführen, aber einen ersten Schritt konnte sie wagen, wenn sie mit Bedacht vorging und den richtigen Moment wählte.

Anfang 1149 begleitete sie an einem klaren Januarmorgen Ludwig auf einer Expedition zum Toten Meer, das zweitausend Fuß tiefer als Jerusalem lag. Sie hatten nur wenige Diener mit; das schien ein geeigneter Augenblick für ihr Vorhaben zu sein. Ludwig wunderte sich über den Temperaturwechsel – es war hier viel heißer als in der Stadt – und die tropische Vegetation, als sie auf mehrere Salzpfeiler stießen.

»Schau!« Ludwig bekreuzigte sich und wies auf eine der Säulen, die Wind und Wetter zu einer menschenähnlichen Gestalt geformt hatten. »Das ist wohl Lots Weib. Man sagte mir, ich solle mich nach ihr umsehen.«

»Was? Diese Säule?« Eleonore lachte laut auf.
»Warum nicht?«
»Ludwig, du bist zu gutgläubig. Das ist nur eine Salzsäule.«
Plötzlich war sein Gesicht wutverzerrt. »Seit wir hier sind, fällt dir nichts anderes ein, als dich über alle Heiligtümer in dieser ruhmreichen Stadt lustig zu machen. Dein Onkel hat einen unheilvollen Einfluß auf dich ausgeübt. Ich bin froh, daß er tot ist, hörst du? Froh.«
»Mörder! Mörder! Du bist schuld an seinem Tod!«
Ludwig deutete zitternd auf die Säule. »Genauso wird es dir ergehen, denn du hast dem Herrn nicht gehorcht und dich nach dem Sodom Antiochia umgesehen.«
Eleonore traute ihren Ohren nicht. Er wurde immer verrückter. Es war offensichtlich doch nicht der richtige Augenblick, den ersten Teil ihres Plans auszuführen. Auf dem Rückweg nach Jerusalem sprachen sie kein Wort miteinander.
Die nächste Gelegenheit bot sich in Acre.
Nachdem Ludwig sein Gelübde, am Heiligen Grab zu beten, erfüllt hatte, begab er sich nach Acre, der zweitgrößten Stadt und dem Haupthafen des kleinen Königreichs, das das Heilige Land umfaßte. Zu Eleonores Unwillen ließ er sich dazu überreden, an einem Feldzug gegen die Sarazenerstadt Damaskus teilzunehmen. Seitdem Ludwig sich im Heiligen Land aufhielt, schien sich sein Drang, die Ungläubigen zu vernichten, ständig zu steigern.
»Gegen die Ungläubigen vorzugehen, wenn sie die Christen bedrohen, ist in Ordnung, aber soviel ich weiß, war Damaskus den Christen gegenüber immer freundlich gesinnt. Warum hörst du auf falsche Ratgeber?« fragte ihn Eleonore.
»Falsche Ratgeber? Der deutsche Kaiser und der König von Jerusalem – sollen das falsche Ratgeber sein?«
»Die Deutschen sind Barbaren. Du hast ja erlebt, wie niederträchtig sie sich auf dem Kreuzzug verhalten haben. Und König Balduin ist ein labiles Bürschchen, das völlig unter dem Einfluß seiner palästinensischen Barone steht. Es entzieht sich meinem Verständnis, weshalb du Raimund Hilfe gegen einen echten Feind verweigert hast, während du begierig darauf bist, einen befreundeten Staat grundlos anzugreifen.«
Ludwig beachtete sie nicht. Er und die anderen bereiteten den Feldzug gegen Damaskus vor, der schließlich in einer Katastrophe endete. Die christlichen Heere erlitten große Verluste und sahen sich zu einem demütigenden Rückzug gezwungen. Eleonore blieb die grimmige Befriedigung, daß sie recht gehabt hatte und Ludwig unrecht – wie üblich. Wobei Ludwig seine Fehler

nie zugab. Wenn er eine Idee hatte, stammte sie, so meinte er, von Gott. Und wenn etwas schieflief, waren immer andere schuld, weil ihnen der Teufel geholfen hatte.

Kurz nach Ostern gelang es Eleonore schließlich, Ludwig zu überreden, Vorbereitungen für die Rückkkehr nach Frankreich zu treffen. Andernfalls würde sie allein zurückkehren, drohte sie. Einige Tage, bevor sie Acre verließen, sprach sie mit Ludwig nach der Morgenmesse, als sie die Kirchentreppe hinuntergingen und sich zu der wartenden Sänfte begaben, die sie zu ihren Räumen in König Balduins Palast zurückbringen sollte. Unmittelbar nach einer Messe war Ludwig immer am gnädigsten gestimmt.

»Ludwig, hast du dich noch nie gefragt, weshalb uns das Pech verfolgt?« fragte Eleonore sanft, ließ Zweifel und Angst in ihrem Ton anklingen.

Ludwig, dem die quälenden Ereignisse seit seiner Abreise aus Frankreich stark zugesetzt hatten und der sich den Kopf scheren und den Bart abrasieren lassen hatte, ähnelte jetzt noch stärker einem Mönch und verbrachte noch mehr Stunden im Gebet.

»Was meinst du damit?«

Eleonore zögerte einen Augenblick. »Zum Beispiel diese Pilgerfahrt. Sie war doch ein völliger Fehlschlag. Kannst du das leugnen?«

Ludwig erstarrte und warf ihr einen gekränkten Blick zu. Wie üblich, zeigte er sich nicht bereit, auch nur im geringsten persönliche Verantwortung für ihr Scheitern zu übernehmen.

»Ich lehne es ab, mir die Schuld anlasten zu lassen. Warum machst du immer mir Vorwürfe? Wenn die anderen ihre Aufgabe richtig erfüllt hätten…«

»Habe ich gesagt, es sei deine Schuld?«

»Du schiebst mir immer die Schuld zu.« Er hielt inne. »Was willst du damit eigentlich sagen?«

»Ich will dir nur sagen, was ich erkannt habe und worin ich die Gründe sehe, warum unser Leben so unglücklich verläuft. Überleg mal: Wir haben keinen Sohn. Dann die schrechliche Geschichte in Vitry. Nur noch Niederlagen, seit wir Frankreich verlassen haben. Viele Tote sind das Ergebnis unserer Pilgerreise.«

Auch wenn Ludwig es sich immer noch nicht eingestehen wollte, inzwischen war es allen klar, daß der Kreuzzug völlig gescheitert war. Von den tausenden Rittern und Soldaten, die vor zwei Jahren aufgebrochen waren, waren nur noch wenige hundert übrig. Nach sorgfältiger Überlegung war Eleonore zu dem Schluß gekommen, daß dieses Scheitern ihre Rettung sein konnte.

»Du übertreibst wie üblich«, erwiderte Ludwig.

Eleonore ließ eine Pause entstehen. In Gedanken ging sie nochmals die Argumente durch, die sie sich zurechtgelegt hatte.

Die einzigen Gründe, die zu einer Annullierung der Ehe führen konnten, waren Blutsverwandtschaft oder Ehebruch. Bei letzterem konnte sie in ein Kloster verbannt werden, und Aquitanien würde ihr genommen werden. Sie zweifelte daran, daß Ludwig Ehebruch vorziehen würde. Sein Stolz würde es ihm verbieten, er hatte keinen Beweis, und in Aquitanien würde ein großer Aufstand losbrechen, sollte ihr ein Leid geschehen oder sollte Frankreich versuchen, das Herzogtum für sich zu vereinnahmen. Ludwigs Kräfte waren erschöpft. Sie bezweifelte, daß er noch genug Männer hatte, die, nachdem sie nach Frankreich zurückgekehrt waren, in Aquitanien einmarschieren konnten, wenn es so weit kommen sollte. Die wenigen Soldaten, die noch am Leben waren, würden wohl wenig Neigung zeigen, so bald schon wieder in einen Kampf zu ziehen.

Andererseits reagierte Ludwig oft ganz anders als erwartet. Ihr Plan enthielt ein Risiko, aber das mußte sie eben eingehen.

»Wir haben Schuld auf uns geladen.«

Ludwig blickte verblüfft auf. »Weshalb?«

»Wir haben Gott beleidigt.«

»Ich habe Gott beleidigt?«

Eleonore bemerkte, daß ihre Stimme zitterte. Die Worte konnten, nachdem sie ausgesprochen waren, nicht mehr zurückgenommen werden. »Hast du... vergessen, daß zwischen uns eine Verwandtschaft dritten Grades besteht? Daß wir ohne päpstlichen Dispens geheiratet haben?« Sie hielt inne, damit ihm die Bedeutung ihrer Worte klar wurde. »Wir haben uns der Blutschande schuldig gemacht. Nimmt es da wunder, daß Gott unsere Bemühungen nicht mit Wohlwollen aufgenommen hat?«

In der Ferne sah man den Palast, dessen weiße Marmorwände in der Sonne leuchteten. In Ludwigs Gesicht zeichnete sich Entsetzen ab.

»Blutschande!« Er bekreuzigte sich. »Ich weiß nicht, ob mir bewußt war, daß wir Verwandte dritten Grades sind. Und wenn doch, dann hatte ich es längst vergessen. Bist du sicher? Schließlich hat es nie jemand mir gegenüber erwähnt. Aber das würde ja heißen – Gott möge uns vergeben –, das würde ja bedeuten, daß unsere Ehe ungültig ist?«

»Genau das.«

»Ich kann es nicht glauben...« Ludwigs Augen funkelten aufgeregt. »Vielleicht gab es doch einen päpstlichen Dispens. Es muß einen geben.«

»Wenn wir wieder in Frankreich sind, können wir Abbé Suger fragen, aber zwischen dem Tod meines Vaters und unserer Eheschließung war wohl kaum genug Zeit, um den päpstlichen Dispens einzuholen.«

»Aber warum hat der Abbé damals nichts gesagt? Oder mein Vater? Als er vom Tod deines Vaters erfuhr, schickte er mich sofort nach Bordeaux. Ich war zu unerfahren in diesen Dingen, um Fragen zu stellen... natürlich nahm ich an... Weshalb hat dies niemand berücksichtigt?«

Eleonore empfand fast Mitleid mit ihm, als sie seine Verwirrung und Furcht sah. »Weil alle von ihrer Gier getrieben wurden.«

»Von ihrer Gier?« Er war blaß, sein Blick wirkte gehetzt.

»Was sonst? In ihrer Gier, Aquitanien an sich zu reißen, haben sie die Gebote der Heiligen Kirche mißachtet.« Eleonore seufzte tief. »Als ich mich daran erinnerte – es war, während ich am Heiligen Grab betete –, wurde mir plötzlich alles klar, insbesondere, weshalb wir keinen Erben bekommen.« Sie hörte, wie Ludwig tief Luft holte, und tätschelte seine Hand. »Wir können so nicht weiterleben.«

»Nein. Nein. Bestimmt nicht.« Ludwig bekreuzigte sich erneut und fuhr sich mit zitternder Hand übers Gesicht. »Wir haben in Sünde gelebt. Bestimmt ist das die Erklärung für unser ständiges Pech.«

Eleonore lehnte sich bequem in der Sänfte zurück, während Ludwig so weit wie möglich von ihr abrückte. Seine schwache Position war ihm voll bewußt, sie hatte sich gerade davon überzeugen können.

Aber ihr Sieg war erst dann vollkommen, wenn er selbst vorschlug, die Ehe zu annullieren. Sie wußte, daß er sie trotz allem immer noch liebte, aber Ludwigs Gewissen war so stark ausgeprägt, daß es ihm keine Ruhe mehr lassen würde. Eleonore hatte auf seinen Charakter gebaut und einen großen Einsatz gewagt, von dem ihre ganze Zukunft abhing. Nun war es nur noch eine Frage der Zeit, ob sie richtig oder falsch gehandelt hatte.

## 17. Kapitel

### Sizilien-Tusculum, im Jahre 1149

Schon die Reise von Griechenland nach Antiochia war von allerlei Unbilden und schrecklicher Angst geprägt gewesen, aber die Fahrt von Acre aus war noch schlimmer, überlegte Eleonore und umklammerte die hölzerne Reling, als das Schiff die blaßgrünen Untiefen durchquerte.

Nur zwei Schiffe waren in Acre in See gestochen. Es waren nicht mehr nötig gewesen, um die Ritter und Soldaten aufzunehmen, die von dem einst mächtigen Kreuzfahrerheer noch übriggeblieben waren. Eleonore, die den Anblick des düsteren Gesichts ihres Ehemannes nicht länger ertragen konnte, hatte vorgeschlagen, in getrennten Schiffen zu fahren, und Ludwig, der sich über das Problem der Blutsverwandtschaft den Kopf zerbrach und sich bewußt war, daß ihre Ehe an einem seidenen Faden hing, hatte eingewilligt.

Während eines heftigen Sturms verloren sich die beiden Schiffe aus den Augen – auf beiden flatterten sizilianische Flaggen. Nach der peloponnesischen Küste war Eleonores Schiff mitten in eine Seeschlacht zwischen den Flotten des Königs von Sizilien und des Kaisers von Byzanz geraten. Zum Glück besiegten am Ende die Sizilianer die Griechen, und sie erblickte schließlich, mehr tot als lebendig, ein einladendes Ufer. Sizilien. Sie hatten Acre Ende April verlassen. Jetzt war es Juli. Zwei Monate waren sie auf See gewesen.

König Roger von Sizilien war Normanne und im allgemeinen den Franken gewogen. Eleonore wußte, er würde sie willkommen heißen.

Eleonore, die körperlich und seelisch erschöpft war und immer noch um Raimund von Antiochia trauerte, brach plötzlich an Deck zusammen. Halb ohnmächtig nahm sie noch wahr, wie zwei Seeleute sie zum Strand trugen. Dann wußte sie nichts mehr. Als sie die Augen wieder aufschlug, beugte sich ein dunkelhäutiger Mann im weißen Burnus und Turban über sie.

»Öffnet den Mund«, befahl er in gebrochenem Französisch.

Als sie das tat, hob er ihren Kopf an und goß ihr eine kühle Flüssigkeit in den Mund. Sie gab einen kleinen, erstickten Aufschrei von sich. War sie noch in Antiochia? In Jerusalem? Oder war das alles ein Traum?

»Bitte, Madame,« sagte eine Stimme in normannischem Französisch. »Habt keine Angst. Ich bin König Roger, und Ihr seid hier in meinem Palast in Palermo sicher.«

Mühsam wandte sie den Kopf und erblickte einen hochgewachsenen, bärtigen Mann, der sie besorgt musterte.

»Ihr habt eine sehr harte Reise überstanden und eine große Seeschlacht miterlebt. Man hielt Euch und den König schon für verloren. Ihr werdet jetzt von meinem arabischen Arzt betreut. Er meint, Ihr werdet Euch bald wieder erholen.«

»Ludwig...« flüsterte sie. Der Raum verschwamm vor ihren Augen.

»Von König Ludwigs Schiff gibt es keine Kunde«, sagte Roger. »Es werden täglich Messen für ihn gelesen.«

Bevor Eleonore dank des Heiltranks in tiefen Schlaf sank, überlegte sie, ob Gott die Annullierung ihrer Ehe vielleicht selbst in die Hand genommen hatte.

Vierzehn Tage später erhielt König Roger die Nachricht, daß Ludwigs Schiff an der Küste von Kalabrien in der Nähe von Brindisi gestrandet war. Nach kurzer Erholung reiste Eleonore in Begleitung einer von Roger bereitgestellten Eskorte Ende August zu Ludwig. Ihre Begegnung war kühl, aber nicht feindselig.

»Wir sollten uns auf der Stelle nach Neapel begeben und dann das Schiff nach Marseille nehmen...« begann Eleonore.

»Wir kehren nicht nach Frankreich zurück«, widersprach Ludwig, blaß und abgemagert nach der unheilvollen Reise. »Ich habe beschlossen, daß wir zuerst nach Rom fahren. Das Problem mit der Blutsverwandtschaft muß ein für allemal geklärt werden, sonst verliere ich noch den Verstand. Ich kann so nicht weiterleben – diese Sünde lastet auf mir. Wenn eine Annullierung unserer Ehe notwendig ist...« Er konnte den Satz nicht zu Ende führen. »Der Heilige Vater soll uns beraten.«

Eleonore zeigte keine Regung. Es war das erste Mal, daß Ludwig von einer Annullierung gesprochen hatte. Sie konnte ihre Erleichterung kaum verbergen. Aber nach Rom? Sie war es gewohnt, daß Ludwig alles hinauszögerte, und sein plötzlicher Entschluß überraschte sie deshalb. War sie denn überhaupt in der Lage, die Angelegenheit mit dem Papst auszufechten? Eleonore zitterte. Vielleicht sollte sie es darauf ankommen lassen, damit sie sehen konnte, wie die Dinge standen. Andererseits wollte sie erst den Ehevertrag noch einmal genau lesen und sich juristisch beraten lassen, bevor sie weitere Schritte unternahm. Vielleicht empfahl es sich sogar, den Erzbischof von Bordeaux aufzusuchen, der sich in juristischen Angelegenheiten ausgezeichnet auskannte. Ihre Gedanken überschlugen sich, dann beruhigte sie sich: Es war besser, sie kannte die Hindernisse, die ihr im Weg standen, damit sie sie umgehen konnte.

Da sie gezwungen waren, langsam zu reisen, war es bereits Mitte Oktober, als Ludwig und Eleonore in Tusculum im Süden von Rom ankamen, wo der päpstliche Hof residierte. Sie hatte einen weiteren Schwächeanfall erlitten, und sie mußten daher bei einem Benediktinerkloster in Monte Cassino haltmachen, bevor sie die Reise fortsetzen konnte.

Der päpstliche Hof war in einer düsteren Festung untergebracht, da der Papst aus Rom hatte fliehen müssen, als die Stadt in einem der endlosen Kämpfe zwischen dem Heiligen Stuhl und dem römischen Kaiser von feindlichen Truppen bedroht wurde. Es herrschte hier nichts von dem Glanz, den Eleonore erwartet hatte, und es gab auch nur wenig Zeremoniell.

»Ich heiße Euch mit offenen Armen willkommen, meine Kinder«, begrüßte sie Papst Eugenius III. »Ich habe von Eurem Mißgeschick erfahren – von all den unseligen Ereignissen auf Eurer Pilgerreise zur Rettung des Heiligen Landes.« Sein Gesichtsausdruck wirkte betrübt. »Und auch von Euren persönlichen Schwierigkeiten.«

Wie konnte der Papst von ihren persönlichen Problemen erfahren haben? Eleonore warf Ludwig einen Blick zu. Aus seiner schuldbewußten Miene schloß sie, daß er wohl Abbé Suger geschrieben hatte, der sicherlich sofort den Papst unterrichtet hatte. Sie wurde wütend. Es wäre sehr wichtig gewesen, daß zuerst ihre Version der Geschichte gehört wurde. Nun hatte der Pontifex maximus wohl Abbé Sugers verzerrte Darstellung der Angelegenheit vernommen, was nicht zu ihrem Vorteil war. Aber sie hatte gehört, daß Eugenius ein umgänglicher Mann war, kein fanatischer Kleriker. Vielleicht konnte sie ihn für sich gewinnen.

»Ich werde mit jedem von Euch einzeln reden«, sagte der Papst. »Zuerst mit dem König.«

Ludwig folgte ihm in ein Vorzimmer. Eleonore bot man gewürzten Wein und Süßigkeiten an. Nach kurzer Zeit tauchte Ludwig wieder auf. Seine Augen waren gerötet. Seine Miene verriet nichts.

Eleonore nahm in dem kärglich ausgestatteten Vorzimmer Platz. In einer Ecke stand ein päpstlicher Sekretär, in einer anderen ein Kardinal in roter Robe. Der Papst, der ein fließendes weißes Gewand trug, saß auf einem behelfsmäßigen Thron. Eleonore wußte, was sie jetzt sagte – vor Zeugen –, würde weitreichende Folgen haben. Sie konnte dem Papst unmöglich erzählen, wie sehr sie ihren Gatten verachtete, wie wenig Befriedigung er ihr verschaffte und wie sie es haßte, unter den Franzosen zu leben. Sie mußte ihm vorgaukeln, daß der einzige Grund, weshalb sie auf die Annullierung dieser Ehe hinarbeitete, die Tatsache war, daß sie und Ludwig Gottes Mißfallen erregt hatten. Warum sonst hatte er ihnen nach zwölfjähriger Ehe noch keinen Erben geschenkt?

»Heiliger Vater, als ich fünfzehn war, wurde meine Ehe überstürzt und ohne ordnungsgemäße Dispense vorbereitet,« begann sie zuversichtlich. »Jetzt bin ich siebenundzwanzig...«

Sie wählte ihre Worte sorgfältig, berichtete dem Papst genau das, was er ihrer Meinung nach hören wollte.

»Also ist es nur das Problem der Blutsverwandtschaft, das Euer Gewissen belastet?« Hatte er »nur« etwas stärker betont? Lag da ein Funke von Ungläubigkeit in seinem Blick?

»Ja, Eure Heiligkeit. Ja, es belastet mich Tag und Nacht.«

»Ich verstehe. Einen Augenblick, bitte.« Er beugte sich zu dem Sekretär hinunter. »Sagt König Ludwig, er soll hereinkommen.«

Als Ludwig neben ihr stand, breitete sich plötzlich ein wohlwollendes Lächeln über das runde Gesicht des Papstes aus. »Nun, meine Kinder, ich habe jetzt alles vernommen, was Ihr zu sagen habt. *Benedicamus dominum!* Ihr könnt beide Euer Gewissen beruhigen. Ich versichere Euch, daß Eure Ehe gültig ist. Es kann nichts dagegen vorgebracht werden, und sie kann unter keinen Umständen aufgelöst werden. Wenn Euch der fehlende päpstliche Dispens Sorgen bereitet, dann bekommt Ihr noch heute einen solchen. Mündlich – und zur Bekräftigung auch auf Pergament – versichere ich Euch hiermit, daß Eurer Ehe nichts im Wege steht.«

Entsetzt brach Eleonore in Tränen aus. Sie konnte den Gedanken, mit Ludwig weiterleben zu müssen, nicht ertragen, und jetzt hatte sie der Pontifex maximus gerade zu lebenslänglicher Haft hinter den goldenen Gittern des französischen Hofs verurteilt.

»Ihr seht, Ludwig, die Königin ist überreizt, was bei der langen Reise, ihrer Krankheit und all den Begleitumständen kein

Wunder ist. Diese Angelegenheit lastete offensichtlich schwer auf ihrer Seele. Ein Erbe, mein Sohn, ein Erbe, das wäre die richtige Antwort.«

Der Papst erhob sich. »Ich habe eine kleine Überraschung für Euch vorbereitet, die Euch wieder ein wenig aufheitern dürfte.«

Er nahm Eleonore, die immer noch in Tränen aufgelöst war, bei der einen Hand und Ludwig bei der anderen, geleitete sie einen Korridor entlang und in eine kleine Kammer. Diese wurde von einem riesigen Bett beherrscht, das mit einem goldroten Baldachin verziert war.

»Wir haben keine Kosten gescheut, um es Euch gemütlich zu machen, meine Kinder. Dieser Baldachin stammt aus meinem eigenen Schlafgemach. Schlaft gut. Gott sei mit Euch.« Strahlend vor Güte streckte er ihnen seinen Ringfinger zum Kuß entgegen. »Ich habe vor der Tür eine Wache aufgestellt, damit Ihr nicht gestört werdet.«

Immer noch lächelnd zog er sich zurück. Papst Eugenius hatte also dafür gesorgt, daß sie die Nacht gemeinsam verbringen mußten. Eleonore wischte sich die Augen. Nichts war so gelaufen, wie sie es geplant hatte. Wenn sie protestierte, würden der Papst und Ludwig den wahren Grund entdecken, weshalb sie die Ehe beenden wollte. Ihre eigenen Worte waren gegen sie verwendet worden, und jetzt war sie hilflos, besiegt, zumindest für den Augenblick. Sie ließ Ludwigs ungeschickte Zärtlichkeiten über sich ergehen, und erneut traten ihr Tränen in die Augen, als sie sich Raimunds erfahrene Hände vorstellte.

Als sie ein paar Tage später von Tusculum aufbrachen, vergoß der Papst bittere Tränen, überschüttete sie mit Geschenken und ermahnte sie, einander zu lieben. Wenn der Papst sie besser gekannt hätte, überlegte Eleonore mit einem verstohlenen Lächeln um die Mundwinkel, hätte er gewußt, daß nichts und niemand sie von einem Entschluß, den sie gefaßt hatte, abbringen konnte.

»Ein Erbe wird diesem gesegneten Bunde entspringen«, erklärte Eugenius.

Seine Worte ließen Eleonores Blut erstarren. Heilige Radegund, wenn sie einen Sohn gebar, war sie verdammt. Wenn sie jedoch eine weitere Tochter bekam ... Nun, vielleicht bekam sie ja auch gar kein Kind mehr.

Als Eleonore und Ludwig an einem nebligen Morgen Anfang November die Ile-de-France erreichten, wurden sie von einer großen Menschenmenge begrüßt. Der Kreuzzug hatte in einem schändlichen Fiasko geendet, aber hier wurde Ludwig von seinen Untertanen umjubelt, als hätte er einen großen Sieg errungen. Eleonore überlegte, ob wohl Abbé Suger dahintersteckte.

Eleonore empfand die Wände des französischen Königspalasts wie ein Verlies. Laut Petronilla kursierten überall in Paris dunkle Gerüchte über ihr lasterhaftes Leben in Antiochia. Ihre Schwester erzählte ihr, daß die Stimmung in Frankreich keineswegs fröhlich war, sondern Anklagen erhoben und Erklärungen verlangt wurden: Warum war bei dem Kreuzzug so vieles schiefgelaufen? Was war wirklich erreicht worden, wenn überhaupt etwas erreicht worden war? Warum hatte es so viele Tote gegeben? Wie üblich gab man nicht dem vergötterten Ludwig die Schuld, sondern der Verführerin aus Poitou.

Dann, was alles noch verschlimmerte, stellte Eleonore kurz nach ihrer Rückkehr aus Tusculum fest, daß sie tatsächlich ein Kind erwartete. Die Kunde von ihrer Schwangerschaft ließ zwar die Gerüchte verstummen und zwang die Menschen, sie mit neuem, wenn auch grollendem Respekt zu betrachten, doch Eleonores Verzweiflung wuchs ins Grenzenlose.

»Du wirst einen Sohn gebären«, sagte Ludwig begeistert. »Der Papst hat mir versprochen, daß du einen Sohn bekommen wirst.«

Eleonore hatte nur noch eine Hoffnung: daß sie wieder eine Tochter bekäme. Das würde ihre Rettung sein, ihr Tor zur Freiheit. Ihre ganze Zukunft hing vom Geschlecht dieses Kindes ab.

## Normandie, im Jahre 1150

Im Januar des Jahres 1150 wurde Heinrich von Anjou endlich zum Herzog der Normandie ernannt.

»Und keinen Tag zu früh«, bemerkte er zu seinem Knappen Jocelin, der, genau wie er, übers ganze Gesicht strahlte. »Schließlich bin ich siebzehn, ein kampferprobter Krieger, ein Mann mit Urteilsvermögen. Das war längst überfällig.«

»Ja, mein Herr, seit langem.«

»Ich war schon vor einem Jahr dazu bereit.«

»Noch früher, mein Herr.«

Heinrich rief sich mit Genugtuung ins Gedächtnis, was geschehen war, nachdem er auf Drängen seines Großonkels York verlassen hatte. Er hatte ein paar erfolgreiche Vorstöße in den Süden Englands unternommen, eine Menge Anhänger gewonnen und viel Zustimmung erfahren. Als er in die Normandie zurückkehrte, war es ihm schließlich gelungen, seine Eltern davon zu überzeugen, daß er jetzt ernst zu nehmen war – daß er ein Mann war, der den Titel eines Herzogs verdiente. Damit der Titel offiziell bestätigt wurde, mußte er seinem Oberherrn, König Ludwig von Frankreich, den Lehnseid leisten.

»Mein Vater sagt, wir können in aller Ruhe nach Paris reisen, aber ich möchte möglichst schnell dorthin gelangen. Vergiß nicht, Jocelin, sobald der Titel offiziell ist, kann ich darangehen, Pläne zu schmieden, wie ich England erobere.«

Im späten Frühling schickten Heinrich und sein Vater sich an, nach Paris aufzubrechen. Da erfuhr Graf Gottfried von Anjou, daß der französische König gerade eine große Armee aufstellte.

»Offensichtlich hatte er vor, in die Normandie einzufallen«, sagte der Graf.

»Aber warum?« Heinrich, der zwischen Verblüffung und Wut hin und her gerissen wurde, wollte seinen Ohren kaum trauen.

Graf Gottfried zuckte mit den Achseln. »Ob es auf die langjährige Feindschaft zwischen der Normandie und Frankreich zurückzuführen ist, die gelegentlich ausbricht, oder darauf, daß Ludwig nach seinem katastrophalen Fehlschlag im Heiligen Land dringend wieder einen Erfolg braucht, das läßt sich nicht eindeutig entscheiden. Vielleicht geht es ihm einfach gegen den Strich, daß jemand, der so jung und arrogant ist, dem Herzogtum vorstehen soll. Auf jeden Fall müssen wir unsere Truppen an der Grenze zwischen Vexin und Frankreich einsatzbereit halten.«

Später erfuhren sie, daß Ludwig in Begleitung von Prinz Eustace von England an der Seine entlang in Richtung Norden ritt. Heinrich, den es nach einem Kampf drängte, wollte unbedingt gegen den französischen König antreten. Dann, zur elften Stunde, erreichte sie die Nachricht, daß Ludwig krank geworden war. Alle Vorbereitungen für den Angriff wurden eingestellt; der Prinz kehrte nach England zurück. Heinrich, der sich immer noch um den Entscheidungskampf gegen König Stephan betrogen fühlte, war außer sich vor Enttäuschung.

Als unter Vermittlung von Bernhard von Clairvaux, der behauptete, Gott selbst habe eingegriffen, um Blutvergießen zwischen der Normandie und Frankreich zu verhindern, die Bedingungen des Waffenstillstands ausgehandelt wurden, äußerte Heinrich seinen Unmut.

»Lästiger alter Mönch, warum zieht Ihr Euch nicht in Euer

Kloster zurück, wo Ihr hingehört!« schleuderte Heinrich dem Zisterzienserabt entgegen, der in seinem Zelt an der Grenze von Vexin erschienen war.

»Die Wutausbrüche der Plantagenets sind wohlbekannt«, erwiderte Bernhard ungerührt. »Von Eurer Familie heißt es ja, sie stamme vom Teufel ab und kehre auch wieder zu ihm zurück. Zähmt Euer teuflisches Blut, bringt es unter Kontrolle, sonst wird es Euch eines Tages vernichten.«

Heinrich lief puterrot an. Gottfried und sein Knappe entfernten ihn mit Gewalt aus dem Blickfeld des Mönchs.

Im Frühsommer kehrte Heinrich mit seinem Vater nach Rouen zurück, um die Friedensregelung auszuhandeln: Er sollte seinen Anspruch auf das Vexin, dieses umstrittene Stück Land zwischen der Normandie und Frankreich, aufgeben. Dafür erklärte sich Ludwig bereit, Heinrich offiziell als Herzog der Normandie anzuerkennen.

»Wenn Ludwig glaubt, er kann mir drohen, dann irrt er sich aber«, sagte Heinrich, der mit seinen Eltern im großen Saal des Herzogspalasts in Rouen ein spätes Abendessen einnahm. »Ich gebe das Vexin nicht auf.«

Gottfried und seine Mutter begannen eine ihrer hitzigen Diskussionen darüber, wie er sich verhalten sollte. Heinrich zog sich, so bald es der Anstand zuließ, zurück, wie üblich bedrückt durch die haßerfüllte Atmosphäre, die jedesmal entstand, wenn der Graf und die Gräfin von Anjou zusammen waren. Seit seiner Kindheit in der Burg von Angers hatten ihn die bösen Streitereien zwischen seinen Eltern begleitet. Heinrich liebte und achtete Vater und Mutter gleichermaßen, aber wenn sie zusammen waren, ging er ihnen am liebsten aus dem Weg.

»Ich werde eine Frau heiraten, die sich mir unterordnet«, sagte er zu Jocelin. »Wenn es um Angelegenheiten des Königreichs oder um Politik geht, kann nur einer das Sagen haben. Nicht einmal die Kirche hat das Recht, sich einzumischen. Eine Frau muß nachgeben.«

Obwohl Heinrich seine Mutter über alles liebte, mißbilligte er im höchsten Maße die unverblümte, selbständige und manchmal herrische Art, die sie ihrem Gemahl und anderen Männern gegenüber an den Tag legte. Eine Ehefrau, ob Königin oder Kaiserin, besaß das Privileg, ihre Meinung zu äußern, hatte Anspruch darauf, daß man ihr zuhörte und daß ihr Rat, wenn er klug war, auch beachtet wurde. Darüberhinaus aber sollte sie sich unterwürfig und respektvoll zeigen, insbesondere gegenüber ihrem Gemahl.

»Natürlich sollten sie nachgeben, mein Herr«, erwiderte Jocelin. »Aber meiner Erfahrung nach tun sie es selten.«

»Für mich kommt nichts anderes in Frage.«

Am nächsten Tag traf eine Abordnung von Edelleuten aus Paris ein. Sie wurden zum Mahl in den Herzogspalast von Rouen eingeladen. Alle waren schwarzgekleidet und trugen düstere Mienen zur Schau.

»Ich sehe, Ihr seid in Trauer«, sagte Heinrich. »Ist jemand gestorben?«

»Die französische Monarchie, wenn man so sagen darf«, erwiderte einer der Gäste.

»Das verstehe ich nicht.«

»Habt Ihr es noch nicht gehört? Vor zwei Tagen hat die Königin ein weiteres Mädchen geboren. Es gab kein Feuerwerk, keine Freudenfeste. Der französische König ist völlig am Boden zerstört und kniet den ganzen Tag in der Kapelle.«

»*Grâce à Dieu*, das ist ein Unglück für Frankreich«, bemerkte Gottfried nachdenklich.

»Es ist mehr wie ein Totengeläut«, erwiderte ein anderer Gast. »Das erste Mal seit hundertfünfzig Jahren ist Frankreich ohne einen Erben.«

»Das ist nicht der geeignete Moment, Ludwig deine Aufwartung zu machen, mein Sohn«, sagte Gottfried leise. »Es ist besser, du wartest eine Weile.«

Heinrich zuckte mit den Schultern. In der Normandie gab es genug zu tun. Er war nicht begierig darauf, einem so feindselig gesonnenen Oberherrn den Lehnseid zu leisten. Paris konnte warten.

## Paris, in den Jahren 1150/51

Eleonore, die versuchte, ihre Freude und Erleichterung zu verbergen, erholte sich nach den Aussagen der Hebammen, die sie betreuten, ungewöhnlich schnell von der Geburt ihrer zweiten Tochter, die sie Alix taufte. Ludwig, der immer noch unter Schock stand, hatte eine ganze Woche im Gebet verbracht. Der Papst übermittelte ihnen sein Bedauern und ermahnte sie, es weiter zu versuchen. Aber Eleonore zweifelte nicht daran, daß mit dieser Geburt alle Zweifel, die Ludwig gequält hatten und die durch den Besuch in Tusculum verdrängt worden waren, mit voller Wucht zurückkehren würden. Sie brauchte nur abzuwarten.

»Auf unserer Ehe lastet ein Fluch, Ludwig«, sagte sie bei jeder Begegnung mit ihrem Gatten und setzte eine bekümmerte Miene auf. »Siehst du darin nicht das Wirken Gottes?« Sie schwieg einen Augenblick und betrachtete ihn ungerührt. Ludwig war blaß, abgemagert, schwarzgekleidet und schien seit der Bekanntgabe der Geburt einer weiteren Tochter um zehn Jahre gealtert zu sein; Eleonore hatte das Gefühl, sie hatte genauso viele Jahre verloren.

»Ich habe mit Abbé Suger über die Annullierung der Ehe gesprochen. Er meint, Frankreich dürfe Aquitanien nicht verlieren. Er widersetzt sich heftig einer Auflösung unserer Ehe.«

»Was nützt dir mein Herzogtum, wenn du keinen Sohn hast?«

Eleonore wußte, daß viele von Ludwigs Baronen es begrüßen würden, wenn ihre Ehe für ungültig erklärt werden würde. Petronilla berichtete ihr, sie befürchteten, Ludwig könnte sterben, ohne einen Erben zu hinterlassen. Die einzige Lösung bestand für sie in der Annullierung der Ehe und einem erneuten Heiratsversuch. Ludwig war wie immer unentschlossen. Eleonore war klar, daß sie Geduld aufbringen mußte. Ein falscher Schritt würde jede Hoffnung auf Freiheit zunichte machen.

Im Januar 1151 wurde Abbé Suger krank und starb. Ludwig, der selten ohne den Rat des Abbés einen entscheidenden Schluß gefaßt hatte, war untröstlich.

»Schick nach Abbé Bernhard«, empfahl ihm Eleonore. Der Instinkt sagte ihr, daß der Zisterziensermönch, wenn auch unbewußt, ihrer Sache dienlich sein konnte. Ihn bekümmerte es weniger, wenn Frankreich Aquitanien verlor. Das Seelenheil war das einzige, was ihn interessierte.

Doch bevor Ludwig noch die Initiative ergreifen konnte, traf Bernhard von Clairvaux von selbst im Palast ein, offensichtlich bereit, in die Bresche zu springen.

»Diese Ehe ist in den Augen Gottes ein Ärgernis«, erklärte er Ludwig und Eleonore, als sie im großen Saal auf dem Thron Platz genommen hatten. »Abbé Suger – *requiescat in pace* – wollte nicht auf mich hören, kümmerte sich mehr um Staatsangelegenheiten. Auch der Papst verschmähte meinen Rat.« Bernhard versuchte nicht, den Triumph in seiner Stimme zu verbergen. »Diese Ehe stand von Anfang an unter einem Fluch. Das sagte ich schon damals und wiederhole es heute wieder. Habt Ihr noch irgendwelchen Zweifel daran?« wandte er sich mit seinem brennenden Blick an Ludwig.

Ludwig schaute Eleonore an. Eine Ewigkeit ruhten ihre

Blicke ineinander. Eleonore hielt den Atem an. Heilige Mutter Gottes, bitte laß ihn…

»Nein«, erwiderte er mit zitternder Stimme. »Ich zweifle nicht länger daran.«

Sie hatte gewonnen. Jetzt stand der Wiedergewinnung ihrer Freiheit nichts mehr im Wege.

## 18. Kapitel

### Paris, im Jahre 1151

An einem schwülen Augusttag des Jahres 1151 brachen Heinrich, der Herzog der Normandie, und sein Vater, Graf Gottfried von Anjou, in Begleitung mehrerer Stallburschen und zweier Knappen nach Paris auf.

»Denk daran, wenn wir mit Ludwig von Frankreich zusammentreffen, überlaß das Reden mir«, sagte Gottfried. »Er leidet immer noch unter seinen vielen Mißerfolgen – dem Kreuzzug, seiner Niederlage gegen uns letztes Jahr, dem Tod von Abbé Suger. Ich habe gehört, er ist empfindlich wie eine Mimose.«

»Hmm.« Heinrich unterdrückte ein Gähnen. »Inzwischen redet niemand mehr von dem Kreuzzug. Eher erinnert man sich daran, wie schlecht es ihm in der Normandie ergangen war.«

Der Graf, der der Meinung war, daß es jetzt an der Zeit sei, daß Heinrich seinen Lehnseid leistete, hatte seinen Sohn seit ihrer Abreise aus Rouen mit Ratschlägen überschüttet.

»Das ist unwichtig. Ich versuche nur, dir beizubringen, wie du dich am französischen Hof benehmen mußt.«

»Das heißt, ich soll nichts tun und nichts sagen.«

»Genau. Erwähne nicht die Bedingungen des von Ludwig und Bernhard von Clairvaux vorgeschlagenen Waffenstillstands. Wir dürfen das Vexin nicht aufgeben, bis wir wissen, wie die Dinge am französischen Hof stehen. Überlaß mir das Reden.«

»Mich interessiert mehr die Stadt Paris als der Königshof. Sind die Mädchen blond?«

Gottfried zuckte ungeduldig die Schultern. »Die Mädchen in Paris sind wie überall auf der Welt. Wir reisen nicht nach Frankreich, damit du dort die Bordelle besuchen kannst, sondern damit du König Ludwig den Lehnseid für die Normandie leistest. Denk an deine Position: du bist jetzt Herzog.« Er blickte Heinrich an und seufzte nachsichtig. »Aber du bist erst achtzehn. Die Welt steht dir offen; ich glaube, du solltest das genießen, solange du kannst. Als ich siebzehn war, war ich bereits verheiratet, hatte jede Menge Verantwortung…«

Heinrich hörte ihm nicht mehr zu. Sie ritten gerade an einer leuchtend grünen Wiese vorbei, hinter der sich ein Garten mit Apfelbäumen erstreckte. Der Himmel war dunkelblau; kein Windhauch streifte die Zweige der üppig beladenen Apfelbäume. Herzog der Normandie, wiederholte er leise und genoß sein Glück. Er war seiner Mutter, der Gräfin von Anjou, die lieber mit dem Titel ihres ersten Gatten angesprochen werden wollte – Kaiserin –, aus tiefstem Herzen dankbar, weil sie ihm zuliebe auf ihren Anspruch auf das Herzogtum verzichtet hatte.

»Du bist nicht passend gekleidet, mein Sohn«, fuhr der Graf fort und betrachtet mißbilligend Heinrichs abgestoßene schwarze Stiefel und seinen schäbigen braunen Umhang. »Und dein Umhang ist keineswegs modisch, wie ich dir ja bereits sagte. Man trägt ihn jetzt kürzer. Du mußt dir unbedingt einen neuen machen lassen.«

Heinrich, der sich nie sonderlich um seine Kleidung kümmerte, zuckte mit den Achseln. »Wenn Ludwig etwas dagegen hat, um so besser. Ich bin kein eitler Pfau, das soll er wissen.« Er biß sich auf die Zunge und warf seinem Vater einen schnellen Blick zu, denn er befürchtete, ihn gekränkt zu haben. Es war allgemein bekannt, daß der Graf großen Wert auf gute Kleidung legte.

»Ich habe weniger an Ludwig gedacht, sondern mehr an seine Gemahlin. Königin Eleonore ist eine große Ästhetin. Du wirst es bereuen, wenn du so schlampig aussiehst.«

Heinrich war drauf und dran, zu bemerken, daß es ihm gleichgültig war, was die Königin oder sonst jemand von ihm hielt, aber etwas in Gottfrieds Stimme riet ihm, den Mund zu halten – und machte ihn hellhörig. Wie gut kannte Gottfried Ludwigs Ehefrau? Neugierig musterte er seinen Vater. Gottfried, der seine Lieblingsfarben blau und grün trug, saß mit seiner gewohnten lässigen Eleganz auf seinem Schecken. Sein Haar war geschniegelt, und trotz der Hitze wirkte er frisch und adrett. Heinrich dagegen wischte sich den Schweiß von der Stirn. Wie er seinen Vater beneidete! Der Graf saß wie kein anderer auf dem Pferd. Seine Reitkunst war, wie alles, was er tat, beherrscht, lokker und voller Anmut.

Nun, es hatte wenig Sinn, wenn er sich wünschte, anders zu sein. Heinrich versuchte statt dessen, sich an alles zu erinnern, was er über die französische Königin gehört hatte, die ganz offensichtlich großen Eindruck auf seinen Vater gemacht hatte. Noch wichtiger war natürlich, daß die legendäre Eleonore Aquitanien besaß. Außerdem war sie wegen ihrer Schönheit berühmt, galt als verwöhnt und ungestüm – und sie hatte aller Welt verkündet, daß Ludwig mehr ein Mönch als ein Ehemann sei. Die Tatsache, daß man ihr nachsagte, sie sei der Heiligen Kirche ein ständiger Dorn im Auge, sprach in seinen Augen für sie.

Heinrich erinnerte sich auch verschwommen daran, daß er etwas von einem Skandal gehört hatte, der sich während des Kreuzzugs ins Heilige Land ereignet hatte, wußte aber keine Einzelheiten darüber. Geschwätz hatte ihn noch nie interessiert; er vergaß es sofort wieder, nachdem er es gehört hatte.

»Was hat Ludwig bewogen, seine Frau auf den Kreuzzug mitzunehmen?« fragte er seinen Vater.

»Was für eine Frage. Ich glaube, er hatte keine andere Wahl. Er ist hoffnungslos in Eleonore verliebt, war es immer und kann ihr kaum etwas abschlagen.«

»Armer Kerl. Es ist ein schwerer Fehler, in solchen Dingen das Herz regieren zu lassen.«

Gottfried bedachte seinen Sohn mit einem amüsierten Blick. »Da spricht jemand, der etwas von der Liebe versteht, wie es die Weisheit seiner reifen Jahre erwarten läßt.«

»Nun, ich erinnere mich, daß Ihr gesagt habt, die Frauen nutzen Männer immer aus, die dumm genug sind, sie zu lieben.«

»*Grâce à Dieu*, habe ich das gesagt? Dann muß es wohl stimmen. Natürlich ist Eleonore keine gewöhnliche Frau.«

Heinrich beobachtete seinen Vater aufmerksam. Wieder diese leichte Veränderung des Tonfalls! Vor sich erblickten sie die Stadttore, und sie schlossen sich Kaufleuten, Kirchenmännern und Rittern an, die sich aufgestellt hatten, um nach Paris hineinzureiten.

»Vergiß nicht, daß Ludwig zur Zeit sehr betrübt ist, also versuche, behutsam vorzugehen«, fuhr Gottfried fort.

»Gibt es noch etwas anderes außer dem Kreuzzug, Abbé Sugers Tod und seinem gescheiterten Versuch, gegen uns zu Felde zu ziehen, was ihn bedrückt?«

Sie passierten die Stadttore und wurden dahinter von einem ohrenbetäubenden Stimmengewirr empfangen und vom Geruch von gerösteten Kastanien, Gewürzen, brutzelndem Fett und reifen Kirschen. Sie mußten sich ihren Weg durch die Menschenmenge bahnen. Heinrich war fasziniert von der Atmosphäre in der Stadt, dem pulsierenden Leben, das sich so grundlegend von Rouen unterschied, das im Vergleich dazu wie ein ruhiges Provinznest wirkte.

Der Graf hob die Stimme, um sich Gehör zu verschaffen. »Es kursieren Gerüchte, daß auf Grund von Blutsverwandtschaft eine Annullierung der Ehe von Ludwig und Eleonore bevorstehe. Zumindest wird das als Vorwand benutzt. Jeder weiß, der Grund liegt darin, daß die Königin Ludwig keinen Erben geboren hat, sondern nur zwei Töchter.«

Heinrich, der sehr genau wußte, welch verheerende Folgen das Fehlen eines männlichen Erben hatte, schüttelte sich innerlich. Hatte nicht eine ähnliche Situation England siebzehn Jahre lang ins Chaos gestürzt? Er empfand unwillkürlich eine Art Mitgefühl für Ludwig.

»Eine Annullierung der Ehe würde bedeuten, daß Ludwig das reichste Lehen in Frankreich verliert«, bemerkte Heinrich. »Das ist wirklich Grund genug, bedrückt zu sein.«

Sie ritten durch das Turmtor und über die befestigte Brücke. Unmittelbar dahinter lag die Burg.

Gottfried lachte. »Ja, wahrlich. Aber vergiß nicht, Ludwig liebt Eleonore. Beurteile ihn nicht nach deinen eigenen Ambitionen.«

Heinrich hörte ihm kaum zu. Die Situation hatte sein Interesse erweckt, und er überlegte, wie er sie am besten nutzen konnte. Aquitanien aufgeben zu müssen würde einen herben Verlust für die Capetinger bedeuten und sich zweifellos auf ihre weitere Zukunft auswirken. Würde er auch der Normandie nützen?

»Ah, wir sind da«, sagte Gottfried.

Sie stiegen im Hof von ihren Pferden und schritten durch die offenen Tore des Hauptturms.

Während der französische Königssitz von außen düster und bedrohlich aussah, wirkte die Burg von innen ganz anders. Heinrich bewunderte die mit Seide, in die glänzende Goldfäden eingewebt waren, bespannten Hocker und die wundervolle Handarbeit der Wandteppiche, die rot-blaue Löwen und Drachen zeigten. Es gab schmale Fenster mit den neuen, in Blei gefaßten Glasscheiben. Diese waren mit Rosen und Abbildungen der Jungfrau Maria und anderen weiblichen Heiligenfiguren verziert. Weder Angers noch Rouen hatten diesen Luxus aufzuweisen. Natürlich war Schottland im Vergleich dazu primitiv. Heinrich prägte sich sorgfältig alle Einzelheiten in der Burg ein, damit er sie später seiner Mutter berichten konnte.

Ludwig, umgeben vom Bischof von Paris, Bernhard von Clairvaux und mehreren anderen Ratgebern, erwartete die Besucher im großen Saal. Er saß auf einem hochlehnigen Stuhl, der mit Goldbrokat bespannt war. Der französische König, der ein wallendes schwarzes Gewand und ein silbernes Kreuz um den Hals trug, sah eher wie ein Kleriker denn ein mächtiger Monarch aus. Sein bleiches Gesicht erinnerte an den Bauch eines Fisches. Er begrüßte Heinrich und seinen Vater mit förmlicher Höflichkeit, die kaum seine Abneigung und seinen Argwohn verhehlen konnte.

»Ihr seid wohl gekommen, um den Vertrag zu unterzeichnen, werte Herren,« sagte Ludwig mit kalter Stimme.

»Mein Sohn und ich sind sehr daran interessiert, die Angelegenheit zu besprechen, Sire«, strahlte Gottfried.

»Ja, sehr interessiert«, wiederholte Heinrich und stellte fest, daß sein Vater, wie üblich, seinen berühmten angevinischen Charme spielen ließ. »Aber im Augenblick, Sire, sind wir ein wenig erschöpft von der Reise. Vielleicht können wir uns etwas frisch machen...«

»Natürlich. Ich werde Euch sofort zu Euren Gemächern führen lassen. Ich sehe Euch bei der Vesper und dann beim Abendessen.«

Zwei Diener geleiteten Heinrich und Gottfried aus dem Saal. Heinrich spürte, wie Ludwigs Blick auf ihm ruhte, als er hinausging.

»Danke, daß du meinem Rat gefolgt bist und den Mund gehalten hast«, sagte Gottfried trocken.

»Bilde ich es mir ein, oder haßt mich Ludwig wirklich?« fragte Heinrich leise. »Wie werden unsere Verhandlungen unter solchen Umständen ablaufen?«

»Ein richtiger Mann wird stets von seinen Freunden und Feinden erkannt. Wenn dich der König von Frankreich haßt, dann deswegen, weil du ein Normanne bist und er dich fürchtet. Die Furcht eines Mannes kann sich gegen ihn kehren. Unterschätze nie deine Macht, mein Sohn, und nutze sie immer – bei Freund und Feind gleichermaßen.«

Heinrich bedachte seinen Vater mit einem bewundernden Blick. Manchmal vergaß man, daß sich hinter dem lässigen Charme und dem geckenhaften Aufzug des Grafen ein scharfer Verstand verbarg und eine Zielstrebigkeit, die ihn ohne Umschweife auf sein Ziel zusteuern ließen.

Heinrich wollte gerade Gottfried seine Empfindungen mitteilen, als er plötzlich Gelächter und Gesang vernahm, begleitet von Flöten- und Violenklängen. Gottfried blieb vor einer offenen Tür stehen.

»Ich würde gerne der Königin meine Aufwartung machen«, erklärte er den Knappen

Heinrich stieg ein süßer, moschusartiger Duft in die Nase, der aus der Kammer kam, und er wunderte sich, daß sein Vater wie selbstverständlich über die Schwelle schritt. Die Musik hielt inne, aufgeregte Stimmen redeten durcheinander.

»Aber das ist ja Gottfried der Schöne!« rief eine fröhliche glockenhelle Stimme. »Welch reizende Überraschung. Wer ist dieser seltsam gekleidete junge Mann in Eurer Begleitung? Euer Knappe? Er soll ebenfalls eintreten.«

Heinrich konnte sich nicht erklären, weshalb er zögerte, über die Schwelle zu schreiten; es kam ihm vor, als wäre das Betreten dieses Raums eine Art besondere Herausforderung, die er scheute. Aber man hatte ihn einen Knappen genannt. Das genügte, um ihn vorwärts zu treiben.

Er war verblüfft, als er entdeckte, wie sein Vater von einem Schwarm reizender junger Frauen begrüßt wurde, die ihn wie zwitschernde Vögel umringten. Gottfried ging auf eine breite Polsterbank zu, die auf einem Podium stand und auf der eine Frau saß. Sie war von mehreren Troubadouren umgeben, die zu ihren Füßen kauerten. Über einem cremefarbenen Gewand trug sie einen hellblauen Überrock, der mit silbernen Sternen und Halbmonden besetzt war. Ihre blasse goldbraune Haut glänzte; üppige Wellen glänzenden kastanienbraunen Haars mit hellen Lichtern umrahmten ihr Gesicht. In ihren leuchtend grünen Augen mit den braunen Farbtupfern funkelte übermütiger Schalk. Auf dem Kopf trug sie einen Kranz aus weißen Rosen.

»Es ist schon sehr lange her, *mon ami*«, sagte sie und streckte Gottfried anmutig ihre weißen Hände entgegen, als sie vom Podium herunterstieg. An ihren Fingern funkelten Perlen-, Smaragd- und Rubinringe.

»Das ist mein ältester Sohn und Erbe, Heinrich, Herzog der Normandie«, stellte ihn Gottfried vor und starrte wie gebannt die Königin an. Wer konnte es ihm verübeln? Heinrich merkte, daß er selbst von der Schönheit und der Anmut der Königin verzaubert wurde. Aber da war noch mehr – viel, viel mehr. Ein atemberaubendes Gefühl von Schicksalhaftigkeit. Ihm war, als hätte er nur dafür gelebt, hierherzukommen. Heinrich spürte mit allen Instinkten, daß sich hier sein Schicksal ankündigte, ob es ihm nun zum Guten oder Schlechten gereichen würde.

»So, das ist also kein Knappe, sondern der aufsässige junge Herzog, der Frankreich durcheinandergebracht hat.« Eleonores Lippen, die einladend wie ein Pfirsich waren, zauberten ein verführerisches Lächeln hervor. Ihre weißen Zähne ließen Heinrich an einen niedlichen kleinen Fuchs denken. »Abgesehen von seinem Herzogsschwert ist er nicht gerade wie ein mächtiger Fürst gekleidet.«

Heinrich fühlte, wie er rot wurde. Er schalt sich einen Tölpel, da ihm keine passende Erwiderung einfiel. »Es ist mir eine große Ehre, Eure Bekanntschaft zu machen, Madame«, kam es krächzend aus seiner Kehle.

»Aber wir kennen uns doch von früher«, sagte Eleonore und legte den Kopf zur Seite.

»Unmöglich, das müßte ich doch noch wissen«, erwiderte Heinrich, erleichtert, daß ihm seine Stimme wieder gehorchte.

»Tatsächlich? Ihr wart damals erst vier oder fünf Jahre alt und hattet gerade einen heftigen Wutanfall, also soll Euch vergeben sein.«

Eleonores Hofdamen kicherten; Heinrich war verunsichert.

»Ich hatte dich zum Verlobungsfest der Königin nach Bordeaux mitgenommen«, erklärte Gottfried.

Heinrich blickte finster drein, fühlte sich bedrängt. Er haßte es, wenn man ihm von Dingen berichtete, die ihn ausschlossen oder die er vergessen hatte, obwohl er sich jetzt wieder daran erinnern konnte. Sein Unbehagen nahm zu, als Eleonore, die Hände in die Hüften gestemmt und die Lippen geschürzt, ihn langsam umkreiste.

»Befindet sich die Normandie in einer so verzweifelten Lage, daß die Schatzkammer nicht imstande ist, dem Herzog neue Kleider zur Verfügung zu stellen?«

Heinrich wurde purpurrot, und über Gottfrieds Gesicht huschte ein unmerkliches, zufriedenes Lächeln.

»Ihr seid noch himmelweit von der Eleganz Eures Vaters entfernt«, sagte sie und ging auf Gottfried zu.

In einer, wie Heinrich fand, intimen Geste, die auf lange Vertrautheit schließen ließ, glättete Eleonore den goldbestickten blauen Umhang des Grafen. »Gottfried der Schöne, Ihr müßt dem Herzog Euren Schneider empfehlen. Er ist zu barbarisch gekleidet für unseren kultivierten Hof.«

Heinrich wußte jetzt, sie hänselte ihn ganz bewußt.

»Nichts gegen meinen Vater, aber Kleider allein machen noch keinen Mann«, erwiderte er, entschlossen, dieser Herausforderung zu trotzen.

Eleonore bekam große Augen. »Ah, wir haben also einen Philosophen unter uns. Bitte sagt es mir, ich bin ganz Ohr: Was macht einen Mann aus?«

»Ich würde es Euch gern zeigen, Madame«, erwiderte Heinrich grinsend. »Jederzeit und überall. Ihr müßt es nur sagen.«

Gottfrieds Gesichtsausdruck erinnerte an eine Gewitterwolke.

Eleonore lachte. »Habt Ihr das gehört, *demoiselles*? Ist das ein faires Angebot?«

Die Mädchen kicherten.

Eleonores und Heinrichs Blicke kreuzten sich wie Stahlklingen; es knisterte zwischen ihnen. Heinrich schoß das Blut in die Lenden. Wie sehr begehrte er diese Frau, die so stolz und feurig war wie ein wildes Fohlen und so unerreichbar wie die Sterne.

Eleonore klatschte in die Hände. »Meine Herren, Ihr müßt uns bei einer kniffligen Frage helfen. Meine Damen, meine Troubadoure und ich selbst haben uns über das Wesen der Liebe den Kopf zerbrochen: Kann es in der Ehe wirkliche Liebe geben?«

»Ich befürchte, wir können im Augenblick dieser Frage nicht gerecht werden«, erwiderte Gottfried kurz angebunden. »Wir müssen unsere Gemächer aufsuchen. Vielleicht ein anderes Mal, Madame.«

»Ich hoffe, ich werde Euch später noch sehen – Euch beide«, sagte Eleonore, den Blick auf Heinrich gerichtet.

Gefangen vom Zauber des Augenblicks, war Heinrich unfähig, den Bann zu brechen. Dann verneigte sich Gottfried, griff nach seinem Arm und zog ihn aus dem Raum. Die Diener brachten sie zu ihren Gemächern, wo ihre Knappen bereits die Satteltaschen ausgepackt hatten. Der Graf schwieg, aber Heinrich spürte, daß eine Spannung von seinem Vater ausging, und er konnte auch den Grund dafür erraten.

»Was quält Euch denn?« Seiner Ansicht nach war es besser, wenn sein Vater seinem Groll Luft machte, anstatt ihn hinunterzuschlucken.

»Du hast dich höchst draufgängerisch in Szene gesetzt«, antwortete Gottfried vorwurfsvoll und wühlte in seiner Satteltasche.

Er zog einen silbernen Spiegel heraus, der ihn überallhin begleitete. Dann ordnete er seine rotgoldenen Locken und kaschierte seine grauen Haare.

Heinrich beobachtete seinen Vater und mußte sich grollend eingestehen, daß er immer noch ein ungewöhnlich gutaussehender Mann war. Auch wenn er im Lauf der Jahre ein wenig an Gewicht zugelegt hatte und seine helle Haut etwas rauher geworden war, war die Reinheit seiner Züge nach wie vor faszinierend. Er hielt sich gerade wie eh und je, und seine kornblumenblauen Augen blickten klar. »Gottfried der Schöne« machte seinem Namen immer noch alle Ehre.

»Was soll das heißen?«

»Du hast die übelsten Eigenschaften eines typischen, ungehobelten Normannen zur Schau gestellt«, erklärte Gottfried, »und du hast dich höchst herausfordernd verhalten. Die Königin war von deinem abstoßenden Benehmen unangenehm berührt.«

Heinrich lachte. »Unangenehm berührt? Eher im Gegenteil.«

»Ich kann von mir behaupten, daß ich die Königin besser kenne als du.«

»Das ist nicht zu übersehen. Fragt sich nur, inwieweit besser.« Kaum hatte er diese Worte ausgestoßen, bereute er sie schon. Aber es war zu spät.

Gottfried verstaute den Spiegel wieder in der Satteltasche, dann wirbelte er zu Heinrich herum. »Hüte deine Zunge. Es gibt Dinge, die dich nichts angehen.«

Heinrich spürte, wie ihm das Blut zu Kopf stieg, und er ließ jede Vorsicht außer acht. »Wenn der König von Frankreich etwas gegen mich hat, weil Ihr ihm Hörner aufgesetzt habt, geht mich das sehr wohl etwas an – und meine Mutter ebenfalls.«

Gottfried, der weiß vor Wut war, holte weit aus und versetzte Heinrich eine schallende Ohrfeige. »Unverschämter Bengel! Ich will dich lehren, deinen Vater zu verhöhnen.«

Heinrich war so verblüfft, daß er keine Zeit fand zu reagieren. Als er sich wieder gefangen hatte – sein Ohr glühte noch von dem Schlag –, hatte Gottfried bereits den Raum verlassen. Die Ohrfeige war weniger schmerzhaft als kränkend, und Heinrich war darüber auch eher erstaunt denn verärgert.

Er hatte seinen Vater im Lauf der Jahre in allen möglichen Stimmungen erlebt, aber noch nie in eifersüchtiger Wut. Eleonore mußte Gottfried wohl mehr bedeuten, viel mehr, als er vermutet hatte. Hatte die französische Königin mit seinem Vater das Lager geteilt? Das ging ihn nichts an, und doch war ihm, als habe ihn jemand mit einem glühenden Speer durchbohrt. Wie auch immer, er war entschlossen, die Wahrheit herauszufinden.

## 19. Kapitel

»Besteht zwischen Euch und Eurem Vater eine Mißstimmung? Ihr verhaltet Euch sehr kühl zueinander«, fragte Eleonore Heinrich später am Abend im großen Saal.

Zu Heinrichs Verwunderung war er am hohen Tisch neben die Königin gesetzt worden. Gottfried saß neben Ludwig. Eine weit größere Ehre, die aber dem Grafen bestimmt wenig zusagte.

»Seid Ihr überrascht?« erkundigte Heinrich sich.

»Sollte ich es sein?«

»Ich hätte angenommen, daß Euch kaum etwas überraschen kann, Madame.«

»Wenn Ihr vermutet, ich sei für die Spannung zwischen Euch beiden verantwortlich, dann sagt es frei heraus.«

Nach kurzem Schweigen wandte sich Heinrich, dessen Herz wild pochte, Eleonore zu und blickte ihr in die Augen. »Wie gut kennt Ihr meinen Vater?«

»Nicht halb so gut, wie er es gerne hätte«, antwortete sie ohne zu zögern. Vielleicht etwas zu eilfertig? »Macht Euch das Sorgen?« Sie hielt seinem Blick stand, ohne mit der Wimper zu zukken. »Dazu besteht kein Grund. Und schließlich ist es ein offenes Geheimnis, daß der Graf und die Gräfin von Anjou noch nie ein glückliches Paar waren.«

»Das braucht Ihr mir nicht zu sagen.« Heinrich spießte ein Stück von dem Wildbret aufs Messer. »In Zukunft sprecht bitte von meiner Mutter als der Kaiserin. Sie zieht diesen Titel vor.«

»Ja, gern.« Eleonore schwieg einen Augenblick. »Vergebt mir. Ich wollte nicht in alten Wunden rühren.« Sie bedachte Heinrich mit einem unsicheren Lächeln. »Ich verstehe etwas von alten Wunden. Manchmal hilft es, wenn man mit jemandem darüber spricht.«

Die Sanftheit ihrer Stimme, die Anteilnahme in ihrem Blick schnürten ihm die Kehle zu. O Gott, was geschah nur mit ihm? Eleonore hatte irgendwie die Unterhaltung an sich gerissen; diese unerwartete Wendung verursachte ihm starkes Unbehagen. Er mußte die Zügel wieder selbst in die Hand nehmen. Heinrich schluckte, rang sich ein Lächeln ab, dann warf er ihr einen schelmischen Blick zu, der im allgemeinen alle Frauenherzen zum Schmelzen brachte.

»Ich würde gern mehr als Vertraulichkeiten mit Euch teilen, Madame.«

Es entstand ein kurzes Schweigen. »Tatsächlich, das würdet Ihr? Wie unoriginell.« Die Wärme war wie weggewischt. Sie spielte jetzt wieder die Königin, die ihre Verehrer hänselte. »Ich habe immer gehört, den Normannen fehle es an Finesse, aber ich habe kaum erwartet, daß sich ihr Herzog benimmt wie... nun...« Sie zuckte beredt mit den Schultern.

»Wie sollte ich mich denn benehmen, Eurer Meinung nach? Ich bin ein Mann wie jeder andere – aber kein zungenfertiger Galan.«

»Nein, das hätte man nie und nimmer erraten.« Sie flirtete mit ihm über den Rand ihres juwelenbesetzten Bechers.

Der gefährlichste Augenblick war vorüber. Heinrich entspannte sich. Eleonores Gesicht, das von einem weißen Musselinschleier umrahmt war, sah noch jünger und lebenssprühender aus als früher am Tag. Ihren Scheitel schmückte die Herzogskrone von Aquitanien. Einen Moment lang ruhte Heinrichs Blick auf dem Goldemblem ihrer Macht, bevor er die schlanke Linie ihres Nackens hinunterglitt. Er entdeckte, daß sie sich umgezogen hatte, und spürte ein plötzliches Pochen in den Schläfen. Hatte sie sich wegen ihm oder wegen seinem Vater umgezogen? Unter einem ärmellosen karmesinroten Überrock trug sie ein enganliegendes blaues Gewand, das ihre schlanke Taille betonte und leicht ihre Brustwarzen andeutete. Trug sie etwas darunter? Sie hatte keine großen, aber wohlgeformte, feste Brüste, wie ein Mädchen, das halb so alt war wie sie. Heinrich überlegte, wie es wohl sein mochte, sie zu berühren.

»Hört auf, auf meinen Busen zu starren«, sagte sie leise. »Alle beobachten Euch. Vor allem Euer Vater und Ludwig.«

»Ich würde auch mehr tun, als nur schauen.« Heinrich hielt ihrem Blick stand. »Warum soll ich meine Bewunderung verbergen? Insbesondere, wenn ich weiß, daß es Euch gefällt?«

Eleonore holte tief Luft. »Was für ein unverschämter Bastard! Ich habe nichts dergleichen gesagt.«

»Das ist nicht nötig.«

»Ich finde, Ihr verhaltet Euch ausgesprochen dreist.« Ihre Wangen glühten.

»Ja? Wie ich hörte, soll genau das das Salz in der Suppe sein.«

»Seid Ihr so einfältig, alles zu glauben, was Ihr hört? Ihr solltet inzwischen wissen, daß Euer Stand mit oder ohne Grund zum Geschwätz verleitet. Aber jetzt ist weder die Zeit noch der Ort für derlei Unterhaltungen.«

»Nennt mir die Zeit und den Ort, und auch eine Herde wilder Pferde wird mich nicht abhalten.« Heinrichs Knappe reichte ihm eine Silberschale mit Wasser, und er wusch das Fett von seinen Fingern. »Ich möchte Euch jedoch warnen, ich habe kein Talent für belangloses Geplauder.«

»Ihr wollt mich also noch einmal daran erinnern. Ich finde Wiederholungen langweilig.«

»Ich bin ein Mann der Tat, darin liegen meine Talente.«

»Sagt mir eines«, fuhr Eleonore fort und griff nach dem Flügel eines gebratenen Perlhuhns. Sie knabberte daran und legte ihn dann auf den Teller zurück. »Werdet Ihr denn nie müde, Eure überragende Tüchtigkeit zu rühmen? Wie soll man wissen, ob Ihr wirklich den hohen Erwartungen entsprecht, die Ihr für Euch in Anspruch nehmt?«

Hinter dem plänkelnden Ton entdeckte Heinrich eine leichte Erregung in ihrer Stimme. Sein Herz pochte gegen die Rippen. Die Spannung zwischen ihnen steigerte sich mit jedem Augenblick.

»Wir könnten bis zum Tag des Jüngsten Gerichts streiten«, sagte Heinrich heiser. »Nehmt die Herausforderung an, und findet es selbst heraus.«

Eleonore gab ein tiefes, kehliges Lachen von sich, das tausenderlei Wonnen zu verheißen schien. Als sie ihren Becher zum Mund führte, sah Heinrich, daß ihre juwelengeschmückten Finger leicht zitterten. Nachdem sie dem König einen flüchtigen Blick zugeworfen hatte, wandte sie sich wieder Heinrich zu.

»Macht Euch bereit, Graf. Ludwig wird sich jeden Augenblick erheben. Ich teile Euch die Zeit und den Ort mit.«

»Im Gegensatz zu Eurem trägen Gatten bin ich schon seit einiger Zeit bereit zum Aufbruch.«

Er grinste, hoffte, sie würde nicht merken, wie sehr er sich danach sehnte, sie zu berühren. »Ich erwarte begierig Eure Nachricht.«

Eleonore errötete und verschluckte sich fast an ihrem Wein. Sie wandte sich ab, und Heinrich, der noch erregt war von der Unterhaltung, stocherte geistesabwesend im Essen herum.

Nach dem Mahl, als Ludwig Heinrich fragte, ob er jetzt bereit sei, die Bedingungen des Vertrags zu besprechen, schützte dieser erneut Müdigkeit vor. Eleonore hatte ihm keine Andeutung gemacht, wann sie nach ihm schicken würde, aber er wollte erreichbar sein. Benommen, als hätte er zuviel Wein getrunken, ging er in den Hof, um wieder einen klaren Kopf zu bekommen. Über ihm leuchtete der Vollmond am Himmel, tauchte die Türme der Burg in ein silbernes Licht und warf dunkle Schatten in den Ecken des Hofs.

Die Glocken von Notre Dame riefen zum Komplet. Die Fensterschlitze in der Burg waren dunkel, aber hoch oben auf dem Turm flackerte ein einzelnes Licht. Eleonores Gemach? Heinrich starrte hinauf. Nach ungefähr einer Stunde kehrte er in den Turm zurück, stieg zuerst eine enge Treppe hoch und dann eine Wendeltreppe hinunter, die zu der Kammer führte, die er mit Gottfried und den Knappen teilte. Er hatte inständig gehofft, Eleonore möge ihn noch heute abend zu sich rufen.

Gottfried schien zu schlafen, aber etwas an der starren Haltung seines Körpers ließ in Heinrich den Verdacht aufkommen, daß er sich nur schlafend stellte. Er wußte, er mußte sich mit seinem Vater aussprechen, bevor sie sich mit Ludwig trafen. Wenn sie keine geschlossene Front bildeten, würde der französische König die Lage ausnutzen. Er würde vielleicht mehr als das Vexin fordern als Gegenleistung dafür, daß er Heinrich als Herzog der Normandie anerkannte. Ohne die Stiefel auszuziehen, legte sich Heinrich auf das Strohlager und dachte seufzend an Eleonore.

Ihr verführerischer Körper, straff und biegsam wie eine Gerte, das herausfordernde Funkeln in ihren Augen, die Pfirsichhaut ihres Gesichts gingen ihm nicht aus dem Sinn. Würde sie die Annullierung ihrer Ehe wirklich durchsetzen können? überlegte er; hatte sie ihm wirklich die Wahrheit über ihre Beziehung zu seinem Vater gesagt?

In dieser Nacht träumte er von der Herzogskrone von Aquitanien, einem goldenen Reif, der mit Perlen und Rubinen besetzt war. In diesem Traum verwandelten sich die Rubine in Blutstropfen, die Perlen in Tränen.

Als Heinrich am nächsten Morgen spät aufwachte, war Gottfried schon weg.

»Er ist früh aufgestanden und zur Morgenmesse gegangen«, berichtete ihm Gottfrieds Knappe. »Er ist noch nicht zurückgekehrt.«

Aus einem silbernen Becken spritzte Heinrich sich kaltes Wasser ins Gesicht, fuhr sich mit der Hand durch seine fahlroten Borsten. Dann zog er aus der Satteltasche den besten Umhang, den er besaß. Er war ein Geschenk seiner Mutter und bestand aus scharlachrotem Stoff, der mit goldenen Löwen bestickt war. Dieser Umhang mußte auch der strengsten Königin gefallen.

»Herr, Ihr könnt nicht mit diesen dreckbespritzten Stiefeln in der Öffentlichkeit erscheinen«, machte ihn der Knappe aufmerksam. »Ihr habt sie wohl gestern nacht beschmutzt. Laßt sie mich erst reinigen.«

»Dazu habe ich jetzt keine Zeit.«

Der Knappe blickte entsetzt drein. »Oh, Herr, was wird der Graf sagen...«

Heinrich griff nach seinem Umhang, stürmte hinaus, durchschritt den langen Gang, eilte die Treppe hinunter und betrat den großen Saal. Nur ein paar Ritter und Knappen waren anwesend. Im Stehen leerte er einen Becher Wein, nahm sich ein Stück Weißbrot und begab sich auf die Suche nach seinem Vater.

Draußen im Hof teilte ihm ein Diener im weichen Tonfall des Languedoc mit, daß ihn die Königin zu sprechen wünsche. Heinrich zögerte kurz und zuckte dann mit den Achseln. Wenn die Königin ihn zu sich rief, mußte er gehorchen. Es würde sich bestimmt noch eine Gelegenheit ergeben, mit seinem Vater noch vor ihrem Treffen mit Ludwig zu sprechen. Sie gingen an einem Beet mit Sommerlilien vorbei, die neben einer Steinbank wuchsen. Heinrich blieb stehen, erinnerte sich nach Jahren das erste Mal wieder daran, daß er der frischvermählten französischen Königin einen Strauß Lilien geschenkt hatte und daß sie damals – ach du lieber Himmel – nur ein paar Jahre jünger gewesen war als er jetzt. Er pflückte eine Handvoll Blüten und folgte dem Diener, der um die Burg bog.

Eleonore lief nervös in der kleinen Vorkammer hin und her. In ihrem Kopf wirbelten die Gedanken durcheinander. Sie dachte an Raimund von Antiochia, die bevorstehende Annullierung ihrer Ehe, ihre künftige Stellung in Aquitanien und, was sie im Augenblick noch mehr bewegte, die ungeheure Anziehung, die Heinrich von Anjou auf sie ausübte. Gestern abend war ihr spontan ein Gedanke gekommen, der sie nicht mehr losließ. War sie nicht vollkommen verrückt, so etwas auch nur in Erwägung zu ziehen? Wäre doch nur ihr Onkel hier, um sie zu beraten und zu beruhigen. Eleonore hatte das Gefühl, in ein tiefes Wasser einzutauchen, in dem sie ertrinken konnte – wenn es ihr nicht gelang, sich an dessen Oberfläche zu halten mit einer Geschicklichkeit, die sie noch nie zuvor unter Beweis hatte stellen müssen und von der sie nicht einmal sicher war, ob sie sie besaß.

Nachdem ihr dieser unglaubliche Gedanke gekommen war, hatte sie eine schlaflose Nacht verbracht, in der sie versuchte, sich darüber klarzuwerden, welchen Kurs sie einschlagen sollte.

Seit jener schicksalhaften Begegnung mit Raimund, der ihr den Vorschlag der Annullierung ihrer Ehe unterbreitet hatte, war ihr klar gewesen, daß irgendwann die Zeit kommen würde, da sie sich mit dem Gedanken an einen neuen Gatten würde vertraut machen müssen. Aber sie hatte dieses Problem verdrängt, denn es gab dringlichere Angelegenheiten. Wenn sie erst wieder eine freie Frau war und wieder in der Geborgenheit ihrer Heimat Aquitanien lebte, würde sie die angemessenen Heiratskandidaten einer sorgfältigen Prüfung unterziehen. Sie war nicht mehr so arglos oder töricht anzunehmen, sie könne das Herzogtum alleine regieren – auch wenn ihr das am liebsten gewesen wäre –, denn dies barg zu große Risiken in sich. Als ihr Vater gestorben war, hatte sie sich in genau dieser Position befunden, doch jetzt konnte sie die potentiellen Gefahren viel besser einschätzen. Aber zumindest hatte sie das Heft in der Hand. Sie konnte den richtigen Augenblick bestimmen, konnte ihren künftigen Gemahl selber wählen.

Jetzt, da sie am wenigsten damit gerechnet hatte, bot sich ihr die Gelegenheit, ihre Wahl zu treffen.

Eleonore öffnete die Tür und spähte hinaus. Der Gang war leer. Dankbar für die Gnadenfrist, nahm sie eine rote Feige vom Tisch und setzte ihre rastlose Durchquerung der Kammer fort, erstaunt, nein, überwältigt von ihren Gefühlen.

Mit Ausnahme von Raimund von Antiochia hatte sie noch kein Mann so fasziniert wie Heinrich von Anjou. Wenn der Herzog sich im selben Raum wie sie befand, sah sie nur noch ihn; wenn er nicht anwesend war, konnte sie es kaum abwarten, ihn wiederzusehen. Trotz seiner Jugend war er bereits eine starke, intelligente Persönlichkeit, und seine Stärke würde mit den Jahren noch zunehmen. Schließlich war er Gottfrieds Sohn. Außerdem besaß er Verstand und Ehrgeiz, aber vor allem – sie mußte es sich eingestehen – begehrte sie ihn als Mann. Eleonore verdrängte ihre Gefühle – zumindest vorläufig – und zwang sich, die praktische Seite ihrer Wahl zu betrachten.

Heinrich, der bereits das mächtige Herzogtum Normandie besaß, würde auch noch die Grafschaften Anjou und Maine erben. Durch seine Mutter war er der rechtmäßige König von England. Wenn sie, Eleonore, ihn unterstützte – Aquitanien besaß schließlich große Möglichkeiten –, würde ihm die englische Krone nicht länger vorzuenthalten sein. Es war politisch klug, einen solchen Mann zu heiraten, sagte sich Eleonore; daß sie ihn außerdem so anziehend fand, war ein unerwartetes Geschenk.

Aber wollte er auch sie? Natürlich begehrte Heinrich sie. Das taten viele Männer. Eleonore war sich sehr wohl bewußt, daß Aquitanien ebenfalls ein verlockendes Beutegut war. Aber wollte er sie wirklich? Eine weitere Ehe ohne Liebe war undenkbar für sie. Sie hatte sich immer nach Liebe gesehnt, wollte sich einem Gefühl hingeben, das stärker war als sie, und doch unversehrt bleiben, gebieterisch, eigenständig. Die typische aquitanische Widersprüchlichkeit, hörte sie Raimund sagen. Sie glaubte, ihn vor sich zu sehen, wie er träge gähnte. Es liegt dir im Blut, meine Liebe. Du wirst das nie ändern können.

Eleonore öffnete erneut die Tür. Draußen war immer noch niemand zu sehen.

Impulsiv hatte sie nach dem jungen Herzog schicken lassen. Bald würde er hier sein. Was sollte sie ihm sagen? Sie war Herzogin und Königin, an Ehrerbietung und Respekt gewöhnt und auch daran, meistens ihren Kopf durchzusetzen.

Er war elf Jahre jünger; sie hatte nie vorgehabt, einen jüngeren Mann zu heiraten – Eleonore mußte sich zwingen, nicht plötzlich aufzuschreien. Heilige Radegund, was hatte die Wahrsagerin ihr vor langer Zeit vorausgesagt? Sie rechnete schnell nach. Ja, die Zeiten stimmten. Aber was hatte das zu bedeuten? Jetzt, an diesem großen Wendepunkt ihres Lebens, in einem Augenblick, der sich nicht wiederholen würde, beschlich Eleonore das Gefühl, ihr Geschick weniger im Griff zu haben denn je.

Der Diener geleitete Heinrich durch eine schmale Tür und dann einen schwach beleuchteten Gang hinunter. Dann öffnete er die Tür zu einer kleinen Vorkammer und schloß sie behutsam hinter sich. Eleonore stand mit ernstem Gesicht in der Mitte des Raumes. Heinrich betrachtete erstaunt die Wände, die aus dunkelblauen Mosaikfliesen bestanden; der Boden war aus rotem Marmor. Vor einem langen Diwan, auf dem sich Seidenkissen in Gelb, Blau und Rot häuften, befand sich ein niedriger Ebenholztisch. Darauf standen zwei Silberbecher, die mit Edelsteinen verziert waren, und Silbergeschirr in Blauschwarz sowie tiefrote Früchte, die er noch nie zuvor gesehen hatte. Mehrere mit Goldfäden durchwirkte Polsterschemel waren im Raum verteilt.

»Ich habe für diesen Raum ein Gemach im Palast meines verstorbenen Onkels in Antiochia zum Vorbild genommen«, sagte Eleonore als Antwort auf seine unausgesprochene Frage. Sie begab sich zum Diwan, nahm Platz und forderte ihn mit einer Geste auf, sich neben sie zu setzen. »Die Feigen und Granatäpfel führe ich aus dem Orient ein – eine sehr kostspielige Angelegenheit, sollte ich vielleicht hinzufügen.«

»Was sagt Ludwig dazu?«

»Ludwig hat nichts dazu zu sagen. Solchen Luxus leiste ich mir aus meinen Einnahmen, die ich aus Aquitanien und Poitou beziehe.«

Heinrich versuchte, nicht allzu verdattert dreinzublicken, und nahm schnell neben ihr Platz. Die Eleganz und Kultiviertheit der Königin sowie das Gemach riefen in ihm Beklemmung hervor. Hätte er doch seine Stiefel reinigen lassen und wäre doch der Stallgeruch, der an ihm haftete, weniger durchdringend gewesen. Er kam sich plump vor, wie ein unbeholfener Tölpel aus der Provinz. Zum Glück hatte er wenigstens den scharlachroten Umhang angelegt.

Heinrich drückte ihr die Blumen in die Hand, war dabei aber höchst verlegen. Er wußte nicht, was er sagen sollte.

Eleonore warf ihm einen fragenden Blick zu, dann plötzlich lächelte sie.

»Ihr erinnert Euch also an unsere zweite Begegnung. Wie schön. Vielen Dank dafür.« Sie legte die Blumen behutsam auf den Tisch.

Ihr Gesicht war immer noch so reizend und ihr Körper immer noch so verführerisch wie am Tage zuvor. Sie trug das blaue Gewand vom Vorabend. Es paßte nicht ganz zu dieser frühen Stunde, fand Heinrich und überlegte, ob sie ihm damit eine Botschaft übermitteln wollte. Ihm wurde heiß, als er erkannte, daß sie ganz allein waren.

Aber Eleonore war heute morgen nicht zum Flirten aufgelegt. Im Gegenteil, ihr Gesicht wirkte ernst, ihr Blick in sich gekehrt. Sie wirkte sanfter als gestern, fast verletzbar. Was auch immer sie bewogen haben mochte, ihn zu sich zu rufen, es war auf keinen Fall ein leichtfertiges Stelldichein. Heinrich spürte, wie Enttäuschung ihn erfaßte.

»Es gibt so viel zu erklären und so wenig Zeit dafür«, begann Eleonore die Unterhaltung. »Verzeiht meine Kühnheit, aber ich mußte Euch vor Eurer Unterredung mit Ludwig sprechen.« Sie holte tief Luft. »Ihr habt doch bestimmt die Gerüchte vernommen, daß Ludwig und ich vor der Annullierung unserer Ehe stehen?«

»Ich weiß es von meinem Vater. Also sind es nicht bloß Gerüchte?«

»Nein, keineswegs. Die Einzelheiten werden gerade ausgearbeitet, aber das dürfte nicht mehr lange dauern. Höchstens sechs Monate.« Sie legte eine kurze Pause ein. »Dann bin ich frei.«

Heinrich nahm sich eine blauschwarze Feige. Diese Sorte war ihm ganz neu, und er betrachtete sie aufmerksam. Wurde der Stiel mitgegessen? Schließlich steckte er die ganze Feige in den Mund und überlegte, warum wohl Eleonore ihm ihr Vertrauen schenkte. Während er auf der Feige herumkaute, wurde ihm klar, daß man den Stiel nicht mitaß.

»Soll ich Euch kondolieren oder gratulieren?« fragte er. »Wohin soll das alles führen?«

»Ich glaube, Ihr kennt die Antwort bereits. Die Wahrheit ist, daß meine Ehe mit Ludwig von Anfang an unter einem dunklen Stern stand.«

»Er mißhandelt Euch doch nicht etwa?« Die Frage war lächerlich. Wer würde es wagen, diese gebieterische Schönheit zu mißhandeln? Heinrich war sich ihrer körperlichen Nähe so stark bewußt, daß es ihm schwerfiel, kühlen Kopf zu bewahren.

»Nein. Es sei denn, tödliche Langeweile gilt auch als Mißhandlung.«

Heinrich bemerkte die Bitterkeit in ihrer Stimme, als sie vom König redete. Kein Wunder. Es war ein Verbrechen, daß diese charmante, begehrenswerte Frau mit einem Eunuchen wie Ludwig von Frankreich verheiratet worden war. Wie gerne hätte er ihr geholfen.

»Als Alix, meine zweite Tochter, geboren wurde, wußte ich, daß man Ludwig raten würde, mich fallenzulassen.«

»Ich verstehe.« Heinrich fühlte sich geschmeichelt, weil sie so offen mit ihm redete, konnte sich aber immer noch nicht vorstellen, worauf das Ganze hinauslief. Ganz bestimmt nicht auf die Verführung, auf die er sich ursprünglich gefreut hatte.

Eleonores grün-braune Augen, die unter den dunklen Augenbrauen riesig wirkten, schienen einen stummen Appell an ihn zu richten. Er hätte gerne darauf reagiert, wußte aber nicht, wie, und rutschte daher unbehaglich auf seinem Sitz hin und her.

»Graf – Heinrich«, sagte sie zögernd. »Ihr seht vor Euch eine Frau, die kein Mädchen mehr ist, aber auch weder eine Ehefrau noch eine Witwe. Eine Frau, die bald ohne Schutz dastehen wird, denn nach den Bedingungen des Ehevertrags gehört mir Aquitanien weiterhin. Wißt Ihr, was das bedeutet? Sobald sich die Nachricht von der Annullierung der Ehe verbreitet, werde ich der Gnade jedes wilden Raubtiers ausgeliefert sein, das nach meinem Erbe trachtet.«

Heinrich hatte von Eleonores turbulenten Ehestreitigkeiten

gehört. Aber er hatte sich die energische Königin nie einsam und schutzlos vorgestellt. Sein Herz klopfte, er konnte kaum mehr atmen.

»Madame«, sagte er ernst, »ich hatte keine Ahnung, daß Ihr in solchen Schwierigkeiten steckt. Es wäre mir ein großes Vergnügen – ich meine –, ich will mein Bestes tun, um Euch zu helfen.«

»Nur wenige kennen meine mißliche Lage«, entgegnete sie mit traurigem Lächeln und legte ihre schlanke weiße Hand auf seine sommersprossige. Seine Handflächen waren schwielig vom Halten der Zügel, der Handrücken narbig von den scharfen Schnäbeln seiner Falken.

»Wie kann ich Euch helfen?« fragte er.

Sie schwieg einen Augenblick, hielt den Kopf gesenkt und fuhr mit den Fingerspitzen sacht über seine Hand, was Heinrich innerlich in heftigen Aufruhr versetzte.

»Wenn Ihr Euch mit Ludwig trefft, solltet Ihr dem von ihm gewünschten Vertrag zustimmen. Gebt Frankreich das Vexin und laßt Euch dafür von Ludwig als Herzog der Normandie anerkennen.«

Heinrich war verblüfft. Argwöhnisch entzog er ihr seine Hand. Welches doppelte Spiel trieb dieses Biest mit ihm? Steckte Ludwig dahinter? »Ich verstehe nicht, was Euch das nützen würde, Madame. Ich will das Vexin nicht verlieren.«

Eleonore blickte zu ihm hoch. »Auch nicht im Austauch für Aquitanien?«

Heinrich war wie betäubt, hatte das Gefühl, zu ersticken. Hatte er richtig gehört? »Aquitanien?« wiederholte er langsam. »Ich meine... ich verstehe nicht.«

»Ich glaube, Ihr versteht sehr wohl«, erwiderte sie mit sanfter Stimme. »Ich glaube, Ihr versteht sehr gut. Ich biete Euch die Chance, mich zu heiraten und Herzog von Aquitanien zu werden – wenn die Annullierung meiner Ehe endgültig ist. Wenn meine Lage nicht so verzweifelt wäre, wenn nicht Eile geboten wäre, hätte ich Euch nicht auf so ungehörige Art und Weise angesprochen.«

Heinrichs erster Gedanke war, was wohl seine Mutter dazu sagen würde; das riesige Geschenk, das Eleonore ihm anbot, war atemberaubend. Herzog von Aquitanien und Graf von Poitou – alles, was er brauchte, um in England einzufallen. Und auch sie brauchte ihn. Diese sagenhafte Schönheit hier, deren Ansehen und Einfluß in ganz Europa berühmt waren, hatte ihn um seinen Schutz gebeten! Er blickte ihr in die Augen, in denen zu seinem Erstaunen ein unnatürlicher, fast erschreckender Glanz stand.

Ihr Gesicht leuchtete wie eine wildwachsende Sommerblume, ihre feuchten Lippen waren leicht geöffnet.

Heinrich versuchte, etwas zu sagen, aber er brachte keinen Ton hervor. Das Blut pochte in seinen Schläfen. Noch nie hatten ihn seine Gefühle derart überwältigt. Plötzlich hatte er den dringenden Wunsch, sich diesen leuchtenden Augen hinzugeben, diesem verführerischen Mund, seinen Körper und sein Herz dieser strahlenden Königin zu schenken, die von ihrem Podest heruntergestiegen war und sich ihm dargeboten hatte. Er begehrte sie mehr als irgend etwas auf der Welt. Wie gern hätte er ihr seine Gefühle verraten, aber er war nicht fähig dazu. Insgeheim verfluchte er sich, und zum ersten Mal wünschte er sich, über die Gabe der Galanterie zu verfügen, über die Zungenfertigkeit eines Troubadours, den lockeren Charme seines Vaters.

»Ich habe mich vor Euch gedemütigt«, sagte Eleonore mit einem leichten Stocken in der Stimme. »War das ein Fehler? Habe ich mich so in Euch getäuscht?«

Heinrich konnte nur heftig den Kopf schütteln. »Aber warum ich?« Seine Stimme klang barsch, und er überlegte, weshalb er ihr nicht zeigen wollte, wie tief ihn ihre Worte berührt hatten.

»Ich brauche einen Ritter mit Rang und Namen. Einen Mann mit Urteilsvermögen und Stärke. Auch die Tatsache, daß wir Nachbarn sind – Anjou und Poitou grenzen schließlich aneinander –, ist von Bedeutung. Eines Tages werdet Ihr König von England sein. Ihr habt alle erforderlichen Voraussetzungen, um mein Herr, mein Beschützer zu werden.«

»Ich schätze Euer Vertrauen, aber im Augenblick bin ich lediglich Herzog der Normandie. Mein Vater ist noch quicklebendig, und es ist noch ein langer Weg, bis ich König von England sein werde.«

»Mit meiner Hilfe – das heißt, der Hilfe, die ich Euch bieten kann – könnt Ihr Eurem Ziel schneller näher kommen. Leuchtet Euch das nicht ein?«

»Doch, ich habe daran gedacht«, gab Heinrich zögerlich zu.

Eleonore lächelte. »Vielen Dank für Eure Ehrlichkeit.«

Zu Heinrichs Erstaunen wurde sie plötzlich rot. »Und es gibt noch andere Gründe, weshalb meine Wahl auf Euch fiel. Gründe, die Ihr wohl bereits kennt. Mein Herz sagt mir, daß wir gut zusammenpassen.«

Sie blickten sich tief in die Augen. Langsam senkte Heinrich den Kopf und küßte ihre halb geöffneten Lippen. Er spürte ein brennendes Verlangen und hätte sie gerne auf der Stelle genommen. So verfuhr er mit den Dienerinnen, den Dirnen in den

Schenken und den willfährigen Ehefrauen, mit denen er es trieb. Aber er beherrschte sich, schließlich küßte er gerade die Königin von Frankreich, hielt die Herzogin von Aquitanien in den Armen. Doch als der Kuß intensiver wurde, war alle Vernunft vergessen, ließ Heinrich sich in einen Strudel der Erregung ziehen. Noch nie hatte er so etwas empfunden.

Eleonore fing sich als erste wieder und stieß ihn mit zitternden Fingern zurück. Ihr Atem kam stoßweise, ihr Körper bebte. Er wußte, sie kämpfte gegen das Verlangen an, sich seiner Leidenschaft hinzugeben, und dies erfüllte ihn mit großem Respekt. Selbstbeherrschung bei einer Frau war eine großartige Eigenschaft. Er bewunderte an seiner Mutter vor allem ihren kühlen Kopf.

»Wie konnte Ludwig so töricht sein, Euch die ehelichen Freuden zu verweigern?« Heinrich erkannte nur mühsam, daß die heisere, rauhe Stimme seine eigene war. Er konnte sich nicht beherrschen und streichelte ihre wohlgeformte Brust, deren Warze sich gegen seine Handfläche drückte. »Das habe ich mir gestern abend gewünscht.« Er ließ die Hand sinken.

Mit einem tiefen Seufzer griff Eleonore nach ihrem Weinbecher und umklammerte ihn mit beiden Händen. »Sind wir uns also einig?« Das unüberhörbare Zittern in ihrer Stimme erfüllte ihn mit großem Stolz. »Ihr bewahrt Aquitanien vor den Wölfen, und ich sorge dafür, daß Ihr die nötigen Mittel bekommt, um auf den englischen Thron zu gelangen.«

»Einverstanden. Aber warum soll ich Ludwig das Vexin überlassen?«

»Weil er nicht ahnen darf, was wir vorhaben. Laßt ihn im Glauben, daß er Euch geschlagen hat. Dann wird er Euch als seinen Vasallen, als Herzog der Normandie anerkennen, die Annullierung unserer Ehe wird weiter vorangehen, und niemand wird unser Vorhaben erraten. Später, wenn wir verheiratet sind und England erobert ist, werden wir einen Weg finden, das Vexin zurückzubekommen.«

Heinrich starrte sie an, zutiefst beeindruckt, weil sie alles bedacht zu haben schien. »Aber selbst wenn Ludwig nicht länger Euer Gemahl ist, bleibt der König von Frankreich immer noch der Oberherr, dem die Herzogin von Aquitanien gehorchen muß. Ihr könnt Euch ohne seine Zustimmung nicht wieder verehelichen.«

»Wenn unsere Ehe geschlossen ist, was kann er dann noch tun? Ludwig bellt laut, aber seine Zähne sind schwach. Vertraut mir, ich weiß, was ich tue. Mein Plan funktioniert, aber behaltet ihn für Euch. Redet nur darüber, wenn es unbedingt sein muß.«

Heinrich nickte. Er hatte Hunderte von Fragen, aber es klopfte heftig an die Tür, und der Diener, der ihn hierher geleitet hatte, steckte den Kopf herein.

»Der König verlangt nach Herzog Heinrich, Herrin.«

»Er kommt gleich«, erwiderte Eleonore.

Die Tür wurde geschlossen. Heinrich erhob sich. Er hatte gerade den wichtigsten Augenblick seines achtzehnjährigen Lebens hinter sich und kam sich unbeholfen vor, empfand Scheu vor dieser impulsiven Frau, die zu heiraten er gerade zugestimmt hatte. Er wollte nichts anderes, als sie in die Arme nehmen, aber sie blickte ihn jetzt erwartungsvoll an, wartete offensichtlich darauf, daß er... ja, was erwartete sie von ihm?

Er straffte sich, war erleichtert, daß er mindestens einen halben Kopf größer als Eleonore war. »Madame, ich bin nur ein freimütiger Normanne, aber mein Schwert ist immer bereit, Euch zu verteidigen. Ich werde Eure Ehre mit meinem Leben verteidigen, und... Eure Feinde sind auch meine.«

Sie lächelte. »Eine gute Rede, würdig des zungenfertigsten Höflings. Wir werden sehr gut zusammenpassen.«

Heinrich, der entschlossen war, galant zu wirken, kniete vor ihr nieder. Er wollte ihre Hand küssen, aber irgendwie landete er mit der Stirn an ihrer goldenen Gürtelschnalle. Dann war er draußen, wischte sich den Schweiß von der Stirn.

Mit schwerem Kopf folgte Heinrich dem Diener den Gang hinunter. Plötzlich blieb er stehen, drehte sich um und stieß einen Freudenschrei aus. Die Königin von Frankreich würde seine Frau werden. Und England – sein Geburtsrecht, sein Traum, sein Lebensziel – war jetzt tatsächlich in Reichweite.

## 20. Kapitel

Gottfried wartete am Eingang zum großen Saal. Heinrich schloß aus seiner starren Haltung und seinem gefrorenem Lächeln, daß die Flagge auf Sturm stand.

»Wo hast du denn gesteckt? Ich habe dich überall gesucht.« Der Graf studierte Heinrichs Gesicht. »Nun, spielt jetzt keine Rolle mehr. Hör gut zu, ich habe mir alles nochmals durch den Kopf gehen lassen und finde, du mußt das Vexin mit Anstand aufgeben. Am wichtigsten ist, daß du offiziell als Herzog der Normandie anerkannt wirst. Ich hoffe, du bist vernünftig.«

Heinrich lächelte. »Sehr vernünftig. Ich bin nämlich Eurer Meinung.«

»Wirklich?« Gottfried war völlig verblüfft. »Ich hatte mich schon auf eine Auseinandersetzung gefaßt gemacht. Was hat deinen Sinneswandel bewirkt?«

»O Gott, Euch kann man es nie recht machen. Einerseits drängt Ihr mich, vernünftig zu sein, und wenn ich es bin, ist es auch wieder nicht recht.«

Gottfried musterte ihn argwöhnisch. »Du warst bei Eleonore. Sie steckt dahinter, nicht wahr?«

»Spielt das eine Rolle?«

Der Majordomus näherte sich ihnen. »Meine Herren, König Ludwig ist gerade noch mit einem Streit zwischen zwei Vasallen befaßt. Er wird jeden Augenblick fertig sein. Bitte, wartet.«

Gottfried bedachte den Mann mit einem eisigen Lächeln. »Natürlich.« Er begab sich mit Heinrich zu den offenen Türen des Turms, wo Sonnenstrahlen die Matten in einen Teppich aus Goldstaub verwandelten. Andere Vasallen, die ebenfalls auf eine Audienz beim König warteten, standen in Gruppen herum und betrachteten die beiden Normannen voller Neugier.

»Hast du deinen Oberherrn zum Hahnrei gemacht?« zischte ihm Gottfried zu.

»Und *Ihr*? Ich glaube, diese Unterhaltung hatten wir schon einmal.«

Gottfried ballte die Fäuste. Einen kurzen Augenblick befürchtete Heinrich, er würde ihn wieder schlagen. Da er nicht mehr sicher war, ob er die Antwort unbedingt hören wollte, hob er die Hände.

»Frieden. Frieden. Ich will nicht mit Euch streiten.« Heinrich fuhr sich nervös durch die Haare. »Ganz im Gegenteil. Ich brauche dringend Eure Hilfe.«

»Wann hättest du sie nicht gebraucht?«

Heinrich atmete tief durch. Du lieber Himmel, das lief ja noch schlechter, als er befürchtet hatte.

»Um welches Problem geht es dieses Mal?« Gottfrieds Blick bohrte sich in seinen.

»Um kein Problem. Die Lage ist folgende...«

»Ah, nun endlich kommen wir zur Sache.«

»Wenn Eleonores Ehe annulliert ist, werden wir heimlich heiraten«, sagte Heinrich schnell. »Als Herzog von Aquitanien stehen mir alle Mittel zur Verfügung, um England einzunehmen. Habe ich dazu Euren Segen?«

Aus Gottfrieds Gesicht war jede Farbe gewichen. Er bewegte die Lippen und taumelte nach hinten, als ob er unsicher auf den Füßen wäre. Heinrich hielt sich mit großer Mühe zurück, die Hand auszustrecken, um ihm zu helfen. Nachdem eine kurze Zeit verstrichen war, bemühte sich Gottfried nach Kräften, sich wieder unter Kontrolle zu bekommen.

»Nun, du hast keine Zeit vergeudet«, preßte er dann hervor. »Wie lange kennst du die Frau, die du heiraten möchtest? Anderthalb Tage? Ich vermutete natürlich, daß Eleonore sich bald auf die Suche nach einem neuen Ehegatten machen würde, der ihr dabei helfen würde, das ungebärdige Aquitanien zu regieren, aber ich hätte mir nicht träumen lassen, daß diese Ehre meinem eigenen Sohn zufallen würde. Du brauchst wohl kaum noch meinen Segen, da du so prächtig alles selbst in die Hand genommen hast.«

»Doch, ich möchte ihn.«

»Eine bessere Partie hätte ich nie und nimmer für dich arrangieren können«, fuhr Gottfried fort, als hätte er Heinrichs Bemerkung nicht gehört. »Deine Mutter wird wohl ein wenig ihre Fassung verlieren, am Anfang jedenfalls, aber sie wird bald die großen Vorteile der Sache erkennen.« Er schwieg. Nachdem er einige Male geschluckt hatte, fuhr er fort: »Genau wie ich. Schließlich sind wir, du, deine Mutter und ich, alle Sklaven des Ehrgeizes, nicht wahr?« Er verzog seine Lippen zu einem Lächeln, das mehr einer Grimasse glich.

»Das allein ist es nicht«, sagte Heinrich, hielt aber dann inne. Auch wenn sich Gottfried krampfhaft bemühte, es zu verbergen, wirkte er immer noch völlig durcheinander. Heinrich konnte sich nicht überwinden, das bereits lodernde Feuer noch weiter zu schüren.

Auf seine Art liebte Heinrich seinen kühlen, gutaussehenden Vater; die Tatsache, daß er sich mehr wie ein Rivale verhielt als ein Sohn, bedrückte ihn. Es belastete ihn auch, daß er immer noch nicht genau wußte, in welcher Beziehung Gottfried zu Eleonore stand. Sie stritt es ab, mit ihm intim gewesen zu sein; Gottfried wich ihm aus. Wo lag die Wahrheit?

»Danke, mein Vater und Herr«, flüsterte Heinrich. »Ich brauche in dieser Angelegenheit Euer Wohlwollen.«

»Du hast bereits mit oder ohne mein Wohlwollen gehandelt, mein Sohn«, erwiderte Gottfried, »und Erfolg krönt all deine Bemühungen so oder so.«

Heinrich überlegte, was er unternehmen konnte, um die Kluft zu überwinden, die zwischen ihm und seinem Vater immer tiefer wurde. »Habt Ihr... habt Ihr einen Rat für mich?« Das war das einzige, was ihm einfiel.

Gottfried runzelte die Stirn. »Meinst du das ernst?«

Heinrich wurde rot, nickte aber zustimmend. Gottfried schien sich jetzt wieder unter Kontrolle zu haben, aber an seinen Schläfen glänzten Schweißperlen, was man an ihm nicht kannte. Es war offensichtlich, daß er sich fest am Zügel hielt.

Gottfried ging, die Hände auf dem Rücken verschränkt, vor den offenen Türen auf und ab, Heinrich neben ihm. »Was soll ich dir sagen? Daß du eine Frau zur Gattin bekommst, die jeder Mann, nachdem er sie zum ersten Mal gesehen hat, besitzen will? Aber das hast du ja wohl schon selbst festgestellt.«

»Was ist schlimm daran, solange sie eine pflichtbewußte Ehefrau ist?«

»Ich kenne Eleonore schon seit vielen Jahren. Sie ist eine Frau, der zu gefallen nicht leicht ist, aber du mußt ihr gefallen, sonst bekommst du die Folgen zu spüren. Zwischen Ludwig und mir besteht wenig Zuneigung, aber unwillkürlich tut er mir leid. Er war immer verrückt nach seiner Frau, und es wird ihm nicht leichtfallen, sie gehen zu lassen.«

»Was hat das mit mir zu tun?« fragte Heinrich mit gerunzelter Stirn. »Ludwig ist selbst schuld an seiner Lage. Vermutlich macht der Verlust Aquitaniens ihm schwer zu schaffen.«

Gottfried lachte kurz auf. »Das gleiche hast du gesagt, als wir hier eintrafen. Du natürlich bist völlig unempfindlich in dieser

Hinsicht, nicht wahr? Wer hat mir gerade berichtet, daß er jetzt alle Mittel zur Verfügung habe, England zu erobern?« Er studierte aufmerksam Heinrichs Gesicht. »Du hast Ludwigs Frau und das reichste Lehen in seinem Herrschaftsgebiet gewonnen. Hast du kein Mitleid mit einem Mann, der seine Jugend hinter sich hat und der jetzt verliert, was ihm am meisten bedeutet?«

Heinrich spürte, wie er rot wurde. Ludwig hat Eleonore und das Herzogtum so oder so verloren, wollte er schreien, aber er schwieg.

Gottfried ging weiter auf und ab. »Außerdem gibt es Gerüchte über ihr Treiben in Antiochia. Mit ihrem eigenen Onkel.«

Heinrich erstarrte. »Ich bin überrascht, daß Ihr etwas auf Gerüchte und Klatsch gebt. Solche unappetitlichen Geschichten sollte man ignorieren, denn sie stimmen ja doch nicht.«

Gottfried hielt kurz inne und fuhr dann fort: »Falls man wirklich sicher sein kann, daß nichts Wahres daran ist. Wichtig ist auch, daß man weiß, daß man tatsächlich der Vater seiner Söhne ist.«

Gottfrieds Stimme verriet eine unterschwellige Bitterkeit, die Heinrich aufhorchen ließ. Er erinnerte sich an die ewigen Streitigkeiten zwischen seinen Eltern, die Tränen seiner Mutter. Irgendein Geheimnis quälte sie, verzehrte sie. Warum mußte er gerade jetzt daran denken?

»Ich weiß nicht, was Ihr mit diesen Anspielungen sagen wollt, aber keine Angst, meine Söhne werden wirklich meine Söhne sein. Im Gegensatz zu dem farblosen Eunuchen, mit dem die Königin verheiratet ist, weiß ich, wie man einer Frau gefällt. Ich finde Eure Andeutungen beleidigend. Eleonore gehört nicht zu den Frauen, die der Krone Schande machen.«

»Du würdest dich wundern, welche Frauen dazu fähig sind ...«

»Genug!« befahl Heinrich. Ein Zittern durchlief ihn, was meistens einen seiner unbändigen Wutanfälle ankündigte. »Genug, versteht Ihr?«

»Ja, gut, genug davon«, sagte Gottfried nach einem flüchtigen Blick in Heinrichs Gesicht. »Reiß dich zusammen. Willst du dich vor all diesen Herren lächerlich machen?« Nach einer kurzen Pause fuhr er fort: »Du hast mich um meinen Rat gebeten, erinnerst du dich? Eleonore ist elf Jahre älter als du und ...«

»Was soll's? Meine Mutter ist auch elf Jahre Jahre älter als Ihr. Was wollt Ihr mir damit sagen?«

Gottfried zuckte mit den Achseln. »Nichts. Nichts. Ich will

nur sagen, daß es für deine Mutter und Eleonore besser gewesen wäre, wenn sie als Männer auf die Welt gekommen wären.«

Das war das letzte, was Heinrich erwartet hätte. Was war nur in den Grafen gefahren? Er wünschte sich jetzt, er hätte nie versucht, seinen Vater versöhnlich zu stimmen, indem er ihn um seinen Rat bat. »Ich nehme an, Ihr sagt das nicht ohne Grund«, erwiderte Heinrich, »aber ist das wichtig? Meint Ihr, das spielt bei der Auseinandersetzung mit England eine Rolle? Ich liebe geistvolle Frauen, und für mich ist sie weiblich genug.«

Sein Vater hatte etwas Sauertöpfisches an sich. Es trieb ihn wohl der Wunsch, das zu zerstören, was er nicht haben konnte. Vielleicht hatte der Graf doch nicht mit Eleonore das Lager geteilt. Heinrich war überrascht, wie erleichtert er sich fühlte.

»Stellt Euch vor, eines Tages bin ich Herzog der Normandie, Herzog von Aquitanien, Graf von Anjou und Maine und – hoffentlich in nicht allzu weiter Ferne – auch König von England. Ein wahres Imperium.«

»Und eine beängstigende Verantwortung. Wer herrscht, muß auch dienen können. Achte darauf, daß du nicht von Machtgier geleitet wirst.«

Heinrich starrte seinen Vater verblüfft an. »Ihr hört Euch wie ein lamentierender Kirchenmann an. Was haben wir in diesen vielen Jahren erreicht, in denen wir versucht haben, die Normandie und England dem Usurpator zu entreißen?«

»Könnte ich die Zeit zurückdrehen, hätte ich anders gehandelt.« Gottfried blieb vor den Türen des Turms stehen und starrte geblendet ins Sonnenlicht.

»Ihr wollt mir doch nicht einreden, daß Ihr Euch mit Anjou und Maine zufrieden gegeben hättet? Ein erfahrener Feldherr und Herrscher wie Ihr?«

»In meiner Jugend nicht. Vergiß nicht, auch ich trachtete nach der englischen Krone. Aber jetzt? Eine Grafschaft besteht nicht nur aus Feld und Fluß, Fels und Wiese, wie du ja weißt. Sie besteht auch aus Fleisch und Blut, Knochen und Muskeln. Sie umschließt die Träume und Bestrebungen deiner Untertanen, ihre Wut und ihren Schmerz, ihre Unterschiede und Ähnlichkeiten. Wie gesagt, die Verantwortung könnte einem Angst machen. Je größer das Land, desto größer die Last.«

Heinrich, der seinen Vater noch nie so hatte reden hören, fühlte sich unbehaglich. Ihm war, als habe er einen völlig Fremden vor sich. »Was bewegt Euch, so zu sprechen?«

Gottfried blickte ihn ernst an. »Werden dich all diese Ländereien glücklich machen? Das frage ich mich.«

»Ist das eine ernsthafte Frage?«

Mit einem resignierten Seufzer schüttelte Gottfried den Kopf. »Nein, eine törichte. In deinem Alter hätte ich genauso reagiert. Gleichwohl. Du bist deiner Mutter Sohn, ein echter Normanne. Ich wünsche dir alles Gute, mein Junge.«

Der Majordomus rief ihnen zu, der König sei jetzt bereit, sie zu empfangen.

»Nur noch das eine«, sagte Gottfried schnell. »Wenn du es zuläßt, daß du dich von ganzem Herzen für Eleonore engagierst, wirst du nie mehr frei sein.«

Heinrich wollte gerade fragen, warum nicht, aber die Unterhaltung hatte eine unangenehme Wendung genommen, war erschreckend intim geworden, und er hatte keine Lust, sie fortzuführen.

»Ich merke, du verstehst nicht«, sagte Gottfried. »Ist vielleicht auch gut so.«

Erleichtert folgte Heinrich seinem Vater in den Saal. Im Nu hatte er die Unterhaltung aus seinen Gedanken verbannt und bereitete sich auf das Gespräch mit Ludwig vor.

Zwei Tage später wurde die Zeremonie des Lehnseides abgehalten. Heinrich wurde offiziell Herzog der Normandie und damit auch formell ein Vasall des Königs von Frankreich. Mittlerweile allerdings empfand er den französischen Hof wie ein Gefängnis. Trotz der üppigen, reich gewürzten Speisen, der besten Pferde, der Troubadoure und Spielleute war die Disharmonie des Königspaars unübersehbar. Hinter der heiteren, höfischen Fassade schwelten Haß und Spannungen. Heinrich war diese Atmosphäre nur allzu bekannt, und er wünschte sich weit weg. Sogar seine Begegnungen mit Eleonore waren enttäuschend, da er nicht mit ihr alleine reden konnte.

»Ich muß in die Normandie zurückkehren«, erklärte er ihr.

»Ja, das solltet Ihr, und zwar geschwind. Die nächsten Monate hier werden recht anstrengend sein, und es ist besser für mich, wenn Ihr nicht hier seid. Ich werde Euch meine Pläne mitteilen und auch, wann wir uns wiedersehen werden.« Sie überlegte kurz. »Vermutlich in Poitou, wo es weniger gefährlich ist.«

Sie hielten sich in Eleonores Söller auf, umgeben von ihren Hofdamen. Die Königin saß auf ihrem Podest, und er konnte sich lediglich über ihre Hand beugen.

»Eine gute Reise, Herzog«, verabschiedete sie ihn und schenkte ihm ein anmutiges Lächeln.

Heinrich, den diese Heimlichtuerei und dieses Intrigenspiel

mit Ungeduld erfüllten, fragte sich, ob er je wieder von ihr hören würde. Ihre Unterhaltung über die Heirat – hatte sie wirklich erst vor fünf Tagen stattgefunden? – erschien ihm wie ein Traum. Verstimmt kehrte er zu ihrer Kammer zurück und erklärte seinem Vater, sie hätten ihre Mission erfüllt und sollten jetzt aufbrechen.

»Ich kann es nicht abwarten, den Staub von Paris von meinen Stiefeln zu schütteln.«

»Ja, die Atmosphäre wird von Tag zu Tag bedrückender. Ich habe schon angefangen zu packen«, erwiderte Gottfried.

Seit der Zeremonie schien sich sein Vater seltsamerweise nicht mehr dafür zu interessieren, was in Paris oder in der Normandie geschah, und seine Aufmerksamkeiten gegenüber Eleonore hatten merklich abgenommen. Er war wieder tadellos gekleidet, trug sein blau-grünes Lieblingsgewand unter einem mit Goldfaden durchwirkten Überrock. Gerade war er damit beschäftigt, seinem Knappen zu helfen, die Kleider in vier Satteltaschen zu verstauen. Ein Goldmedaillon, in das die Löwen von Anjou eingraviert waren, hing um seinen Hals.

»Ich habe festgestellt, daß die Umhänge in Paris jetzt noch kürzer geworden sind. In der Normandie sind wir einfach ein wenig rückständig. Du mußt deiner Mutter sagen, sie soll dafür sorgen, daß alle meine Umhänge um etwa drei Zoll gekürzt werden.« Gottfried griff nach seinem Silberspiegel. Kritisch betrachtete er sich darin von allen Seiten und entfernte eine Fussel von der Schulter.

»Warum sagt Ihr es ihr nicht selbst?«

»Ah, ja – ich kehre noch nicht gleich nach Rouen zurück.

Heinrich kniff die Augen zusammen. »Warum nicht?«

»Diesen Ton verärgerter Überraschung kenne ich nur zu gut an dir, Heinrich.« Gottfried warf einen letzten kritischen Blick in den Spiegel und reichte diesen dann dem Knappen. »Du bist jetzt offiziell Herzog und in der Normandie als fähiger Krieger und als starker und gerechter Führer anerkannt. Bald werden dir auch England und Aquitanien gehören. Meine eigenen Ländereien bedürfen ebenfalls der Aufmerksamkeit.«

»Verwaltet nicht mein Bruder Anjou zu Eurer Zufriedenheit? Ich brauche Euch in der Normandie.

Der Graf seufzte. »Der junge Gottfried hat noch nicht viel Erfahrung. Den größten Teil meines Lebens habe ich damit verbracht, die Normandie für dich abzusichern, also gönn jetzt Gottfried meinen Rat. Auch er muß lernen, ein Land zu verwalten.«

»Warum benötigt mein Bruder Euren Rat in Anjou, da doch die Grafschaft eines Tages mir gehört? Ihr solltet mich beraten, nicht ihn.«

Gottfried errötete. »*Grâce à Dieu*, du witterst überall Intrigen. Das ist der französische Einfluß. Heinrich, willst du Streit mit mir?« Er faltete einen Umhang zusammen und reichte ihn dem Knappen. »Ich bin der Streitigkeiten müde, bin die Aufstände und Kämpfe leid, habe die Nase voll von Verhandlungen und Verträgen. Nachdem ich siebenunddreißig Jahre lang das getan habe, was andere wollten, möchte ich meine restlichen Tage damit verbringen, das zu tun, was mir gefällt, und im Augenblick gefällt es mir, nach Angers zu reiten.«

Das hörte sich vollkommen vernünftig an, aber nur auf den ersten Blick. Im Lauf der Jahre hatte Heinrich gelernt, daß sich der charmante Gottfried nur selten offen äußerte. Oft hatte er ihm geraten: »Wenn es sein muß, sage, was du denkst, aber du brauchst nicht immer das zu meinen, was du sagst.« Deshalb war das Verhalten des Grafen so ungewöhnlich. Mühsam hielt Heinrich seine Zunge im Zaum. Nichts war gewonnen, wenn er sich weiterhin mit seinem Vater stritt.

Am nächsten Morgen verließen sie die Ile-de-la-Cité. Außerhalb von Paris gabelte sich die Straße. Ein Weg führte in die Normandie, der andere ins Loiretal, nach Blois, Le Mans und Angers. Es war ungewöhnlich trocken und heiß, die Sonne stand wie ein funkelnder Goldball am blauen Himmel. Kein Blatt bewegte sich, der Boden war ausgedörrt.

»Nun, mein Junge, hier muß ich dich verlassen«, sagte Gottfried und griff nach den Zügeln seines Schecken. Heute schien er viel besserer Stimmung zu sein. »In ein bis zwei Monaten kehre ich nach Rouen zurück. Überleg, wie du deiner Mutter die Geschichte mit deiner Heirat beibringst. Sie wird Eleonore nicht gerade gewogen sein.«

»Das hattet Ihr bereits erwähnt. Aber ich verstehe nicht, warum. Wenn man bedenkt, was dabei alles zu gewinnen ist.«

Gottfried bedachte ihn mit einem knappen Lächeln. »Du mußt noch viel lernen. Wie heißt es in dem alten Sprichwort? ›Wenn der alte Hahn kräht, sollte ihm der junge zuhören.‹ Frauen brauchen manchmal länger, um etwas zu begreifen, das ein Mann auf den ersten Blick erfaßt. Zuerst wird deine Mutter nur das eine sehen, nämlich, daß eine willensstarke Frau versucht, das zu besitzen, was sie als ihr Territorium ansieht.«

Heinrich verdrehte die Augen. »Ja, ich habe verstanden. Ich hoffe nur, die Hochzeit findet statt. Seit der Zeremonie konnte ich kein einziges Mal mehr unter vier Augen mit Eleonore sprechen.«

»Mach dir keine Sorgen. Dein Stern ist am Aufgehen, mein Sohn, und weder Gott noch die Menschen können ihn aufhalten – nur du selbst. Vergiß die Umhänge nicht.«

»Drei Zoll. Hört zu, Vater, ich...«

Es war zu spät. Gottfried winkte ihm zum Abschied zu, wendete sein Pferd und begann, begleitet von seinem Knappen und zwei Stallknechten, die Straße, die nach Anjou führte, hinunterzugaloppieren. Heinrich beobachtete, wie seine aufrechte Gestalt in der Ferne verschwand. Sein blauer Umhang flatterte hinter ihm her; eine blaue Kappe, auf die drei goldene Löwen gestickt waren, saß keck auf seinem Kopf, wobei der kleine Zweig Besenginster auf und ab wippte. Die Vorliebe des Grafen für die *planta genista* hatte ihn bewogen, für sich und jetzt auch für Heinrich den Beinamen Plantagenet zu wählen. Bald war er in einer gelben Staubwolke verschwunden. Heinrich konnte dieses Bild nicht aus seinem Kopf bannen.

Er ahnte nicht, daß er seinen Vater nicht mehr lebend wiedersehen würde.

## 21. Kapitel

»Graf Gottfried von Anjou ist tot, möge Gott sich seiner Seele erbarmen.« Eleonore, die mit ihren kleinen Töchtern Marie und Alix im Söller spielte, schaute auf. Ludwig, der in einem düsteren schwarzen Umhang in der Tür stand, sah aus wie ein Engel des Todes.

»Was sagst du da? Er ist doch erst vor weniger als zehn Tagen von hier aufgebrochen.« Ludwig mußte sich irren. Ungehalten wandte sie sich wieder ihren Kindern zu.

»Es ist wahr. Und Gott ist mein Zeuge. Ein Bote seines Sohnes Gottfried hat gerade die Nachricht aus Angers überbracht. Kaum zehn Wegstunden von Le Mans entfernt fühlte sich der Graf stark erhitzt, so daß er haltmachte, um ein Bad in den verpesteten Fluten der Loire zu nehmen«, fuhr Ludwig fort. Ein fast schadenfroher Ton schwang in seiner Stimme mit. »Noch am selben Abend bekam er hohes Fieber, und zwei Tage später starb er.« Er bekreuzigte sich.

Wie betäubt erhob sich Eleonore. Gottfried der Schöne war tot. Das war unfaßbar. Nachdem sie den ersten Schock überwunden hatte, überlegte sie, ob die Nachricht bereits an Heinrich in Rouen weitergeleitet worden war. Er würde vor Kummer außer sich sein, sie mußte ihm sofort ein Beileidsschreiben schikken. Eleonore hoffte inniglich, daß Heinrich und Gottfried ihre Meinungsverschiedenheiten noch hatten beilegen können, bevor ihre Wege sich vor Paris getrennt hatten. Für einen kurzen Augenblick empfand sie einen Anflug von Schuld. Sie erinnerte sich daran, daß sie, ohne es zu wollen, zu einem Gegenstand des Streites zwischen Vater und Sohn geworden war.

»Das bedeutet, daß dieser freche junge Emporkömmling Heinrich jetzt sowohl Graf von Anjou als auch Herzog der Normandie ist«, sagte Ludwig, der sie genau beobachtete. »Viel zuviel Macht liegt in den Händen dieses ungestümen Jünglings. Wir müssen beten, daß er nicht auch noch das Königreich England erbt.«

»Soweit ich mich erinnere, Ludwig, warst du erst sechzehn, als man dir die Krone Frankreichs auf dein unerfahrenes Haupt setzte.«

Eleonore unterdrückte die Tränen, die ihr in die Augen stiegen, und überlegte, was Ludwig tun würde, wenn er erkannte, daß sich das Herrschaftsgebiet dieses »Emporkömmlings« auch noch um Aquitanien vergrößern könnte. Sie gab der Kinderfrau ein Zeichen, die Kinder zurück in ihre Gemächer zu bringen.

»Bernhard von Clairvaux hat mir anvertraut, daß du eine besondere Zuneigung zu Graf Gottfried hegtest«, sagte Ludwig.

Eleonore antwortete nicht, aber Ludwig schien nicht aufhören zu können, über den angevinischen Grafen zu sprechen, den er stets abgelehnt hatte, obwohl er ihn insgeheim wegen seines Charmes bewunderte. »Der Abt hat vorhergesagt, daß der Graf einmal ein böses Ende nehmen würde, und ebenso sein Sohn.«

»Gibt es jemanden, dem er nicht ein böses Ende vorhersagt?«

Der aufdringliche Abt von Clairvaux, der Abbé Suger als inoffizieller Berater des Königs ersetzt hatte, besaß das ungeteilte Vertrauen Ludwigs. Eleonore wußte, daß Bernhard Ludwig negativ beeinflußte. Vor allem gegen sie, und sie mußte fairerweise eingestehen, daß er in manchen Dingen nicht einmal Unrecht hatte. Es war nicht zu bestreiten, daß sie in den vergangenen Jahren mit Graf Gottfried ein kleines Techtelmechtel unterhalten hatte, aber sie hatte ihm nie die höchste Gunst, die er begehrte, gewährt.

Selbst wenn sie nur in ihrem Herzen gesündigt hatte, in den Augen des Mönchs waren Wunsch und Tat dasselbe. Ludwig hatte ihr erzählt, daß Bernhard in seiner Jugend einmal einen flüchtigen, bewundernden Blick auf ein Mädchen geworfen hatte. Es war mitten im Winter gewesen, und um seine Sünde zu sühnen, sei er in einen eisigen Teich gesprungen, und man habe ihn nur mit Mühe vor dem Erfrieren retten können.

»Gottfried ist tot. Sollte euch beiden das nicht genügen? Ich wurde so erzogen, daß es sich nicht schickt, schlecht über einen Verstorbenen zu reden. Und nun laß mich bitte allein. Ich möchte den Tod meines guten Freundes in aller Stille betrauern.«

»Eleonore...«, begann Ludwig mit aufgewühlter Stimme zu sprechen. »Könnten wir nicht...« Er verstummte.

Sie wußte, daß der Anblick dieser unterwürfigen Augen, dieses trostlosen Gesichts eigentlich ihr Mitleid erregen müßte, aber alles, was er tat, jedes Wort, das er sprach, brachte sie gegen ihn auf. Sie zwang sich, höflich zu antworten.

»Was wolltest du mir mitteilen, Ludwig?«

Mit einer verzweifelten Geste verließ er den Söller.

## Rouen, Normandie, im Jahre 1151

Im Herzogspalast von Rouen weinte Heinrich. Der plötzliche Tod seines Vaters war entsetzlich. Wieder und wieder erinnerte er sich an die letzten Tage, die sie gemeinsam verbracht hatten, und es gelang ihm nicht, den Gedanken zu verdrängen, daß sie nicht als Freunde auseinandergegangen waren, sondern als Rivalen um die Gunst derselben Frau – und daß Gottfried verloren hatte. War er irgendwie verantwortlich für den Tod seines Vaters? Heinrich konnte über diese Schuldgefühle nicht mit seiner Mutter sprechen, die ihr eigenes Gethsemane durchlebte. Er hatte das unangenehme Gefühl, daß auch der Schmerz seiner Mutter von Schuldgefühlen beeinflußt war. Er wollte lieber nicht wissen, weshalb.

Auf dem Weg nach Le Mans, wo er am Begräbnis teilnehmen und ihm der letzte Wille seines Vaters verlesen werden würde, versuchte Heinrich, sich einzureden, daß das Ableben seines Vaters nichts mit seinen Handlungen in Paris zu tun hatte. Der Gedanke, daß dies doch der Fall hätte sein können, war vollkommen verrückt. Warum fühlte er sich dennoch so beschämt?

## Paris, im Jahre 1151

Anfang September erhielt Eleonore einen wütenden Brief von Heinrich, der sich in Le Mans zur Beerdigung seines Vaters aufhielt. Das Schreiben enthielt die Bestätigung, daß er nun Graf von Anjou und Maine war, aber er erwähnte auch, daß das Testament eine überraschende Klausel für den Fall enthielt, daß Heinrich die Krone von England erlangen sollte. Dann würde Anjou seinem zweiten Sohn, Gottfried, zufallen. Heinrich war offensichtlich erbost über diese unerwartete Wendung. Eleonore konnte ihn weder für seine Wut tadeln noch verstand sie, warum Gottfried der Schöne diese Klausel hinzugefügt hatte. In Anjou wie auch in allen anderen Teilen von Kontinentaleuropa erbte stets der älteste Sohn das Lehen, die Grafschaft oder das Herzogtum. Es war außergewöhnlich, daß der Graf mit dieser Tradition gebrochen hatte. Dies deutete möglicherweise auf irgendein dunkles Geheimnis hin.

Eleonore schrieb ihm sofort und sprach ihm ihr Mitgefühl und ihr Beileid aus. Heinrich antwortete nicht, aber später vernahm Eleonore, daß er nach der Beisetzung seines Vaters in die Normandie zurückgekehrt war, um den Vorstoß nach England vorzubereiten. Zu Weihnachten erhielt sie eine weitere kurze Mitteilung von Heinrich, die er ihr heimlich zukommen ließ und in der er sie darüber informierte, daß er Probleme habe, genügend Männer und Schiffe für die Überquerung des Ärmelkanals zu finden. Nebenbei wollte er wissen, wie weit die Eheannullierungsverhandlungen gediehen seien. Dann vergingen vier Monate, in denen Eleonore kein einziges Wort von ihm hörte. Sie war zutiefst enttäuscht und schwankte zwischen Angst und Groll hin und her. Manchmal fragte sie sich, ob die Begegnungen zwischen ihnen nicht lediglich ein Produkt ihrer Einbildung waren.

Die Vorbereitungen für die Annullierung der Ehe, die nach Eleonores Ansicht bisher nur sehr langsam vorangeschritten waren, kamen schließlich wegen der Vorkehrungen für ihre Töchter völlig zum Stillstand.

»Natürlich will ich Alix und Marie bei mir behalten«, erklärte sie Bernhard von Clairvaux, Ludwig und seinen Beratern, die ihr im Söller einen Besuch abstatteten. »Ich bin ihre Mutter, und ich werde sie in Aquitanien großziehen.«

»Wie Ihr wißt, wünscht König Ludwig, daß sie bei ihm bleiben, Madame«, entgegnete Bernhard. »Sie sind die Kinder des Königs.«

»Kinder des französischen Königs«, fügte Ludwig hinzu.

»Sie werden bei mir bleiben.«

Bernhard hob die Augenbrauen. »Was hat dieses plötzliche Aufbrechen von mütterlichen Gefühlen ausgelöst? Bis jetzt habt Ihr nur wenig Interesse an Euren Kindern gezeigt.«

»Richtig. Nur wenig Interesse«, sagte Ludwig und nickte heftig mit dem Kopf.

»Ich habe mich mindestens genausoviel um sie gekümmert wie du«, sagte Eleonore zu Ludwig. »Du hast ihnen nie verziehen, daß sie keine männlichen Erben sind.«

Sie weigerte sich, Bernhard in die Augen zu sehen. Seine Anschuldigung war mehr als zutreffend. Sie hegte kaum mütterliche Empfindungen für Marie und Alix, aber sie fühlte sich für deren Wohlergehen verantwortlich und hatte nicht die Absicht, sich von ihnen zu trennen.

Es entstand ein angespanntes Schweigen, während Bernhard sie mit einem strengen Blick musterte. »Ihr wißt es möglicherweise nicht, Madame, aber hätte ich etwas zu sagen gehabt, würde als Grund für die Annullierung dieser Ehe nicht die Blutsverwandtschaft, sondern Ehebruch angeführt werden... oder noch Schlimmeres.«

Eleonore verbarg ihre Gefühle hinter einer ausdruckslosen Miene. »Das ist eine lächerliche Anschuldigung. Ihr habt keinerlei Anlaß, mir Derartiges vorzuwerfen.«

»Würde man sich genauer mit Eurem Leben beschäftigen, Madame, so wage ich zu behaupten, könnte man viele Dinge zutage fördern, die Ihr lieber im geheimen wißt. Sollen wir die Probe aufs Exempel machen?« Er hielt kurz inne. »Wißt Ihr, was ehebrecherische Gattinnen zu gewärtigen haben? Verbannung in ein Kloster oder eine abgelegene Burg, manchmal auch den Verlust des Lebens, nicht zu vergessen die völlige Ehrlosigkeit. Ich bezweifle, daß die Disziplin eines Klosters Euch gefallen würde. Natürlich würde Euch auch das wertvolle Erbe des Herzogtums, das Euch so viel bedeutet, für immer abgesprochen werden und Frankreich zufallen.«

Eleonore konnte den Blick nicht von diesen brennenden Augen abwenden und saß sprachlos da. Was wußte er von Raimund? Was hatten Ludwig – oder andere – ihm mitgeteilt?

»Ich sehe, daß Euch die möglichen Konsequenzen bewußt sind. Wenn Ihr weise seid, treibt Ihr die Angelegenheit mit Euren Kindern nicht auf die Spitze. Seid Gott dankbar, daß Euer Gatte so gutmütig ist, und nehmt Euch daran ein Beispiel. Man ist bereit, Euch Aquitanien zurückzugeben. Das sollte Euch zufriedenstellen. Habe ich mich klar ausgedrückt?«

Nach allgemeinem Recht standen ihr die Kinder zu. Eine Annullierung der Ehe bedeutete, daß sie niemals existiert hatte. Kinder, die einer nicht existenten Ehe entstammten, existierten daher gewissermaßen auch nicht. Aber Eleonore versuchte nicht, diese Argumentation ins Feld zu führen. Sie wußte, aus jeder Auseinandersetzung mit Bernhard würde sie als die Unterlegene hervorgehen.

Die Versammlung, welche die Annullierung der Ehe beschloß, wurde im April des Jahres 1152 im königlichen Kastell von Beaugency an der Loire abgehalten. Nachdem eine Schar von Zeugen den Eid geschworen hatte, daß Ludwig mit der Herzogin von Aquitanien blutsverwandt war, erhob sich der Erzbischof von Sens und erklärte mit feierlicher Stimme die Ehe für null und nichtig; die Töchter Marie und Alix wurden dem Vater zugesprochen. War wirklich alles vorüber? Eleonore warf einen schnellen Blick auf Ludwig und bemerkte überrascht, daß seine Wangen feucht von Tränen waren. Für einen Augenblick lang trafen sich ihre Blicke. Eleonore schaute als erste wieder weg, sie war nicht imstande, die nackte Sehnsucht in seinen Augen länger zu ertragen. Daß er sie noch immer liebte, war offensichtlich.

Angetrieben von dem Wissen, daß ihre Person und ihre Besitztümer in Gefahr waren, sobald die Nachricht von der Annullierung sich verbreitet haben würde, drängte Eleonore zum sofortigen Aufbruch nach Poitou. Sie hatte sich schweren Herzens bereits von ihren Töchtern verabschiedet. Schuldbewußt hatte sie sich davon überzeugt, daß es besser für sie war, bei Ludwig und seiner nächsten Frau zu bleiben – wer auch immer das sein würde. Wenn sie erwachsen waren, konnte sie ihnen vielleicht einmal erklären, warum man sie gezwungen hatte, sie aufzugeben.

Eleonore legte sich einen hermelinbesetzten schwarzen Umhang um und zog Stiefel aus zartem rotweinfarbenem Ziegenleder an. Dann band sie sich einen kleinen, rubinverzierten Silberdolch um die Taille. Sie hatte ihn in einem Basar in Jerusalem erstanden. Nicht, daß sie mit Komplikationen gerechnet hätte, aber es war immer sicherer, gerüstet zu sein.

Draußen im Hof wartete ihre Gefolgschaft mit Eseln und Packpferden. Bis zum Sonnenuntergang hoffte sie das sichere Blois zu erreichen und sich dann schon weit außerhalb von Ludwigs Einflußbereich zu befinden.

Die Glocken hatten gerade zur Abendandacht geläutet, als Eleonore, die Hunger hatte und kurz vor dem Einschlafen war, sich der Burg des jungen Grafen Thibaud de Blois näherte, um dort Unterkunft für die Nacht zu suchen. Der Graf, ein Neffe von König Stephan von England, hieß sie willkommen. Doch als sie sich innerhalb der Mauern seiner Burg befand, verkündete er plötzlich auf die charmanteste Art, er werde sie nicht gehen lassen, bevor sie nicht zugestimmt hätte, ihn zu ehelichen.

Eleonore war sprachlos, außerdem aber war sie viel zu müde, um sich herumzustreiten. Glücklicherweise betrachtete er ihr Schweigen als Zustimmung. Als sie Erschöpfung vortäuschte, erlaubte er ihr, sich nach dem Abendessen in ihr Gemach zurückzuziehen. Sie hatte keine Angst vor Graf Thibaud, er war noch sehr jung und unerfahren. Es sollte ihr leichtfallen, ihm eins auszuwischen. Ihr scheinbar nachgiebiges Verhalten würde ihn in Sicherheit wiegen.

Und so kam es dann auch. Da er glaubte, daß sie keinen Ausbruchsversuch unternehmen würde, hatte er die Zugbrücke unten gelassen. Mitten in der Nacht schlich sich Eleonore mit dem Dolch in der Hand aus ihrem Zimmer in den äußeren Burghof und schlüpfte unbemerkt durch das Tor hinaus zu der Stelle, wo ihre eigenen Leute ihr Lager aufgeschlagen hatten. Im Morgengrauen verließen sie das Gebiet von Blois und machten sich auf nach Tourraine. Eleonore war hochgestimmt und konnte es kaum erwarten, Heinrich zu erzählen, daß sie den Grafen Thibaud überlistet hatte – obwohl man das, was sie getan hatte, nicht gerade als eine Heldentat bezeichnen konnte.

Obwohl die Tourraine unter Heinrichs Kontrolle stand, schickte Eleonore Späher aus, um die Gegend zu erkunden. Sie kehrten mit dem Gerücht zurück, Heinrichs jüngerer Bruder Gottfried plane, ihr aufzulauern, um sie gefangenzunehmen und zu einer Ehe mit ihm zu zwingen. Sie umging die mögliche Falle, indem sie einen Weg abseits der Hauptstraße wählte und mit ihrem Gefolge mit Booten über die Creuse übersetzte, damit der junge Gottfried ihre Spur nicht länger würde verfolgen können.

Auf ihrem weißen Reitpferd näherte sich Eleonore der Grenze von Poitou. Die Landschaft, in herrliches frühlingshaftes Gelbgrün getaucht, war ihr noch nie lieblicher erschienen. Über ihr wölbte sich der Himmel in hellem Blau, und in der Ferne entdeckte sie die Olivenhaine und die Täler, die übersät waren mit goldenen Butterblumen und Gänseblümchen.

Auf den Hortensien- und Mangolienbäumen zeigten sich die ersten grünen Blätter. Die Luft war erfüllt vom lieblichen Duft des Geißblatts. Das Aufblühen der Pflanzen, das ihr den Kreislauf des Lebens bewußt machte, empfand Eleonore wie ein Versprechen; es war, als würde auch sie nach einem langen Winter zu neuem Leben erwachen.

Trotz aller Hindernisse, die Ludwig und seine Ratgeber ihr in den Weg gelegt hatten, hatte sie die Tür ihres Gefängnisses weit aufgestoßen, erfolgreich für ihr Aquitanien gekämpft und es auch erhalten. Und sie hatte sich auch das Recht erstritten, mit der Zustimmung von Ludwig, ihres Oberherrn, wieder heiraten zu dürfen. Sie war der Muttergottes dankbar dafür, daß sie die kluge Voraussicht besessen hatte, sich über ihre Rechte zu informieren und sich mit den rechtlichen und kirchlichen Beschränkungen für eine Annullierung der Ehe vertraut zu machen. Es war anfangs ein beinahe aussichtsloses Unterfangen gewesen, und Eleonore war überaus zufrieden mit sich selbst. Dennoch, ihre jüngsten Erlebnisse mit dem Grafen von Blois und ihre Flucht vor Heinrichs jüngerem Bruder hatten ihr klargemacht, daß sie einen Verbündeten und Gefährten brauchte, um ihr Herzogtum zu schützen. Sie dachte sehnsüchtig an Heinrich und überlegte, wo er sich wohl gerade befand.

Die Straße führte durch einen Wald. Die Pferde suchten sich ihren Weg durch dunkle grüne Schluchten, in die kein Sonnenlicht mehr drang, und durch Lichtungen, die mit Disteln, Kreuzkraut, wildem Fingerhut und Brombeersträuchern überwachsen waren.

»Seht, Madame«, sagte einer der Ritter, als sie den Wald hinter sich gelassen hatten. »Das ist Poitou.«

Frei! Sie war frei! Alle Fesseln waren gelöst, sie flog auf ihrem Pferd dahin im Bewußtsein ihrer schwer erkämpften Unabhängigkeit.

Sie überquerten die Grenze und folgten dann dem südwärts fließenden Fluß Vienne in Richtung Chinon, Châtellerault und Poitiers.

## Poitiers, im Jahre 1152

Am nächsten Tag ritt Eleonore einen Abhang hinauf und zügelte oben ihr Pferd. Ihr Herz pochte wild. Unter ihr lagen die ihr so vertrauten Stadtmauern von Poitiers. Sie war zu Hause. Die Nacht verbrachte sie allein mit ihren Hofdamen in ihrem alten Gemach im Maubergeonne-Turm. Als sie am nächsten Morgen strotzend vor Energie erwachte, fühlte sie sich seit vierzehn Jahren zum ersten Mal wieder als der Mensch, der sie wirklich war.

Es gab viel für die Hochzeit vorzubereiten, die sobald wie möglich abgehalten werden sollte, bevor Ludwig Wind von ihren Plänen bekam. Als erstes mußte sie Heinrich schreiben und ihm von ihrer sicheren Ankunft berichten. Sie erinnerte sich an den altbewährten Kaplan, Magister André, der bereits bei ihrer Großmutter in Diensten gestanden hatte und der einer ihrer ersten Lehrer gewesen war. Er konnte schneller schreiben als sie, und so bat sie ihn zu sich in ihre kleine Kammer hochoben im Turm.

Nichts hatte sich verändert in diesem Raum, in dem sie seit ihrer Kindheit nicht mehr gewesen war. Da standen immer noch derselbe hochlehnige Holzstuhl, der schäbige Schemel und das verschrammte Schreibpult. Sie strich liebevoll mit der Hand über das Holz und erwartete fast, das sanfte Rascheln der Röcke ihrer Mutter beim Treppensteigen zu hören, ihre sanfte Stimme zu vernehmen, die sie zum Abendessen rief. Sie mußte den Wunsch, in Tränen auszubrechen, bekämpfen. Was für einen langen Weg hatte sie doch seit jenen sorglosen, goldenen Tagen zurückgelegt!

Ausgestattet mit Federkielen, Tintenfaß und Pergamentpapier, betrat der Kaplan mit steifen, polternden Schritten das Gemach und nahm im Lehnstuhl Platz. Während er sich auf seine Arbeit vorbereitete, ließ sich Eleonore auf eine Holzbank nieder, auf der sie oft als Kind gesessen hatte. Das Bild ihrer engelsgleichen Mutter wich Erinnerungen von Heinrichs sommersprossigem Gesicht, das stets vergnügt wirkte. Sie erinnerte sich noch ganz genau, wie seine durchdringenden Augen sie plötzlich voller Wärme anblicken konnten, vergegenwärtigte sich seine überschäumende Vitalität, seinen unglaublichen, wenn auch etwas grobschlächtigen Charme. Ihr Herz klopfte stärker. Sie konnte es kaum erwarten, diesen energiegeladenen Menschen wiederzusehen...

»An wen soll dieser Brief gehen, Herrin?«

Eleonore wandte sich dem weißhaarigen Kaplan zu, einem Mann aus Poitou, mit dem sie in ihrer Kindheit viel diskutiert hatte, bevor sie in das Kloster Fontevrault geschickt worden war. Er hatte ihr beigebracht, Provenzalisch zu lesen und zu schreiben, und er war einer der wenigen Geistlichen, die sie wirklich schätzte.

»An meinen zukünftigen Ehemann, Vater André. Was sagen Sie dazu?«

Der Kaplan hob neugierig die Augenbrauen. »Das hängt ganz vom Namen des Mannes ab, der sich so glücklich schätzen darf.«

»Heinrich Plantagenet, Herzog der Normandie, seit kurzem auch Graf von Anjou und in nicht allzu langer Zeit König von England.«

»Wie die Zeit vergeht! Er muß jetzt um die achtzehn Jahre alt sein. Ich erinnere mich noch, als wäre es erst gestern gewesen, wie er als unartiger Junge auf Eurem Verlobungsfest für Unruhe sorgte. Und jetzt Herzog, Graf und möglicherweise König? Sehr beeindruckend. Ihr habt Euch selbst übertroffen, mein Kind.«

»Darf ich daraus schließen, daß Ihr Heinrich als eine weise Wahl anseht?«

Er trommelte nachdenklich mit seinen Fingern auf das Kinn. »Weise? Ihr werdet einen Dispens benötigen, denn Ihr seid ebenso blutsverwandt mit dem Herzog wie mit Ludwig. Ihr habt einen gemeinsamen Vorfahren in Robert dem Frommen, König von Frankreich, im frühen elften Jahrhundert.«

Eleonore kicherte. »Ich weiß. Ludwig wird außer sich sein.«

»Entdecke ich da so etwas wie Genugtuung in Eurer Stimme? Ihr solltet Euch schämen. Habt Ihr dem unglücklichen Monarchen nicht schon genug Kummer bereitet, mein Kind?«

Eleonore warf den Kopf zurück. »Weniger als er mir – und Aquitanien.«

»Die Heirat mit dem jungen Heinrich könnte durchaus zu einer Fehde zwischen Anjou und Frankreich führen, die sich erst nach mehreren Generationen wieder beheben ließe. Habt Ihr das bedacht?«

Eleonore erhob sich und schaute aus dem winzigen Fenster. Sie reckte ihr Gesicht dem schwachen Sonnenlicht entgegen. »Die Normandie und Frankreich sind seit vielen Generationen verfeindet, und Anjou wird jetzt von einem Halbnormannen regiert. Was bedeutet ein Stück Kohle mehr für ein bereits geschürtes Feuer? Zur Zeit benötigt Aquitanien einen starken Verbündeten.« Sie wandte sich wieder zu ihm um. »Wenn mir nicht die Flucht geglückt wäre, hätte mich der Graf von Blois zu einer Heirat gezwungen. Und auch Heinrichs jüngerer Bruder Gottfried versuchte aus demselben Grund, mir eine Falle zu stellen. Das passierte innerhalb von nur einer Woche auf der Reise von Frankreich nach Poitou. Um die Zukunft mag ich mich jetzt nicht kümmern, Vater André, meine Sorge gilt meinem jetzigen Herzogtum. Ich fragte Euch, ob Ihr Heinrich für eine weise Wahl haltet.«

»Weise im Vergleich zu wem? Zu Ludwig von Frankreich? Gewiß. Und ich wäre der letzte, der leugnen würde, daß Aquitanien einen starken Verbündeten braucht. Aber muß es ein Normanne sein? Wird er sich unseren Gepflogenheiten anpassen, oder müssen wir uns seinem Lebensstil anpassen? Euer Volk wird nicht erneut einem Tyrannen dienen wollen.«

Eleonore antwortete nicht. Sie kehrte zu ihrem Platz zurück und schaute den Kaplan mit besorgten Augen an. Als sie Heinrich impulsiv ihre Hand und das Herzogtum angeboten hatte, war sie sich sicher gewesen, daß sie zueinander paßten, ganz abgesehen von den Gefühlen, die sie als Frau für ihn hegte. Sie schätzte Heinrichs Stärke, seinen enormen Ehrgeiz und konnte sich mit seinem Traum identifizieren, eines Tages England regieren zu wollen.

»Er hat bisher keine Anzeichen eines Tyrannen gezeigt…«, begann sie, doch dann hielt sie inne, denn das bewies noch lange nicht, daß er sich nicht eines Tages als ein solcher entpuppte.

Vater André beobachtete sie aufmerksam. »Ludwig von Frankreich hatte das Auftreten eines sanften Mannes… aber nicht in Poitou. Hier ließ er den Anführern der Rebellen die Hände abschlagen, und in Vitry war er für den Tod von dreizehnhundert unschuldigen Menschen verantwortlich.«

Eleonore schaffte es nicht, seinen Blick zu erwidern. Jetzt, da sie sich wieder in ihren eigenen Erblanden befand, fühlte sie sich ein wenig unsicherer in bezug auf Heinrich. Abgesehen von seinen Titeln und seinem Stammbaum wußte sie wenig über diesen stattlichen jungen Mann, dem sie ihr Jawort gegeben hatte.

»Ich vermute, beide Seiten werden sich anpassen müssen«, sagte sie schließlich und schob damit alle Zweifel beiseite.

Der Kaplan nickte zustimmend. »Kompromisse zu suchen ist eine kluge Taktik. Und es ist gut, sich daran zu erinnern, daß Euer Vater Graf Gottfried von Anjou sehr schätzte; und Euer Großvater war, wenn auch nur für kurze Zeit, mit einer Schwester von Gottfrieds Vater verheiratet. Poitou und Anjou sind sich also nicht ganz fremd. Bleibt nur die Frage, wie weit der Apfel vom Stamm fällt.«

Nach einer kurzen Pause warf der Kaplan Eleonore einen intensiven Blick zu. »Ich hoffe, Ihr habt Gott und der Heiligen Muttergottes für den glücklichen Ausgang des Annullierungsverfahrens gedankt.«

»Daran braucht Ihr mich nicht zu erinnern.«

»Ich denke schon. Glaubt ihr, daß ich nach all den Jahren nicht wüßte, daß Ihr der Kirche skeptisch gegenübersteht? Erinnert Euch daran, daß Ihr es vor allem den geschickten Verhandlungen des Erzbischofs von Bordeaux zu verdanken habt, daß Ihr Aquitanien nicht an Frankreich verloren habt. Er sorgte dafür, daß eine Regelung in den Ehevertrag mit Ludwig aufgenommen wurde, die besagte, daß Aquitanien nur dann dem Königreich einverleibt werden könne, wenn Ihr einen Sohn geboren habt und dieser auf den Thron erhoben würde.«

»Dafür bin ich sehr dankbar. Aber laßt es damit gut sein.«

»Es gibt vieles, was Ihr Eurem neuen Ehemann beibringen könnt. Der Herzog ist zwar ein Heißsporn, aber auch jung und gelehrig; er kann noch von Eurer Hand geformt werden. Bringt ihm sanft Euren Stil bei, die Sitten und Gebräuche, die hier gelten.«

»Genauso sehe ich das auch«, erwiderte Eleonore. Ihre Blicke trafen sich. Für einen kurzen Moment traten die Unterschiede zwischen ihnen in den Hintergrund – hier der Kirchenmann, da die Herzogin –, als zwei Bewohner Aquitaniens waren sie in bezug auf das Wohl ihres Landes einer Meinung.

In den folgenden Wochen wurde Eleonore so stark von den Verwaltungsaufgaben in ihrem Herzogtum in Anspruch genommen, daß ihr nur wenig Muße blieb, um sehnsüchtig an Heinrich zu denken. In einer Vereinbarung war festgehalten worden, daß alle Gefolgsleute Ludwigs, die in Aquitanien wichtige Positionen einnahmen, durch eigene loyale Vasallen ersetzt werden sollten. Drei Sekretäre waren neben dem Kaplan damit beschäftigt, Briefe an die wichtigsten Barone zu schreiben und sie darüber zu informieren, daß nun wieder Eleonore in ihrem eigenen Recht als Herzogin von Aquitanien und Gräfin von Poitou die Regentschaft übernommen habe. In den Schreiben wurden den Baronen auch mitgeteilt, daß sie ihren Treueschwur auf die alte und neue Herrin zu erneuern hatten. Zusätzlich gab Eleonore ein Edikt heraus, in dem sie alle Gesetze, die sie zuvor gemeinsam mit Ludwig erlassen hatte oder die Ludwig in eigenem Namen erlassen hatte, für null und nichtig erklärte.

»Ich möchte die letzten fünfzehn Jahre völlig ausmerzen, so als habe es sie nie gegeben«, gestand sie Vater André. »Ich werde ganz von vorn anfangen.«

»Tut Ihr dies zum Wohl Eurer Untertanen oder wollt Ihr Ludwig für die vielen unglücklichen Jahre, die Ihr in Frankreich verbracht habt, bestrafen?«

Eleonore antwortete nicht.

Während die Briefe geschrieben und die Botschaften versandt wurden, mußte auch noch der Turm gesäubert und renoviert werden, und es mußten Vorbereitungen für die Ankunft ihres zukünftigen Ehemanns getroffen werden – obwohl sie noch immer kein Wort von Heinrich gehört hatte und nicht wußte, wann er auftauchen würde.

Die Tage vergingen. Eleonores Sorge um das Wohlergehen des normannischen Herzogs wurde gelindert durch die Zufriedenheit, die sich darüber einstellte, daß sie nun innerhalb ihres Herzogtums frei nach ihrem Willen schalten und walten konnte ohne männliche Einflußnahme. Auf ihren Instinkt bauend, gelang es ihr auf wunderbare Weise und scheinbar ohne alle Mühen, den richtigen Weg einzuschlagen.

Eine ihrer ersten Taten bestand darin, ein eigenes Siegel zu entwerfen. Eine Seite zeigte die Figur einer Frau mit ausgebreiteten Armen, einen Falken in der einen, eine Lilie in der anderen Hand. Die Inschrift lautete schlicht und einfach »Eleonore, Herzogin von Aquitanien.« Auf der Rückseite waren die Titel eingraviert, die sie durch ihre Heirat erlangen würde: Gräfin von Anjou, Herzogin der Normandie. Die Figur auf dieser Seite war bekleidet mit einem enganliegenden Gewand und einem bodenlangen Schleier.

Als Vater André ihr mitteilte, daß mehrere Abteien und Klöster sich besorgt gezeigt hatten wegen ihrer Rechte und Privilegien, reagierte sie sofort.

»Teilt dem Abt von Montierneuf mit, daß er mich sobald wie möglich aufsuchen möge.«

»Herrin«, bat der alte Abt mit zitternder Stimme, als er am folgenden Tag in der großen Halle bei ihr vorsprach, »ich hoffe, Ihr habt uns nicht vergessen.«

Eleonore, die auf dem Podest saß, erhob sich. »Im Gegenteil, ich trage mich mit der Absicht, alle Privilegien, die mein Urgroßvater, mein Großvater und mein Vater dem Kloster gewährt hatten, zu erneuern.« Sie wandte sich an die zwei Schreiber. »Erstellt eine entsprechende Urkunde.«

Eleonore erhielt ein zahnloses Lächeln der Erleichterung als Dank.

Als der Abt von Saint-Maixent sich darüber beklagte, daß durch die Aufhebung aller Bewilligungen in Ludwigs Namen die Wälder, die der französische König der Abtei vermacht hatte, an sie zurückgefallen seien, instruierte Eleonore den Sekretär: »Schreibt dem Abt, daß ich mich glücklich schätze, die Anrechte der Abtei auf diese Wälder zu erneuern.«

Der Abt war ihr überaus dankbar für die schnelle Regelung dieses Problems.

Es war wirklich einfach, etwas für das Glück dieser Menschen zu tun, stellte Eleonore fest. Man hörte zu, nahm Anteil und handelte dann zum größten Nutzen aller Beteiligten.

Eines Morgens, es war Mitte Mai, entschloß sie sich spontan zu einem Besuch in der Abtei Fontevrault, die an der Grenze zu Anjou lag. Sie wußte jetzt wesentlich mehr über die Ursprünge des Klosters als zu jener Zeit, in der sie dort als Schülerin gelebt hatte.

Fontevrault war vor dreiundfünfzig Jahren von einem bretonischen Reformer gegründet worden, der erstaunlicherweise an die Überlegenheit der Frauen geglaubt hatte. Die Abtei war der Jungfrau Maria geweiht. Sie war in gewisser Hinsicht einzigartig, denn hier lebten sowohl Nonnen als auch Mönche unter der Leitung einer Äbtissin. Im Laufe der Jahre hatte sie sich zu einem Zufluchtsort für adelige Damen entwickelt, die Schutz vor ihren gewalttätigen Ehemännern suchten: dazu hatte Eleonores Großmutter väterlicherseits gehört; auch Phillippa von Toulouse, die zweite Frau des Troubadours, die in Harnisch geraten war über ihren treulosen Ehemann und seine Geliebte, hatte ihre letzten Tage in Fontevrault verbracht.

»Ihr seid nicht mehr hier gewesen, seid Ihr ein Kind wart«, sagte die Äbtissin, während sie es sich mit Wein und Honigkuchen in deren Privatgemächern gemütlich machten. »Natürlich ist das eine Weile her, aber ich erinnere mich noch gut an Euch.«

Eleonore lachte. »Vor allem an all die Flegeleien, die ich begangen habe, vermute ich.« Sie hielt kurz inne. »Wißt Ihr, daß meine Ehe mit König Ludwig annulliert wurde?«

Das Gesicht der Äbtissin zeigte ein breites Lächeln. »Das weiß man inzwischen in ganz Europa.«

»Natürlich, ich hatte vergessen, daß Gerüchte schneller reisen als der Wind. Was Ihr jedoch vielleicht noch nicht wissen dürftet, ist, daß ich Herzog Heinrich der Normandie heiraten werde, der nun auch Graf von Anjou geworden ist und eines Tages, so hoffen wir inbrünstig, zum König von England gekrönt werden wird.«

Eleonore konnte einen Anflug von Stolz in ihrer Stimme nicht unterdrücken.

»In der Tat, das ist mir noch nicht zu Ohren gekommen. Ich wünsche Euch dazu den Segen der Heiligen Muttergottes, mein Kind.« Die Äbtissin hielt kurz inne. »Ich hieß Alys von Anjou, als ich in das Kloster Fontevrault eintrat. Vielleicht wißt ihr noch nicht, daß Heinrich mein Neffe ist. Sein Vater, Gottfried – möge er in Frieden ruhen –, war mein jüngerer Bruder, und für eine kurze Zeit, ich war erst dreizehn, war ich mit Heinrichs Onkel Wilhelm, dem Zwillingsbruder seiner Mutter, verheiratet. Er ertrank mit dem Weißen Schiff wenige Tage nach unserer Vermählung.«

»Wirklich außergewöhnlich«, stellte Eleonore fest. »Das war mir nicht bekannt.«

Die Äbtissin lächelte. »Bald werde ich Eure Tante sein. So viele Zufälle treffen hier zusammen, daß ich glaube, die Heilige Muttergottes hat es gewollt, daß sich unsere Leben miteinander verbinden.«

Mit der Ausnahme von Petronilla, die jetzt mit Ralph verheiratet war und in Frankreich lebte, hatte Eleonore bisher nie den Rat oder die Gesellschaft von Frauen gesucht, trotz ihrer Zuneigung für ihre Mutter, dem Einfluß ihrer Großmutter und der großen Bewunderung für die frühere Äbtissin, die sie hier als Kind kennengelernt hatte und die schon lange tot war. Das Einverständnis mit Männern war für ihr Überleben stets viel wichtiger gewesen. Und nun mußte sie zu ihrer Überraschung feststellen, daß sie sich wünschte, diese Frau, deren Gegenwart den Raum wie Sonnenstrahlen erwärmte, möge ihre Pläne billigen.

»Darf ich also annehmen, daß Ihr diese Ehe gutheißt, Mutter Oberin?«

Die Äbtissin legte den Kopf zur Seite. »Es steht mir nicht zu, ein Urteil zu fällen, obwohl ich natürlich auf der Seite meines Neffen stehe. Euer Herz ist der beste Ratgeber, wenn Ihr einmal vom Wohl des Herzogtums abseht.«

Eleonore nippte an ihrem Wein. »Nicht Gott? Oder die Muttergottes?«

»Entdecke ich in Euren Worten so etwas wie Skepsis?« Die Äbtissin hob warnend den Finger. »Die Heilige Muttergottes steht uns zur Seite, wenn wir den Wünschen unseres Herzens folgen.«

Das hatte Eleonore nicht erwartet. »Ich werde es nicht vergessen. Wißt Ihr, ich hatte bisher noch nie wirklich die Gelegenheit, mein eigenes Schicksal in die Hand zu nehmen. Ich muß Euch sagen, es gefällt mir.«

Die Äbtissin zwinkerte ihr zu. »Natürlich, denn jetzt seid Ihr sowohl Herzog als auch Herzogin in einem, und es gibt niemanden, der Euch in Euer Leben hineinreden kann. Ihr besitzt alle Macht.« Sie machte eine kleine Pause. »Und nach allem, was ich höre – und ich bin gut informiert über das, was in Poitou vor sich geht –, setzt Ihr Eure Macht sehr weise ein. Es scheint mir, daß Ihr die Fähigkeit zu einer großen Regentin habt, mein Kind. Und viel fähiger seid als Euer wohlmeinender Vater, der, so hörte ich häufig, die Angelegenheiten des Herzogtums mit einer gewissen Nachlässigkeit verfolgte.«

Bei diesem unerwarteten Lob überkam Eleonore ein Gefühl der Freude. In Frankreich hatte man ihr stets die Rolle der Unruhestifterin zugewiesen.

»In Wahrheit, Mutter Oberin, habe ich manchmal Schwierigkeiten, die männliche Sichtweise zu verstehen. Ludwig und seine Ratgeber haben stets alles kompliziert. Meine Leute mögen schwierig sein, aber wenn man versucht, unparteiisch zu sein und ihnen das zu geben, was sie erstreben, und ihre unterschiedlichen Haltungen respektiert, kann man sich das Regieren wesentlich einfacher machen.«

»Ich stimme Euch im allgemeinen zu, aber seid nicht überrascht, wenn mein Neffe die Sache in einem etwas anderen Licht sieht.«

Eleonore suchte in dem ruhigen Gesicht vor sich zu lesen, was diese Worte wohl bedeuten mochten. »Ich bin mir nicht sicher, ob ich Euch wirklich verstanden habe. Ist das eine Art Warnung?«

Es entstand ein langes Schweigen. Dann beugte sich die Äbtissin nach vorn und nahm Eleonores Hand in die ihre. »Paßt auf, daß Euch die Dinge nicht zu Kopf steigen. Eine goldene Zukunft liegt vor Euch. Aber wisset, daß ein Haus nicht zwei Herren haben kann.« Sie lächelte. »Laßt Euch leiten durch das Beispiel der heiligen Radegund, der Schutzpatronin von Poitou. Zu einer Zeit, als in den Gremien der Kirche diskutiert wurde, ob die Frau eine Seele habe, bewies sie, daß eine sanfte Frau von Intelligenz und Mut ihre eigene Welt erschaffen kann. Durch Radegund wurde uns die Welt der Gelehrsamkeit und des Abschreibens von Manuskripten eröffnet. In einem Zeitalter der Barbarei war sie der strahlende Beweis dafür, was eine Frau zu leisten vermag.«

Die Äbtissin ließ Eleonores Hand los und erhob sich. »Und nun, so fürchte ich, rufen mich wieder meine Pflichten.«

»Es ist mir eine große Ehre, daß ich als Herzogin alle Privilegien von Fontevrault erneuern darf«, sagte Eleonore und stand ebenfalls auf. »Zusätzlich möchte ich persönlich der Abtei fünfhundert Silberpfennige spenden. Nehmt das Geld für die Unterstützung der Ehefrauen, die hier Zuflucht suchen.«

»Dafür sind wir sehr dankbar. Vielleicht kann Fontevrault Euch eines Tages seine Dankbarkeit erweisen.«

»Ich hoffe nicht, hier irgendwann einmal Zuflucht vor einem grausamen Ehemann suchen zu müssen«, erwiderte Eleonore und lachte.

»Nein, wirklich nicht.« Die Äbtissin stimmte in das Lachen ein.

In gehobener Stimmung und in dem Wissen, eine Freundin gefunden zu haben, verließ Eleonore die Abtei.

Eine Woche später kam ihre furchteinflößende Tante Agnes, die inzwischen Äbtissin im Kloster von Saintes geworden war, zu Besuch nach Maubergeonne, um ihrer Wut Luft zu machen.

»Überall in Poitou hört man, daß du diesem jungen Kloster Fontevrault eine große Summe gespendet hast«, zeterte sie.

»Meine liebe Tante, was für eine angenehme Überraschung! Ob du es glaubst oder nicht, ich wollte gerade nach dir schicken, um mit dir über neue Ländereien und Privilegien für Saintes zu sprechen.«

Tante Agnes schnaubte, ließ sich aber besänftigen.

Kurze Zeit darauf erschienen die gewitzten, immer wieder für Unruhe sorgenden Brüder ihrer Mutter aus Châtellerault. Sie ernannte unverzüglich einen von ihnen, Ralph de Faye, zum Seneschall des Herzogtums. Sie wußte, daß er, wenn sie ihm eine Machtposition verschaffte, die anderen unter Kontrolle halten würde. Als sie vernahm, daß ihre schwierigen Nachbarn, die Barone des Limousin, damit drohten, ihren Eid auf die neue Herrin nicht zu erneuern, lud Eleonore sie zu einem Fest ein, wo es ihr dank ihres Charmes gelang, sie zu einem Sinneswandel zu bewegen.

»Alles läuft bestens, meint Ihr nicht auch?« fragte sie den Kaplan.

»Sogar ausgezeichnet – bisher jedenfalls«, erwiderte er.

Als die Wochen vergingen und noch immer keine Nachricht von Heinrich eintraf, bemerkte Eleonore, daß ihre Erinnerungen an den jungen Herzog immer mehr verblaßten. Ihr Reich war nicht in Gefahr, und mit Geschick meisterte sie alle notwendigen Entscheidungen. Sich selbst zu beweisen, was sie konnte, war viel angenehmer und lohnender, als sie angenommen hatte. Zum ersten Mal fühlte sie sich von den Zwängen ihres Geschlechts befreit und stellte erstaunt fest, daß sie es überhaupt nicht eilig hatte, sich wieder zu vermählen.

Eines Morgens Mitte Mai hielt Eleonore Hof in der großen Halle und hörte sich die Beschwerden der Einwohner von Poitiers an. An einem Tisch notierte ein Sekretär alle Entscheidungen auf einem großen Bogen Pergamentpapier.

Eine reiche Witwe beklagte sich, daß die Schweine der Nachbarin in ihren Garten eingefallen seien und ihr Gemüse zertreten hätten.

»Das stimmt nicht!« schrie die Nachbarin. »Meine Schweine haben nie meinen Boden verlassen.«

»Gibt es Zeugen der einen oder anderen Partei, die eine dieser Behauptungen bestätigen können?« wollte Eleonore wissen.

Die Witwe schüttelte mürrisch den Kopf.

»Wenn es keine Zeugen gibt, gibt es auch keinen Beweis, daß die Schweine deiner Nachbarin in deinen Garten eingedrungen sind. Falls du nicht wenigstens einen Zeugen zur nächsten Anhörung bringst, muß ich dir eine Geldstrafe auferlegen.«

Eleonore konnte kaum einen müden Seufzer unterdrücken – es war sehr heiß in der Halle, und sie hatte schon seit der Terz Recht gesprochen. Sie wollte schon den nächsten Beschwerdeführer aufrufen, als der neben ihr stehende Haushofmeister sich zu Wort meldete.

»Es besteht keine Notwendigkeit, daß Ihr selbst weitermacht, Herrin. Es handelt sich nur um nebensächliche Dinge, die ich oder der Amtmann übernehmen könnten.«

»Vielen Dank, aber das hier sind meine Untertanen. Nach fünfzehn Jahren Herrschaft unter König Ludwig müssen sie erst von neuem lernen, mir zu vertrauen. Und die beste Gelegenheit hierzu ist, Recht zu sprechen. Wer ist der nächste?«

Der Haushofmeister nickte und rief die Frauen des Schmieds und des Müllers herein, die über zwei fehlende Laib Brot im Backofen in Streit geraten waren. Sie hatten aufeinander eingeschlagen, und ihre Ehemänner hatten sich dann ebenfalls eingemischt, bis der Amtmann gerufen worden war, um für Ruhe und Ordnung zu sorgen.

Eleonore unterdrückte ein Lachen und zwang sich dazu, möglichst unbeteiligt dreinzublicken.

»Wir können keine Störung des öffentlichen Friedens dulden. Der Müller und der Schmied werden zu je einer Strafe von fünf Sous verurteilt.« Sie warf einen Blick auf die Frauen. »Der Backofen ist für alle da, und wir sollten wohltätig sein. Zwei fehlende Brotlaibe sind nicht dasselbe wie zwei gestohlene Brotlaibe.«

Während Eleonore den nächsten Fall aufrief, hörte sie das Donnern von Pferdehufen im Hof. Kurz darauf erschien ein Diener in der Halle und verkündete atemlos die Ankunft des Herzogs der Normandie und dreier Begleiter.

Eleonore erhob sich schnell. »Die Anhörung ist für heute beendet.«

Sie überließ es dem Haushofmeister, die Besucher zu entlassen und die Strafen einzutreiben, und betrat den Innenhof. Heinrich saß noch hoch zu Roß, einen Falken auf dem Arm. Ein Blick auf seine breiten Schultern, seinen starken, muskulösen Körper und in seine dunklen Augen genügte, um Eleonores Herz höher schlagen zu lassen.

Bevor sie sich zurückhalten konnte, war sie zu seinem Pferd geeilt und streckte ihm verlangend die Hand entgegen. Heinrich zog den Handschuh aus, ergriff ihre Finger und zermalmte sie fast in seinem festen Griff. Eleonore fühlte, wie die Hitze seiner Hand sich auf die ihre übertrug, und begriff gar nicht mehr, warum sie jemals daran gedacht hatte, die Hochzeit noch eine Weile aufzuschieben.

## 22. Kapitel

»Tante Agnes sagt, daß ich sie ein wenig an eine läufige Hündin erinnere«, bemerkte Eleonore zu Heinrich am Tag nach seiner Ankunft.

Sie spazierten durch den kühlen Teil des Hofes, in dem die Lindenbäume blühten. Eleonores Lieblingsfalke saß auf ihrem Handgelenk.

»Und stimmt das?« Heinrich neigte sich herab, um einige von Eleonores Windhunden zu streicheln, die sich ihm an die Fersen geheftet hatten.

In seinem einfachen schwarzen Wams, über dem er einen hüftlangen roten Überwurf trug, auf den die goldenen Löwen von Anjou aufgestickt waren, sah Heinrich viel stattlicher aus als in Paris.

Nach der anfänglichen Erregung über das Wiedersehen hatte Eleonore festgestellt, daß sie beide ein wenig unbeholfen miteinander umgingen. Es war schwierig, sich eine Situation vorzustellen, die das Selbstbewußtsein dieses Normannen schwächen konnte, aber Heinrich schien sich unwohl zu fühlen. Ob ihn ihre Position als Herrscherin über Poitou einschüchterte? Eleonore hatte ihm erzählt, was ihre Tante gesagt hatte, um das Eis zwischen ihnen zu brechen.

Sie war entzückt, als sich daraufhin seine Lippen zu einem breiten Lächeln öffneten. »Nun, wir werden sehen, wie sich das entwickelt«, neckte sie ihn. »Nach dieser siebenmonatigen Trennung habe ich das Gefühl, dich erst wieder von neuem kennenlernen zu müssen.«

Heinrich ergriff ihre Hand und drückte sie kurz. »Ich glaube, wir kennen uns besser als die meisten Menschen in ähnlicher Lage. Gewöhnlich betrachtet man so eine Sache einfach als eine Heirat zwischen Anjou-Normandie und Aquitanien. Die betroffenen Menschen werden nicht gefragt und kennen sich häufig gar nicht, wie dies auch bei meinem Vater und meiner Mutter der Fall war.«

»Und bei Ludwig und mir.«

»Aber du und ich, wir hatten die Wahl. Niemand hat uns zu einer Verbindung gezwungen.« Er grinste. »Wenn die Ehe schiefgeht, können wir das nur uns selbst vorwerfen.«

»In der Tat, so ist es«, sagte Eleonore. Sie hatte das noch gar nicht bedacht. Und es war gut, das Gefühl zu haben, selbst entscheiden zu können.

»Es gibt eine jahrtausendealte Möglichkeit, um festzustellen, ob man miteinander harmoniert«, fuhr Heinrich fort. »Ich würde auch gerne wissen, ob Tante Agnes recht gehabt hat.« Er hielt kurz inne und hob die Augenbrauen. »Obwohl ich eine solche Bemerkung nicht von einer Äbtissin erwartet hätte.«

Eleonore lachte. »In Aquitanien sind eben selbst die Äbtissinnen anders. Was das bessere Kennenlernen angeht, so ist die Burg leider voller Menschen. Wir müssen uns in Geduld fassen. Nicht für lange, hoffe ich.«

Er nahm ihre Hand in die seine und drückte seine Lippen darauf. »Nein, glücklicherweise nicht.«

Eleonore durchflutete es heiß unter dem Druck seiner Lippen auf ihrer Hand, die Wärme durchströmte ihr Handgelenk, ihren Arm und ihre Schulter und verbreitete sich durch ihren ganzen Körper.

Die folgenden Wochen vergingen Eleonore viel zu langsam. Sie wollte teilhaben an Heinrichs Lebensenergie und konnte es kaum noch erwarten, die Ehe zu vollziehen.

Glücklicherweise gab es eine Vielzahl von Dingen zu regeln, so daß sie ununterbrochen beschäftigt war. Sie wußte nicht, wie sie die Verzögerung sonst hätte ertragen können. Um Ludwig nicht zu früh auf ihre Pläne aufmerksam zu machen, sollte es eine kleine, bescheidene Hochzeit werden. Eleonore hatte nur eine ausgewählte Zahl von Gästen zu der Feier gebeten: die wichtigsten Barone, einflußreiche Kirchenmänner, ein paar Verwandte und einige adlige Damen, die künftig ihre Hofdamen sein würden.

Im allerletzten Augenblick erschien der Erzbischof von Bordeaux mit mehreren kanonischen Büchern, um die erforderlichen Ausnahmebewilligungen auszustellen, die die Gültigkeit des Ehevertrages gewährleisten würden. Eleonores erstaunten Vasallen wurde der neue Herzog erst während der Hochzeitsfeierlichkeiten im Maubergeonne-Turm vorgestellt.

Eleonore ergriff das Wort und wandte sich an ihre Gäste mit betont herrischer Stimme.

»Meine Herren aus Poitou und Aquitanien. Wie Ihr wißt,

wurde meine Ehe mit König Ludwig von Frankreich vor kurzem annulliert. Ihr habt vielleicht ebenfalls gehört, daß man mir auf dem Heimweg von Frankreich zweimal aufgelauert hat und ich nur durch Flucht der Gefangennahme entgangen bin. Diese Mißgeschicke haben mich erkennen lassen, daß ich einen Herzog brauche, der gemeinsam mit mir regiert, wenn ich die Souveränität und die Grenzen von Aquitanien beschützen will. Aber es muß ein Mann sein, den ich selbst als Gatten erwählt habe.« Sie holte tief Luft und ließ ihre Augen über die versammelte Menge gleiten. »Vor Euch steht Heinrich, Herzog der Normandie und Graf von Anjou, den ich als meinen Bundesgenossen auserkoren habe. Ein Ritter von hohem Rang und großer Kraft, dessen Hoheitsgebiet an unseres grenzt; ein Mann, der uns helfen wird, alle Gefahren zu meistern. Meine lieben Aquitanier, die Ihr mich liebt und verehrt als Eure Herzogin, heißt diesen Mann willkommen als Euren neuen Herzog.«

Heinrich erhob sich daraufhin. »Ich hoffe, Ihr werdet mich akzeptieren«, sagte er mit einem entwaffnenden Lächeln. »Ich verspreche Euch, Eure Rechte zu achten, wie dies auch die Herzogin tut, und ich werde die Ehre von Aquitanien zu verteidigen wissen ebenso wie die von der Normandie und von Anjou.«

»Das ist mehr, als Ludwig jemals versprach oder einlöste«, fuhr Eleonore mit lauter Stimme fort und musterte kritisch ihre Gästeschar.

Sie hatte mit anfänglicher Ablehnung gerechnet und wurde nicht enttäuscht. Schockiertheit und Groll waren in den Gesichtern zu lesen. Eleonore glaubte fast, den unausgesprochenen Vorwurf zu hören: Wir haben gerade erst die Ketten des einen Tyrannen abgeworfen, und schon möchtet Ihr uns unter das Joch eines neuen zwingen. Nach ein paar Augenblicken feindseliger Stille jedoch wurde die Neuigkeit widerwillig akzeptiert. Wenigstens war es zu keinem offenen Widerspruch gekommen. Sie betete, daß Heinrichs jugendlicher Elan und seine gute Laune das Eis brechen würden.

»Heinrich ist kein ohnmächtiger Eiferer, dessen Meinung allein von der Zustimmung oder Ablehnung der Kirchenleute abhängig ist«, erklärte sie Ralph de Faye, dem jüngsten Bruder ihrer Mutter und neu ernanntem Seneschall, der an der Festtafel neben ihr Platz genommen hatte, »sondern ein Mann, der handelt und sich bereits einen Ruf als kluger und gerechter Führer erworben hat.«

»Das mag ja alles wahr sein, Nichte, aber wir sind ein Volk, das jede fremde Autorität haßt.«

»Aber das ist eine Eigenart, die jeder Normanne verstehen wird. Die Normannen sind genauso.«

Ihr Onkel hob ungläubig die Augenbrauen. »Bist du so blind, daß du nicht sehen kannst, daß wir so verschieden sind von den Normannen wie der Mond von der Sonne?« Er seufzte und zuckte mit den Schultern. »Nun, wir müssen das Beste hoffen. Wenigstens gefällt er dir.«

»Oh, Onkel, Ihr wißt gar nicht, wie sehr. Und meine widerspenstigen Untertanen werden ihn noch schätzen lernen, dessen bin ich mir sicher.«

Sie fügte nicht hinzu, daß es beinahe unmöglich war, Heinrichs Charme auf Dauer nicht zu erliegen.

Acht Wochen nach der Annullierung ihrer ersten Ehe wurde Eleonore mit Heinrich Plantagenet am 18. Mai 1152 in der Kapelle von Notre-Dame gleich im Anschluß an die Morgenmesse getraut. Ehegelübde und Friedenskuß wurden freudig ausgetauscht. Wie sehr unterschied sich doch diese Zeremonie von jener, die fünfzehn Jahre zuvor stattgefunden hatte! Unschuldig und abhängig von anderen hatte sie sich damals der Notwendigkeit und der höheren Macht gebeugt. Und trotz der sehr realen politischen Vorteile, die ihr die neue Ehe bringen würde, ging sie diese heute aus eigenem Entschluß ein.

»Nun, Madame«, hatte der Erzbischof nach der Trauung gemeint, »bisher hat Gott seine Hand schützend über diese Ehe gehalten. Ludwigs Heer hat bis jetzt noch nicht die Landesgrenzen überschritten, aber diese neue, mächtige Allianz wird bestimmt Konsequenzen haben. Die Verschmelzung von Aquitanien, Anjou und der Normandie unter einer Herrschaft reduziert Frankreich auf ein Drittel seiner ursprünglichen Größe. Das ist mehr als genug, um Ludwig nicht nur zu beunruhigen, sondern vor allem auch die bitterste Demütigung zuzufügen.«

Eleonore empfand Mitleid mit Ludwig, aber tief in ihrem Herzen verspürte sie auch einen Anflug von Zufriedenheit, als sie an all die unglücklichen Jahre an seiner Seite dachte.

Ein kleines Festessen war vorbereitet worden, und Eleonores Lieblingstroubadour, Bernard de Ventadour, unterhielt die Hochzeitsgäste bis weit in den Nachmittag hinein. Die Atmosphäre war gedämpft, aber Eleonore, die nur Augen für Heinrich hatte, machte sich keine Sorgen. Ihre Untertanen würden sich schon mit Heinrich abfinden.

Schließlich wandte sich Heinrich ihr zu. »Haben wir uns nicht lange genug Lieder und Gedichte angehört? Ich denke, wir können jetzt die Gäste sich selbst überlassen und uns zurückziehen.«

Zu ihrer Überraschung errötete Eleonore wie eine Klosterschülerin. »Gefällt dir unsere Musik nicht, mein Herr?«

Er zuckte abwehrend mit den Schultern. »Es geht. Aber in Wahrheit interessieren mich Spielleute, Troubadoure, Ritterspiele und ähnliches nicht besonders. Ich habe viel zuviel zu tun, um mich mit solchen Nebensächlichkeiten aufzuhalten.«

Bevor Eleonore noch den Sinn des eben Gesagten ganz begreifen konnte, fügte er hinzu: »Ich hoffe, meine übrigen Fähigkeiten werden dich für diesen Mangel entschädigen.«

Eleonore vergaß darob die erste Bemerkung.

Einige Stunden später befanden sich Eleonore und Heinrich schließlich allein im Turmzimmer von Maubergeonne. Hierhin hatten sie Eleonores Hofdamen und der Erzbischof von Bordeaux für ihre erste gemeinsame Nacht geleitet. Der langersehnte Augenblick war gekommen, und Eleonore hatte eigentlich erwartet, sie würde rundherum glücklich sein, aber als die Tür sich schließlich hinter ihnen schloß, war die Vorfreude plötzlich wie verflogen. Sie lag nackt in ihrem großen Bett, und Angst überkam sie.

Zum ersten Mal würde Heinrich sie unbekleidet sehen, und zum ersten Mal dachte sie auch darüber nach, wie er, ein Mann, der gerade achtzehn Lenze zählte, sie, die Neunundzwanzigjährige, finden würde. Eleonore hatte stets ihre Schönheit und ihre Attraktivität als gottgegeben hingenommen, genauso wie sie ihren hohen Rang als Selbstverständlichkeit akzeptiert hatte. In ihren Augen hatte sich ihr wohlproportionierter und schlanker Körper in den vergangenen Jahren wenig verändert, trotz der Geburt von zwei Kindern. Aber Heinrichs Jugend verunsicherte sie plötzlich. Was war, wenn sie ihm nicht gefiel? Wenn sie ihm keine Befriedigung verschaffte?

»Gütiger Gott, an was denkst du?«

»Blas die Kerzen aus.«

»Die Kerzen ausblasen – warum?«

»Bitte.« Eleonore wandte den Kopf ab.

»Nicht bevor du mir sagst, warum.« Heinrich ergriff ihr Kinn mit der Hand und drehte ihren Kopf zu sich um. »Sag es mir.«

»Du denkst vielleicht, ich bin zu alt.«

»Zu alt? Für was?«

»Ich meine es ernst.«

»Ich auch! Zu alt für was?«

»Um dir zu gefallen«, flüsterte sie.

Heinrich schaute sie erstaunt an. »Lieber Himmel, ich weiß

nicht, ob ich jemals die Frauen verstehen werde. Nun, es gibt nur einen Weg, um das herauszufinden, nicht wahr?« Er warf die blaue Decke zurück und enthüllte ihre nackten Körper.

Eleonore hatte die Augen fest geschlossen und hielt den Atem an. In dem langen Schweigen, das folgte, konnte Eleonore ihr Herz laut pochen hören. Ihr Mund wurde ganz trocken. Plötzlich spürte sie Heinrichs Lippen an ihrem Ohr.

»Wäre ich einer deiner schlauen Troubadoure, könnte ich deine Schönheit gewiß so preisen, wie du es verdienst, aber da ich ein einfacher Normanne bin, kann ich es dir nur zeigen.«

Seine Lippen senkten sich auf die ihren. Erleichtert und dankbar schlang Eleonore ihre Arme um Heinrichs starken, muskulösen Körper. Nach Raimunds gezügelter Leidenschaft und Zärtlichkeit war sie gespannt, wie sie auf Heinrichs jugendliche Glut reagieren würde.

Im Vergleich zu ihm war Heinrich rauh und fordernd. Seine Lippen zwangen sie, die ihrigen zu öffnen, seine Hände erforschten ihren Körper, als sei er Feindesland, das er erobern müsse. Seine Finger umfaßten ihre Brüste, preßten sie zusammen und spielten mit den Brustwarzen. Als sein Mund von ihren Lippen zu ihrer Brust hinabwanderte, saugte er so fest daran, daß sie protestierend aufschrie.

Aber Heinrichs Erregung war so stark, daß sich seine Hitze unwillkürlich auf sie übertrug. Und die Lust steigerte sich immer mehr, durchdrang ihren Körper bis in die letzte Pore. In ihren Träumen hatte sich Eleonore Heinrichs Berührung immer sanft und zärtlich vorgestellt, so wie Raimund ihren Körper angebetet hatte mit der geübten Ungezwungenheit eines erfahrenen Liebhabers. Heinrich statt dessen warf sich auf sie mit der Kraft eines Eroberers, der in den Kampf zieht. Sein Glied war größer als das Ludwigs, aber nach einem kurzen Augenblick paßte sie sich ihm an und nahm es in sich auf.

Und dann fühlte sie die harten Stöße von Heinrich Plantagenet in sich wie die primitive Kraft der Natur. Es war beängstigend. Warte! rief Eleonore, warte! Sie schlug ihm mit den Fäusten auf den Rücken und versuchte, ihn wegzustoßen. Heinrich hielt für den Bruchteil eines Herzschlags inne und verstärkte dann noch seinen Angriff, drang immer tiefer in sie, überwältigte jeden noch vorhandenen Widerstand. Ihre Schreie erstarben auf ihren Lippen, verstummten unter dem Ansturm eines solch außergewöhnlichen Gefühls, das Schrecken und Lust vereinte. Ihr letzter Gedanke, bevor die ganze Welt außer Kontrolle geriet, war, daß Heinrich nicht nur Besitz von ihrem Körper ergriffen, sondern auch die tiefsten verborgenen Bereiche ihres Wesens geschändet hatte.

Als Eleonore langsam die Augen öffnete, war das Gemach in helles rosafarbenes Licht getaucht, das durch die schmalen Fensteröffnungen nach innen drang. War es bereits das Morgengrauen? Die Ereignisse der Nacht gingen ihr noch einmal durch den Kopf. War alles wirklich passiert, oder war es nur ein wunderschöner Traum gewesen? Aber kein Traum hätte in ihr ein solches Gefühl der Freude und des Friedens erzeugen können. Mit einem zufriedenen Seufzer wandte sie den Kopf und sah Heinrich aufrecht im Bett sitzen mit einem Buch in der Hand.

»Was liest du da?« fragte sie schläfrig.

»Guten Morgen, meine Schöne«, sagte Heinrich, schloß sorgfältig das Buch und legte es neben sich. »Ein Buch über Kriegstechniken aus dem vierten Jahrhundert römischer Herrschaft, das einmal meinem Vater gehörte. Bereit zum Aufstehen?«

»Aufstehen?«

»Ja. Die Zeit ist knapp, und ich möchte, daß du mir Poitou zeigst, bevor ich wieder aufbrechen muß.«

Heinrich sprang aus dem Bett und begann sich anzukleiden. Eleonore beobachtete ihn lächelnd. Sie hätte es vorgezogen, noch ein wenig in den Tag hinein zu dösen.

»Warum die Eile?« fragte sie. »Wir können doch tun und lassen, was wir wollen. Es ist noch Monate hin, bis du aufbrechen mußt.«

»Nein, wahrscheinlich nur noch ein paar Wochen. Falls Ludwig hier nicht für Probleme sorgt, muß ich in die Normandie zurückkehren und meine Pläne für den Angriff auf England vorantreiben.«

»Oh, Heinrich, in ein paar Wochen schon?«

Heinrich warf die Bettdecke zurück und zog Eleonore hoch. »Möchtest du denn nicht wieder Königin sein?« Er küßte sie. »Habe ich dir schon gesagt, daß ich noch nie eine so aufregende Nacht verbracht habe?«

»Ich auch nicht.« Glücklich schlang sie ihre Arme um seinen Hals, wollte diesen kostbaren Augenblick festhalten.

Die Glocken der Kapelle läuteten. Heinrich küßte sie auf die Haare und machte sich frei.

»Am besten, ich entferne mich vom Ort der Versuchung. Ich sehe dich in der Kirche.« Er steckte sich das Buch unter den Arm und verließ das Schlafgemach.

Kurze Zeit später gesellte sich Eleonore in der Kapelle zu ihm. Heinrich folgte nicht dem Gottesdienst, sondern las entweder in seinem römischen Buch, flüsterte ihr Unsinn ins Ohr, so daß sie lachen mußte, oder stellte dem Seneschall, der zu seiner Linken saß, irgendwelche Fragen. Nach der Messe eilte er in die große Halle, wo die Festtafel bereitet war. Kaum hatte der Kaplan das Tischgebet gesprochen, stürzte Heinrich hastig einen Pokal gascognischen Weines hinunter, brach ein Ende von einem Weizenbrot ab und hatte sich bereits wieder erhoben, kaum daß Eleonore mit dem Essen begonnen hatte.

»Treffen wir uns vor der Sext in den Ställen«, schlug er vor und ergriff Vater André am Arm. »Ich möchte, daß Ihr mir alles über die Geschichte Aquitaniens erzählt. Jetzt gleich. Ihr könnt später speisen.« Bevor dieser noch protestieren konnte, hatte Heinrich den erstaunten Kirchenmann aus der Halle gezogen.

»Heilige Radegund, ist ein Wirbelwind bei uns eingekehrt?« fragte Eleonores Onkel mit nörgelnder Stimme. »Was für ein Leben wirst du mit ihm führen, Nichte?«

»Nell sieht aus, als würde es ihr Spaß machen«, bemerkte Tante Agnes in säuerlichem Ton. »Sie glüht wie eine Kerze. Denk daran, mein Kind, alles Fleisch ist wie Gras.«

Was immer das heißen mochte! Aber Tante Agnes hatte gewiß recht mit der Vermutung, daß ihr dieses Leben gefallen würde. Wenn Eleonore die zutiefst enttäuschenden Nächte mit Ludwig mit der Ekstase des letzten Abends verglich...

Die folgenden zwei Wochen vergingen in einem Wirbel von leidenschaftlichen Nächten und Tagen, die angefüllt waren mit unterschiedlichsten Aktivitäten. Als die Kunde von den Hochzeitsfeierlichkeiten sich verbreitete, kamen immer mehr Troubadoure und Ritter nach Poitiers gereist. Die Eheschließung schien allgemein akzeptiert zu werden, und als die Stimmung immer ausgelassener wurde, begann Eleonore, größere Festlichkeiten vorzubereiten. Sie ließ die große Halle täglich mit Frühlingsblumen, Myrte und Koriander schmücken.

An den Abenden warfen große weiße Kerzen, die in wuchtigen Kandelabern steckten, flackernde Schatten auf die schneeweißen Tischdecken, auf denen prächtiges Silbergeschirr prangte. In goldenen Weinpokalen funkelte Wein aus Bordeaux und der Gascogne. Um Heinrichs etwas unkultivierten Gaumen anzuregen, ließ Eleonore die unterschiedlichsten Gerichte auftischen: gebratenen Schwan, dekoriert mit Blättern und rotblauen Bändern, Fasan im eigenen Federkleid, Seezunge, Austern und Sperlinge. Es gab eine Unzahl von Saucen, gewürzt mit

Salbei, Kümmel, Knoblauch und Minze, dazu Silberplatten mit kandierten Früchten, Feigen und Kuchen.

Jede Nacht warfen Jongleure mit Bällen und Messern, Akrobaten turnten, und Troubadoure gaben *chansons de geste, joi d'amour* zum besten sowie die derben Liebeslieder von Eleonores Großvater. Dichter ließen ihre Zuhörer vor Spannung erzittern bei ihren Erzählungen von König Artus, Karl dem Großen, der wunderschönen Helena von Troja... Zu Eleonores Entzücken kannte Heinrich alle diese Geschichten nicht und schien wirklich beeindruckt zu sein. Abgesehen von einem einzigen Zwischenfall trübte nichts die Harmonie von Heinrichs Aufenthalt.

Eines Abends trug Bernard de Ventadour ein neues Lied vor, daß er zu Ehren der schönen Herzogin von Aquitanien verfaßt hatte. Als er bei den Zeilen angelangt war »... wenn sie mir nur eine Nacht gewährte, wo sie all ihre Kleider abwürfe, um sich mir im geheimen hinzugeben, und sich ihre Arme gleich einer Halskette um meinen Hals legten...« waren alle des Lobes voll und klatschten zustimmend. Die Aquitanier waren echte Kenner der *gai saber* der Troubadoure und zeigten ihre Anerkennung offen.

Erfreut drehte sich Eleonore Heinrich zu. Sie nahm an, daß auch ihm diese Huldigung gefiel. Heinrichs Gesicht aber war tiefrot angelaufen, und in seinen Augen stand ein Ausdruck, der sie ängstigte.

»Heinrich, was ist? Ist dir nicht gut?«

»Ist irgend etwas wahr an dem, was dieser Hundesohn da erzählt?« zischte er.

Zuerst verstand ihn Eleonore nicht. »An was?«

»Hast du deine Kleider für diesen Schurken abgelegt?«

»Sprich nicht so laut. Natürlich nicht. Bist du verrückt? Bernard ist ein großer Troubadour, und das ist die Unterhaltungskunst der Troubadoure, sie bringen ihrer Herrin Liebeslieder dar.«

»Nicht meiner Herzogin. Sag ihm, er soll aufhören.«

Seine Haltung erinnerte sie an Ludwig, und Eleonore spürte, wie ein Schauer ihren Rücken hinunterlief. »Das werde ich nicht tun. Diese *joi d'amour* gehören zu einer Tradition, die mein Großvater begonnen hat. Das solltest du inzwischen wissen. Kein Mensch nimmt den Text ernst, es ist einfach eine Form der *gai saber*.«

Zu ihrem Entsetzen schien Heinrich jedoch jegliche Kontrolle über sich zu verlieren. Er fiel zu Boden, weißer Schaum trat aus seinem Mund, seine Augen quollen hervor.

»Der Herzog scheint einen Anfall zu haben«, rief Eleonores

Onkel alarmiert. »Vielleicht sollten wir ihn in den Söller tragen, damit ihn ein Arzt untersuchen kann.« Der Seneschall blieb mit offenem Mund stehen. »Heilige Radegund, hört ihm zu, er kann nicht wissen, was er sagt.«

Indessen krümmte und wand sich Heinrich am Boden und stieß unverständliche Flüche aus. Von Entsetzen erfüllt, bat Eleonore Bernard, mit dem Singen aufzuhören. Es bedurfte vier starker Wachleute, um den um sich schlagenden Herzog aus der Halle zu tragen.

Bis der weißhaarige Arzt kam, hatte sich Heinrich bereits wieder ein wenig beruhigt. Nach einer Untersuchung empfahl der Arzt, ihn zur Ader zu lassen.

»Ist er ernsthaft krank? Was hat er?« Eleonore zitterte am ganzen Körper. Sie warf einen Blick auf den im Bett liegenden Heinrich. Die dunkelrote Verfärbung seines Gesichts ließ allmählich nach, und sein Körper zuckte auch nicht mehr in unkontrollierbaren Krämpfen. »Es war, als hätten Dämonen Besitz von ihm ergriffen.«

Der Arzt zuckte mit den Schultern. »Manche sagen, die Angeviner seien die Ausgeburt des Teufels, ich aber überlasse solche Ansichten lieber den Priestern. Meiner Meinung nach wurde dieser Anfall weniger vom Teufel als von einem starken Gefühl der Mißbilligung ausgelöst.«

Eleonore starrte ihn an. »Was wollt Ihr damit sagen?«

»Ich will sagen, mit derlei Vorstellungen hat der Herzog auch in der Vergangenheit schon Eure Aufmerksamkeit auf sich gelenkt. Mein Rat lautet, nehmt die Angelegenheit nicht so ernst. Ignoriert sie. Ein solches Verhalten verschafft ihm vielleicht Erleichterung in einer Art, die wir nicht verstehen. Ich werde ihn jedenfalls jetzt zur Ader lassen.«

Besorgt befolgte Eleonore seinen Rat. Als Heinrich sich erholt hatte, war es so, als hätte das Ganze überhaupt nicht stattgefunden. Weder entschuldigte sich Heinrich dafür, noch sprach er in anderer Weise darüber. Nach ein paar Tagen hatte Eleonore fast das Gefühl, sie habe sich alles nur eingebildet. Und doch hatte Heinrich erreicht, was er wollte. Sie hatte Bernard eilends nach Bordeaux zurückgesandt, und die übrigen Troubadoure beschränkten sich auf weniger anzügliche Lieder.

»Er hat sich kaum verändert, nicht wahr?« meinte Tante Agnes noch, bevor sie nach Saintes zurückreiste.

»Ich weiß nicht, was du meinst«, antwortete Eleonore.

»Hast du vergessen, wie er sich auf deinem Verlobungsfest in Bordeaux aufgeführt hat?«

»Nein, aber ich sehe keinen Zusammenhang.«

Tante Agnes schaute sie nachdenklich an. »Wenn du einen Mann richtig kennenlernen willst, solltest du in Erfahrung bringen, wie er als Kind gewesen ist.«

Nach ihrer Abreise versank Eleonore in Gedanken. Ein neuer Aspekt von Heinrichs Charakter war ihr enthüllt worden. Sie überlegte, ob sie diesen Mann, den sie so übereilt geheiratet hatte, jemals wirklich kennen würde. Heinrich war eine Mischung aus so vielen gegensätzlichen Eigenschaften, daß es ihr vorkam, als lebte sie mit vier oder fünf Männern gleichzeitig zusammen. Nachdem er zunächst einmal geklärt hatte, wer der Herr im Bett war, hatte er sich als zärtlicher und fürsorglicher Liebhaber erwiesen, der ihr durchaus auch die Initiative überließ, wenn sie dies wollte. Er war auch ein gelehriger Schüler und kannte bald alle Liebesspiele, die Raimund ihr beigebracht hatte. Und wenn er sie mehr mit Inbrunst als echter Begabung ausübte, wen störte das? Seit ihrer Kindheit hatte Eleonore keine Zeit solch ungetrübten Glücks erlebt.

Anders als Ludwig war Heinrich, dem sowohl diesseits als auch jenseits des Ärmelkanals eine ausgezeichnete Bildung zuteil geworden war, vielseitig interessiert. Musik und Gesang waren ihm zwar ziemlich gleichgültig, dafür faszinierte ihn aber alles, was mit Geschichte und Politik zu tun hatte.

»Du hast mir nie erzählt, daß dein Großvater einmal drohte, für seine Mätresse ein spezielles Bordell einzurichten, das wie ein Nonnenkloster aussehen sollte und in das er lauter Nutten unter der Oberherrschaft einer Dirnen-Äbtissin stecken wollte«, sagte er eines Tages während eines Ausritts in die Umgebung jenseits der Stadttore und grinste dabei derb.

»Er liebte eben Scherze«, entgegnete Eleonore. »Jeder bewunderte den Troubadour – außer natürlich seine leidenden Ehefrauen. Ich glaube, seine erste Frau war eine Tante deines Vaters. Die Ehe soll nicht lange gedauert haben, wie man mir sagte. Seine Mätressen dagegen behandelte er wie Königinnen. Und wie war dein Großvater?«

»Ich erinnere mich leider nicht an ihn. Aber er war ganz sicher kein Mann, der zu Scherzen aufgelegt war. Er wurde eher gefürchtet als geliebt. Obwohl auch er eine Menge Mätressen besaß.«

»Ist das typisch für die Normannen?« Eleonore warf ihm einen Seitenblick zu.

»Was? Daß er gefürchtet wurde oder die Mätressen?«

»Je nach dem.«

»Nun, mein Großvater regierte England und die Normandie

mit eiserner Hand. Kann man das von deinem Großvater sagen? Wenn man deinem Kaplan Glauben schenkt, so hat er kaum je eine Schlacht gewonnen. Die meiste Zeit seines Lebens hat er mit der Eroberung von Frauen verbracht, über die er dann Lieder verfaßte. Was für Söhne sollen herauskommen bei solch einem Erbe?«

»Frauen erobern ist gewiß kultivierter als Ländereien erobern.«

»Es macht auf jeden Fall mehr Spaß.« Heinrich rollte mit den Augen und deutete mit dem Finger auf sie. »Eines Tages werde ich dich an deine Worte erinnern, Nell. Hätte ich allerdings von diesen frivolen Vorfahren gewußt, hätte ich vielleicht gründlicher überlegt, bevor ich mich mit diesem dekadenten Aquitanien zusammengetan hätte.«

Eleonore streckte ihm die Zunge heraus.

Außer seinen wissenschaftlichen Studien liebte Heinrich die Jagd. Er war überaus erfreut, als sein Geierfalke einmal einen größeren Vogel fing als Eleonores. Da sie die Falkenjagd eher als einen vergnüglichen Zeitvertreib betrachtete denn einen Wettbewerb, in dem es um Verlieren und Gewinnen ging, machte es ihr nichts aus, daß sein Falke den ihrigen ausstach.

»Meine Mutter hat einmal bei der Falkenjagd gegen meinen Vater gewonnen«, erzählte ihr Heinrich eines Nachmittags, als sie mit den Falken auf dem Arm durch die Landschaft ritten. »Das war wenige Tage nach ihrer ersten Begegnung, aber er hat es nie vergessen. Selbst Jahre später sprach er noch davon.«

»Es ist doch nur ein Sport. Warum hat ihm das etwas ausgemacht?« Eleonore war erstaunt und dankbar, daß sie diese Tatsache über Gottfried den Schönen nie gewußt hatte.

»Ich kann ihn verstehen. Ob bei der Jagd, in der Schlacht oder in der Politik«, erwiderte Heinrich und rollte die Augen, »überall möchte ein Mann stets gewinnen. Selbst gegen Frauen.«

»Frauen wollen ebenfalls gewinnen. Aber es gibt doch Dinge, die wichtiger sind. Es klingt, als ob deine Mutter Gottfried in vieler Hinsicht überlegen war.«

»In Wahrheit war sie in fast allem besser.« Er runzelte die Stirn. »Sie spielte beispielsweise viel besser Schach. Er nahm ihr das übel, und sie lernte, ihn gewinnen zu lassen.«

Eleonore zügelte ihr Pferd. »Sie tat so, als sei er ihr überlegen? Würdest du das auch von mir erwarten?«

»Ich? Aber dieses Problem existiert doch zwischen uns gar nicht, meine liebe Nell«, entgegnete Heinrich mit einem unschuldigen Lächeln. »Es gibt nichts, was tu tust, was ich nicht besser könnte.«

»Oh, welche Arroganz! Was für ein Ausbund männlicher Eitelkeit!« Heinrich schaute ihr ins Gesicht, dann gab er seinem Pferd die Sporen und stob davon. Sie ritt wütend hinter ihm her.

Heinrichs unermüdliche Energie erstaunte Eleonore ein ums andere Mal. Er erhob sich vor Tagesanbruch, gleichgültig wie lange sie sich im Liebeskampf erschöpft hatten. Er schien stets unruhig, saß selten, außer auf dem Pferderücken und kurz während der Mahlzeiten, bei denen er aber kaum wahrnahm, was für Gerichte ihm vorgesetzt wurden. Eleonore war selig vor Glück und überlegte manchmal, ob Heinrich genauso zufrieden war wie sie.

»Weißt du, wie sehr ich dich liebe?« fragte sie ihn eines Nachts.

Sie lag auf dem Rücken, und er hatte den Kopf an ihrem Busen vergraben.

»Natürlich«, murmelte er schläfrig.

»Und du? Empfindest du dasselbe?«

»Dasselbe?«

Sie zog ihn an den Haaren. »Ob du mich genauso liebst, will ich wissen.«

Heinrich rollte sich mit einem Seufzer von ihr weg. »Warum müssen wir über diese Dinge überhaupt reden?«

Nun, im Bett zeigte Heinrich durchaus das Verhalten eines verliebten Mannes. Jedoch wünschte sich Eleonore, er würde ihr das auch sagen.

»Wir müssen nicht darüber reden, wenn es dir unangenehm ist.«

Er stützte sich auf einen Arm und beäugte sie gedankenvoll im Licht der flackernden Kerze. »Warum wollen Frauen immer hören, daß man sie liebt? Zeige ich es dir nicht, was ich für dich empfinde?«

»Manchmal schon. Von welchen Frauen sprichst du überhaupt?«

Heinrich schaute sie gereizt an. »Gütiger Gott, ich spreche ganz allgemein von Frauen! Frage ich dich vielleicht nach den Männern aus, die du gekannt hast?«

»Da gibt es nur Ludwig...«

»Ich habe zwar etwas anderes gehört, aber ich quäle dich auch nicht mit Fragen, oder?«

Eleonore drehte den Kopf von ihm weg. Sie hatte Heinrich nicht von Raimund erzählt, und sie hatte auch nicht vor, es zu tun. Seit ihrer ersten Begegnung in Paris hatte er sie nie wieder nach Gottfried gefragt. Glücklicherweise mußte sie keine Enthüllungen mehr fürchten, was den Grafen von Anjou anbetraf.

»Ich hoffe nur, du hörst nicht auf die bösen Gerüchte meiner Feinde.«

»Natürlich nicht«, antwortete Heinrich verdrießlich. »Andererseits scheinst du sehr erfahren für eine Frau, die bisher nur mit einem ungeschickten Halbmönch zusammen war. Da könnte man sich schon einige Fragen stellen.«

»Was soll das heißen?«

»Es heißt, je weniger wir über unsere vergangenen Eroberungen reden, desto besser.«

Eleonore schämte sich, daß sie eifersüchtig war auf jene Frauen, die Heinrich einmal intimer gekannt hatte. Bisher hatte sie angenommen, daß die einzig wichtige Frau in seinem Leben seine Mutter war.

»Mein Vater hat mir einmal gesagt, daß er es vorziehen würde, eine Frau außerhalb des Betts überhaupt nicht sehen zu müssen«, sagte Heinrich und blitzte sie übermütig an. »Ich dagegen schätze die Gesellschaft und die Unterhaltung mit Frauen, auch ihren Rat. Aber vielleicht hatte er doch irgendwie recht! Und ich glaube, es gibt nur einen Weg, um dich zum Schweigen zu bringen.«

Er rollte sich zu ihr herum und drückte seine warmen, harten Lippen auf ihren Mund, was Wellen des Verlangens in ihr auslöste. Daß sie seinen Kuß so leidenschaftlich erwiderte, schien ihn noch mehr zu erregen. Ihre Brustwarzen, die Heinrich mit Daumen und Zeigefinger bearbeitete oder mit dem Mund erforschte, versteiften sich unwillkürlich. Sie war zuerst verlegen gewesen, ihre Lust laut hinauszuschreien, bis sie entdeckte, wie sehr ihm dies gefiel.

Als Heinrich seine Hand zwischen ihre gespreizten Beine gleiten ließ, fühlte Eleonore, wie ihr ganzer Körper zu beben begann. Seine Berührung war so angenehm, daß sie sich im Rhythmus seiner Finger unter ihm hin und her wälzte. Ein paar Augenblicke später tauchte er tief in sie ein, bewegte sich langsam, hörte wieder auf, bewegte sich erneut, neckte sie, während er noch immer ihren Mund mit einem nicht endenwollenden Kuß verschloß. Eleonore hatte das Gefühl, wie in einem Meer mit den Wellen auf und ab zu gleiten, bis ihre Lust den Höhepunkt erreichte und sie in Glück zu ertrinken schien und laut aufschrie.

Eines der erstaunlichsten Dinge an Heinrich war, daß ihm ihre Erfüllung beinahe wichtiger zu sein schien als seine eigene Befriedigung.

Dann wurde ihre Idylle abrupt durch einen Brief von Heinrichs Mutter aus Rouen beendet.

Ein staubbedeckter Bote kam in die Halle geeilt und überreichte Heinrich das Schreiben. »Aus der Normandie, mein Herr. Sehr dringend.«

Kaiserin Mathilde schrieb, daß das strategisch wichtige Kastell Wallingford unter Belagerung stehe und seine Anhänger in England den Herzog dazu drängten, mit dem Angriff unverzüglich zu beginnen. Schon zwei Stunden nach Erhalt der Botschaft hatte Heinrich gepackt und sein Pferd satteln lassen.

»Mußt du wirklich gehen?« fragte Eleonore, obwohl sie die Antwort bereits wußte. Er hatte den Angriff auf England bereits einmal verschoben, um nach Poitou zu reisen und sie zu heiraten.

»Das Erreichen meines Lebensziels liegt in greifbarer Nähe, sicher kannst du da verstehen, daß ich gehen muß.« Der Liebhaber hatte dem hartgesottenen Staatsmann Platz gemacht.

»Ich verstehe dich und teile deine Meinung, dennoch werde ich dich vermissen.«

»Und ich dich auch.« Sie standen im Hof. »Wenn wir uns das nächste Mal sehen, bin ich vielleicht schon zum König gewählt worden. Dieser Gedanke sollte dich über meine Abwesenheit hinwegtrösten. Falls Ludwig diese Gelegenheit zum Angriff nutzen sollte, habe ich genügend Truppen in Aquitanien zurückgelassen, um ihn zurückzuschlagen. Allerdings werde ich alle Männer brauchen, die ich zusammenbekommen kann, um die Normandie und Anjou zu verteidigen und auf englischen Boden vorzudringen. Wenn ich mehr Männer und Schiffe benötige, wirst du sie mir schicken?«

»Natürlich«, erwiderte sie.

Die Vorstellung, daß er in England in die Schlacht ziehen würde, erschreckte sie. Sie konnte den Gedanken, ihn eventuell zu verlieren, nicht ertragen. Aber sie sprach nicht davon. Einen Augenblick lang klammerte sie sich an ihn.

Doch schon hatte er sich aus ihrer Umarmung befreit und bestieg sein Pferd, um mit seinen wenigen Gefolgsleuten davonzugaloppieren. Er blickte nicht zurück. Die Augen voll ungeweinter Tränen schaute ihm Eleonore nach.

## 23. Kapitel

### Wareham, England, im Jahre 1153

Endlich in England!

Außer sich vor Erregung sprang Heinrich von dem noch immer wild hin und her wogenden Schiff und schwamm an Land. Obwohl seine Beine taub vor Kälte waren, wäre er am liebsten am Strand auf und ab gelaufen und hätte vor Freude laut gesungen.

»Welchen Tag haben wir heute?« fragte er einen seiner Knappen.

»Den sechsten Tag im Januar, mein Herr.«

Ein Tag, an den man sich erinnern würde. Er konnte sich beinahe vorstellen, was die zukünftigen Geschichtsschreiber von diesem Tag berichten würden: Am sechsten Tag des Januars im Jahre 1153 unseres Herrn landete Heinrich, Herzog der Normandie und von Aquitanien, Graf von Anjou und Maine, an Englands Küste in Wareham, um das Reich von seinem unrechtmäßigen Herrscher, König Stephan, zu befreien.

Ein eisiger Wind wehte, als Heinrich am leeren Strand stand und dem Ausschiffen seiner Streitkräfte zusah. Alle sechsunddreißig Schiffe mit einhundertvierzig Rittern und dreitausend Fußsoldaten hatten die schwierige Kanalüberquerung heil überstanden. Er habe nicht genug Männer, hatte seine Mutter ihn gewarnt, aber er war überzeugt, in England weitere Anhänger zu finden. Er war nicht dazu bereit gewesen, die Normandie und Anjou ohne genügend Krieger zur Verteidigung zu verlassen, da er vermutete, daß Ludwig in seiner Abwesenheit einen neuen Vorstoß in Richtung Normandie unternehmen könnte, obwohl er dessen letzten Vorstoßversuch vor ein paar Monaten erfolgreich zurückgeschlagen hatte.

Nach Heinrichs Rückkehr nach Rouen hatte ihm Ludwig befohlen, am königlichen Hof zu erscheinen, um Rechenschaft darüber abzulegen, warum er Eleonore ohne Zustimmung seines Oberherrns geehelicht habe. Heinrich hatte Spione nach Paris gesandt, die mit der Nachricht zurückkehrten, daß man Ludwig selbst den Treuebruch seines Vasallen zum Vorwurf machte. Heinrich beschloß, die Vorladung zu ignorieren. Als er nicht erschien, war Ludwig mit seiner Armee auf normannisches Land vorgedrungen. Zu Ludwigs Verbündeten zählten Heinrichs Bruder Gottfried, der eifersüchtig auf die zunehmende Macht seines älteren Bruders war, sowie sein alter Feind, Prinz Eustace von England.

»Als er sich mit Ludwig zusammentat, hoffte Gottfried sicherlich, mich zu besiegen und Anjou zu seinem Lehen zu machen«, hatte Heinrich seiner Mutter erklärt.

Er lächelte grimmig, als er daran dachte, wie er Ludwigs Streitkräfte mit aller Gewalt zurückgeschlagen hatte, so daß der Monarch sich hastig nach Frankreich zurückziehen mußte. Eustace war nach England zurückbeordert worden. Seine Mutter hatte seinem Bruder so gehörig die Leviten gelesen, daß Gottfried sich in eine seiner Burgen begeben hatte und nicht weiter für Unruhe sorgte. Für den Augenblick zumindest war alles ruhig in der Normandie.

Heinrich erwartete keine Probleme in Aquitanien, und falls es doch welche geben sollte, traute er Eleonore, die bereits ihr erstes Kind erwartete, zu, damit alleine fertig zu werden. Auf seine Bitte hin hatte sie Poitou in die Obhut ihres Onkels und Seneschalls Ralph übergeben und war nach Anjou gereist, damit ihr erster Sohn in Le Mans, Heinrichs Geburtsort, zur Welt kommen würde. Gleichzeitig sollte sie Heinrich in Angers vertreten, da er seinem Bruder nicht länger vertraute.

Wann immer Heinrich an Eleonore dachte, loderte sein Herz vor Leidenschaft. Selbst der Gedanke an sie ließ pure Fleischeslust in ihm wach werden, und zu seiner großen Überraschung führte er in seinem Kopf oft lange Dialoge mit ihr. Mit Ausnahme seiner Mutter und gelegentlicher Mätressen hatte Heinrich bisher nur wenig mit Frauen zu tun gehabt. Zeitweise waren seine Gefühle für Nell so intensiv – er konnte sich nicht überwinden, sie als Liebe zu bezeichnen –, daß sein Bedürfnis, dagegen anzukämpfen, übermächtig wurde.

Zu Anfang war Heinrich vollkommen geblendet gewesen von der Anmut und Gewitztheit Eleonores, beeindruckt von ihrem Reichtum und hingerissen von ihrer Schönheit und ihrer überwältigenden Sinnlichkeit. Ihre Intelligenz und ihr Wissen von der Welt stimulierten ihn. Er war von einem solchen Fieber besessen gewesen, sie in Besitz zu nehmen, daß er sich kaum hatte zurückhalten können.

Er konnte sich nicht mehr genau an den Augenblick erinnern,

an dem er ihr hoffnungslos verfallen war. Er wußte nur, daß er sie nach seiner Abreise aus Poitou zutiefst vermißte. Seine Empfindungen für sie waren so stark, daß er beinahe das Gefühl bekam, sein Überleben hänge von ihr ab. Zum ersten Mal begriff er die volle Bedeutung der Geschichte von Samson und Delila in der Heiligen Schrift. Er hatte beschlossen, niemanden von der Tiefe seiner Sehnsucht nach Eleonore wissen zu lassen. Entschlossen hatte er daraufhin jeden Gedanken an sie verdrängt.

Trotz des heftigen Winds konnte er die Rufe seiner Mannen hören, während sie durch die hohen Wellen an den Strand wateten. Mit Stolz blickte er auf die Wogen und den wolkenverhangenen grauen Himmel. Seine Männer hatten dem tosenden Meer getrotzt. Wind und Regen waren nur eine weitere Herausforderung für ihn.

Bald würde dies sein Strand sein, sein Himmel, sein Land. Selbst die eiskalte salzige Meeresluft empfand er als segensreich.

Nach dem Entladen zog Heinrich mit seiner Truppe in Richtung Wareham. Während sie gegen den starken Wind ankämpften, kehrte ein Ritter aus der Vorhut zurück.

»Alles ist ruhig, mein Herr«, berichtete er. »Es gibt eine Kapelle dort drüben.« Er deutete auf einen Schatten im dichten Nebel. »Die Menschen begehen dort gerade das Dreikönigsfest.«

»Was für ein glücklicher Tag! Leisten wir ihnen Gesellschaft«, befahl Heinrich und marschierte eiligen Schrittes auf den Kirchturm zu. »Wir haben sicher den Atlantik überquert, und es gibt vieles, wofür wir dankbar sein können.«

In der Kapelle hatte er sich gerade hingekniet und sich bekreuzigt, als der Priester damit begann, jene Stelle aus der Bibel vorzulesen, die von der Ankunft des Herrn kündet. Seine Männer blickten Heinrich verwundert an. Sein Herz begann schneller zu schlagen. Es gab keinen Zweifel, daß sich die Worte des Priesters auf seine Landung in England bezogen. Gewiß war dies ein Zeichen dafür, daß Gott huldvoll auf ihn herablächelte.

## Wallingford, im Jahre 1153

Sechs Monate später brachte Heinrich sein Pferd auf einem Hügel zum Stehen. Er war sich seiner nicht mehr ganz so sicher. Der Allmächtige schien ihn prüfen zu wollen wie einst Hiob.

Er hatte beschlossen, nicht sofort auf das belagerte Wallingford vorzurücken, das weit innerhalb des königlichen Territoriums lag, sondern sich langsam heranzutasten. Sein Plan sah vor, die Belagerer zu schwächen, indem er zuerst andere Burgen angriff, denen die Truppen König Stephans dann zur Hilfe eilen mußten. Ein paar Monate höchstens noch, so sagte er sich, und er würde in die entscheidende Schlacht gegen den König ziehen können.

Jetzt war es Juli, und der Ausgang des Feldzuges stand immer noch offen. Heinrich nahm seinen Helm ab und versuchte, durch die Nebelschwaden zu spähen. Wo in Gottes Namen war... ja, dort lag sie. Gleich der Faust eines Riesen ragte die Festung schattenhaft vor ihm auf. Wallingford. Hier wartete sein Feind, König Stephan. Die Nebelschleier wichen plötzlich einer schwachen Morgensonne. Unter sich konnte Heinrich jetzt die Themse sehen, und gleich daneben die riesige Festung mit drei Bastionen auf der Nordseite und zwei auf der Südseite. Am Westflügel befand sich der Hauptzugang, der mittels einer Zugbrücke geschlossen werden konnte. Unmittelbar unterhalb des Bergfrieds war ein schweres eisernes Fallgitter, das den Zugang erschwerte. Obwohl er das letzte Mal als kleiner Junge hier gewesen war, sah das Kastell noch genauso aus wie in seiner Erinnerung.

Unterhalb des Bergfrieds begann die eigentliche Stadt, deren Kirchtürme wie Nadeln aus den Anhäufungen von geflickten Dächern und Ställen emporragten. Außerhalb der Verbindungsmauern lagerten die königlichen Truppen im Tal entlang der Themse: Überall waren Zelte, Belagerungsgeräte, Pferde und Gruppen von bewaffneten Männern verteilt. Ein massiver Holzturm am Fuß der Brücke über den Fluß verhinderte die Lieferung von Lebensmitteln nach Wallingford.

Heinrich preßte entschlossen die Zähne zusammen. »Zuerst müssen wir diesen Turm zerstören und Nahrungsmittel für das Kastell heranschaffen. Es ist ein Wunder, daß die Festung so lange standgehalten hat.«

»Aber unsere Männer sind die ganze Nacht durchgeritten, mein Herr«, sagte Robert de Beaumont, der Graf von Leicester, der kürzlich die Seiten gewechselt hatte, wodurch dreißig Burgen in den Midlands zu Heinrich übergangen waren. »Sie müssen essen und etwas ausruhen.«

»Erst wenn wir unsere Aufgabe erledigt haben.« Heinrich überhörte den bittenden Ton in Graf Leicesters Stimme. »Jetzt ist das Ende in Sicht, und Ihr wollt, daß ich aufhöre?«

Auf seinem Gewaltmarsch durch den Südwesten Englands hatte Heinrich die Männer und Pferde unbarmherzig angetrieben, durch heftigen Regen, über rutschigen Boden und Hochwasser tragende Flüsse gescheucht, bis sie erschöpft am Straßenrand liegenblieben. Und er brauchte keinen Grafen Leicester, um zu sehen, wie es um die Truppe bestellt war. Heinrich wußte nur zu gut, daß seine Männer vor Kälte und Erschöpfung kaum noch ihre Waffen halten konnten. Aber Burg um Burg hatten sie erobert. Und viele von Stephans ehemaligen Verbündeten waren von ihm abgefallen. Jetzt galt es, die Sache zu Ende zu bringen.

Ich stehe kurz vor einem großen Sieg, erklärte er einer unsichtbaren Eleonore. Ich werde nicht aufhören, entweder ich gewinne oder ich sterbe im Kampf.

»Aber, mein Herr«, erwiderte Graf Leicester. »Es ist unmenschlich, die Soldaten so anzutreiben. Ihr könnt nicht erwarten, daß...«

»Erwarten, erwarten?« zischte Heinrich durch zusammengebissene Zähne. »Laßt Euch sagen, was ich erwarte. Ich erwarte, daß die Leute, die mir dienen, sich über ihre Leistungsfähigkeit hinaus einsetzen. Wenn sie hungern oder ihre Glieder schmerzen, was bedeutet das schon, wenn wir für eine gerechte Sache kämpfen!« Er fixierte den Grafen mit eisigen Augen. »In meiner Truppe ist kein Platz für Schwächlinge.«

»Ich bin Euer Mann, mein Lord«, antwortete Leicester mit kaum hörbarer Stimme.

Heinrich schloß das Visier seines Helms, winkte mit dem Arm seinen Truppen zu und begann auf matschigen Pfaden auf das Kastell zuzureiten und auf die Schlacht, die ihn dort erwartete.

»Stephans Barone behaupten, sie wollen nicht kämpfen, mein Lord. Zur Zeit ist im königlichen Zelt eine heftige Auseinandersetzung zwischen dem König und seinen Ratgebern im Gange.«

Heinrich saß in der großen Halle von Wallingford und wollte seinen Ohren nicht trauen. Es waren zwei Tage vergangen, und Robert de Beaumont war gerade an seinen Tisch getreten.

»Sie wollen nicht kämpfen? Männer, die geschworen haben, ihrem gesalbten König zu dienen? Das ist Hochverrat. Läßt Stephan sich das bieten?«

Von irgendwo in der Halle vernahm Heinrich den Klang eines Rebec und die klagende Stimme eines Sängers. Er sollte nach dem frechen Troubadour schicken, den Eleonore seinetwegen entlassen hatte. Bernard Soundso. Der würde wissen, wie man schwungvolle Lieder auf die Kühnheit von Kriegern verfaßte.

»Ganz im Gegenteil. Aber König Stephan wird von seinen Magnaten, dem Erzbischof von Canterbury und seinem Bruder, dem Bischof von Winchester, unter Druck gesetzt, eine Einigung mit uns zu suchen.« Der Graf von Leicester hielt kurz inne. »Alle Beteiligten sind diesen Konflikt mehr als leid. Die Magnaten und der Klerus wünschen sich Frieden.«

Am Tisch erklang zustimmendes Gemurmel.

Ein dumpfer Schmerz pochte in Heinrichs Schläfe. Bald würde er wieder von seinen starken Kopfschmerzen befallen werden. Obwohl er allen Grund zur Freude hatte, weil man ihm und den Anführern seiner Truppen in der Stadt ein Fest bereitet hatte, war er enttäuscht. Glaubte man, er würde sich damit zufriedengeben, den Feind über die Themse zurückzutreiben und die Vorsorgung mit Lebensmitteln wieder sicherzustellen? Die feindlichen Truppen von dieser Seite des Flusses zu verjagen hatte kaum etwas zu tun mit der großen Schlacht, die er sich vorgestellt hatte. Seit der König von Schottland ihn vor vier Jahren zum Ritter geschlagen hatte, hatte er dieser Entscheidungsschlacht entgegengefiebert. Und er würde sich nicht die Chance entgehen lassen, als glorreicher Sieger daraus hervorzugehen.

Sein Cousin Wilhelm, der Graf von Gloucester, lehnte sich über den Tisch.

»Dieser Krieg hat meinen Vater das Leben gekostet. Du hast nicht hier gelebt, Cousin, hast nicht das Leiden des Volkes mitansehen müssen. Wir alle haben viel durchgemacht.«

»Das hast du mir bereits auf unserer schrecklichen Reise nach London erzählt, als ich gerade neun Jahre alt war. Ich habe es nicht vergessen.« Er legte seinem Cousin eine Hand auf die Schulter. »Aber bin ich denn nicht gekommen, um dem Elend ein Ende zu setzen, indem ich den Thronräuber im Kampf besiege? Ich werde den Tod meines Onkels und all der anderen Opfer rächen.«

Aus dem Augenwinkel sah Heinrich, wie sein Cousin einen Blick mit Graf Leicester tauschte. Was heckten die beiden aus? Er wollte schon ansetzen zu sprechen, als Leicester das Wort ergriff.

»Mein Herr, gestern nacht haben einige von uns sich heimlich mit Stephans Baronen getroffen...«

Die Hände zu Fäusten geballt, sprang Heinrich auf.

»Bitte!« hob Leicester die Stimme. »Laßt mich ausreden. Wirklich, wie würden fast alles tun, um weiteres Blutvergießen zu verhindern. Es wurde ein Kompromiß erzielt, der die Magnaten auf beiden Seiten zufriedenstellen könnte. Hört...«

Aber Heinrich, dem das Blut in den Kopf gestiegen war und dessen Ohren dröhnten, hörte nicht mehr zu. Sie versuchten, ihn um die langersehnte Schlacht zu bringen. Jeden Augenblick konnte die angestaute Wut in ihm die Dämme brechen, und er würde die Kontrolle über sich verlieren.

»Es wird eine Schlacht geben, laßt euch das gesagt sein!« Seine Stimme klang, als gehörte sie einem anderen. »Selbst wenn ich ihn allein zum Kampf herausfordern müßte!«

Heinrich eilte mit schnellen Schritten aus der Halle, in der jetzt Totenstille herrschte.

## Anjou, im Jahre 1153

In Angers wartete Eleonore auf eine Nachricht von ihrem Ehemann. Man hatte sie über seine glückliche Landung in England unterrichtet, und danach hatte sie nichts mehr von ihm gehört. Aber selbst das Ausbleiben einer Botschaft konnte ihrem Glück nichts anhaben.

»Manchmal macht es mir richtig Angst, so glücklich zu sein«, gestand sie Petronilla, die gekommen war, um ihr Gesellschaft zu leisten. »Ich habe das Gefühl, ich könnte jeden Augenblick aufwachen, und das Ganze war nur ein wunderbarer Traum, und ich bin immer noch mit diesem französischen Eunuchen verheiratet und lebe in diesem vergoldeten Gefängnis in Paris. Mit Abbé Suger und Bernhard von Clairvaux als meinen Gefängniswärtern.«

»Du solltest nicht schlecht über Tote reden«, erwiderte Petronilla, die seit dem Tod ihres betagten Ehemanns Ralph viel gesetzter geworden war. Sie bekreuzigte sich.

Sie gingen Arm in Arm auf dem steingepflasterten Wall der Burg von Angers spazieren. Jenseits der roten Dächer der Stadt konnte man die Stelle sehen, wo die sich vereinenden Flüsse Loire und Mayenne wie blaugrüne Juwelen in der Julisonne aufleuchteten.

»Nicht nur habe ich jetzt meine Erfüllung als Frau gefunden«, fuhr Eleonore fort, die Bemerkung ihrer Schwester ignorierend, »ich trage auch ein Kind unter meinem Herzen, und Heinrich vertraut so sehr meinem Urteil, daß er mich zu seiner Stellvertreterin in Angers ernannt hat.«

»Es gibt keinen Zweifel, daß du unter dem Schutz Gottes stehst«, sagte Petronilla.

»Ich weiß, ich weiß!«

Hinter sich vernahmen sie die melodischen Klänge eines Rebec und die trällernde Stimme von Bernard de Ventadour, der ihnen in diskreter Entfernung folgte. Eleonore warf ihm ein strahlendes Lächeln zu.

Petronilla runzelte die Stirn. »Du überhäufst diesen Troubadour mit deiner Gunst. Man redet schon darüber, daß er ein gewisse Schwäche für dich hat.«

»In sechs Wochen werde ich ein Kind zur Welt bringen, einen Sohn, das sollte die Klatschmäuler zum Verstummen bringen.« Sie tätschelte sanft ihren runden Bauch. »Was kann ich dafür, wenn er in mich verliebt ist. Im Grunde ist seine Zuneigung ganz unschuldig, das weißt du doch auch.« Sie lachte. »Aber du weißt, daß es mir gefällt, wenn man mich verehrt und bewundert.«

Petronilla hob warnend den Zeigefinger. »Vorsicht! Paß auf, daß deinem Mann keine Gerüchte darüber zu Ohren kommen. Du hast mir doch erzählt, wie unbeherrscht er sich gebärden kann.«

Das Bild des wild um sich schlagenden und laut fluchenden Heinrichs war ihr immer noch so gegenwärtig, daß Eleonore selbst bei der Erinnerung daran erzitterte.

»Ich habe nichts getan, wofür ich mich schämen müßte«, entgegnete sie. Es amüsierte und betrübte sie zugleich, daß die einst so leichtlebige Petronilla sie jetzt zur Vorsicht mahnte. »Heinrich wird erfreut sein, wenn er hört, was ich in seiner Hauptresidenz alles erreicht habe.«

Ohne es zu wollen, hatte sich Eleonore in Angers verliebt. Bis zu ihrer Ankunft hatte sie nicht gewußt, was sie hier erwartete, und so war sie angenehm überrascht gewesen, als sie entdeckt hatte, um was für ein liebenswertes Städtchen es sich handelte, mit alten Kirchen und Klosterschulen, an denen Philosophie und Dichtkunst unter der wohlwollenden Herrschaft der Grafen von Anjou prächtig aufgeblüht waren. In dem hoch über der Stadt liegenden Kastell hatte Eleonore ihren ganzen Hausstand aus Poitiers untergebracht. Troubadoure, Dichter und Geschichtsschreiber waren ihr gefolgt. Befreit von Beschränkungen und mißgünstigen Augen hielt sie Hof und verbreitete eine angenehme Stimmung, die getragen wurde von Fröhlichkeit und Begeisterung, wie es ihrem aquitanischen Naturell entsprach. Sosehr sie Aquitanien auch vermißte, war sie dankbar dafür, daß man sich in Angers über ihre Gegenwart freute.

Kurze Zeit nach dem Gespräch mit Petronilla wurde auch ihr klar, daß Bernards Annäherungsversuche allmählich die Grenzen des Anstands überschritten. In Liedern beschuldigte er Eleonore, ihn erst herauszufordern und dann abzuweisen. Sie sei, so sang er, edel und süß, quäle ihn in seinen Träumen und verursache ihm den schlimmsten Liebeskummer. Als er davon sang, sich als Sklave an ihrem Bett verdingen zu wollen, der ihr die Stiefel auszog, wenn sie sich schlafen legte, wußte Eleonore, daß er zu weit gegangen war.

Noch bevor sie handeln konnte, kam endlich eine Botschaft von Heinrich, die sie darüber informierte, daß er in Wallingford angekommen sei und sich darauf vorbereite, gegen König Stephan in die Schlacht zu ziehen. In seinem Brief erwähnte Heinrich auch, daß er sie bitte, umgehend Bernard de Ventadour nach England zu schicken, um für die Truppen spannende *chansons de geste* zu verfassen.

»Muß ich wirklich gehen?« fragte Bernard Eleonore, als er im großen Saal der Burg vor ihr kniete.

Seine krausen Haare lockten sich über der hohen blassen Stirn. Sehnsüchtig blickte er mit braunen Augen zu ihr auf. Er war wirklich unwiderstehlich, aber sie war nicht anfällig für seinen Charme. Und die Bitte ihres Ehegatten löste das Dilemma auf eine wunderbare Weise: Wie hätte sie Bernard loswerden können, ohne daraus eine Staatsaffäre zu machen?

»Der Graf von Anjou hat Euch nach England beordert; natürlich müßt Ihr ihm Gehorsam leisten.«

Eleonore empfand einen Anflug von Bedauern. Sie hatte es genossen, sich in der Bewunderung Bernards zu sonnen. Und insgeheim bedauerte sie es, daß eine Frau nicht alles auf dieselbe Art und Weise ausleben konnte wie ein Mann. Zu erwarten, daß ein einziger Mann alle Wünsche einer Frau erfüllte, war ja vielleicht ein wenig zu viel verlangt. Dennoch, sie liebte ihren Mann über alle Maßen, und er hatte sich in große Gefahr begeben, um die Krone für sie beide zu erringen. Den Verlust ihres Lieblingstroubadours würde sie daher verschmerzen können.

»Dieser normannische Herzog hat die Seele eines Kaufmanns«, rief Bernard aus. »Er wird Euch niemals so lieben oder verstehen wie ich. Er betrachtet Euch nur als einen wertvollen Besitz. Und insgeheim hält er Euch für unterlegen, das sieht einem solchen Ritter auch ähnlich.«

»Gebt acht, wie Ihr von meinem Herrn sprecht«, erwiderte Eleonore und schaute sich um, ob auch niemand ihn gehört hatte. »Das ist Unsinn. Er hat mich bisher immer als ebenbürtig behandelt.«

Bernard hob die Augenbrauen. »Sagt mir, verehrte Dame, wie hieß die Ehefrau von Karl dem Großen? Oder die seines Gefolgsmanns Roland?«

»Woher soll ich das wissen?«

»Genau. Wie nannte Karl der Große sein Schwert?«

Eleonore tat dies ab. »Jeder weiß das. Joyeuse.«

»Und Roland?«

»Durandel! – oh!«

»Ich glaube, Ihr habt mich verstanden.«

Nur zu gut, dachte Eleonore.

»Ich werde Euch unsterblich machen, Domna, in meinen Versen und Liedern. Noch Jahrhunderte später wird man sich Eurer erinnern.«

»Dafür werde ich Euch stets danken. Eure Lieder gefallen mir. Aber mein Ehemann behandelt mich nicht wie ein Stück Vieh, das versichere ich Euch.«

Bernard senkte die Stimme. »Herzog Heinrich wird Euch niemals als seinesgleichen anerkennen. Und das paßt Euch nicht, da ihr doch selbst glaubt, den Männern überlegen zu sein.«

Röte überzog Eleonores Gesicht. »Ihr geht zu weit. Es ist höchste Zeit, daß Ihr meinen Hof verlaßt. Eine Reise nach England wird Euer heißes Blut abkühlen und Eure Zunge mäßigen. Sollte ich erfahren, daß Ihr solch verleumderische Behauptungen anderswo wiederholt...«

Bernard neigte demütig seinen Kopf. »Göttliche, ich bin Euer ergebenster Diener. Niemals würde ich mich zu solch indiskretem Verhalten hinreißen lassen.« Er fing geschickt den Beutel mit Silbermünzen auf, den sie ihm zuwarf.

Bernard reiste am nächsten Tag ab. Eleonore wußte, daß sie seine huldvolle Aufmerksamkeit vermissen würde, aber es war auch eine Erleichterung. Den Männern überlegen sein! Wie hatte er ihre geheimsten Gedanken erraten, die sie sich auch selbst niemals eingestanden hätte? Das war beunruhigend.

Eine Woche nach Bernarts Abreise erschien ein anderer Troubadour, der ein Lied des Meisters für sie mitbrachte.

Sie sagte mit klarer Stimme
Bevor auf Reisen ich ging:
»Eure Lieder gefallen mir gut«.
Ich wünschte, jeder Christ
wüßt', wie verzückt ich darob war,
Denn alles, was ich sing und schreib
Ist nur für sie allein.

Sie wußte, sie würde diesen frechen Schurken wirklich vermissen. In der Zwischenzeit aber galt es, ihre Gedanken dem ungeborenen Kind zu widmen, den Hofstaat in Ordnung zu halten, ihre eigenen Erblande nicht aus den Augen zu verlieren und für

Heinrichs Wohlbefinden zu beten. Nicht daß Eleonore an seinem Sieg zweifelte. Instinktiv wußte sie, daß der Stern dieses angevinischen Fürsten erst am Aufgehen war.

Am siebzehnten Tag des Monats Augusts gebar Eleonore in Le Mans einen Sohn. Er hatte bereits einen Flaum roter Haare und blaugraue Augen. Außer sich vor Triumph und Freude, schaute sie sich das winzige rosafarbene Beweisstück seines Geschlechts an. Sie nannte ihn Wilhelm, nach Wilhelm dem Eroberer und Wilhelm dem Troubadour und nach ihrem eigenen Vater. Ihre Ehre war wiederhergestellt, und der Makel, Ludwig bei zwei Geburten keinen Sohn geschenkt zu haben, beseitigt.

Zwei Monate später bat ihre Schwiegermutter, Kaiserin Mathilde, sie, in die Normandie zu kommen. Von Heinrich hatte sie seit Anfang September keinen Brief mehr erhalten. Da er sich seit Juli in Wallingford befand, konnte sich Eleonore das nicht erklären. Sie reiste nur widerwillig nach Rouen, bis sie sich klarmachte, daß Heinrich nach seiner Rückkehr aus England wahrscheinlich zuerst in die Normandie kommen würde.

Sobald Wilhelm einigermaßen zu Kräften gekommen war – er war ein schwaches Kind, das häufig kränkelte –, würde sie nach Rouen aufbrechen.

## Rouen, im Jahre 1153

»Was soll das heißen, es fand keine Schlacht statt? Was habt ihr dann die letzten dreieinhalb Monate in Wallingford getan?«

Eleonore saß mit ihren Hofdamen im Söller ihrer Schwiegermutter im Herzogspalast von Rouen. Sie blickte fragend den Boten an, einen Kirchenmann, der an diesem kalten Novembermorgen eingetroffen war, um sie und Heinrichs Mutter über die neuesten Ereignisse in England zu unterrichten. Der Geistliche, der sich als Erzdiakon von Canterbury vorstellte, hatte sich bereits über eine Stunde mit Kaiserin Mathilde unterhalten, die erst vor zwei Tagen von einer geheimnisvollen Reise nach Anjou zurückgekehrt war. Eleonore unterdrückte ihren Groll. Sie war schließlich die Frau von Heinrich, sie hätte er zuerst aufsuchen müssen.

Seit ihrer Ankunft in der Normandie im vergangenen Monat hatte sich Eleonore mehr als angestrengt, um es ihrer tüchtigen Schwiegermutter recht zu machen. Sie wußte, daß Heinrich dies begrüßen würde. Die beiden Frauen waren erstaunlich gut miteinander ausgekommen und hatten entdeckt, daß sie viele Gemeinsamkeiten, aber auch viele unterschiedliche Meinungen besaßen. Zum ersten Mal mußte Eleonore die Rolle der Gastgeberin einer anderen Frau überlassen. Sie wußte, es war eine Frage des Protokolls und der Höflichkeit, daß Heinrichs Mutter zuerst informiert wurde, aber irgendwie ärgerte es sie doch.

Neben ihr saß die Kinderfrau mit dem kleinen Wilhelm auf dem Arm. Es war wieder ein verregneter, kalter Tag. Eleonore zitterte. Wie sehr sie doch den sonnigen Süden vermißte.

Sonst gab es kaum etwas, über daß sie sich hätte beschweren können. Seit der Geburt ihres Sohnes hatte jedermann sie verwöhnt, hatte sie im Mittelpunkt der Aufmerksamkeit gestanden, sowohl in Anjou als auch in der Normandie. Unglücklicherweise war der Säugling noch immer sehr schwächlich. Eleonore empfand starke Mutterinstinkte und kümmerte sich intensiv um den kleinen Wilhelm. Als sie hörte, daß Ludwig und die übrigen Capetinger sich noch immer nicht von dem Schock erholt hatten, daß die Erbfolge in der Normandie sichergestellt war, kannte ihr Stolz keine Grenzen.

Der schwarzgekleidete Geistliche aus England, der nicht von Heinrich direkt, sondern vom Erzbischof von Canterbury geschickt worden war, erwiderte ihren fragenden Blick. Er hatte eng zusammenstehende Augen und eine Höckernase. Es lag etwas Räuberhaftes in seinem Gesichtsausdruck.

»Vielleicht darf ich es Euch erklären«, begann der Geistliche mit tiefer Stimme, die trotz der Ehrerbietung, die darin zum Ausdruck kommen sollte, herablassend klang.

»Ich bitte darum.« Eleonore überlegte, warum dieser Mann, der durchaus gebildet zu sprechen verstand, ihr die Haare zu Berge stehen ließ. Vielleicht weil sie sich plötzlich an die Worte ihres Vaters erinnerte, nie einem Mann mit eng zusammenstehenden Augen zu trauen.

»Herzog Heinrich und König Stephan waren beide für den Kampf, Madame. Es waren die Barone, unterstützt vom Klerus, die sich weigerten. Unter dem Vorsitz meines Vorgesetzten, des Erzbischofs von Canterbury, und des Bischofs von Winchester wurde schließlich ein Friedensvertrag aufgesetzt, der beiden Seiten Genüge tat.«

»Eine weise Entscheidung, dennoch bin ich erstaunt«, bemerkte Eleonore. »Heinrich wollte unbedingt Stephan auf seinem eigenen Boden besiegen. Und der englische König hat unendlich oft geschworen, daß er niemals Frieden schließen würde.«

»Ich glaube, seine genauen Worte waren, er würde niemals Frieden schließen, ohne daß für seinen Sohn Eustace die Nachfolge auf den Thron gesichert sei.«

Eleonore unterdrückte ihre Verstimmung. Der Mann hatte natürlich recht. »Aber nun, da Eustace tot ist... ja, ich verstehe, das verändert die Situation. Also ließen sich sowohl König Stephan als auch mein Gemahl vom Vorteil einer rechtlichen Lösung überzeugen. Ich bin dankbar, daß der Krieg in England endlich beendet ist.«

»Wir alle sind das. Natürlich war auch das böse Omen hilfreich, das unser himmlischer Vater König Stephan gesandt hat.« Der Geistliche bekreuzigte sich. »Während Stephan seine Truppen abritt, scheute sein Pferd und hätte ihn beinahe abgeworfen. Nicht einmal, sondern dreimal. Er betrachtete dies als ein Zeichen des Himmels.«

»Das Tier ist sicherlich nur im Matsch ausgerutscht.« Eleonore ignorierte einfach den ablehnenden Gesichtsausdruck ihres Gastes. »Sagt, ist Prinz Eustace tatsächlich an vergiftetem Fisch gestorben?«

»So wurde es mir berichtet.«

»Wie traurig. Und ich soll glauben, daß niemand dabei seine Hand im Spiel hatte?« Eleonore legte ihre rechte Hand aufs Herz. »Ich bin die Diskretion selbst. Sagt, wie ist es geschehen?«

»Viele haben Eustace den Tod gewünscht, aber es gibt keine Anzeichen für einen Mord.«

»Das sagt Ihr.« Eleonore wurde plötzlich von Ruhelosigkeit erfaßt und erhob sich. »Daß Stephan seine Meinung geändert haben soll, kommt mir so unwahrscheinlich vor, daß ich glaube, es steckt mehr dahinter. Ich bezweifle, daß wir je die Wahrheit erfahren werden. Fahrt fort.«

Der Geistliche verneigte sich. »Stephan hat Heinrichs Anspruch auf den Thron von England anerkannt und den Herzog zu seinem Erben ernannt. Herzog Heinrich hat sich damit einverstanden erklärt, daß Stephan bis zu seinem Tod König von England bleibt. Die beiden haben sich als Vater und Sohn angenommen...«

Eleonore wandte sich zu ihm um. »Aus eingeschworenen Feinden werden plötzlich Vater und Sohn? Das ist so, als würde der Löwe neben dem Lamm schlafen. Wirklich außergewöhnlich.«

Der Bote beachtete ihren Ausbruch nicht und fuhr fort. »Die Barone und Bischöfe haben den Treueeid auf Heinrich als ihren künftigen Lehnsherrn geschworen.«

Eleonore lachte und setzte sich wieder. »Ein Eid der Magnaten von England ist so bindend wie Wasser. Der Kampf der Kaiserin, als Königin von England anerkannt zu werden, ist dafür Beweis genug.«

Der Kleriker kniff den Mund zusammen, ein Muskel zuckte in seiner Wange. »Es wurde außerdem vereinbart, daß die Rechte der Krone, derer sich die Adligen des Landes bemächtigt hatten, wiederhergestellt werden...«

»Ich bin sicher, die Einzelheiten sind in Ordnung.« Eleonore wußte, daß sie den Mann herausforderte, aber sie konnte nicht anders. »Vielen Dank. Hat Euch mein Gemahl einen persönlichen Brief für mich mitgegeben?«

Der Geistliche suchte in der Tasche an seinem Gürtel danach. »Da ich bei meinem Aufbruch in Eile war, konnte ich mit dem Herzog nicht mehr sprechen, Madame. Ich bin ihm in der Tat noch nicht vorgestellt worden. Mein Herr, der Erzbischof von Canterbury, gab mir dies für Euch von Herzog Heinrich.« Er erhob sich von seinem Sitz und händigte Eleonore ein versiegeltes Dokument aus. »Es war Seine Gnaden, der mir auftrug, Euch und der Kaiserin diese frohe Botschaft zu überbringen.«

Obwohl der Mann höflich war, lag in seiner Art etwas Frömmelndes, das Eleonore irritierte. Außerdem war er so groß, daß sie den Hals recken mußte, um zu ihm aufzusehen.

»Bitte wartet in der Halle. Ich werde Euch eine Antwort mitgeben.«

»Ich betrachte es als eine Ehre, Euch als Schreiber zu dienen.«

»Wie gütig. Aber ich verstehe es selbst sehr gut, zu schreiben. In mehreren Sprachen sogar.«

Der Kirchenmann errötete. Einen Augenblick lang schien er verblüfft, doch schnell gewann er seine Fassung wieder, während sie ihn zur Tür des Söllers geleitete.

»Wißt Ihr, wann der Herzog nach Rouen zurückkehren wird?«

Der Kleriker maß sie mit diesen seltsamen Augen. »Nein, Madame. Es könnte noch einige Monate dauern. Herzog Heinrich soll mit dem König nach London zurückreisen, um sich mit den Reichsgeschäften zu befassen.«

»Ich verstehe.« Noch ein paar Monate! Eleonore bemühte sich nicht, ihre Enttäuschung zu verbergen.

Sie vermißte Heinrich sehr, und er hatte seinen erstgeborenen Sohn noch nie gesehen. Dennoch waren diese Pläne politisch sinnvoll, selbst sie sah ein, daß er England momentan nicht verlassen konnte. Schließlich würde jetzt wahr werden, wofür sie gestritten hatten: Heinrich würde König sein und sie Königin.

Der Geistliche öffnete die Tür. Eleonore beobachtete ihn, während er den Gang entlangging. »Wie heißt Ihr?« rief sie ihm hinterher.

Er drehte den Kopf zu ihr um, ohne seinen Schritt zu verlangsamen. »Thomas Becket.«

## 24. Kapitel

### London, im Jahre 1154

»Mylord, möchtet Ihr zum Schicksal der Flamen Stellung nehmen?« Theobald von Bec, Erzbischof von Canterbury, der das Treffen der Ratsmitglieder im bischöflichen Palais in London leitete, warf Heinrich einen fragenden Blick zu.

Heinrich fühlte, wie sein Blut aufwallte. Seit dem vergangenen November und der Unterzeichnung des Vertrages von Wallingford war er ständig in irgendwelchen Ratsräumen eingesperrt gewesen: erst in Wallingford, dann in Winchester und nun im bischöflichen Palais in London, wo er mit König Stephan vor zwei Wochen angekommen war. Frustriert von den endlosen Diskussionen, konnte er sein Temperament nur noch mühsam zügeln.

»In der Tat, Eurer Gnaden. Wenn es nach mir ginge, sollte man allen Flamen die Augen ausstechen, sie kastrieren und in ganz England in Ketten zur Schau stellen.«

»Das scheint mir ein wenig hart, Mylord«, wandte einer der englischen Barone ein, die mit am Tisch saßen. »Die Flamen wurden in Zeiten der Not von König Stephan angeworben und haben unserem Vaterland gute Dienste erwiesen.«

»Sie haben vergewaltigt, gebrandschatzt, gemordet und unzählige Zivilisten, die sich nicht verteidigen konnten, gequält. Ist das Eure Vorstellung davon, wie man seinem Land gute Dienste erweist?«

Die meisten der versammelten hohen Würdenträger und geistigen Führer rutschten unangenehm berührt auf ihren Sitzen hin und her und wichen Heinrichs Blick aus. Es befanden sich so viele frühere Feinde in diesem Raum, daß Heinrich das Gefühl bekam, diese geballte Feindseligkeit nehme ihm buchstäblich den Atem. Die üppigen Wandbehänge mit Szenen von Christi Kreuzigung und die schweren silbernen Kerzenleuchter verstärkten noch die stickige Atmosphäre.

»Mein Cousin, der Graf von Gloucester, wäre beinahe gevierteilt worden von einem dieser Flamen, nicht wahr, Wilhelm?«

Wilhelm blickte alarmiert hoch. »Du hast ein ausgezeichnetes Gedächtnis, Cousin.«

»Das habe ich von meinem Großvater geerbt, dem ersten Heinrich, dem letzten rechtmäßigen König. Ich bin stolz darauf, sagen zu können, daß ich niemals eine gute Tat vergesse und auch keine böse.« Heinrich musterte jeden der versammelten Adligen genau. »Es übersteigt mein Verständnis, wie Stephan solches Lumpenpack anheuern konnte. Aber eigentlich habe ich sowieso keine seiner Taten begreifen können.«

Stephans Bruder, der allmächtige Bischof von Winchester, erhob sich. »Es ist nicht sehr ehrenwert, einen Mann hinter seinem Rücken anzugreifen, Mylord. Stephan liegt darnieder und kann sich nicht verteidigen.«

»Wie kann man achtzehn Jahre verbercherischer Vernachlässigung eines Landes auch verteidigen?« Heinrich blickte den beleidigten Bischof grimmig an. »Gott ist mein Richter. Ich möchte nicht für alles Gold, das in der königlichen Schatzkammer liegt, Stephans schlechtes Gewissen haben. Wenn man den Schaden betrachtet, den er angerichtet hat, habe ich große Zweifel, ob er noch weiter als König herrschen sollte.«

Der Bischof hob die Stimme. »Mein Herr, Ihr habt zugestimmt, daß Stephan bis zu seinem Tod König bleibt.«

»Habe ich das? Ich muß zuviel Wein getrunken haben oder verrückt gewesen sein. Es ist offensichtlich, daß er den Aufgaben nicht gewachsen ist.«

»Eure Gnaden, Herr Erzbischof«, hob der Bischof mit blitzenden grünen Augen an zu sprechen, »Das ist Frevel. König Stephan und Herzog Heinrich haben geschworen, einander als Vater und Sohn anzunehmen!«

Ein Augenblick tiefen Schweigens folgte diesem verbalen Schlagabtausch. Heinrich fühlte, wie die entsetzten Blicke der Anwesenden sich auf ihn richteten. Plötzlich begann jemand zu kichern. Das verwirrte Heinrich, aber er konnte den Übeltäter nicht entdecken. Und dann huben alle Adligen gleichzeitig zu sprechen an. Es klang wie das laute Bellen einer Hundemeute.

»Meine Herren, meine Herren Bischöfe, Ordnung bitte.« Der Erzbischof von Canterbury hob zitternd die Hand. »Sind wir hier, um einander üble Worte an den Kopf zu werfen oder um ein Regelwerk aufzusetzen, das uns helfen soll, Ruhe und Frieden in dieses darniederliegende Land zu bringen?« Er warf Heinrich einen vorwurfsvollen Blick zu. »Es steht uns allen gut an, jedermann das Recht einzuräumen, seinem Angreifer Aug' in Aug' gegenüberzutreten.«

Die Adligen verstummten. Heinrich nickte widerwillig. Er wußte, hätte er in den vergangenen fünf Jahren nicht auf die beständige Unterstützung des Erzbischofs von Canterbury vertrauen können, der die angevinische Sache verteidigt hatte, stünde er jetzt nicht hier. Er hatte den ehrwürdigen Theobald nicht kränken wollen. Heinrich seufzte irritiert auf. Wie lange würde er dieses Eingesperrtsein noch ertragen? Gleichgültig wie die Räume auch eingerichtet waren, in denen er sich seit November aufgehalten hatte, für ihn sahen sie alle gleich aus. Überall Wände mit Schränken und Truhen, in denen alte Pergamentschriften lagerten. Selbst der Geruch – von Staub, faulendem Holz und Siegellack – war überall derselbe. Heinrichs Rücken schmerzte, und seine Geduld war am Ende.

»Was ist mit den Flamen, mein Herr?« wiederholte der Erzbischof seine Frage mit einem müden Seufzer.

»Verbannt sie aus England, schickt sie nach Hause«, sagte Robert von Leicester schnell.

Heinrich nickte bedächtig. Die monotone Stimme des Erzbischofs fuhr fort, alle Punkte, die im Vertrag bereits enthalten waren, noch einmal aufzuzählen.

»...der Klerus darf fortan in Frieden leben und wird von allen Forderungen entlastet...« Ob Hungersnot, Pest, Feuer oder Krieg – die Kirche dachte immer zuerst an sich. »...die verwaisten Höfe müssen wieder Bauern bekommen..., Diebe und Räuber werden mit dem Tode bestraft, Soldaten sollen ihr Schwert mit dem Pflug vertauschen...« Heinrich trommelte nervös mit den Fingern auf den polierten Eichentisch. Er wußte, daß diese Details wichtig waren. Aber warum mußte das solange dauern?

Von Tag zu Tag wurde er zorniger über die Würdenträger und Bischöfe, die ihrem König und ihrem Land so schlecht gedient hatten. Während des Bürgerkriegs hatten sie mit atemberaubender Geschwindigkeit die Seiten gewechselt. An einem Tag unterstützten sie König Stephan, am nächsten seine Mutter, Kaiserin Mathilde. Wem von ihnen konnte er vertrauen? Fairerweise mußte man zugeben, daß der König nicht allein für den miserablen Zustand des Landes verantwortlich war. Und persönlich empfand er sogar Sympathie für Stephan. Aber deswegen konnte er ihm seine Übeltaten nicht verzeihen.

Heinrich hörte die weinerliche Stimme eines Barons aus dem Norden, der sich beschwerte, daß die Wälder um das Kastell, das er vor kurzem gebaut hatte, von Wilddieben heimgesucht würden und die Sheriffs nichts dagegen unternähmen.

Heinrich kniff die Augen zusammen. »Habt Ihr das Kastell ohne Genehmigung erbaut? Ohne die Erlaubnis des Königs?«

Der Mann lief rot an wie eine Tomate. Er wünschte sich bestimmt, er hätte nichts gesagt.

»Solcher Abschaum wie Ihr ist neben König Stephan verantwortlich für den desolaten Zustand meines Reiches.« Seine sommersprossige Hand schlug kräftig auf den Tisch. »Meine Mutter hat wegen Verrätern wie Euch Verachtung und Verleumdungen ertragen müssen. Und auch meine treuen Anhänger in England. Sie war die rechtmäßige Königin, die fliehen mußte, um ihr Leben zu retten.« Seine Hand krachte so heftig auf den Tisch, daß die Haut aufplatzte.

»Mein Herr«, setzte der Erzbischof an.

Heinrichs Gesicht füllte sich mit Blut, er sprang auf und hämmerte mit beiden Fäusten auf den Tisch. »Nein! Laßt sie ruhig die Wahrheit erfahren. Während die Menschen im Land Not litten, habt Ihr gierigen Adeligen es Euch in Euren Sälen gutgehen lassen und große Feste gefeiert. Die königliche Autorität, so wenig davon auch übrig war, wurde ignoriert, und während das Volk unter den Lasten zusammenbrach, habt Ihr Burgen gebaut und eigenes Geld prägen lassen!«

Die Wut saß wie ein fester Kloß in seinem Hals, daß er beinahe glaubte, daran ersticken zu müssen.

»Niemand kann diese Anschuldigungen leugnen«, bemerkte Robert von Leicester mit beruhigender Stimme. »Jedoch steht das Wohlergehen des Landes an erster Stelle. Gerechtigkeit muß geschehen, aber alles zu seiner Zeit.«

Lautes zustimmendes Gemurmel füllte den Raum.

Heinrich wußte, daß er sich von seinem Zorn nicht zu Unbedachtheiten hinreißen lassen durfte. Seine ganze Kraft wurde für den Wiederaufbau des Landes gebraucht. Er konnte es kaum erwarten, die Arroganz und den Stolz dieser Adligen zu brechen. Aber er mußte warten, bis er König war. Um sich Erleichterung zu verschaffen, griff er nach dem Zinnbecher mit Wein und ließ diesen auf den Tisch krachen.

Seine Nackenhaare sträubten sich, und er spürte, daß einer der Anwesenden ihn genau betrachtete. Als er den Kopf hob, begegnete er dem fragenden Blick eines Geistlichen aus dem Kreis um den Erzbischof, der heute zum ersten Mal Theobald zur Ratssitzung begleitete. Der Geistliche schüttelte den Kopf und deutete mit einem Finger auf den Becher. Heinrich bemerkte, daß sein Hieb Spuren im Holz hinterlassen hatte.

Er lächelte den Kirchenmann reumütig an, und dieser lächelte zurück.

»Hat noch jemand etwas hinzuzufügen?« Der Erzbischof blickte sich im Raum um.

Der schwarzgekleidete Kleriker flüsterte ihm etwas ins Ohr.

»Ja, danke. Ich glaube, es ist ein günstiger Augenblick, um über das Problem der entwerteten Münzen zu sprechen. Was meint Ihr, mein Herzog?«

»Es darf nur eine Geldsorte geben, die von der königlichen Schatzmeisterei geprägt und herausgegeben wird. In den Zeiten meines Großvaters hatten die Münzen des Reichs noch einen echten Wert. Die Zahl der lizensierten Münzprägeanstalten muß reduziert werden, und man sollte sie ständig überprüfen. Ich möchte eine ehrliche Währung in meinem Reich haben.«

»Eine gute Idee.« Theobald warf einen Blick in die Runde der Barone, die die Köpfe gesenkt hielten. »Wir müssen das mit aller Macht durchsetzen.«

Heinrich unterdrückte ein Lächeln. Natürlich mußte alles getan werden, um die Schatztruhen der Kirche zu füllen, mit aller Macht. Nur vier der Herren nickten zustimmend: sein Cousin Wilhelm von Gloucester, der Graf von Leicester, sein unehelicher Onkel Reginald von Cornwall und ein junger Mann namens Richard de Lucy. De Lucy hatte seiner Mutter keinen Treueeid geleistet und war unter Stephan in eine wichtige Position aufgerückt. Er übte jetzt das Amt des Justitiars aus. Er hatte gute Manieren und wirkte offen und ehrlich. Heinrich hatte ihn sofort ins Herz geschlossen. De Lucy und Robert von Leicester waren Männer, die in dieser Übergangszeit eine wichtige Rolle spielen konnten.

»Nun, dann...«, setzte der Erzbischof an, doch der schwarzgekleidete Geistliche flüsterte ihm erneut etwas zu.

»Was? Ah, man weist mich soeben darauf hin, daß wir noch keine Regelung bezüglich der unerlaubt gebauten Burgen getroffen haben.«

»Vielen Dank, Euer Gnaden. Diese Burgen müssen dem Boden gleichgemacht werden. Alle ohne Ausnahme.«

Der Erzbischof nickte zustimmend, auch einige der Barone. Der Rest der Würdenträger blickte Heinrich mit unverhülltem Haß an. Ohne Zweifel hatte er sich damit ein paar Feinde mehr gemacht. Aber das war nicht wichtig. Sie konnten ihn lieben oder hassen, solange sie ihm gehorchten.

Er bedachte den Geistlichen, der den Erzbischof an die zwei

wichtigen Punkte erinnert hatte, mit einem dankbaren Blick. Ihre Augen trafen sich. Er hatte das Gefühl, einen Weggefährten gefunden zu haben.

Heinrich wandte den Kopf, weil er den nachdenklichen Blick des Erzbischofs spürte. Dieser hatte wohl den kurzen Austausch bemerkt.

Das Gespräch am Tisch ging weiter, bis die Kirchenglocken zur Vesper läuteten. Heinrich erhob sich als erster.

»Nach der Vesper werden wir das Abendessen einnehmen und danach noch für ein oder zwei Stunden weiterarbeiten«, verkündete Theobald.

»Mich müßt Ihr entschuldigen, Euer Gnaden.« Heinrich geleitete Theobald aus dem Raum. »Ich werde wahnsinnig, wenn ich die Wände dieses Saals noch länger ertragen soll. Bitte entschuldigt mich für heute abend. Mein Kopf ist so voller Zahlen und Fakten, ich habe das Gefühl, er wird bald platzen. Ich möchte etwas von London sehen.«

Theobald runzelte die Stirn. »Wir können die Besprechung auch vertagen, aber Ihr kennt die Stadt nicht. Sie ist noch immer nicht sicher.« Er warf seinem Mitarbeiter, der die Pergamentblätter vom Tisch einsammelte, einen Blick zu.

»Thomas könnte Euch in die weitgehend sicheren Gegenden von London begleiten.«

Mit einem Lächeln wandte sich der Geistliche ihnen zu. »Es wäre mir eine Ehre, obwohl ich glaube, daß der Herzog sehr wohl fähig ist, auf sich selbst zu achten. Wir könnten uns nach dem Abendessen treffen, wenn Euch das recht ist.«

Heinrich nickte. Der Kirchenmann wußte nicht nur die richtigen Verhandlungspunkte vorzubringen, er verstand es auch, Heinrichs Eitelkeit zu schmeicheln.

Der Erzbischof lächelte. »Darf ich vorstellen. Erzdiakon Thomas Becket, mein wertvollster Mitarbeiter. Er ist Euretwegen nach Rom und in die Normandie gereist und erst vor zwei Tagen zurückgekehrt.«

»Ist das der Geistliche, der meine Mutter und meine Frau besucht hat? Vielen Dank für die Botschaften, die Ihr mitgebracht habt. Meiner Familie scheint es gut zu gehen.«

»Sehr gut sogar. Und Euer Sohn ist Euch wie aus dem Gesicht geschnitten. Sehe ich Euch nach dem Essen?«

Heinrich nahm es mit großen Stolz zur Kenntnis, daß sein erstgeborener Sohn ihm ähnelte. Und seine Laune hob sich merklich bei der Aussicht, London in Begleitung eines Mannes zu erforschen, der… Ja, was für ein Mann mochte er wohl sein? Thomas Becket war jedenfalls ein Mann der Kirche und daher in gewisser Weise verdächtig. Andererseits: Ein Erzdiakon war gewöhnlich mit Verwaltungsaufgaben betraut und nicht notwendigerweise ein geweihter Priester. Thomas sah nicht wie ein verbissener Kirchenmann aus, sondern schien zu wissen, wie man die Zukunft Englands gestalten konnte. Ein Mann, der vielleicht seine Hoffnungen und Träume teilte? Heinrich entschloß sich, es herauszufinden.

## 25. Kapitel

### London, im Jahre 1154

Bellebelle sah zu wie ihr Kunde, Miles, Lord Crowmarsh, sich anzog, einige Münzen auf die Eichenkommode legte und dann, gestützt auf seinen Stock mit Silberknauf, steif zur Tür marschierte.

»Ich danken ihm, mein Herr«, sagte sie.

»Ich danke Euch, heißt das, meine Liebe.« Lord Crowmarsh drohte ihr mit dem Finger. »Denk daran, was ich dir beigebracht habe.«

»Ich danke Euch, mein Herr«, wiederholte sie.

»Paß auf dich auf, Belle.«

Sie zwang sich zu lächeln, hätte aber am liebsten vor Erleichterung laut aufgeschrien, als sich die Tür endlich hinter ihm schloß. Sie ließ sich aufs Bett fallen und begutachtete ihren nackten Körper. Spuren von Rotwein waren auf ihren Brüsten und ihrem Bauch zu sehen, das Bettuch war durchnäßt. Glücklicherweise war Lord Crowmarsh ein Edelmann und sehr reich, die anderen Huren in der Gropecuntlane nannten ihn »Alter Geldsack«. Sonst hätte sie sich nie mit ihm abgegeben.

Er sah für sein Alter, er war wohl um die fünfzig, noch ganz gut aus und war auch sehr gebildet. Er hatte ein Faible für sie entwickelt, wollte ihr Englisch verbessern. Sie sah nach etwas aus, also warum sollte sie nicht auch so sprechen? meinte er. Bellebelle begriff zwar nicht, wozu das gut sein konnte, tat ihm aber den Gefallen. Auch Hawke unterstützte sie darin.

»So kann ich dich als Tochter aus guten Verhältnissen ausgeben, die ihren Körper verkaufen muß, um ihre alten Eltern zu unterstützen. Das gefällt vielen meiner Kunden, die sich schuldig fühlen, weil sie ein Bordell besuchen. Es steigert deinen Wert.«

Weil Lord Crowmarsh seine Manneskraft schon weitgehend abhanden gekommen war, hatte er sich etwas anderes einfallen lassen. Er schüttete ihr Wein über den ganzen Körper und leckte ihn dann wie ein Hund ab. Das tat nicht weh, aber die Schweinerei mußte anschließend wieder beseitigt werden. Glücklicherweise war er ihr letzter Kunde, den Rest der Nacht hatte sie frei.

Bellebelle wusch sich, zog ein Leinenhemd an und begann aufzuräumen. Zuerst wechselte sie die Bettücher. Hawke sorgte stets für genügend Nachschub. Auch waren die Kunden hier besser als in Southwark. Das Zimmer selbst war zwar klein, aber dennoch wesentlich besser als das in Gilberts Etablissement.

Bellebelle stellte fest, daß sie kaum noch Essig und Wasser hatte. Sie würde Hawke um einen neuen Eimer bitten müssen. Auch die getrockneten Nesseln, mit denen sich ein Kunde schlagen ließ, mußten erneuert werden. Er hatte sich beschwert, daß er nichts mehr spüre.

Die Glocken läuteten zum Komplet. Es war noch früh am Abend. Glücklicherweise hatte Hawke ihr die Erlaubnis gegeben, noch auszugehen. Sie hatte den ganzen Tag Kunden gehabt, jetzt mußte sie hier raus. Sie würde zu der Garküche an der Ecke gehen und sich eine Pastete und ein Bier leisten. Und ein Schwätzchen mit den anderen Huren halten, wie sie das an jedem Abend tat, an dem sie Ausgang hatte.

Bellebelle zog sich ein wenig lustlos an und überlegte, was der morgige Tag wohl bringen würde. Die Tage glichen sich immer mehr. War es Januar oder Februar? Es spielte keine Rolle. Sie verstand jetzt auch, warum Gytha immer so viel Bier getrunken hatte. Die Zeit verging schneller, und man fühlte sich besser. Bis jetzt war sie in dieser Hinsicht noch nicht in die Fußstapfen ihrer Mutter getreten. Aber was lag noch alles vor ihr? Krankheiten, Alter, ein früher Tod? Sie konnte sich nur noch verschwommen an die glücklichen Träume von früher erinnern. Nun, es hatte keinen Sinn, sich selbst zu bemitleiden. Sie war schließlich den Flamen entkommen und hatte die Bankside hinter sich lassen können. Sie brauchte nur daran zu denken, was ihrer Mutter widerfahren war, und sogleich kam sie sich vor wie der glücklichste Mensch der Welt.

Sie hatte das Gefühl, daß ihre Aufnahme in das Bordell in der Gropecuntlane so etwas wie eine zweite Geburt für sie bedeutet hatte.

Bellebelle legte die Münzen unter den Eimer. Mehr als die Hälfte ging an den Bordellbesitzer, aber es reichte dennoch, um etwas zurückzulegen. Sie warf sich den rot-blau gestreiften Umhang über, aber sie haßte es, daß sie immer, wenn sie das Bordell verließ, aller Welt kundtun mußte, welchen Beruf sie ausübte. Nun, sie sollte nicht meckern, ermahnte sie sich. Immerhin hatte sie jetzt einen ganzen Abend für sich.

Im purpurfarbenen Dämmerlicht ritten Thomas Becket und sein Schützling, Herzog Heinrich der Normandie, gemächlich durch die Straßen Londons. Ihnen folgten vier Wachmänner mit Fakkeln. Es war ungewöhnlich mild, und Thomas bemerkte, wie der Herzog die frische Januarluft begierig einsog.

»Wo sind wir hier?« fragte Heinrich, als sie zu einer Reihe von Buden kamen, aus denen ein Sprachengewirr zu hören war.

»In West Cheap«, antwortete Thomas. »Die Händler schließen wahrscheinlich gerade.«

»Gott, was für ein Lärm! Man versteht ja sein eigenes Wort kaum mehr. Und was für ein fürchterlicher Gestank.«

Thomas spürte, wie ihm eng um die Brust wurde. Noch bevor er sich zurückhalten konnte, sagte er: »Hier wurde ich geboren, und trotz des Lärms und des Gestanks habe ich in diesem Viertel eine glückliche Kindheit verbracht.«

Im nächsten Augenblick war Thomas entsetzt über seinen eigenen Wagemut. Er hatte sich darin geübt, nie die Kontrolle über sich zu verlieren. Was würde der Herzog jetzt von ihm denken?

»Ich wollte Euch nicht beleidigen, Thomas. Außerdem braucht Ihr Euch Eurer Herkunft nicht zu schämen.«

Es war ein langer, harter Weg gewesen von der Armut von Cheapside, wo die Beckets wohnten und wo man auf die Normannenfamilie geringschätzig herabgesehen hatte, bis zu seiner heutigen Position. Man hatte ihn von klein auf geneckt, weil er anders war. Aber es hatte ihn stark gemacht, in dem rauhen Milieu der Straßen Londons aufgewachsen zu sein. Er hatte gelernt zu kämpfen.

»Mein Vater war ein armer, aber angesehener Bürger. Wir stammen aus der Normandie«, erklärte er. »Meine Mutter war eine feine Frau. Obwohl kein königliches Blut in meinen Adern fließt, bin ich stolz auf meine Herkunft. Mein Urgroßvater hat mit den Soldaten von Wilhelm dem Eroberer in Hastings gekämpft.« Er fand selbst, daß seine Stimme unsicher klang.

»Warum auch nicht.« Heinrich schaute sich um. »Erzählt mir mehr über diese Gegend. Sie kommt mir ein bißchen ungewöhnlich vor.«

Thomas schluckte. Er verstand, daß der Herzog ihm helfen wollte, indem er das Thema wechselte. »Es ist ein wahres Babel, so viele unterschiedliche Rassen leben hier.« Er hatte seine Stimme wieder unter Kontrolle. »Man kann hier alles finden: den besten Goldschmied von London, Ingwer, bestickte Kleider, Schmuckkästchen aus Frankreich. In London gibt es einfach alles.«

»Das habe ich gehört.« Der Herzog gab seinem Pferd die Sporen. »Das letzte Mal, als ich in London war, kam ich mir wie ein Provinzler vor.«

»Ich wußte gar nicht, daß Ihr bereits in London gewesen seid, mein Lord.«

»Damals war ich noch ein Kind«, wich Heinrich aus. »Also, welche Schenke könnt Ihr empfehlen?«

»Welche Schenke? Eigentlich kenne ich mich auf diesem Gebiet nicht so gut aus...« Das klang, als sei er prüde und sinnenfeindlich. »Nun, Billingsgate ist in der Nähe, wo sich die Weinläden befinden. Aber dort verkehren hauptsächlich Matrosen und Gesindel unterschiedlichster Art.«

Thomas' Stimme brachte seine Verachtung zum Ausdruck. »Da wäre noch Southwark, aber das ist fast das gefährlichste Viertel von London. Voller leichter Mädchen, Räuber und Schurken, die einen Mann für nichts umbringen.«

»Klingt nach Sodom und Gomorrha.«

Thomas spürte, wie er rot wurde. »Einen solchen Eindruck wollte ich nun auch wieder nicht erwecken.« Er mochte den jungen Herzog, schien aber immer wieder ins Fettnäpfchen zu treten.

»Ich wollte Euch nur necken, Thomas. Wißt Ihr, heute habe ich ein richtiges Bedürfnis nach dem Laster.« Er zügelte sein Pferd. »Was ist das dort?«

Der Herzog deutete auf einen Weg, der von der Straße abging. Am anderen Ende konnte man das Schild einer Schenke sehen, auf dem ein blauer Hahn abgebildet war. Im flackernden Licht der Fackel eines Wachmanns spähte er auf den Namen, der auf der Wand eines Holzhauses geschrieben stand. »Grope-cuntlane? Das klingt vielversprechend. Ein williges Flittchen wäre mir jetzt gerade recht.«

Thomas mußte seinen Abscheu unterdrücken. »Nun, den Namen habe ich schon gehört, das Etablissement hat einen anrüchigen Ruf. Und bei Nacht...«

»Es ist gewiß unpassend für einen Sekretär des Erzbischofs, aber ich habe keine Angst. Genau so etwas schwebte mir vor. Ihr seid entschuldigt, falls Ihr mich nicht begleiten wollt. Oder wißt Ihr etwas Besseres? Ein Freund von mir in Angers, übrigens auch ein Kirchenmann, kannte stets die besten Adressen.«

Thomas begriff, daß er auf die Probe gestellt wurde. Aber warum?

»Nicht, daß ich Euch nicht begleiten will, mein Herr, aber...«

Thomas sah sich plötzlich wieder als Zehnjährigen, der mitten in der Nacht aus dem Schlaf gerissen wurde, um sein Bett nach Spuren nächtlicher Selbstbefleckung zu durchsuchen. Tränen traten ihm in die Augen. Er empfand erneut diese quälende Scham, die ihn überkommen hatte, nachdem man die Flecken entdeckt und ihn gezwungen hatte, zur Strafe auf der Stelle zehn Psalmen zu singen und am nächsten Morgen weitere dreißig. Das hämische Lachen und die Sticheleien der übrigen Jungen – mein Gott, warum, warum nur mußte er jetzt wieder daran erinnert werden?

Er riß sich zusammen. »Obwohl ich kein Priester bin, habe ich mich verpflichtet, im Zölibat zu leben.«

Der Herzog lachte. »Das werfe ich Euch nicht vor. Ich kenne genug heilige Männer, die gegen die Unzucht zu Felde ziehen, selbst aber gern Huren besuchen. Nur selten trifft man jemanden, der auch wirklich tut, was die Heilige Schrift predigt. Erzählt mir nur nicht, daß Ihr Euch auch des Alkohols enthaltet?«

Thomas war überrascht und erleichtert zugleich. »Nein, in Maßen trinke ich schon Bier. Ich bin gerne bereit, einen Becher mit Euch zu leeren. Wie heißt es in der Heiligen Schrift? ›... daß der Wein erfreue des Menschen Herz.‹«

»Amen.«

Thomas lachte, und der Herzog fiel ein. Das Gefühl der Verbundenheit zwischen ihnen festigte sich.

Sie banden ihre Pferde an den Holzpfosten vor der Schenke. Wildes Gelächter und laute Stimmen schallten durch die Nacht. Sie ließen die Wachleute draußen und traten ein. Die Luft war zum Schneiden dick, es roch nach Wein und Schweiß. Eine lange Theke führte quer durch den Raum. Man hörte das Rollen von Würfeln und die Rufe der Spieler. Durch eine offene Tür weiter hinten vernahm man das Spiel einer Laute und betrunkene Stimmen, die dazu sangen.

Es war Heinrichs erster Besuch in einer Londoner Schenke. Es herrschte eine erwartungsvolle Stimmung, die ansteckend wirkte.

Alle verstummten, als sie eintraten, und wandten sich den Fremden zu. Als Heinrich und Thomas sich dem einen Tisch näherten, erschallte lautes Gelächter.

»Wo kommst du her, Kurzmantel?« rief einer. »Aus dem Hinterland von Wales?«

»Hast deinen Priester gleich mitgebracht, was?« amüsierte sich ein anderer. »Weiß deine Mama, daß du ausgehst?«

Heinrichs Gesicht rötete sich. Er trug ein altes Wams, schwarze Stiefel und einen braunen Umhang, der speziell für ihn in Poitiers angefertigt worden war.

»Warum machen sie sich über uns lustig?«

»Ihr tragt einen kurzen Umhang, mein Lord«, sagte Thomas leise. »In England trägt man sie länger. Ich hätte Euch warnen sollen.«

»Aber kurze Umhänge sind die neueste Mode, sagt Eleonore. Jeder in Poitiers trägt seinen Umhang kurz.«

»Aber das hier ist London, und etwas anderes kennen diese Menschen nicht. Sie sollten ihn abnehmen.«

»Ich lasse mich nicht von denen auslachen. Ich habe gute Lust, zu erklären, wer ich bin.«

»Nun, Herr, tut das nicht. Ich nehme an, daß sie Euch gar nicht kennen würden.«

»Jedenfalls ziehe ich meinen Umhang nicht aus.«

Heinrich drängte sich vor, bereit zu einem Kampf. Sie ließen ihn durch.

»Einen Humpen Bier, und zwar schnell!« zischte er zwischen den Zähnen hindurch.

»Ja, Sir Kurzmantel.« Der Wirt grinste ihn zahnlos an, während er ihm den Krug zuschob. »Sofort, Eure Lordschaft.«

Die Männer am Tisch wieherten.

Bevor Heinrich etwas tun konnte, hatte Thomas ihn am Ellbogen ergriffen und zog ihn weg.

»Nehmt das nicht ernst, Herr«, sagte er, nachdem sie sich an einem der anderen Tische, die gut besetzt waren, niedergelassen hatten. »Sie suchen nur nach einem Anlaß für einen Streit. Laßt uns austrinken und wieder gehen.«

Heinrich nahm einen großen Schluck. »Nennt mich nicht Herr. Heinrich reicht für heute abend.«

Thomas nickte, und zu Heinrichs Überraschung zog er einen kurzen Dolch aus der Tasche an seinem Gürtel und steckte ihn sich in den Ärmel.

»Ich dachte eigentlich, Kirchenmänner sollen kein Blut vergießen«, sagte er. Er wünschte, er könnte jeden einzelnen dieser Schurken mit einem Kinnhaken niederschlagen.

Thomas lächelte schwach. »Ich benutze ihn auch nur, um mich zu verteidigen oder Euch. Ich kämpfe lieber mit den Fäusten, obwohl ich das seit Jahren nicht mehr getan habe.«

Heinrich blickte sich angriffslustig im Raum um, ein wenig enttäuscht darüber, daß man sie gar nicht mehr beachtete.

»Ihr seid gut mit Euren Fäusten? Das müßt Ihr mir beibringen. Und woher weiß ein Geistlicher wie Ihr, wie man einen Dolch benutzt?«

»Ich habe es auf Kastell Pevensey gelernt. Ich mußte ihn noch nie verwenden, könnte es aber im Notfall tun.«

Der Stolz in seiner Stimme war unüberhörbar. »Das freut mich zu hören. Pevensey? Das ist in Sussex, nicht wahr? Was habt Ihr sonst noch gelernt?«

Heinrich trank einen weiteren Schluck Bier und schob den Humpen dann Thomas zu. »Nach Pevensey.«

»Ich war in Saint Paul's in London, dann in Paris, dort habe ich Recht studiert, schließlich kam ich zu meinem jetzigen Herrn, den Erzbischof von Canterbury, der hat mich nach Bologna und noch einmal nach Paris geschickt, um mein Wissen in kanonischem und weltlichem Recht zu vertiefen.«

»Und zur Zeit seid ihr Erzdiakon in Canterbury, nicht wahr?«

Thomas verzog den Mund zu einem Lächeln. »Nun, das werde ich vielleicht nicht immer sein. Aber das liegt alles in Gottes Hand.«

»Oder auch in anderen Händen. Ein Mann mit den Fähigkeiten eines Edelmanns, der zudem das Wissen eines Beamten und Juristen besitzt und sich in der Welt zurechtfindet, ist in der Tat eine Seltenheit.«

»So sehe ich das auch.«

Das klang schon fast selbstgefällig, doch es gefiel Heinrich, daß Thomas, abgesehen von seiner defensiven Haltung, was seine Herkunft anbelangte, über ein gesundes Selbstbewußtsein verfügte. Und er war auch bereit, die Gesetze der Kirche einmal beiseite zu lassen. Das war gut. Ein Kleriker, der nur nach der Pfeife von Canterbury tanzte, hatte in seinem Gefolge keinen Platz. Heinrich überlegte ernsthaft, diesen begabten Kirchenmann in seine Dienste zu nehmen. Aber zuerst mußte er ihn noch etwas genauer prüfen.

»N'abend, Hochwürden.«

Heinrich blickte hoch. Ein Hüne von einem Mann mit einem schwarzen Tuch über einem Auge stand vor ihnen. Er grinste Thomas schmierig an.

»Ich heiße Hugo, Euer Gnaden. Man nennt mich den Schwarzen Hugo. Ich hätt' was, was Euch vielleicht interessiert.«

»Ich glaube nicht«, sagte Heinrich.

»Ich habe mit Seiner Heiligkeit gesprochen, nicht mit Euch.«

Hugo zwängte sich auf den Sitz neben Thomas. »Ich weiß, daß Ihr Euch für so was erwärmen könnt.« Er holte etwas aus einer schmutzigen Börse. »Eine Locke vom Haar Unseres Herrn.« Er hielt ein Büschel schmutziger schwarzer Haare hoch.

Heinrich hob die Augenbrauen. »Sieht nach Roßhaar aus.« Er war neugierig, wie Thomas reagieren würde.

Hugo warf Heinrich einen haßverfüllten Blick zu, während

Thomas die Haarlocke in die Hand nahm und genau untersuchte. »In der Tat, das ist Pferdehaar. Ich fürchte, jemand hat Euch angeschwindelt, guter Mann.« Er legte sie zurück auf den Tisch.

»Schade, daß ihr eine Kostbarkeit nicht erkennen könnt. Vielleicht seid Ihr mehr an einem echten Stück des Kreuzes Jesu interessiert. Oder daran?« Er zog ein Stück verrunzelte Haut aus seiner Tasche.

»Was ist das?« Thomas zog die Nase hoch.

»Vorhaut, Hochwürden.«

Heinrich lachte schallend auf. »Meine Güte!«

»Stammt von der Beschneidung unseres Herrn Jesus Christus. Ist wirklich echt.«

»Ihr müßt Euch irren«, erwiderte Thomas, »Ich habe das Original in Rom gesehen.«

»In Rom, sagt Ihr?« Heinrich legte sich die Hand auf die Brust. »Wie könnt Ihr es da gesehen haben, wenn ich es aus Paris kenne?«

Heinrich und Thomas brachen gleichzeitig in lautes Gelächter aus.

Der Schwarze Hugo steckte seine Reliquien wieder ein. Er schaute Heinrich unfreundlich an. »Ihr da mit Eurem kurzen Mäntelchen, ich hab' Euch noch nie hier gesehn.«

»Kann schon sein.«

»Ja. Der Schwarze Hugo vergißt kein Gesicht. Ihr seht wie ein Mann aus, der Geld hat. Wie wär's mit 'nem Würfelspiel?« Er forderte Heinrich mit blitzenden Augen heraus.

»Ich rate Euch ab, mein... Heinrich.«

Heinrich ignorierte die Besorgnis in Thomas' Stimme und erhob sich. »Einverstanden.«

Sie folgten dem Schwarzen Hugo in die Mitte des Raumes, wo Würfelspieler am Boden knieten.

»Wir spielen mit meinen eigenen Würfeln.« Hugo ließ sich drei Würfel geben.

»Nehmt sie nicht«, warnte Thomas Heinrich leise. »Ich hole die Wachleute, für den Fall, daß wir Hilfe brauchen.« Er verzog sich aus dem Kreis der Spieler.

»Ich spiele nur mit den Würfeln, die bereits hier auf dem Boden liegen«, sagte Heinrich und ging in die Knie.

Hugo nickte widerwillig.

»Gut, dann laßt uns anfangen.« Heinrich war sicher, er würde diesen elenden Schurken schlagen. Kurzmantel hatte man ihn genannt. Die Leute würden sich noch lange an ihn erinnern.

## 26. Kapitel

Als Bellebelle das Bordell verließ, stritten sich gerade zwei Dirnen heftig, beide waren schon ziemlich angetrunken. Die eine behauptete, die andere habe ihr einen Kunden abgeworben. Hawke versuchte, den Streit zu schlichten. Er war eigentlich kein schlechter Kerl, betrog sie nicht um ihren mühsam verdienten Lohn. Mit dem Gezänk der zwei Huren in den Ohren machte sich Bellebelle müde auf den Weg durch die verlassenen Straßen. Es war ungewöhnlich mild für Januar.

Als sie am Blauen Hahn vorbeikam, blieb Bellebelle stehen. Ein junges Mädchen, das Honigkuchen verkaufte, lehnte an der Wand, das Tablett mit den goldfarbenen Kuchen lag auf dem Boden neben ihr.

»Geht's dir gut?« erkundigte sich Bellebelle besorgt. Zitternd stand das Mädchen da und hustete laut.

»Geht schon«, sagte das Mädchen und krampfte sich zusammen. »Ich bin seit der Terz auf den Beinen. Die Garküche hat mich mit Kuchen zur Schenke geschickt. Und plötzlich ist mir 'n bißchen schwindlig geworden.«

»Komm, das wärmt dich.« Bellebelle nahm ihren gestreiften Umhang ab und legte ihn dem Mädchen um die Schultern. »Ich bring' das für dich rein. Ruh dich ein bißchen aus.«

Die Kuchenverkäuferin nickte dankbar.

Drinnen kniete eine Meute von Spielern am Boden. Ein junger Mann schaute plötzlich auf. Ihre Augen trafen sich für einen Augenblick, während Bellebelle ihr Tablett auf dem Tisch abstellte.

Irgendwie kam ihr dieser sommersprossige rothaarige Mann bekannt vor, sie konnte sich aber nicht erinnern, wo sie ihn schon einmal gesehen hatte. Ein früherer Kunde vielleicht? Wahrscheinlich. Sie hatte in den letzten fünf Jahren so viele Freier gehabt, daß alle für sie irgendwie gleich aussahen. Nur die regelmäßigen Kunden konnte sie sich noch merken.

Als sie gerade gehen wollte, veranlaßte ein lautes Fluchen sie, sich noch einmal umzudrehen. Bellebelle erkannte einige der

Huren aus dem Bordell, die sich auf der Suche nach möglichen Kunden um die Spieler scharten.

»Ihr seid mit dem Wurf dran«, hörte sie den Schwarzen Hugo. Sie kannte ihn vom Sehen, obwohl sie nichts mit ihm zu tun hatte. Jeder schien ihn zu fürchten, außer Hawke. Meist sah man ihn mit seinen Kumpeln in irgendwelchen Schenken beim Spielen. Eine Reihe von Silbermünzen lag auf dem Boden, auf dem auch einige Becher mit Bier standen. Der Schwarze Hugo deutete auf den jungen Mann mit braunem Umhang, der Bellebelle so bekannt vorgekommen war.

Neugierig gesellte sich Bellebelle zu den Prostituierten. Der junge Mann schüttelte die drei Würfel in der Hand und warf sie dann auf den Boden. Eine Sieben. Die Zuschauer rückten näher. »Ein guter Wurf«, meinte eines der Mädchen.

Bellebelle konnte sehen, daß Hugos gesundes Auge bösartig funkelte, als er zwei Münzen auf den Haufen warf.

»Man sagt, Ihr könnt diesen Wurf nicht wiederholen.«

Sie beobachtete, wie der junge Mann die Würfel anspuckte und dann erneut warf. Bellebelle beugte sich nach vorne. Heilige Maria Muttergottes, eine weitere Sieben! Sie hörte das überraschte Gemurmel der anderen und das laute Fluchen von Hugo. Er wechselte ein paar Worte mit seinen Kumpanen, die mißmutig auf die Würfel blickten.

Bellebelle hätte dem Spieler am liebsten geraten, seinen Gewinn einzupacken und schnell zu verschwinden, bevor Hugo und seine Freunde sich über ihn hermachten.

»Das Glück scheint heute abend auf meiner Seite zu sein«, meinte Heinrich.

Irgend etwas an seiner Stimme, dieser normanninsche Akzent, kam ihr bekannt vor. Keine Frage, sie hatte ihn schon einmal gesehen, und zwar nicht in der Gropecuntlane, sondern zu einer anderen Zeit und an einem anderen Ort. Plötzlich erinnerte sie sich, daß sie früher einmal auf der London Bridge mit ihrer Mutter, Morgaine und einigen anderen Huren gestanden hatte. Und dann sah sie vor sich das Bild eines Jungen mit roten Haaren und grauen Augen, der sich an das Brückengeländer lehnte. Bellebelle schnappte nach Luft. Konnte er es wirklich sein? Dieser Junge, der damals so außerordentlich nett zu ihr gewesen war und der auch ihren magischen Fisch gesehen hatte?

Wie hieß er doch gleich? Der Name lag ihr förmlich auf der Zunge. Er hatte gesagt, daß er nach London zurückkommen würde, und hier war er. Er würde sich natürlich nicht mehr an das verdreckte kleine Mädchen von vor neun Jahren erinnern.

»Noch ein Wurf?« Hugos Stimme war ein einziges Grollen. »So haben wir es ausgemacht, Kurzmantel.«

»Ich heiße Heinrich. Die Ehre gebietet es, dir eine Chance zu geben, dein Geld zurückzugewinnen.«

Heinrich, ja, so hatte er geheißen. Er würde doch nicht einen weiteren Wurf riskieren? Bellebelle blickte um sich, um zu sehen, ob er mit Freunden hier war. Ja, da standen vier bewaffnete Männer am Eingang und außerdem ein Mann in schwarzer Kluft, der Heinrich ängstlich Zeichen gab. Er mußte eine wichtige Persönlichkeit sein, wenn er so viele Begleiter zu seinem Schutz mitführte. Hatte er ihr nicht erzählt, sein Vater sei Herzog oder Graf von... Sie konnte sich nicht genau erinnern.

»Macht weiter«, zischte Hugo.

Die anderen Spieler legten ihre Münzen auf den bereits vorhandenen Stoß. Alles war still. Heinrich nahm die Elfenbeinwürfel in die Hand und sprach murmelnd ein kurzes Gebet. Dann schossen sie über den Boden. Wieder eine Sieben! Heilige Muttergottes! Bellebelle, die von klein auf an Glücksspiele gewöhnt war, hatte so etwas noch nicht gesehen. Einen Augenblick lang hielten alle den Atem an, dann begannen plötzlich alle gleichzeitig zu reden.

Mit einem lauten Aufschrei sprang der Schwarze Hugo hoch, einen Dolch in der Hand. »Der Schurke hat die Würfel vertauscht. Die Würfel sind falsch.«

Alles verstummte. Bellebelle sah, wie sich alle Augen Heinrich zuwandten. Schnell hob Heinrich die Münzen auf und stopfte sie in einen Beutel an seinem Gürtel.

»Schlechte Verlierer reden schnell von falschen Würfeln.« Ohne mit den Wimpern zu zucken, musterte er den Schwarzen Hugo und seine Spießgesellen.

Wie furchtlos er aussah. Das allein hielt seine Gegner davon ab, sich sofort auf ihn zu stürzen. Aber wie lange würden sie sich noch zurückhalten lassen?

Ohne zu überlegen, rief Bellebelle laut: »Ich habe genau hinter ihm gestanden. Hätt' sehn müssen, wenn er betrügt. Du doch auch, oder?« Sie stieß der Prostituierten neben ihr in die Rippen.

»Äh... Hab' nix gesehn.«

»Also, der Gentleman hier hat niemanden betrogen. Wir sind Zeugen.«

Der Schwarze Hugo starrte sie an und drehte drohend den Dolch in der Hand. Sie machte einen Schritt zurück.

Heinrich wandte sich um. Erstaunt sah er sie an, obwohl er sie offensichtlich nicht erkannte. Mit gezogenen Schwertern scharten sich die Wachleute um ihn. Selbst der Geistliche zog ein Messer aus seinem Gewand und rief: »Geht, mein Herr. Wir halten sie zurück.«

»Hier raus!« rief Bellebelle, die nicht überhört hatte, daß der Kirchenmann ihn mit »mein Herr« angesprochen hatte. Sie ergriff Heinrich am Handgelenk und zog ihn in Richtung Haupteingang.

»Dieser Angsthase versteckt sich hinter dem Rücken einer Hure«, bellte der Schwarze Hugo ihnen hinterher.

»Kein Hurensohn nennt mich einen Feigling.« Heinrich machte sich frei und zog sein Messer aus der Scheide.

Der Geistliche trat zwischen ihn und Hugo. Bellebelle ergriff Heinrich am Arm und zog ihn mit aller Kraft hinter sich her, während der Geistliche von hinten nachschob. Gemeinsam gelang es ihnen, ihn hinauszubugsieren.

Auch draußen konnten sie noch den Schwarzen Hugo laut fluchen hören. Bellebelle betete, daß der Geistliche und die Wachleute die aufgebrachten Spieler aufhalten konnten, bis sie Heinrich in Sicherheit gebracht hatte.

Mit Heinrich im Schlepptau lief sie an der erstaunten Kuchenverkäuferin vorbei, die noch immer ihren gestreiften Umhang trug, den kurzen Weg zum Bordell hinunter. Sie öffnete die Tür und zog Heinrich hinter sich die Treppe hoch, glücklich, daß ihnen anscheinend niemand gefolgt war. In ihrem Zimmer zündete sie schnell eine Kerze an.

Sie bemerkte, wie Heinrich sich neugierig umsah. Gewiß würden ihm die Nesseln und die anderen Utensilien nicht entgehen. Wie sollte sie ihm das erklären?

»Meine Güte, ist das ein Bordell? Bist du eine Hure? Ich dachte, du verkaufst Kuchen.«

Bellebelle, die sich hinabgebeugt hatte, um Kohlen nachzulegen, zuckte bei seinem verächtlichen Tonfall zusammen. Sie brachte es nicht über sich, ihm zu gestehen, daß sie eine Prostituierte war, aber irgendwie mußte sie ihm die Situation erklären.

»Meine – Freundin ist eine Hure. Ich – ich teile mir mit ihr manchmal dieses Zimmer und bezahle dem Bordell etwas dafür. Während ich Kuchen verkaufe, empfängt sie hier ihre Kunden.« Das war zwar eine dürftige Erklärung, aber wenn er mit den Bordellen in London nicht vertraut war, würde er sie ihr vielleicht abnehmen. »Ihr erinnert Euch nicht an mich, oder?«

Heinrich runzelte die Stirn. »Jemand so Hübsches wie du? Ich würde dich sicher erkennen, wenn ich dich schon einmal gesehen hätte.«

»Is' ungefähr neun oder zehn Jahr' her. Es war auf der London Bridge. Ich hab' Euch den Fisch gezeigt.«

Nach einem Augenblick der Verwirrung breitete sich ein erstauntes Lächeln auf Heinrichs Gesicht aus. »Jetzt weiß ich es wieder. Du warst dieses schmuddelige kleine Mädchen.«

Sie nickte.

»Ich hätte dich nie erkannt. Du verkaufst also jetzt Kuchen? Eine undankbare Aufgabe, was?« Er schaute sich um. »Gibt es hier Wein? Ich könnte jetzt einen Becher vertragen.« Er setzte sich aufs Bett und zog seine Stiefel aus. »Ein seltsamer Ort zum Leben...«

»Wenigstens habe ich so ein Dach überm Kopf.« Bellebelle war entsetzt über ihre eigenen Worte. »Wißt Ihr, wie's ist, tagein, tagaus ein schweres Tablett auf der Straße rumzuschleppen, ganz gleich, ob's stürmt oder schneit? Schämen tu ich mich nicht.«

Es folgte ein langes Schweigen. Bellebelle glaubte schon, sie habe ihn beleidigt. Doch dann stellte sie fest, daß er sie nachdenklich musterte.

»Das brauchst du auch nicht. Glücklicherweise ist mir so ein Leben erspart geblieben. Aber ich habe es nicht böse gemeint. Wenigstens bist du keine Hure geworden wie deine Freundin. Verzeihst du mir?«

Bellebelle schluckte und zwang ein Lächeln auf ihre Lippen. Zufrieden lehnte er sich in die Kissen zurück.

»Das war ein Spiel, was? Dreimal die Sieben.« Er schaute sie an. »Ich glaube, du hast mir ein paar Schrammen erspart. Was für ein Glück, daß ich dir über den Weg gelaufen bin. Ich weiß deinen Namen nicht mehr, aber sonst erinnere ich mich noch genau an unsere Begegnung.«

»Man nennt mich Bellebelle, obwohl mein eigentlicher Name Ykenai ist.« Sie schenkte etwas Wein in den Becher, der sonst nur für Lord Crowmarsh reserviert war. Sie selbst trank meist Bier oder Met, Wein war ein großer Luxus und blieb den Gästen vorbehalten.

»Was macht Ihr in einer Spelunke wie dem Blauen Hahn?«

»Ich bin der Herzog der Normandie und Erbe des englischen Throns. Vor ein paar Wochen kam ich mit dem König nach London. Ich hatte heute einfach genug von den endlosen Disputen und überredete einen Geistlichen, mir etwas von London zu zeigen. In die Schenke sind wir zufällig geraten.«

Bellebelle reichte ihm den hölzernen Kelch. »Ich weiß noch, was Ihr mir auf der Brücke gesagt habt. Ich bin sehr froh, daß Ihr Euer Ziel erreicht habt.«

Heinrich setzte sich auf und trank hastig, verzog dabei aber das Gesicht. »Den Weinbauer, der dir das verkauft hat, sollte man hängen. Wenn ich König bin, werde ich nur Wein aus der Gascogne und aus Bordeaux einführen lassen. In England kann man sonst nur Bier trinken. Du arbeitest also für den Schankwirt?«

»Irgendwie schon.« Bellebelle versuchte, sich an das zu erinnern, was sie von der Kuchenverkäuferin wußte. »Ich versuch', so viel wie möglich bei ihm zu verkaufen.« Sie war bestrebt, das Thema zu wechseln. »Wie bald werdet Ihr König sein?«

Heinrich stellte den Kelch auf den Boden und lehnte sich zurück. »Da Stephan häufig krank ist, gebe ich ihm höchstens noch ein oder zwei Jahre. Dann werden meine Frau Eleonore und ich gekrönt. Ich habe einen Sohn, also ist die Thronfolge gesichert.«

Bellebelle glaubte ihren Ohren nicht zu trauen. »Ihr meint, Ihr seid jener Herzog, der Eleonore von Aquitanien geheiratet hat?«

»Ja, vor eineinhalb Jahren. Warum schaust du so erschüttert? Ich bin ein sehr glücklicher Mann.«

Tränen stiegen ihr in die Augen. »Oh, mein Lord, der Segen des Herrn sei mit Euch. Ihr habt ihr einmal Blumen geschenkt, habt Ihr mir erzählt.«

»Ja, als sie noch Königin von Frankreich war. Du hast ein gutes Gedächtnis.« Er blickte sie verwundert an. »Ich bin überrascht, wie gut du über alles unterrichtet bist.«

Viele Reisende kehrten während ihrer Rückkehr vom Kontinent in den Schenken und Bordellen ein, und die Prostituierten erfuhren daher den neuesten Klatsch meist als erste.

Bellebelle wählte ihre Worte sorgfältig. »In den Straßen von London erfährt man alles, was jenseits des Kanals passiert.«

»Das werde ich mir merken.«

»Soll ich kurz hinausgehen, um nach Euren Leuten zu sehen? Dieser Geistliche, ich hoffe, ihm ist nichts geschehen. Ich weiß nicht, mit dem Messer...«

»Thomas Becket kann auf sich selbst aufpassen. Ich gehe dann gleich.«

Aber Heinrich machte keine Anstalten aufzubrechen. Er hatte offensichtlich ihre Geschichte akzeptiert. Es war töricht, ihm nicht die Wahrheit zu sagen. Sie würde ihn wahrscheinlich sowieso nie mehr sehen.

Doch irgend etwas in ihr hielt sie davor zurück, ihm zu gestehen, daß sie als Dirne arbeitete. Sie wünschte sich verzweifelt, daß er gut von ihr dachte. Aber was war, wenn er herausfand, daß sie sich verkaufte? Sie wußte, was die Männer von den Huren hielten: sie waren gut genug zur Befriedigung ihrer Lust, doch dann ließ man sie sofort fallen wie eine heiße Kartoffel. Morgaine hatte es ihr oft genug gesagt.

Bellebelle bemerkte, wie Heinrich sie aus halb geschlossenen Augen beobachtete. Selbst in dem schwachen Licht der flackernden Kerze verstand sie, was er von ihr wollte.

»Komm her«, sagte er und zeigte auf den Platz neben sich auf dem Bett.

Sie setzte sich neben ihn. Heinrich streichelte ihr Haar und wickelte sich eine ihrer schwarzen Locken um den Finger.

»Ich erinnere mich noch gut daran, wie unkompliziert wir uns damals auf der Brücke von London unterhalten haben. Meistens werden meine Worte sorgfältig interpretiert, nach einer tieferen Bedeutung abgeklopft.« Er sah sie von der Seite an. »Hast du den Fisch wieder gesehen?«

»Nein, mein Lord, schon seit Jahren nicht mehr.«

»Nenn mich Heinrich.« Er hielt inne. »Es überrascht mich, daß du nicht verheiratet bist. Angebote hast du doch sicherlich viele.«

Bellebelle schüttelte den Kopf. »Nach dem harten Leben, das meine Mutter mit einem ziemlichen Hallodri geführt hat, meinem Vater, den ich nie kennengelernt habe, wollte ich nur noch weg aus Southwark und unabhängig sein.« Sie war überrascht, wie leicht ihr diese Lügen über die Lippen gingen.

»Du klingst wie meine Frau! Oder wie meine Mutter. Frauen sind niemals unabhängig. Sie brauchen jemanden, der sie führt und berät, sie vor Schurken bewahrt. Doch manche Frauen scheinen das nicht wahrhaben zu wollen. In Wahrheit...« Er lächelte. »Aber weißt du, du bist viel zu hübsch, um dich damit abzuquälen, Kuchen zu verkaufen.«

»Ich weiß nicht so recht.«

Er streichelte ihr mit dem Finger über den Hals. »Ich schon. Meinst du nicht, daß das Leben für dich viel leichter sein würde, wenn du wie deine Freundin im Bordell arbeiten würdest?«

Bellebelle schaute ihn nicht an. »Ich weiß nicht. Is' sicher auch schwer. Der Bordellwirt ist wie eine Art Gefängniswärter. Man kann nicht kommen und gehen, wie man will...« Sie hielt abrupt inne.

»Ich wußte gar nicht, wie arm diese Dinger dran sind.« Er klang ungewohnt zärtlich.

»Lassen wir das. Erzählt mir von Eurem Sohn.« Bellebelle holte tief Luft.

»Von meinem Sohn Wilhelm?« Heinrich strahlte über das

ganze Gesicht. »Ich habe ihn noch nie gesehen. Stell dir vor, Bellebelle, Ludwig von Frankreich war vierzehn Jahre mit meiner Frau verheiratet, und sie haben nur zwei Töchter zustande gebracht. Und nach weniger als einem Jahr Ehe hat mir meine geliebte Eleonore schon einen Sohn geschenkt.«

»Ihr müßt eine besondere Zeugungsgabe für Söhne haben.« Sie wollte noch hinzufügen, daß sie Eleonore von Aquitanien seit langem bewunderte, als Heinrich in lautes Lachen ausbrach.

Er zog sie an sich. »Meine Frau ist wunderschön und sehr charmant. Sie ist so aufregend wie der Wein aus der Champagne. Ich verrate dir ein Geheimnis, Bellebelle. Ich liebe meine Frau.«

Bellebelle starrte ihn an. Heinrich rollte sich von ihr weg und stützte sich mit einem Arm auf dem Bett auf.

»Nein, es ist eigentlich mehr als Liebe. Ich fühle mich von ihr überwältigt.« Er seufzte. »Ich glaube, wenn Menschen zu sehr lieben, geben sie einen Teil von sich selbst auf. Kein Mensch weiß, was ich wirklich für Eleonore empfinde. Weder sie selbst noch meine Mutter.«

Bellebelle schnürte es bei diesen Worten das Herz zusammen. Natürlich mußte er eine solche Frau lieben. Und sie gönnte Eleonore das auch, warum nur tat es so weh? Weil niemand sie selbst jemals so geliebt hatte?

»Aber warum sagt Ihr es ihr nicht?« fragte sie schließlich. »Es würde ihr doch gefallen.«

»Gewiß. Mehr als das. Aber es würde ihr auch Macht über mich verleihen. Wenn man ihnen sagt, daß man sie liebt, nützen es die Menschen zu ihren Gunsten aus. Liebe ist eine gefährliche Waffe.«

Bellebelle dachte einen Augenblick nach. Sie hatte bisher nur ihre Mutter und Morgaine geliebt und einen streunenden Hund, den sie jahrelang gefüttert hatte. »Aber Ihr könnt ihr doch bestimmt vertrauen?«

»Kann ich das? Niemandem kann man völlig vertrauen, Belle. Das müßtest du doch selbst am besten wissen.«

Bellebelle, die noch nie in ihrem Leben etwas von irgend jemand erwartet hatte, wußte nicht, was sie sagen sollte.

Heinrich beobachtete sie mit glänzenden Augen, die dasselbe fleischliche Verlangen ausdrückten wie die Augen ihrer üblichen Freier. Ein Verlangen, die nichts mit ihr als Mensch zu tun hatte. Was Männer wollten und wonach sie strebten, war ihr immer ein Geheimnis geblieben. Enttäuscht und fast unbewußt rollte sie ihre Wollsocken herunter und zog ihr blaues Kleid aus.

»Woher wußtest du, daß ich mir genau das wünschte?« Heinrich schaute sie erstaunt an. »Ich wußte, daß du keine Jungfrau mehr sein konntest – bei dem Leben, das du führst.«

Sie warf ihm ein schwaches Lächeln zu und ließ es zu, daß er ihr das Unterhemd auszog.

»Vertrauen«, wiederholte er, während er seine Kleider ablegte, »ist wichtig. Man muß jemanden in seiner Umgebung haben, dem man vertrauen kann.« Er rollte sie auf den Rücken. Dabei schien er in Gedanken weit weg zu sein. Ohne weitere Vorankündigung drang er langsam in sie ein. »Jemanden, der nicht dasselbe Leben führt.« Sie zuckte zusammen, denn sein Glied war größer, als sie es gewohnt war. »Jemand... tu ich dir weh? Das tut mir leid.« Er verlangsamte seinen Rhythmus. »Jemand, der einem nichts Böses tun kann. Der keine Bedrohung darstellt.«

Bellebelle überlegte, ob er es vorzog, wenn sie ganz still liegenblieb, wie dies einige Freier wollten, oder ob sie sich mit ihm bewegen oder ihm irgendwelche Liebesworte zuflüstern sollte. Sollte sie es wagen, seinen Redefluß zu unterbrechen? Sie beherrschte einige Tricks, durch die man das Vergnügen der Männer steigern konnte, aber wenn sie sich als zu kunstvoll erwies, würde er vielleicht Verdacht schöpfen. Es war besser, sie tat gar nichts.

»Dieser Geistliche, Thomas, ich mag ihn ganz gern, aber er ist doch auch ein Mann der Kirche...« – sein Atem ging schneller –, »man kann nie ganz sicher sein... und Eleonore... ich mache mir so meine Gedanken... gilt ihre Treue eher Aquitanien... oder mir? Nichts ist... wichtiger... als Loyalität.« Plötzlich verströmte er seinen Samen in sie und ließ sich auf sie fallen. Für einen kurzen Augenblick blieb er ruhig liegen.

»Nun, das habe ich wirklich gebraucht«, sagte Heinrich mit fester Stimme, während er sich von ihr wegwälzte. »Es hilft, wieder klar zu denken.« Er küßte sie auf die Nasenspitze. »Ich muß meine Männer suchen gehen. Der arme Thomas ist inzwischen bestimmt schon ganz außer sich vor Sorge.«

Er sprang vom Bett auf und begann seine Kleider anzuziehen. »Ich möchte dir einen Vorschlag machen, Bellebelle. Es macht mich traurig, wenn eine so zarte Frau wie du sich derart mühselig den Lebensunterhalt verdienen muß. Wie würde es dir gefallen, wenn du keine Honigkuchen mehr verkaufen müßtest und dieses entsetzliche Loch hier verlassen könntest, um nur noch für mich dazusein?«

Bellebelle schlüpfte in ihr weißes Unterhemd und schaute ihn fragend an. Machte er Scherze?

»Das würde mir mehr als gefallen, mein Lord. Meint Ihr das wirklich ernst?«

Heinrich setzte sich, um seine Stiefel anzuziehen. »Nenn mich Heinrich. Ich sage nur das, was ich auch wirklich meine.« Er zwinkerte ihr zu. »Ich brauche allerdings etwas Zeit, um alles zu arrangieren. Wäre ich bereits König, wäre es einfacher.« Er beugte sich vor und streichelte ihr den Nacken. »Manche Leute werden nicht gut von dir reden. Man wird dich die Mätresse des Königs nennen. Auf dich eifersüchtig sein. Dir das Leben schwerzumachen versuchen. Wirst du damit leben können?«

»Oh, ja. Aber Eure Frau, die zukünftige Königin? Was wird sie sagen?« Die Vorstellung, Eleonore Kummer zu bereiten, machte ihr das Herz schwer.

»Das hat nichts mit Eleonore zu tun. Sie darf es auch niemals erfahren.« Heinrich sah sie streng an. »Niemals. Wenn du dich diskret verhältst, wird sie es auch nicht herausfinden. Ihr verkehrt schließlich nicht in denselben Kreisen. Allerdings könnte es besser sein, dich außerhalb von London unterzubringen.« Er erhob sich und band sich den abgewetzten Ledergürtel um die Taille. »Es gehört sich beinahe für einen König, eine Mätresse zu haben, weißt du. Sogar mehr als nur eine. Als Beweis für seine Männlichkeit. Mein Großvater hatte mehr als zwanzig uneheliche Kinder.«

Bellebelle fühlte, wie ihr Tränen in die Augen stiegen. Heinrich bemerkte das nicht, sondern ging mit großen Schritten auf die Tür zu. »Kann ich dich hier finden oder in der Schenke?« wollte er noch wissen.

»Hinterlaßt eine Nachricht in der Schenke«, bat sie schnell.

Heinrich verschwand wie ein Wirbelwind aus der Tür. Er drehte sich nicht ein einziges Mal um. Sie hörte ihn die Treppe hinunterstapfen, eine Melodie vor sich hin pfeifend. Als er gegangen war, ließ sich Bellebelle tränenüberströmt auf das Bett fallen. Würde dieses Leben wirklich bald vorbei sein? Würde sie keine fremden Freier mehr bei sich dulden müssen? Einst hatte sie in der Gropecuntlane die Erfüllung ihres Traums von einem besseren Leben gesehen. Die Dinge hatten sich jedoch nicht so entwickelt, wie sie es sich gewünscht hatte. Aber dieses Mal war es anders, dieses Mal schien die Verwirklichung ihrer Wünsche zum Greifen nahe zu sein.

Aber wie konnte sie etwas tun, daß ihr großes Vorbild, Eleonore von Aquitanien, verletzen konnte? Eleonore, die sie damals in der Marienkapelle von Saint Mary Overie gerettet hatte. Aber Heinrich liebt sie ja, sagte sie sich, anders als mich. Er möchte nur, daß ich ihm zuhöre und mit ihm das Lager teile. Ich nehme ihr ja gar nichts weg.

Bellebelle dachte an Hawke und hielt den Atem an. Wie konnte sie ihn davon überzeugen, sie gehen zu lassen? Alles schien sich gegen sie verschworen zu haben. Doch plötzlich entdeckte sie die Geldbörse mit Heinrichs Spielgewinnen.

Bellebelle schaute sich nach ihrem Mantel um. Da fiel ihr ein, daß die Kuchenverkäuferin ihn noch hatte. Sie griff nach dem Beutel und eilte die Treppe hinunter. Nur mit ihren Unterkleidern am Körper lief sie hinaus auf die Straße.

Stimmen drangen aus der Schenke, ein betrunkener Gast kam herausgetorkelt. Ein scharfer Wind ließ sie frösteln. Bellebelle rieb sich mit der Hand über die Augen und stolperte den Weg zurück zum Bordell. Der ganze Abend kam ihr wie ein einziger Traum vor. Und nur im Traum stieg eine Dirne aus Southwark zur Mätresse des Königs von England auf.

## 27. Kapitel

»Gott sei meiner Seele gnädig. Er ist noch nicht gekrönt und sorgt schon für Ärger«, sagte der Erzbischof von Canterbury zu Thomas Becket am nächsten Morgen nach der Andacht.

Sie befanden sich in der Sakristei, und Thomas half Theobald, das Meßgewand abzulegen.

»Zuerst stößt er in der Ratsversammlung alle Anwesenden vor den Kopf, dann riskiert er sein Leben beim Glücksspiel, und schließlich verschwindet er mit einer etwas zweifelhaften Kuchenverkäuferin«, bemerkte Roger Pont l'Eveque, der Chefsekretär des Erzbischofs. »Hättet Ihr ihn denn nicht aufhalten können, Bailhache?«

Thomas straffte sich, antwortete jedoch nicht.

»Nun, ebensogut hätte Thomas einen wütenden Stier am Schwanz festhalten können, Roger. Er wird uns noch ganz schön zu schaffen machen.« Theobald schnaubte laut. »Er ist ein typischer Normanne.« Er zog das schwarze Mönchsgewand an, das Roger ihm hinhielt.

Thomas unterdrückte ein Lächeln. Trotz der Milde und Güte, die er stets zur Schau trug, war Theobald selbst ein Normanne und besaß dieselbe Verbohrtheit. Thomas ignorierte Pont l'Eveque einfach. Sie beide waren in gewisser Weise Rivalen um Theobalds Gunst, seit Thomas im Jahre 1144 in die Dienste des Erzbischofs getreten war.

Theobald verließ die Sakristei, gefolgt von Thomas und Roger, und ging steifen Schrittes hinüber in seine Wohngemächer im Bischofspalast. An der Tür wandte er sich an Roger.

»Laßt mich bitte mit Thomas allein, mein Sohn.«

Pont l'Eveque verneigte sich und warf Thomas einen giftigen Blick zu, den dieser mit einem eisigen Lächeln quittierte.

»Ich bin ganz und gar nicht begeistert von Herzog Heinrichs Taten, Thomas, aber laßt uns später darüber sprechen.« Theobald machte es sich in seinem Armlehnstuhl bequem. »Berichtet mir erst von Eurer Reise in die Normandie.«

Thomas war an die Art des Erzbischofs gewöhnt. Er schaute sich neidisch in dem prächtigen Raum mit dem hohen Gewölbe um. Kostbare Teppiche, auf denen die Geburt Jesu dargestellt war, hingen an den Wänden. Ein riesiges Kruzifix, verziert mit Perlen, Rubinen und Saphiren beherrschte den Raum. Zwei Becher mit Wein und ein Silbertablett mit Honigkuchen standen auf dem Tisch vor ihnen.

Thomas dachte an Herzog Heinrich, dann aber schob sich das Bild von Roger Pont l'Eveque davor. Bailhache hatte er ihn genannt. Dieser Name ließ alte Erinnerungen in ihm wach werden.

Thomas sah vor seinem geistigen Auge, wie er im Alter von vierundzwanzig Jahren voller Erregung auf den Eingang der Bischofsresidenz in Harrow zuging. Er verdankte diese wundervolle Gelegenheit seinem Vater, der als Kind in Rouen ein Spielgefährte von Theobald gewesen war. Thomas kam geradewegs aus den Studiensälen in Paris und war begierig, seinen Dienst im Hause des Erzbischofs anzutreten. Es war am Dreikönigstag, als er sich in Begleitung eines angelsächsischen Holzfällers, der ihn nach London begleitet hatte, dem Bischofssitz näherte. Der Holzfäller hatte über Schmerzen im Arm geklagt, daher trug Thomas dessen neue Axt.

Als Thomas Theobalds Residenz betrat, hielt er noch immer die Axt in der Hand. Eine Gruppe von Sekretären befand sich zu diesem Zeitpunkt in der Eingangshalle und begrüßte ihn herablassend.

»Wen haben wir denn da? Den Sohn eines Holzfällers?« Ein schlanker junger Mann mit sandblondem Haar und arroganten blauen Augen musterte ihn von oben bis unten. »Putzt Euch erst einmal die Schuhe ab, bevor ihr näher tretet.«

Thomas errötete bis zu den Haarspitzen und versuchte, seine Wut zu unterdrücken. »Ich bin Thomas Becket aus West Cheap, ein Rechtsgelehrter und Sekretär. Ich soll für den Erzbischof arbeiten.«

»Etwa Holz hacken?«

Die übrigen Sekretäre grinsten.

»Er erwartet mich.«

»Wirklich? Aus West Cheap, sagt Ihr?« Er wartete, bis das Gelächter der anderen verstummt war. »Ich bin der Hauptsekretär, Roger Pont l'Eveque. Dieses Beil, das Ihr tragt, eignet sich gewiß nur zum Holzhacken. Bringt man das heute Studenten des Rechts in Paris bei?«

Die anderen Sekretäre wieherten vor Lachen.

Thomas gab dem Holzfäller seine Axt so schnell zurück, als

wäre sie glühend heiß. Er mußte seine Wut zügeln. Dieser Pont l'Eveque war natürlich über seine Ankunft informiert.

»Hier entlang, Bailhache«, sagte Roger.

Bailhache, Axtträger. Thomas hatte noch nie in seinem Leben jemanden so gehaßt wie diesen Sekretär. Und das war auch über die Jahre so geblieben.

»Was hatte ich gerade gesagt?« rief ihn die Stimme Theobalds in die Wirklichkeit zurück.

»Ihr habt mich nach meiner Reise gefragt.«

»Ja. Ich wollte Euch bitten, mir Eure Eindrücke von Herzogin Eleonore mitzuteilen. Sie soll, so heißt es, sehr schön und auch sehr gebildet sein.«

»Das ist richtig, Euer Gnaden. Ich glaube, sie ist noch viel gefährlicher als ihr Ehemann, der mich übrigens sehr beeindruckt hat. Weil sie älter ist, schon so lange als Königin regiert und freie Hand in Aquitanien hat, übt sie sicherlich einen großen Einfluß auf den weniger erfahrenen Heinrich aus.«

Theobald hob triumphierend den Finger. »Das habe ich vermutet. Sie mischt sich in die Geschäfte der Männer ein.« Er bekreuzigte sich. »Der arme König von Frankreich war nur noch ein Schatten seiner selbst, als er schließlich der Auflösung der Ehe zustimmte. Außerdem hat sie den Heiligen Kreuzzug behindert. Sie ist keine Freundin der Kirche.«

»Diesen Eindruck hatte ich auch«, antwortete Thomas. »Allerdings schätzt man Lady Eleonore sehr in ihrem Herzogtum, Euer Gnaden. Das ist vorteilhaft für England, selbst wenn sie der Kirche nicht sonderlich wohlgesinnt ist.«

»Wir wissen alle um den Reichtum von Aquitanien. Aber niemandem scheint aufgefallen zu sein, daß Lady Eleonores Ehen – zuerst mit dem König von Frankreich, dann mit dem Thronerben von England – auch weitreichende Konsequenzen haben können. Die Normannen und die Franzosen stehen sich seit jeher feindselig gegenüber.« Theobald seufzte und schüttelte den Kopf. »Und jetzt...«

»Ihr befürchtet, Eleonores Heirat mit Heinrich von Anjou könnte die Ursache für zukünftige Konflikte sein?«

»Nicht könnte, sondern wird. Wir müssen Gott bitten, uns in dieser Angelegenheit zu leiten, damit Ludwig im Herzog eher einen Verbündeten denn einen Feind sieht.«

»Wißt Ihr, was der Herzog mir gestanden hat? Daß er sich für den wahren Erbe der Krone hält und daß der letzte echte Monarch sein Großvater gewesen sei. Weil Stephan seiner Meinung nach nie ein rechtmäßiger König war, will er alle Erlasse von ihm rückgängig machen, gleichgültig, ob sie sinnvoll waren oder nicht.«

Der Erzbischof griff nach seinem Becher und nahm einen Schluck von dem rubinroten Wein. »Alle Gesetze der letzten Jahre werden auf einen Schlag ungültig.«

»Aber die Folge wäre ein Chaos. Kein Mann hätte mehr einen gültigen Titel auf sein Land.« Thomas war ehrlich schokkiert, daß Heinrich, ein Mann von Einsicht und Intelligenz, nicht die Konsequenzen einer solchen Politik erkannte.

»Richtig. Wenn man unseren impulsiven angevinischen Fürsten sich selbst überläßt, wird er genau diesen Kurs einschlagen. Man muß ihm also jemanden zur Seite stellen.«

Thomas wartete gespannt darauf, daß der Erzbischof weitersprach. Wenn er seinen Herrn richtig einschätzte, und in den zehn Jahren in seinen Diensten hatte er viel gelernt, hatte dieser bereits eine Lösung parat.

Theobald erhob sich und lief ein wenig mühsam vor Thomas auf und ab, die Arme vor der Brust verschränkt.

»Es spricht viel für den Herzog, er hat eine gute Ausbildung absolviert, besitzt Führungsqualitäten und Charisma und hat außerdem einen Instinkt für Gerechtigkeit. Er ist ein Mann, wie ihn das Königreich braucht. Er hat die Veranlagung zu einem großen Herrscher und die nötige Unterstützung der Barone, der Kirchenmänner und der Verwaltungsbeamten. Es fehlt ihm aber an Erfahrung. Deshalb braucht er noch eine gewisse Lenkung.«

Der Erzbischof blieb vor Thomas stehen. Ihre Blicke trafen sich.

»Und zwar nicht die Lenkung durch seine Gattin«, ergänzte Thomas langsam.

»Deren Loyalität natürlich zuerst ihrem Herzogtum gilt, wie sie das während der Ehe mit Ludwig immer wieder unter Beweis gestellt hat. Und die die Interessen der Kirche nicht gebührend würdigt.«

Die sich auch ihm gegenüber ablehnend verhalten hatte, wollte Thomas bereits sagen, hielt sich dann aber zurück.

»Wie das ihre Vorfahren ebenfalls nicht getan haben«, fuhr Theobald fort. »Sie hat das Zeug zu einer echten Rebellin. Die Aquitanier saugen die Ketzerei und die Freude am Leben quasi mit der Muttermilch ein. Unter ihrem Einfluß könnte der zukünftige König dazu verleitet werden, Entscheidungen zu treffen, die den Interessen der englischen Krone nicht dienlich sind.«

Theobald nahm wieder Platz. »Wir müssen Vorsichtsmaßnahmen ergreifen, um unseren Einfluß auf den künftigen König zu gewährleisten.«

»Ein Spion innerhalb der Mauern ist besser als einer draußen? Wen schlagt Ihr vor?«

»Als König wird Heinrich einen Kanzler benötigen. Jemanden, der sich in Verwaltungsangelegenheiten auskennt und loyal zur Kirche steht. Wer könnte diese Position besser ausfüllen als Ihr?«

Thomas war überrascht. »Ich? Kanzler von England? Ich bin doch nur der Sohn eines armen Bürgers aus Cheapside«, platzte er heraus. »Ich besitze kein Land. Ich habe nur Euch gedient. Ich bin es nicht wert, Kanzler zu werden.«

Der Erzbischof musterte ihn nüchtern. »Zu große Bescheidenheit steht Euch nicht, mein Sohn. Wollt Ihr mir sagen, daß Ihr nicht ehrgeizig seid?«

»Doch, aber bin ich qualifiziert genug, um solch eine Position auszufüllen?«

»Wie viele Männer haben die Schulen in London und Paris besucht? Recht in Bologna und Auxerre studiert? Fälle vor die Kurie gebracht? Ich glaube, das beantwortet Eure Frage.«

Thomas war überwältigt. Das war mehr, als er jemals erträumt hatte.

»Seid diskret in dieser Angelegenheit. Es ist offensichtlich, daß Heinrich Euch gleich ins Herz geschlossen hat.« Theobald erhob sich als Zeichen dafür, daß die Unterredung beendet war.

»Lady Eleonore wird das gar nicht gefallen«, fühlte Thomas sich veranlaßt zu sagen.

»Was sollte sie gegen Euch einzuwenden haben? Ihr werdet ja nicht als Vertreter der Geistlichkeit für den Herzog arbeiten. Ihr werdet mit ihm ausreiten, zur Jagd gehen, ihn zu solchen Abenteuern wie gestern begleiten. Diese Eskapade hat meinen Entschluß nur noch gefestigt. Es sollte Euch nicht schwerfallen, sein Vertrauen zu gewinnen und seine Entscheidungen in die richtigen Bahnen zu lenken.«

»Euer Gnaden, ich werde alles daran setzen, der Kirche so gut wie möglich zu dienen.«

»Das habt Ihr mir bereits häufig genug bewiesen.« Theobald tätschelte Thomas zum Abschied den Arm.

Als Thomas gegangen war, ließ sich Theobald erschöpft auf seinen Stuhl sinken. Hatte er die richtige Entscheidung für die Kirche getroffen? Er hatte aus reinem Instinkt heraus gehandelt, da er bei der gestrigen Ratssitzung die Sympathie gespürt hatte, die zwischen dem Herzog und seinem Erzdiakon vorhanden war.

Becket war außergewöhnlich tüchtig, besaß einen klaren, analytischen Verstand und war sehr redegewandt. Verantwortung schien ihm nichts auszumachen; er hielt die Zehn Gebote ein und betete gewissenhaft. Was konnte man mehr verlangen? Aber irgend etwas an Thomas rief ein Unbehagen in ihm hervor. Was war es? Seine übermäßige Förmlichkeit? Seine Reserviertheit?

Er wußte es nicht. Obwohl Stephan offiziell noch König war, hatte in Theobalds Vorstellung bereits die Herrschaft von Heinrich begonnen. Jetzt mußten die Weichen richtig gestellt werden, damit der Wechsel ohne Probleme vonstatten gehen konnte. Er und Heinrich hatten privat viel mit verschiedenen Adligen verhandelt, um die Verteilung der wichtigsten Ämter in der Verwaltung nach Heinrichs Amtsantritt festzulegen. Heinrich hatte Robert von Leicester und Richard von Lucy gemeinsam für das Amt des königlichen Justitiars vorgesehen. Beide waren bereits für Stephan tätig gewesen. Auch John, der künftige Oberhofmarschall, entstammte der alten Garde; er würde dieses Amt ausüben, wie schon sein Vater und Großvater vor ihm. Aber bis zum vergangenen Abend hatte er nie an Thomas Becket als Kanzler gedacht.

Dieser Posten war keineswegs so wichtig wie der des Hauptjustitiars, der den König während seiner Abwesenheit vertrat. Sogar der Konnetabel, der Oberhofmarschall und der Zeremonienmeister standen noch über ihm. Der Kanzler besaß dennoch eine gewisse Macht, da er als persönlicher Sekretär stets an der Seite des Königs weilte und bei allen Entscheidungen zugegen war. Für einen ehrgeizigen Mann ein Amt mit großen Einflußmöglichkeiten.

Becket war bestens geeignet für diesen Posten. Warum hinterfragte er also noch seine Entscheidung? überlegte Theobald. Der wahre Charakter seines Erzdiakons war ihm nie ganz deutlich geworden. Er hielt sich zwar an die Regeln, aber er war kein Mann, der Gott aus Liebe diente. Das war es.

Thomas lebte zwar keusch, aber nur, weil ihn seine im Grunde kühle Natur nicht zu den Freuden des Fleisches hinzog. Hatte Thomas jemals starke Gefühle für irgend jemanden oder irgend etwas gezeigt? Theobald hatte das noch nie erlebt. Diente er nur seinen eigenen Interessen?

Nun, Thomas würde einen guten Kanzler abgeben. Und Heinrich würde einen starken Mann neben sich brauchen, um ein Reich zu regieren, das sich von den schottischen Hochtälern bis zu den Pyrenäen erstreckte. Thomas hatte der Kirche mit Eifer und Loyalität gedient. Es gab keinen Grund zu vermuten, daß er der englischen Krone beziehungsweise dem angevinischen Reich nicht ebenso treu dienen würde. Anders als Eleonore, für die stets die Interessen Aquitaniens an erster Stelle standen.

Er hatte die richtige Wahl getroffen. Erleichert seufzte Theobald auf und verdrängte jeden weiteren Zweifel. Was den zukünftigen König von England anbetraf, konnte er zufrieden in die Zukunft blicken. Doch das Problem der Herrin von Aquitanien war noch ungelöst.

## 28. Kapitel

Eines Abends Mitte März, zwei Monate nachdem sie Heinrich kennengelernt hatte, ging Bellebelle die Straße hinunter in den Blauen Hahn. Das Geschäft ging an diesem Abend nicht sehr gut, und als die Glocken zum Komplet läuteten, beschloß sie, für heute aufzuhören. Bellebelle hatte es sich zur Regel gemacht, jeden Abend, nachdem der letzte Freier gegangen war, die Schenke aufzusuchen, um nach einer Nachricht von Heinrich zu fragen. Hawke hatte nichts dagegen eingewendet, als sie ihm sagte, sie wolle versuchen, dort Kunden aufzulesen.

Als sie die Schenke betreten wollte, hielt Bellebelle plötzlich inne. Durch die offene Tür konnte sie den Kirchenmann mit der Adlernase sehen, den Heinrich Thomas genannt hatte. Er saß an einem der Tische, schien aber allein zu sein. Wartete er auf sie?

Falls der Geistliche auf sie wartete, würde er an ihrem Umhang sofort erkennen, welchem Gewerbe sie wirklich nachging. Bellebelle nahm ihn schnell ab und versteckte ihn hinter einem Holzpfosten.

Sobald der Kirchenmann sie erblickte, winkte er sie mit einer ungeduldigen Handbewegung zu sich. Klopfenden Herzens bahnte sich Bellebelle durch die Gäste, die herumlungerten, den Weg zu ihm.

»Ich habe auf dich gewartet. Keine Kuchen heute?« Der Geistliche starrte sie eindringlich an.

»Ich… ich hab' sie alle verkauft. Mein Tablett ist in der Garküche.«

»Mein Herr, der Herzog der Normandie, hat mich gebeten, dich aufzusuchen. Er ist zur Zeit sehr beschäftigt und begibt sich bald zurück nach Rouen. Er hat dich aber nicht vergessen und Vorkehrungen für dein Wohlbefinden getroffen.« Der mißbilligende Ton in seiner Stimme verriet, was er darüber dachte.

Sprachlos nickte Bellebelle.

»Ich habe dir vorübergehend eine Unterkunft in einem anständigen Stadtteil in der Nähe von Saint Martin-le-Grand besorgt. Falls du bis übermorgen deine Sachen gepackt hast, wird jemand dich um zwölf Uhr mittags hier bei der Schenke erwarten.«

Heinrich hatte sie nicht vergessen! »Ich werde da sein«, sagte sie.

Der Geistliche erhob sich und sah von oben auf sie herab. »Es ist eine große Ehre für dich, die Geliebte des künftigen Königs zu werden. Ich hoffe, du weißt dein Glück zu schätzen und verhältst dich dementsprechend.«

»O ja, Vater, ich werde immer dankbar sein. Sagt dies auch Heinrich, dem Herzog.«

»Ich bin Erzdiakon und kein Priester. Mein Name ist Thomas Becket.«

Bellebelle überlegte, wie sie ihn ansprechen sollte.

Der Geistliche nickte kurz und überreichte ihr dann einen Lederbeutel mit klimpernden Münzen. »Falls du noch irgend etwas zu besorgen hast...«

»Ich habe noch immer das Geld, das Heinrich gewonnen hat«, sagte Bellebelle. »Er hat's vergessen, aber ich hab' alles für ihn aufgehoben. Jeden Penny davon.«

»Sehr lobenswert. Dennoch, Herzog Heinrich wollte, daß du dies bekommst. Gibt es noch Fragen?«

Sie schüttelte den Kopf. Der Blick, den ihr der Geistliche zuwarf, bevor er ging, gab ihr das Gefühl, daß sie in seinen Augen weniger wert war als der Boden unter seinen Füßen.

»Wer hat dir die Erlaubnis gegeben hierherzukommen?« Der Klang von Hawkes Stimme ließ sie herumfahren. Sie verbarg den Geldbeutel hinter ihrem Rücken.

»Keine Kunden seit der Vesper. Dacht', ich find' hier jemanden. Wie sonst auch. Ihr habt vorher nie etwas gesagt.«

»Nein, und ich hab' auch keinen Kunden gesehen, und du warst beinah' jeden Abend hier. Was wollte der Schwarzrock von dir? Ich kenne ihn von irgendwoher. Ist das ein Freier für nachher?«

»Nein.«

Es überraschte sie nicht, Hawke in der Schenke zu treffen; er suchte sie fast regelmäßig jeden Abend auf. Zu dumm, daß er sie mit dem Kirchenmann gesehen hatte.

»Was wollte er sonst?«

»Er... wollte wissen, ob es auch Jungs im Bordell gibt. Dann... hat er's sich doch anders überlegt«, log Bellebelle.

Hawke spuckte auf den Boden. »Diese Pfaffen! Die machen mich noch krank!« Er schüttelte nachdenklich den Kopf. »Weiß nicht, wo ich ihn schon mal gesehen hab'. Vielleicht fällt's mir bei einem Bier wieder ein.« Er warf ihr einen strengen Blick zu. »Marsch zurück zum Haus. Wer weiß, vielleicht kommt noch jemand. Ich bin auch gleich da.«

Bellebelle verließ schnell die Schenke und holte ihren Umhang aus dem Versteck. Wie sollte sie Hawke erklären, daß sie wegging? Sie traute sich nicht, ihm zu sagen, daß der künftige König von England sich ihrer annehmen würde. Erstens würde ihr Hawke nicht glauben, und zweitens könnte er vielleicht Heinrich darüber aufklären, daß sie eine Dirne war. Dann würde sich vielleicht alles wieder zerschlagen. Andererseits war er immer fair zu ihr gewesen.

Bellebelle beschloß, die Heilige Jungfrau / Eleonore – die in ihrem Kopf noch immer miteinander verschmolzen waren – um Rat zu bitten.

Als sie wieder in ihrer Kammer war und die Kerzen angezündet hatte, setzte sich Bellebelle aufs Bett und schüttete den Inhalt des Beutels, eine Handvoll glänzender Silbermünzen, auf die verschlissene Bettdecke. Heilige Muttergottes, das war mehr Geld, als sie bisher jemals in ihrem Leben gesehen hatte. Zusammen mit Heinrichs Gewinnen waren das... Sie schnappte nach Luft. Die Antwort lag hier vor ihr. Maria / Eleonore hatte ihr den richtigen Weg gewiesen.

Es klopfte an der Tür. Schnell sammelte sie die Münzen zusammen, steckte sie in den Beutel und verbarg diesen unter der Bettdecke.

»Bellebelle, *mia cara*«, rief eine Stimme vor der Tür.

Es war der italienische Schreiber aus dem Ordenshaus der Tempelritter, der häufig erst spät am Abend auftauchte. Die Vorstellung, seinen Leib auf sich zu spüren, zu hören, wie er in der Hitze seiner Lust das Ave Maria herausschrie, und seinen Knoblauchgeruch zu atmen, ließ ihr einen Schauer des Abscheus über den Rücken laufen. Von diesem Augenblick an war sie keine Prostituierte mehr, und je früher die anderen das herausfanden, um so besser.

»Bin unwohl«, rief Bellebelle. »Such' dir 'ne andere für heut' abend.« Wenn sie ihre Tage hatte, ließ sie keine Freier zu sich.

Der Schreiber schrie irgend etwas auf Italienisch, Flüche vermutlich, und stapfte dann polternd die Treppe hinunter.

Kurz darauf stürmte Hawke in ihre Kammer. »Was soll das? Von wegen unwohl. Du hattest den ganzen Tag über Freier. Signor Luigi ist ein Stammkunde.«

Er trat zu ihr ans Bett, die Hände in die Hüften gestemmt. »Er ist nicht der einzige, der sich heute beschwert hat. Dieser Weinhändler aus Charing sagte, daß du keinerlei Begeisterung gezeigt hättest, als er sich vor dir entblößte.«

»Hab' ihn schon so oft gesehn, wie soll ich da noch so tun, als ob mir's gefällt?«

»Weil er dich bezahlt, mein Mädchen. Geschäft ist Geschäft.« Er schaute sie erzürnt an. »Was ist los mit dir? Deine Gedanken sind nicht bei der Arbeit.«

»Ich... muß nachdenken.«

»Über was? Ich verlier' allmählich die Geduld. Ich geh' jetzt zu Signor Luigi und sag', daß er zu dir kommen kann. Du entschuldigst dich, verstanden?«

Zitternd erhob sich Bellebelle. »Keine Freier mehr, Hawke. Ich gehe weg.«

Hawke lachte ungläubig. »Was? Wohin willst du gehen? Bist du verrückt? Das ist das beste Bordell in der Stadt.«

»Ich weiß.« Bellebelle holte tief Luft. »Ich hab' 'nen Stammkunden, der mich für sich allein haben will.«

»Wer ist das? Warum hat er nicht mich gefragt? Du gehörst schließlich mir.« Hawke löste den schweren Silbergürtel, den er um seinen mächtigen Körper gebunden hatte. »Du lügst, das weiß ich. Ich habe dich noch nie angerührt. Aber ich werde die Wahrheit aus dir rausprügeln, falls nötig.«

»Ich lüg' nicht. Schwör ich Euch! Es gibt jemand, der mich für sich allein haben will.«

Hawke hob den Gürtel und peitschte damit durch die Luft. Der Gürtel verfehlte Bellebelle nur knapp. Völlig verstört hob sie bittend die Hände.

»Hawke, bitte...«

»Die Wahrheit, Belle.« Der Bordellwirt hob den Gürtel und ließ ihn krachend auf ihre Hüfte sausen.

Sie schrie auf; der silberbesetzte Gürtel schnitt ihr tief in das Fleisch. Es brannte wie Feuer. Wenn er sie weiter so schlug, würde ihr Körper voller Striemen sein. Heinrich könnte Verdacht schöpfen. Das durfte nicht geschehen.

»In Ordnung! Es ist der König.«

Hawke ließ seinen Arm sinken. »Der König? Welcher König?«

»Nun, König ist er noch nicht. Herzog Heinrich aus der Normandie.«

Hawke musterte sie mißtrauisch. »Lüg' mich besser nicht an, Mädchen.«

Bellebelle holte schnell den Lederbeutel unter dem Bett hervor. »Hier. Könnt Ihr haben für mein Fortgehen. Schaut, ich lüge nicht.« Mit zitternden Fingern hielt sie ihm den Beutel hin.

Hawke ließ den Gürtel zu Boden fallen und griff nach dem Beutel. »Da muß jemand mächtiges Interesse an dir haben.« Er klang beeindruckt und blickte sie forschend an. Plötzlich schnippte er mit den Fingern.

»Der Schwarzrock, mit dem ich dich gesehen habe, ist Thomas Becket, der Diakon des Erzbischofs. Man sagt, er soll der Kanzler des künftigen Königs werden. Jetzt versteh' ich allmählich. Wer hätte das gedacht!«

Er hob seinen Gürtel auf und legte ihn wieder um. »Das hätt'st du mir gleich sagen sollen. Wo hast du den Herzog kennengelernt? Ich hab' ihn nie hier gesehn.«

Bellebelle erzählte ihm von ihrer ersten Begegnung mit Heinrich auf der Brücke und wie sie sich in der Schenke wiedergesehen hatten.

»Das ist die Wahrheit, ich schwör's. Ihr verratet ihm doch nichts, oder?«

Hawke antwortete nicht. Sie merkte, wie er sich ihre Worte durch den Kopf gehen ließ. Nach einer langen Pause schüttelte er schließlich den Kopf.

»Du bist ja wirklich ein durchtriebenes Früchtchen. Ich habe kein Interesse daran, den König über dich aufzuklären. Daß du seine private Mätresse wirst, ist auch für mich von Vorteil.«

Sie runzelte die Stirn. »Aber dann arbeite ich ja nicht mehr für Euch.«

»Gebrauch mal deinen Verstand, Mädchen. Solange das Ganze läuft, hast du als Mätresse des Königs mächtigen Einfluß. Und wenn du hierher zurückkommst, kann ich dich teurer verkaufen. Viel teurer.«

»Ich komme niemals zurück!«

Hawke warf ihr einen mitleidvollen Blick zu. »Sei nicht dumm, Mädchen. Wie lange, meinst du wohl, wird Herzog Heinrich an einem Flittchen wie dir interessiert sein?«

Bellebelle starrte ihn an. Heinrich würde ihrer nie müde werden. Mochte er sich mit anderen Huren amüsieren, aber er würde immer zu ihr zurückkehren, dafür würde sie schon sorgen.

»Bist ein braves Mädchen, Belle, hast mir nie Ärger gemacht«, fuhr Hawke fort. »Laß' dir einen Rat von mir geben. Dem Herzog würd's vielleicht nicht gefallen, daß du 'ne Hure warst, aber ihn anzulügen ist schlimmer. Männer lassen sich nicht gern zum Narren halten. Eines Tages wird er's rausfinden. Brauch' dir nicht zu sagen, was er dann tun wird. Sag's ihm freiheraus.«

Bellebelle lächelte. Sie hatte keineswegs die Absicht, Heinrich etwas über ihre Vergangenheit zu verraten.

Hawke hielt den Beutel mit den Münzen hoch. »Ich werd' mir die Hälfte davon nehmen für die Mühe, die es mich kosten wird, einen Ersatz für dich zu suchen. Den Rest behalt'. Sonst fragt man dich noch, wie du so schnell so viel Geld hast ausgeben können, ohne daß man was davon sieht.«

Bellebelle war entschlossen, Hawke nicht zu verraten, daß sie noch die Spielgewinne von Heinrich hatte. Sie schaute zu, wie er ein Drittel der Münzen auf das Bett legte. »Hier, das ist für dich. Das zweite Drittel leg' ich zurück, bis du wiederkommst.« Er hielt inne. »Wenn du dann noch immer nach was aussiehst und dir nichts geholt hast. 'is mehr als fair.«

»Ich brauche kein Geld, Hawke.« Er ließ sie ohne Ärger gehen, sie war einfach nur dankbar. »Zurückkommen tu' ich auch nicht. Heinrich sagt, er kümmert sich um mich. Aber ich vergeß' Euch das nie.«

Hawke schüttelte den Kopf. »Du bist zu vertrauensselig.« Er tätschelte kurz ihre Schulter. »Das Geld wird hier auf dich warten, wenn du es brauchst, und das wirst du eines Tages.«

Der Bordellwirt schloß die Tür leise hinter sich. In der Kammer nebenan lachte jemand. Das Gegröle betrunkener Männer schallte von der Straße zu ihr herauf. Hawke irrte sich. Sie würde weder ihn noch das Bordell noch das Geld jemals wieder brauchen.

# 30. Kapitel

## Rouen, Normandie, im Jahre 1154

Eleonore beobachtete besorgt, wie der Arzt seine Hand auf Heinrichs Stirn legte.

»Er hat hohes Fieber«, stellte er fest. »Der Herzog muß zur Ader gelassen werden.«

Heinrich stöhnte. »Nein… zuviel zu tun… bin nicht krank.« Er wollte sich aufrichten, fiel aber gleich wieder in die Kissen zurück.

»Du bist krank. Du mußt tun, was der Arzt sagt.« Eleonore versuchte, ihre Furcht zu verbergen.

Sie befanden sich im Söller ihrer Schwiegermutter im Herzogspalast von Rouen, der für Heinrich in ein Krankenzimmer verwandelt worden war. Nach über einem Jahr in England war er Ende April in die Normandie zurückgekehrt. Einen Monat später hatte sie Heinrich auf eine Reise nach Aquitanien begleitet, die durch einen Aufstand in Anjou beendet worden war. Danach war es noch zu einem Gefecht mit König Ludwigs Truppen an der Grenze zum Vexin gekommen, von wo Heinrich erst kürzlich zurückgekehrt war.

Es war jetzt Mitte Oktober. In den vergangenen drei Tagen hatte Heinrich hohes Fieber gehabt, aber Eleonore dennoch daran gehindert, den Arzt kommen zu lassen. An diesem Morgen hatte er nicht mehr aufstehen können; seine Haut war so heiß gewesen, daß Eleonore um sein Leben bangte. Sie überging seine Proteste und ließ den Doktor herbeiholen.

Unter ihren aufmerksamen Blicken führte dieser den Aderlaß durch und mischte dann den Reinigungstrunk zusammen. Eleonore, die erneut schwanger war und sich schon im fünften Monat befand, würgte es, als der Arzt Heinrichs Kopf vom Kissen hob, um ihm die übelriechende Flüssigkeit einzuflößen. Diese Behandlung hatte zwar die gewünschte abführende Wirkung, aber das Fieber fiel nicht.

Trotz wiederholter Aderlässe und Abführbehandlungen verschlechterte sich Heinrichs Zustand stetig. Eleonores Furcht wuchs von Stunde zu Stunde. Sie wollte schon nach Kaiserin Mathilde schicken, die sich in der Abtei Fontevrault aufhielt, aber ihr Stolz ließ sie davor zurückschrecken. Ihre furchteinflößende Schwiegermutter war die einzige Person, der es bis jetzt gelungen war, Eleonore das Gefühl zu vermitteln, fehl am Platze zu sein. Wenn sie sich nicht einmal richtig um ihren Ehemann kümmern konnte, für was für eine Art Frau würde die Kaiserin sie dann halten? Was würde Heinrich denken?

Sie wünschte, sie hätte ihrer Mutter, ihren Tanten und anderen Verwandten besser zugehört, als diese ihr etwas über Heilkräuter und Kräuteraufgüsse hatten beibringen wollen. Die Rezepturen waren alle niedergeschrieben worden, einige in Provenzalisch, einige in Latein. Bestimmt hatte sie ein paar davon mitgenommen, als sie aus Poitou fortzog. In Frankreich hatte sie Ludwig nie selbst pflegen müssen, wenn er krank war, das hatte sie erfahreneren Leuten überlassen.

Nachdem sie einige noch unausgepackte Kisten durchsucht hatte, fand Eleonore schließlich ein paar Blätter Pergament, auf denen stand, wie Fieber, Schwellungen und auch andere Krankheiten zu bekämpfen seien. Eines schien zu Heinrichs Zustand zu passen. Sie beschloß, den Heiltrunk selbst zu brauen.

Da alle Haushaltspflichten in den fähigen Händen ihrer Schwiegermutter geblieben waren, mußte Eleonore erst einmal die Küche suchen. In der Vorratskammer fand sie viele Kräuter und zerstampfte getrocknete Fieberkräuter, Verbene und Sassafraswurzeln in einem Mörser. Dann tat sie alles in einen Eisentopf, füllte ihn mit Wasser auf und brachte die Mischung über dem Feuer zum Kochen.

»Herrin, laßt mich etwas vom Flügel einer Fledermaus hinzufügen«, meinte eine Köchin. »Die Kaiserin sagt, daß es nichts Besseres gibt, um Fieber zu senken. Ich habe daher immer etwas davon auf Vorrat.«

»Einverstanden. Wenn sie meint, daß es hilft.« Die schreckliche Mathilde schien für alles ein Heilmittelchen zu kennen.

Die Köchin gab den Fledermausflügel in den Topf, dazu noch ein wenig Salz, und betete dabei siebenmal das Vaterunser, während sie kräftig umrührte. Nach dem Aufkochen wurde die Mischung durch ein Sieb in einen Silberbecher gegossen. Eleonore kehrte in den Söller zurück und verabreichte Heinrich den Trunk. Eine Weile lang wälzte er sich noch unruhig umher, dann wurde er zunehmend ruhiger und fiel schließlich in einen tiefen Schlaf. Der Arzt meinte, dies sei ein gutes Zeichen, so daß Eleonore, die mehrere Nächte an Heinrichs Bett gewacht hatte, sich auf eine Pritsche neben dem Bett gleiten ließ und sofort einschlief.

Als sie erwachte, läuteten die Glocken zum Morgengebet. Blasses Licht drang durch die engen Fensterschlitze. Sofort sah Eleonore nach Heinrich, der friedlich schlief. Seine Stirn fühlte sich kühl und feucht an. Sie war so erleichtert, daß sie beschloß, an der nächsten Messe teilzunehmen und aus Dank eine Kerze anzuzünden.

Eleonore ließ durch eine Magd neue Kohlen und etwas erwärmten Wein bringen. Sie nahm Heinrichs Hand in die ihre und führte sie an ihre Wange. Es war ein seltener Anblick, ihn so schwach und hilflos vor sich liegen zu sehen. Heinrich war normalerweise immer unterwegs, brauchte es nicht, umsorgt zu werden. Und dennoch war es ihr wichtiger, ihn zu pflegen, als sich um ihre beiden Töchter oder ihren Sohn zu kümmern. Eleonore wußte, daß ihre Gefühle für den kleinen Wilhelm stark an die politische Bedeutung seiner Geburt als Thronerbe gebunden waren.

Sie genoß diese Zeit, in der Heinrich so abhängig von ihr war. Wenn er doch auch auf sie hören würde in jenen Fragen, die Aquitanien betrafen. Als sie an ihr Herzogtum dachte, erinnerte sich Eleonore an einen unheilvollen Vorfall in Limoges, der sich während ihrer Reise durch Aquitanien im vergangenen Juni ereignet hatte…

Sie und Heinrich waren in den tiefen Süden des Limousins gereist, in die schroffe Landschaft der Gascogne. Überallhin folgte Eleonore eine Truppe von Dichtern, Hofdamen, Knappen und Troubadouren. Heinrich war sehr freundlich und entspannt gewesen, hatte es auch nicht so eilig gehabt wie sonst. Er ging auf die Jagd und ließ seinen Falken fliegen, sprach in Maßen dem würzigen Bordeauxwein zu und nahm an der allgemeinen Geselligkeit teil. Trotz der ziemlich offen zur Schau getragenen Feindseligkeit einiger Vasallen Eleonores gelang es ihm, sein Temperament zu zügeln – bis sie Limoges erreichten. Nach einem überschwenglichen Willkommen durch die Stadtbevölkerung hatten sie außerhalb der Stadtmauern ihre Zelte für die Nacht aufgebaut.

Sie hatten Hunger und warteten auf das Abendessen, als der Koch zu Eleonore kam.

»Herrin, die Stadt hat es versäumt, uns die nötigen Lebensmittel zu schicken.«

»Das ist bestimmt ein Versehen«, meinte Eleonore. »Ich werde mit dem Abt von Sankt Martin reden. Er kümmert sich um solche Dinge.«

»Nein, laß mich gehen.« Bevor sie noch protestieren konnte, war Heinrich schon davongestürmt.

Als er eine halbe Stunde später wieder auftauchte, war sein Gesicht gerötet, seine Augen blitzten. »Weißt du, was dieser Abt sich erdreistet hat, mir zu sagen?«

Eleonore hatte gerade ihre Hofdamen um sich versammelt und lauschte den Gesängen eines Troubadours. »Was denn? Das sieht dem Abt gar nicht ähnlich.«

»Hör zu: Die Stadt ist nur dann verpflichtet, den Herzog und die Herzogin mit Proviant zu versorgen, wenn sie innerhalb der Stadtmauern residieren.«

»Das wußte ich. Manchmal tun sie es auch, wenn wir außerhalb unser Quartier aufschlagen, manchmal muß man sie erst dazu überreden. Die Leute aus dem Limousin sind sehr eigenwillig. Schon immer gewesen.« Sie lächelte. »Ich werde selbst mit dem Abt sprechen.«

»Ist das die Art, wie die Stadt ihrem Herzog und ihrer Herzogin Gehorsam erweist?«

»Heinrich, sie zeigen nur ein wenig Widerstand. Das ist alles.«

»Das ist alles? Denen muß man einmal zeigen, wer der Herr im Haus ist.« Sein Gesicht lief blutrot an.

»Heinrich, sie wollen uns nicht beleidigen. Ich verstehe diese Menschen.«

Eleonore sah, wie sich seine Hand um das Heft seines Schwertes krampfte, während er sie anblickte. Eine ihrer Hofdamen brachte ihr einen Umhang, den sie sich um die Schultern legte.

»Ich bin bald wieder zurück«, erklärte sie und verließ das Zelt.

Sie war kaum ein paar Schritte weit gekommen, als sie einen erstickten Schrei hörte, dann ein lautes Krachen. Darauf folgte ein lautes Kreischen ihrer Hofdamen. Eleonore eilte zurück.

Zum zweiten Mal wurde Eleonore Zeugin eines Anfalls von Heinrich. Er tobte und brüllte, trat um sich und trommelte mit den Fäusten auf den Boden. Die Troubadoure wichen zurück, und von draußen kam eine Handvoll Ritter mit erhobenen Schwertern hereingestürmt.

Dieser Anfall war mindestens genauso schlimm wie jener in Poitiers, ging aber schneller vorüber. Man half ihm auf die Beine. Heinrich schwankte zwar noch ein wenig, aber er hatte sich wieder so weit erholt, daß er einen Becher Wein leeren konnte. Dann stolperte er aus dem Zelt. Eleonore konnte ihn laut rufen hören, daß die Mauern von Limoges zerstört werden müßten. Sie war entsetzt, wußte aber nicht, wie sie ihn aufhalten konnte. Sie hätte anders gehandelt, Charme und Diplomatie eingesetzt und dadurch ihr Ziel schneller erreicht.

»Jetzt sind wir nicht länger außerhalb der Stadt«, sagte Heinrich fröhlich, als die Mauern geschleift waren. »Jetzt müssen uns die Leute mit Nahrung versorgen. Das wird ihnen eine Lehre sein.«

Was würde geschehen, wenn sich das herumsprach? überlegte Eleonore. Seit ihrer Ankunft in Aquitanien hatte sie stets im Mittelpunkt gestanden, man machte großes Aufhebens um ihre Person, Heinrich dagegen schien ihren Untertanen weniger wichtig zu sein. Bisher hatte er das offenbar mit Humor getragen, aber nach dem Vorfall in Limoges war Eleonore sich dessen nicht mehr sicher.

»Ich werde dafür sorgen, daß man Euch die Kosten für den Wiederaufbau ersetzt«, versprach sie dem Abt in einer Privataudienz. »Der Herzog ist ein guter Mann, aber er hat ein hitziges Temperament.«

Der Abt schaute sie ungläubig an. »Ich denke eher, daß Ihr den einen Tyrannen gegen einen anderen eingetauscht habt. Er will hier den Herrn herauskehren. Paßt auf, daß Euer Heißsporn nicht auch Euch noch unterdrückt.«

Hatte der Abt recht? Nahm ihr Heinrich ihre Selbständigkeit wirklich übel, wie Ludwig das getan hatte? War sein Verhalten gegenüber ihren Untertanen ein böses Omen für die Zukunft? Sie liebte Heinrich über alles. Bestimmt würde sie ihn im Laufe der Zeit dazu bewegen können, ihrem Volk dasselbe Verständnis, dieselbe Liebe entgegenzubringen, wie sie es tat.

Heinrich öffnete langsam die Augen. Einen Augenblick lang blickte er hoch zu ihr. »Nell.« Seine Finger schlossen sich schwach um ihre Hand. »Ich glaubte schon, ich wäre tot und sähe einen wunderschönen Engel vor mir.«

Eleonore verdrängte schnell alle düsteren Gedanken und führte seine Hand an ihre Lippen.

Von nun an ging es schnell aufwärts mit Heinrich, obwohl er noch nicht aufstehen konnte. Eleonore fiel es schwer, ihn gut zu unterhalten. Er wollte sie ständig an seiner Seite wissen und beschwerte sich jedes Mal, wenn sie den Söller verließ. Sie massierte ihm den Rücken, erzählte ihm Geschichten und fütterte ihn mit den erlesensten Speisen. Er legte häufig eine Hand auf ihren Bauch, um zu spüren, wie das werdende Kind sich bewegte.

»Bring' Wilhelm zu mir«, bat er ein paar Tage später.

Eine Amme brachte das Kleinkind, das bereits über ein Jahr alt war und noch immer kränkelte.

»Er hat große Ähnlichkeit mit mir, was meinst du?«

Eleonore lächelte. »Ich dachte eigentlich, er ähnelt eher deiner Mutter.«

»Thomas Becket meinte, er sei mir wie aus dem Gesicht geschnitten.«

Die Nennung dieses Namens ließ Unmut in Eleonore aufsteigen. Heinrich hatte seit seiner Rückkehr aus England häufig von ihm gesprochen. Warum hielt er so große Stücke auf diesen Kirchenmann? Heinrich hatte ihr erzählt, daß der Erzbischof von Canterbury gemeint habe, Becket würde einen guten Kanzler abgeben. Zu Eleonores Überraschung hatte Heinrich diesem Vorschlag zugestimmt. Selbst Kaiserin Mathilde äußerte Zweifel, aber Heinrich hatte die Meinung seiner Mutter einfach übergangen.

»Was für ein prächtiger Sohn! Als Thronfolger muß er natürlich vor allem in England erzogen werden. Wir sollten bereits Erzieher für ihn auswählen. Einen aus der Normandie und einen aus Anjou, das sollte fürs erste genügen. Übermittle den Bischöfen von Rouen und Angers die Bitte, uns welche zu benennen.«

»Keinen Erzieher aus Aquitanien?«

»Nell, er wird weder Dichter noch Troubadour werden.«

»Hoffen wir, daß sie dafür sorgen, daß er kultivierter wird als der durchschnittliche Normanne«, sagte Eleonore. »Ein Aquitanier kommt schon kultiviert auf die Welt.«

»Dieser unkultivierte Normanne wird ein Riesenreich aufbauen, hast du daran schon einmal gedacht? Aber du könntest ruhig etwas tun, damit ich mich nicht so langweile.«

In Aquitanien hatte man stets einen Troubadour gerufen, wenn ein Familienmitglied krank war. Vielleicht würde dies auch Heinrichs Langeweile vertreiben. Nach Bernard de Ventadour konnte sie nicht schicken, nachdem Heinrich in England einen Brief des Troubabours an sie abgefangen hatte, in dem er schrieb, er wäre am liebsten eine Schwalbe, um über »das wilde, tiefe Meer« zu ihr zu fliegen. Jetzt war er wieder in Aquitanien und auf der Suche nach einer neuen Herrin, die er besingen konnte.

Sie ließ einen weniger talentierten Troubadour herbeirufen, der alle Lieder ihres Großvaters vortrug. Heinrich gähnte.

»Lies mir lieber etwas vor«, bat er mürrisch. »Irgend etwas, was ich noch nicht kenne.«

Eleonore fragte den Bischof von Rouen um Rat. Er empfahl ihr, Meister Wace, der gerade ein altes walisisches Manuskript über die früheren Könige von Britannien ins Lateinische übersetzte, rufen zu lassen.

Als Eleonore schließlich die bereits in Latein vorliegenden Kapitel ausgehändigt bekam, begann sie Heinrich daraus vorzulesen. Besonders hingerissen zeigte er sich von der Sage über König Artus, doch nur zu bald war die Geschichte zu Ende.

Während Heinrich zunehmend wieder zu Kräften kam, wuchs auch sein Verlangen nach ihr. »Komm zu mir ins Bett, Nell.«

»Ich glaube nicht, daß es dir dafür schon gut genug geht.«

»Doch.«

Er bestand darauf, daß sie ihr Kleid auszog und sich im Unterhemd an sein Bett setzte, so daß er ihre Brüste streicheln konnte. Diese Berührung erregte sie beide so sehr, daß Eleonore sich schließlich erhob, um sich wieder anzukleiden.

»Das ist das letzte Mal, daß ich dich etwas anfangen lasse, wofür du noch zu schwach bist.«

Heinrich verzog das Gesicht. »Dann bring' das Schachbrett her. Es ist schon lange her, daß ich dich geschlagen habe.«

»Du hast mich noch nie geschlagen.«

»Wirklich nicht?«

Eleonore sah sich suchend um. Sie hoffte, daß ihre Schwiegermutter nicht so bald zurückkehrte. Ihr sonst so makelloser Söller sah aus, als sei ein Sturm hindurchgefegt.

Mehrere Tische, auf denen Speisen, roter Wein und seltene Bücher standen, waren hereingebracht worden. Aus vielen Kerzenleuchtern tropfte Wachs auf die polierten Tischflächen.

Heinrich bestand darauf, die Regierungsgeschäfte von der Normandie und von Anjou wieder zu führen, daher lagen Pergamentrollen und Siegellack überall auf dem Bett herum. Jeden Morgen las ihm Eleonore die neuen Dokumente vor und übermittelte ihm die wichtigsten Nachrichten. Heinrich traf dann – manchmal auch unter Berücksichtigung ihrer behutsam vorgebrachten Vorschläge – die entsprechenden Entscheidungen, die zwei Schreiber aufzeichneten.

Diese Tätigkeit gefiel Eleonore mehr als alles andere, nicht nur, weil sie auf diese Weise wirklich Anteil an Heinrichs Arbeit nehmen konnte. Sie ermöglichte ihr auch einen Einblick in die Art, wie er dachte, sie erfuhr, welche Probleme es in der Normandie und in Anjou gab und welche Ideen er zu deren Lösung ersann. Eleonore hatte sich immer für eine gute Regentin gehalten. Aber mit Heinrich lernte sie, wie man die Einkünfte des Staates vergrößern und die Ausgaben begrenzen konnte, wie man mit Rechtsbrechern umging und vieles mehr. Sie war erstaunt über sein beträchtliches Wissen. Er war so ganz anders als der unfähige Ludwig. Und er verhielt sich hier auch völlig anders als in Aquitanien.

Als ein Diener das berühmte Schachbrett der Kaiserin auf das Bett stellte, griff sich Eleonore eine der Elfenbeinfiguren und bestaunte die kunstvolle Schnitzerei.

»Meine Mutter hat es von ihrem ersten Ehemann, dem Kaiser des Heiligen Römischen Reiches, bekommen, der ihr das Spiel beibrachte, als sie noch ein Kind war«, erklärte Heinrich. »Ich glaube, ich habe dir schon gesagt, daß mein Vater meine Mutter immer im Schachspiel geschlagen hat. Weil sie ihn gewinnen ließ.«

»Ich weiß. Aber ich werde das nicht tun«, sagte Eleonore. »Der Bessere soll gewinnen.«

»Deshalb werde ich siegen. Mach dich auf ein Blutbad gefaßt, Nell.«

»Ich habe dir schon einmal gesagt, du kannst von mir nicht erwarten, daß ich deinem männlichen Stolz schmeichle.«

»Ich bin dir sowieso überlegen.«

Mehrere Stunden lang maßen sie sich beim Schachspiel, bis Eleonore schließlich einen Zug mit ihrer Dame machte, von dem sie wußte, daß er ihr den Sieg bringen würde. Während Heinrich mit bösem Blick zu ihr aufsah, lehnte sich Eleonore mit einem selbstgefälligen Lächeln auf ihrem Stuhl zurück.

Plötzlich fegte Heinrich die Schachfiguren nebst Brett vom Bett.

»Heinrich! Warum hast du das getan?« Eleonore war irritiert.

Er warf ihr einen unschuldigen Blick zu. »Was denn? Das war doch nicht absichtlich.«

»Nicht absichtlich? Du hast das nur getan, weil ich dich fast schon geschlagen hatte. Du führst dich wie ein kleines Kind auf.«

Heinrich steckte den Daumen in den Mund und machte gurgelnde Geräusche. Eleonore mußte unwillkürlich lachen. Plötzlich klopfte es an der Tür, und der Haushofmeister kam hereingeeilt.

»Mein Herr, ein Bote ist gerade aus Canterbury eingetroffen. König Stephan ist tot.«

Eleonore sprang von ihrem Sitz hoch. Heinrich schaute erst den Haushofmeister und dann sie mit offenem Mund an.

Während Eleonore ihn anblickte, spürte sie, wie ein Strudel

unterschiedlichster Gefühle sie erfaßte – Zufriedenheit, Erregung –, aber daneben auch Empfindungen, die sie nicht benennen konnte. Heinrich hatte das erreicht, wonach er gestrebt hatte, und sie freute sich für ihn und auch für sich. Aber mit einem Anflug von Bedauern erkannte sie auch, wie sehr sich von nun an ihr beider Leben verändern würde.

»Meine Güte, Nell! Ich bin König von England! König von England!« Heinrich griff sich mit beiden Händen an den Kopf. »Ich kann es noch gar nicht fassen.«

Er wirkte auf einmal so unglaublich jung, so verletzlich und verblüfft, daß Eleonores Herz dahinschmolz. Sie ließ sich auf das Bett sinken und nahm ihn in die Arme.

»Herzog der Normandie und von Aquitanien, Graf von Anjou, Vater eines Sohnes und bald Vater eines zweiten, Ehemann einer Frau, die dich liebt. Und jetzt König von England. Du hast es geschafft, mein Herr und Gebieter.«

Heinrich legte den Kopf ein wenig zurück, um ihr in die Augen zu sehen. Zum ersten Mal, seit sie ihn kannte, sah sie Tränen darin glitzern.

## 30. Kapitel

### England, im Jahre 1154

Eleonores erster Eindruck von England unterschied sich sehr von ihren Erwartungen. Etwas über ein Reich zu hören war das eine, aber es selbst zu sehen war etwas völlig anderes.

Zunächst mußten sie den stürmischen Ärmelkanal überqueren. Zwar war auch ihre Reise vom Heiligen Land nach Sizilien nicht gefahrlos verlaufen, aber damals war sie nicht im siebten Monat schwanger gewesen. Glücklicherweise dauerte die Überfahrt nur zwei Tage. Als Eleonore glaubte, es nicht einen Augenblick lang mehr aushalten zu können, stürzte das Schiff über eine Woge hinab in ein Wellental, und dann sah sie das Land. Eine weiße Felsenküste, über die dunkle Wolken hinwegfegten, und ein großer Hafen, der voller Schiffe war.

»Die Klippen von Dover«, sagte Heinrich neben ihr, dem die Reise nichts ausgemacht zu haben schien.

Eleonore, die sich bereits mehrmals übergeben hatte und eine Frühgeburt befürchtete, lächelte ihn schwach an und hielt sich an der Holzreling fest.

»Hoffen wir, daß die anderen Schiffe ebenfalls einen sicheren Hafen gefunden haben«, bemerkte der Kapitän. »Das war eine Reise, die einen das Fürchten lehrt, mein Herr.«

»Ich fürchte nichts, weder Gott noch Feinde noch den Teufel!« schrie Heinrich dem sich entfernenden Schiffskapitän nach.

»Nur Frauen. Sehr kluge Frauen.« Eleonore stöhnte, als das Schiff sich erneut hob, und Heinrichs Antwort verlor sich im lauten Getöse des Meeres.

Schließlich legte das Schiff im seichten Wasser an. Kräftige Seeleute trugen Eleonore an Land. Sie hatte gerade ihre noch ein wenig unsicheren Füße auf englischen Boden gesetzt, als die Glocken von Dover die Sext einläuteten. Die Luft war eiskalt und sehr feucht. Ein grausamer Wind fegte über sie hinweg.

Sie blieben zwei Tage in Dover. Nachdem sie in Erfahrung gebracht hatten, daß die vermißten Schiffe weiter nördlich sicher an der Küste gelandet waren, brachen sie auf dem Landweg nach

London auf. Das Wetter war noch immer sehr unfreundlich, aber diese Reise verschaffte Eleonore zum ersten Mal seit der Nachricht von Stephans Tod eine Gelegenheit, ein wenig zur Ruhe zu kommen. Heinrich hatte sechs Wochen gebraucht, bis er vollständig genesen war, und hatte dann noch seine Regierungsgeschäfte in Rouen geordnet, während sie und die Kaiserin die Reisevorbereitungen trafen. Der heftige Sturm über dem Ärmelkanal hatte die Abfahrt weiter verzögert, bis Heinrich des Wartens müde war.

»Morgen ist der sechste Dezember, das Fest des heiligen Nikolaus. Er ist der Schutzpatron der Seeleute und der Reisenden, wir legen ab, gleichgültig, wie das Wetter sein mag.«

Den Naturgewalten trotzend, waren sie in See gestochen. Und wie immer hatte Heinrich Glück.

Mit dem vierzehn Monate alten Wilhelm, seiner Kinderfrau und Großmutter in einer Kutsche hinter sich, schaute sich Eleonore, die hoch zu Roß war, neugierig in ihrer neuen Heimat um.

Einige Meilen außerhalb von Dover stieß sie plötzlich einen kurzen Schrei aus, als die Ruinen einer Kirche und ein halb niedergebranntes Hauses in Sicht kamen. Habichte kreisten in der Nähe über den Kadavern von Menschen und Tieren.

Darauf war Eleonore trotz Heinrichs Schilderungen nicht vorbereitet gewesen. Sie, die bisher nur die Fröhlichkeit und den Reichtum Aquitaniens kennengelernt hatte, das geistig inspirierende Paris, die exotische Schönheit des Orients, die saftigen Weiden von Anjou, die rauhe Landschaft und die Sicherheit der Normandie, wollte ihren Augen kaum trauen. Allenthalben erblickte sie zerstörte Dörfer, aus deren Ruinen noch Rauch aufstieg.

»Du hast mir nie gesagt, daß die Grausamkeiten und die Zerstörungen noch andauern.«

»Es gibt nur noch ein paar Widerstandsnester hier und da«, sagte Heinrich. »Aber nach meiner formellen Krönung werde ich mit all dem Schluß machen.«

Die Burgen, an denen sie vorbeikamen, wirkten entweder verlassen oder wie nach außen abgeriegelte Festungen. Die Bevölkerung begegnete ihnen feindselig oder resigniert, einige flohen bereits, wenn sie nur einen Ritter sahen. Eleonore hätte weinen mögen beim Anblick der Zerstörung.

Es begann zu schneien. Heinrich, der neben ihr ritt, ergriff ihre Hand und drückte sie fest.

Ihre Stimmung besserte sich wieder, als sie sich am nächsten Tag den Grenzen von London näherten. Ihrem Gefolge schlossen sich die örtlichen Barone und Prälaten an, sogar Einwohner der Stadt, die offensichtlich begierig darauf waren, den neuen König zu sehen.

Als sie in Westminster ankamen, der königlichen Residenz, empfing Robert de Beaumont, der Graf von Leicester, sie im schneebedeckten Innenhof.

»Mein Herr«, begrüßte er Heinrich mit einer Verneigung, bevor er sich Eleonore zuwandte, »Lady, Ihr müßt diesen ärmlichen Empfang verzeihen. Westminster ist durch Stephans Leute in den vergangenen neunzehn Jahren so heruntergewirtschaftet worden, daß es nicht länger als Residenz geeignet ist. Selbst die Abtei von Westminster ist in einem fürchterlichen Zustand, obwohl alle Anstrengungen unternommen werden, um die Kathedrale für die Krönung herzurichten.«

Heinrich antwortete nicht, aber sein Gesicht lief blutrot an. Eleonore verbarg ihr Entsetzen und bemerkte, daß auch Heinrich versuchte, sich unter Kontrolle zu halten. Die grau vor ihnen aufragenden Mauern des Palastes wirkten auf Eleonore eher wie ein Gefängnis denn eine königliche Residenz.

»Das macht nichts, Heinrich«, versicherte sie ihrem Gatten sanft. »Es bleibt noch viel zu tun, alles braucht seine Zeit.« Sie wandte sich dem Grafen zu. »Welche Vorkehrungen habt Ihr für uns getroffen? Wir benötigen ein vernünftiges Quartier, da ich in zwei Monaten ein Kind zur Welt bringen werde.«

»Wir möchten Euch in einer alten angelsächsischen Burg in Bermondsey unterbringen. Sie ist nicht gerade luxuriös, sollte aber für den Augenblick genügen.«

»Ich bin sicher, daß Sie ihren Zweck erfüllt«, erwiderte Eleonore, die inzwischen so müde war, daß sie nur noch schlafen wollte.

Heinrich, der sich wieder gefangen hatte, warf ihr einen dankbaren Blick zu.

»Ich bin sicher, Ihr habt Euer Bestes getan, de Beaumont. Ich danke Euch.«

Bermondsey konnte man kaum als Burg bezeichnen, es war vielmehr ein altes Herrenhaus, das nur über wenig Annehmlichkeiten verfügte. Eine ziemlich primitive Unterkunft, gemessen an dem, was ich sonst gewöhnt bin, dachte Eleonore entsetzt.

Ein bekümmerter Haushofmeister entschuldigte sich für die Bescheidenheit des Herrenhauses und führte sie herum. Als er zu einem großen Gemach kam, das offensichtlich hastig neu eingerichtet und gereinigt worden war, huschte ein Ausdruck von Stolz über sein Gesicht.

»In diesem Raum hat bereits Wilhelm der Eroberer geschlafen, mein Lord.« Er sah sie erwartungsvoll an. »Ich hoffe, das entschädigt Euch ein wenig für die sonstigen Unannehmlichkeiten.«

Eleonore mußte sich anstrengen, um ein Lachen zu unterdrücken, und antwortete verbindlich: »Was für eine Ehre.«

Auch Heinrichs Mundwinkel zuckten, dennoch nickte er ernsthaft. »In der Tat. Ihr habt Eure Aufgabe gut erledigt.«

Der Haushofmeister entspannte sich zusehends und eilte von dannen, um das Abendessen zubereiten zu lassen. Nachdem er weg war, ließ sich Eleonore erschöpft aufs Bett sinken.

Am Morgen des 19. Dezember 1154 geleitete der königliche Zeremonienmeister Eleonore langsam die Treppenflucht hinunter in den Hof der Abtei von Westminster. Drei Pagen trugen die schwere, goldbestickte Schleppe. Zwei Hofdamen aus Aquitanien und vier englische Edelfrauen hielten den hinteren Saum der Schleppe hoch.

Geleitet von Rittern zu ihrer Linken und Rechten wurde Eleonore durch den von Menschen wimmelnden Innenhof zum Westeingang der Abtei geführt. Als sie die Kirche betrat, klopfte ihr Herz laut in dem Bewußtsein, daß alle Augen auf die neue Königin gerichtet waren. Mit hocherhobenem Haupt schritt sie hoheitsvoll durch das Mittelschiff zu dem speziell für sie aufgestellten Kirchengestühl vor dem Altar. Sie ließ sich darauf nieder und arrangierte die Falten ihres purpurroten, fellbesetzten Umhangs. Sie schaute sich vorsichtig um. Die Abtei war bis zum letzten Platz gefüllt mit Rittern, Baronen und ihren Damen, die in den prächtigsten Gewändern erschienen waren. Gold und Silber, Juwelen und edle Stoffe und das Licht der vielen hundert Kerzen schufen eine eindrucksvolle Atmosphäre. Es war überwältigend.

Was würden diese Engländer und Normannen, ihre künftigen Untertanen, von ihr halten? Würden sie ihr Haß entgegenbringen wie die Franzosen? Oder sie lieben wie ihre Aquitanier? Und wie würde sie selbst auf all diese Menschen reagieren?

Ein erwartungsvolles Gemurmel ging durch den Raum. Eleonore wandte sich um. Eine Prozession, angeführt vom Erzbischof von Canterbury, den Eleonore noch nicht kennengelernt hatte, betrat die Kirche. In den zwei Monaten zwischen Stephans Tod und ihrer Ankunft auf englischem Boden hatte er das Land in Heinrichs Namen regiert. Heinrich schien ihn sehr zu schätzen.

»Weißt du Nell, daß seit Wilhelm dem Eroberer, abgesehen von Wilhelm Rufus, das erste Mal die Krone friedlich weitergegeben wird?« hatte Heinrich erst an diesem Morgen zu ihr gesagt. »Es gab weder Proteste noch bewaffneten Widerstand. Das ist weitgehend das Verdienst des Erzbischofs.«

»Weißt du, was das heißt?« Auf seinen fragenden Blick hin fügte sie gleich die Antwort an: »Daß gegenwärtig die Kirche die mächtigste Kraft im Land ist.«

Heinrich blickte sie durchdringend an und zuckte dann mit den Schultern. »Das wird sich ändern. Ich weiß, wie du über die Kirche denkst, aber ich erwarte von dir, daß du Theobald freundlich behandelst.«

»Natürlich. Mit manchen Kirchenleuten komme ich ja auch ganz gut aus.«

»Zähl sie mir auf.«

»Mit der Äbtissin von Fontevrault, dem Erzbischof von Bordeaux, einigen meiner alten Erzieher in Poitiers, wenigstens meistens...«

»Keine sehr beeindruckende Liste. Aber ich bitte dich, Theobald mit Zuvorkommenheit zu begegnen.«

Der Erzbischof trug ein goldbesticktes liturgisches Gewand und eine goldverzierte Mitra und hielt den mit Juwelen besetzten Bischofsstab in der Hand. Einen Augenblick lang trafen sich ihre Blicke. Ihm folgte – angeführt vom Erzbischof von York – eine Gruppe von Bischöfen und Äbten, gekleidet in karminrote, goldfarbene und blaue Gewänder. Hinter ihnen ragte die hochgewachsene Figur von Thomas Becket auf.

Als nächster schritt Heinrich unter einem Himmel aus purpurfarbener Seide, der auf den vergoldeten Spitzen von vier Lanzen ruhte, würdevoll herein. Der Baldachin wurde von Adeligen getragen, deren Erbrecht sie dieser Aufgabe würdig sein ließ. Heinrich hielt an der Kanzel inne, und der Gottesdienst begann.

Nachdem er mit den Sakramenten gesegnet worden war, schritt er, jetzt angetan mit einem Hermelinmantel, zum Thron. Der Erzbischof begann die Krönungszeremonie, Heinrich legte den Schwur auf das neue Reich ab, und dann wurde die goldene Krone Wilhelms des Eroberers auf sein Haupt gesetzt. Der Oberhofmarschall von England gab Eleonore ein Zeichen. Sie erhob sich mit ernster Miene und nahm neben Heinrich auf dem Thron Platz. Der Erzbischof setzte auch ihr eine Krone auf. Sie und Heinrich waren von nun an die gekrönten Häupter Englands.

Die großen Turmglocken läuteten, und von draußen hörte

man das laute Jubeln der Menschenmenge. Eleonore warf einen schnellen Blick auf Kaiserin Mathilde, in deren Augen Tränen schimmerten. Heinrich wandte sich ihr zu und lächelte sie an. Sein langgehegter Traum war in Erfüllung gegangen. Aber wie lange würde er sich damit zufriedengeben? Eleonore wußte, daß Heinrich nach noch mehr Land und noch mehr Macht strebte. Hatte er ihr nicht erst am Vorabend verkündet, daß die ganze Welt nur ein bescheidener Preis für einen solch kühnen Regenten sei?

Und sie selbst? Eleonore war mehr als zufrieden mit dem, was sie erreicht hatte: Sie hatte sich eines nicht zu ihr passenden Ehemannes entledigt, hatte zwei mächtigen Feinden widerstanden, Abt Suger und Bernhard von Clairvaux. Seltsamerweise hatte Bernhards Tod in ihr nicht dieselbe Zufriedenheit hervorgerufen wie das Ableben von Abt Suger oder auch die Annullierung ihrer ersten Ehe. Sie hatte im Gegenteil ein Gefühl von Leere empfunden, Bernhard war ein würdiger Gegner gewesen, den sie in gewisser Weise bewundert hatte. Und irgendwie vermißte sie ihn. Es war seltsam, daß Haß ein beinahe genauso starkes Band zwischen Menschen schaffen konnte wie Liebe. Sie schwor sich, sie würde England verändern, damit es eines Tages mehr ihrem sonnenverwöhnten Aquitanien ähneln würde.

Heinrich und Eleonore folgten dem Erzbischof hinaus aus der Kathedrale. Draußen wartete eine herrlich geschmückte Chaise. Sie verließen den Hof der Abtei und zogen durch die Stadt, umjubelt von ihren Untertanen. Während Eleonore winkte und lächelte, fiel ihr Blick zufällig auf ein junges Mädchen, das hochschwanger war und ganz vorne in der Menge stand. Die Chaise hielt einen Augenblick lang dicht neben der Menge. Das Mädchen stand jetzt so nahe vor ihr, daß Eleonore die Hand nach ihr ausstrecken und sie berühren konnte.

Das Mädchen war so überwältigend schön, daß man kaum umhin konnte, ihre rabenschwarzen Locken, die milchweiße Haut und die riesigen dunkelblauen Augen anzustarren, die voller Bewunderung auf sie, die Königin, gerichtet waren. Heinrich, der sonst den Anblick von schönen Mädchen genoß, schaute erstaunlicherweise genau in die andere Richtung. Seltsam bewegt, drückte Eleonore die Hand des Mädchens, die diese an die Lippen hob. Dann bewegte sich die Chaise weiter. Eleonore blickte zurück und bemerkte, daß dem Mädchen Tränen übers Gesicht liefen.

Heinrich, der den kleinen Vorfall nicht bemerkt hatte, wandte sich Eleonore zu und drückte ihr die Hand. Ihre Blicke trafen sich, und Eleonore fühlte, wie das Blut ihren Körper durchströmte. Sie hätte gleichzeitig jubeln und weinen mögen, ihre Freude in die ganze Welt hinausschreien wollen. Sie stand an der Schwelle zu einer glorreichen Zukunft, würde gemeinsam mit einem Mann, den sie mehr als alles auf der Welt liebte, ein riesiges Reich regieren. Sie war zum zweiten Male Königin, zudem Mutter eines Sohnes und Erben – hatte je eine Frau vor ihr so viel Glück erfahren?

# Zweiter Teil

»Nachfahre deines Großvaters und Erbe seines Namens,
Dein England ruft dich, Heinrich, ruft dich auf seinen Thron.»

HENRY VON HUNTINGDON

# 31. Kapitel

## England, im Jahre 1157

Von Ferne vernahm sie murmelnde Stimmen. Jemand rüttelte Eleonore an der Schulter. Heinrich. »Du bist ja unersättlich, mein Herr und Gebieter.«

»Ich verstehe nicht?«

Eleonore öffnete die Augen. Das Licht einer Fackel blendete sie. Emma, eine ihrer Zofen, stand vor ihr.

»Ihr müßt aufstehen, Herrin. Der Kaplan hat mich gerade geweckt und mir mitgeteilt, daß der König bereit ist zur Abreise.«

»Jetzt?« In dem winzigen Raum war es dunkel bis auf den Lichtkranz, den die flackernde Fackel erzeugte. »Beim Abendessen meinte der König doch noch, wir würden frühestens um die Mittagsstunde aufbrechen. Hat es schon zur Morgenandacht geläutet?«

»Noch nicht, Herrin. Gerade hat der erste Hahn gekräht. Der König wünscht, sofort aufzubrechen.«

Der erste Hahn! Wirklich, das war er! Heilige Radegund, es kam ihr vor, als hätte sie sich gerade erst schlafen gelegt. »In Ordnung. Aber ich brauche Zeit, um mich anzuziehen.«

Manchmal dachte sie, Heinrich empfinde ein abartiges Vergnügen daran, alle Welt in Aufregung zu versetzen. Sie erinnerte sich an sein häufig wiederholtes Diktum, ein König müsse sein Land und sein Volk kennen, und dies könne er nur erreichen, wenn er alle, auch die entlegensten Teile seines Reiches in regelmäßigen Abständen aufsuche.

Emma entzündete die Kerze im Eisenhalter und weckte dann die beiden Hofdamen, die auf Strohschütten schliefen. Eleonore setzte sich auf und gähnte. Sie fröstelte in der kühlen Luft des Septembermorgens. Ihre Glieder schmerzten, ihr Hals war steif, aber innerlich fühlte sie sich warm und zufrieden. Es kam ihr unwirklich vor, daß sie sich vor kurzem noch auf diesem Strohlager, auf dem schmutzigen Boden dieser Behausung, die man bestenfalls als Hütte bezeichnen konnte, geliebt hatten.

Wenn der Hof so wie jetzt unterwegs war, wurden Bettücher,

Möbel, Geschirr und viele andere Utensilien auf Wagen mittransportiert, um einfache Burgen oder karge Säle wohnlicher zu gestalten. Letzten Abend jedoch hatte der königliche Troß mit seinen einhundertfünfzig Wagen auf Grund einer plötzlichen Laune Heinrichs mitten in einem Wald sein Lager aufgeschlagen, wo all die mitgeführten Annehmlichkeiten nicht von Nutzen waren.

»Versucht Wasser aufzutreiben, damit ich mich waschen kann«, wies Eleonore ihre Damen an und rieb sich die Augen. »Und etwas zu trinken. Vielleicht findet sich irgendwo auch noch einen Kanten Brot.«

Daß man sie so früh geweckt hatte, war zwar unangenehm, doch nach drei Jahren in England stellte es für sie keine Überraschung mehr dar. Wenn sie sich in einer ihrer königlichen Residenzen aufhielten – in Westminster, Windsor oder Clarendon –, war das Leben von großer Hektik erfüllt, denn Heinrich stürzte sich von einer Unternehmung in die nächste , war von morgens bis abends auf den Beinen und erwartete dasselbe auch von seiner Umgebung. Wenn sie mit ihm unterwegs war, erwies er sich als unberechenbar und sprunghaft. Nach der Geburt ihrer beiden letzten Kinder – eines weiteren Sohnes namens Heinrich, der 1155, zwei Monate nach der Krönung seines Vaters, auf die Welt gekommen war, und der Tochter Mathilde im darauffolgenden Jahr – hatte Eleonore sich geschworen, ihn nicht länger auf diesen aufreibenden Reisen zu begleiten. Aber wenn Heinrich ihr zuredete, gab sie stets nach, und ihr Widerstand schmolz dahin wie das Wachs einer brennenden Kerze.

Von draußen vernahm Eleonore den üblichen Lärm, als die Angehörigen des Trosses die Packpferde beluden, die Reitpferde aufzäumten und um die Reste des Abendessens rangelten.

»Bist du auf, Nell?« Die vertraute Gestalt, die einen kurzen grünen Umhang mit gleichfarbiger Kapuze und abgewetzte Stiefel trug, fegte wie ein energiegeladener Wirbelwind in die Hütte. »Mein Gott, du sitzt ja immer noch so da.« Heinrich trat an das Strohlager, beugte ein Knie, zog sie hoch und umarmte sie überschwenglich. »Du bist doch nicht etwa krank?« Er befühlte die Rundung ihres Bauches, der sich schon mit ihrem vierten Kind zu wölben begann.

»Nein, nein, mir geht es gut. Aber du hast doch gesagt, wir würden erst gegen Mittag aufbrechen.«

Seine Lippen bewegten sich zu den ihren. »Wirklich? Hm. Ich muß York noch vor der Abendandacht erreichen, um festzustellen, ob der Sheriff seinen Pflichten gewissenhaft nachkommt.«

»York! Und wo sind wir jetzt?«

»Irgendwo in der Wildnis von Yorkshire. Spielt das eine Rolle? Auf, auf, meine Köngin! Wir haben keine Zeit zu vergeuden.« Er erhob sich schnell und riß sie mit sich. »Warum so griesgrämig? Nach so einer Nacht solltest du doch schnurren wie ein Kätzchen.«

Noch bevor sie etwas entgegnen konnte, war er weg. Aber er hatte recht, ihr war wirklich nach Schnurren zumute.

Eine Stunde später befand sich der lange Zug knarrender Wagen bereits auf der Straße – falls man den schlammigen, von tiefen Löchern übersäten Weg, der noch aus den Zeiten der Römer stammte, als Straße bezeichnen konnte. Wenn sie schwanger war, bevorzugte Eleonore auf Reisen eine Chaise, doch die Aussicht, auf diesem Gelände ständig auf und nieder geschleudert zu werden, war selbst für sie, die einiges aushalten konnte, zu viel, und deshalb hatte sie sich diesmal für eine sanftmütige Stute entschieden.

Neben Eleonore ritt Heinrich auf seinem braunen Hengst. Er war mit Thomas, seinem Kanzler, der zu seiner anderen Seite ritt, in ein ernstes Gespräch vertieft. Sie hatte inständig, aber vergeblich gehofft, Heinrich würde Thomas in London zurücklassen. Eleonore wußte, das Heinrich seinen Kanzler überallhin mitnahm, daß er sich in allen Fragen, die Staatsangelegenheiten betrafen, auf seinen Rat verließ und ihn darüber hinaus als einen guten Kameraden betrachtete. Sie hatte zwar erfolgreich versucht, ein besseres Verhältnis zu den wichtigsten Ratgebern ihres Ehemannes aufzubauen, vor allem zu den beiden Justitiaren Richard de Lucy und dem alternden Grafen Robert von Leicester, auch zu den Adeligen von Norfolk und Salisbury, aber die von Anfang an bestehende Abneigung zwischen dem normannischen Kanzler und ihr hatte sich seit Heinrichs Krönung sogar noch verstärkt.

Es war lächerlich, aber Eleonore zwang sich, sich die demütigende Wahrheit einzugestehen: Sie war eifersüchtig. Dieses Gefühl hatte sie vor ihrer Ehe mit Heinrich nicht gekannt, und es beunruhigte und beschämte sie zugleich, daß ausgerechnet Thomas es in ihr auslöste.

Sie hegte keine derartigen Gefühle gegenüber den Gelehrten und klugen Männern – John von Salisbury, Gilbert Foliot, dem Bischof von Hereford oder Hugh von Lincoln –, deren Interessen Heinrich teilte und die sich ebenfalls ständig an seinem Hof aufhielten.

Auch war sie nicht auf die verschiedenen Mätressen eifersüchtig, mit denen Heinrich sich abgab, wenn er nicht mit ihr zusammen war. Da wäre Eifersucht eher gerechtfertigt gewesen, vorausgesetzt, Eleonores Stolz hätte ihr erlaubt, sich ernsthaft wegen dieser Mädchen Sorgen zu machen. Die meisten Männer vergnügten sich gelegentlich mit Dirnen, wenn sie von ihren Ehefrauen getrennt waren; das hatte nichts zu bedeuten, und man übersah es am besten. Schließlich war Heinrich immer noch unersättlich, was sie betraf. Sie hatte deshalb auch noch nie das Bedürfnis verspürt, etwas über diese niederen Geschöpfe zu erfahren, mit denen Heinrich seine Lust befriedigte.

Eleonore rutschte unbehaglich auf ihrem Sattel hin und her. Sie wünschte, sie hätte etwas mehr im Magen als saures Bier und halb durchgebackenes Brot. Doch es würde wohl ausreichen, bis Heinrich entschied, haltzumachen, oder bis sie zu einer Stadt oder einem Dorf kommen würden. In Anbetracht dieses gottverlassenen Landes konnte das allerdings noch Stunden dauern.

Die sanft geschwungenen Hügel und saftigen Weiden der Midlands waren jetzt einer wilden Moorlandschaft gewichen, die durchsetzt war von braunem Stechginster, dunkelrotem Heidekraut und einzelnen Felsblöcken, die wie gigantische Finger vom Boden aufragten. Das Wetter war in den vergangenen Tagen einigermaßen beständig gewesen, doch im fahlen Licht der Morgendämmerung konnte Eleonore dunkle Wolken ausmachen, die sich drohend am Horizont zusammenballten und einen jener heftigen Regengüsse anzukündigen schienen, für die diese Gegend berüchtigt war. Der scharfe Wind, der von den schottischen Sümpfen herunterblies, durchdrang den schweren, mit einem Fuchspelz besetzten Umhang, den Heinrich für sie hatte anfertigen lassen. Heilige Muttergottes, wie sehr vermißte sie die linden Lüfte Aquitaniens!

»Ich hatte angenommen, die Königin würde die Bequemlichkeit eines Gefährts vorziehen«, bemerkte Thomas und richtete seine dunklen Augen auf sie.

Offensichtlich mißbilligte er ihre Anwesenheit und hätte Heinrich am liebsten ganz für sich alleine gehabt. So wie auch sie.

»Eleonore ist eine bemerkenswerte Frau, Thomas. Wie viele Ehefrauen gibt es, die sich so schnell und so leicht vom Kindbett erholen, die noch solche Reisen unternehmen, wenn sie schon wieder ein neues Kind in sich tragen – ich bin überzeugt, es ist ein weiterer Sohn –, die in einer heruntergekommenen Hütte übernachten, ohne sich zu beklagen, und die es schaffen, dabei so jung und frisch auszusehen wie eine erblühende Rose?«

Auf Heinrichs sommersprossigem Gesicht breitete sich ein Lächeln aus, und er griff nach Eleonores Hand und drückte sie. Eleonores Herz jubilierte. Die unbequemen Nächte, die anstrengenden Tage, das miserable Essen und das scheußliche braune Bier erschienen ihr jetzt, da Heinrich solch lobende Worte für sie gefunden hatte, nur noch als kleine Unannehmlichkeiten.

Der Gesichtsausdruck von Thomas hätte Milch zum Sauerwerden bringen können, stellte sie mit Genugtuung fest.

»Das wird schon mein dritter Sohn sein«, fuhr Heinrich fort, »während der arme Ludwig von Frankreich, der sich immer noch nicht richtig vom Verlust Aquitaniens – und Eleonores – erholt hat, sich gerade erst wieder verheiratet hat. Ich schätze, mit seiner Kastilierin wird er auch nur Töchter bekommen. Wann jemals ist ein Mann derart vom Schicksal geschlagen worden?«

Seit er König geworden war, schien Heinrich sich an jedem Mißgeschick zu weiden, das Ludwig widerfuhr. Es stimmte zwar, Heinrichs Stern war am Aufgehen und der von Ludwig am Sinken, aber Eleonore hielt es für unziemlich, daß Heinrich sich so unverblümt über das Pech seines Rivalen freute. Das würde nichts Gutes bringen.

Plötzlich legte sich der Wind, eine bleiche Sonne stieg am Himmel empor, und die dunklen Wolken verschwanden. Wie alles in diesem seltsamen Land war auch das Wetter unberechenbar. Zu ihrer Rechten konnte Eleonore die Turmspitzen einer Kirche sehen, zu ihrer Linken thronte eine kleine Burg auf einem Hügel.

Heinrich wendete sich an Thomas. »Ich glaube, es wäre an der Zeit, daß zwischen Ludwig und mir ein dauerhafter Frieden ausgehandelt wird. Natürlich ein Frieden, der mir Vorteile bringt.«

Thomas nickte. »In der Tat. Ich werde über einen entsprechenden Plan nachdenken.«

Während sie zuhörte, überkam Eleonore eine plötzliche Eingebung. »Heinrich, mir ist gerade etwas durch den Kopf gegangen. Wenn Ludwig…«

Thomas unterbrach sie mit einem herablassenden Lachen. »Überlaßt die Angelegenheiten des Reiches doch besser uns, Madame.«

Eleonore ignorierte ihn und sprach weiter: »Falls Ludwig von seiner neuen Königin eine weitere Tochter bekommt – wie wäre es dann, wenn du ihm anbietest, sie mit unserem Sohn Heinrich zu verheiraten? Als Mitgift verlangst du das Vexin.« Sie hatte nicht ihren ältesten Sohn Wilhelm vorgeschlagen, denn der war krank und schwächlich, und weder sie noch Heinrich rechneten damit, daß er noch lange leben würde.

»Allmächtiger, was für eine kühne Idee!«

»Denk darüber nach«, fuhr Eleonore fort. »Wenn Ludwig ständig nur Töchter bekommt, wer soll dann Frankreich später einmal regieren?«

Heinrich hielt den Atem an. Er schlug sich mit der Hand gegen die Stirn. »Natürlich! Heinrich III. Plantagenet, der Gemahl der französischen Prinzessin. Unser Sohn als König von Frankreich und England! Was hast du doch für einen schlauen Kopf, Nell!« Er lachte. »Thomas, Ihr solltet Euch vorsehen. Vielleicht kommt es noch so weit, daß ich den Posten des Kanzlers mit meiner Königin besetze.«

Eleonore war froh über Heinrichs Antwort. Den eisigen Blick, den Thomas ihr zuwarf, nahm sie unbeeindruckt zur Kenntnis. Sollte der Kanzler sehen, wo er blieb. Sie schlug die Kapuze ihres Umhangs zurück. Es war später Vormittag, die Sonne gewann jetzt an Kraft.

»Wie weit müssen wir noch?« fragte sie.

»Nicht mehr weit. Wir haben gerade Kirkstall passiert, glaube ich«, antwortete Heinrich, »und nähern uns York.«

Eleonore unterdrückte einen Seufzer. Wenn Heinrich sagte »nicht mehr weit«, dann konnte es immer noch zwei bis sieben Stunden dauern.

Vor ihnen lag ein Dorf mit strohgedeckten Hütten. Dahinter erhob sich ein großes Herrenhaus. Am Rande des Dorfes hatte sich eine Menschenmenge unter einer gewaltigen Eiche versammelt, an deren Fuße ein Mann in einem hohen, mit scharlachfarbenem Tuch ausgeschlagenen Stuhl saß. Rechts und links von ihm saßen zwei Männer auf Schemeln. Hinter ihnen stand ein Priester, der ein kleines Kistchen in den Händen hielt, neben ihm ein junger Mönch, der ebenfalls wie der Priester einen weißen Überwurf trug.

Heinrich zügelte sein Pferd und hob eine Hand. Der lange Zug kam langsam zum Stehen.

Der Mann im Stuhl blickte auf das rotgoldene Banner mit den drei aufgerichteten Löwen, das der Herold trug. Er sprang auf und näherte sich Heinrich katzbuckelnd.

»Eure Majestät, es ist uns eine große Ehre, daß Ihr durch unser Gebiet reist. Ich bin Raoul de Fiennes, Lord dieses Herrenhauses. Stehe zu Euren Diensten.«

Mit seinem langen Gesicht und den gelben Zähnen erinnerte er Eleonore an ein Pferd.

Heinrich blickte umher. »Was ist der Anlaß für diese Versammlung?«

»Ich spreche Recht heute morgen, Sire. Nichts von Bedeutung, nur die Vergehen der Dorfbevölkerung.« Er deutete zu den zwei Männern auf den Schemeln. »Hier sitzen mein Haushofmeister und mein Marschall, die mich beraten und unterstützen. Hinter ihnen steht Vater Joseph von den Zisterziensern in der Abtei Fountains. Er nimmt vor seinen Reliquien die Eide ab.«

»Ich bin beeindruckt. Ein weiser Mann läßt sich stets beraten, bevor er handelt«, sagte Heinrich. »Nun, werter Herr, wir haben heute noch kein Frühstück bekommen. Meint Ihr, es wäre Euch möglich, mein Gefolge zu verköstigen?«

De Fiennes musterte den langen Zug von Männern und Pferden und erbleichte sichtlich, während er sich zu einem schwachen Lächeln zwang. »Gewiß, Sire, wir werden unser Bestes tun. Meine Männer werden sich gleich zum Haus begeben...« Er wandte sich um und sagte leise etwas zu seinen beiden Gehilfen. Diese sprangen auf und liefen ins Dorf.

Heinrich lächelte. »Ausgezeichnet. In der Zwischenzeit werden Thomas und ich Euch an ihrer Stelle unterstützen.«

»Es besteht keine Notwendigkeit...«

»Doch, ich möchte es. Die Gerechtigkeit liegt mir sehr am Herzen, und mein Kanzler, Thomas, hat in Bologna Recht studiert. Das Glück ist Euch hold heute morgen, mein Freund.«

Eleonore verkniff sich ein Lachen. Der Mann schien sich keineswegs zu freuen über das Glück, das ihm hier zuteil wurde. Sie setzte sich auf eine rauhe Holzbank, während Heinrich und Thomas die Plätze der Beisitzer einnahmen. Eleonore hatte miterlebt, wie Heinrich sich mit wichtigen Fällen an der Curia Regis, dem königlichen Gericht Englands, befaßt hatte, aber es war ihr schleierhaft, weshalb er hier bei diesen Hinterwäldlern seine wertvolle Zeit vergeudete. Ihr Magen rebellierte, und sie fragte sich, was sie wohl zu essen bekommen würden.

»Nun, ich besitze hier nicht die hohe Gerichtsbarkeit, nicht die Macht über Leben und Tod meiner Leute«, hob de Fiennes an, um Heinrichs Fragen zuvorzukommen. »Dies obliegt dem Friedensrichter in York. Doch ich kann Prügelstrafen und Einkerkerungen verhängen, sofern ich sie für notwendig halte.«

»Im Rechtswesen herrscht ein großes Durcheinander in dieser Gegend«, mischte sich der Priester ein. »Das königliche...«

»Es ist aber schon viel besser geworden, seit Eure Majestät vor drei Jahren den Thron bestiegen haben«, ergänzte de Fiennes hastig.

»Ich wollte sagen, Mylord, daß die königlichen Sheriffs zu

den schlimmsten Gesetzesbrechern gehörten«, fuhr der Zisterzienser fort, ohne de Fiennes warnende Blicke zu beachten.

»Ja, es gibt noch viel zu tun.« De Fiennes funkelte den Mann aus dem Kloster an.

»In anderen Teilen Englands ist es ähnlich«, sagte Heinrich und fügte, an Thomas gerichtet, mit gesenkter Stimme an: »Denkt nur an die königlichen Sheriffs in York.« Er nickte de Fiennes zu. »Verbrecher gehen straffrei aus, Unschuldige werden gehängt. Es wird noch viel Zeit vergehen, ehe all diese Probleme bereinigt sind. Nach meiner Ansicht gibt es nur eine Möglichkeit, in diesem Durcheinander Ordnung zu schaffen: Es muß ein einheitliches, überall gültiges Rechtswesen eingeführt werden.«

De Fiennes lachte ungläubig. »Ein Gesetz, das für alle gilt? Verzeiht, Sire, aber das ist unmöglich. Das Gesetz unterscheidet sich doch oft von Ort zu Ort! Hier zum Beispiel folgen wir den Regeln der Normandie. In anderen Teilen Yorkshires werdet Ihr Reste des alten Danelag finden, und keine zehn Wegstunden entfernt gelten wieder andere Gesetze.«

»Eine schwere Aufgabe, da stimme ich Euch zu, und der Wandel wird sich wohl kaum über Nacht vollziehen, aber bis zum Ende meiner Regierungszeit wird sich das Rechtswesen grundlegend verändert haben, laßt Euch das gesagt sein.«

Eleonore lächelte in sich hinein. Dies war genau die Herausforderung, die Heinrich suchte.

Als es zur Sext läutete, schaffte der Haushofmeister ein bescheidenes Mahl heran, das aus getrockneten Äpfeln, Bier, einigen harten Laiben Weizenbrot, die schon zu schimmeln begannen, weichem, weißen Käse und kaltem Hammelfleisch bestand. Eleonore zwang sich, etwas zu essen; man wußte ja nicht, wann es die nächste Mahlzeit geben würde. Heinrich aß hastig, wie üblich schien es ihm gleichgültig zu sein, was er hinunterschlang. Thomas indessen wies die Speisen zurück und verlangte nur nach Wasser.

Als sie ihr Mahl beendet hatten, hatte sich die Menschenmenge verdoppelt. De Fiennes Männer waren noch damit beschäftigt, die Leute des königlichen Gefolges zu versorgen, und Heinrich, ungeduldig wie immer, verlangte, daß die Gerichtssitzung sogleich weitergehe.

Bei den ersten drei Fällen handelte es sich um Belanglosigkeiten, und die Menge begann schon, unruhig zu werden. Im vierten Fall ging es um eine Vergewaltigung. Ein Ritter des Ortes führte seine in Tränen aufgelöste Tochter vor das Gericht.

»Das Mädchen behauptet, noch Jungfrau gewesen zu sein, bevor es von diesem Mönch aus der Abtei Fountains geschändet wurde«, bemerkte de Fiennes zu Heinrich und zeigte dabei auf den jungen Geistlichen, der neben dem alten Priester stand. »Der Mönch behauptet, sie lügt.«

»Der Mönch muß dem Abt überstellt werden, er darf nicht durch ein weltliches Gericht verurteilt werden«, sagte Thomas.

»Der Mönch steht noch nicht unter Anklage, werter Lordkanzler«, erwiderte de Fiennes.

Heinrich runzelte die Stirn. »Warum nicht?«

»Nun, es muß doch erst festgestellt werden, ob das Mädchen die Wahrheit sagt. Bis jetzt erhebt nur ihr Vater die Beschuldigung, weil sie befleckt ist und er sie nicht mehr standesgemäß verheiraten kann.«

»Es gibt keinen Beweis«, warf der Zisterzienser ein.

»Das ist gewiß kein leichter Fall«, sagte Heinrich. »Wäre der Mönch ein gewöhnlicher Mann, könnte er für die Schändung einer Jungfrau kastriert oder sogar geblendet werden.«

De Fiennes schürzte die Lippen. »Vor dem Kirchengericht wird er mit einer Buße und vielleicht ein paar Peitschenhieben davonkommen.«

»Das kann man schwerlich als Gerechtigkeit bezeichnen.« Heinrich bedachte Thomas mit einem strengen Blick. »Wenn das Verbrechen, das er begangen hat, nicht die Kirche betrifft, dann soll er auch nicht wie ein Kirchenmann bestraft werden.«

»Ich muß Euch widersprechen, Sire«, erwiderte Thomas mit erregter Stimme. »›Gebt dem Kaiser, was des Kaisers ist, und Gott...«

»Ja, ja, das weiß ich. Ihr müßt mir keine Predigt halten. Aber das ist nicht gerecht, Thomas, das wißt Ihr genauso gut wie ich.«

Eleonore ließ ihren Blick zwischen den beiden Männern hin und her wandern. Einen Moment lang herrschte zwischen ihnen eine ungewöhnliche Spannung, die sie bisher noch nie bemerkt hatte. Heinrich löste sie, indem er mit den Schultern zuckte.

»In Ordnung. Der Mönch steht hier nicht unter Anklage, also verschwenden wir unsere Zeit. Wie soll das Mädchen beweisen, daß es die Wahrheit sagt?«

»Sie wird eine glühende Eisenstange vor Zeugen drei Schritte weit tragen. Wenn nach Ablauf von drei Tagen die Verbrennung nur noch halb so groß wie eine Walnuß ist, dann soll sie wegen falscher Beschuldigung angeklagt werden.«

Eleonore packte die Wut. »Hat eine Hebamme sie untersucht? Das ist doch barbarisch!« Sie hatte nicht das Recht, vor diesem

Gericht das Wort zu ergreifen, aber sie konnte nicht länger schweigen.

»Das ist geschehen, Madame«, entgegnete de Fiennes. »Es wurde festgestellt, daß sie nicht mehr unberührt ist, doch das Mädchen könnte versuchen, den wahren Verantwortlichen zu decken, indem es diesen Mönch beschuldigt.«

Welchen Grund sollte das Mädchen dafür haben? fragte sich Eleonore, wagte aber nicht, weiterhin zu protestieren.

Als die heiße Eisenstange der jungen Frau in die Hände gedrückt wurde, lief sie drei Schritte, kreischte auf, ließ die Stange fallen und sank zu Boden. Ihr Vater hob sie auf und trug sie ins Dorf. Eleonore hoffte inständig, die Wunde würde mindestens dreifache Walnußgröße erreichen. Der fünfte Fall betraf drei Söldner, denen zur Last gelegt wurde, einen Hof überfallen, ein Pferd, ein Schwein und mehrere Hühner gestohlen, über die Mägde hergefallen und den Bauern und seinen Sohn schwer verprügelt zu haben. Einer war gefaßt worden, die beiden anderen hatten entkommen können. Der Gefangene, dem man die Hände auf den Rücken gebunden hatte, beteuerte lautstark seine Unschuld.

»Ja, natürlich ist er unschuldig«, bemerkte de Fiennes grinsend. »Das behauptet jeder Angeklagte.«

»Aber vielleicht sagt er doch die Wahrheit«, meinte Heinrich.

»Unwahrscheinlich. Meine Männer haben ihn im Wald zusammen mit seinen Kumpanen entdeckt. Sein Pech, daß er nicht fliehen konnte wie die anderen.«

»Ich streit' ja gar nicht ab, daß diese Männer meine Kameraden waren«, rief der Angeklagte. »Ich hab' auf sie gewartet. Ich wußte, sie waren ins Dorf gegangen, um etwas zu essen zu besorgen, aber ich war nicht mitgegangen, und ich wußte auch nicht, was sie vorhatten.«

»Aber du weißt, wo sie sich verstecken«, sagte de Fiennes.

Der Mann schüttelte den Kopf, während seine Augen angsterfüllt zwischen Heinrich und de Fiennes hin und her schossen. Eleonore erkannte, daß er nicht bereit war, seine Kameraden zu verraten, aber sie war sich nicht sicher, ob er tatsächlich schuldig war.

»Die Wassermarter wird uns helfen, die Wahrheit herauszufinden, danach wird eine kräftige Tracht Prügel ihn dazu bringen, den Aufenthaltsort seiner Kumpane preiszugeben.« De Fiennes winkte einen Wachmann herbei. »Bereitet das Faß vor.«

»Derartige Methoden beweisen gar nichts«, sagte Heinrich. »Wie soll die Größe einer Narbe darüber Auskunft geben, ob jemand lügt? Und wie weiß das Wasser, ob dieser Mann schuldig ist oder nicht?«

Bei diesen Worten ging aufgeregtes Murmeln durch die Reihen der Zuschauer. De Fiennes wirkte entsetzt. »Aber durch das Gottesurteil werden Verbrecher überführt. Das ist allgemein bekannt.«

»Es wäre Blasphemie, etwas anderes zu behaupten«, bemerkte der Zisterzienser und bekreuzigte sich. »Auf diese Weise teilt uns Gott seinen Willen mit. So wie Edelmänner durch einen Zweikampf Schuld oder Unschuld herausfinden.«

»In dem Glauben, Gott werde demjenigen den Sieg schenken, dessen Sache gerecht ist.« Heinrich schüttelte angewidert den Kopf. »Ein weiterer törichter Brauch, den ich ablehne.«

Ein großes Faß wurde mit Wasser gefüllt, darüber legte man ein Holzbrett. Als Kind hatte Eleonore einmal eine Wassermarter miterlebt, eine Methode, die mittlerweile aber nicht mehr angewendet wurde, zumindest in Poitou, aus jenen Gründen, die Heinrich genannt hatte. Der Angeklagte wurde mit einem Strick gefesselt und in das Faß gesteckt. War er unschuldig, würde er sinken, war er schuldig, würde er oben treiben. Natürlich war der arme Teufel, bis man ihn hinaufgehievt hatte, schon mehr tot als lebendig, so daß ihm die bewiesene Unschuld nicht mehr viel nutzte.

Zwei Wachleute begannen, den Mann zusammenzuschnüren. Dann trat der Priester mit seiner Reliquienkiste vor, um den Angeklagten schwören zu lassen, er sei unschuldig. Heinrich erhob sich langsam.

»Wartet! Es muß eine bessere Möglichkeit geben, Schuld oder Unschuld dieses Mannes festzustellen, eine Möglichkeit, die mehr dem göttlichen Willen entspricht. Ich kann mich erinnern, daß die Sachsen...« Er dachte einen Augenblick nach und rieb sich das Kinn.

Dann begann er auf die Menge zuzugehen, die vor ihm zurückwich. »Du, du und du«, sagte er schließlich, während er auf drei Männer deutete. Er drehte sich um, schob sich durch die Menge und suchte vier weitere aus, dann noch einmal fünf, alle in unterschiedlichem Alter. »Zwölf sollten genügen, das ist die Zahl der Apostel wie auch der Stämme Israels.« Er lächelte den Geistlichen an. »So viele genügten jedenfalls unserem Heiland. Kommt mit!«

Die verwirrten Männer folgten Heinrich, der sie ein Stück vom Baum wegführte.

»Bleibt hier, rührt euch nicht vom Fleck«, befahl Heinrich.

»Jetzt bringt diesen Mann her und stellt ihn so hin...« Er zeigte auf eine Stelle vor de Fiennes. Der Angeklagte wurde herbeigeführt. »Gut, gut.« Er dachte wieder nach, runzelte die Stirn.

Eleonore fiel auf, daß sowohl de Fiennes als auch der Priester diese Abänderung der althergebrachten Praktiken mißbilligten. Thomas schaute interessiert zu. Worauf, um Himmels willen, wollte Heinrich hinaus? Wollte er alte Bräuche der Sachsen wiederbeleben, die seit Wilhelm dem Eroberer nicht mehr praktiziert worden waren? Eleonore sah, daß die Menge die Szene genauso gebannt beobachtete wie sie. Jedermann schien zu spüren, daß etwas Überraschendes bevorstand.

»In Ordnung«, sagte Heinrich schließlich. »Bringt den Bauern und seinen Sohn nach vorne, die beraubt und geschlagen, und die Frauen, die vergewaltigt wurden, sowie auch alle anderen, die behaupten, ihnen sei von diesen Söldnern etwas angetan worden.«

»Majestät, selbst auf die Gefahr hin, Euch zu erzürnen, ich muß auf das schärfste gegen diese schwere Abweichung von der Tradition protestieren«, sagte de Fiennes, der sich nicht mehr beherrschen konnte. »Dies widerspricht sowohl dem Gesetz Gottes als auch dem der Menschen. Meine Wachleute haben diesen Mann zusammen mit seinen zwei Kumpanen gesehen, bevor diese entkommen konnten. Sie hatten ein Pferd, ein Schwein und Hühner in ihren Armen. Dieser Mann hier hatte das Halfter des Pferdes in den Händen!«

»Sie hatten mir gerade in diesem Augenblick das Halfter gegeben!« schrie der Angeklagte.

»Ruhe!« Einer der Wachleute gab ihm einen Stoß, so daß er zu Boden stürzte.

»Wie mein Herr schon sagte, dies widerspricht der Tradition und verletzt das Gesetz Gottes«, mischte sich der Priester ein, schäumend vor Wut. »Werter Herr Lordkanzler, es ist nicht unsere Aufgabe – könnt Ihr es denn dem König nicht erklären?«

Thomas blickte vom Priester zum König. »Sie haben nicht ganz unrecht, Sire. Schließlich ist dies ihr Gebiet, und wir sind hier nur Durchreisende. Wäre es nicht am besten, es diesen Leuten selbst zu überlassen, wie sie ihre Angelegenheiten regeln?«

Das war in der Tat ein stichhaltiges Argument. Eleonore sah, daß Heinrich zögerte. Sie wußte nicht, weshalb, aber sie war überzeugt, es war wichtig, daß Heinrich sich jetzt nicht von seinem Plan abbringen ließ.

»Heinrich«, rief sie, »wenn die alten Methoden in alle Ewigkeit unangetastet bleiben, wie soll man dann in England jemals die Gesetze ändern können?«

Das war die Unterstützung, die er gebraucht hatte. »Nein, Thomas, in diesem Fall muß ich mich über Euch alle hinwegsetzen. Was die Königin sagt, ist richtig, aber es gibt noch einen weiteren, wichtigeren Grund. Der Mensch besitzt die Fähigkeit, zu entscheiden, richtig und falsch auseinanderzuhalten. Ist diese Fähigkeit etwa nicht gottgegeben? Gewiß wünscht der Allmächtige, daß wir diese seine Gabe nutzen, damit er nicht bei jeder Gelegenheit selbst eingreifen muß.«

Heinrich ließ seinen Blick über die zwölf Männer schweifen. »Ist einer von euch mit diesem Manne durch Blut oder Heirat verwandt? Hat einer von euch etwas dadurch zu gewinnen, daß dieser Mann für schuldig oder für unschuldig befunden wird?«

Alle schüttelten den Kopf.

»Wollt ihr vor unserem Herrgott schwören, daß ihr die Wahrheit sprecht?«

Sie schworen es.

»Dann laßt uns anfangen. Ich werde die betreffenden Personen befragen, euer Herr wird ebenfalls Fragen stellen, vielleicht auch mein Lordkanzler. Wenn die Fragen alle beantwortet sind, werdet ihr die Angelegenheit unter euch besprechen und zu einem Urteil kommen, wenngleich natürlich die letzte Entscheidung bei eurem Herrn verbleibt. Habt ihr mich verstanden?« Er blickte die Männer ungeduldig an, die ziemlich verblüfft wirkten. »Anhand dessen, was ihr durch die Befragung erfahrt, werdet ihr entscheiden, ob der Angeklagte lügt oder ob er die Wahrheit sagt, habt ihr das verstanden?«

»Ja, ich habe es verstanden«, antwortete einer der Angesprochenen.

»Gut. Du sollst der Sprecher der Gruppe sein. Fangen wir an.«

Eleonore war fasziniert von dem, was jetzt geschah. Die Mägde, der Bauer und sein Sohn, de Fiennes' Wachmänner, sie alle wurden vor das Gericht geführt und befragt. Bald stellte sich heraus, daß der Beschuldigte nicht gelogen hatte. Alle Leute vom Hof verneinten, den Angeklagten schon einmal dort gesehen zu haben; nur die Wachmänner hielten an ihren Anschuldigungen fest.

Die zwölf Männer unterhielten sich danach nur kurz.

»Wir sind zu einer Entscheidung gekommen«, sagte ihr Sprecher.

»Seid ihr alle einer Meinung?«

»Ja.«

»Wie lautet euer Urteil?«

»Wir glauben, daß er die Wahrheit sagt.«

Heinrich wendete sich an de Fiennes. »Ihr seid hier der Gerichtsherr, Mylord. Was sagt Ihr zu diesem Urteil?«

De Fiennes nickte widerwillig. »Der Mann ist unschuldig. Bindet ihn los – aber er muß uns sagen, wo sich seine Kumpane verstecken.«

Der Angeklagte brach in Tränen aus und fiel vor Heinrich auf die Knie.

»Oh, Herr, Sire. Ich will für immer Euch ergeben sein. Gott ist mein Zeuge, ich werde bis zu meinem Tod Euer dankbarer Diener sein.«

»Steh auf, Mann. Kein Grund für so ein Theater«, sagte Heinrich schroff, offensichtlich verlegen. »Und spiele nicht mit deinem Glück«, fügte er sanfter hinzu. »Sag uns, was du weißt.«

Der Mann nickte und wurde von de Fiennes Leuten weggeführt.

Im Nu hatte die Menge Heinrich umringt. Die Leute zogen ihre Mützen, einige wagten sogar, ihn in scheuer Verehrung zu berühren. Ihr Respekt und ihre Zuneigung waren fast mit Händen zu greifen.

»Unser König übt Gerechtigkeit mit starker Hand!« hörte Eleonore jemanden mit begeisterter Stimme rufen. »Gott schütze ihn und lasse ihn lange leben!«

Das war das höchste denkbare Lob. Tränen stiegen ihr in die Augen, und ihr Herz erfüllte sich mit Liebe und Stolz.

Dieser Augenblick – die Nachmittagssonne blinkte durch das dichte Laub der stattlichen Eiche; davor Heinrich, der außergewöhnlich jung wirkte, umringt von der ergriffenen Menge – prägte sich in Eleonores Gedächtnis ein wie ein Federstrich auf ein Pergament, Zeit und Ort überdauernd.

De Fiennes blickte mürrisch drein. Eleonore war sicher, er mißbilligte alle diese Neuerungen. Aber das zählte nicht. Ihr Gespür sagte ihr, daß das, was sie heute miterlebt – nein, zum Teil auch mitgestaltet hatte –, wie unvollkommen es auch noch sein mochte, eines Tages das gesamte Königreich verändern würde.

# 32. Kapitel

## Bermondsey, im Jahre 1158

Schnee bedeckte das Dach des White Tower, verhüllte die London Bridge und lag wie ein dickes Tuch über Billingsgate. Der kalte Wind trug den Rauch der Feuer mit sich, die unten am Ufer der Themse entzündet worden waren. Auf der anderen Seite des vereisten Flusses, in Bermondsey, ging Bellebelle, ihren dreijährigen Sohn Gottfried an der Hand, die gefrorene Straße entlang, die zu ihrem Häuschen führte. Plötzlich blieb Gottfried stehen.

»Was hast du, mein Junge?«

»Schau, Mama«, sagte Gottfried und zeigte aufgeregt auf etwas. Bellebelle blickte in die Richtung, die er angab. Eine Gruppe von Jungen, die Schienbeinknochen von Pferden an ihre Füße geschnallt hatten und eisenverstärkte Holzstangen in den Händen trugen, schlitterten über die blanke Oberfläche des Flusses.

»Das würdest du auch gern tun, nicht wahr?«

Gottfried nickte heftig, seine Augen glänzten.

Bellebelle drückte seine Hand. »Eines Tages wird es soweit sein. Wenn du ein bißchen älter bist, wirst du jemanden finden, der es dir beibringt.«

Sie setzten ihren Weg fort. Nach einer Biegung konnten sie den Fluß nicht mehr sehen. Die Straße begann jetzt leicht anzusteigen, dann wand sie sich zwischen Wiesen auf der einen und einem dunklen Wäldchen auf der anderen Seite hindurch. Das Dorf, in dem sie wohnten, lag außerhalb von Bermondsey. An den Sonntagen, so wie heute, ging Bellebelle manchmal mit Gottfried am Ufer des Flusses spazieren, um einen Blick auf London zu erhaschen. Sie vermißte die Stadt mehr, als sie sich jemals hätte träumen lassen.

Bellebelle hatte gerade das Haus ihres Nachbarn passiert, als sie plötzlich etwas Hartes in den Rücken traf. Sie stolperte und stürzte zu Boden. Hinter sich hörte sie gedämpftes Lachen. Als sie sich umdrehte, sah sie zwei Jungen mit Schneebällen in den Händen, die ihr aus dem Garten neben ihrem Haus entgegengrinsten. Gottfried hob einen Stein auf und lief auf die beiden zu.

»Gottfried, bleib hier!«

Bellebelle, die beunruhigt festellte, daß die beiden viel größer waren als ihr Sohn, rappelte sich auf und lief ihm nach.

»Halt, bleib da!«

Er ignorierte ihr Rufen und schleuderte den Stein in Richtung der beiden. Er traf einen von ihnen an der Schulter. Der Junge heulte sofort auf. Gut gemacht, Gottfried! Bellebelle konnte sich eine gewisse Genugtuung nicht verkneifen, die sich aber gleich in heftige Wut verwandelte, als sie das hämische Gesicht der Mutter der beiden in der Haustür auftauchen sah.

»Hure«, rief die Frau und spuckte in Bellebelles Richtung.

»Warum könnt ihr uns nicht in Ruhe lassen?« schrie Bellebelle. »Was haben wir euch getan?«

»Königshure! Königshure!« hänselten die beiden Jungen sie im Chor, bevor sie im Haus verschwanden und die Tür hinter sich zuknallten.

Gottfried hob weitere Steine auf und schleuderte sie gegen die geschlossene Tür.

»Nur weg hier!« Bellebelle packte ihren widerstrebenden Sohn am Arm und begann zu laufen. Sie wäre auf dem eisigen Boden beinahe ausgerutscht.

»Warum schimpfen sie dich immer eine Hure?« fragte Gottfried mit gepreßter Stimme, während er mit Heinrichs lebhaften grauen Augen zu ihr aufblickte. »Was heißt das? Warum hassen uns alle?«

»Du bist noch zu klein, um das zu verstehen.«

»Das sagst du immer. Wann bin ich denn groß genug? Ich werd's Vater erzählen. Er wird dafür sorgen, daß es aufhört.«

»Du wirst niemandem was erzählen. Das würde alles nur noch schlimmer machen. Heinrich hat schon genug Sorgen am Hals. Laß es gut sein.«

Bellebelle hing sehr an dem kleinen Gottfried. Niemals, wollte sie sagen, niemals wirst du alt genug werden, um zu verstehen, warum es manchen Leuten Spaß macht, andere zu verletzen. Solange sie sich erinnern konnte, war sie dem Hohn und dem Spott der Leute ausgesetzt gewesen. Es war schwer zu ertragen gewesen, als sie noch ein Kind war, aber damals hatte sie noch ihre Mutter gehabt und die übrigen Dirnen, die den Schmerz mit ihr teilten. Jetzt, mit dreiundzwanzig Jahren – oder wie alt sie auch sein mochte – jetzt immer noch wie eine Aussätzige behandelt zu werden, tat zwar weh, aber nun mußte sie es alleine durchstehen und Gottfried beschützen.

Es lag zwar schon vier Jahre zurück, daß sie die Gropecuntlane verlassen hatte und Heinrichs Mätresse geworden war, aber manchmal fragte Bellebelle sich, was sich eigentlich wirklich geändert hatte. Sie fühlte sich immer noch hilflos und wagte nicht, sich zur Wehr zu setzen, aus Angst, noch größere Schwierigkeiten zu bekommen. Sie wünschte sich von ganzem Herzen, einmal jemanden zu finden, mit dem sie reden konnte.

Nach einer weiteren Viertelstunde erreichten sie ihr kleines, aus Stein und Holz gebautes Haus, das Heinrich vor zwei Jahren hatte errichten lassen. Zum Haus gehörten einige Schuppen, ein Gemüsegarten und ein paar kleine Ställe für die Tiere. Vor dem Gebäude gab es einen steinernen Brunnen, den Heinrich hatte ausheben lassen. Das Tor war nur angelehnt, und sie eilte durch den kleinen Garten, dessen Erde jetzt im Februar immer noch tiefgefroren war. Sie stieß die Tür auf und verriegelte sie dann mit einem erleichterten Seufzer hinter ihnen.

Gottfried riß sich die Wollmüze vom Kopf und lief zum Herd, um sich aufzuwärmen. Der riesige graue Wolfshund, der am Feuer geschlafen hatte, stand auf, gähnte und streckte seine Hinterläufe aus. Bellebelle schloß für einen Moment die Augen, lehnte sich gegen die Tür und holte tief Luft. Sie war wieder zu Hause, die gefahrvolle Welt draußen konnte ihr nichts mehr anhaben.

»Zünd die Kerzen an«, sagte Bellebelle.

Gehorsam entzündete Gottfried die Kerzen auf dem dreiarmigen Kandelaber, der auf der Eichentruhe neben der Tür stand. Das Licht erhellte den Raum.

Auch nach zwei Jahren konnte Bellebelle es kaum glauben, daß dieses Haus ihr gehörte. Sie ließ die Blicke nachdenklich durch die Kammer schweifen, die zugleich als Küche diente, hielt kurz bei der schmalen Wendeltreppe inne, die zur Schlafkammer hinaufführte, und verharrte dann auf den dicken Wänden mit den schweren, bunten Leinenbehängen. An den niedrigen Deckenbalken waren Kräuterbündel zum Trocknen aufgehängt. Im Raum duftete es nach Salbei, Basilikum und Rosmarin.

Ein lauter Knall ließ sie zusammenfahren. Bellebelle drehte sich um und sah, daß Gottfried vor dem Eisenkessel stand, der über der Feuerstelle hing. Er hielt einen Schürhaken in der Hand und schlug damit zuerst gegen den schwarzen Kessel, dann gegen die beiden Töpfe, die sich auf einem Dreifuß neben dem Herd befanden.

»Was ist denn in dich gefahren?« Bellebelle lief zu ihm. »Da kann man ja taub werden. Hör sofort mit dem Lärm auf!«

»Ich hasse sie!« schrie Gottfried. »Ich hasse alle Leute in diesem Dorf!« Er begann, gegen die Kübel und Schürhaken zu treten, die am Kamin lehnten.

Bellebelle zog Gottfried fest an sich. »Beruhige dich. Ich weiß, wie dir zumute ist«, sagte sie sanft. »Aber der Haß kann den Schmerz nicht vertreiben.«

»Am liebsten würd' ich sie alle auf den Boden werfen und mit den Füßen auf ihnen herumtrampeln.« Tränen der Wut und der Enttäuschung liefen ihm übers Gesicht.

Bellebelle wiegte ihn in ihren Armen, die Augen auf den steinernen, in die Wand eingebauten Kamin gerichtet, einen der wenigen derartigen Kamine, die es in Bermondsey gab, und sie dachte daran, wie stolz sie früher darauf gewesen war. Bis zu jenem Tag, an dem die Bierfrau, ein gedrungenes, rotgesichtiges Weib, das im Dorf Bier braute und verkaufte, ihr nachgerufen hatte, es wäre doch wirklich ungerecht, daß die Schlampe des Königs einen solchen Kamin besitze und anständige, ehrbare Frauen nicht.

»Warum darf ich denn Vater nichts erzählen?«

»Das hab' ich dir schon gesagt. Jetzt geh und beschäftige dich mit dem Schachspiel, das dein Vater dir geschenkt hat«, sagte Bellebelle und küßte ihren Sohn auf den Kopf.

»Wird es immer so sein?«

»Natürlich nicht«, antwortete sie und wünschte, sie könnte ihren eigenen Worten glauben. »Eines Tages werden wir woanders wohnen, und dort werden die Leute uns mögen. Du wirst schon sehen.«

»Warum noch nicht jetzt?«

»Weil es jetzt noch nicht geht. Du mußt lernen, das Leben so zu nehmen, wie es ist.« Sie zog Gottfrieds Kinn nach oben und blickte in seine verweinten Augen. »Du mußt dir ein kräftiges Rückgrat zulegen, mein Junge.«

Sie ließ ihn los und beobachtete ihn dabei, wie er das Schachbrett hervorholte.

Dann legte sie ihren fuchspelzbesetzten Umhang ab, den ihr Heinrich letztes Jahr zu Weihnachten geschenkt hatte, und hängte ihn vorsichtig an einen hölzernen Haken an der Wand. Sie ging zum Herd. Das heutige Abendessen würde aus den Resten eines geschmorten Rebhuhns bestehen, dazu Zwiebeln und Kohl mit Petersilie. Bellebelle griff nach dem langstieligen Löffel, den Gottfried auf den Boden geschleudert hatte, und begann die köchelnde Mischung in dem Eisentopf umzurühren.

Als sie in das Dorf gekommen war, ein Jahr nach der Geburt

ihres Sohnes in der Unterkunft nahe der Kirche Saint Martin-le-Grand in London, hatte Bellebelle noch überhaupt keine Ahnung gehabt, wie man einen Haushalt versorgte. Sie hätte beinahe den Garten ruiniert, weil sie das ganze Gemüse ausrupfte, das Unkraut aber stehenließ und obendrein im heißen Sommer die Blumen zu gießen vergaß. Die Tiere machten ihr Angst; auch der große Wolfshund, den Heinrich ihr hatte bringen lassen, verursachte ihr Unbehagen. Sie war überzeugt gewesen, die Hühner würden sie angreifen, und hatte sich deswegen davor gefürchtet, die Eier einzusammeln. Bei ihrem ersten Versuch, die Ziege zu melken, hatte dieses Biest den Eimer umgestoßen und Bellebelle einen Tritt in den Bauch versetzt. Sie war schreiend ins Haus gelaufen, und Heinrich hatte sich köstlich amüsiert.

Als er herausgefunden hatte, daß sie weder nähen noch stikken, weben oder häkeln und auch keine Heiltränke aus Kräutern zubereiten konnte, war er ziemlich verblüfft gewesen. Bellebelle konnte ihm doch nicht erzählen, daß ihre einziges Können darin bestand, Männer zufriedenzustellen, bestimmte Beschwerden zu kurieren, die manchmal bei Frauen an den Geschlechtsteilen auftraten, und etwa Kinder zu verhüten – wobei letzteres ihr aber auch nicht immer gelang, wie ihr kleiner Sohn unter Beweis stellte.

Heinrich hatte den Haushofmeister seines Herrenhauses in Bermondsey angewiesen, zu Bellebelles Unterstützung ein Ehepaar aus der Gegend zu engagieren, das ihr mehrmals in der Woche half. Die Frau kochte, wusch, pflegte den Garten und versorgte die Tiere, während der Mann Holz hackte, die übrigen Außenarbeiten erledigte und die Nahrungsmittel ins Haus brachte. Bellebelle blieb fast überhaupt nichts mehr zu tun, und machmal dachte sie, sie würde noch wahnsinnig werden, wenn sie nicht bald eine Beschäftigung fand.

Heinrich schien ihre Unbeholfenheit eher zu belustigen als zu verärgern.

»Meine Güte, du würdest wirklich eine schlechte Ehefrau abgeben, Belle. Eleonore, die im Luxus aufgewachsen ist und ständig hinten und vorne von Dienern umgeben war, kann alles, was man von einer Frau erwartet, und daneben auch noch einiges, was sonst nur Männer können – ich sage dir, es ist nicht einfach, mit einer solchen Frau zu leben.«

Als sie ihn verlegen angeschaut hatte, hatte Heinrich sie in die Arme genommen und ihre Nasenspitze geküßt.

»Kein Grund zur Sorge. Du hast es geschafft, dich auf der Straße mit deinem Bauchladen durchzuschlagen, das würden wohl nicht viele fertigbringen. Und außerdem bist du die vollkommene *maîtresse* – ruhig, heiter, stets bereit, zuzuhören und den Mann zufriedenzustellen…« Er zwinkerte ihr zu.

Bellebelle nahm es ihm nicht übel, wenn er sie mit Eleonore verglich. Es kam ihr durchaus gelegen, daß die Frau, die sie mehr als irgend jemand anderen verehrte, alles so perfekt beherrschte. Aber sie wünschte sich, ihr früheres Leben wäre anders verlaufen; sie hätte sich ungleich besser gefühlt, wäre sie in der Lage gewesen, all die Dinge tun zu können, die gewöhnlichen Frauen so leicht von der Hand gingen.

Bellebelle erzählte Heinrich nie, wie die Dörfler sie behandelten, wie die Männer sie mit gierigen Blicken angafften, die Frauen sie verhöhnten und die Leute auf dem Markt sie schief anschauten, und er hielt sich nie lange genug bei ihr auf, um es selbst mitzubekommen. Manchmal sah sie ihn monatelang nicht, und wenn er kam, begann er nach ein paar Tagen unruhig zu werden und verschwand bald wieder. Die Zeit, die sie miteinander verbrachten, war so knapp bemessen und so kostbar, und er war so gut zu ihr gewesen, daß sie ihn nicht mit ihren Klagen behelligen wollte.

Hier war sie sicher, mußte sich nicht mehr durch Hurerei ihr täglich Brot verdienen, und sie hatte Gottfried, um den sie sich kümmern konnte. Wenn sie sich einsam fühlte und die Gesellschaft der anderen Dirnen vermißte, das lärmende, bunte Treiben in der Schenke, brauchte sie sich nur an das mühselige Leben in der Gropecuntlane erinnern, und ihr wurde wieder bewußt, daß das Schicksal es gut mit ihr meinte, daß sie die glücklichste Dirne in ganz England war.

Gelegentlich war sie versucht, Heinrich die Wahrheit über ihre Vergangenheit zu erzählen, wußte aber nicht, wie sie ihm erklären sollte, warum sie ihn belogen hatte. Am Anfang war es noch recht einfach gewesen, doch über all die Jahre hinweg hatte sie die Wahrheit unter einem Geflecht von Erfindungen und Ausflüchten verborgen. Manchmal wußte sie schon selbst nicht mehr, was der Wahrheit entsprach und was sie erfunden hatte.

Sie nahm zwei Tonteller vom Regal neben dem Herd, füllte das Eintopfgericht darauf und stellte sie auf den Tisch. Dann holte sie einen Lehmkrug mit Bier, zwei Holzbecher, ein Strohkörbchen mit Haferkeksen und zwei Messer mit knöchernem Griff.

»Es ist Essenszeit, Gottfried«, sagte Bellebelle und zog zwei Stühle heran.

Der Junge nickte und trat an den Tisch, drei riesige Schachfiguren in den Armen. Er war zwar erst drei Jahre alt, aber schon sehr weit entwickelt für sein Alter, und Heinrich hatte bereits begonnen, ihm die Regeln des Schachspiels beizubringen. Einmal war er mit einem Schachbrett angekommen, das mit einer Einlegearbeit verziert und mit goldenen und silbernen Feldern versehen war und zu dem Figuren aus Elfenbein gehörten. Als Bellebelle ihn fragte, woher dieses Spiel stammte, hatte Heinrich gesagt, es habe seiner Mutter gehört, der es ihr erster Ehemann, ein Kaiser, geschenkt habe, als sie noch kaum älter als Gottfried gewesen sei. Der Junge spielte stundenlang mit dem König und der Königin, die mit Festtagskleidern angetan waren, dem Ritter, der gegen einen Drachen kämpfte, und dem Bischof, der eine Mitra trug.

Mit verschleiertem Blick beobachtete Bellebelle ihn. Als sie entdeckt hatte, daß sie von Heinrich schwanger war, nur einen Monat, nachdem er sie als seine Mätresse nach London geholt hatte, da hatte sie zuerst überlegt, das Kind abtreiben zu lassen, aus Angst, Heinrich würde sie gleich wieder verstoßen. Zu ihrer Überraschung jedoch zeigte er sich erfreut und drängte sie dazu, das Kind auszutragen. Er hatte es ganz stolz als Zeichen seiner Männlichkeit aufgefaßt und sie daran erinnert, daß auch sein Großvater eine ganze Schar von Bastarden in die Welt gesetzt hatte.

Mit seinem rostfarbenen Haar und den grauen Augen glich Gottfried Heinrich auf verblüffende Weise. Er hatte einen kräftigen Körperbau und war ziemlich groß für sein Alter. Er war ehrgeizig, eigensinnig, manchmal auch aufbrausend, aber es fehlte ihm Heinrichs unbeherrschtes Temperament. Der Prior der Klosterschule, wo Heinrich ihn hatte unterbringen lassen, nachdem er drei Jahre alt geworden war, hatte Bellebelle gesagt, der Junge sei außergewöhnlich klug, schnell von Begriff und werde es noch weit bringen im Leben.

Auch sie glaubte daran, und sie war entschlossen, Gottfried ebenfalls in diesem Glauben zu bestärken. Gott sei Dank redete Gottfried nicht so wie sie – auch wenn ihre Aussprache sich ständig verbesserte, wie Heinrich sagte –, sondern so wie sein Vater und die anderen Adeligen, mit denen sie zusammentrafen. Auch ein Bastard könne in der Welt vorankommen, hatte Heinrich gesagt, und der Bastard eines Königs hätte allemal günstigere Voraussetzungen als alle anderen. War denn nicht auch sein Urgroßvater, Wilhelm der Eroberer, unehelicher Herkunft gewesen?

Gottfried lächelte seine Mutter an und begann gierig das Essen zu verschlingen. Bellebelle liebte ihren Sohn über alles, und trotz der ständigen Sticheleien, denen sie hier ausgesetzt war, dankte sie der Muttergottes für dieses kostbare Geschenk, das sie erhalten hatte.

Zwei Tage später erschien Heinrich wie üblich unangekündigt und unerwartet bei ihr. Den größten Teil seines Gefolges brachte er in seinem Herrenhaus in Bermondsey oder in kleineren Häusern in der Umgebung unter, der Rest mußte im Dorf Quartier beziehen oder im kalten Wald sein Lager aufschlagen.

»Du siehst schöner aus denn je, Liebling«, sagte Heinrich zu Bellebelle, als er ihr Haus betrat. Dann beugte er sich herunter und küßte sie auf den Mund. »Hier«. Er warf ihr etwas Weiches und Seidiges in die Arme.

Bellebelle betrachtete es genauer. Es war ein Übergewand aus blauem Samit, einem feinen, golddurchwirkten Seidengewebe.

»Oh, Heinrich«, flüsterte sie, während sie den Stoff an die Wange drückte. »Wie soll ich Euch jemals danken? Samit! Das ist doch so teuer!«

»Ja, es war teuer. Aber das können wir uns jetzt leisten. Komm her, mein Sohn.«

Gottfried stürmte ungestüm auf seinen Vater zu, der ihn hochhob und ihm das Haar zerzauste. »Schau mal, was ich dir mitgebracht habe!«

Durch die offene Tür sah Bellebelle die Ritter und Knappen, die im Garten durcheinanderliefen. Neben dem Tor stand ein blonder Ritter mit einem Spitzbart. Er unterhielt sich mit Thomas Becket, der Heinrich gelegentlich bei seinen Besuchen begleitete. Der Kanzler war zwar stets höflich, wie auch schon damals, als sie ihn in der Gropecuntlane kennengelernt hatte. Doch durch sein Auftreten zeigte er, was er von Bellebelle hielt: Sie war die Gespielin des Königs, nicht mehr wert als der Staub unter seinen Füßen.

Bellebelles Blick wanderte wieder zu dem blonden Mann, mit dem der Kanzler sprach. Ihre Nackenhaare sträubten sich, und ihr Herz begann schneller zu schlagen. Warum nur? Sie sah ihn nur im Profil, aber doch kam er ihr seltsam bekannt vor. Hatte sie ihn schon einmal in Heinrichs Gefolge gesehen? Nein. Er war hier neu. Der Mann veränderte seine Position ein wenig und wendete sich ihr zu. Die Sonne spiegelte sich in einem großen silbernen Medaillon mit fünf Smaragden, das um seinen Hals hing. Woher kannte sie ihn nur…? Bellebelle mußte sich zusammennehmen, um nicht zu laut aufzuschreien, während sie zurückzuckte. Sie schlug die Tür hinter sich zu und lief zur Wendeltreppe. Sie zitterte am ganzen Leib.

Es war Hans de Burgh, der Flame, den sie damals beinahe getötet hätte. Der Mann, der ihre Mutter umgebracht hatte.

# 33. Kapitel

Nachdem er Heinrich nach Bermondsey zu seiner kleinen Dirne begleitet hatte, kehrte Thomas Becket nach London zurück. Er gelangte in die Stadt, kurz nachdem es zur Abendandacht geläutet hatte. Für ihn war Bellebelle die kleine Dirne und Eleonore die große Dirne. Die übrigen Huren, die Heinrich aufsuchte, betrachtete Thomas eher als nützliche Werkzeuge, derer sich ein Mann eben von Zeit zu Zeit bediente, vergleichbar beispielsweise der Dienerin, die die Nachttöpfe ausleerte. Im großen und ganzen war ihm die kleine Dirne lieber. Sie war bescheiden, unterwürfig und kannte ihren Platz im Leben.

Als Thomas seine privaten Gemächer im Kanzleramt betrat, erwarteten ihn dort schon sein Sekretär, sein Kammerdiener und ein Page.

»Hattet Ihr eine angenehme Reise, mein Lordkanzler?« fragte sein Sekretär.

»Eine Reise zu einem Bordell, und sei es auch ein königliches, würde ich nicht unbedingt als angenehm bezeichnen.«

»Nein, Mylord, ich meinte...«

»Ich weiß, was Ihr meintet, William.«

Thomas lächelte. Mit »Mylord« angesprochen zu werden, war für ihn stets erhebend. »Haben wir heute abend viele Gäste?«

»Der große Saal ist bis auf den letzten Platz besetzt.« Der Sekretär machte eine Pause. »Die Königin ist da. Sie hat erfahren, daß Botschaften aus Aquitanien eingetroffen sind, und da man sie ihr, trotz wiederholter Bitten, nicht gesandt hat, ist sie selbst gekommen.«

Thomas hielt beim Ablegen seiner Reitkleidung inne. »Die Königin ist da? Jetzt?«

»Ich habe sie in eine Vorkammer gesetzt, wo sie auf Eure Rückkehr gewartet hat.«

»Herr im Himmel, glaubt die Königin denn, ich bin nur dazu da, ihr ständig zur Verfügung zu stehen? Immer wenn irgendwelche Botschaften eintreffen, soll ich alles stehen- und liegenlassen und zu ihr in den Turm laufen, um sie ihr persönlich in die Hand zu drücken!« Er sah den Sekretär anklagend an, als träfe ihn daran die Schuld. »Glaubt sie vielleicht, ich habe nichts Wichtigeres zu tun, als ihrer Eitelkeit zu schmeicheln?«

Er wußte, daß er sich in eine selbstgerechte Empörung hineinsteigerte, aber er fuhr fort. »Weiß die Frau denn nicht, mit welchen Schwierigkeiten ich hier in meinem Amt zu kämpfen habe? Die Arbeit, die nicht enden will, die Sorgen, die mich plagen, die Ränke, die meine Gegner gegen mich schmieden?« Hätte ihn jemand genauer nach diesen Ränken gefragt, hätte er keinerlei Einzelheiten oder Anhaltspunkte nennen können, doch er war überzeugt, daß es sie gab.

Thomas saß reglos da, während sein Diener ihm den langen roten Umhang mit den goldenen Löwen Anjous über den Kopf zog.

»Manchmal, William«, sagte der Kanzler zu seinem Sekretär, »bin ich dieses Lebens überdrüssig und würde mich am liebsten wieder in eine Abtei zurückziehen.« Er seufzte.

»Ich verstehe Euch, Lordkanzler, aber denkt doch einmal daran, wieviel Gutes Ihr schon erreicht habt. Ohne Eure tatkräftige Hand würde die Verwaltung zusammenbrechen. Und ohne Eure Unterstützung wäre es dem König niemals gelungen, England zu befrieden.«

Die Worte seines Sekretärs besänftigten ihn, und Thomas dachte zurück an die ersten bewegten Jahre von Heinrichs Regentschaft, als sie gemeinsam – unglücklicherweise manchmal auch unter Mitwirkung der Königin – dieses unbotmäßige Reich, das nach neunzehn Jahren des Blutvergießens tief zerrissen war, gefügig gemacht und den Wiederaufbau in die Wege geleitet hatten. Nie würde er diese Zeit vergessen, in der die Dörfer gebrannt hatten, die Menschen an Hunger gestorben und einst wohlhabende Männer an den Bettelstab gekommen waren.

Woche für Woche hatte Thomas den jungen König in die entlegensten Burgen, Klöster und Städte begleitet; zusammen hatten sie das englische Reich bis in seine hintersten Winkel bereist. Es hatte geheißen, noch kein Herrscher, nicht einmal Wilhelm der Eroberer, sei so viel und so weit im Reich umhergereist wie Heinrich. Zunächst waren ihm die Menschen eher reserviert begegnet, doch dann hatten sie ihren neuen Herrscher willkommen geheißen. Sogar die mächtigen Magnaten, die unter Stephan noch selbstherrlich geschaltet und gewaltet hatten, sahen sich gezwungen anzuerkennen, daß es nun einen wirklich starken König im Land gab.

Mehr als eintausend ungenehmigte Burgen und Kastelle waren niedergerissen, die flämischen Söldner fortgeschickt und Verbrecher bestraft worden. Wer widerrechtlich enteignet worden war, erhielt seinen Besitz zurück. Die Straßen waren jetzt wieder sicher; die Leute mußten abends nicht mehr ihre Häuser zusperren, Schafe und Rinder konnten friedlich weiden.

»Heinrich Secundus ist ein mächtiger König, der für Gerechtigkeit sorgt«, sagten die Leute.

Daß er einen wichtigen Beitrag zu dieser Entwicklung geleistet hatte, erfüllte Thomas mit Genugtuung und Stolz. Er und Heinrich waren ein eingespieltes Paar.

»Oh, mein Lordkanzler«, sagte William, »fast hätte ich es vergessen. Es kam eine Nachricht aus Canterbury. Der Erzbischof möchte Euch sprechen – natürlich nur, falls es Eure Zeit erlaubt.«

Thomas beschlichen Schuldgefühle, denn in den vergangenen Monaten war er schon mehrmals Vorladungen des Erzbischofs nicht gefolgt. Es lag daran, daß er soviel zu tun hatte und er einfach keine Zeit fand für den fünfstündigen Ritt nach Canterbury. Doch Thomas wußte, daß dies nicht der einzige Grund war. Theobald hatte ihn mehr oder weniger als seinen Spion in den Hofstaat König Heinrichs eingeschleust. Aber nach den letzten drei Jahren fühlte er sich nicht mehr Theobald, sondern Heinrich verpflichtet. Dadurch war es zwischen ihm und seinem früheren Herrn zu einer gewissen Entfremdung gekommen.

»Schreibt dem Erzbischof, ich werde ihn aufsuchen, sobald es mir möglich ist, schreibt ihm, daß ich sein untertäniger Sohn bin, et cetera, et cetera – Ihr kennt ja die üblichen Floskeln, William.«

»Ja, die Königin, mein Lordkanzler...«

»Die Königin kann warten. Niemand hat sie hergebeten.«

Thomas blickte auf seine neuen Stiefel aus rotem spanischem Leder hinunter; er wußte, Theobald würde so etwas nicht gutheißen. Vielleicht beabsichtigte er, ihn bei diesem Trefffen zurechtzuweisen. Ich weiß, dies ist keine angemessene Kleidung für einen Mann der Kirche, argumentierte er im Geiste mit Theobald, aber für den Lordkanzler von England ziemt sie sich durchaus. – Und wie verhält es sich mit Euren übervollen Ställen, den gut ausgerüsteten Schiffen, dem luxuriös eingerichteten Kanzleramt und den hochwohlgeborenen Pagen? erwiderte Theobald vorwurfsvoll. – Alles zu Ehren der Kirche, Euer Gnaden. – Nicht eher zu Euren Ehren, mein Sohn? – Thomas konnte es nicht leugnen. Es schmeichelte ihm, daß so viele große Familien des Landes sich bemühten, ihre Söhne in seinem Hofstaat unterzubringen.

»Ich muß mir die Zeit nehmen, Theobald zu besuchen«, sagte er laut. »Er fühlte sich gar nicht wohl, als ich ihn das letzte Mal sah.«

Es klopfte an der Tür. William öffnete sie einen Spalt und drehte sich dann zu Thomas um. »Ein Page. Die Königin hat erfahren, daß Ihr mittlerweile zurückgekehrt seid, und sie möchte wissen, wie lange Ihr sie noch warten lassen wollt.«

Die Gedanken an Theobald verblaßten. Thomas errötete angesichts dieses Tadels und blickte in den silbernen Spiegel, den ihm sein Page vor das Gesicht hielt.

»Sofort. Ich werde dieses verflixte Weib jetzt sofort aufsuchen.« Er seufzte. »Bringt mir die Briefe.«

Als er die Vorkammer betrat, lief Eleonore, die von zwei poitevinischen Knappen begleitet wurde, darin ungeduldig auf und ab. Sie war wie üblich prächtig gekleidet, trug ein dunkelblaues Kleid mit grauem Pelzbesatz und darüber einen purpurroten Umhang mit grünem und blauem Saum. In der einen Hand hielt sie ein Paar Lederhandschuhe. Ihr Gesicht, das von Jahr zu Jahr hübscher zu werden schien, war angespannt von unterdrücktem Ärger. Thomas überraschte das nicht. Er hatte sie absichtlich warten lassen.

»Wie ich hörte, seid Ihr schon seit einer Stunde aus Bermondsey zurück. Wißt Ihr, wie lange ich schon auf Euch warte?« fragte sie mit eisiger Stimme.

»Man hat mich leider nicht früher über Eure Ankunft unterrichtet, Madame«, erwiderte Thomas und schloß die Tür hinter sich. Das war eine offensichtliche Lüge, die sie ihm wohl kaum abnehmen würde. Doch Thomas war das gleichgültig.

»Nicht unterrichtet? Was führt Ihr für einen schlampigen Hofstaat, Master Thomas?« Die Königin musterte ihn von oben bis unten, ohne einen Versuch zu unternehmen, ihre Verärgerung oder Verachtung zu verbergen. »Wo sind meine Botschaften aus Aquitanien? Ich weiß, daß Ihr vor kurzem welche erhalten habt.«

Thomas spürte, wie ihm das Blut ins Gesicht schoß. Hatte sie einen Spion in seinem Hofstaat? Diese anmaßende aquitanische Hure! »Erst vor wenigen Tagen. Mein Sekretär wird sie gleich bringen. Könntet Ihr mir vielleicht sagen, was sie enthalten? Falls sie Angelegenheiten des Königs betreffen…«

»Ihr werdet es als erster erfahren.«

William trat in die Kammer und reichte Thomas die Schreiben, der sie an Eleonore weitergab. Ohne einen Blick darauf zu werfen, reichte sie die versiegelten Pergamentrollen an einen ihrer Knappen weiter, richtete sich den Umhang, schlüpfte mit den Händen in ihre Handschuhe und ging zur Tür. Die Knappen folgten ihr.

»Hat der König gesagt, wann er zurückkommt?« fragte sie über die Schulter.

»Nein, Madame. Aber er dürfte nicht lange ausbleiben. Höchstens ein oder zwei Tage.«

Eleonore öffnete die Tür. »Eine wichtige Angelegenheit in Bermondsey?«

»Ja, könnte man sagen, Madame. Ja, in der Tat, so könnte man es sehen.«

Thomas bemerkte, daß sie einen Augenblick zögerte und überlegte, ob sie weitere Fragen stellen sollte. Doch dann schritt sie hinaus, nachdem sie ihm noch einen kurzen Blick zugeworfen hatte. Sollte sie sich ihre eigenen Gedanken darüber machen, was Heinrich dort tat, dachte Thomas gehässig. Seine Abneigung gegen die Königin wuchs von Jahr zu Jahr und verleitete ihn manchmal dazu, sich weniger geschickt als üblich zu verhalten. Es erfüllte ihn mit Befriedigung, wenn er Eleonore Unbehagen bereiten konnte, aber er mußte sich in acht nehmen, wenn er in ihrer Nähe war. Manchmal kam es Thomas vor, als befänden er und die Königin sich in einem unablässigen Kampf, in dem jeder versuchte, dem anderen eine entscheidende Niederlage beizubringen, um die Siegprämie zu erringen – Heinrich. Er hatte gerade den jüngsten Schlagabtausch gewonnen.

Am Eingang des großen Saals, der mit Würdenträgern, Gästen und den Angehörigen seines Hofstaats besetzt war, blieb Thomas kurz stehen. Dann schritt er majestätisch durch die Menge, bis er zu dem hohen Tisch kam, auf dem duftende, knusprige Speisen in goldenem und silbernem Geschirr und edler Wein aus Bordeaux und der Gascogne standen. Er setzte sich an das Kopfende des Tisches. Während die anderen es sich schmecken ließen, aß Thomas nur ein wenig von dem gebratenen Rebhuhn und dem marinierten Lachs. Kirchenmännern war es nicht gestattet, das Fleisch vierbeiniger Geschöpfe zu verzehren. Anders als die vielen gefräßigen Priester befolgte Thomas dieses Gebot sehr genau. Und während die übrigen Teilnehmer des Mahls eifrig dem Wein und dem Bier zusprachen, trank Thomas nur heißes Wasser, das mit frischer Minze gewürzt war. Da er wußte, daß er im Mittelpunkt des Interesses stand, verwendete er viel Mühe darauf, den Besuchern seine vorgebliche Bescheidenheit zu demonstrieren. Andererseits kümmerte es ihn wenig, wenn die Leute sich hinter vorgehaltener Hand zuflüsterten, sein aufwendiger Lebensstil zieme sich nicht für einen Mann der Kirche und die Zurschaustellung seines Wohlstands zeuge von einer ungebührlichen Verbundenheit mit weltlichen Dingen.

Er, Thomas Becket, war nach dem König der zweite Mann im Staat, und das wollte er allen zeigen. Nach einiger Zeit würde dann vielleicht die Erinnerung daran verblassen, daß er früher der arme Thomas aus West Cheap gewesen war, ein Kleriker niedrigen Ranges. Damals war er von der Gunst adeliger Herren und mächtiger Kirchenfürsten abhängig gewesen, heute waren diese Männer abhängig von ihm!

Als die Gäste gegangen waren oder sich zur Nachtruhe zurückgezogen hatten, entließ Thomas seinen Sekretär und die Bediensteten und begab sich in seine Privatgemächer, wo ein Mönch in schwarzer Kutte und Sandalen ihn erwartete. In einer Hand hielt der Bruder eine kräftige grüne Weidenrute. Thomas spürte den Blick des Mönches auf sich, als er seinen Umhang und sein goldfarbenes Hemd ablegte. Als er sich bis auf seine Unterkleidung ausgezogen hatte, kniete er sich fröstelnd auf den kalten Steinboden. Der Mönch reichte ihm ein silbernes Kruzifix, das Thomas an seine Lippen drückte, und dann begann er, den ersten der dreißig Bußpsalmen aufzusagen.

Thomas beugte den Rücken und machte sich auf den ersten Hieb gefaßt. Als die Gerte niedersauste und ein brennender Schmerz durch seine Schulter zuckte, durchströmte ein angenehmes Gefühl seinen Körper. Zwar bereitete ihm nicht die Tortur an sich Vergnügen, aber da Thomas in all den Jahren, in denen er sich den Wünschen der Reichen und Mächtigen gebeugt hatte, seine wahren Gefühle hatte verdrängen müssen, hoffte er, diese Schläge würden ihm zu einem neuen, höheren Bewußtsein seiner selbst verhelfen. Jede Empfindung, die er sich erlaubte – auch Schmerzen oder Haß –, war besser als die ständige Unterdrückung. Daher unterzog sich Thomas diesem Ritual mindestens dreimal in der Woche. Er hielt diese Züchtigung für nötig, denn er wußte, daß er sich vieler Sünden schuldig gemacht hatte: er war hochmütig, hielt sich für etwas Besseres als die anderen Menschen, schwelgte im Luxus und liebte Gott nicht genug, weshalb er auch noch nie seine Gegenwart hatte spüren dürfen – charakterliche Schwächen, die er gegenüber seinem Beichtvater bereitwillig eingestand.

Doch der Hauptgrund, weshalb er sich der Flagellation unterzog, war die heimliche Sünde, die er noch niemandem gebeichtet hatte und die er tief in sich vergrub: seine Leidenschaft für Heinrich, sein Bedürfnis, mit der Königin um den Platz in Heinrichs Herzen zu ringen – ein Bedürfnis, das er nicht verstand und das ihn mit Schrecken erfüllte. Dieses unnatürliche, aber unwiderstehliche Verlangen, dessen er sich schämte, mußte aus ihm hinausgeprügelt werden. Erst dann würde Gott sich ihm zeigen, ihm, dem unwürdigsten aller seiner Diener.

In derselben Nacht lag Bellebelle neben Heinrich und schaute hinauf zu den Holzbalken an der Decke. All die Jahre war es ihr gelungen, den Vorfall, der zum Tod ihrer Mutter geführt hatte, zu verdrängen. Doch heute hatte sie ihren Kampf mit de Burgh und ihre mitternächtliche Flucht durch die Gassen von Southwark nach Saint Mary Overie in allen Einzelheiten wieder durchlebt, und deshalb hörte sie Heinrich nur mit einem Ohr zu, der gerade von seinen jüngsten Abenteuern erzählte.

Heinrich sprach häufig über den Zustand des Königreiches, über sein Streben nach Gerechtigkeit, seine ständigen Auseinandersetzungen mit Frankreich und seine Probleme mit dem aufmüpfigen Aquitanien. Doch insbesondere nach dem Tod seines erstgeborenen Sohnes Wilhelm, der vor sechs Monaten gestorben war, redete er immer öfter über seine Familie: seine Mutter in der Normandie, seinen rebellischen Bruder in Anjou und über Eleonore.

Bellebelle konnte gar nicht genug hören über Heinrichs Ehefrau und ihre wachsende Kinderschar. Sie hatte schon viel über Gottfrieds Halbbrüder und -schwester nachgedacht. Wie sehr wünschte sie sich, ihr Junge könnte einmal zusammentreffen mit Heinrich, dem ältesten Sohn, mit Mathilde und mit Richard, der im vergangenen Jahr, 1157, auf die Welt gekommen war.

Heute allerdings gingen ihr so viele andere Gedanken durch den Kopf, daß sie Schwierigkeiten hatte, Heinrich zu folgen.

»... wußte, daß ich damit recht hatte.«

»Womit?« Ihr war nicht klar, wovon er gerade sprach. Wahrscheinlich ging es um König Ludwig von Frankreich.

»Du hörst mir ja gar nicht richtig zu. Ich habe dir von meinen jüngsten Erfolgen erzählt.«

»Von Ludwig. Doch, ich habe zugehört.«

»Ich habe vorausgesagt, daß er mit seiner kastilischen Ehefrau wieder eine Tochter bekommen wird, und jetzt ist genau dieser Fall eingetreten.«

»Warum ist das für Euch ein Erfolg?«

»Ah ja, eine berechtigte Frage. Ich habe vor, meinen Sohn Heinrich mit dieser Tochter, Marguerite heißt sie, glaube ich, zu verheiraten. Wenn Ludwig also weiterhin nur Töchter bekommt, dann wird mein Sohn eines Tages Frankreich und England regieren. Stell dir das vor, Belle! Im Juni will ich Thomas nach Frankreich schicken, um ein offizielles Angebot zu unterbreiten.«

Belle brachte ein Lächeln zustande. »Gibt es – gibt es noch andere Erfolge?«

»Ja, es gibt noch weitere Erfolge. Du hast mir also zugehört. Ja, ich habe endlich die walisischen Barone bezwungen.«

Walisisch. Belle fiel sofort Morgaine ein, und sie berührte die Halskette mit den blauen Steinen, die sie immer noch trug.

»Ich habe schon viele Kämpfe ausgefochten, aber so etwas wie die Waliser habe ich noch nicht gesehen. Sie haben anscheinend noch nie etwas von Regeln oder ritterlichen Tugenden gehört, wollen nicht auf ebenem Gelände kämpfen und schneiden ihren Gefangenen lieber die Köpfe ab, anstatt für sie Lösegeld zu erpressen.« Er schüttelte den Kopf. »Aber schließlich konnten wir doch einen Waffenstillstand aushandeln, Gott sei Dank. Ich bin mir nicht sicher, ob ich und meine Truppen einem weiteren Waffengang gewachsen gewesen wären.

Während Heinrich von seinen Kämpfen erzählte, überlegte Bellebelle, weshalb dieser Flame de Burgh sich immer noch in England aufhielt. Sie mußte es herausbekommen.

»Wenn Ihr... in den Krieg zieht, habt Ihr dann... sind dann immer noch die Flamen dabei?« Sie gab sich alle Mühe, daß ihre Frage nur ganz beiläufig klang.

Im Schein des Kerzenlichts sah Bellebelle, daß sie Heinrich zu verblüffen schien.

»Natürlich nicht. Ich habe diesen Abschaum schon im ersten Jahr meiner Regierung zum Teufel gejagt, wie ich es dir damals auf der Brücke in London sagte. Wie kommst du auf die Flamen?«

Bellebelle schnürte es die Kehle zu, sie zögerte. Wenn sie nicht zugab, daß sie de Burgh erkannt hatte, würde sie nie erfahren, warum er immer noch hier war. Seine Anwesenheit bedrohte nicht nur ihr neue Existenz, sondern ihr Leben überhaupt. Sie mußte es herausbekommen. Ihr Herz klopfte, und sie holte tief Luft.

»Ich dachte, ich hätte in Eurem Gefolge jemanden erkannt, den ich schon damals als Kuchenverkäuferin immer in der

Schenke gesehen habe. Er hat dort mit den Würfeln gespielt und Bier getrunken. Er soll ein Flame gewesen sein.«

»Da mußt du dich irren. Es gibt keinen Flamen in meinem Gefolge.« Heinrich faßte sie scharf ins Auge. »Welchen Mann meinst du denn?«

»Den blonden mit dem Bart und dem silbernen Medaillon mit den Smaragden.«

»Der Blonde mit dem silbernen – ah, du meinst den, der ein bißchen verkrüppelt ist. Ich kann mich im Augenblick nicht an seinen Namen erinnern.« Er schwieg einen Moment und runzelte die Stirn. »Mein Gott, du hast recht, er ist wirklich ein Flame. Ein halber zumindest. Seine Mutter ist normannischer Herkunft, wie ich hörte, und seine Familie ist entfernt mit meinem Marschall verwandt.« Erneut eine Pause. »Ja, jetzt fällt mir ein, daß John, mein Marschall, sich für den Mann eingesetzt hat. Sehr überzeugend, wie ich mich erinnere. Deshalb habe ich ihn nicht wie die anderen aus dem Land geschickt. Ich habe noch nie mit dem Mann gesprochen – ich glaube, er heißt de Bragh oder de Brugh –, er ist nur ein einfacher Ritter meines Marschalls. Hierher hat er mich zum ersten Mal begleitet.« Heinrich betrachtete sie immer noch aufmerksam. »Was du für ein gutes Gedächtnis hast. Dieser Mann muß mächtigen Eindruck auf dich gemacht haben, wenn du dich nach all den Jahren noch an ihn erinnerst.«

Bellebelle wand sich unter seinem forschenden Blick und versuchte, ihre Angst unter einem schiefen Lächeln zu verbergen. »Es war – es war das Silbermedaillon mit den grünen Steinen.«

»Ja, das ist wirklich sehr auffällig.« Heinrich gähnte, blies die Kerze aus, rollte sich auf die Seite und schien nach wenigen Augenblicken eingeschlafen zu sein.

Bellebelle atmete auf. Jetzt wußte sie zumindest, warum der Flame noch hier war, aber die Gefahr war dadurch keineswegs gebannt. Wenn er weiterhin in Heinrichs Gefolge reiste, dann würde er sie früher oder später erkennen und Heinrich erzählen, was sie ihm angetan hatte. Heinrich würde ihr zugute halten, daß sie ihre Mutter verteidigt hatte und ihr keine Vorwürfe machen, aber dann würde ihre wahre Vergangenheit ans Tageslicht kommen. Wie würde er reagieren, wenn er erfuhr, daß die Mutter seines geliebten Gottfried früher eine Hure gewesen war?

»Bedrückt dich etwas, Belle?«

Heinrichs schläfrige Stimme erschreckte sie.

Sie zögerte. Das war die Gelegenheit, ihm alles zu beichten, aber sie brachte es nicht über sich. »Nein, alles in Ordnung. Bin nur müde.«

»Dann schlaf gut, Liebling.«

»Gute Nacht«, flüsterte sie.

Ihr Herz klopfte so heftig, daß sie fürchtete, er müsse es hören. Vorsichtig drehte sie sich auf die Seite. Bei Heinrich wußte man nie, woran man war. Manchmal kam es ihr vor, als habe er auch hinten im Kopf Augen und könne durch sie hindurchsehen. Bellebelle kannte ihn mittlerweile gut genug, um zu wissen, daß er es ihr verübeln würde, wenn er erfuhr, daß sie ihn die ganze Zeit belogen hatte. Wenn es ihr nicht gelang, de Burgh aus dem Weg zu gehen, würde er es unvermeidlich herausbekommen. Eine Zeitlang mochte es ihr möglich sein, den Flamen zu meiden, aber eines Tages...

## 34. Kapitel

Zwei Tage, nachdem er Heinrich in Bermondsey verlassen hatte, saß Thomas wieder am Kopfende des langen Tisches in seinem Kanzleramt an der Themse, nur einen Steinwurf von dem grauen Westminster-Gebäude entfernt.

Auf der einen Seite des Tisches hatte sein Sekretär William Platz genommen und las Bittschriften vor, die aus den verschiedenen Teilen von Heinrichs Riesenreich eingetroffen waren: aus Nordengland, der Normandie, Anjou und Aquitanien. Da gab es die Bitte um Eröffnung eines Gerichtsverfahrens; einer von Heinrichs Statthaltern in Poitou beklagte sich, daß die poitevinischen Adeligen seine Anweisungen nicht befolgten; Gelehrte baten um eine Anstellung; Bischöfe beschwerten sich darüber, daß die Richter des Königs sich in die kirchliche Rechtsprechung einmischten.

Auf einem eigenen Stapel lagen mehrere ungeöffnete Schreiben, die der Seneschall von Poitou geschickt hatte und die an die Königin adressiert waren. Wahrscheinlich Beschwerden über Heinrichs Statthalter. Normalerweise gingen alle eintreffenden Schreiben und Dokumente an den Kanzler, doch die Königin hatte durchgesetzt, daß Briefe, die an sie gerichtet waren, auch zuerst von ihr gelesen wurden.

Heinrich, der offiziell auch über Aquitanien herrschte, hatte seine Frau in dem Glauben gelassen, sie sei, was diesen Teil des Reiches anbetraf, die bestimmende Kraft. Eines Tages, so hoffte Thomas, würde Heinrichs Nachgiebigkeit gegenüber der Königin ein Ende finden. Daß sie Sonderzahlungen vom Schatzamt erhielt – das sogenannte Gold der Königin – war schon schrecklich genug, ein vollständiger Bruch mit der Tradition. Doch daß es Eleonore gelang, in gewisser Weise immer noch die Kontrolle über ihr Herzogtum auszuüben, konnte keinesfalls hingenommen werden.

Nach Thomas' Ansicht hatten Weiber in einer Regierung nichts zu suchen. Er bezweifelte auch, ob es klug gewesen war,

Kaiserin Mathilde, die in der Normandie die Funktion der Herrscherin wahrnahm, zu erlauben, ohne königliche Autorität Urkunden zu unterzeichnen in ihrem und Heinrichs Namen! Doch da Heinrich seine Mutter blind verehrte, hielt Thomas sich zurück, wenn es um die alte Kaiserin ging.

In England allerdings tat er sein Bestes, damit die aquitanische Hure soweit wie möglich in den Hintergrund gedrängt wurde, was auch nicht allzu schwierig war, da sie in den letzten Jahren vor allem mit dem Gebären von Kindern beschäftigt gewesen war und daher kaum Zeit gefunden hatte, sich in die Staatsgeschäfte einzumischen.

Auf der anderen Seite des Tisches vervielfältigten mehrere Schreiber die Entscheidungen, die im königlichen Rat getroffen worden waren: Landbewilligungen, Eheschließungen von königlichen Mündeln – jede Entscheidung des Königs mußte für die Nachwelt festgehalten werden. Ein Schreiber brachte Thomas seine eigenen Briefe, das große Siegel und den Behälter mit dem süßlich riechenden Bienenwachs. Thomas versiegelte seine Schreiben; er genoß diese Zeremonie, wenn er dem Papier die Insignien seiner Macht aufdrücken konnte.

»Hier ist ein Brief von einem Ritter aus dem Norden«, sagte William, während er ein Stück Pergament überflog. »Er erinnert den König daran, daß ihm ein gutes Lehen versprochen worden ist.«

Thomas hob die Augenbrauen. »Was für eine Anmaßung. Welche Dienste hat er dafür geleistet?«

William räusperte sich. »Dieser Ritter ist der Vater von Mistress Margaret. Ihr werdet Euch vielleicht erinnern...«

»Ja, es fällt mir wieder ein. Bemüht Euch um Diskretion, wenn Ihr die Urkunde ausfertigt. Die geleisteten Dienste dürfen nicht erwähnt werden.«

Ein Schreiber am Tisch kicherte.

Thomas faßte ihn scharf ins Auge. »Was amüsiert Euch daran, Master Paul? Vergeßt nicht, daß diese Dokumente auch der Öffentlichkeit zugänglich sind. Wir möchten nicht, daß die Leute sich noch stärker die Mäuler zerreißen, als sie es ohnehin schon tun.«

Thomas versuchte, seine Verärgerung nicht zu zeigen. Wenn Heinrich sich in seinen persönlichen Angelegenheiten nur nicht so undiszipliniert verhalten würde! An Heinrich, dem König, hatte Thomas nichts auszusetzen. Er arbeitete härter als zehn Männer zusammen, und sogar seine Leidenschaft für die Jagd und die Falknerei mußte hinter seinen politischen Pflichten zurückstehen. Er war ein guter König und würde im Laufe der Zeit mit Thomas' Unterstützung vielleicht auch ein großer König werden.

»Diese törichten Tändeleien mit Weibern werden den König noch ins Verderben stürzen, wenn er nicht mehr Vorsicht walten läßt«, sagte Thomas leise zu seinem Sekretär. »Ich spreche nicht von Huren oder von gelegentlichen Abenteuern mit Bauernmädchen. Das hat nichts zu bedeuten.«

»Ich verstehe, mein Lordkanzler. Ihr spielt darauf an, daß unser König die Angewohnheit hat, junge Frauen aus guten Familien zu verführen.«

»Das kann einmal außerordentlich gefährlich werden.« Thomas seufzte.

»Bis jetzt hat noch kein erzürnter Vater Einwände erhoben«, erwiderte William mit kaum vernehmbarer Stimme. »Alle haben das Schweigegeld für die Sünden ihrer Töchter widerspruchslos akzeptiert.«

»Wofür wir unserem Herrgott dankbar sein müssen. Ich lebe in der ständigen Furcht, daß Seine Majestät eines Tages zu weit gehen und Probleme heraufbeschwören wird, die sich auch durch die Vergabe eines Lehens nicht mehr werden lösen lassen – und die eine Ehefrau, die elf Jahre älter ist als ihr Mann, nicht mehr verzeihen wird.«

Sollte eine solche Möglichkeit sich eines Tages wirklich ergeben ... Thomas bemerkte, daß sein Sekretär ihn aufmerksam ansah, und er wendete schnell den Blick ab. »*Benedicite*. Bis jetzt ist es gutgegangen.«

William nickte und zog das nächste Dokument hervor.

Während Thomas den Schreibern bei ihrer Arbeit zuschaute, meinte er, ganz in der Nähe Hufgetrappel zu hören. Es klang, als befände sich das Pferd hier im Kanzleramt. Thomas schaute zum Eingang und erhob sich halb von seinem Sitz.

Tatsächlich, da stand ein Pferd in der Tür zur großen Kammer! Die Schreiber sprangen auf.

»Bleibt alle still sitzen und zieht die Köpfe ein!«

Heinrich, der auf einem kleinen braunen Zelter saß, setzte damit sauber über den Tisch. Mit den Hinterhufen riß das Pferd aber einen Stapel mit Pergamenten herunter, die auf den Boden flatterten. Thomas, der vor Wut kochte, zwang sich zu lächeln. Heinrich wußte, daß sein Kanzler es nicht ausstehen konnte, wenn sein morgendlicher Arbeitsablauf gestört wurde. Es war typisch für den König, daß er sich diesen Streich hatte einfallen lassen. Im Grunde seines Herzens war er immer noch ein Kind.

Thomas beäugte den Zelter mißtrauisch, doch das gut eingerittene Tier stand mucksmäuschenstill in einer Ecke.

»Ich habe eine neue Freundin, Thomas, einen weiblichen Geierfalken frisch aus Island, und ich möchte, daß Ihr sie mit mir fliegen laßt. Niemand kann besser einen Falken zurücklocken als Ihr.« Heinrich hob den Kopf und grinste Thomas ermunternd an.

»Ich würde gerne Eurem Wunsch Folge leisten, Sire, aber ich muß meine Reise nach Paris im Juni vorbereiten, und außerdem sind gerade mehrere Briefe für die Königin eingetroffen, die ich ihr überbringen muß...«

»Ausgezeichnet. Über die Reise nach Paris können wir uns unterhalten, während wir mit dem Falken üben. Und da ich Eleonore schon seit ein paar Tagen nicht mehr gesehen habe, können wir ihr einen Besuch abstatten, wenn wir fertig sind.«

»Ich habe Euch nicht so bald aus Bermondsey zurückerwartet«, sagte Thomas. Er hatte noch viel Arbeit zu erledigen, und die Aussicht, jetzt mit einem neuen Falken üben zu müssen, war ihm alles andere als willkommen.

»Mich hat die Unruhe gepackt, deswegen bin ich heute schon beim ersten Licht des Tages aufgebrochen. Es ist ein schöner Tag, völlig windstill. Ideal, um einen Falken fliegen zu lassen. Ihr habt noch genug Zeit, um über staubigen Dokumenten zu brüten.«

Thomas hob mit spitzen Fingern ein Stück Pergament hoch. Über staubigen Dokumenten brüten! Glaubte Heinrich, seine Arbeit würde nur darin bestehen? Es konnte nicht schaden, den König daran zu erinnern, in wessen Weinberg er hier schuftete.

»Nun, ich wollte gerade ein Antwortschreiben entwerfen an den Vater von Mistress – laßt mich sehen...« Thomas hielt den Brief vor seine kurzsichtigen Augen... »an den Vater von Mistress Margaret aus Ripon. Ihr habt ihm anscheinend ein Lehen versprochen.«

»Oh, habe ich das wirklich getan? *Mea culpa*. Ich kann mich eigentlich kaum mehr an den Mann erinnern, noch weniger an seine Tochter. Kein sehr denkwürdiges Ereignis, wie? Ein Stück Land mit ein paar Schafen und Schweinen, das muß genügen. Mehr war die Kleine nicht wert.«

Heinrich grinste Thomas abermals an. »Derartige Angelegenheiten sind in Euren Händen bestens aufgehoben. Was wäre ich nur ohne Eure fachkundige Unterstützung, mein Freund?« Er blickte den Tisch entlang, wo die Schreiber diesen Dialog mit angehaltenem Atem verfolgt hatten. »Was wären wir alle ohne unseren geliebten Kanzler?«

Die Schreiber nickten eilfertig.

Herr im Himmel, dieser Mann war einfach unmöglich. Aber er konnte ihm nun einmal nicht widerstehen. Ohne es zu wollen, lächelte Thomas Heinrich zu, und sein Ärger verflog schnell. Wieder einmal war er dem Charme des Königs erlegen. »Ja, in Ordnung. Ich werde gleich nachkommen. Da Ihr schon einmal hier seid, Sire, könntet Ihr Euch kurz diesen Brief an Euren Bruder in Anjou ansehen?«

»Meine isländische Dame kann nicht länger warten. Wir werden uns über diesen Rebellen später unterhalten.«

Bevor Thomas Protest erheben konnte, sprang der Zelter ein zweites Mal über den Tisch, und Heinrich verschwand.

»Macht ohne mich weiter, William«, sagte Thomas resigniert, während er nach dem Bündel mit den Briefen an die Königin griff. »Vielleicht komme ich erst morgen zurück.«

Östlich von London, am Rande eines Sumpfes, beobachtete Thomas, wie der isländische Geierfalke in den grauen Himmel hinaufstieg. Der Vogel zog mehrere beeindruckende Schleifen, bevor er auf sein Opfer herabstieß, einen Reiher, der dicht unter ihm flog. Seine Geschwindigkeit raubte Thomas den Atem.

»Habt Ihr so etwas schon gesehen?« rief Heinrich begeistert. »Ein wundervolles Tier. Ich habe es Eleonore getauft.«

Thomas bedachte ihn mit einem durchdringenden Blick, doch Heinrich meinte es ernst und betrachtete dies offenbar als großes Kompliment. Insgeheim fand Thomas den Namen mehr als passend.

Den Vogel wieder zurückzuholen, erwies sich als recht schwierig, denn er war eigensinnig und ließ sich nur schwer lokken. Die Wanderfalken, die Thomas besaß, waren zwar weniger farbenprächtig und ihre Darbietung weniger eindrucksvoll, aber man konnte sie leichter unter Kontrolle halten. Geierfalken waren ein Symbol des Königtums. Aber Thomas wußte, daß alles, was Heinrich bestätigte, daß er König war, auf ihn einen unwiderstehlichen Reiz ausübte.

Bis der Geierfalke schließlich wieder eingefangen und transportfertig gemacht werden konnte, war auch Heinrichs Geduld fast erschöpft, und Thomas hätte der Kreatur liebend gern den Hals umgedreht. Der König und sein Gefolge machten sich auf den Weg zurück zum Tower.

Als sie in der Abenddämmerung Smithfield passierten – die Begleiter waren ein gutes Stück zurückgeblieben –, bemerkte Thomas einen zerlumpten Bettler, der sich auf einen Stock stützte und ihnen den Weg versperrte.

»Werte Herren, habt Ihr vielleicht einen Penny für mich?« fragte der Bettler. »Beim barmherzigen Gott, die Nacht wird kalt.«

Heinrich zügelte sein Pferd. »Wo kommst du her, Bursche?«

Der Bettler wartete einen Augenblick und schaute mit einem prüfenden, verschlagenen Blick in Heinrichs Gesicht. »Nun, aus Le Mans. Bin als junger Mann nach London gekommen und muß jetzt betteln gehen wegen der verdammten Flamen von König Stephan. Der Teufel soll sie holen.«

»Auch ich bin in Le Mans geboren. Und auch ich bin als junger Mann nach London gekommen. Und was die Flamen betrifft, nun, da sind wir einer Meinung. Weißt du, wer ich bin?«

»Ein großer und ehrenwerter Herr. Sogar ein Bettler kann das sehen.«

Thomas musterte den Mann, der eine flinke Zunge und ein gutes Auge hatte. Aus Le Mans! Thomas bezweifelte, daß der Bursche jemals aus London hinausgekommen war, aber er war jedenfalls gerissen genug, um im Handumdrehen eine passende Geschichte zu erfinden, die den König – er hatte ihn zweifellos erkannt –, beeindruckte. Und Heinrich war so naiv, darauf hereinzufallen.

»Wäre dir denn in dieser kalten Nacht mit einem Umhang nicht mehr gedient als mit einem Penny?« fragte Heinrich lächelnd. »Wie du siehst, ist auch mein eigenes Übergewand nicht mehr das beste. Aber mein Kanzler hier, Erzdiakon Thomas Becket, von dem du gewiß schon gehört hast, besitzt einen wundervollen Umhang mit grauem Eichhörnchenbesatz. Und da er einer der barmherzigsten Menschen der Welt ist und allzeit bereit, Almosen zu geben, habe ich keinen Zweifel, daß er nichts dagegen haben wird, dir seinen Umhang zu überlassen.«

Heinrich rückte mit seinem Pferd an Thomas heran. Er drehte sich im Sattel zur Seite und versuchte, den scharlachroten Umhang von Thomas' Schultern zu ziehen. Zuerst verblüfft und dann erbost über diesen Willkürakt, packte Thomas Heinrich am Handgelenk, um ihn an seinem Vorhaben zu hindern. Die Pferde schlugen aus und wieherten, während die beiden miteinander rangelten. Heinrichs Hengst schnaubte und stieg hoch. Heinrich verlor das Gleichgewicht und stürzte aus dem Sattel, riß dabei aber Thomas mit sich. Der Bettler wich zurück, während Thomas und Heinrich auf dem gefrorenen Boden weiterkämpften. Als schließlich ihr Gefolge herangaloppiert kam, lachten die beiden Männer so herzhaft, daß sie fast keine Luft mehr bekamen. Schließlich fielen sie erschöpft auf den Boden zurück. Dann setzte sich Heinrich neben Thomas auf.

»Wollt Ihr jetzt nachgeben?« Seine Stimme klang triumphierend.

»Ja, Mylord, ich gebe nach.«

»Bettler, nimm dein Geschenk entgegen.«

Heinrich stand auf und zog Thomas den Umhang von den Schultern. Dann reichte er ihn mit einer schwungvollen Bewegung dem Mann, der sich niederbeugte, um Heinrich die Hand zu küssen – ohne sich dabei weiter auf seine Krücke zu stützen, wie Thomas feststellte.

»Wenn dieser Kerl aus Le Mans kommt, dann stamme ich aus den Mooren Irlands. Er ist ein verdammter Lügner, aber für einen schlauen Kopf habe ich immer etwas übrig.« Heinrich kicherte. »Für einen Gottesmann seid Ihr ja ganz schön kräftig, werter Lordkanzler.« Er half Thomas auf die Beine und gab ihm einen freundschaftlichen Klaps auf den Arm.

Thomas klopfte sich den Schmutz von seiner Kleidung und versuchte, seine Freudentränen zurückzuhalten, indem er eine würdevolle Haltung annahm. Als Kanzler und König hatten sie bisher schon immer eng zusammengearbeitet, doch jetzt hatte Heinrich sich zum ersten Mal wie ein echter Kamerad verhalten – wie jemand, mit dem Thomas auf einer Stufe stand.

»Ich werde mir beim besten Schneider Londons einen neuen, noch prächtigeren Umhang bestellen, Sire«, sagte Thomas. »In den Büchern werde ich die Ausgaben als Wiedergutmachung für einen durch einen heimtückischen Angriff des Königs erlittenen Schaden deklarieren.«

Heinrich warf den Kopf zurück und brüllte vor Lachen. »Bei Gott, Ihr wißt ja auf alles eine Antwort.«

»Natürlich, sonst wäre ich ja nicht soweit gekommen.«

»Und wärt auch nicht mein Kanzler.«

Sie grinsten sich an und stiegen auf ihre Pferde. Dann setzten sie ihren Rückweg fort; das Band der Freundschaft zwischen ihnen hatte sich gefestigt.

Es war schon dunkel, als Heinrich und Thomas die königliche Residenz erreichten. Sie stiegen die Wendeltreppe zum obersten Stockwerk des Tower empor und traten in die Kammer der Königin, die sich in Gesellschaft von zwei Hofdamen befand und im Ehebett saß. Einer der stets gegenwärtigen Troubadoure spielte auf seiner Laute, und der offizielle Vorleser der Hofes, Meister Wace aus der Normandie, trug seine eigene, anglo-normannische Übersetzung der Geschichte von König Artus vor.

Als er Eleonore so im Bett sitzen sah, war Thomas wieder aufs neue verblüfft, daß sie schon vierunddreißig Jahre alt war. Ihre Haut war so glatt und rein wie die eines achtzehnjährigen Mädchens: ihr Haar, das normalerweise von einer Guimpe bedeckt wurde, fiel in langen kastanienroten Strähnen über ihren Rükken. Wenn man ihren Körper betrachtete, hielt man es nicht für möglich, daß sie Heinrich vier und Ludwig zwei Kinder geboren hatte. Ihre Taille war immer noch weich und schlank, ihre Brüste hoch und fest und zeichneten sich deutlich unter dem mit Bändern geschmückten seidenen Gewand ab.

Thomas bemerkte, daß Eleonore zuerst Heinrich und dann ihn ansah, und es schien ihm, als registriere sie die neue Verbundenheit zwischen ihnen. Ein Schuldgefühl durchströmte seinen Körper, und ihm kam es vor, als könne sie die dunklen, verborgenen Gedanken lesen, die ihn in den Nächten quälten.

Die Königin schickte den Troubadour, den Vorleser und die Hofdamen weg, bedachte Thomas mit einem kurzen Blick und klopfte auf eine Stelle neben sich auf dem Bett. Heinrich setzte sich, nahm ihre weiße Hand mit den beringten Fingern in seine schmutzige Pranke und führte sie zum Mund.

»Du bist schon zu Bett? Fühlst du dich nicht gut?«

»Es ist nicht der Rede wert.«

»Was bedrückt dich?«

»In meinem Magen rumort es, mich fröstelt, und ich habe starkes Herzklopfen.«

Heinrich legte seine Lippen an ihre Stirn. »Du hast kein Fieber.« Er fuhr mit seinen Händen über ihre Brust. »Aber dein Herz hämmert wild.«

Eleonore lächelte. »Jetzt, da du gekommen bist, ist es noch schlimmer geworden. Überrascht dich das?«

Heinrich errötete und strich mit einem Finger über eine Brustwarze, die sich durch den Stoff ihres Kleides drückte.

Thomas kam sich wie ein Eindringling vor. Er sah, wie sich ihre Blicke ineinander versenkten, so als gehe ein Blitz in einen anderen über. Er war sicher, sie hatten ihn vergessen. Vor wenigen Augenblicken noch waren er und Heinrich sich so nahe gewesen... Obwohl er mit seinem Verstand dagegen ankämpfte, fühlte Thomas, wie ein unerfüllbares Verlangen von ihm Besitz ergriff und seinen Geist umwölkte. Die Züchtigungen hatten noch nicht genügt. Er mußte seinen sündhaften Leib durch noch mehr Arbeit und durch dauerhaftes Fasten bändigen. Die Versuchung mußte aus ihm immer und immer wieder mit aller Macht hinausgeprügelt werden.

Doch bald hatte Thomas sich wieder unter Kontrolle. Während er die beiden beobachtete – sie flüsterte ihm etwas ins Ohr, und Heinrichs Gesicht erstrahlte –, überlegte er, was Heinrich eigentlich dazu trieb, sich auch mit anderen Frauen zu vergnügen. Offensichtlich liebte er diese anmaßende Aquitanierin und begehrte sie leidenschaftlich, was Eleonore mit ähnlicher Leidenschaft erwiderte.

Thomas hustete. »Ich habe einige kürzlich eingetroffene Briefe für Euch, Madame.«

Seine Worte brachen den Zauber. Heinrich, der schwer atmete, erhob sich hastig.

Eleonore streckte Thomas eine Hand entgegen. »Danke.«

»Vielleicht wollt Ihr mir sagen, was diese Briefe enthalten? Wenn sie Angelegenheiten des Reiches betreffen...« Thomas verstummte, als er Heinrichs Stirnrunzeln sah.

»Ich weiß. Darüber haben wir schon vor einigen Tagen gesprochen.«

Hörte der König die Ablehnung aus ihrer Stimme heraus?

»Was hattest du denn in Bermondsey zu tun, Liebster?« wollte Eleonore von Heinrich wissen. »Du weißt gar nicht, wie sehr ich dich vermißt habe.«

Heinrich lächelte. »Ich hatte in meinem dortigen Gut etwas zu regeln. Heute waren Thomas und ich bei der Falkenjagd, Nell. Ich habe einen wunderschönen neuen Geierfalken, ein Weibchen, das ich dir zu Ehren Eleonore getauft habe.«

»Ich will das Tier gern sehen.« Die Königin wendete ihren Kopf Thomas zu. »Gibt es sonst noch etwas, Lordkanzler?«

Thomas fühlte sich unwohl unter ihrem stechenden Blick. »Nein, Madame.« Heinrich schaute zuerst ihn an, dann Eleonore. Es konnte ihm einfach nicht entgehen, daß sie sich beide nicht ausstehen konnten. Nur stellte sich die Frage, was er deswegen unternehmen würde?

»Ich sehe Euch dann in Westminster, Thomas«, sagte Heinrich schnell. »Wahrscheinlich morgen früh. Danke für diesen abwechslungsreichen Tag. Oh, Ihr werdet erfreut sein zu hören, daß ich im September Vater eines weiteren Sohnes werde. Eleonore hat mir gerade diese wunderbare Nachricht mitgeteilt.«

»Ein wundervolle Nachricht«, wiederholte Thomas. »Meine Gratulation, Madame.« Er verbeugte sich und ging zur Tür der Kammer. Heinrich folgte ihm nach draußen und schloß die Tür halb hinter sich.

»Die Königin ist auf Grund ihres Zustands etwas angegriffen. Verzeiht ihre Schroffheit.« Er hielt inne. »Da ist noch etwas, das ich fast vergessen hätte.« Er senkte die Stimme. »Eine vertrauliche Angelegenheit. Ich möchte, daß Ihr mir jede verfügbare Information über einen der Ritter des Marschalls besorgt, ein entfernter Verwandter von ihm, glaube ich. Er trägt ein smaragdbesetztes Medaillon, sein Vater war Flame, seine Mutter Normannin. Mich interessiert nur, was er in den letzten Jahren der Regierungszeit von König Stephan getan hat. Vor allem jener Zeitraum, in dem er sich vermutlich in London aufhielt. Die Angelegenheit ist nicht eilig, reine Neugier meinerseits. Aber kein Wort davon zu irgend jemandem, verstanden?«

Erstaunt nickte Thomas. Heinrich ging zurück in die Kammer der Königin und schloß die Tür.

Auf dem gesamten Weg nach Westminster schäumte Thomas vor Wut. Die aquitanische Hure hatte ihn wie einen Schuljungen weggeschickt. Es würde der Tag kommen, an dem sie es bereuen würde, den Lordkanzler von England gedemütigt zu haben.

## 35. Kapitel

### Paris, im Jahre 1158

Im darauffolgenden Juni brach Thomas nach Paris auf zu seiner bis dahin wichtigsten Mission, seit er in Heinrichs Diensten stand.

Seit dem Ende seines Studiums war er nur noch einmal kurz nach Frankreich gekommen, und als er dieses Mal Paris erreichte, empfand Thomas grenzenlose Genugtuung – ein Gefühl, das er sich nur sehr selten erlaubte. Wie sehr unterschied sich doch diese Ankunft von seinen Besuchen in Studententagen, als er oft kaum genügend Geld hatte zusammenkratzen können, um sich zu verköstigen und seine Unterkunft zu bezahlen.

Aus den ehrfurchtsvollen Blicken, die sich auf ihn richteten, schloß er, daß die Franzosen wohl noch nie etwas derart Prächtiges wie diesen Zug zu Gesicht bekommen hatten, der sich über die Brücke zur Ile-de-la-Cité bewegte. Es schien, als hätte sich nahezu die gesamte Einwohnerschaft der Stadt versammelt, um das Spektakel mitzuerleben, das er, der Kanzler von England, hier in Szene setzte.

Heinrich hatte ihm aufgetragen, König Ludwig davon zu überzeugen, daß sein Vasall, der Herrscher über die Normandie, Anjou und Aquitanien, einen dauerhaften Frieden zwischen England und Frankreich herbeiführen wolle. Der Friedensschluß sollte besiegelt werden durch die Verheiratung von Ludwigs Tochter Marguerite, die jetzt gerade sechs Monate alt war, mit Heinrichs ältestem Sohn, der dreieinhalb Jahre zählte. Das Vexin sollte ihre Mitgift sein. Thomas' Reise nach Paris sollte ein Besuch Heinrichs folgen – die erste persönliche Begegnung zwischen den Königen von England und Frankreich, seit Heinrich vor sieben Jahren zum Herzog der Normandie bestellt worden war.

Aus der Menge ertönten entzückte und begeisterte Ausrufe, als die Kolonne vorüberzog. Angeführt wurde der Zug durch das Fußvolk, zweihundertfünfzig Pagen und Knappen, die unter den Klängen walisischer und englischer Lieder dahinschritten.

Daran schloß sich die Jagdabteilung an: Hundeführer mit Rassehunden an vergoldeten Leinen und Falkner mit ihren prächtig herausgeputzten Vögeln. Dann folgten die Wagen, die jeweils von fünf schwarzen Pferden gezogen und von einem pompös gekleideten Stallmeister gelenkt wurden. Auf dem ersten Wagen, der mit goldenen und scharlachroten Tüchern ausgeschlagen war, prangte eine kleine, transportable Kapelle. Auf den letzten beiden standen Fässer mit braunem Bier – es wurde Zeit, daß die Franzosen lernten, daß es außer Wein auch noch andere wohlschmeckende Getränke gab.

Den Wagen folgten die Packtiere, jedes mit zwei kunstvoll verzierten Truhen bepackt. Dazwischen tanzten langschwänzige Affen umher. Jedesmal, wenn der Zug anhielt – und Thomas sorgte dafür, daß er häufig anhielt –, wurden die Truhen geöffnet und ihr Inhalt zur Schau gestellt: goldenes und silbernes Geschirr und Besteck, juwelenbesetzte Kelche und Krüge. Die Stallknechte, die die Packtiere führten, trugen alle eine einheitliche Livree in den Farben des Königs von England. Dahinter kamen die Bewaffneten, die in genauer Formation marschierten, dann die Ritter in glänzender Rüstung, die auf großen Streitrössern ritten und das scharlachrote königliche Banner mit den goldenen Löwen in die Höhe hielten. Ihre Schildknappen gingen an ihrer Seite.

Thomas hörte, wie jemand in der Menge rief: »Wenn das der Kanzler ist, wie muß dann erst der König sein?« Genau diese Wirkung hatte er erzielen wollen. Er legte seine übliche würdevolle Haltung ab und erlaubte sich ein freundliches Lächeln; er genoß seinen Triumph.

Thomas wußte, an diesen Auftritt, den er hier inszenierte, würde man sich immer erinnern. Dieser milde Junimorgen im Jahre 1158 würde jedermann, der die Ankunft dieses Zuges miterlebt hatte, unauslöschlich im Gedächtnis haftenbleiben. Nicht nur das, wenn die Schreiber in den französischen und englischen Abteien von diesem Ereignis ebenfalls Kenntnis bekamen, würde man noch Jahre, vielleicht Jahrzehnte später, darüber sprechen. Die Nachwelt würde erfahren, daß Heinrich Plantagenet dank seines brillanten Kanzlers zum mächtigsten Monarchen im Westen aufgestiegen war.

»Das Jahr 1158 wird zweifellos zum glorreichsten meiner bisher vierjährigen Regierungszeit werden«, sagte Heinrich zu Robert de Beaumont, Graf von Leicester und einer der beiden Justitiare von England.

»Das habt Ihr bisher jedes Jahr gesagt, Sire.«

»Ja, das stimmt. Aber dieses Jahr ist wirklich außergewöhnlich. Das müßt Ihr zugeben, Robert.«

»Ja, in der Tat.«

Es war Ende September. In Begleitung von Stallmeistern, Knappen und Jägern ritten Heinrich und de Beaumont durch den Wald von Verte in der Nähe von Rouen. Ein blutbeflecktes Messer baumelte an Heinrichs Gürtel, ein Bogen aus Eibenholz hing um die eine Schulter, ein Horn aus Elfenbein um die andere. Auf dem Kopf trug er eine Wolfsfellmütze. Da er gerade einen Fünfender zur Strecke gebracht hatte, war er von einer Zufriedenheit erfüllt, die sich bei ihm nach einer erfolgreichen Jagd stets einstellte.

Im Wald begann es allmählich zu dämmern. Sie kamen zu einer Lichtung, auf der die alte Jagdhütte stand, in der Heinrichs Großvater vor mehr als zwanzig Jahren gestorben war.

»Diesen Schandfleck hätte ich eigentlich schon längst niederreißen lassen sollen«, sagte Heinrich, brachte sein Pferd zum Stehen und zeigte auf die baufällige Hütte. »Jedesmal, wenn ich hier vorüberreite, läuft es mir kalt den Rücken hinunter.« Er sah den alternden Grafen an, der mißtrauisch dreinblickte, als sei er vor etwas auf der Hut. »Ihr wart doch dabei, als mein Großvater starb, nicht?«

»Ja, das stimmt«, seufzte de Beaumont und bekreuzigte sich. »Ich kann nicht an dieser Hütte vorbeireiten, ohne an seinen frühen Tod und dessen tragische Nachwirkungen zu denken.«

Zu denen auch gehörte, daß mein Leben völlig durcheinandergeriet, ergänzte Heinrich im stillen. Der Ursprung jenes erbitterten Kampfes, den seine Mutter und ihr erster Neffe, Stephan von Blois, um den Thron geführt hatten, war für Heinrich immer noch von einem Hauch des Geheimnisvollen umgeben.

»Meine Mutter redet nicht gern über diese Zeit«, sagte Heinrich.

»Niemand erinnert sich gerne an schlimme Zeiten«, antwortete Leicester, der seine Worte offensichtlich sehr sorgfältig wählte. »Eure Regentschaft ist dagegen von großem Erfolg gekrönt. Es ist Euch gelungen, die Waliser zu unterwerfen, die Gerechtigkeit durchzusetzen, den Frieden zu erhalten und den König von Schottland dazu zu bewegen, für seine englischen Besitzungen Tribut zu zahlen.«

»Das werden bestimmt nicht meine letzten Erfolge gewesen sein.« Heinrich hob die Augenbrauen.

Der Graf lachte gequält. »Nein, gewiß nicht – ah, wie wäre es, wenn wir die Zustimmung des Volkes dadurch weiter steigern würden, daß wir eine neue, gesündere Währung herausgeben? Dann könnte...«

»Genug.« Heinrich hob eine Hand, denn er wußte, daß Leicester versuchte, ihn abzulenken.

Hier gab es noch irgendein dunkles Geheimnis, das er entschlüsseln mußte, das spürte er seit langem. Aber sein Instinkt sagte ihm, daß es besser war, schlafende Hunde ruhen zu lassen. Heinrich gab seinem Pferd die Sporen und ritt, gefolgt von seinen Begleitern, schnell von der Lichtung.

Die Ereignisse der jüngsten Zeit gingen ihm durch den Kopf. Mitte des Sommers, nachdem Thomas von seiner Mission zurückgekehrt war, hatte er sich selbst nach Paris begeben, um die kleine Marguerite nach England zu holen, damit sie von der Familie ihres künftigen Ehemannes erzogen werden konnte. Ludwig hatte sich einverstanden erklärt, allerdings nur unter der Voraussetzung, daß Eleonore dabei aus dem Spiel blieb. Heinrich und er waren übereingekommen, daß das Vexin, solange bis die Kinder ins heiratsfähige Alter kamen, dem mächtigen Templerorden in treuhänderische Verwaltung übergeben werden sollte, so daß keiner der beiden Könige dort Truppen stationieren konnte.

Einige Wochen später hatte Ludwig sich zu einer Pilgerfahrt nach Mont-St.-Michel in der Normandie entschlossen. Heinrich hatte ihm freies Geleit in seinem Herzogtum zugesagt und ihn sogar selbst begleitet. Heinrich war überrascht gewesen, wie gut er und Ludwig inzwischen miteinander auskamen, abgesehen natürlich von dem Schatten Eleonores, der unvermeidlicherweise über ihnen beiden lag.

»Wißt Ihr, Ludwig von Frankreich ist gar kein so übler Bursche«, sagte er zu Graf Leicester. »Aber ich sehe natürlich, warum er und Eleonore nicht zusammenpassen konnten.«

»Er ist frommer als der Papst, ein Heiliger durch und durch – aber trotzdem würde ich ihm nie völlig vertrauen.«

»Mit Ausnahme meiner Mutter gibt es *niemanden*, dem ich völlig vertraue«, erwiderte Heinrich. »Außer vielleicht noch einem anderen Menschen.«

»Nur einem? Wer mag das sein?«

»Ihr kennt ihn nicht. Ein alter Freund, den ich einmal auf der London Bridge getroffen habe, wie der Zufall so spielt. In jener Zeit, als Ihr noch König Stephan unterstützt habt.«

Ein erstaunter Ausdruck trat in Leicesters Gesicht. Heinrich lächelte. Sollte der Graf diese Bemerkung verstehen, wie er wollte.

Sie verlangsamten ihre Geschwindigkeit, als sie ein kleines, dichtes Wäldchen erreichten. Leichter Nebel stieg von der feuchten Erde auf.

Das jüngste Ereignis dieses Jahres betraf Heinrichs aufmüpfigen Bruder. Gottfried hatte plötzlich aufgehört, ihm Steine in den Weg zu legen, denn er hatte eine andere Möglichkeit gefunden, seinen Ehrgeiz zu befriedigen. Die Bretonen, die gerade ihren obersten Lehnsherrn verjagt hatten, hatten ihm angetragen, die Bretagne zu übernehmen. Unglücklicherweise – zumindest von Gottfrieds Warte aus – war er aber wenige Wochen, nachdem er sein neues Amt angetreten hatte, verstorben. Vergangenen Monat, im August, hatte Heinrich als Gottfrieds Erbe von König Ludwig verlangt, ihm den Titel des Seneschalls der Bretagne zu verleihen. Dadurch wurde ihre neue Freundschaft auf eine erste Probe gestellt, doch Ludwig hatte bereitwillig seinem Ansinnen entsprochen.

Die Jagdgesellschaft durchquerte einen gurgelnden Bach, der Wald lichtete sich, und dann tat sich zwischen den goldbelaubten Bäumen die Straße nach Rouen vor ihnen auf. Die Dämmerung schritt rasch voran. Es war windstill, und der intensive Duft des Waldes vermischte sich mit dem Geruch des toten Hirschs, der auf eines der Pferde gebunden war.

Neben sich sah Heinrich Graf Leicester, der vornübergebeugt im Sattel saß. Hinter sich hörte er den Hufschlag der Pferde, der auf dem harten Boden einen gleichmäßigen Rhythmus erzeugte, und das Kläffen der Hunde, die an ihren Leinen zerrten.

Seine Sinne waren geschärft wie die Klinge eines Schwertes; er nahm die Flüchtigkeit dieses Augenblicks mit schmerzhafter Bewußtheit wahr. Er hatte einen gewöhnlichen Tag mit gewöhnlichen Ereignissen hinter sich, aber er verspürte das dringende Verlangen, ihn festzuhalten. Weshalb strebte er unablässig nach Leistungen, nach Erfolgen, rannte wie ein Gehetzter einer Zukunft entgegen, die stets hinter der nächsten Biegung der Straße begann? Weshalb war die Zeit sein Feind? Sie entwand sich seinem Griff, raubte ihm die Chance, Erfüllung zu finden. Halt! wollte er ausrufen. Es geht alles viel zu schnell…

Trompeten erklangen, als sie sich der Stadt näherten. Schlagartig wurde Heinrich wieder in die Wirklichkeit zurückgeholt. Im Dämmerlicht erblickte er die scharlachrot-goldene Standarte am Turm der Burg, die anzeigte, daß sich der Herzog in seiner Residenz aufhielt. Vor den Toren der Stadt gabelte sich der Weg, die andere Straße führte hinaus aus Rouen.

»Falls Ihr mich nicht mehr braucht, Sire, reite ich gleich weiter nach Beaumont«, sagte Leicester. »Richtet Eurer verehrten Mutter meine Grüße aus.«

Heinrich schaute dem Grafen nach, als er die Straße hinunterritt, die zu seinem Gut in Beaumont führte, drei Wegstunden entfernt. Der Graf war ein kluger Berater und ein tüchtiger Justitiar, aber auch ein Mann der alten Garde, ein Relikt aus einer schlimmen Zeit, und doch gehörte er zu den wenigen Männern, denen Heinrich vertraute. Das durfte Leicester allerdings nicht erfahren. Besser war es, ihn – und auch alle anderen – stets im Ungewissen zu lassen.

In seinem Herzogspalast begab sich Heinrich sofort in seine Gemächer und ließ sich einen Zuber mit heißem, nach Kräutern duftendem Wasser bringen, um seine schmerzenden Glieder zu entspannen. Er lag schon eine Zeitlang in dem Zuber, als plötzlich Thomas Becket in die Kammer trat. Heinrich blickte ihn stirnrunzelnd an. Er war erst vor zwei Wochen aus England abgereist.

»Ich grüße Euch, Sire.«

»Das ist aber eine Überraschung. Wann seid Ihr angekommen? Stimmt etwas nicht?«

»Ich bin gerade eben erst angekommen, und es ist alles in Ordnung. In bester Ordnung sogar.«

»Gut! Dann freue ich mich, Euch zu sehen, Thomas.« Heinrich stand auf, und ein Diener begann, mit einem langen Leintuch seinen Rücken trockenzureiben. »Und worin besteht die frohe Botschaft?«

»Die Königin hat einem weiteren Sohn das Leben geschenkt, Sire. Es geht ihm sehr gut, seinem unbändigen Schreien nach zu urteilen.«

»Bei Gott und allen Heiligen!« Heinrich wirbelte herum, so daß Wasser nach allen Seiten aus dem Zuber spritzte und Thomas' roten Überwurf benetzte. »Wieder ein Sohn! Wie geht es der Königin?«

Thomas wich zurück. »Es geht ihr gut. Wie immer ist die Geburt so einfach wie bei einer Zuchtstute vor sich gegangen.«

Heinrich warf ihm einen durchdringenden Blick zu. Früher

oder später mußte er etwas unternehmen gegen das böse Blut, das zwischen Nell und Thomas entstanden war. Er durfte es nicht länger dulden, daß sein engster Freund und seine Ehefrau, die ihn liebte, ständig einen Kleinkrieg gegeneinander führten. Besonders wenn er selbst die Ursache dieser Auseinandersetzung war.

»Es stünde Euch besser an, Thomas, der Königin Gerechtigkeit widerfahren zu lassen und ihre große Leistung anzuerkennen.«

Thomas errötete bei diesem Tadel und klopfte dann auf den Beutel an seinem Gürtel. »Sie schickt Euch eine Nachricht.«

Heinrich mußte grinsen. Es gab den kleinen Heinrich, Richard, Mathilde und jetzt… »Diesem Sohn müssen wir den Namen Gottfried geben, nach meinem verstorbenen Bruder – und auch nach meinem Vater.«

Ihre Blicke trafen sich, und Thomas schaute weg, denn beide wußten, daß dies nicht sein erster Sohn mit dem Namen Gottfried sein würde.

»Die Königin dachte auch schon, daß Ihr erwägen würdet, ihn Gottfried zu nennen, und deshalb soll er morgen auf diesen Namen getauft werden. Sie hofft, Euch in ein oder zwei Monaten in der Normandie besuchen zu können.«

»Was für eine erstaunliche Frau. Der Ärmelkanal liegt zwischen uns, und doch findet sie heraus, was ich denke. Wirklich außergewöhnlich.«

Als er abgetrocknet war, setzte sich Heinrich nackt auf einen Stuhl, während man ihm das Gesicht rasierte und die Haare kämmte. Amüsiert beobachtete er, wie Thomas, dem es sichtlich unbehaglich war, seinen Blick auf alle möglichen Gegenstände in der Kammer richtete, nur nicht auf Heinrich. Der Mann war einfach zu prüde für seinen Geschmack. Heinrich überlegte, was der schamhafte Kanzler wohl tun würde, sollte er einmal in eine Situation geraten, in der er ernsthaft in Versuchung geführt wurde. Das würde bestimmt recht spaßig werden…

»In England ist alles in bester Ordnung? Die Waliser halten still?«

»Ja, Sire. Alle Welt freut sich über die Geburt Eures jüngsten Sohnes.«

»Und wie geht es meiner Familie in Bermondsey?« Wenn er sich nicht in London aufhielt – und das war häufig der Fall-, bat er Thomas, sich um Bellebelle und ihren Sohn zu kümmern, die er beide aufrichtig liebte.

»Ich sende einen meiner Männer in regelmäßigen Abständen

dorthin. Mutter und Kind sind wohlauf.« Thomas machte eine Pause. »Dabei fällt mir ein, daß Ihr mich vor einigen Monaten gebeten habt, mich nach diesem flämischen Ritter zu erkundigen. Es tut mir leid, aber wegen der Reise nach Paris und all den anderen Aufgaben habe ich keine Zeit gefunden, mich persönlich der Sache anzunehmen.«

Ein Diener ließ ein blaues Wams über Heinrichs Kopf gleiten. »Das hatte ich schon fast vergessen.«

»Einer meiner Schreiber hat sich mit de Burghs Vergangenheit befaßt. Der Mann scheint bisher vor allem durch seine außerordentliche Gewalttätigkeit aufgefallen zu sein. Besonders bemerkenswert war ein Vorfall in einem Bordell...«

»In London?«

»In Southwark, vor zehn Jahren.«

Heinrich, der sich gerade seine Lederstiefel anzog, hielt inne. »In Southwark, sagt Ihr?« Bellebelle stammte aus Southwark.

»In einem Bordell. Offensichtlich hat de Burgh eine Hure verletzt, und dann ist deren Tochter, ebenfalls eine Dirne, mit einem Messer auf ihn losgegangen. Sein Humpeln rührt von dieser Verletzung her.«

»Sehr bemerkenswert.« Heinrich wurde nachdenklich. »Ein ungewöhnliches Verhalten für eine Hure, würdet Ihr das nicht auch sagen? Sie muß wirklich bis aufs Blut gereizt worden sein.«

»In der Tat. Die Dirne – ich meine die Mutter – wurde am Ende getötet. Von de Burgh, wie man mir berichtete.«

»Gütiger Himmel! Kam der Fall jemals vor Gericht?«

»Der Mord an einer Hure? Wohl kaum, Sire. Der Vorfall ereignete sich in den letzten Jahren von Stephans Herrschaft, in einer Zeit allgemeiner Gesetzlosigkeit.«

Aus der fernen Vergangenheit tauchte ein Bild in Heinrichs Erinnerung auf. Er sah sich und Bellebelle auf der London Bridge. In der Nähe standen einige Frauen in gestreiften Umhängen; eine von ihnen sei ihre Mutter, hatte Bellebelle gesagt. Waren es Huren gewesen? Wahrscheinlich. Andererseits hatte Bellebelle nie erzählt, daß ihre Mutter eine Dirne gewesen war. Ein fürchterlicher Verdacht keimte in Heinrich auf, aber er verscheuchte ihn sogleich wieder. Unmöglich. Bellebelle hätte ihn niemals über ihre Vergangenheit belogen. Darauf hätte er sein Leben verwettet.

Es ergab zwar keinen Sinn, aber in gewisser Hinsicht betrachtete er Bellebelle als seine Ehefrau und Eleonore als seine Mätresse. Bellebelle war zuverlässig, ergeben und absolut vertrauenswürdig. Eleonore dagegen war leidenschaftlich, flatterhaft, ehrgeizig, und irgendwie spürte er, daß es unterhalb ihrer glitzernden Oberfläche geheimnisvolle Tiefen gab, die ihm – oder vielleicht auch ihr selbst – bisher verborgen geblieben waren. Seltsam. Plötzlich fiel Heinrich eine griechische Sage ein, die Geschichte von Odysseus, die Eleonore ihm erzählt hatte. Aber welche der beiden Frauen war seine Gemahlin Penelope und welche die Sirene Kalypso? Es lief ihm kalt den Rücken hinunter – schon zum zweitenmal an diesem Tag.

»Was ist aus der Hure geworden, die de Burgh die Verletzung beigebracht hat? Ist sie denn vor Gericht gestellt worden?«

»Nein. Mir wurde berichtet, daß sie geflüchtet ist. Man hat nach ihr gesucht, sie aber nie gefunden«, antwortete Thomas. »Der Flame wäre an seiner Verletzung fast gestorben und brauchte lange, bis er sich bei seiner Familie in Kent wieder erholt hatte.«

»Ich vermute, nach diesem Vorfall ist er vorsichtiger geworden?«

»Offensichtlich. Da er ein Berittener ist, fällt sein Hinken nicht ins Gewicht und behindert ihn nicht beim Umgang mit Schwert und Bogen. Er gilt als ein furchtloser Krieger, der kein Pardon kennt. John, der Marschall, weiß nur Gutes über ihn zu berichten. Das ist alles, was ich herausbekommen konnte.«

»Das ist sehr viel mehr, als ich erwartet habe. Danke. Aber jetzt ist es für mich nicht mehr so wichtig.« Heinrich stand auf und rüttelte Thomas an der Schulter. »Jedenfalls nicht mehr angesichts meines dritten Sohnes. Sagt mir, mit wem hat er mehr Ähnlichkeit?«

Doch das Bild von Bellebelle und den Frauen in den gestreiften Umhängen blieb in seinem Gedächtnis haften. Er spürte, daß diese Angelegenheit noch nicht ausgestanden war, und plötzlich wünschte er sich, er hätte niemals Nachforschungen anstellen lassen. Es konnte nichts Gutes dabei herauskommen.

# 36. Kapitel

## London, im Jahre 1158

Eleonore stand auf und schlang die Arme um sich, um die Kälte abzuwehren, die trotz der Wandbehänge und der beiden glimmenden Kohlebecken durch die Ritzen in die Kammer drang.

»Wie viele sind es noch, Master Matthew?«

Der Kaplan, Heinrichs alter Lehrmeister, der nun als Eleonores Sekretär arbeitete, blickte auf den Stapel Pergamente, die auf dem Eichentisch vor ihm lagen. »Noch zwei. Aber wenn Ihr müde seid, Madame, können wir den Rest auch auf morgen verschieben.«

»Falls das Wetter es zuläßt, breche ich morgen mit dem Schiff in die Normandie auf – vorausgesetzt, wir werden bis dahin mit dem Packen fertig und das Schatzamt stattet mich mit den Geldmitteln aus, die mir zustehen.« Sie blickte in dem unaufgeräumten Söller umher, wo ihre Hofdamen Kleider, Umhänge und Kopfbedeckungen in Truhen und Satteltaschen verstauten.

Da ertönte ein leises Jaulen. Eleonore schaute auf den Boden. Zu ihren Füßen spielten der kleine Heinrich, der mittlerweile vier Jahre alt war, und die zweieinhalbjährige Mathilde mit einem jungen Windhund. Gottfried, der jetzt gut zwei Monate alt und schon kräftig wie eine junge Eiche war, schlief in der Wiege; der vierzehn Monate alte Richard, der einen hölzernern Ritter mit der Faust umklammerte, döste auf dem blauen Himmelbett. Eleonores Blick ruhte liebevoll auf Richard, der mit seinem weizenblonden Haar und den hellen blauen Augen so sehr ihrem Vater und Großvater ähnelte. Sie liebte alle ihre Kinder, die von Heinrich stammten, aber für Richard empfand sie eine ganz besondere Zuneigung.

Bei seiner Geburt hatten die Geschichtsschreiber eine alte Prophezeiung des Zauberers Merlin zitiert: »Der Adler des zerbrochenen Bundes wird in ihrem dritten Nest wiedererstehen.« Sie hatten diese Prophezeiung auf Eleonore bezogen, die ihre Schwingen über zwei Reiche, England und Frankreich, ausbreitete. Ihr Sohn, so hatten sie behauptet, werde in jeglicher Hinsicht dem Namen seiner Mutter Ehre machen.

Heinrich allerdings hatte zu Eleonores Überraschung heftig der Ansicht widersprochen, Richard sei ein Auserwählter.

»Wenn ich richtig zählen kann und wenn man deine Töchter mit Ludwig mit einbezieht, dann ist Richard dein sechstes Kind, nicht dein drittes«, hatte er gesagt. »Wie können Christenmenschen an einen derartigen heidnischen Unsinn glauben?«

»Nimm es nicht so ernst«, hatte sie ihm erwidert. »Er ist das dritte Kind, wenn man die Mädchen nicht berücksichtigt – was die meisten Chronisten tun, die ja auch alle Männer sind.«

Die Engländer hatten daraufhin begonnen, sie »die Adlerin« zu nennen, während Heinrich, in Anspielung auf seinen Großvater und auf das Wappen von Anjou, weiterhin »der Löwe« blieb. Doch Heinrich legte seitdem eine gewisse Reserviertheit gegenüber Richard an den Tag. Heinrichs Abneigung würde sich im Laufe der Zeit legen, beruhigte sich Eleonore, glaubte aber selbst nicht recht daran. Sie hatte oft genug erfahren, daß Heinrich, wenn er einmal eine Meinung über einen Menschen gefaßt hatte, nur noch selten davon abwich.

»Madame?«

Gähnend ging sie zu dem schmalen Fenster hinüber. »Was kommt als nächstes?« Draußen schneite es leicht.

»Die Mönche von Reading beschweren sich, man habe ihnen gewisse Ländereien geraubt, die sie in London besitzen. Beim Sheriff finden sie kein Gehör, behaupten sie.«

»Schreibt dem Sheriff von London…«, hub sie an. »Laßt mich überlegen, ja, schreibt dem Sheriff von London, er möge dieser Angelegenheit nachgehen und dafür sorgen, daß den Mönchen, sollte sich ihre Klage als berechtigt erweisen, umgehend ihr Land zurückgegeben wird, damit ich in Zukunft keine Klagen mehr über Unzulänglichkeiten unseres Rechtswesens zu hören bekomme.« Sie runzelte die Stirn und wendete sich vom Fenster ab. »Oder ist das zu harsch?«

»Meines Erachtens nicht, Madame. Dem Sheriff kann es nicht schaden, wenn man ihn an seine Pflichten erinnert. Laßt es mich niederschreiben. Einen Augenblick, bitte.« Der Kaplan beugte sein Haupt, nahm den Federkiel in die Hand und begann, auf einer Wachstafel zu notieren, was er später auf Pergament übertragen würde. Als er fertig war, hob er einen weiteren Brief hoch. »Nun, diese letzte Petition stammt vom Abt des Klosters Abingdon. Er behauptet, ihm seien gewisse Dienste, die man ihm schuldet, nicht erwiesen worden.«

»Welche Dienste?« Eleonore ging zu einem der wenigen Stühle mit Armlehnen zurück, die es hier in Westminster gab.

»Offenbar geht es um irgendwelche Frondienste.«

»Soll der Lordkanzler sich damit befassen.«

»Er hält sich doch noch immer in der Normandie bei König Heinrich auf.«

»Wirklich? Er sollte schon längst zurück sein.«

Wenn Heinrich und Becket zur selben Zeit abwesend waren, unterzeichnete Eleonore viele Dokumente in Heinrichs Namen, häufig auch in ihrer beider Namen, selten aber nur in ihrem eigenen Namen – was sie manchmal arg wurmte. Doch andererseits durfte sie an Heinrichs Seite an den königlichen Gerichtssitzungen teilnehmen, die jedes Jahr in einer anderen Stadt abgehalten wurden: in Bordeaux, Poitiers, Le Mans, Bayeux oder London.

Eleonore wußte es zwar zu schätzen, daß Heinrich sie an der Verwaltung des Königreiches teilhaben ließ, aber sie verübelte es ihm, daß er sich nach wie vor weigerte, sie in seiner Abwesenheit als Regentin einzusetzen. Immerhin hatte sie Aquitanien alleine regiert und ihre Sache dabei recht gut gemacht – was Heinrich auch wußte.

Wenn der König sich nicht in England aufhielt, fungierte Richard de Lucy, einer der beiden Justitiare, als Regent. Becket und Leicester befaßten sich mit den wichtigen Staatsgeschäften, ihr blieben nur Nebensächlichkeiten und Routinearbeiten, die die anderen nur allzu gerne abgaben. Wie zum Beispiel diese leidige Angelegenheit mit den Ansprüchen der Klöster.

Eleonore hatte festgestellt, daß Heinrich Verantwortung nur dann an andere delegierte, wenn er in seinem eigenen Interesse dazu gezwungen war. Sein Reich war viel zu groß, als daß er sich selbst um alles hätte kümmern können. Angesichts seiner Neigung, soviel Macht wie möglich in den eigenen Händen zu konzentrieren, fragte sie sich manchmal, ob er erkannte, daß sie genausogut zum Regieren taugte wie jeder der Männer, die er an seinen Hof geholt hatte. Vielleicht gab man ihr deshalb nur unbedeutende Aufgaben?

»Sind Eure Gedanken abgeschweift, Madame?«

Eleonore lächelte. »Schon gut, Master Matthew. Zurück an die Arbeit! Ah, hm, an die Ritter und die Männer, die von der Abtei Abingdon Ländereien verliehen bekommen haben.« Sie überlegte. »Schreibt ihnen, ich setze fest, daß sie dem Abt dieselben Frondienste leisten sollen wie – wie…«

»Wie ihre Vorfahren in der Zeit König Heinrichs des Ersten?«

»Ja, sehr gut. Sollten sie sich weigern, wird die königliche Justiz sie dazu zwingen, und so weiter. Das ist der Kern. Die genauen Formulierungen überlasse ich Euch.«

Es klopfte an der Tür. Eleonore blickte auf und sah, daß der poitevinische Schreiber eintrat, den sie vor einer Stunde zum Schatzamt geschickt hatte.

»Sie sagen, das Gold der Königin sei schon ausgezahlt worden, Madame.«

»Wer sagt das?«

»Einer der Schreiber im Schatzamt. Ich habe ihm mitgeteilt, daß wir es noch nicht erhalten haben.«

»Hast du in der Schatzkammerrolle nachgesehen?«

»Oh.« Der Mann errötete. »Daran habe ich nicht gedacht.«

Eleonore stand auf. »Die Schreiber im Schatzamt machen im allgemeinen sehr zuverlässige Aufzeichnungen. Nun, ich werde selbst hingehen und mich erkundigen. Nach Weihnachten werden der König und ich uns möglicherweise auf eine Reise durch Anjou und Aquitanien begeben. Wer weiß, wann ich zurückkehre. Ich brauche das Geld jetzt und kann nicht länger warten.«

Sie wendete sich an Matthew. »Ich nehme die Angelegenheit am besten selbst in die Hand.«

»Ja, Madame. Wir sind fertig. Ich wünsche Euch eine gute Reise.«

Eleonore lächelte, als er langsam seine Pergamentrollen und Schreibutensilien zusammensuchte und dann durch die Tür verschwand. Sie griff nach ihrem mit Rehfell bezogenen Beutel, warf sich einen pelzbesetzten Umhang über, verließ ihre Gemächer und machte sich auf den Weg zum Kanzleramt. Der Schnee hatte sich schon in Matsch verwandelt, und Eleonore mußte ihre Schritte sorgfältig wählen. Sie überlegte, ob jemand im Schatzamt versuchte, sie zu hintergehen. Schließlich hatten sie ihr, wenn auch widerstrebend, seit Beginn von Heinrichs Regentschaft dieses Geld gezahlt. Es war zwar manchmal spät eingetroffen, aber bisher noch nie ausgeblieben.

Ihr Erscheinen im Kanzleramt verursachte einen mittleren Tumult. Die Schreiber sprangen von ihren Sitzen und rissen die Münder auf.

»Ich wünsche, Eure Bücher zu überprüfen«, sagte sie zu William Fitz-Stephen, dem Sekretär des Kanzlers. »Die Schreiber des Schatzamts behaupten, das Gold der Königin sei ausgezahlt worden, aber das ist nicht der Fall. In Eurer Schatzkammerrolle müßte sich ein Hinweis auf diese Zahlung finden.«

»Ja natürlich, aber unsere Aufzeichnungen sind sehr unregelmäßig.« Er hielt inne und schluckte. »Ich meine, es ist nicht nötig, daß Ihr selbst nachseht. Ich werde das für Euch erledigen.«

»Ich möchte es aber lieber selbst tun, danke.« Sie schaute sich suchend im Raum um und erblickte auf einem großen Eichentisch die Schatzkammerrolle.

»Aber ich muß erst den Lordkanzler um Erlaubnis fragen...«

»Wie bitte? Habt Ihr gesagt, Ihr müßtet den Lordkanzler um Erlaubnis fragen, ob die Königin von England...«

»Laßt sie nachsehen, William.«

Eleonore blickte auf, als Thomas Becket, in ein prachtvolles scharlachrotes Gewand gekleidet, in den Raum trat.

»Ich danke Euch, Thomas. Es überrascht mich, Euch hier zu sehen. Ich dachte, Ihr wäret noch in Rouen. Wie geht es meinem Gemahl?«

»Sehr gut, Madame. Ihr brecht morgen auf?«

Eleonore ging zum Tisch. »Ja.«

Fitz-Stephen folgte ihr auf den Fersen, trat dann vor sie hin und verstellte ihr den Weg zur Schatzkammerrolle. »Mein Lordkanzler, ich glaube wirklich, es wäre besser, wenn ich...«

»Hört auf damit. Laßt der Königin ihren Willen.«

»Aber Mylord, Ihr versteht nicht...« Die Stimme des Sekretärs klang verzweifelt, was Eleonore veranlaßte, beide Männer scharf ins Auge zu fassen.

»Ich verstehe sehr wohl«, erwiderte Becket. »Jetzt tut, was ich Euch geheißen habe, und tretet zur Seite.«

Der Sekretär, der kreidebleich geworden war, verstummte und gab den Weg frei. Heilige Radegund, in was für ein Wespennest hatte sie hier gestochen? Offensichtlich fürchtete Fitz-Stephen, sie könnte in der Schatzkammerrolle etwas entdecken, was sie nicht sehen sollte; Becket dagegen schien das gleichgültig zu sein.

Sie fühlte, wie sich der Blick des Kanzlers in ihren Rücken bohrte, als sie die Pergamentblätter entrollte und die letzten Eintragungen zu überfliegen begann. Sie ging mehrere Wochen zurück, konnte aber in den letzten drei Monaten keine Eintragung bezüglich der Zahlung an sie finden.

»Hier ist keine Zahlung verzeichnet«, sagte sie laut. »Ihr könnt selbst nachsehen.«

»Wenn keine Zahlung verzeichnet ist, dann ist auch keine erfolgt«, sagte Becket. »Wir sind stolz darauf, daß wir alle Haushaltsausgaben lückenlos erfassen, nicht wahr, William?«

»In der Tat, mein Lordkanzler.«

Eleonore konnte in den Papieren nichts entdecken, was die Aufgeregtheit des Sekretärs gerechtfertigt hätte. Sie glättete gerade die Blätter, um sie wieder zusammenzurollen, als ihr Blick auf eine ältere Eintragung fiel: »...für Umhänge und die Fertigung von zwei Samit-Übergewändern für die Königin und Bellebelle.«

Bellebelle? Weshalb stand dieser Name neben dem ihren? Wer war diese Frau? Die Eintragung stammte vom vergangenen Februar, lag also schon mehr als zehn Monate zurück. Eleonore kam es vor, als stülpe ihr jemand einen eisernen Helm auf den Kopf; ihr Herz krampfte sich zusammen.

»Wer ist Bellebelle?« fragte sie Fitz-Stephen.

Er wendete die Augen ab. »Ich... das heißt...« Er warf Becket einen flehentlichen Blick zu.

»Ihr könnt es ihr sagen, William. Die Frau ist eine entfernte Verwandte meines Sekretärs«, sagte Becket. »Eine Näherin von Beruf, nicht wahr, William? Aus Bermondsey, glaube ich.«

Der Sekretär murmelte etwas Unverständliches. Der arme Mann. Er tat ihr fast leid.

Eleonore spürte, wie ihr das Blut ins Gesicht schoß. Hielt Becket sie für dumm? Eine Verwandte, in der Tat. Glaubte er wirklich, sie würde ihm diese offensichtliche Lüge abkaufen? Bellebelle. Schon der Name hatte etwas Hurenhaftes an sich. Sie blickte den Kanzler offen an. In seinen dunklen Augen blitzte diebische Freude auf; seine Unterlippe verzog sich zu einem Grinsen. Schaudernd stellte Eleonore fest, daß Becket gar nicht erwartete, daß sie ihm glaubte. Ganz im Gegenteil. Er hatte gewollt, daß sie die Eintragung entdeckte, damit er sich dann an ihrem Kummer weiden konnte. Nun, diesen Gefallen wollte sie ihm nicht tun.

»Wie großherzig von Euch, daß Ihr so gut für Eure Verwandten sorgt, William Fitz-Stephen.« Hoch erhobenen Kopfes und ohne Becket weiter zu beachten, schritt Eleonore langsam aus dem Raum und lächelte noch kurz den Schreibern zu, als sie an ihnen vorüberging.

Als sie draußen war, holte sie tief Luft, um sich zu beruhigen, und schlug dann den Weg zum Schatzamt ein. Sie wußte nicht, über wen sie sich mehr ärgern sollte, über Heinrich oder über den hinterhältigen Kanzler. Ein eisiger Wind fegte durch den Hof. Schon bei ihrem ersten Zusammentreffen hatte sie gespürt, daß Becket sie nicht mochte, aber daß er absichtlich Zwietracht säte zwischen ihr und Heinrich... Plötzlich erkannte sie, daß Thomas Becket nicht nur ein lästiger Widerpart war, sondern sich möglicherweise auch zu einem gefährlichen Feind entwikkeln konnte.

Und was Heinrich betraf... Vor ihr tauchte der Südflügel von Westminster auf, wo sich die Abrechnungen befanden, die nicht in Winchester aufbewahrt wurden. Jetzt war keine Zeit mehr, sich ihrem Zorn hinzugeben und ihrer Eifersucht auf Bellebelle.

In der großen Kammer herrschte das übliche geschäftige Treiben. Der Schatzmeister und seine Schreiber saßen an einem langen Tisch, der mit einem schachbrettartig gemusterten schwarzweißen Tuch bedeckt war, und hantierten mit ihren Dokumenten und Schreibgeräten.

»Laut der Schatzkammerrolle ist das Gold der Königin noch nicht ausgezahlt worden«, sagte Eleonore zum Schatzmeister.

»Einer meiner Schreiber hat dies auch gerade bemerkt, Madame. Es war sein Fehler, für den ich mich untertänigst entschuldige. Wir haben alles hier.« Der Schatzmeister lächelte sie reumütig an. »Schatzverwalter sind schlimmer als Geldverleiher. Wenn sie einen Grund finden können, nicht zu zahlen, dann tun sie's auch.«

Eleonore zwang sich zu einem Lächeln, reichte ihm ihren Rehfellbeutel und wartete ungeduldig, während er ihn mit Silbermünzen füllte, die er aus einer Holztruhe nahm. Die Einführung einer genauen Buchhaltung bildete eine der Ursachen für Heinrichs Erfolg. Wenn Eleonore daran dachte, wie nachlässig in Aquitanien mit dem Geld umgegangen wurde, dann kam sie nicht umhin, diesem Verfahren ihren Respekt zu zollen.

Als Eleonore das Schatzamt verließ, war ihre eifersuchtgeladene Wut noch nicht verflogen, hatte sich aber auch nicht gesteigert. Sie war einfach nur vorhanden, ein dumpfer Schmerz in ihrem Herzen. Während sie die Wendeltreppe zu ihrem Söller emporstieg, dachte sie an die unverhohlene Freude, die in Bekkets Augen gestanden hatte, sein hämisches Grinsen. Sie wußte, daß ihr Stolz es ihr verbot, Heinrich gegenüber jemals diesen Vorfall zu erwähnen. Schließlich war sie eine Königin, eine große Herzogin. Es war unter ihrer Würde, sich Sorgen zu machen wegen der Dirnen, die Heinrich in sein Bett zerrte, um seine Lust zu befriedigen.

Doch der Name ging ihr nicht mehr aus Kopf. Bellebelle. Samit war ein teures, golddurchwirktes Seidengewebe. Heinrich hatte ihr ein Übergewand aus diesem Stoff mitgebracht. Hatte er beide vielleicht bei demselben Schneider anfertigen lassen? Bellebelle. Hatte sie ihm nur eine Nacht Vergnügen bereitet oder mehrere Wochen lang? Vielleicht sogar Monate? War das Mädchen einigermaßen ansehnlich? Und – die Frage, die Eleonore am meisten fürchtete – war sie jung?

## 37. Kapitel

### Cherbourg, Normandie, im Jahre 1158

Heinrich beabsichtigte, die Weihnachtszeit in Cherbourg an der Küste der Normandie zu verbingen. Er war immer noch in Rouen, als Eleonore Mitte Dezember dort ankam. Erstmals hatte sie den kleinen Heinrich und Richard mitgenommen; Mathilde und der kleine Gottfried waren zu Hause geblieben. Heinrich hatte Thomas erneut nach England entsandt, ihm aber aufgetragen, spätestens bis Februar zurückzukehren, damit er den König auf einer Reise durch Anjou und Aquitanien begleiten konnte. Dann ritt er nach Cherbourg, um Eleonore zu treffen.

Die Königin habe sich gerade zur Nachtruhe begeben, sagte man ihm, als er zum Komplet dort ankam. Er eilte die Wendeltreppe hoch und platzte in ihre Kammer. Eleonore, angetan mit einem pelzverbrämten Nachtkleid, saß auf ihrem Himmelbett, während eine ihrer Hofdamen ihr Haar mit Pomade einrieb, so daß es im flackernden Licht der Kerzen bronzefarben schimmerte. Zwischen ihren entblößten Brüsten, die nun doppelt so groß waren wie sonst, schlief der kleine Richard.

»Hinaus, hinaus!« rief Heinrich den Hofdamen zu, die bei seinem Erscheinen wie aufgeschreckte Hühner durcheinanderschossen. Er riß das Kind von seinem Schlafplatz hoch und warf es unsanft einer der Zofen in die Arme. »Nimm ihn mit.«

Dann kniete er sich vor das Bett, zog Eleonore in seine Arme, küßte ihre Wangen, ihre Nasenspitze und schießlich ihre Lippen, die sich unter seinem Kuß leicht öffneten. »Der Junge ist schon zu groß, um noch so bei dir zu schlafen. Wenn du ihn weiter so verhätschelst, wird er ein Weichling werden.«

»Heilige Radegund, er ist doch erst vierzehn Monate alt! Und daß er ein Weichling wird, ist nicht zu befürchten, glaub mir. Er ähnelt dir mehr als deine anderen Söhne, ist schon ein richtiger kleiner Rabauke – was du bemerkt hättest, wenn du ihm ein bißchen mehr Aufmerksamkeit geschenkt hättest.«

Heinrich drückte sie fest an sich und preßte seine Lippen auf ihren Mund.

»Sei vorsichtig«, flüsterte sie. »Ich bin ziemlich wund. Gottfried ist die Milch der Amme nicht bekommen, deswegen mußte ich ihn die letzten zwei Monate selbst stillen. Er ist allgemein sehr empfindlich. Ich hoffe, das ist kein böses Omen für später.«

Heinrich legte sich neben sie. »Kaum zu glauben, daß es schon vier Jahre her ist, seit wir von hier zu meiner Krönungszeremonie aufgebrochen sind«, sagte er, während er mit seinem Zeigefinger die Konturen ihrer Brust nachzeichnete. »Was haben wir seitdem nicht alles erreicht...«

»Ohne einen einzigen Fehlschlag...«

»... und heute haben wir unser Reich diesseits und jenseits des Ärmelkanals gut im Griff.«

»Und vier Kinder als Versprechen auf unsere Zukunft«, ergänzte Eleonore gähnend. »Denk daran, wie sehr sie später einmal unsere Macht in Europa ausweiten werden. In jedem größeren Herzogtum, in jedem Land ein Plantagenet.«

»Der kleine Heinrich wird einmal über die Normandie und England herrschen, und natürlich über Frankreich. Richard...«

»Wird natürlich Herzog von Aquitanien.«

»Vielleicht. Darüber können wir später immer noch reden.«

»Nein, Heinrich, ich muß darauf bestehen. Richard wird Herzog von Aquitanien.«

Heinrich verkniff sich eine Erwiderung. Es hatte keinen Sinn, jetzt wegen Richard zu streiten. Sollte die Zukunft darüber entscheiden. »Und Mathilde?«

»Für sie kommt nur ein Ehemann aus allerersten Kreisen in Frage. Ein Herzog...«

»Für meine Tochter? Ein Prinz ist das mindeste.«

Eleonore lachte. »Oder noch besser ein König – falls noch einer frei ist.«

»Was ist mit Gottfried?« Heinrich spürte, wie seine Augenlider schwer wurden.

»Er könnte doch die Bretagne bekommen?« Eleonore küßte seine Stirn.

»Ich habe die Bretagne noch nicht völlig unter Kontrolle.«

»Nein, aber das gelingt dir schon noch.«

»Ist dir eigentlich bewußt, Nell, daß uns das Land ausgeht, wenn wir noch einen weiteren Sohn bekommen?«

Eleonore knurrte. »Heilige Radegund! Ich habe gerade einen Sohn zur Welt gebracht, und du sprichst schon vom nächsten! Glaubst du, ich bestehe innen aus altem Stiefelleder? Kannst du denn nie genug kriegen?«

»Nein. Du vielleicht?«

Eleonore zog ihn an den Haaren. »Nun, wenn ich Toulouse noch hätte, dann könnte dieser ungeborene Sohn dort Graf werden. Es gehörte früher zu Aquitanien, wie du weißt, und alle wichtigen Handelsstraßen führen durch dieses Gebiet. Mein Großvater hat immer davon geträumt, es eines Tages für seine Enkel zurückzuerobern.«

Heinrich, der plötzlich wieder hellwach war, stützte sich auf die Ellbogen. »Toulouse hatte ich ganz vergessen. Erzähl weiter.«

»Nun, es besitzt Römerstraßen und Wasserwege, die Aquitanien mit dem Mittelmeer verbinden. Mein Vater ist dort geboren; seine Mutter, meine Großmutter Philippa, hat dort regiert. Ich habe es immer für einen Teil meines rechtmäßigen Erbes gehalten.«

Heinrich bemerkte, daß ihr Gesicht vor Aufregung glühte. »Aber es gehört doch schon seit mindestens fünfzig Jahren nicht mehr deiner Familie.« Er legte sich seufzend zurück. »Ich kann kein weiteres aufrührerisches Gebiet brauchen. Mein Reich ist schon so groß, daß es mir manchmal Schwierigkeiten bereitet, es zu regieren.«

Eleonore beugte sich über ihn und ließ ihre Lippen über die seinen gleiten. »Aber das müßtest du doch gar nicht. Ich würde gerne die Regierung von Toulouse übernehmen.«

»Hat Ludwig nicht einmal versucht, es zu erobern?«

»Oh, Ludwig. Bei ihm geht doch alles schief. Toulouse ist ein wertvoller Besitz. Graf Raimund ist schwach, unfähig und kommt mit seinen Vasallen nicht aus. Und auch mit seiner Ehefrau zankt er sich ständig und schlägt sie…«

»Die übrigens Ludwigs Schwester ist.« Heinrich gähnte. »Das wäre ein ziemlich tollkühnes Unternehmen. Hat dir schon einmal jemand gesagt, daß du von brennendem Ehrgeiz zerfressen wirst, Nell?«

Sie lachte leise. Es war ein warmes, sinnliches, herausforderndes Lachen. Heinrich bettete seinen Kopf zwischen ihre Brüste, seinen Lieblingsplatz zum Schlafen. »Genug jetzt von den Eroberungsplänen. Ich werde darüber nachdenken.«

Wie schön war es, hier bei seiner geliebten Eleonore zu liegen und von der glücklichen Zukunft zu träumen. In England war alles friedlich, die nördliche Bretagne war dem Reich zugeschlagen worden, und auch das Vexin würde eines Tages wieder unter die Herrschaft der Plantagenets kommen. Und irgendwann später vielleicht auch Toulouse?

»Heinrich?«

»Hmm?«

»Wer ist Bellebelle?«

Diese völlig überraschende Frage ließ Heinrichs Blut erstarren. Einen Augenblick dachte er, er habe geträumt. Er tat, als sei er schon fast eingeschlafen. »Ah, kann mich nicht erinnern – warum?«

»Ich habe den Namen in der Schatzkammerrolle gelesen.«

Was hatte sie denn im Kanzleramt zu suchen? Bei Gott, diese Frau hatte die Nase eines Spürhunds! Und welcher Dummkopf hatte Bellebelles Namen in die Schatzkammerrolle eingetragen? »Ich kenne den Namen nicht. Laß uns schlafen, Nell.«

Eleonore hauchte einen Kuß auf seinen Nacken. »Ja, laß uns schlafen.«

Herr im Himmel! Sie verstand es wirklich, stets für Überraschungen zu sorgen! Wußte sie vielleicht mehr, als sie gesagt hatte? Heinrich beschlich ein ungewohntes Schuldgefühl.

Das war kein gutes Omen. Bedrückt überlegte er, ob dieses Jahr, das so gut begonnen hatte, auch genauso gut enden würde.

Nach der Morgenmesse erhielt Heinrich die Nachricht, Kaiserin Mathilde würde am folgenden Tag eintreffen. Sie hatte sich eine Woche in der Abtei Fontevrault zur inneren Einkehr aufgehalten.

»Zum ersten Mal seit meiner Thronbesteigung kann meine Mutter Weihnachten bei uns verbringen«, sagte Heinrich zu Eleonore, als sie von der Kapelle zum großen Saal gingen. »Als sie ihre Enkel das letzte Mal gesehen hat, war Heinrich noch ein Säugling. Wir müssen ihr den Aufenthalt so angenehm wie möglich gestalten.« Es schien, als hätte der Vorfall von vergangener Nacht nie stattgefunden. Eleonore war warmherzig und unbekümmert wie stets. Heinrich war zwar immer noch mißtrauisch, hoffte aber, sie hatte ihm seine Antwort abgenommen.

Eleonore rümpfte die Nase. »Habe ich mich denn nicht immer aufopferungsvoll um deine geheiligte Mutter gekümmert? Die Ruth aus dem Alten Testament zu spielen, kann ziemlich anstrengend sein.«

Heinrich kicherte. »Ja, du warst immer sehr gut zu ihr, Nell. Manchmal ist es nicht leicht, ich weiß.«

»Ich habe damit gerechnet daß sie kommen würde, und habe deswegen einige ihrer alten Freunde eingeladen – Graf Robert von Leicester, seinen Zwillingsbruder Waleran von Muelan und den Bischof von Winchester«, fuhr Heinrich fort.

»Ihre alten Freunde?« Eleonore hob die Augenbrauen. »Ihre

alten Gegner, sollte man wohl besser sagen. Besonders, was Bischof Heinrich betrifft, Stephans Bruder.«

»Oh, ich glaube, diese alten Wunden sind inzwischen alle geheilt. Und wenn nicht, wird es höchste Zeit dafür.«

Am Abend der Ankunft der Kaiserin gab Heinrich ihr zu Ehren ein großes Fest. Sie schien erfreut zu sein, ihre alten Gefährten wiederzutreffen, und sie unterhielten sich bis weit nach dem Komplet.

»Jetzt schläft der Löwe beim Lamm«, flüsterte Eleonore Heinrich zu, während sie die vier beobachtete.

»Von denen ist keiner ein Lamm«, erwiderte Heinrich grinsend.

Am nächsten Morgen führte Heinrich, begleitet von Eleonore und den drei alten Freunden seiner Mutter, die Kaiserin zu ihrem Enkel, dem jungen Heinrich, der gerade bei seinem Hauslehrer Unterricht erhielt. Heinrich liebte seinen ältesten Sohn abgöttisch. Ein bezaubernder Junge mit fröhlichen grünen Augen und hellbraunem Haar, den man einfach gern haben mußte.

»Mutter, hier ist der älteste Sproß des stetig weiter wachsenden Baums der Plantagenets«, sagte Heinrich. »Heinrich, hier ist deine Großmutter.«

Ein erstickter Aufschrei. Heinrich wirbelte herum. Seine Mutter griff sich an den Hals und begann zu schwanken. Heinrich, de Beaumont und der Bischof eilten zu ihr, um sie zu stützen. Dann führten sie Mathilde, die kreidebleich geworden war und zitterte, zurück in ihr Gemach.

»Was hat ihr denn einen solchen Schrecken eingejagt?« fragte Heinrich später die drei Männer.

Alle zuckten mit den Schultern und versuchten, Heinrichs Blick auszuweichen, aber er spürte, daß sie den Grund sehr wohl kannten.

Am nächsten Morgen behauptete Mathilde, sie sei krank und müsse auf der Stelle nach Rouen zurückkehren. Heinrich glaubte ihr das nicht, aber daß sie zutiefst erschüttert war, ließ sich nicht leugnen.

Unter einem bleifarbenen Himmel beobachteten Heinrich und Eleonore, wie die Kaiserin in einer Sänfte den Hof verließ.

»Ich verstehe das nicht.« Heinrich hatte sich den ganzen Tag wegen dieses Vorfalls den Kopf zerbrochen. Ihm war höchst unbehaglich zumute. »Was hat sie nur an dem kleinen Heinrich so erschreckt?«

Ein kräftiger Windstoß wirbelte den Saum seines kurzen

blauen Umhangs in die Höhe. Es begann zu regnen. Heinrich kehrte rasch in die Burg zurück, während es zur Terz zu läuten begann.

Eleonore war in Gedanken versunken. »Ich hatte den Eindruck, er hat sie an jemanden erinnert.«

»Ja, das ergibt einen Sinn. Aber an wen? Und warum hat sie so entsetzt reagiert?«

»Ich weiß es nicht. Wilhelm – Gott lasse ihn ruhen in Frieden – hatte Ähnlichkeit mit deiner Mutter.« Sie bekreuzigte sich, was sie immer tat, wenn die Rede auf ihren verstorbenen Sohn kam. »Mathilde gerät eher nach dir als nach mir. Richard ähnelt meinem Vater und meinem Großvater. Aber ich weiß niemanden, dem der kleine Heinrich ähnlich sehen könnte.«

Heinrich blickte durch die halboffene Tür des Bergfrieds und überlegte, ob er die Messe besuchen sollte. Der Bischof von Rouen würde sie abhalten, und er hatte die Angewohnheit, endlos zu schwadronieren, ganz gleich wie oft man ihm sagte, er solle seine Predigten kurz und knapp halten.

»Es wird darüber geredet werden, Nell, daß meine Mutter Hals über Kopf abgereist ist. Die Leute werden sich fragen, warum sie das getan hat.«

»Darüber würde ich mir keine Sorgen machen. Die Leute finden immer etwas, worüber sie reden können.«

»Ich mache mir aber Sorgen. So seltsam hat sie sich noch nie verhalten.«

Der Haushofmeister der Burg humpelte vorüber, gestützt auf einen Stock. Er war ein grauhaariger Mann in fortgeschrittenen Jahren, der schon seit unerdenklicher Zeit in Cherbourg lebte.

»Einen Augenblick, bitte«, rief Heinrich.

»Meint Ihr mich, Sire?« Der Verwalter blieb stehen.

Heinrich sprach lauter. »Der kleine Heinrich, erinnert er dich an irgend jemanden?«

»Wer?«

»Mein Sohn und Thronerbe, der junge Heinrich. Ähnelt er irgend jemandem, den du kennst?«

»Euer ältester Sohn?« Der Haushofmeister kratzte sich am Kopf, runzelte die Stirn und begann dann zu lächeln. »Jetzt, da Ihr es erwähnt, Mylord, fällt es mir auf. Ja, er hat eine große Ähnlichkeit mit dem alten König von England.«

Heinrich starrte ihn an. »Mit meinem Großvater?«

»Nein, nein, Sire. Stephan von Blois gleicht er, wie aus dem Gesicht geschnitten.« Der Alte verbeugte sich und humpelte weiter.

»Da hast du's. Unser Sohn hat deine Mutter an ihren Cousin Stephan erinnert, ihren ärgsten Feind. Kein Wunder, daß sie so entsetzt war – Heinrich, Heinrich, was ist mit dir?«

Heinrich, der sich vorkam, als habe ihn soeben ein Pferd in den Bauch getreten, war unfähig zu sprechen. Eleonore legte eine Hand auf seinen Arm. Er schüttelte sie ab. Die Worte des Verwalters drohten, die Schleusen der Vergangenheit zu öffnen und eine Flut schon längst vergessen geglaubter Erinnerungen über ihn hereinbrechen zu lassen.

Er riß sich zusammen. »Es geht schon, danke. Ich glaube, ich werde doch die Messe besuchen.«

»Du siehst nicht gut aus.« Eleonore machte eine Pause, ihre haselnußbraunen Augen musterten ihn besorgt. »Komm, mein Geliebter, erst letzte Nacht hast du mir erzählt, wie wunderschön das letzte Jahr gewesen ist. Das nächste wird noch besser werden. Laß dir durch diesen läppischen Vorfall nicht das Weihnachtsfest verderben.«

Eleonore hatte recht. Was war eigentlich mit ihm los? Er hatte Erfolg an Erfolg gereiht, und es gab eigentlich keinen Grund, warum es nicht so weitergehen sollte. Doch nach dem Vorkommnis in der vergangenen Nacht konnte Heinrich sich des Gefühls nicht erwehren, daß irgendein Verhängnis im Anzug war. Gingen die Jahre seiner ununterbrochenen Triumphe jetzt zu Ende?

## 38. Kapitel

### London, im Jahre 1159

Thomas war schon an der Tür des Kanzleramts, als ihm Bellebelle einfiel. »Ich wußte doch, daß irgend etwas noch nicht erledigt ist. Das Geld für die Hure!«

Im Raum trat betretenes Schweigen ein.

»Äh, welche Hure meint Ihr, Lordkanzler?«

»Was für eine Frage.« Thomas lächelte grimmig. »Ich wollte mich schon lange darum kümmern.« Er warf ein dickes Bündel Pergamentblätter auf den Eichentisch. »Nun, *mea culpa*, es hilft nichts. Ich muß nach Southampton, solange das Wetter noch hält. Wenn ich nicht in den nächsten Tagen in die Normandie aufbreche, dann könnten die Winterstürme meine Abreise um Wochen verzögern. Die Hure in Bermondsey hat für diesen Monat ihr Geld noch nicht erhalten, und...« Er blickte im Raum umher. »Ich hatte es doch irgendwo bereitgelegt – wo in Gottes Namen ist der verflixte Beutel?«

Eines Tages, so hatte sich Thomas geschworen, eines Tages würde er Heinrich geradeheraus sagen, was er von seiner Herumhurerei hielt, wieviel zusätzliche Arbeit das alles verursachte, welche Lügen es erforderte, ganz zu schweigen von dem Geld, das es kostete.

»Sucht Ihr vielleicht danach, Lordkanzler?« Einer der Schreiber hielt einen Kalbslederbeutel hoch, in dem Münzen klimperten.

»Gott sei Dank, da ist er. Ich muß diese Aufgabe Euch anvertrauen, William.«

Der Sekretär lächelte gequält. »Ja, mein Lordkanzler, ich verstehe, aber wir haben hier soviel Arbeit – ich bin nicht sicher, ob ich es bis Ende der Woche erledigen kann.«

»Das ist zu spät. Das Geld ist sowieso schon überfällig, und der König hat viel übrig für diese – diese Kreatur.« Thomas seufzte ungeduldig. »Nun, Ihr müßt es ja nicht unbedingt selbst nach Bermondsey bringen, aber andererseits kann man diese Aufgabe auch nicht irgendeiner beliebigen Person übertragen.

Bedienstete reden gern und viel, und Diskretion ist hier – ah, ich hab's. Kürzlich ist eine Gruppe von Rittern des Marschalls aus Wales zurückgekehrt. Sie scheinen im Augenblick nichts zu tun zu haben. Beauftragt einen von ihnen damit.«

»Natürlich, mein Lordkanzler, Ihr könnt diese Angelegenheit beruhigt in meine Hände legen.«

Thomas und William verließen das Kanzleramt. Draußen wartete schon Thomas' Gefolge mit drei gesattelten und bepackten Pferden und zwei Wagen, die mit den für seine Reise nötigen Dokumenten und Unterlagen und mit seinen persönlichen Dingen beladen waren. Thomas' Reise durch Heinrichs Reich würde gut sechs Monate in Anspruch nehmen, und daher mußte alles sorgfältig vorbereitet werden.

»Das Geld wird also morgen abgeliefert, William? Ich werde dem König entsprechend berichten.«

»Jawohl, Gott ist mein Zeuge. Ich wünsche eine gute Reise.«

William Fitz-Stephen wollte gerade ins Kanzleramt zurückkehren, als er auf der anderen Seite des Hofes einen der Ritter des Marschalls erblickte. Ohne lange zu überlegen, rief er ihn zu sich. Dieser Ritter war genausogut wie jeder andere. Der Mann kam herangehinkt. An seinem Hals trug er ein silbernes Medaillon, das mit Smaragden eingefaßt war.

»Könntet Ihr für mich eine Aufgabe übernehmen, Sir – das heißt, falls Ihr im Augenblick nicht mit anderen Pflichten befaßt seid?«

»Nein, bin ich nicht. Ihr seid der Sekretär des Kanzlers, habe ich recht? Was verlangt Ihr von mir?«

»Es geht um einen Dienst für den Kanzler.« William senkte seine Stimme. »Nein, in Wirklichkeit für den König – oder besser gesagt, für die Königin. Könntet Ihr nach Bermondsey reiten und der Näherin Ihrer Majestät einen Beutel Geld überbringen? Wir haben im Kanzleramt im Augenblick sehr viel zu tun, deshalb kann ich nicht selbst hinausreiten. Ich gebe Euch eine genaue Wegbeschreibung.«

Der Ritter lachte kehlig. »Nicht nötig. Ich weiß, wo es ist, hab' aber diese – Näherin noch nie gesehen. Ich glaube, das Haus liegt in der Nachbargemeinde von Bermondsey. Vor einem Jahr ungefähr hab' ich den König schon einmal dorthin begleitet. Der Kanzler war auch dabei.« Er zwinkerte. »Macht Euch keine Sorgen, ich kann schweigen.«

»Gut. Es ist eine delikate Angelegenheit... Wartet hier, ich hole das Geld. Ich bin Euch sehr dankbar.«

»Keine Ursache. Freut mich immer, wenn ich dem Kanzler zu Diensten sein kann.«

Nach einem kurzen Augenblick kam William mit dem Beutel zurück, den der Ritter sich unter sein Wams stopfte.

»Werd' sofort losreiten. Ihr sagt doch dem Kanzler, daß ich es war, der diesen Auftrag ausgeführt hat?«

»Natürlich – wenn Ihr mir Euren Namen nennt?«

»De Burgh. Hans de Burgh.«

Als es zum Mittagsoffizium läutete, trat Bellebelle aus der Tür ihres Häuschens und ging in den Garten. Sie blickte den Weg hinunter, um nach Gottfried Ausschau zu halten, der jeden Moment vom Unterricht zurückkommen mußte. Als er vier Jahre alt geworden war, hatte Bellebelle ihm erlaubt, die drei Wegstunden zur Klosterschule und zurück alleine zu gehen, hatte aber immer erst erleichtert aufgeatmet, wenn sie seine kräftige Gestalt wieder vor dem Haus auftauchen sah.

Da kam er auch schon den Weg entlanggelaufen. Sie nahm ihn in die Arme und drückte ihn fest an sich, bevor sie ihn ins Haus führte.

»Einer der Jungen hat gesagt, im Nachbardorf ist ein Kalb mit zwei Köpfen geboren worden. Was hältst du davon?« Gottfried schaute sie fragend an.

»Na, das glaub' nicht so recht. Hat er's selber gesehen?«

»Nein. Aber jemand hat es ihm erzählt, der's gesehen hat. Kommt Vater heute?«

Bellebelle, die gerade eine Scheibe Weizenbrot abschnitt, seufzte. »Gottfried, weißt du, er ist immer noch unterwegs auf dem Kon-, dem Kontin-...«

»Dem Kontinent. Ich dachte, er wär' schon wieder zurück. Wie lange dauert es denn, bis er sein Reich bereist hat? Er fehlt mir so sehr.«

»Mir auch, mein Sohn, aber der König hat ein großes Land. Kann lange dauern, bis er alles bereist hat. Kon-ti-nent«, wiederholte Bellebelle. »Kontinent.« Allmählich lernte sie auch, besser zu sprechen.

Es kam ihr vor, als hätte sie Heinrich seit Jahren nicht mehr gesehen, aber es war erst Ende letzen August gewesen. Inzwischen hätte sie sich eigentlich daran gewöhnt haben müssen, daß er immer so lange wegblieb, aber sie wußte, sie würde sich nie richtig damit abfinden. Bellebelle stellte das hölzerne Geschirr auf den Tisch. Es war der erste Tag der Fastenzeit, daher gab es Salzhering mit Petersiliensoße.

Gottfried erzählte von seinen Erlebnissen in der Klosterschule. Wenn Heinrich nicht da war, war das Zusammensein mit ihrem Sohn das einzige, worauf sie sich freuen konnte. Als sie noch mitten im Essen waren, klopfte es kräftig an der Tür.

»Sieh nach, wer es ist, mein Sohn. Wahrscheinlich der Holzfäller, der uns Brennholz bringt.«

Gottfried lief zur Tür, Bellebelle hörte nur murmelnde Stimmen.

»Es ist ein Ritter vom Kanzleramt, Mama.«

»Da bin ich aber froh. Das Geld kommt diesmal ziemlich spät.«

Bellebelle wischte sich die Hände an ihrer Schürze ab und ging mit einem Lächeln auf den Lippen zur Tür. Doch dann erstarrte sie plötzlich. In der offenen Tür stand jener Mann, vor dem sie sich am allermeisten gefürchtet hatte, und blickte ihr finster entgegen. Ihr Alptraum war Wirklichkeit geworden.

## Rouen, im Jahre 1159

Der höchst seltsame Vorfall mit der Kaiserin in Cherbourg hatte unvorhergesehene Folgen. Dieses Ereignis hatte Heinrich so sehr verstört, daß er in Gefahr geriet, einer schweren Fehleinschätzung zu erliegen.

Es war Ende Februar. Eleonore und Heinrich hatten sich von Cherbourg nach Rouen begeben, wo sie auf die Ankunft von Thomas Becket warteten, der sie auf ihrer Rundreise durch die Normandie, Anjou und Aquitanien begleiten sollte. Seit dem ominösen Vorkommnis war Heinrich jede Nacht mit Eleonore zusammengewesen. Sie hatte die innere Spannung gespürt, unter der er stand, ein wachsendes Unbehagen, gegen das er sich zu wappnen suchte. Ihren warmen Körper zu spüren, schien ihn zu beruhigen und zu entspannen.

Doch auch sie war aus dem Gleichgewicht geraten, erkannte Eleonore. Immer wieder grübelte sie über den Eintrag in den Haushaltspergamenten nach. Der Name Bellebelle verfolgte sie. Sie wußte, Heinrich hatte gelogen, als er behauptet hatte, er kenne keine Person dieses Namens, was möglicherweise ein Hinweis darauf war, daß es irgendeine besondere Bewandtnis mit ihr hatte. Vielleicht bedeutete sie ihm mehr als die übrigen Dirnen, derer er sich bediente.

Eleonore war verletzt und wütend, aber kein bißchen eifersüchtig, und hätte Heinrich am liebsten offen zur Rede gestellt.

Aber irgend etwas hielt sie zurück. Er war im Augenblick so sehr mit anderen Dingen beschäftigt. Und wollte sie wirklich die Wahrheit erfahren? Schließlich hatte sich Heinrichs Verhalten ihr gegenüber nicht im geringsten verändert. Er war liebevoll und zärtlich wie immer. Er brauchte sie offensichtlich. Ihre Gedanken drehten sich hin und her. Sie hatte niemanden, mit dem sie darüber hätte reden können, niemanden, der ihr einen Rat geben, der sie hätte trösten können.

Schließlich entschied sich Eleonore, das Thema nicht anzuschneiden. Sie hielt es für klüger, die Dinge auf sich beruhen zu lassen – für den Augenblick zumindest. Und dann verdrängte Heinrichs seltsame Ankündigung alle ihre anderen Überlegungen.

Es geschah eines Morgens Ende Februar, als sie sich schon in Rouen befanden.

»Wie müssen allmählich daran denken, unseren Sohn Heinrich zum König zu krönen«, sagte Heinrich unvermittelt.

Sie standen zusammen mit der Kaiserin und Graf Leicester am Ufer der Seine und beobachteten einige Arbeiter, die Holzbalken für die neue Brücke heranschafften.

Diese Idee kam so überraschend, daß Eleonore Heinrich verblüfft anstarrte. Auch Heinrichs Mutter erbleichte und wirkte entsetzt. Es hatte keine Warnung, keinen wie auch immer gearteten Hinweis darauf gegeben, daß er sich mit einem derartigen Gedanken trug.

»Er ist doch erst vier Jahre alt – also noch viel zu klein. Ich sehe dafür auch keine Notwendigkeit, Sire«, meinte Graf Robert de Beaumont, der, sobald der Kanzler eingetroffen war, nach England aufbrechen sollte, um wieder seinen Aufgaben als Justitiar nachzugehen.

»Außerdem bist du ja selbst noch bei bester Gesundheit«, ergänzte Eleonore, die sich nicht erklären konnte, was Heinrich zu dieser überraschenden Aussage getrieben hatte.

Mit einem düsteren Gesichtsausdruck – den er seit dem Vorfall zu Weihnachten immer öfter zur Schau trug – blickte Heinrich in das braune Wasser, das träge unter dem bleiernen Himmel dahinfloß.

»Es ist nie zu früh, sich über seine Nachfolge Gedanken zu machen«, sagte Heinrich. »Das ist in Frankreich und auf dem Kontinent durchaus üblich.«

»Wir sind Gott sei Dank nicht in Frankreich. Du hast drei Söhne, Heinrich. Die Nachfolge ist gesichert.«

»Ich muß der Königin beipflichten«, bemerkte de Beaumont.

»Ein derartiges Vorgehen wäre zur Zeit völlig unsinnig, und es gibt dafür auch keinen Präzedenzfall in England. Wie Ihr wißt, versuchte Stephan von Blois, Eustace noch zu seinen Lebzeiten krönen zu lassen – und ist damit gescheitert. Der Erzbischof von Canterbury hat sich hartnäckig geweigert. Und außerdem, Sire, weshalb diese Eile? Ihr seid doch noch nicht einmal sechsundzwanzig Jahre alt!«

»Nächsten Monat!« Heinrich wendete sich an seine Mutter. »Wie denkt Ihr darüber, Madame?«

»Ich habe dazu keine Meinung«, antwortete diese mit gepreßter Stimme.

Eleonore sah, daß Graf Robert ständig über seinen kurzen grauen Bart strich und am Griff seines Schwertes nestelte. Offensichtlich war er innerlich erregt. Er und Kaiserin Mathilde vermieden es, sich anzusehen. Hier ging irgend etwas Seltsames vor, nur was?

Nach einer kurzen Pause zuckte Heinrich ungehalten mit den Achseln. »Also gut. Vielleicht wäre diese Entscheidung übereilt. Wir können uns noch einmal darüber unterhalten, wenn Heinrich ein bißchen älter geworden ist.«

Eleonore bemerkte, daß es ihm schwerfiel, sich unter Kontrolle zu halten. »Nun, de Beaumont.« Heinrich zwang sich zu einem Lächeln. »Was haltet Ihr von meinem Plan bezüglich Toulouse?«

Heinrich hatte offenbar vergessen, daß Toulouse ursprünglich Eleonores Idee gewesen war, aber sie hielt es für klüger, ihn in dieser Situation nicht daran zu erinnern.

»Ein ausgezeichneter Plan, Sire«, antwortete de Beaumont, sichtlich erleichtert über diesen Themenwechsel. »Natürlich werdet Ihr König Ludwigs Zustimmung zu einem Feldzug einholen müssen, denn er ist der Oberherr des Grafen von Toulouse ebenso wie auch Eurer.«

»Das dürfte nicht allzu schwierig sein.« Heinrich wendete sich an Eleonore. »Hast du mir nicht erzählt, Raimund von Toulouse schlägt seine Frau, Ludwigs Schwester?«

»Das ist in Aquitanien allgemein bekannt.«

Leicester schürzte die Lippen. »Der Graf betrachtet seine Gemahlin als sein Eigentum, mit dem er nach Gutdünken umspringen kann. Ludwig kann nicht eingreifen – jedenfalls nicht offiziell. Graf Raimund ist immer noch der wichtigste Vasall Frankreichs, und Ludwig ist bei seiner Ehre verpflichtet, ihm beizustehen, sollte er angegriffen werden, ebenso wie er Euch beistehen müßte, Sire.«

»Ludwig und ich sind inzwischen Verbündete«, sagte Heinrich. »Ich glaube nicht, daß er sich diesem Vorhaben in den Weg stellen oder Partei für Graf Raimund ergreifen wird.« Er zuckte mit den Schultern. »Falls ich nichts Gegenteiliges von ihm höre, bis wir nach Poitou gelangen, werde ich anfangen, ein Heer zusammenzuziehen.«

Sie gingen weiter am Ufer des Flusses entlang. Eleonore fieberte dem Unternehmen schon entgegen. Es war recht einfach gewesen, Heinrich zu überzeugen. Sein Appetit auf neue Eroberungszüge war immer noch nicht gestillt. Die Herrschaft über Toulouse zurückzugewinnen, davon hatte ihre Familie schon geträumt, bevor sie geboren worden war, denn Toulouse war das Tor zum Süden – in die Provence, nach Barcelona, zum Mittelmeer. Ohne Toulouse war Aquitanien angreifbarer, mit dieser Grafschaft war es unbezwingbar. Daß Heinrich ihre Idee bereitwillig aufgegriffen hatte, betrachtete Eleonore als ein gutes Zeichen, als einen sicheren Hinweis darauf, daß sie in allen Wagnissen zusammenhielten. Der Stachel, den die Affäre mit Bellebelle in ihr Fleisch getrieben hatte, schmerzte dadurch nicht mehr so stark.

## Bermondsey, im Jahre 1159

»Ich hab' gewußt, eines Tages würd' ich dich finden«, sagte Hans de Burgh, trat ins Haus und schloß die Tür hinter sich. »Und jetzt ist es soweit.«

Zum ersten Mal hörte Bellebelle ihn sprechen. Dabei wurde er vor ihrem Angesicht zu einem anderen Menschen: In seinen hellen blauen Augen erschien ein grausames Funkeln, seine Lippen verzerrten sich zu einem fratzenhaften Grinsen. Er sah aus wie ein Totenkopf. Bellebelle schnürte es die Kehle zu, ihre Beine kamen ihr vor, als wären sie am Boden angefroren.

Zitternd streckte sie eine Hand nach ihrem Sohn aus, der de Burgh anstarrte, als könne er nicht glauben, daß dies derselbe Mann war, dem er die Tür geöffnet hatte.

Bellebelle fuchtelte mit den Armen.

»Gottfried – schnell – lauf weg – hol Hilfe!« brachte sie flüsternd hervor.

»Bleib, wo du bist, Gottfried!«

Der Junge sah Bellebelle an, dann de Burgh.

»Lauf, mein Junge!«

Gottfried machte Anstalten, zur Tür zu gehen. De Burgh

packte den kleinen Jungen am Arm. »Ich hab' gesagt, du sollst hierbleiben.«

»Laß ihn gehen!« schrie Bellebelle.

»Laßt mich los.« Gottfried versuchte, sich dem Griff zu entwinden, aber de Burgh umklammerte seinen Arm nur noch fester.

Bellebelle, die sich inzwischen von der Überraschung erholt hatte, stürzte auf de Burgh zu und begann, auf seine Schultern einzutrommeln. Er ließ den Jungen los, packte Bellebelle am Arm und warf sie zu Boden. Gottfried schoß wie ein Blitz aus der Tür. De Burgh unternahm keinen Versuch, ihn zu verfolgen. Seine Augen glühten rötlich und haßerfüllt.

»Du dreckige, verkommene Hure«, zischte er wie eine Schlange. »Jeder Schritt ist für mich wie ein Messerstich, nur wegen dir.« Er rieb sich die Seite. »Dafür wirst du bezahlen, du Satansbrut, ja, dafür wirst du bezahlen.«

»Du hast meine Mutter umgebracht!« rief Bellebelle. »Zuerst hast du sie gefoltert und dann ermordet!

»Die Hure hatte es verdient. Sie hatte die brennende Krankheit. Ich hätte daran sterben können.«

De Burgh holte mit dem Fuß aus und trat sie in die Seite. Bellebelle kreischte und versuchte, sich wegzurollen, aber er hielt sie fest.

»Wie viele Nächte habe ich von diesem Augenblick geträumt, mir ausgemalt, was ich alles mit dir anstellen werde.« Langsam zog er ein Messer mit kurzer Klinge aus einer Scheide, die an seinem Ledergürtel hing. »Erinnerst du dich, was ich mit deiner Mutter gemacht habe, ja? Das werd' ich jetzt auch mit dir machen...« Er kicherte; dasselbe Kichern hatte ihr schon damals in Southwark eine Gänsehaut über den Rücken gejagt.

Bellebelle sah zum ersten Mal nach all den Jahren wieder den blutüberströmten Leib ihrer Mutter vor ihrem geistigen Auge. De Burgh kam näher, durchbohrte sie mit seinem wahnsinnigen Blick. Er beugte sich hinunter und schlitzte mit einem schnellen Schnitt ihr Mieder auf. Dann riß er es auseinander und entblößte ihre Brüste. Bellebelle, die wie betäubt war, leistete keinen Widerstand.

Da ertönte ein leises Knurren. De Burgh beachtete es nicht, Bellebelle aber drehte den Kopf. In der Tür stand Gottfried mit dem Wolfshund an der Leine.

»Ihr habt meine Mutter angerührt, deswegen habe ich Valiant geholt. Ich habe ihn abgerichtet. Auf meinen Befehl wird er über Euch herfallen.«

De Burgh schaute sich um. Der Wolfshund fletschte die Zähne und knurrte, während Bellebelle sich aufrappelte und ihr Mieder richtete. Valiant hatte bisher nur Kleintiere zur Strecke gebracht, aber das wußte der Flame nicht.

»Oh, mein Junge, das hast du gut gemacht«, rief Bellebelle mit zitternder Stimme und schwer atmend.

Gottfrieds Erscheinen hatte den Bann gebrochen. Sie konnte wieder denken. »Aber es ist nicht nötig, daß wir Valiant auf diesen Dreckskerl hetzen. Er hat offenbar vergessen, zu wem ich, zu wem wir gehören. Was, glaubst du, wird der König mit dir machen, wenn du mir etwas antust?«

Sie sah, wie das wahnsinnige Funkeln aus den Augen des Mannes wich. Sein Unterkiefer fiel herunter, er fuhr sich mit der Hand über die Augen und starrte sie an, als sehe er sie jetzt zum ersten Mal – was in gewisser Weise auch zutraf.

»Du meinst, du bist – mein Gott, natürlich.« Er bekreuzigte sich. »Daran habe ich nicht gedacht.« Er stand auf und griff in sein Wams. »Hier«, sagte er und warf den Beutel mit den Münzen auf den Boden.

»Raus hier!« rief Gottfried. »Kommt nie mehr zurück. Wenn ich meinem Vater erzähle, daß Ihr versucht habt, meine Mutter umzubringen...«

De Burgh lachte unsicher. »Deine Mutter hat dich als Sohn des Königs ausgegeben? Du könntest genausogut der Bastard eines Schlachters sein.« Er sah Bellebelle an, als sei sie eine Art Ungeziefer, das es auszurotten galt. »Ich frage mich, ob König Heinrich weiß, wer du in Wirklichkeit bist? Und daß du damals versucht hast, mich zu töten?«

»'türlich weiß er es«, antwortete sie schnell, zu schnell, und schaute zu Boden.

De Burgh bedachte sie mit einem langen, forschenden Blick, während er allmählich seine Fassung wiedergewann. »Ich vermute, er weiß gar nichts. Und wenn er es erfährt – und du kannst sicher sein, daß ich's ihm erzähle –, wie lange, glaubst du, kannst du dich dann noch halten?« Er schnippte mit den Fingern. »So lange, wenn's hochkommt. Es wird ihm gleichgültig sein, was aus dir wird. Und dann komm' ich zurück, ja, darauf kannst du Gift nehmen. Dann werde ich zu Ende führen, was ich heute angefangen habe.«

»Der König ist nicht da, er ist auf dem Kontinent«, sagte Gottfried, kreidebleich und mit weit aufgerissenen Augen.

»Aber er wird zurückkommen. Irgendwann. Ich kann warten.«

Grinsend schlüpfte de Burgh aus der Tür. Kurz darauf hörte Bellebelle, daß ein Pferd eilig davontrabte. Gottfried lief rasch zur Tür.

»Er ist weg.«

Plötzlich begann Bellebelle zu weinen. Er war weg. Wie lange würde es jetzt noch dauern, bis ihr Leben mit Heinrich zu Ende war?

# 39. Kapitel

## Toulouse, im Jahre 1159

Die folgenden Monate vergingen für Eleonore wie im Flug, denn alle Welt war mit den Vorbereitungen für den Feldzug gegen Toulouse beschäftigt. Zunächst erhob Heinrich eine Kriegssteuer von den Städten, den Sheriffs, von Geldverleihern, sogar von der Kirche; Thomas Becket wurde zu diesem Zweck in die Klöster entsandt. Im Frühjahr ließ Heinrich an seine größeren Vasallen in England, der Normandie und Aquitanien die Weisung ergehen, sich am Johannistag in Waffen in Poitiers vor ihm einzufinden. Dann reiste er nach Paris, zuversichtlich, daß Ludwig von Frankreich sein Vorhaben unterstützen würde. Doch zu Eleonores Verwunderung blieb Ludwig unentschieden. Einerseits war der Graf von Toulouse sein Vasall, dem er Treue schuldete; andererseits ging es um die Sicherheit seiner Schwester. Er zog daher die Rolle des Zuschauers vor.

»Was hat Ludwig vor?« fragte Eleonore Heinrich nach seiner Rückkehr aus Paris. »Ich traue ihm nicht.« Erstmals beschlichen sie leise Zweifel daran, ob das Unternehmen erfolgreich ausgehen würde. »Er sollte dich unterstützen, anstatt unbeteiligt danebenzustehen. Das ist wieder einmal typisch für ihn. Hat er schon vergessen, wie katastrophal vor achtzehn Jahren der Versuch geendet hat, Toulouse einzunehmen?«

Heinrich zuckte mit den Schultern. »Was spielt das für eine Rolle? Er hat weder für die eine noch für die andere Seite Partei ergriffen. Ich kann auf eine ununterbrochene Serie von Siegen zurückblicken. Mit Toulouse wird diese Serie fortgesetzt werden.«

Eleonore war zwar auch davon überzeugt, doch die Unentschlossenheit Ludwigs bereitete ihr Sorgen. Sie verlangte von Heinrich, ihn auf dem Feldzug begleiten zu dürfen, und er willigte ein.

Ende Juni verließ Heinrichs Heer Poitiers. Zu seiner Streitmacht gehörten nicht nur Barone aus seinem eigenen Reich, sondern auch der König von Schottland, der Graf von Barcelona und mehrere unzufriedene Vasallen des Grafen von Toulouse. Schon Anfang Juli schlugen sie vor den Toren von Toulouse ihr Lager auf und begannen, sich auf eine lange Belagerung einzurichten.

Heinrich hatte wie üblich seine Schreiber mitgenommen und widmete sich, mit Eleonores Unterstützung, der täglichen Verwaltungsarbeit: Erlasse herausgeben, Streitfälle schlichten und Petitionen bescheiden.

Im September schließlich bekannte Ludwig Farbe.

Er erschien plötzlich vor den Toren der Stadt, ohne Begleitung durch Soldaten oder Wachleute. Wie ein demutsvoller Büßer begehrte er Einlaß in die Stadt, um seine Schwester beschützen zu können. Wäre sie zugegen gewesen, hätte Eleonore, wie sie später sagte, diese List bestimmt durchschaut, aber sie war für einige Tage nach Foix gereist, um entfernte Verwandte zu besuchen. Als sie zurückkehrte, erfuhr sie, daß man Ludwig Zutritt in die Stadt gewährt hatte und daß Heinrich erwog, die Belagerung abzubrechen.

»Aber das kannst du doch nicht tun«, rief sie, denn es wollte ihr nicht in den Kopf, daß Ludwig so gerissen und Heinrich so wankelmütig sein konnte. »Du hast all diese Strapazen auf dich genommen – und jetzt soll nichts dabei herauskommen? Nein, du mußt weitermachen.«

»Wie denn? Ludwig ist mein oberster Lehnsherr. Wenn ich gegen eine Stadt vorgehe, in der er sich aufhält, welches Beispiel biete ich dann meinen eigenen Vasallen?«

Thomas ergriff zum ersten Mal für Eleonore Partei. Da er siebenhundert Ritter aus seinem eigenen Hofstaat ausgerüstet hatte – was darauf hinwies, wie einflußreich er inzwischen geworden war –, vermutete Eleonore, Thomas hoffe, sich hier militärisch groß in Szene setzen zu können. Es wurde immer offensichtlicher, daß der Kanzler sich für einen einflußreichen Baron hielt und alles tat, um vergessen zu machen, daß er einst nicht mehr als ein kleiner Erzdiakon gewesen war.

»Ludwig hat sich auf die Seite Eures Feindes geschlagen und verdient keine Rücksichtnahme, Sire«, sagte Thomas. »Ihr werdet zum Gespött von ganz Europa, wenn Ihr jetzt die Belagerung abbrecht. Man wird sagen, Ludwig hätte Euch ausgetrickst.«

»In meiner Gegenwart wird man das nicht sagen.« Heinrichs Gesicht lief feuerrot an, und Eleonore befürchtete schon, er würde gleich wieder zu Boden stürzen und einen seiner Wutanfälle bekommen.

Er verlor zwar diesmal nicht die Kontrolle über sich, aber sie wußte, daß er wild entschlossen war und daß weitere Versuche, ihn umzustimmen, nichts fruchten würden. Sie hatte nie verstanden, weshalb Heinrich diese seltsame Zuneigung zu Ludwig entwickelt hatte, den er doch andererseits schon so oft überrumpelt und übertrumpft hatte.

»Eine solche Möglichkeit wird sich uns nie wieder bieten«, sagte sie. »Toulouse wird für immer verloren sein.«

»Uns? Uns? Ich habe es nie gewollt!« schrie Heinrich. »*Du* wolltest es haben, *du* hast mir das alles eingebrockt! Das ganze Unternehmen war deine Idee. Habe ich denn nicht gleich am Anfang gesagt, daß es ein tollkühnes Vorhaben wäre?«

Eleonore war erstaunt. Er vergaß also doch nicht, von wem eine Idee stammte – wenn es seinen Zwecken diente.

Heinrich schleuderte sein Schwert auf den Boden, trat gegen einige Schilde und stampfte aus dem Zelt. Thomas folgte ihm und versuchte weiter, ihn zu einem Sinneswandel zu bewegen.

Heinrich war zwar machthungrig, aber Eleonore wußte schon seit längerem, daß er an Blutvergießen oder Krieg nicht wirklich Gefallen fand, sondern andere Wege bevorzugte, um einen Sieg zu erringen. Schlimmer noch als der endgültige Verlust von Toulouse allerdings war für Eleonore die Tatsache, daß ausgerechnet Ludwig es gewesen war, der den Beweis geliefert hatte, daß ihr Ehemann nicht unbesiegbar war.

## Poitiers, im Jahre 1160

Fünf Monate später, wieder zurück in Poitiers, hieb Heinrich mit eiserner Faust auf den Tisch. »Schleift das Schoß des Viscounts!«

Eleonore hielt den Atem an. »Heinrich, das kannst du doch nicht ernst meinen…«

»O doch«, erwiderte er und hob die Stimme, so daß alle ihn hören konnten, die sich an diesem ungewöhnlich warmen Februartag im großen Saal des Maubergeonne-Turmes versammelt hatten. »Ich habe gesagt, schleift die Burg, und genau so habe ich es gemeint!«

Gespannte Ruhe breitete sich aus unter den aquitanischen Vasallen, Baronen und Prälaten.

»Aber der Viscount hat diese Behandlung nicht verdient«, entgegnete Eleonore. Ihr Herz klopfte heftig, während sie versuchte, ihre Stimme so ruhig wie möglich klingen zu lassen. »Du hast ihm doch schon seine Ländereien in Thouars abgenommen.«

Heinrich erwiderte nichts. Sie bemerkte, daß er seine Blicke verächtlich über die Speisen und Getränke auf dem Tisch schweifen ließ. Dann stach er mit seinem Dolch in eine Schüssel, die mitten auf dem Tisch stand, und spießte einen Fisch auf, der in einer dicken Soße lag. Er roch argwöhnisch daran.

»Der Geruch von diesem Fisch gefällt mir nicht.«

»Alle Fische, die man hier aufgetragen hat, wurden heute morgen oder gestern abend frisch gefangen. Die gedünsteten Neunaugen wurden gerade erst zubereitet.«

Heinrich warf den Fisch einem Hund unter dem Tisch zu. »Ich mag keine Neunaugen. Das weißt du, Nell.«

Heinrichs Großvater war gestorben, nachdem er gedünstete Neunaugen verzehrt hatte. Natürlich hatte sie gewußt, daß Heinrich dieses Gericht nicht mochte. Wie hatte sie es vergessen können? Wie schon so oft nach dem Abzug von Toulouse hatte sie einen Fehler gemacht.

»Es tut mir leid, Heinrich. Ich hatte es vergessen.«

Er nickte und schnitt sich ein Stück Wildgeflügel ab, das mit gebratener Petersilie überzogen war.

»Bitte«, sagte Eleonore, die wieder zum ursprünglichen Gesprächsthema zurückkehren wollte, »hör mir doch wenigstens zu.« Sie war sich bewußt, daß aller Augen auf sie gerichtet waren, und senkte deshalb die Stimme. »Ein derartiges Vorgehen gegen den Viscount würde nur noch mehr Unruhe unter meinen Vasallen erzeugen.«

»Unter *deinen* Vasallen? Ich dachte, es wären immer noch meine.«

Eleonores Magen krampfte sich zusammen. Die ganze Zeit seit dem Rückzug von Toulouse war mit ihm schlecht auszukommen. Eigentlich war er immer schwierig, wenn sie Aquitanien bereisten, aber diesmal schien Heinrich es darauf anzulegen, seine Autorität mit aller Macht unter Beweis zu stellen – als wolle er sich selbst etwas beweisen, nachdem er vor Ludwig von Frankreich klein beigegeben hatte.

In Limoges, wo sie den größten Teil der Woche verbracht hatten, hatte er den kleinen Sohn des Barons als sein Mündel angenommen, doch dann hatte er die Verwaltung zwei Normannen übertragen. Verstand er denn nicht, daß er den Unmut ihrer Vasallen schürte, wenn er Fremde mit wichtigen Posten betraute?

Nur unregelmäßig besuchten sie ihr Herzogtum, was Eleonore großen Kummer bereitete. Andererseits hatte Aquitanien schon so oft zu einem Streit zwischen ihr und Heinrich geführt, daß es so vielleicht doch besser war. Früher einmal hatte sie gehofft, sie könnten sich zusammen oft und lange in ihrem geliebten Stammland aufhalten. Doch mittlerweile war ihr schmerzhaft klargeworden, daß dies nie möglich sein würde.

»Noch mehr Unruhe ist ja kaum denkbar angesichts der Unordnung, die stänig in Aquitanien herrscht«, fuhr Heinrich fort. »In England, der Normandie und Anjou ist alles ruhig und geordnet. Nur *dein* Herzogtum macht uns immerfort Sorgen. Meine Politik, meine Reformen, alles, was ich in den anderen Teilen des Reiches erfolgreich verwirklichen konnte, scheitert hier. Jede Region in Aquitanien beobachtet argwöhnisch die andere. Die Leute aus der Gascogne mißtrauen jenen aus dem Poitevin, die Leute aus dem Poitevin blicken auf die in Limoges herab und so weiter.«

Unterschied sich dies so wesentlich von dem Verhältnis der Waliser zu den Engländern oder dem der Engländer zu den Schotten? Eleonore wünschte, sie könnte aussprechen, was ihr auf der Seele lag: Es gibt doch etwas, worin sich alle Aquitanier einig sind – nämlich in der Abneigung gegenüber dir und deinem Versuch, ihre Unabhängigkeit zu beschneiden.

Wie oft hatte sie ihm schon erklärt, daß die Herzöge Aquitaniens immer und immer wieder versucht hatten, hier eine Form der zentralen Verwaltung einzuführen – aber stets gescheitert waren. Jedesmal hatten sie die Zügel wieder lockern und die Machtbefugnisse der lokalen Magnaten anerkennen müssen. Aber Heinrich, der sich noch nicht von seinem Mißerfolg vor Toulouse erholt hatte, wollte davon nichts hören.

»Ganz zu schweigen davon, daß sie die Lehren der Heiligen Kirche in Zweifel ziehen«, bemerkte Thomas Becket. »Aquitanien ist eine Brutstätte jeder erdenklichen Art von Häresie.«

Eleonore packte der Zorn. Das hörte sich genauso an wie seinerzeit die Tiraden von Bernhard von Clairvaux und Abbé Suger. »Was meint Ihr damit genau? Die Aquitanier sind Christen. Daß hier oder da ein paar kleinere Abweichungen vorkommen, heißt noch lange nicht, daß sie den Teufel anbeten.«

»Kleinere Abweichungen?« Der Kanzler bedachte sie mit einem vernichtenden Blick. »Es gibt nur wahre Anhänger des Glaubens, Häretiker und Ungläubige. In diesem Herzogtum wimmelt es von Arabern, Juden und Katharern. Die Albigenser, bei deren Anführern es sich, wie ich vernommen habe, teilweise um Frauen handelt« – er blickte Eleonore scharf an –, »finden zunehmend Anhänger, insbesondere auch in adeligen Kreisen.

Wie heißt es in der Heiligen Schrift? ›Wer nicht für mich ist, ist gegen mich.‹«

Heinrich schüttelte ungehalten den Kopf. Eleonore ging davon aus, daß Heinrich zwar uneingeschränkt die offizielle Lehre der Kirche unterstützte, daß es ihm andererseits aber auch fernlag, häretische Glaubensgemeinschaften zu unterdrücken oder Juden und Araber zu verfolgen – jedenfalls nicht, solange sie nicht in offener Opposition gegen ihn aufbegehrten.

»Die Katharer und die anderen stellen keine Gefahr dar, Heinrich«, sagte sie schnell, ohne auf Beckets Bemerkung einzugehen.

»Das habe ich auch nie behauptet. Aber deine Vasallen sind eine Gefahr, bei Gott!« grollte Heinrich.

»Heinrich, ich verstehe, was du hier zu erreichen versuchst, und ich unterstütze deine Bemühungen, und das weißt du auch. Aber alle diese verschiedenen Elemente einer zentralen Autorität unterzuordnen, das braucht Zeit. Diese Fürsten und ihre Vorfahren sind seit drei Jahrhunderten daran gewöhnt, nach Belieben zu schalten und zu walten. Ich bitte dich, geh nicht übereilt vor.«

Heinrich schaute sie an. Sie schenkte ihm ein einnehmendes Lächeln, während ihre Augen ihn anflehten. Heinrich seufzte ungeduldig und stieß sein Messer in das Holz des Tisches.

»Gut, einverstanden!« Er blickte sich am Tisch um und fuchtelte mit den Händen. »Ich frage Euch, wie kann man einem Weib etwas abschlagen, das einen so anschaut?« Es erhob sich Murmeln und zaghaftes Lachen. »Die Burg soll nicht geschleift werden – jedenfalls noch nicht gleich.«

Eleonore atmete auf, wußte aber auch, daß sie jetzt nicht weiter nachbohren durfte. Immerhin hatte sie ihrem Vasallen eine Atempause verschafft, eine Hilfe, die dieser selbstherrliche Magnat eigentlich gar nicht verdient hatte.

Am Tisch hüstelte jemand verhalten. »Äh, Majestät, wenn ich Euch an etwas erinnern dürfte?« Thomas Becket drehte seine Augen seitwärts zu Eleonore. »Dieser Vasall der Königin tut sich schon seit langem als Unruhestifter im Herzogtum hervor. Es muß auch darauf hingewiesen werden, daß er sich auf die Seite Eures verstorbenen Bruders Gottfried schlug, als dieser sich gegen Euch erhob.«

»Ja, bei Gott, das hatte ich vergessen!«

»Wenn Ihr jetzt nicht an ihm ein Exempel statuiert, wird man sagen, Ihr seid nicht mehr der Herr in diesem Herzogtum. Und nach Toulouse, Sire, wäre es unklug...«

»Ihr habt recht, Thomas.« Heinrich bedachte Eleonore mit einem grimmigen Blick. »Die Burg dieses Viscounts muß doch geschleift werden, Nell. Das ist mein letztes Wort.«

Eleonore sah, daß kurz ein Lächeln über das Gesicht des Kanzlers huschte. In diesem Augenblick wallte der Haß gegen ihn so stark in ihr auf, daß sie sich fast an dem Stück Karpfen verschluckt hätte, das sie gerade im Mund hatte. Thomas Becket, ohne dessen Rat Heinrich keine wichtige Entscheidung traf, war ein ständig anwesender Eindringling, dessen dunkler Schatten sich zwischen sie und ihren Ehemann legte und der wohlüberlegt Zwietracht zwischen ihnen säte.

Eleonore hatte sich mit der mächtigen Stellung von Heinrichs Mutter abgefunden, aber seine Freundschaft mit Thomas Becket war etwas anderes. Die Kaiserin akzeptierte Eleonores Rolle in Heinrichs Leben, Thomas dagegen versuchte, ihre Position zu untergraben und Eleonore auszuschließen.

Sie konnte Heinrich zwar gelegentlich beeinflussen, aber sie hatte ihn nie so stark unter Kontrolle wie Ludwig. Wenn sie an ihre Unterhaltung mit Vater André dachte, die sie vor ihrer Heirat geführt hatte und in der sie beide noch fest davon überzeugt gewesen waren, es würde ihr leichtfallen, ihren jungen Ehemann nach ihrem Willen zu formen und zu lenken, dann wußte sie nicht, ob sie lachen oder weinen sollte.

Sie mußte sich mit der bitteren Tatsache abfinden, daß sie bisher bei weitem nicht jenen Einfluß erlangt hatte, der ihr zustand. Im Grunde genommen war sie *regalis imperii participes*, eine Teilhaberin an der Königswürde. Man vermittelte ihr die Illusion, über Macht zu verfügen, aber sie durfte nichts Wichtiges entscheiden. Diese Gedanken, die sie schon in England beschäftigt hatten, ließen sie nicht mehr los.

In England hatte sie natürlich nichts zu sagen. Aber in Aquitanien verhielt es sich anders. Hier war sie regierende Herzogin und hatte daher Anspruch darauf, daß ihre Autorität uneingeschränkt anerkannt wurde. Sie war zwar in den vergangenen fünf Jahren hauptsächlich mit dem Gebären von Kindern beschäftigt gewesen, doch wenn man dies einmal beiseite ließ, dann, so war sie überzeugt, hätte sie ohne die Einmischung des Lordkanzlers mittlerweile eine gleichberechtigte Position neben Heinrich erreicht, ohne dessen Prärogativen in Frage zu stellen. Weder Bernhard von Clairvaux noch Abt Suger hatten sich als derart hartnäckige Rivalen erwiesen. Sie führte ihren Kelch zum Mund, hielt jedoch mitten in der Bewegung inne. Ein kalter Schauer lief ihr den Rücken hinunter. Ein Rivale? Warum griff sie immer wieder auf dieses Wort zurück? Es erweckte den Anschein, als konkurriere Thomas mit ihr um Heinrichs Zuneigung. So wie die unbekannte Bellebelle.

Der König und sein Gefolge sollten Poitou am nächsten Tag verlassen. Zum ersten Mal sehnte Eleonore die Abreise herbei. Sie konnte die vorwurfsvollen Blicke ihrer Vasallen und Ritter nicht länger ertragen und noch weniger das Gefühl der Hilflosigkeit, das sie hier in Poitiers überkam.

Am späteren Abend suchte Ralph de Faye, ihr Onkel, der Seneschall von Aquitanien, sie in ihrer Kammer auf, nachdem sie gerade Richard und Heinrich zu Bett gebracht hatte.

»Der Plantagenet wird von Mal zu Mal überheblicher, wenn ich ihm begegne«, sagte Ralph.

»Der Kanzler ist daran schuld, nicht Heinrich.« Ihr Onkel bezeichnete Heinrich stets als »den Plantagenet«, egal wie oft Eleonore ihn korrigierte. »Manchmal frage ich mich, ob ich mein Herzogtum nicht schon verloren habe. Meine Heirat, meine Kinder, meine Krone – ich habe einen hohen Preis dafür bezahlt, Onkel.«

Ralph nahm ihre Hände. »Du kannst Aquitanien niemals verlieren, denn das würde bedeuten, daß du deine Seele verlierst. Dir ist es doch bis jetzt ziemlich gut gelungen, alles unter einen Hut zu bringen, das Herzogtum, deine Mutterschaft, all deine Verantwortlichkeiten und deinen Ehemann. Deine Liebe zu ihm ist immer noch so stark wie früher?«

»Noch stärker.«

»Nun, das ist schön für dich. Vor nicht allzulanger Zeit hätte ich jeden ausgelacht, der mir gesagt hätte, daß aus der leichtlebigen, verwöhnten Fürstentochter von Aquitanien einmal eine solch verantwortungsbewußte Frau werden wird, wie du es heute bist.« Ralph schüttelte den Kopf. »Und der Plantagenet sorgt sich ebenfalls um dich, wenn er es auch durch sein großspuriges Auftreten zu verbergen versucht. Zuerst dachte ich, er hätte dich nur geheiratet, um in den Besitz von Aquitanien zu kommen, aber im Laufe der Zeit habe ich gemerkt, daß mehr dahintersteckt.« Er seufzte. »Es wäre für alle besser gewesen, wenn er es nur wegen Aquitanien getan hätte.«

Ralph ging zum Bett hinüber und blickte auf die schlafenden Kinder hinunter. Eleonore folgte ihm.

»Was soll das heißen?«

»Ich bin mir nicht sicher. Aber für einen Mann wie den Plantagenet ist die Liebe wie ein Gegner, den es zu besiegen gilt, nicht eine Wonne, um die man sich bemühen muß und die zu genießen sich lohnt.« Er schüttelte den Kopf. »Eitle Worte. Sie bedeuten nichts.«

Eleonore strich Richard eine goldene Locke aus dem Gesicht. »Seit Toulouse verhält sich Heinrich viel ablehnender gegenüber...« Sie stockte mitten im Satz. Der Vofall mit Kaiserin Mathilde und das wirre Gerede über die vorzeitige Krönung des kleinen Heinrichs gingen ihr durch den Kopf.

Auch schon vor Toulouse war Heinrich nicht mehr ganz der alte gewesen, erkannte Eleonore. In Le Mans hatte er aus nichtigem Anlaß wieder einen seiner Anfälle bekommen. Sie mußte sich jetzt jemandem anvertrauen. Sie konnte ihre Gedanken und Gefühle nicht länger für sich behalten. Ralph de Faye gehörte zwar nicht unbedingt zu den vertrauenswürdigsten Menschen, die sie kannte, aber er hatte sich ihr gegenüber stets als loyal erwiesen.

Mit gesenkter Stimme erzählte sie Ralph von der Eintragung in den Haushaltspergamenten und von Mathildes Entsetzen, als sie ihren Enkel zu Gesicht bekommen hatte.

Ralph schwieg eine Weile. Als er zu sprechen begann, hatte Eleonore das Gefühl, daß er seine Worte sehr sorgfältig wählte.

»Es ging einmal das Gerücht – oh, es ist schon viele Jahre her, es war, bevor du Ludwig geheiratet hast –, Stephan von Blois sei früher einmal der Geliebte der Kaiserin gewesen, noch nicht ihr Feind, der er später wurde. Es hieß sogar, der Thronerbe von Anjou sei Stephans Sohn. Natürlich nahm niemand diese abenteuerlichen Gerüchte ernst.«

Eleonore war verblüfft. »Solche Gerüchte sind mir nie zu Ohren gekommen, und ich könnte sie auch nicht glauben.« In ihrem Kopf arbeitete es, aber sie sagte nicht, daß diese Gerüchte eine Erklärung dafür sein könnten, weshalb Graf Gottfried Anjou seinem zweitgeborenen Sohn übertrug, falls Heinrich England erben würde. Und auch, daß die Kaiserin auf einen Enkel, der Stephan ähnlich sah, so seltsam reagiert hatte, wurde dadurch verständlicher.

»Alles reine Spekulation«, sagte Ralph und zuckte mit den Schultern. »Nichts ist bewiesen. Ich glaube nicht, daß darin der Grund für die schlechte Laune des Plantagenets liegt. Er muß von diesen Gerüchten schon seit längerer Zeit wissen. Warum sollten sie ihn gerade jetzt beunruhigen?« Er schüttelte den Kopf. »Auch hat das keinerlei Auswirkung auf Aquitanien. Ernster zu nehmen ist allerdings die Tatsache, daß der Kanzler gegen dich arbeitet.«

»Er tut alles, um meine Autorität im Herzogtum zu untergraben. Heilige Radegund, wie ich ihn hasse!« stieß Eleonore hervor.

Ralph legte einen Finger auf die Lippen und deutete mit einem Kopfnicken zu den Zofen, die in der hinteren Ecke der Kammer saßen. »Nur ruhig Blut. Im Augenblick kannst du nichts gegen ihn unternehmen, Nichte.«

Er trat vom Bett zurück und ging zum Fenster. Eleonore folgte ihm.

»Mein Haß auf diesen Menschen ist genauso groß wie sein Haß auf mich«, sagte sie. »Er ist hochgefährlich – nicht nur für Aquitanien, sondern auch für mein persönliches Wohlergehen. Er hat mich fast dazu genötigt, den Eintrag in der Schatzkammerrolle zu lesen.«

»Das glaube ich ohne weiteres.« Ralph warf einen schnellen Blick zu den Frauen, die die Köpfe zusammengesteckt hatten und an einem Wandteppich arbeiteten. »Laß dich von ihm nicht in eine Falle locken. Was spielt es für eine Rolle, wenn der Plantagenet sich hie und da mit einer Dirne vergnügt? Übersieh es einfach – so wie meine Mutter – deine Großmutter Dangereuse es getan hat. Am Ende ist der Troubadour doch immer wieder zu ihr zurückgekehrt. Indem sie ihm seine Freiheit ließ, hat sie ihn mit einem eisernen Band an sich gekettet.«

»Ich will es versuchen, Onkel. Aber was mich am meisten beunruhigt, ist, daß Heinrich und Becket mittlerweile Busenfreunde geworden sind. Immer stecken sie zusammen, bei den Staatsgeschäften, bei der Jagd, bei der Falknerei – fast alles teilen sie miteinander, außer das Bett! Heinrich steht wie unter einem Bann, es ist einfach unerträglich.«

Ralph bedachte sie mit einem strengen Blick. »Heinrich ist immer noch regelmäßig mit dir zusammen?«

»Natürlich.« Eleonore schaute ihn verwirrt an.

»Dann hat unser Freund noch nicht erreicht, was er sich am sehnlichsten wünscht.«

Sprachlos starrte Eleonore ihren Onkel an. »Ihr meint – Onkel, das kann ich einfach nicht glauben. Es ist unmöglich. Ihr müßt Euch irren.«

»Vielleicht. Aber es weist alles darauf hin.« Ralph lachte und schüttelte den Kopf. »Ich hätte nie gedacht, daß du so naiv sein kannst. Hast du denn nie etwas dergleichen vermutet?«

»Nein, niemals. Aber Heinrich...«

»Ihm sind die heimlichen Gelüste seines Kanzlers zweifellos bisher verborgen geblieben. Thomas wird sie ihm bestimmt nie enthüllen; wahrscheinlich gesteht er sie sich auch selbst nicht ein. Es gibt also, wie du siehst, einen tieferen Grund für seine Feindseligkeit dir gegenüber.«

Eleonore war erschüttert. Das war das letzte, was sie vermutet hätte, und dadurch erschien alles in einem neuen Licht. Es erklärte ihre Eifersucht, das Gefühl, Becket sei ein Rivale. Vorausgesetzt natürlich, ihr Onkel hatte recht mit seinen Schlußfolgerungen.

Ralph, der sie beobachtet hatte, lachte leise. »Du mußt die Augen offenhalten. Achte auf alles, was um dich herum vorgeht, starre nicht wie ein verliebtes junges Mädchen allein auf den Plantagenet.« Er hob einen Zeigefinger. »Warte auf den richtigen Augenblick, Nichte. Du darfst dich nicht dazu hinreißen lassen, überstürzt gegen Becket etwas zu unternehmen. Ihre Unbeherrschtheit ist den Herzögen von Aquitanien schon seit Jahrhunderten zum Verhängnis geworden. Aber Frauen können besser warten. Eines Tages wird er unvorsichtig werden und einen Fehler begehen. Deine Stunde wird kommen.« Er griff nach ihrer Hand und drückte sie. »Unternimm nichts Unbesonnenes. Du mußt dich um Aquitanien kümmern.«

Wann hatte sie je an etwas anderes gedacht? fragte sich Eleonore. Sie ließ sich alles noch einmal durch den Kopf gehen, was sie soeben erfahren hatte. Wäre Heinrich tatsächlich nicht Gottfrieds legitimer Sohn, dann hätte man wohl niemals zugelassen, daß er Anjou und den englischen Thron erbte. Angenommen, seine uneheliche Herkunft würde entdeckt werden? Konnte ein gesalbter König entthront werden? Sie wußte es nicht. Gewiß aber würden seine Kinder mit dem Makel der Illegitimität behaftet sein. Es war höchst zweifelhaft, ob man erlauben würde, daß eines von ihnen Heinrich auf dem englischen Thron nachfolgte. Heinrichs Feinde, die verbliebenen Anhänger des Hauses Blois und auch andere, würden nicht zögern, die Gunst der Stunde zu nutzen. Eleonore erkannte, daß sie nicht Bescheid wußte über die rechtlichen Regelungen, die in einem solchen Falle galten, aber sie wußte auch, daß es viel zu gefährlich war, sich danach zu erkundigen. Es ging eigentlich weniger um die rechtliche Seite, schon das Gerücht allein würde beträchtlichen Schaden anrichten.

Der Skandal würde das Haus Normandie bis in seine Grundfesten erschüttern. Auch das Haus Aquitanien würde mit in den Strudel gerissen werden. Würde ihr Volk einen Bastard als Herzog akzeptieren – beziehungsweise einen seiner Söhne als künftigen Herzog? Wahrscheinlich würde es in Aquitanien zu neuen

Aufständen und zu Unruhen kommen, vielleicht auch in Anjou, und in England würde vielleicht der Bürgerkrieg wieder aufflammen. Diese Aussichten waren so niederschmetternd, daß Eleonore sich einen Moment wie gelähmt vorkam. Doch dann verdrängte sie all diese Möglichkeiten, verwies sie in den Bereich des Absurden und erklärte sie sich mit ihrer Verärgerung über Heinrich, ihrem Haß auf Becket und ihrer lebhaften Phantasie.

Doch sollte es einmal tatsächlich so weit kommen, daß sie an die Wand gedrängt wurde, daß ihr Herzogtum auf dem Spiel stand, dann brauchte auch sie eine Waffe, um sich zu verteidigen, einen zusätzlichen Pfeil im Köcher sozusagen...

Sie lächelte ihren Onkel an. »Nein, ich werde nichts Unbesonnenes unternehmen.«

## 40. Kapitel

### Bermondsey, in den Jahren 1159/60

Bellebelle konnte sich nach ihrer Begegnung mit de Burgh nicht vorstellen, daß das Leben im Dorf Bermondsey so wie bisher würde weitergehen können. Und doch war es so. Im Frühjahr kamen die Schwalben, im Sommer wurden die Schafe geschoren und im Herbst das Heu geerntet. Sie war jetzt immer auf der Hut, konnte aber de Burgh nirgendwo entdecken. Dieser wartete ab, bis der König nach England zurückkehrte.

Das Geld, das sie vom Kanzleramt erhielt, wurde ihr jedesmal vom Sekretär des Kanzlers überbracht. Sie erwähnte de Burgh mit keinem Wort, und offensichtlich hatte der Flame dem Sekretär nichts über sie erzählt.

Anfangs bestürmte Gottfried sie mit Fragen über de Burgh: Wo hatte sie ihn kennengelernt, und warum wollte er ihr etwas antun? Hatte er wirklich ihre Mutter ermordet? Hatte sie deshalb versucht, ihn umzubringen? Bellebelle speiste ihren Sohn mit Halbwahrheiten ab, äußerte sich nur vage zu Einzelheiten, verschwieg ihm, daß sie eine Hure gewesen war. Da er jetzt schon fünf Jahre alt war, würde er wohl bald mehr über solche Dinge wissen. Aber sie erklärte ihm ganz eindeutig, daß sie Heinrich nicht die Wahrheit über ihre Vergangenheit gesagt hatte. Man mußte damit rechnen, daß der König erzürnt sein würde. Und es konnte passieren, daß Gottfrieds Leben durcheinandergeriet; er hatte das Recht, vorgewarnt zu werden.

»Was wird Vater wohl tun?« fragte er.

»Ich weiß es nicht, mein Junge«, antwortete sie, und das entsprach der Wahrheit. »Heinrich hat ein hitziges Temperament, das weißt du genauso gut wie ich.«

»Ja. Aber er liebt uns, Mama, nicht wahr?«

»Natürlich, das tut er. Aber manchmal handelt er unüberlegt, was er dann später bereut.«

Gottfrieds kieselsteinfarbene Augen füllten sich mit Tränen. »Das wäre dir gegenüber aber nicht fair, oder?«

»Hast keinen Grund, dich zu beklagen, mein Junge. Heinrich

war gut zu uns, und das Leben ist weder fair noch unfair. Es ist einfach so, wie es ist. Wir brauchen keine Angst zu haben, was auch immer er tut.« Sie war sich dessen keineswegs sicher, aber sie wollte Gottfried unbedingt trösten. »Wie oft habe ich dir schon eingebleut, daß man die Dinge so nehmen muß, wie sie sind?«

Gottfried, der immer noch tausend Fragen hatte, war nicht zufriedengestellt, schien aber zu begreifen, daß sie ihm nicht mehr sagen konnte – oder wollte. Er war für sein Alter schon recht groß und aufgeweckt und erinnerte Bellebelle immer mehr an den kleinen Heinrich. Sie war fast in jeder Beziehung auf ihn angewiesen. Sie brauchte seine Hilfe bei den Arbeiten im Haus, seine Freundschaft und seit de Burghs Besuch auch seinen Schutz.

Einen Tag, nachdem der Flame erschienen war, hatte sie dem Paar aus dem Dorf gesagt, daß sie auf seine Dienste verzichten könne. Da sie befürchtete, de Burgh könnte zurückkehren, wollte sie verhindern, daß das Paar im Dorf Klatsch verbreitete, der nicht nur ihr, sondern auch Gottfried schaden würde. Es war sowieso fast ein Wunder, daß die beiden nicht hiergewesen waren, als de Burgh aufgetaucht war. Ihr Sohn hatte einen alten Holzfäller kennengelernt, der die Klosterschule mit Holz versorgte, und hatte ihn überredet, Kienspan und Holz auch zu ihrem Haus zu bringen. Der Holzfäller, der alte Ivo, der Mitleid mit Bellebelle verspürte, hatte sie und Gottfried unter seinen Schutz genommen.

»Weißt du, Belle,« sagte Ivo eines Tages zu ihr, als er eine Ladung Holz ablieferte, »da du ein ruhiges Leben führst, dich um deine eigenen Angelegenheiten kümmerst und dich ganz natürlich gibst, sagt man im Dorf, daß du gar nicht so übel bist.«

»Ich habe festgestellt, daß mich einige freundlich grüßen, auch wenn mich die meisten nach wie vor meiden. Einige besuchen mich sogar von Zeit zu Zeit.«

Ivo nickte zustimmend, als er das Holz in der Nähe der Haustür ablud. »Das ist ein gutes Zeichen. Bald werden sie dich voll und ganz akzeptieren.«

Sofern sie nicht die Wahrheit herausfanden. Mit der Zeit würde man die Geliebte des Königs tolerieren. Aber Bellebelle wußte genau, daß die anständigen Leute nicht mehr damit zurechtkommen würden, wenn sie erführen, daß sie im Bordell aufgewachsen war, als Hure gearbeitet und einen Mordversuch unternommen hatte. Wenn sie es herausfanden und Heinrich sie nicht mehr würde beschützen können oder wollen, würden die

Dorfbewohner wohl versuchen, sie zu vertreiben – oder noch Schlimmeres mit ihr anzustellen.

»Weshalb sind sie so gegen mich?« fragte sie. »Ich habe ihnen doch nichts getan.«

»Ist nicht deine Schuld, Belle,« erwiderte Ivo und richtete sich mühsam auf. »Das geht auf eine Zeit zurück, als du noch nicht geboren warst. Als ich noch ein junger Kerl war und der alte König noch lebte – der erste Heinrich, meine ich – wütete eine Krankheit im Dorf, die vor allem die jungen Leute befiel. Viele starben daran, der Herr gebe ihnen die ewige Ruhe. In den Wäldern lebte eine einsame Frau, die Kräuter feilbot, die sie selbst angepflanzt hatte. Wahrscheinlich besaß sie die Gabe des Heilens. Sie war die Buhle des Gutsherrn, was man ihr übelnahm.«

»Aber warum?«

Ivo zuckte mit den Schultern. »Sie war eben anders. Die Hure des Herrn. Niemand beschützte sie, wenn er weg war.«

Bellebelle starrte ihn an. »Was ist geschehen?«

»Die Dorfbewohner haben sie als Hexe gesteinigt. In schweren Zeiten«, fuhr Ivo fort, »wenn sich die Menschen fürchten, greifen sie wieder auf die Gebräuche ihrer Vorväter zurück, auf die alten Götter.«

Bellebelle spürte, wie es ihr kalt den Rücken hinunterlief. Das war ja eine schreckliche Geschichte, und es wäre besser gewesen, sie hätte nicht danach gefragt.

Da das Paar jetzt nicht mehr kam, kochte sie alle Mahlzeiten selbst. Kochen hatte sie gelernt, indem sie die Frau beobachtet hatte. Bellebelle wußte, daß sie nicht sehr begabt dafür war, aber zumindest würden sie nicht verhungern. Mit Unterstützung des Holzfällers lernte sie, den Garten zu bestellen und zu jäten, die Ziege zu melken, die Eier unter den Hühnern hervorzuholen und sogar, das Feuer richtig anzuzünden. Sie war ungeschickt, hatte kein Gespür für diese Arbeiten, aber sie schaffte es. Als sich ein paar verkümmerte Kohl- und Salatköpfe und Rüben auf ihrem Gemüsebeet zeigten, war sie sehr stolz. Die Birnen- und Quittenbäume trugen Früchte; im Blumengarten wuchs süßlich duftender violetter Lavendel; Petersilie, Salbei, Minze und Rosmarin gediehen auf ihrem kleinen Stück Land.

Bellebelle hatte letztes Jahr zwei Ferkel gekauft und wollte eines davon zu Weihnachten schlachten. Der Holzfäller trieb einen Leibeigenen vom Gut auf, der gegen Entgelt bereit war, ihr zu helfen. Um das Häuschen hatte er einen Holzzaun errichtet, was Bellebelle ein Gefühl der Sicherheit vermittelte. Sie schloß sogar Freundschaft mit dem Wolfshund Valiant. Schließlich hatte er allein durch seine Anwesenheit dazu beigetragen, ihr das Leben zu retten. Doch trotz des Zauns und der häufigen Besuche des alten Ivo blieb unterschwellig das Gefühl der Bedrohung bestehen.

Wenn Heinrich nicht bei ihr weilte, erfuhr Bellebelle von Gottfried, dem Holzfäller oder den Dorfbewohnern, was sich draußen in der Welt zutrug. So erzählte man ihr, daß die zweite Frau von Ludwig von Frankreich bei der Geburt seiner vierten Tochter, Alais, der Schwester von Marguerite, die mit Heinrichs ältestem Sohn und Erben verlobt war, gestorben war. Es hieß, Alais sei ein unglückliches Kind, weil sie den Tod ihrer Mutter verursacht hatte, und sie würde elend zugrunde gehen. Einen Monat später bereits heiratete der französische König seine dritte Frau, die Schwester des Grafen von Blois-Champagne.

Als Bellebelle an einem Oktobermorgen des Jahres 1160 in die Schenke ging, um ihr Bier zu holen, unterhielten sich dort gerade zwei Frauen über diese Ereignisse.

»Solch eine Eile ist schamlos«, bemerkte die eine naserümpfend und warf Bellebelle einen feindseligen Blick zu.

»O ja, das stimmt«, pflichtete ihr die andere bei und kehrte Bellebelle den Rücken zu, als existiere sie gar nicht.

»Das kann nicht gutgehen.« Die Frau, die das Bier braute, war in mittleren Jahren und ziemlich dick. Sie hatte eine rotgeäderte Nase und besaß eine scharfe Zunge. Sie schüttelte den Kopf. »Auf König Ludwig lastet ein Fluch, warum sonst hat er nur Töchter und keine Söhne, die er so dringend braucht?«

Alle drei Frauen bekreuzigten sich und machten mit den Fingern das Zeichen von Hörnern. Bellebelle erkannte dieses Zeichen; Morgaine hatte es oft gemacht, um Unheil abzuwenden. Bellebelle war immer auf der Hut vor der Bierfrau gewesen, seit sie sie vor versammelter Menge als Hure des Königs bezeichnet und geschrien hatte, sie habe kein Recht auf einen Kamin. Es war ratsam, sich vor ihr in acht zu nehmen, da sie eine reiche Witwe war, die im Dorf über einigen Einfluß verfügte. Einer ihrer Söhne betrieb die Schmiede nebenan, eine dunkle Höhle, in der Funken sprühten. Ein weiterer Sohn war der Aufseher, der von den Dorfbewohnern ausgewählt worden war, die Dörfler bei ihrer Arbeit für den Gutsherrn zu beaufsichtigen.

»Man hat ja erlebt, was hier in England passiert ist, nachdem der alte König gestorben war, ohne Söhne zu hinterlassen«, sagte die Wirtin gerade. »Es folgten neunzehn lange Jahre der Unruhe, in denen Christus und all seine Heiligen – oder waren es die Engel? – schliefen, hat uns der Priester erklärt. Dem Herrn sei Dank, daß der Löwe und die Adlerin so viele Söhne haben.«

»Der Löwe hat sogar ein paar uneheliche Söhne.« Eine der Frauen stupste ihre Begleiterin mit einem wissenden Kichern an.

Bellebelle ließ ihren Blick zwischen den beiden Frauen hin und her schweifen, war verwirrt. »Wer sind denn der Löwe und die Adlerin?«

Die Wirtin runzelte die Stirn. »Der König und die Königin. Auf welchem Stern lebst du denn?«

Noch nie zuvor hatte Bellebelle gehört, daß Heinrich oder Eleonore so genannt wurden. Sie lief rot an, als ihr bewußt wurde, daß sie ihren Gottfried mit dem unehelichen Kind gemeint hatten. Während sich die beiden anderen Frauen an Bellebelles offensichtlichem Unbehagen ergötzten, huschten die kleinen runden, blauen Augen der Bierfrau über ihr Gesicht. Dann stemmte sie ihre fleischigen Arme in die breiten Hüften und starrte die beiden Frauen an.

»Ihr kommt mir vor wie zwei Katzen, die ihre Krallen zeigen. Dieses arme Mädchen ist auch nicht schlechter als viele andere, die's heimlich treiben. Der Teufel hat sie wohl mit ihrem Gesicht und ihrer Gestalt mehr in Versuchung geführt als die meisten anderen Frauen. Die, die mit dem Finger auf sie zeigen, würden es bestimmt nicht anders machen, wenn sich ihnen die gleiche Chance geboten hätte. Euch beiden alten Hexen mit euren Zahnstummeln und mageren Schenkeln würde der König wohl kaum seine Gunst schenken, genauso wenig wie mir.«

Die beiden Frauen erröteten und senkten den Blick.

»Ich hab's nicht so gemeint«, flüsterte die eine, und die beiden zogen sich zurück.

»Mach dir nichts aus den alten Schreckschrauben«, sagte die Wirtin und tätschelte Bellebelles Arm. »Sie sind einfach neidisch, das ist doch sonnenklar.«

Bellebelle schluckte überwältigt. »Danke«, flüsterte sie.

»Schon gut.« Die Wirtin blickte versonnen. »Ich habe noch nie einen Kamin gesehen.«

»Oh, Ihr seid mir jederzeit willkommen, ich würde mich sehr freuen.«

»Das ist echte Nachbarschaft. Ihr könnt mich Elfgiva nennen, ist ein alter sächsischer Name.«

»Ich heiße Bellebelle.«

»Das habe ich gehört. Das ist aber kein richtiger christlicher Name, wenn ich das sagen darf.«

»Mein Taufname lautete Ykenai. Meine Mutter hieß Gytha.

Sie war auch Sächsin.« Bellebelle blickte vor sich hin. »Mein Vater war Normanne.«

»Die sächsischen Namen sind schon in Ordnung. Nun, das ist doch etwas.«

Elfgiva Blick hielt den ihren fest. Sie lächelten sich scheu zu.

»Sollte dir jemand im Dorf Ärger machen, erzähl's mir einfach, klar?«

Bellebelle nickte glücklich und zog sich mit ihrem Bierkrug zurück. Elfgiva war ihre erste Freundin, die keine Hure war.

An einem Tag Ende November, als Bellebelle gerade mit einer Hacke ihren Garten bearbeitete, stürmte Gottfried in höchster Aufregung durchs Gartentor.

»Du kommst nie drauf, was passiert ist! Mein Halbbruder hat die französische Prinzessin Marguerite geheiratet. In der Schule habe ich gehört, daß mein Vater das alles so heimlich arrangiert hatte, daß Ludwig von Frankreich erst davon erfuhr, als es schon zu spät war. Was sagst du dazu?«

Bellebelle richtete sich auf, rieb sich den Rücken und blickte ihn verblüfft an. »Dein Halbbruder?«

»Prinz Heinrich, der Erbe meines Vaters.«

»Aber er ist ja erst fünf, und die französische Prinzessin ist wohl erst zwei oder drei? Was hat das zu bedeuten?«

»Das bedeutet, daß mein Vater den König von Frankreich schachmatt gesetzt hat«, rief Gottfried strahlend. »Er bekommt jetzt das Vexin zurück, und er hat die Scharte von Toulouse wieder ausgewetzt. Er hat Ludwig erneut reingelegt.«

»Nun, ich begreife nicht, warum zwei Kinder wegen eines Stück Landes heiraten sollen. Selbst Gilbert hätte nie ein Mädchen ins Haus genommen, das noch keine elf Jahre alt war.«

»Oh, Mama, du verstehst das nicht.« Gottfried überlegte. »Wer ist Gilbert?«

Bellebelle erstarrte. Wie hatte sie nur so unvorsichtig sein können? »Jemand, den ich vor langer Zeit gekannt habe. Und du hast recht, ich verstehe das nicht. Also, du findest, Heinrich hat klug gehandelt?« fügte sie schnell hinzu. »Was heißt schachmatt?«

»Oh, Mama, mein Vater ist mehr als klug, er – er...« Da Gottfried nicht das richtige Wort finden konnte, runzelte er verzweifelt die Stirn. »Schachmatt, das heißt – wie beim Schach. Ich habe es dir doch schon mal erklärt, erinnerst du dich?«

»O ja.«

Bellebelle beobachtete ihren Sohn mit einem zärtlichen Lächeln. Gottfried war von allem fasziniert, was mit politischen

Intrigen und Staatsangelegenheiten zu tun hatte. Manchmal war sie tief beeindruckt davon, wie schnell er Dinge begriff, die ihr sehr kompliziert erschienen.

Ein Windstoß fegte durch den Garten, rüttelte an den laublosen Ästen des Birnbaums und ließ den Rosmarinstrauch erzittern.

»Was hast du sonst noch gehört?«

Gottfried überlegte kurz. »Die Königin ist wieder in England. Im Kloster heißt es, der König und sein Kanzler würden wohl bald zurückkommen, weil der Erzbischof von Canterbury krank ist.«

»Heinrich kommt zurück? Wann…« Sie merkte, daß ihre Stimme besorgt klang, und schwieg unvermittelt. Gottfried hatte eine ängstliche Miene aufgesetzt.

»Er ist noch nicht wieder da gewesen, nicht wahr?«

Gottfried brauchte nicht zu erklären, wer »er« war. Sie schüttelte den Kopf. Sie wußten beide, wenn Heinrich zurückkehrte, würde de Burgh mit ihm reden.

Gottfried zog die Nase hoch. »Brennt hier was?«

»Oh! Der Hammeleintopf!« Bellebelle rannte ins Haus und riß den rauchenden Topf vom Feuer.

Sie hatte Heinrich seit zwei Jahren nicht mehr gesehen; noch nie zuvor hatte er sich so lange nicht bei ihr blicken lassen. Bellebelle wünschte sich nichts sehnlicher als seine Rückkehr, aber sie wußte nicht, was dann geschehen würde. Würde er Verständnis für ihr Verhalten aufbringen? Jede Nacht betete sie zur Heiligen Jungfrau Maria-Eleonore, daß er es tun möge. Aber wenn nicht? Wenn er der Meinung war, sie habe ihn hintergangen? Angenommen – plötzlich umarmte sie Gottfried und drückte ihn an sich, als ob ihr Leben davon abhinge.

## Canterbury, im Jahre 1161

Theobald von Bec, der Erzbischof von Canterbury, wußte, daß sein Tod kurz bevorstand. Umsorgt von seinen ihm treuergebenen Klerikern, lag er in seinem Palast in Canterbury, verzweifelt hoffend, daß sein früherer Sekretär, dem er an die Macht geholfen hatte, die Botschaften, die er regelmäßig in die Normandie oder nach Angers schickte, oder wo auch immer der Kanzler sich aufhalten mochte, nicht länger unbeachtet ließ. Doch Thomas Becket erging sich in Entschuldigungen, behauptete, der König könne ihn wegen dringender Geschäfte nicht entbehren. Es war für Theobald völlig undenkbar, daß der junge Mann, dessen königliche Mutter er stets mit ganzer Kraft unterstützt hatte, ihn in dieser Stunde der Not im Stich lassen würde, indem er ihm die Gesellschaft jenes Mannes verweigerte, den er, der Erzbischof, zum Kanzler gemacht hatte.

In seinem letzten Sendschreiben hatte Theobald mitgeteilt, es werde im Bistum Canterbury bald eine freie Stelle geben und als Erzdiakon von Canterbury sei es Thomas Beckets Pflicht, ihn umgehend aufzusuchen, um ihm dabei zu helfen, einen Nachfolger zu finden. Vergeblich. Es war bereits März des Jahres 1161, und er hatte Thomas die letzte Botschaft nach dem Dreikönigsabend gesandt.

Theobald berührte das silberne Kreuz auf seiner Brust und bekreuzigte sich. Solch himmelschreiende Undankbarkeit war ihm völlig unverständlich. Ohne seine Hilfe hätte Heinrich Plantagenet nie den Thron besteigen können. Und wer hatte nach Stephans Tod in England für Ruhe gesorgt? Den friedlichen Übergang von einer Herrschaft zur nächsten arrangiert? Wie konnte ihm dieser rücksichtslose junge König eine solch bescheidene Bitte so kurz vor seinem Tode abschlagen?

»Vertraut niemals Königen und Fürsten«, sagte er laut. »Wir müssen noch die Kanzler von England hinzufügen. Mein Leib ist erschöpft, verbraucht, und das Ende meiner Tage naht. Ich will nur noch einmal Thomas sehen. Ist das zuviel verlangt?«

»Nein, Euer Gnaden.« Einer seiner Kleriker, der auf einem Schemel neben dem großen Bett saß, beugte sich zu ihm.

»Vielleicht bin ich dessen gar nicht würdig«, sagte Theobald mit zittriger Stimme. »Vielleicht beurteile ich Thomas zu hart. Unter meinem erzbischöflichen Gewand schlägt das Herz eines einfachen Mönchs, nicht das eines weltlichen Prälaten. Das Gepränge des Erzbischofs, seine Beschäftigung mit den Werkzeugen der Macht, ein solches Leben erscheint mir unwürdig.« Er schüttelte den Kopf und bekreuzigte sich abermals. »Ich habe nicht die Augen verschlossen vor Thomas' Fehlern, habe seinen Ehrgeiz klar erkannt, seine mangelnde Frömmigkeit, aber es steckt viel Gutes in ihm, darin habe ich mich doch wohl nicht geirrt?« Er wußte, er schweifte ab, aber er konnte nicht anders.

»Nein, Euer Gnaden.« Der Geistliche ließ Theobald an einem Becher Wein nippen.

Der Erzbischof spürte, wie die kühle Flüssigkeit seiner rauhen Kehle guttat.

»Aber Thomas hat Dinge getan, die mich verwirrten. Er hätte nie zustimmen dürfen, daß die Klöster für den Feldzug nach

Toulouse mit Abgaben belastet wurden. Nie und nimmer. Das verstößt gegen unsere Ordnung, mag es dem Gesetz entsprechen oder nicht. Master Thomas stellte sich stets auf die Seite des Herrschers; er betet den Mammon an, nicht Gott.« Theobald fühlte sich durch den Wein gestärkt, nahm eine aufrechtere Haltung ein. Entrüstung erfüllte ihn.

»Bringt mir Feder und Pergament«, befahl er und freute sich über die Entschlossenheit, die in seiner zittrigen Stimme erkennbar war. »Ich werde nochmals eine Botschaft in die Normandie senden. Dieses Mal werde ich Thomas befehlen zu kommen, ihn nicht mehr nur bitten. Wenn ihn schon sein Gewissen nicht dazu bewegen kann, dann vielleicht eine Drohung.«

## Rouen, im Jahre 1161

»Ich glaube, ich sollte Theobald besuchen, Sire«, sagte Thomas. »Schließlich hat er mir schon unzählige Botschaften gesandt. Allmählich plagt mich mein Gewissen.«

»Wie ich Euch bereits erklärte, besteht dazu kein Anlaß«, erwiderte Heinrich mit träger Stimme. »Erzbischöfe pflegen immer Aufforderungen ergehen zu lassen, als ob sie die oberste kanonische Autorität der Christenheit wären.«

An diesem späten Märzabend saßen sie um ein Feuer auf der Lichtung im Wald von Verte, auf der die Jagdhütte des alten Königs stand.

Thomas lachte. »Ich bezweifle, daß Theobald solch hohe Ziele verfolgt.«

Als Heinrich an diesem Morgen vorgeschlagen hatte, daß sie zu zweit auf die Jagd gehen sollten, hatte Thomas freudig zugestimmt. Seit dem unseligen Abenteuer in Toulouse, nach dem sie den ersten ernsthaften Streit gehabt hatten, hatte Thomas eine gewisse Distanz zwischen sich und Heinrich verspürt. Sie verbrachten sehr oft bei offziellen Anlässen viel Zeit zusammen, aber es gab keine Privatgespräche mehr zwischen ihnen. Thomas hoffte, die Einladung zur Jagd würde Heinrichs Versöhnungsangebot sein und die alte Vertrautheit zwischen ihnen wiederherstellen. Die Frage, ob er Theobalds jüngster Aufforderung Folge leisten sollte oder nicht, wurde seit Tagen von ihnen erörtert.

»Theobald genießt hier in Rouen kein besonderes Ansehen«, sagte Heinrich. »Was das Gewissen betrifft, nun, das ist ein Luxus, den sich meine Kanzler kaum leisten können.«

»Selbst auf die Gefahr einer Exkommunikation hin?«

Heinrich zuckte mit den Achseln. »Theobald wird Euch nicht exkommunizieren, ich glaube, das wißt Ihr, Thomas. Er bellt laut, aber seine Zähne sind stumpf.«

Thomas, der Heinrich unter halb geschlossenen Lidern beobachtete, fand, daß er wohl recht hatte. Die Kleidung des Königs, welcher einen grünen Jagdumhang trug, der von einem Gürtel mit Silberschnallen zusammengehalten wurde, an dem ein Messer in einer Lederhülle befestigt war, harmonierte mit dem Buchenwald um sie herum. Nur das Elfenbeinhorn, das um seinen Hals baumelte, schien nicht in die Landschaft zu passen.

Plötzlich zischte eine Flamme auf. Von einer Damhirschkeule, die auf einem Holzpfahl über den brennenden Holzscheiten aufgespießt war, war Fett herabgetropft. Über den goldenen Baumspitzen versank die Sonne im Westen, Schatten fielen über die Lichtung. Die Abendluft war erfüllt vom scharfen Geruch des Rauches, vermischt mit dem Duft gebratenen Fleisches. Drei Bluthunde lagen ausgestreckt vor dem Feuer, die Schnauzen auf die Pfoten gebettet. In einiger Entferung unterhielten sich zwei Waidmänner leise, überprüften ihre Bogen aus Birkenholz und zählten die Pfeile in den Köchern. Ein Stallknecht kümmerte sich um die Pferde, die am anderen Ende der Lichtung an Bäume angebunden waren.

»Abgesehen von meinen möglichen Gewissensbissen, Sire, und auch ohne Berücksichtigung der drohenden Exkommunikation: Theobald ist sehr krank. Ich verdanke ihm viel.«

»Ich auch, Thomas, ich auch. Aber ich brauche Euch hier. Der nahende Tod – wenn es wirklich schon so weit ist – muß hinter dem Leben zurückstehen. Der ehrenwerte Erzbischof übertreibt seinen Zustand bestimmt zu seinen Gunsten. Ihr wißt ja, wie diese alten Kirchenmänner sind.«

In Wirklichkeit handelte der selbstlose Theobald niemals eigennützig, sondern hatte stets nur das Wohl der Heiligen Kirche im Sinn, dachte Thomas. Aber es wäre von Anfang an vergeblich gewesen, dies einem Herrscher klarmachen zu wollen, der fast ausschließlich seine eigenen Zwecke verfolgte. Und natürlich das Wohl des Königreichs, wenngleich nach Heinrichs Vorstellung er und das Reich ein und dasselbe waren. Was für das eine gut war, nützte zwangsläufig auch dem anderen.

Was Heinrich allerdings nicht beachtete, war seine selbstsüchtige Art, sein Bedürfnis, immer im Mittelpunkt der Aufmerksamkeit zu stehen. Wie oft hatte Thomas Heinrichs eifersüchtigen Blick bemerkt, der Eleonore nicht aus den Augen ließ, wenn sie sich unbeobachtet fühlte. Er registrierte genau, mit wem sie sich unterhielt und wie lange und ob sie sich amüsierte. Thomas hatte festgestellt, daß dem König sogar die innige Liebe der Königin zu ihrem Sohn Richard mißfiel.

Selbst die Hure in Bermondsey bildete da keine Ausnahme. Thomas hegte schon lange den Verdacht, daß Heinrichs ungewöhnliches Interesse an de Burgh, dem flämischen Ritter, irgendwie mit Bellebelle zu tun hatte.

Nun war Theobald zur Zielscheibe seiner Eifersucht geworden, nur, weil Thomas ihn auf dem Krankenlager besuchen wollte. Heinrich mochte sagen, was er wollte, Thomas fühlte sich schuldig, wußte, es war unchristlich, die Rufe seines ehemaligen Herrn zu ignorieren, der ihn gefördert hatte, als er noch ein niederer Geistlicher gewesen war, und der ihm den Weg zur Macht eröffnet und den Posten des Kanzlers verschafft hatte. Seinen Wohltäter nicht zu besuchen, wäre ein Akt der Treulosigkeit, und genauso würde es wohl Theobald sehen. In einer erstaunlichen Wende hatte Thomas seine Loyalität im Lauf der Zeit vom Erzbischof auf den König übertragen. Seine Interessen lagen jetzt hier. War es da verwunderlich, daß er sich schuldig fühlte? Nun, man konnte nicht zwei Herren dienen. Er hatte sich für König Heinrich entschieden.

Die Nacht brach herein. Der Himmel wurde rosa, dann dunkelrot; die Sonne versank hinter den Bäumen. Ein Waidmann nahm die Keule vom Feuer und teilte sie in Stücke.

»Ich frage mich, ob Theobald schon einen Nachfolger für das Bistum im Auge hat.« Heinrich nahm einen Schluck aus einer silbernen Weinflasche und reichte sie Thomas.

»Es ist nicht anzunehmen, daß er einen Kandidaten für Canterbury hat, Sire. Das war wohl auch einer der Gründe, weshalb er mich zu Rate ziehen wollte.« Obwohl Thomas selten dem Wein zusprach, hatte er heute abend das Verlangen nach Stärkung. Lag es an der Vorstellung, daß Theobald in Kürze sterben würde? Er wußte es nicht, aber er rückte so nahe an Heinrich heran, daß sich ihre Schultern berührten. Er griff nach der Weinflasche.

Der Saft des Wildbrets tropfte auf Thomas' Gewand, als er ein Stück Fleisch an die Lippen führte. In den letzten zwei Jahren hatte er, wenn er mit Heinrich zusammen war, damit angefangen, das Fleisch von vierbeinigen Tieren zu essen, vorher hatte er nur Fisch oder das Fleisch von zweibeinigen Tieren zu sich genommen, wie es der Benediktinerorden vorschrieb.

Von der Kathedrale von Rouen hörte man aus weiter Ferne das Abendläuten. Die Pferde wieherten leise; die Hunde erwachten und begannen wütend zu knurren, während sie um die Abfälle kämpften. Der Himmel wurde immer dunkler, es war Neumond.

»Ich werde Eleonore eine Botschaft nach Westminster schikken und sie bitten, den Erzbischof zu besuchen«, sagte Heinrich in versöhnlichem Ton. »Sie ist eine gute Diplomatin und wird die richtigen Worte finden, um zu erklären, weshalb ich Euch nicht entbehren kann.«

»Ich bin davon überzeugt, daß sich Theobald über ihren Besuch freuen wird, Sire.« Die bloße Vorstellung, die sinnenfrohe Königin, für die Theobald tatsächlich, auch wenn es unglaublich klang, Sympathie empfand, könne ein angemessener Ersatz für ihn sein, war ein Affront.

Thomas hätte am liebsten erwidert, daß es keinen zwingenden Grund gab, aus dem er hier unentbehrlich sei, und ärgerte sich über sich selbst, weil er schwieg. Im Augenblick lief für die Plantagenets alles prächtig. Nach dem Fiasko von Toulouse hatte Heinrich sein Ansehen auf einen Schlag wiederhergestellt, indem er insgeheim den kleinen Heinrich mit der ältesten Tochter von Ludwigs verstorbener Frau verheiratete, während der französische König, der unbedingt einen Sohn haben wollte, in aller Eile seine dritte Heirat mit der Schwester des Herzogs von Blois vorbereitete. Die Tatsache, daß Ludwig sich durch Heirat mit dem Haus Champagne-Blois verbündete, aus dem auch König Stephan stammte, hatte Heinrich als Bedrohung für seine Sicherheit aufgefaßt und eilends gehandelt. Trotz seiner wütenden Drohungen nach dem Verlust des Vexin, das durch die Hochzeit des kleinen Heinrich wieder an die Plantagenets fiel, konnte Ludwig nicht viel ändern an den vollendeten Tatsachen. Er unternahm zwar einen schwachen Angriff auf Heinrichs Besitz in der Touraine, den Heinrich aber durch einen erfolgreichen Gegenangriff abwehrte.

Die Heirat des französischen Königs mit einer Tochter des Hauses Blois stellte, soweit es Thomas beurteilen konnte, nur eine geringe Gefahr dar. Heinrichs Besessenheit in bezug auf alles, was Stephan von Blois betraf, setzte Thomas immer wieder ins Erstaunen. Neben seinem Hang, den Weibern nachzulaufen, und seiner ausgeprägten Besitzgier war das ein weiterer instabiler Zug im komplizierten Wesen des Königs.

»Schon lange habe ich vor, diese Hütte abzureißen, aber irgend etwas hält mich davon ab.« Heinrich nahm einen weiteren Schluck aus der Flasche und reichte sie Thomas.

»Vielleicht weil sie eine Verbindung zur Vergangenheit darstellt?« Gegen besseres Wissen nahm Thomas noch einen kräftigen Schluck, bevor er die Flasche Heinrich zurückgab. In seinem Kopf wirbelte es, und seine Stimme klang belegt.

»Das wohl auch«, stimmte ihm Heinrich zu.

Thomas beobachtete, wie die Waidmänner und der Stallbursche sich in einiger Entfernung vom Feuer in Decken hüllten und sich zusammenrollten, um zu schlafen.

»Wenn Ihr wolltet, könntet Ihr mich entbehren«, sagte Thomas unvermittelt, erstaunt über seine eigene Kühnheit. Das lag wohl am Wein. »Ich muß sowieso in Kürze nach England aufbrechen.«

Es entstand eine kurze Pause.

»Ich würde sagen, ich könnte schon, aber ich möchte Euch nicht entbehren, Thomas. Theobald kann noch warten.« Mit seinen schwieligen Fingern schnipste er über Thomas Handrücken. »Was würde ich nur ohne meinen lustigen Kameraden anstellen?«

Heinrichs Finger brannten auf ihm wie Flammen. Unwillkürlich drehte Thomas seine Hand mit der Handfläche nach oben, öffnete die Finger und verflocht sie mit Heinrichs. Er spürte Heinrichs Verblüffung und Reserviertheit. Thomas griff fester zu, und Heinrich ließ seine Hand, wo sie war.

»Ich glaubte, Ihr seid noch böse auf mich«, sagte Thomas mit einer bebenden Stimme, die ihm fremd vorkam.

»Nun, Thomas, das stimmt, ich war wütend, und wie.« Mit der anderen Hand griff er wieder nach der Flasche, nahm einen Schluck und gab sie Thomas.

»Ich versuchte lediglich, vor den Mauern von Toulouse Eure Ehre zu wahren.« Thomas nahm die Flasche und merkte, daß seine Finger zitterten.

»Das glaube ich Euch gern. Aber Ihr wißt, wie ich es hasse, wenn man meine Pläne durchkreuzt. Eine meiner Schwächen, fürchte ich – eine meiner vielen Schwächen. Ich wette, Ihr kennt sie besser als ich selbst. *Mea culpa*, aber Ihr vergebt mir meine Sünden, hoffe ich?« Sanft zog er seine Hand zurück und kniff Thomas freundschaftlich in den Arm. »Doch das ist jetzt alles vorbei. Wir sind wieder wie Brüder, nicht wahr?«

Das war das Unglaubliche an Heinrich: Dadurch, daß er seine Fehler und Schwächen unumwunden zugab, gelang es ihm immer wieder mühelos, andere zu entwaffnen. Thomas schloß die Augen. Er fühlte ein Dröhnen in den Ohren. War das sein Herz? Er nahm noch einen Schluck Wein, leerte die Flasche und legte sie dann beiseite.

»Sind wir also Brüder?« fragte er leise.

»Habe ich das nicht soeben gesagt?«

»Blutsbrüder?« Es war zu dunkel, um Heinrichs Gesichtsausdruck zu erkennen.

»Ich glaube, ich verstehe Euch nicht, Thomas.« In der Stimme des Königs schwangen Argwohn und Überraschung mit.

»Sollen wir uns Blutsbrüderschaft schwören?«

Thomas war schockiert, verblüfft und entsetzt über seine eigenen Worte. Welcher Teufel hatte ihn geritten, etwas derart Unerhörtes zu äußern, das nach Hexerei, Versprechen, Leidenschaft, Ritterlichkeit, ja sogar nach heidnischem Ritual klang?

»Ein Blutsband zwischen Waffenbrüdern? Haben nicht die Leibwächter der Sachsenkönige solche Bande geschlossen?« Heinrich schwieg. »Die Templer gaben sich solche Gelöbnisse, als sie beim ersten Kreuzzug auf die Ungläubigen stießen.«

»Ja, ein Band der Kameradschaft, das weder zerstört noch verleugnet werden kann.« Thomas verschwieg, daß es auch ein Band zwischen Körper und Geist war, wie es berühmte Liebespaare wie Tristan und Isolde angeblich eingegangen waren: Was der eine besaß, gehörte auch dem anderen; außerdem schwor man sich, einander zu beschützen.

Heinrich lachte. Thomas glaubte, eine leichte Unbehaglichkeit in seinen Augen entdeckt zu haben.

»Ihr überrascht mich immer wieder von neuem, Lordkanzler. Euer heiliger Theobald würde einen solchen Akt sicherlich als häretisch brandmarken. Ist dies nicht auch mit einer Zeremonie verbunden?« Seine Worte klangen ein wenig zweifelnd.

»Ich glaube schon, aber ich kenne das Ritual nicht. Natürlich, wenn Ihr Angst habt…«

»Ich und Angst?« Heinrich zog seinen Dolch. »Wir vollziehen unser eigenes Ritual.« Er schob den Ärmel seines Gewandes zurück und ritzte seinen Unterarm mit der scharfen Klinge. Im Feuerschein konnte Thomas erkennen, wie Blut aus der Wunde schoß. »Gebt mir Euren Arm.«

Langsam rollte Thomas seinen Ärmel hoch und streckte den Arm aus. Er unterdrückte einen Schrei, als das Messer in sein Fleisch schnitt. Heinrich drückte seine Wunde auf die von Thomas, so daß sich ihr Blut vermischte. Thomas spürte, wie sein Herz hämmerte. Er war benommen vom Wein, der Dunkelheit und der Intimität dieses Augenblicks. Überwältigt wandte er sich mit ausgestreckten Armen sehnsuchtsvoll dem König zu. Seine Finger streichelten dessen Haare.

»Jetzt sind wir Blutsbrüder, Thomas«, sagte Heinrich, sprang auf die Beine und richtete seinen Ärmel. »Ich weiß zwar nicht genau, was das bedeutet, aber ich würde es nicht in alle Welt hinausposaunen.« Er gähnte. »Nun, ich bin plötzlich sehr müde. Es ist zu spät, um zum Tower zurückzukehren.«

Er überquerte die Lichtung und trat zu seinem Pferd, öffnete eine Satteltasche und holte eine schwere Wolldecke heraus. Dann breitete er die Decke vor dem Feuer aus, legte sich nieder und rollte sich ein. »Bis morgen, Blutsbruder.«

Er schlief auf der Stelle ein. Heinrichs Fähigkeit, überall und zu jeder Zeit schlafen zu können, erinnerte Thomas an eine Katze. Er trug den Namen »der Löwe« also zurecht. Schweiß perlte von seiner Stirn über seine Wangen. War er wahnsinnig geworden? Welcher Dämon hatte ihn getrieben, dermaßen die Kontrolle über sich zu verlieren? Mit zitternden Fingern rollte er seinen Ärmel herunter. Hatte Heinrich in der Dunkelheit, die nur durch den Lichtschein des Feuers schwach erhellt wurde, seine verräterische Bewegung bemerkt, die Arme, die sich ihm voller Sehnsucht entgegenstreckten? Wenn ja, würde er verstehen, was es bedeutete? Ja, was bedeutete es eigentlich? Nichts, beruhigte sich Thomas selbst, überhaupt nichts.

Trotzdem litt er innerlich Höllenqualen. Diesen Fehltritt würde er sich niemals verzeihen. Niemals. Daß er auch nur einen Augenblick lang eine solch verdammenswerte Schwäche gezeigt hatte, war unentschuldbar. Niemand, weder sein Beichtvater noch der Mönch, der ihn geißelte, kannte seine dunklen, verborgenen Wünsche.

Doch wenn Heinrich sie erriet oder auch nur erahnte – unvorstellbar. Thomas war immer auf der Hut gewesen, hatte niemals weder durch Worte, Blicke oder Gesten seine wahren Gefühle verraten. Daß er sich hier derart bloßgestellt hatte... Seine Augen füllten sich mit Tränen, und er begann zu weinen. Er haßte sich selbst. Da Heinrich vielleicht seine geheime Schwäche entdeckt hatte, spürte er, wie Haß in ihm aufkeimte gegen den Mann, den er liebte.

## 41. Kapitel

### England, im Jahre 1161

An einem milden Aprilmorgen des Jahres 1161 passierte Eleonore die Stadttore der Kathedralenstadt Canterbury. Sie ritt durch die Straßen, auf denen es von Menschen wimmelte, und gelangte zur Kathedrale, gerade als die Glocken zur Sext läuteten. John von Salisbury, ein wichtiges Mitglied des erzbischöflichen Hofstaats, erwartete sie.

»Ihr kommt zu spät, Madame. Unser heiliger Theobald, der Herr schenke ihm ewige Ruhe, starb heute morgen kurz nach der Terz.«

»Das tut mir schrecklich leid.« Eleonore bekreuzigte sich und stieg mit Hilfe zweier Stallburschen vom Pferd. Sie bemerkte den entsetzten Ausdruck auf Johns Gesicht, als er ihren gewölbten Leib entdeckte. Die Geburt war für September zu erwarten.

»Ich wußte nicht, daß Theobald so krank war«, fuhr sie fort. »Ich bin ehrlich bestürzt.«

Das entsprach der Wahrheit. Der Tod des Erzbischofs war ein schwerer Schlag für sie, würde aber noch fatalere Folgen für England nach sich ziehen. Der ehemalige Mönch aus Bec, der sich vor allem durch seine Demut und Frömmigkeit ausgezeichnet hatte, war allseits beliebt gewesen. Obwohl Theobald sich zu Beginn ihrer Ehe mit Heinrich ihr gegenüber eher ablehnend verhalten hatte – Eleonore war davon überzeugt, daß daran Gerüchte aus Frankreich schuld waren –, hatte sich bald eine unerwartete Sympathie zwischen ihnen entwickelt. Trotz ihrer Abneigung gegen Kleriker im allgemeinen hatte sie größten Respekt vor ihm gehabt.

»Madame, Ihr hättet nicht kommen sollen in Eurem Zustand,« sagte John und wandte den Blick ab. »Ich wußte nicht – das heißt, ich nehme an – mein Herr würde Eure Besorgnis durchaus zu schätzen gewußt haben. Aber mußtet Ihr denn diesen weiten Ritt von London unternehmen?«

»Es waren nur zwei Tage, bitte macht Euch keine Sorgen«, erwiderte Eleonore und bemerkte, daß der Mann jetzt etwas weniger feindselig blickte. »Ich bin traurig wegen unseres großen Verlustes. Der König wird zutiefst betrübt sein, wenn er davon erfährt.«

John lachte freudlos. »Das würde mich überraschen, Madame. Theobald hat unzählige Botschaften an den König und den Kanzler gesandt und sie gebeten, ihn aufzusuchen. Sein letzter Wunsch war es, Thomas Becket noch einmal zu sehen – dieser Wunsch wurde ihm nicht erfüllt. Laut dem Kanzler konnte der König ihn nicht entbehren. Wir in Canterbury sind sehr bestürzt über soviel Undankbarkeit.«

Eleonore wußte nicht, was sie antworten sollte. Das war ein hartes Urteil, und es war undiplomatisch von John, es laut auszusprechen, aber sie beschloß, seine Indiskretion angesichts der tragischen Umstände zu übersehen. Es überraschte sie nicht, daß Becket, der den Erzbischof als Sprungbrett für seinen Aufstieg benutzt hatte, sich von ihm abgewendet hatte, als er nicht mehr von Nutzen sein konnte. Sie mußte einen Weg finden, Johns aufgebrachtes Gemüt zu besänftigen.

Sie schlenderte mit ihm durch einen wenig belebten Teil des Hofs. »In der Normandie und in Anjou haben sich die Dinge nicht gut entwickelt, die Bretagne macht Ärger, sogar mein eigenes Herzogtum ist widerborstig. Ich kann doch mit Eurer Diskretion rechnen?« fragte sie John und fuhr fort, als dieser nickte: »Der König wagt es nicht, den Kontinent zu verlassen, da die Gefahr besteht, daß es zu einem Krieg mit Ludwig von Frankreich kommt.«

Johns Gesicht hellte sich auf. »Ich hatte keine Ahnung – der Erzbischof ebenfalls nicht –, daß sich die Dinge so zugespitzt haben. Wir hatten vielmehr angenommen, es stehe alles zum Besten.«

»Ganz im Gegenteil. Der König wollte Theobald während seiner Krankheit nicht beunruhigen. Deshalb sandte er mich – trotz meines Zustands – als seine Vertreterin. Ich muß umgehend wieder in die Normandie zurückkehren. Der König hofft, daß Ihr dafür Verständnis aufbringt.«

»Natürlich. Das läßt ja alles in einem ganz anderen Licht erscheinen. Es war sehr klug vom König, Euch zu schicken. Bitte, berichtet es ihm.« Johns Stimme klang jetzt viel herzlicher. »Das liefert eine Erklärung, weshalb Becket den Vorladungen des Erzbischofs nicht Folge leisten konnte. Wenn er es uns doch nur mitgeteilt hätte.«

Eleonore zuckte mit den Achseln. »Ich kann nicht für den Kanzler reden, nur für den König.«

Kein Wort stimmte von dem, was sie John erzählt hatte, aber es war nicht zu ändern. Beckets Ansehen war nicht ihr Problem, nur das von Heinrich.

Nachdem sie dem Toten die letzte Ehre erwiesen und den in Trauer versunkenen Sitz des Erzbischofs verlassen hatte, überlegte Eleonore, ob sich Heinrich bereits Gedanken über Theobalds Nachfolger gemacht hatte. Sie hatten sich noch nie darüber unterhalten. Theoretisch wählten die Mönche von Canterbury natürlich ihren Erzbischof selbst, aber der Kandidat des Königs entsprach immer auch der Wahl der Mönche. Sie erinnerte sich an eine Botschaft, die der König an die Mönche von Winchester geschickt hatte und die sie damals sehr amüsiert hatte: »Ich befehle Euch, eine freie Wahl abzuhalten, aber trotzdem verbiete ich Euch, einen anderen als Richard, meinen Sekretär, den Erzdiakon von Poitiers, zu wählen.«

Nach dem König war der Erzbischof von Canterbury der mächtigste Mann in England. Wen würde Heinrich wohl wählen?

## Domfront, Normandie, im Jahre 1161

Anfang September gebar Eleonore ihr sechstes Kind in der Burg Domfront, in der Nähe der Grenze zwischen der Normandie und Maine. Es war ihre zweite Tochter von Heinrich, und das Kind erhielt bei einer feierlichen Taufzeremonie, die derselbe italienische Kardinal vollzog, der den kleinen Heinrich mit der französischen Prinzessin Marguerite vermählt hatte, ihren Namen.

»Ich habe noch keine Frau erlebt, die sich immer so schnell vom Kindbett erholt wie du«, sagte Heinrich, der das Kind im Arm hielt, einen Monat nach der Geburt zu ihr. Er war gerade aus Angers herbeigeritten und noch voller Straßenstaub.

Eleonore erstarrte, aber sie zwang sich zu lachen. »Was verstehst du denn von solchen Dingen? Wie viele Frauen kennst du, die sich vom Kindbett erholt haben?« Sie beobachtete ihn heimlich, wollte sehen, wie er reagierte.

»Du kennst die Antwort ja bereits.« Heinrich küßte das Mädchen auf den Kopf. »Diese kleine Schönheit ist ihrer Mutter wie aus dem Gesicht geschnitten.«

»Das kannst du doch jetzt noch nicht sagen.«

Er verhielt sich ausweichend. Sie bemerkte es immer, wenn er etwas zu verbergen hatte. Ihr waren Gerüchte über seine Bastarde zu Ohren gekommen, aber sie wußte nichts Genaues – auch nicht von ihren Müttern. Es war heute das erste Mal, daß Heinrich schon kurz nach der Geburt ihres Kindes zu ihr kam. Wenn sie an eventuelle Nebenbuhlerinnen dachte, empfand sie Eifersucht. Falls es sie wirklich gab, dann, so sagte Eleonore sich, wäre es vielleicht am besten, nichts Näheres darüber zu erfahren.

Solange sie nichts Genaues wußte, konnte sie sich einreden, daß es nichts zu wissen gab. Bellebelles Namen in der Schatzkammerrolle hingegen hatte ihr einen ersten greifbaren Hinweis geliefert, doch Eleonore hatte es geschafft, die Gedanken an diese Dirne zu verdrängen – zumindest die meiste Zeit. Sie überlegte, ob Heinrich wohl ein Kind mit ihr hatte, konnte sich aber nicht überwinden, ihn danach zu fragen.

»Ich kann heute schon sagen, daß dieses glückliche Kind einmal große Ähnlichkeit mit dir bekommen wird.« Heinrich musterte das Gesicht des schlafenden Mädchens. »Eine echte Helena von Troja. Nun – hoffentlich hat sie wenigstens meinen Charakter...«

»Deinen Charakter? Was stimmt mit meinem nicht?«

Heinrich grinste sie über den Kopf des Kindes an. »Zwei herrische Schönheiten in meinem Haushalt würde ich nicht überleben. Dem Himmel sei Dank, daß Mathilde ein sanftes, nachsichtiges Wesen hat – wie es sich eben für ein Mädchen geziemt.«

Eleonore, die auf dem Bett in dem kleinen Söller ruhte, konnte erkennen, daß sich Heinrich über diese neugeborene Tochter aufrichtig freute. Sie war immer wieder von neuem verblüfft, wie liebevoll und nachsichtig er als Vater war. Er verwöhnte und verhätschelte alle seine Kinder – mit Ausnahme von Richard, den er nach wie vor übersah.

Heinrich legte das Neugeborene in die Arme der Amme und trat ans Bett. Er nahm auf der Bettkante Platz und umarmte Eleonore.

»Du wirst von Jahr zu Jahr schöner, das darfst du mir glauben«, sagte er und schmiegte sich an sie. »Hast du einen geheimen Zauberspruch oder sonst irgendein Zaubermittel, mit dessen Hilfe es dir gelingt, noch immer so jung und begehrenswert auszusehen?« Seine Hände streichelten ihre Brüste.

»Schmeichler.« Sie strich über ihre Bauchmuskeln, die noch schlaff von der Geburt waren. »Das kann man wohl kaum als jung und begehrenswert bezeichnen. Ich werde wochenlang reiten und mit dem Falken jagen müssen.«

»Dann macht es dir wohl nichts aus, nach England zurückzukehren, wenn du dich wieder ganz erholt hast? Dort kannst du in meinem Auftrag reiten, soviel du willst.«

»Nach England? Nicht ohne dich. Das kommt überhaupt nicht in Frage. Schick deinen geliebten Thomas.«

»Ich habe andere Pläne mit meinem geliebten Thomas.« Heinrich bedeckte ihr Gesicht und ihren Hals mit Küssen. »Ich brauche dich in England.«

»Was hast du vor?«

Heinrich schwieg, fuhr aber fort, ihre Brüste zu streicheln. Eleonore spürte, wie sie von seiner Leidenschaft angesteckt wurde. Da sie aber wußte, daß er versuchte, sie abzulenken, schob sie energisch seine Hand zurück.

»Das zieht nicht.« Sie studierte sein Gesicht. »Was für Pläne hast du? Erzähl's mir.«

»Du lieber Himmel, du bist wie ein Bluthund, der um einen Knochen kämpft.« Er biß sich auf die Lippen und lehnte sich zurück. »Du darfst niemandem etwas sagen, vor allem nicht Thomas.«

»Ich spreche nur mit ihm, wenn es unbedingt sein muß.«

»Wie du weißt, ist der Bischofssitz von Canterbury seit Theobalds Tod im April letzten Jahres verwaist. Der Papst drängt mich, eine Entscheidung zu treffen. Er favorisiert Gilbert Foliot, den Bischof von Hereford.«

»Wäre wohl eine gute Wahl. Er ist vorbildlich: trinkt keinen Wein, ißt kein Fleisch und führt ein höchst asketisches Leben.«

Heinrich nickte ungeduldig. »Und zudem ist er ein großer Gelehrter, ein guter Politiker und bekannt für seinen hohen moralischen Anspruch. Das weiß ich alles.«

Er stand auf und ging neben ihrem Bett auf und ab.

Eleonore beobachtete ihn verwundert. »Und? Was willst du noch mehr?«

»Das erkläre ich dir gleich.« Heinrich drehte sich auf dem Absatz um und deutete mit dem Finger auf sie. »Gilbert Foliot, dieser Fürst unter den Klerikern, versprach meiner Mutter Unterstützung, als er sein Amt antrat, brach aber seinen Schwur, indem er sich später auf Stephans Seite schlug. Das ist doch wohl ein eindeutiger Treuebruch, auch wenn er noch so gute Entschuldigungen vorbringt.«

»Das ist schon lange her. Seither hat er dir doch treu gedient, oder?« Eleonore wußte seit langem, daß Heinrich sich unerbittlich verhielt gegen jeden, der sich von seiner Mutter abgewandt hatte, um Stephan zu dienen. Die Worte ihres Onkels kamen ihr in den Sinn.

Heinrich blieb neben ihrem Bett stehen. »Ich vergesse eine Kränkung nie.«

»Daran dachte ich gerade.«

»Dann denken wir das gleiche.« Er schwieg und fuhr dann fort: »Auf jeden Fall habe ich vor« – er holte tief Luft –, »Thomas Becket zum Nachfolger zu ernennen.«

Eleonore war wie vom Donner gerührt. »Zum was?«

»Zum Erzbischof von Canterbury.«

Hätte er ihren Namen genannt, hätte ihr Erstaunen nicht größer sein können. »Aber er ist doch dein Kanzler. Das kann nicht dein Ernst sein.«

»Ich sage immer das, was ich meine. Die Vorteile sind – nun, eine ganze Menge. Du weißt, ich habe bei einem Streit zwischen Kirche und König immer eine initiativreiche Politik verfolgt. Thomas stand stets auf meiner Seite. Einen Erzbischof zu haben, der gleichzeitig Kanzler ist...«

»Das garantiert dir den Beistand der Kirche unter allen Umständen. Ich verstehe.« Eleonore hatte plötzlich eine Vorahnung. Sie sah das Verhängnis heraufziehen, und es kam ihr vor, als sei plötzlich der ganze Raum in dichten Nebel gehüllt. »Heinrich, hör mir zu. Theoretisch ist dein Vorschlag der Traum eines jeden Monarchen, aber es sind auch Probleme damit verbunden.«

»Der Kanzler des Kaisers des Heiligen Römischen Reiches ist ebenfalls Erzbischof von Mainz. Wie ich hörte, gibt es dort keine Probleme.« Heinrich setzte sich aufs Bett.

»Wir sind in England und nicht im Heiligen Römischen Reich. Gab es hier je einen Erzbischof, der gleichzeitig Kanzler war?«

»Es gibt für alles ein erstes Mal.«

Eleonore richtete sich in den Kissen auf. »So wie den kleinen Heinrich noch zu deinen Lebzeiten zum König zu ernennen?. Du scheinst begierig darauf zu sein, einen Präzedenzfall nach dem anderen zu schaffen. Ich habe nichts dagegen, wenn es notwendig ist, wie im Fall von York, aber das hier...« Sie hob abwehrend die Hände.

Plötzlich senkte Heinrich den Blick. »Ich will mich nicht durch überholte Traditionen gängeln lassen.«

Eleonore zog die Brauen hoch. »Wie oft hast du dich auf die guten alten Bräuche deines Großvaters berufen? Du kannst nicht alles haben.«

»Ich verstehe nicht, warum das nicht möglich sein sollte. Du müßtest es doch besser wissen, Nell.«

»Also gut. In Canterbury mag man Thomas nicht. Er war Erzdiakon unter Theobald, arbeitete hauptsächlich als Anwalt und Diplomat. Jetzt ist er dein Kanzler. Nach kirchlichen Maßstäben ist er nicht geeignet. Er ist zu weltlich ausgerichtet, zu ehrgeizig und nicht sonderlich fromm, das sind nur einige der Vorwürfe, die die Mönche gegen ihn erheben. Du wirst Ärger bekommen, wenn du ihn zum Erzbischof zu machen versuchst. Ich war vor kurzem in Canterbury und weiß, wovon ich spreche.«

Heinrich rieb sich das Kinn. »Ich glaube dir.« Er seufzte. »Ich hätte Theobald vor seinem Tod aufsuchen sollen und hätte Thomas zu ihm lassen sollen. Das war nicht sehr diplomatisch.«

»Nicht sehr diplomatisch? Du heilige Radegund, das war grausam. Du hast dem alten Mönch das Herz gebrochen.«

Heinrich runzelte die Stirn und kratzte sich am Kopf. Er verzog den Mund und wirkte schuldbewußt, wie ein kleiner Junge, der gerade etwas angestellt hatte. Sie kannte diesen Ausdruck gut.

»*Mea maxima culpa.* Manchmal kann ich richtig gemein sein. Wenn ich etwas will – oder Angst davor habe...« Er zuckte mit den Schultern und erhob sich. »Ich kann jetzt nichts mehr daran ändern. Die Mönche in Canterbury müssen das Beste daraus machen.«

Wie üblich fühlte sie sich durch seine klare Selbsterkenntnis entwaffnet. Ihre Stimme wurde sanfter. »Heinrich, ich weiß, du hältst dies für einen klugen Schachzug, aber wenn du Thomas zum Erzbischof ernennst, wirst du das bis ans Ende deiner Tage bereuen.«

Heinrich nahm seine Wanderung wieder auf. »Ich bin nicht blind. Ich weiß genau, daß ihr euch noch nie gemocht habt. Aber er hat mir und dem Königreich treu gedient. Sag mir einen guten Grund, der gegen meine Entscheidung spricht, und ich höre auf dich.«

Eleonore zerbrach sich den Kopf. Gab es denn keinen Vorfall, keine Tatsache, die ihn beeindrucken konnte? »Weißt du denn, ob er deine Meinung über Gesetzesreformen teilt? Seit jeher gab es Konflikte zwischen den weltlichen und kirchlichen Gerichten. Du selbst hast mir gesagt, Korruption und Gier seien unter kirchlichen Würdenträgern weit verbreitet. Und er ist außerdem kein Priester.«

»Nell, bemüh dich nicht. Thomas war bei seinen Versuchen, für die Krone all das zurückzugewinnen, was während Stephans Regierungszeit an die Kirche fiel, sehr gewissenhaft. Dem Manko, daß er kein Priester ist, kann schnell abgeholfen werden.« Er machte eine lässige Geste mit der Hand.

»Als dein Kanzler hat er die Krone unterstützt. Wie aber wird er sich als Erzbischof von Canterbury verhalten?«

Heinrich blieb stehen. »Aber er ist dann doch beides, Nell. Du hast keinen stichhaltigen Grund, meine Wahl in Frage zu stellen. Ich hatte angenommen, du wärest froh, daß er dann nicht mehr um uns ist, sondern gut aufgehoben in Canterbury.« Er setzte sich wieder aufs Bett und nahm ihre Hand. »Ich werde ihn viel seltener sehen, ja, ich werde meinen Blutsbruder verlieren, und du hast weniger Anlaß, eifersüchtig zu sein.«

Eleonore errötete. War ihre Eifersucht so offensichtlich gewesen? »Deinen Blutsbruder?«

»Im Frühjahr vor Theobalds Tod hatten wir einmal ein bißchen zu viel Wein getrunken und haben uns Blutsbrüderschaft geschworen.« Heinrich schwieg, runzelte die Stirn, als ob er noch etwas sagen wollte.

»War da sonst noch etwas?« Eleonores Herz pochte wild.

»Eigentlich nicht... nichts Besonderes. In vielerlei Hinsicht betrachte ich ihn wie einen älteren Bruder, einen Vater und Mentor. Schließlich war er von der ersten Stunde meiner Regierungszeit an meiner Seite.«

»Ja, ich weiß, ich auch.« Eleonore war irgendwie beunruhigt, wußte aber nicht warum. Blutsbrüderschaft. Sie kannte sich in solchen Dingen nicht besonders gut aus. »Besprich dich aber erst mit deiner Mutter, bevor du dich endgültig entscheidest.«

Die Abendglocken läuteten, und Heinrich erhob sich. »Ich hätte nie erwartet, das aus deinem Munde zu hören, aber ich werde es tun. Ich brauche mich nicht sofort zu entscheiden. Gehst du zur Abendandacht?«

»Ich glaube nicht. Ich fühle mich noch recht schwach.«

Eleonore blickte ihm nach, als er sich zur Tür begab und kurz stehenblieb, um seiner Tochter übers Gesicht zu streichen. Sicher wäre es eine große Erleichterung für sie gewesen, Becket in Canterbury zu wissen, aber sie wußte auch mit absoluter Sicherheit, daß es ein fataler Fehler sein würde, ihn zum Erzbischof zu ernennen. Wenn ihr nur etwas eingefallen wäre...

Plötzlich erinnerte sie sich an den Verdacht ihres Onkels Ralph, Becket empfinde für Heinrich mehr als nur Respekt. Sollte sie es ihm sagen? Er war jetzt bei der Tür angelangt. Sie zögerte. Ralphs Meinung gründete sich nicht auf Tatsachen. Zudem hatte Heinrich nicht gerade eine hohe Meinung von ihrem Onkel. Er würde sicher annehmen, sie versuche aus Eifersucht, Beckets Ansehen zu schaden. Was sollte sie tun? Inzwischen war Heinrich hinausgegangen, und sie hatte die Gelegenheit verpaßt.

Die Wochen verstrichen, und Eleonore war bald wieder auf den Beinen, sie fühlte sich gesund und war energiegeladen wie früher. Heinrich hatte sich immer noch nicht endgültig entschieden, und im November ließ sie sich von ihm überreden, nach England zurückzukehren. Eleonore, die noch immer Unbehagen empfand, ging mit der Tochter Eleonore und zwei Kindermädchen an Bord eines Schiffes, das sie nach Dover bringen sollte. Heinrich stand winkend am Ufer. Als er immer kleiner wurde, überlegte sie, ob vielleicht der Tag kommen würde, an dem sie ihr Schweigen über Thomas Becket noch bereuen würde.

## 42. Kapitel

### Rouen, im Jahre 1161

Es war zwar nicht Heinrichs Idee, Thomas Becket in Versuchung zu führen, seine Unschuld zu verlieren, aber als ein Ritter seiner Umgebung diesen Vorschlag machte, zeigte er sich voll und ganz einverstanden.

Nachdem Eleonore ihre Reise nach England angetreten hatte, kehrte Heinrich in Begleitung seines Kanzlers und dreier Ritter nach Rouen zurück. Er hatte sich entschlossen, erst nach Rücksprache mit seiner Mutter eine Entscheidung über den freien Bischofssitz in Canterbury zu treffen. Wie er Eleonore erklärt hatte, bestand keine Eile. Schließlich flossen die Einkünfte aus dem Bischofssitz, solange er unbesetzt war, in die königliche Schatzkammer. Allerdings war zu erwarten, daß der Papst heftig protestieren würde, wenn die Ernennung zu lange hinausgezögert wurde. Zur Zeit herrschte in Heinrichs Reich zu beiden Seiten des Ärmelkanals Frieden, und er fühlte sich wohl.

Als Heinrich an diesem windigen Novembermorgen nach Rouen unterwegs war, hoffte er, Eleonores Reise nach England würde störungsfrei verlaufen. In dieser Jahreszeit war das Wetter unbeständig, oft fegten heftige Herbststürme über den Kanal. Aber er konnte sich nicht vorstellen, daß es einen Sturm gab, der heftig genug war, um es mit der ehrfurchteinflößenden Eleonore von Aquitanien aufzunehmen. Er lächelte bei dieser Vorstellung. Seltsam. Seine Gemahlin war Königin von Frankreich gewesen, und jetzt war sie Königin von England, aber er dachte immer an sie als Eleonore von Aquitanien.

Heinrich bedrückte es, daß er sie immer schmerzlich vermißte, wenn sie abwesend war, obgleich das Leben ohne sie sehr viel ruhiger verlief. Keine Herausforderungen, keine Auseinandersetzungen, keine Bedrohung seiner Autorität. Aber auch keine prickelnde Erregung. Es herrschte dann immer eine düstere Stimmung, die nur durch Thomas Becket aufgelockert wurde.

Auch wenn Eleonore stur war und versuchte, Einfluß über ihn

und die Staatsgeschäfte zu gewinnen – insbesondere, wenn es um Aquitanien ging –, liebte er sie noch mit derselben leidenschaftlichen Hingabe und dem gleichen brennenden Verlangen wie am Anfang. Seinem Empfinden nach hatten die vielen Geburten ihrer Schönheit keinen Abbruch getan. Natürlich sah sie älter aus als damals, und ihr Körper war nicht mehr so biegsam wie eine Gerte, obwohl er immer noch schlank war. Noch nie hatte ihn eine Frau so erregt wie sie. Der bloße Gedanke an sie brachte sein Blut in Wallung, und er wußte, er würde heute abend zu einer Dirne gehen.

Trompeten erklangen, Wachen rissen die Tore auf, und Heinrich hielt Einzug in Rouen. Wie so oft wanderten seine Gedanken zwischen Eleonore und Bellebelle hin und her. O Gott, wie sehr vermißte er auch sie! Er hatte sie mindestens zwei Jahre lang nicht gesehen und den kleinen Gottfried ebenfalls nicht. Er hatte mittlerweile viele uneheliche Söhne – zumindest nach den Angaben der Dirnen –, aber Gottfried war ihm bei weitem der liebste. Er liebte diesen Sohn genauso wie seine gemeinsamen Kinder mit Eleonore, und genauso verhielt es sich mit der Mutter.

Natürlich unterschieden sich seine Gefühle für Bellebelle stark von jenen, die er für Eleonore hegte, aber sie waren nicht weniger liebevoll. Eleonore war wie Feuer und Sturm, unberechenbar und herausfordernd, Bellebelle dagegen wie ein kühler Waldbach, beruhigend und immer berechenbar. Er hatte ihr ein Leben in Erniedrigung und Armut erspart; sie verdankte ihm alles. Eleonore dagegen war ihm ebenbürtig. Manchmal hatte er das Gefühl, daß sie mehr für ihn tat, als er für sie – dabei hätte es umgekehrt sein sollen. Es gab kein schöneres Gefühl als die Gewißheit, daß eine Frau völlig von ihrem Mann abhängig war.

Der Herzogspalast lag vor ihm. Es fiel leichter Nieselregen.

»Könnt Ihr mir eine Dirne empfehlen?« fragte er den Ritter, der neben ihm ritt. »Eine neue. Die altbekannten Gesichter öden mich an.«

»Es gibt da eine recht begabte Dirne namens Millette, Herzog. Sie ist jung und aufgeweckt, kommt frisch aus Brabant und geht ihrem Gewerbe im alten Stadtteil in der Nähe der Kathedrale nach.«

»Hört sich vielversprechend an.« Da Heinrich in England mit Sire oder Eure Majestät angeredet wurde, war er anfangs befremdet, als man ihn in der Normandie mit Herzog und in Anjou mit Graf ansprach.

Heinrich spürte förmlich, wie Thomas, der in voller Rüstung neben ihm ritt, drei Raben auf dem Schild, den Helm an der Hinterpausche des Sattels befestigt, erstarrte. Die Mißbilligung, die er ausstrahlte, war fast greifbar.

»Ihr mißbilligt es, Thomas?«

»Es steht mir nicht zu, irgend etwas zu mißbilligen, was Eure Majestät tut, aber ich glaube, Ihr würdet Eure Zeit mit erbaulicheren Unternehmungen besser nutzen.«

»Seid doch nicht so scheinheilig. Was ist Schlimmes an nächtlichen Sportübungen? Als nächstes werdet Ihr mir erklären, ich gebe ein schlechtes Beispiel ab.«

Die drei Ritter, die sie begleiteten, lachten.

Thomas warf Heinrich einen finsteren Blick zu. »Ehrlich gesagt, Mylord, das tut Ihr. Nicht die Dirnen bereiten mir Kopfzerbrechen, sondern die Mädchen aus gutem Hause.«

»Tatsächlich.« Heinrich schwieg. »Habt Ihr schon einmal bemerkt, daß diese sogenannten angesehenen Familien alle etwas verbindet?«

Thomas runzelte die Stirn. »Was sollte das sein?«

»Ich verführe hauptsächlich die Töchter jener Adeligen, die König Stephan unterstützten oder von denen man es annahm. Einige dieser verräterischen Schurken schafften es allerdings, ihre Loyalität gegenüber Stephan zu verbergen.«

Er bemerkte, wie Thomas die Luft anhielt. »Darauf wäre ich wirklich nicht gekommen. Aber es ist eine erbärmliche Entschuldigung, Mylord, Eurer nicht würdig.«

»Ich brauche keine Entschuldigungen, ich versuche nur zu erklären. Die Mädchen – und ihre Väter – werden im allgemeinen gut entschädigt, wie Ihr wißt. Ich empfinde dabei eine gewisse Befriedigung, nicht unbedingt des Fleisches oder des Geistes, aber…« Er zuckte mit den Achseln. »Ich weiß nicht. Würdig oder nicht, es macht mir jedenfalls Spaß.«

»Ist die Welt Eure Wanne, Mylord, in der Ihr Euch nach Belieben wälzt?«

»Verdammt, Thomas, Ihr könnt ein richtiger selbstgerechter Tugendbold sein.«

Sie befanden sich jetzt am Rand des Kathedralenplatzes. »Das Problem mit Euch, werter Kanzler, ist, daß Ihr fast vierzig Jahre alt und immer noch unberührt seid. Ihr seid kein Priester. Niemand könnte Euch vorwerfen, Ihr würdet Euer Keuschheitsgelübde brechen. Es würde Euch guttun.«

»Wie Ihr genau wißt, habe ich mein eigenes Keuschheitsgelübde abgelegt. Nichts könnte mich dazu bringen, es zu brechen. Wenn Ihr mich im Augenblick nicht braucht, dann möchte ich gerne in der Kathedrale etwas erledigen.«

»Wie Ihr wollt.« Heinrich zügelte sein Pferd. Thomas schlug die Richtung zur Kathedrale ein, sein Rücken war steif vor Entrüstung. »Da ist aber jemand beleidigt.«

»Ich wette, er wäre viel gelöster, wenn er seinen natürlichen Neigungen nachgeben könnte«, sagte der Ritter neben ihm.

»Wir alle bewundern den Kanzler, Mylord, aber ehrlich gesagt, er ist so kalt wie ein Fisch«, bemerkte einer der anderen Ritter. »Vielleicht hat er gar keine natürlichen Neigungen.«

Heinrich erinnerte sich an Thomas im Wald von Verte. »Oh, ich habe keinen Zweifel, daß er welche besitzt.«

Heinrich wollte sich den Rittern gegenüber aber nicht näher dazu äußern. An jenem Abend hatte er stark dem Wein zugesprochen, aber irgend etwas an diesem Ereignis verursachte Heinrich Unbehagen, nicht die seltsame Blutzeremonie, die er und Thomas vollzogen hatten, sondern etwas anderes: ein verschwommener Schatten, so flüchtig wie ein Hauch, dessen genaue Ursache er nicht weiter erforschen wollte. Damals hatte er in dieser Zeremonie nur die verbotene Erregung zweier Jungen gesehen, die ein geheimes Ritual vollzogen und die Templer nachahmten, aber jetzt...

Heinrich hatte im Anschluß an diese Nacht festgestellt, daß sich zwischen ihnen ein neues Band gebildet hatte, für das er keine andere Bezeichnung als Blutsbrüderschaft wußte. Er war sich immer noch nicht über die damit verbundenen Folgen im klaren, aber stets, wenn er daran dachte, bekam er eine Gänsehaut.

»Es fällt einem Mann nicht schwer, zu behaupten, nichts könne ihn dazu bewegen, sein Keuschheitsgelübde zu brechen, wenn er noch nie in Versuchung geraten ist, Mylord.« Der Ritter neben ihm warf Heinrich ein vielsagendes Lächeln zu. »Man müßte ihn auf die Probe stellen.«

»Ja, das ist eine gute Idee! Warum habe ich nicht daran gedacht? Diese Millette ist also eine recht attraktive Dirne?«

»Eine prachtvolle Dirne«, antwortete der zweite Ritter mit einem Augenzwinkern.

»Ein Mann müßte tot sein, wenn er ihren Verlockungen nicht erliegen würde«, fügte der erste Ritter hinzu.

»Bringt sie heute abend in den Palast. Diskret. Ich sorge dafür, daß Thomas dort sein wird und nicht bei den Mönchen in der Kathedrale.« Plötzlich grinste Heinrich. »Nun, mein heiliger Erzdiakon, ich bin wirklich gespannt, wie du auf diese Evastochter reagieren wirst. Nur allzu gern möchte ich wissen, ob du dich weigern wirst, von dieser verbotenen Frucht zu kosten?«

Plötzlich erschien es ihm ungeheuer wichtig, daß Thomas auf die Probe gestellt wurde.

In dieser Nacht wartete Heinrich allein in seinem großen Schlafgemach. Schläfrig saß er auf einem Holzstuhl, der mit rotem Stoff bespannt war und dessen Lehnen und Beine aus Elfenbein geschnitzt waren und den Kopf und die Füße eines wilden Ebers darstellten. Draußen tobte ein Sturm, durch die Ritzen der Wände drang der Wind, brachte die Kerzen in den Silberleuchtern zum Flackern. Trotz der vielen Kohlebecken aus Kupfer, die den Raum erwärmen sollten, war es immer noch sehr kalt. Er hoffte inständig, daß Eleonore inzwischen wohlbehalten in Dover angekommen sei.

Wo blieben diese verfluchten Ritter? Es mußte jetzt weit nach dem Komplet sein. Thomas war vor einer Stunde gekommen und hatte sich in seine Kammer zurückgezogen. Er hatte vorgehabt, im Gästehaus zu schlafen, das sich an die Kathedrale anschloß, aber Heinrich hatte darauf bestanden, daß er im Herzogspalast übernachtete.

Der Windhund rollte sich zu Heinrichs Füßen ein, und Heinrich strich ihm mit dem Stiefel über den Rücken. Er war verstimmt und schlecht gelaunt, da die Unterhaltung mit seiner Mutter höchst unbefriedigend verlaufen war. Er wußte, daß die Kaiserin Thomas Becket noch nie gemocht hatte, aber er hatte nicht mit einer so heftigen Reaktion gerechnet, als er ihr mitteilte, er beabsichtige, den Kanzler zum Erzbischof zu ernennen. Sie hatten den größten Teil des Nachmittags und während des ganzen Abendessens miteinander gesprochen, ohne zu einer einvernehmlichen Lösung zu kommen.

Die Argumente, die seine Mutter vorbrachte, leuchteten ihm nicht ein, und es sah der scharfsinnigen Kaiserin gar nicht ähnlich, daß sie keine handfesten Gründe für ihre ablehnende Haltung zu haben schien. Im Prinzip vertrat sie dieselbe Meinung wie Eleonore. Sie wies darauf hin, daß Thomas als Kanzler auf Geheiß des Königs handelte, als Erzbischof aber vielleicht weit weniger umgänglich sein würde, da er in dieser Position letztlich nur dem Papst verantwortlich war. Und wer konnte sagen, wie Becket sich verhalten würde, wenn er so viel Macht besäße? Macht konnte Menschen auf die unglaublichste Art verändern; es würde bestimmt zu Konflikten zwischen Canterbury und der Krone kommen.

Heinrich begann, sich gegen die Fesseln zu sträuben, die ihm die beiden mächtigen Frauen, die es in seinem Leben gab, so gerne anlegten. Er haßte es, auf einen Irrtum hingewiesen zu werden oder sich Vorschriften machen zu lassen, wenn er andere um ihren Rat fragte. Das war das Zauberhafte an Bellebelle. Sie gab ihm nie das Gefühl, sich zu irren, und versuchte auch nicht, ihre Ideen durchzusetzen, um ihn herauszufordern. Er spürte zwar, daß Bellebelle die Abneigung seiner Gemahlin und seiner Mutter gegen Becket teilte, aber sie war so klug, ihren Mund zu halten.

Es klopfte leise an der Tür. Endlich! Zwei Ritter traten ein. In ihrer Begleitung befand sich eine dick vermummte Gestalt. Sie warf ihrem Umhang ab und zum Vorschein kam Millette, eine hochgewachsene, keck aussehende Dirne mit weißer Haut und einer Fülle hellroten Haares, das in üppigen Locken über die Schultern fiel.

»Du weißt, was du tun mußt?« fragte Heinrich.

»Ja, Mylord, ich weiß es.« Sie warf ihre Mähne zurück. »Ich habe schon manchen Priester unter meinen Kunden gehabt, und sie sind genauso wie andere Männer, wenn ich mit ihnen fertig bin. Bei Nacht sind alle Katzen grau.«

Einer der Ritter grinste. »Zieh dich aus und zeig dem König, was du zu bieten hast.«

Das Mädchen begab sich zu einem der Kohleöfen, entledigte sich ihres Gewandes, eines blauen Schultertuchs, ihres roten Unterkleids und ihres Hemdes. Dann schritt sie splitternackt vor Heinrich auf und ab. Sie war zweifellos gut gebaut. Heinrich bevorzugte zwar schlanke, schmalhüftige Frauen, aber ihre runden Hüften, ihr weicher Leib und ihre weißen Schenkel wirkten außerordentlich verführerisch. Um von ihren prachtvollen Brüsten nicht gefesselt zu werden, müßte ein Mann schon blind sein oder auf dem Sterbebett liegen. Heinrich spürte, wie ihn Erregung erfaßte.

»Legt Euch nieder, Sire, und laßt Millette beweisen, was sie kann. Widersteht Ihr, wenn Ihr könnt.«

Heinrich stand auf, zog seine Kleider aus und legte sich auf das breite Bett. Millette wand sich auf dem Bett wie eine Schlange und beugte sich über ihn. Er bewegte sich nicht, versuchte, nicht zu reagieren. Sie schüttelte ihr Haar und streichelte damit sein Gesicht und seine Brust. Dann kletterte sie auf ihn, preßte ihre Brüste gegen sein Gesicht und fuhr mit der Brustwarze über seinen Mund. Heinrich spürte, wie seine Erregung wuchs, aber er hielt den Mund eisern geschlossen. Sie zwang seine Lippen auseinander und schob ihre Rosette zwischen seine Lippen.

»Los, Millette, gib nicht auf!« rief ein Ritter.

Unter den anfeuernden Rufen nahm die Dirne Heinrichs Hände, drückte sie an ihre Brüste und lehnte sich über ihn. Dann schängelte sie sich hinunter, bis sie bei seinem Glied angelangt war. Sie nahm es zwischen ihre Brüste und bewegte sie hin und her, bis es sich aufrichtete.

»He, Ihr habt einen sauberen Ständer, Mylord, seht nur, wie groß er ist.«

Die Ritter lachten derb. Heinrich, der heftig atmete, kämpfte schwer mit sich, zwang sich aber, sie nicht zu berühren. Dann arbeitete sie sich an ihm hoch und kauerte sich vor seinem Gesicht auf die Knie. Sie nahm einen Mittelfinger, leckte daran und fuhr damit über ihr feuchtes Geschlecht. Heinrichs Erregung wurde immer stärker; er beobachtete sie unentwegt, rührte sich aber nicht. Plötzlich glitt sie nach hinten, richtete sich auf und legte sich langsam auf ihn. Der Anblick seines steifen Gliedes, das langsam in dem feuerroten Haar verschwand, entflammte ihn. Nur unter großer Anstrengung gelang es ihm, still liegenzubleiben. Sein Stolz aber zwang ihn, sich weiter unter Kontrolle zu halten. Doch Millette kannte einige Tricks, auf die er nicht gefaßt war. Nach wenigen Augenblicken schon verlor er seine Selbstbeherrschung, da sie mit solcher Geschicklichkeit auf ihm ritt, daß er sich unter ihr zu winden begann, und dann pumpte sie seinen Samen aus ihm heraus, als hole sie Wasser aus einem Brunnen. Es ärgerte ihn, daß er ihr nicht hatte Einhalt bieten können, obwohl er sich so sehr bemüht hatte.

»Nun, ich kann mir nicht vorstellen, daß Thomas dir widerstehen könnte«, sagte er schließlich erschöpft und wünschte sich, sie wäre fort.

Millettes üppiger Körper wirkte jetzt wie eine überreife Frucht, und ihre verblühenden Brüste übten auf ihn einen ähnlichen Reiz aus wie die der Amme seiner Tochter. So fühlte er sich im allgemeinen, wenn solche kurzen Episoden vorüber waren. Im Grunde war es ihm lieber, selbst zu verführen als verführt zu werden.

»So haben wir es uns vorgestellt«, sagte einer der Ritter. »Wir haben darauf gewettet. Aber es fällt uns schwer, jemanden zu finden, der eine Wette eingehen würde, daß der Kanzler ihr nicht erliegt.«

»Ich wette zwei Silberpennies, daß er ihr widerstehen wird.« Heinrich zog sich in aller Eile an.

Millette lachte kehlig.

Der Plan bestand darin, daß sie in Thomas' Kammer schlüpfen und in sein Bett kriechen sollte. Ein Ritter sollte vor der Tür

Wache stehen, und frühmorgens würde Heinrich hereinstürmen und seinen Kanzler in flagranti ertappen. Heinrich wünschte zwar einerseits, daß sein tugendhafter Kanzler durch fleischliches Verlangen gedemütigt und sein Stolz gebrochen werde, andererseits hoffte er aber auch, daß Thomas es fertigbrachte, der Versuchung zu widerstehen. Es war wie ein Würfelspiel, genau jene Art von Spiel, die Heinrich gefiel. Wenn Thomas wirklich widerstand, dann würde er ihn zum Erzbischof von Canterbury ernennen. Und falls er unterlag...

Heinrich wurde von einem der Ritter wachgerüttelt, der seinen Arm schüttelte.

»Tagesanbruch, Mylord. Es wird jeden Augenblick zur Morgenandacht läuten. Zeit, zu Becket zu gehen.«

Heinrich rollte aus dem Bett, spritzte sich aus einem Silberbecken Wasser ins Gesicht und schlüpfte in seine Kleider. Eine Kerze brannte noch im Leuchter, warf lange Schatten durch die Kammer.

»Was ist passiert?« fragte er den Ritter.

»Wir brachten Millette zur Tür des Kanzlergemachs. Sie schlüpfte hinein, und seither hört man keinen Ton mehr. Jocelin und ich haben uns bei der Wache vor der Tür abgelöst, aber niemand ist herausgekommen. Sieht so aus, als hätte sie es geschafft, Sire.«

Heinrich war erleichtert und zugleich enttäuscht. Thomas reagierte offensichtlich wie alle anderen Männer, wenn er in Versuchung geriet – nun gut. Warum also war er enttäuscht? Nun, wie dem auch sei. Er hatte die Wette gegen sich selbst verloren und mußte sich anderweitig nach einem neuen Erzbischof umsehen.

Heinrich ging mit den Rittern hinaus, den Flur hinunter zu dem kleinen Gemach, das Thomas bewohnte. Er stürmte in den Raum, riß die Tür weit auf. Mit einem Blick erkannte er, daß das schmale Bett leer war. Am anderen Ende des Gemachs knieten Thomas und Millette in voller Kleidung auf dem Betschemel und beteten. Sie wandten sich erstaunt um. Thomas stand auf und half der Dirne auf die Beine. Millettes Gesicht war blaß, aber beherrscht; ihr Haar war mit einem Tuch bedeckt. Sie sah völlig anders aus als zuvor, so daß Heinrich bezweifelte, ob er sie auf der Straße erkannt hätte.

»Ich hätte gerne den versprochenen Lohn, Mylord, damit ich mir die Aufnahme in ein Kloster erkaufen kann«, sagte sie mit demütiger Stimme.

Thomas bedachte sie mit einem milden Lächeln und tätschelte

ihre Schulter. »Warte auf mich in der Kapelle, mein Kind, und ich bringe dir dein Geld.«

Millette nickte gehorsam und blickte mit ehrfürchtigem, dankbarem Lächeln zu ihm hoch, ging dann an den verblüfften Rittern und dem staunenden Heinrich vorbei und verließ den Raum.

»Wieder ein verlorenes Schaf, das heimgefunden hat«, bemerkte Thomas triumphierend.

Heinrich brüllte vor Lachen, war außer sich vor Freude. Er wandte sich den beiden Rittern zu. »Ich habe meine Wette gewonnen. Also, ihr beiden, bezahlt mir, was mir zusteht, und begleitet sie dann zur Kapelle. Ich werde Schwester Millette nach Fontevrault schicken.«

Die Ritter, die immer noch wie vom Donner gerührt waren, reichten Heinrich jeweils zwei Silberpennies und eilten dann der Dirne hinterher. Heinrich griff in die Tasche an seinem Gürtel, fügte noch ein paar Münzen hinzu und leerte die glänzenden Silberstücke in Thomas' Hand.

»War das Eure Idee?« fragte Thomas.

»Nein, eigentlich nicht, aber ich billigte das Vorhaben jener, die Euch auf die Probe stellen wollten. Wenn man sich mit lebenslustigen jungen Kriegern zusammentut, muß man solche praktischen Prüfungen mit Würde ertragen können.«

Thomas blickte ihn forschend an. »Ihr habt doch nicht im Ernst angenommen, ich würde dieser Versucherin Satans erliegen?«

Heinrich fühlte sich unbehaglich unter Thomas' eindringlichem Blick und wandte sich ab. »Ihr habt gehört, daß ich gewettet habe. Ich wollte einfach wissen, ob Ihr der Versuchung widerstehen würdet, wenn Ihr damit konfrontiert seid. Ihr habt ihr widerstanden. Das war's.«

Er spürte den unwiderstehlichen Drang, den Raum zu verlassen, weg von Thomas' brennendem Blick. Schnell wandte er sich zur Tür, öffnete sie und trat auf den Flur.

»Wenn Ihr mit unserer neuen Novizin fertig seid, Thomas, kommt zu mir in den Speisesaal. Sorgt dafür, daß unsere künftige Nonne mich in ihre Gebete einschließt.«

Heinrich ging den Flur hinunter, blieb dann stehen. Er holte tief Luft, kehrte um, zögerte. Das war der Augenblick der Entscheidung. Eine Flut von Bildern zog an ihm vorüber: Thomas an seiner Seite bei Versammlungen des Kronrats; Thomas, der ihm beipflichtete, während er Recht sprach; Thomas, der erfolgreich mit Ludwig von Frankreich verhandelte, geschickt Verträge aushandelte, gewissenhaft Dokumente entwarf. Heinrich erinnerte sich an ihre gemeinsamen Jagden mit Hunden und Falken, ihre Abenteuer in Schenken, den Augenblick, als sie sich in der Ratskammer von Saint Paul's kennengelernt hatten. Damals war er noch nicht König gewesen.

Es war ihm von Anfang an klar gewesen, daß Thomas eine wichtige Rolle in seinem Leben spielen würde. Was auch immer die Zukunft bringen mochte, er wußte mit Sicherheit, daß ihre Geschicke miteinander verknüpft waren.

»Thomas, ich möchte Euch einen Vorschlag machen, der Eure Aufmerksamkeit finden dürfte.«

## 43. Kapitel

### England, im Jahre 1161

Nachdem Eleonore ihr Neugeborenes sicher im Königspalast in London untergebracht hatte, nahm sie erneut ihr Wanderleben auf. Dieses Mal begab sie sich nach Südengland. Sie ritt über Wiesen, überquerte Flüsse, machte halt in Burgen, Städten und Abteien, verfaßte offizielle Schreiben und Dokumente. Die gelblichen Steindächer von Sherbourne, die Grautöne von Cornwall, die rostfarbenen Zinnen der Burgen in Devon waren ihr bald so vertraut wie die Burgen und Dörfer von Sarlat, Niort und Blaye. Die ermüdenden Ritte machten ihr nichts aus. Im Gegenteil: Sie fand, daß ihr das Reiten guttat, ihren Körper nach den vielen Geburten schlank hielt, ihre Muskeln kräftigte.

Zudem freute sie sich über das, was sie erreicht hatte. Die Tatsache, daß die Straßen in England jetzt sicher waren, die Sheriffs gewissenhaft Recht sprachen und Abgaben erhoben, war ebenso ihren Bemühungen zu verdanken wie den Anstrengungen Heinrichs und Beckets. Wenn man auf die Jahre zurückblickte, die seit Heinrichs Thronbesteigung vergangen waren, hatte sie vermutlich mehr Zeit in England verbracht als er, obwohl man sie nur als Heinrichs Stellvertreterin betrachtete und nie als ebenbürtig anerkannt hatte.

Jetzt war sie auf dem Rückweg nach London. Es war Ende November, und in der Watling Street drängte sich die Menschenmenge, die herbeigeströmt war, um die Königin vorbeiziehen zu sehen. Eleonore wurde hier nie mit derselben überströmenden Begeisterung wie in Aquitanien empfangen, doch die Menschen begrüßten die Adlerin, die »ausländische Königin«, stets herzlich. Sie haßte diesen Beinamen und redete sich ein, er bedeute eigentlich nicht viel mehr, als daß sie seit undenklichen Zeiten die erste englische Königin war, die nicht in England geboren und aufgewachsen war.

Eleonore winkte und lächelte, ritt langsamer, um die Menschen zu grüßen, die sich um sie scharten und in abergläubischer Ehrfurcht ihr Gewand berührten. Sie bemerkte, daß die Leute einen zufriedenen Eindruck machten, kein Vergleich mehr zu den armen Teufeln, die ihr begegnet waren, als sie vor fast sieben Jahren nach England gekommen war. Noch etwas, worauf sie stolz sein konnte.

Als sie weiterritt, stellte sie fest, daß die Rinder ebenfalls wohlgenährt aussahen; bestimmt erzielten sie gute Marktpreise. Hatte die Zahl der Mönche, die auf den Feldern der Klöster arbeiteten, seit dem letzten Mal, als sie hier vorbeigekommen war, zugenommen? Oder hatten die Klöster inzwischen mehr Land erworben? Soutanen wölbten sich um die Knie der Mönche, die in ihrer Arbeit innehielten, um die Kolonne der Königin vorüberziehen zu sehen.

Der Anblick weidender Schafe auf den Hügeln erfüllte sie mit Zufriedenheit. Die Herden wuchsen wohl von Jahr zu Jahr? Wenn es mehr Schafe gab, verließen auch mehr Wollballen den Londoner Hafen, ebenso wie eine wachsende Zahl von Weinbergen in Bordeaux mehr Weinfässer bedeutete, die sich in den Häfen am Ärmelkanal stapelten. Eleonore hatte vernommen, daß in den englischen Schenken und Herbergen neben Bier auch immer öfter Wein verlangt wurde.

All dieser Wohlstand, der sich hier vor ihren Augen ausbreitete, machte ihr bewußt, wie groß das Königreich eigentlich war. Sie hatte Heinrich überredet, in Poitiers neue Stadtmauern und Brücken errichten zu lassen, den Herzogspalast um einen geräumigen Saal zu erweitern und eine weitere Kathedrale zu planen. Er hatte sich auch entschieden, einen neuen Palast in Bures in der Normandie bauen zu lassen. Bereits Hunderte von Eichen waren dafür gefällt worden. Ferner waren in den Burgen von Angers und Rouen Anbauten errichtet und Parks angelegt worden, und an den Grenzen von Maine und der Normandie hatte man die Befestigungsanlagen verstärkt. Heinrich und sie hatten mehrere Hospitäler und ein Leprahaus in Caen bauen lassen und die Äbtissin von Fontevrault ermutigt, ähnliche Klöster in Eaton und Westwood in England zu gründen.

All ihre Bemühungen trugen Früchte – mit Ausnahme von Toulouse; dieser Rückschlag nagte immer noch an ihnen. Ludwig jedoch hatte wenig Zeit gehabt, sich an seiner Schadenfreude zu weiden. Durch die rasche Verheiratung des kleinen Heinrich mit Prinzessin Marguerite und der Rückgewinnung des Vexin war dem französischen König der Wind aus den Segeln genommen worden. Erneut war Ludwig von Frankreich am Ehrgeiz und der List der Plantagenets gescheitert…

Ehrgeiz und List? Weshalb dachte sie so? Eleonore fuhr sich

mit der Hand über die Stirn. Sie hatte das Gefühl, daß sie gerade heimlich an der Tür ihrer eigenen Gedanken gelauscht hatte. Ihrer Gedanken? Heilige Radegund, sie betrachtete die Dinge schon genauso, wie Heinrich oder Thomas Becket es getan hätten.

Es gab eine Zeit, da hätte sie sich lediglich an der Schönheit der Landschaft erfreut und den Herbstmorgen genossen. Jetzt dachte sie an Rinderpreise, Wolle für den Export, Wein für den Import, den Wunsch der Klöster nach immer mehr Land, ganz zu schweigen von Heinrichs und ihrem Verlangen, sich noch weitere Gebiete untertan zu machen. Sie erkannte ernüchtert, was aus dem sorglosen, fröhlichen Mädchen aus Aquitanien geworden war.

Eleonore betrachtete jetzt mit ganz anderen Augen die wogenden grünen Wiesen, die sich auf beiden Seiten der gewundenen Straße erstreckten. Sie spürte den rauhen Wind, der den ganzen Morgen lang abwechselnd Regen und Sonnenschein gebracht hatte. Die Luft war erfüllt vom Geruch modernder Blätter und feuchter Erde. Irgendwo sang ein Vogel. Wildgänse zogen unter dunklen Wolken vorüber.

Es war Spätnachmittag, als Eleonore Bermondsey passierte, wo der König einen Landsitz hatte, den sie allerdings nur selten aufsuchte. Dann gelangte sie über den Fluß zur Strand in London. Schließlich kehrte sie zum Königspalast zurück. Sie traf kurz nach dem Komplet ein, fühlte sich erschöpft und ging gleich zu Bett.

Erst am nächsten Morgen entdeckte sie, daß irgendwann im Laufe der drei Wochen, in denen sie unterwegs gewesen war, der kleine Heinrich, seine Gemahlin und das gesamte Gesinde beim Kanzler in Westminster Quartier bezogen hatten.

»Aber der Kanzler ist doch wohl in Rouen?« überlegte sie. Es konnte sich nur um ein Mißverständnis handeln. Undenkbar, daß der kleine Heinrich ohne Absprache mit ihr, seiner Mutter, ihrer Obhut entzogen worden war. Ganz zu schweigen davon, daß sie sehr an der kleinen goldblonden Marguerite hing.

»Nein, Madame«, erklärte ihr der Haushofmeister, »der Kanzler ist schon vor fünf Tagen zurückgekehrt und legte eine Anweisung des Königs vor, die besagte, daß der Prinz und sein Hofstaat nach Westminster umziehen müßten.«

Sie konnte es nicht glauben. Nachdem sie ihr Frühstück zu sich genommen und ihre Kinder begrüßt hatte, befahl sie, eine Chaise bereitzustellen. Obwohl sie sehr müde war, begab sie sich nach Westminster. Es war ein kalter Dezembermorgen. Trotz ihres pelzbesetzten Umhangs und den warmen Decken, in die sie gehüllt war, fröstelte es sie. Wie hatte Heinrich ihr das antun können? Noch vor einem Monat waren sie sich so nah gewesen, hatte eine solche Harmonie zwischen ihnen geherrscht – zumindest hatte sie das angenommen. Was hatte ihn bewogen, sich von einem zärtlichen, aufmerksamen Gatten in einen halben Tyrannen zu verwandeln? Wie konnte er ihre Gefühle und Wünsche auf so grobe Weise übergehen? Das war bestimmt Beckets Einfluß zuzuschreiben, es gab sonst keinen anderen Grund... Plötzlich blieb die Chaise stehen.

Ohne zu warten, daß ihr ein Bediensteter helfe, sprang sie heraus und schritt über den Hof zu den Diensträumen des Kanzlers. Sie staunte. Seit ihrem letzten Besuch vor ein paar Jahren war hier alles renoviert worden. Der Eingang wurde links und rechts von zwei Soldaten mit Spießen bewacht. In der düsteren Vorhalle standen Bänke, die von Bittstellern besetzt waren, und im Vorraum arbeiteten mindestens fünfzig Schreiber und Sekretäre an langen Tischen. William Fitz-Stephen, der Sekretär des Kanzlers, geleitete sie zu einem kleinen Gebäudetrakt aus Stein, der sich an den Vorraum anschloß.

Eleonore blieb vor der offenen Tür stehen und ließ ihre Blicke durch die Kammer wandern. Die Wände waren mit rot-blauen Wandbehängen geschmückt, und mehrere kupferne Kohlebekken wärmten den Raum. Die Ausstattung bestand aus zwei polierten Eichentischen und bestickten Schemeln. Auf einem siebenarmigen silbernen Leuchter brannten schlanke weiße Kerzen. Dieser Raum war wärmer und hübscher ausgestattet als die anderen Verwaltungsräume, die Eleonore kannte.

Der Kanzler saß an einem der kleinen Tische, auf denen sich Federkiele, Tintenfässer, Pergament- und Velinpapier stapelten und Rollen, die mit Siegellack versiegelt waren. Er hörte aufmerksam einem flachshaarigen Ritter mit Bart zu, der sich über den Tisch lehnte und mit leiser Stimme auf ihn einredete.

Ohne Anmeldung platzte Eleonore in den Raum. »Was soll der ganze Unsinn mit dem Umzug des kleinen Heinrich in Euren Hofstaat?«

Der Ritter blickte hoch und verstummte sofort. Aus den besorgten Mienen der beiden schloß sie, daß sie befürchteten, sie habe sie belauscht.

»Wir reden später weiter«, wandte sich Becket an den Ritter und verabschiedete ihn mit einer Handbewegung.

Der Ritter nickte und entfernte sich hinkend. Eleonore bemerkte, daß er ein ungewöhnliches, mit Smaragden besetztes Silbermedaillon um den Hals trug.

»Wer war das?«

»Ein Bittsteller. Was kann ich für Euch tun, Madame?«

»Warum wurde Prinz Heinrich ohne mein Wissen oder meine Zustimmung hierhergebracht?«

Becket blickte ehrlich erstaunt drein. »Ich dachte, Ihr wüßtet es, Madame. Schließlich ist der Knabe jetzt gut sechs Jahre alt, verheiratet, und man hätte schon längst mit seiner offiziellen Erziehung beginnen müssen. Als Thronerbe muß der Prinz die entsprechende Unterweisung erhalten, um später seinen Aufgaben gerecht werden zu können. Ich betreue viele junge Adelige, die ich in Literatur und höfischen Sitten unterrichte. Ihr habt dies doch bestimmt auch für ihn erwogen?«

Was sollte sie darauf erwidern? Jeder junge Adelige wurde im Hause eines anderen Adeligen erzogen. »Natürlich, aber niemand hat mit mir besprochen, wo oder bei wem der kleine Heinrich erzogen werden soll. Jetzt ist es ein *fait accompli.* Ich betrachte dies als Affront gegen mich als Mutter und Königin.«

»Ich bedauere es zutiefst, wenn Ihr dadurch gekränkt wurdet, Madame, und ich möchte Euch versichern, daß dies nicht in meiner Absicht lag. Aber es geht um die Zukunft Eures Sohnes.«

Die kühle Haltung des Kanzlers machte sie wütend, um so mehr, da sie wußte, daß er recht hatte.

Becket ließ den Blick über seinen überfüllten Schreibtisch schweifen, um ihr diskret anzudeuten, wie beschäftigt er war. »Bedenkt bitte, daß ich nur die Befehle Seiner Majestät befolge. Wenn es der König nicht für nötig hielt, Euch zu konsultieren, könnt Ihr mir keinen Vorwurf machen. Ich schlage vor, Ihr sprecht mit ihm darüber. Er dürfte im Laufe der nächsten Wochen hier eintreffen, rechtzeitig zur weihnachtlichen Hofhaltung.«

Seine Gelassenheit und Arroganz raubte ihr den Atem. Sie hatte auch keine Ahnung, daß Heinrich geplant hatte, Weihnachten am englischen Hof zu verbringen. Beckets Verhalten hatte sich gegenüber früher verändert, was nur bedeuten konnte – Heilige Muttergottes, hatte ihm Heinrich schon Canterbury angeboten? Sie flehte die Muttergottes an, dies möge nicht der Fall sein, doch Beckets Blick, der sie an einen wohlgenährten, selbstzufriedenen Kater erinnerte, der gerade Sahne genascht hatte, sagte alles. Eleonore fand ihn schon als Kanzler unerträglich, wie würde das erst werden, wenn er auch noch das höchste Kirchenamt in England bekleidete?

Sie erkannte, daß sie hier nichts mehr ausrichten konnte. Der kleine Heinrich war verloren für sie, und sie mußte das Beste daraus machen. »Ich möchte meinen Sohn sehen.«

»Natürlich. Wann immer Ihr wollt.«

Eleonore hatte das Gefühl, Becket genieße diese Situation.

Mit hochmütigem Lächeln betätigte er eine Silberglocke. Als mehrere Bedienstete erschienen, gab er Anweisung, man möge die Königin in seine Privatgemächer geleiten.

»Bleibt nicht zu lange, Madame. Der Prinz muß einen strengen Plan einhalten, der nicht gestört werden darf.«

Eleonore ignorierte diese Bemerkung und ging hinaus. Auf dem Weg zum Ausgang bemerkte sie wieder den Ritter mit dem Medaillon, der an einer Wand lehnte. Er wich ihrem Blick aus. Etwas an ihm – seine mißtrauische Haltung und seine Schlangenaugen – machten sie frösteln, und sie hüllte sich fester in ihren Umhang. Sie überlegte, wer er wohl sein mochte und welche Geschäfte ihn mit dem Kanzler verbanden.

### Rouen, im Jahre 1161

»Heinrich, hast du mein Schachbrett gesehen?«

Heinrich blickte hoch, in die Augen seiner Mutter, die ihn musterte.

»Dein Schachbrett?«

Er saß mit seiner Mutter im großen Saal des Herzogspalastes von Rouen. Sie hatten gerade ein frühes Abendmahl eingenommen, und der Hofstaat hatte sich größtenteils zurückgezogen. An ihrer Tafel waren sie jetzt ungestört.

»Weißt du, das silber-goldene Schachbrett mit den Elfenbeinfiguren, das der Kaiser mir geschenkt hatte. Es ist nicht mehr zu finden«, erklärte Kaiserin Mathilde. »Ich habe schon Eleonore gefragt, bevor sie nach England aufgebrochen ist, aber sie wußte es auch nicht.«

»Vermutlich habt Ihr es verlegt. Wann habt Ihr es das erste Mal vermißt?«

»Ich pflege keine Dinge zu verlegen.« Sie dachte kurz nach. »Mal sehen... ich hatte dem Bischof von Rouen ein Spiel versprochen und war beschämt, als man das Brett nicht finden konnte.«

»Ein Bischof, der Schach spielt? Würde mich interessieren, wie sich der hohe Herr in dieser Disziplin schlägt.«

»Dieser respektlose Ton steht dir nicht an, Heinrich. Hast du es gesehen?«

Vor einiger Zeit hatte Heinrich das Schachbrett nach England mitgenommen und seinem unehelichen Sohn Gottfried geschenkt, von dem seine Mutter nichts wußte. Im Augenblick hatte er keine Möglichkeit, es ihr zurückzugeben, konnte ihr aber den Grund wohl kaum erklären. Er hatte angenommen, sie würde es nicht mehr benutzen.

»Ich suche es«, versprach er und wich ihrem intensiven Blick aus. »Vielleicht befindet es sich unter meinen Sachen und wurde irrtümlich nach England verschifft. Ihr habt doch bestimmt noch ein anderes?«

»Darum geht es nicht. Dieses Schachbrett ist eine Erinnerung an meine Zeit als Kaiserin; ich würde es nur ungern verlieren.«

Es fiel Heinrich nicht leicht, seine Mutter anzulügen, denn er konnte ihr im allgemeinen sowieso nichts vormachen, und er grübelte darüber nach, wie er sie ablenken konnte. Es mußte doch eine Möglichkeit geben, sie von diesem leidigen Thema abzubringen.

»Ich habe Thomas den Bischofssitz in Canterbury angeboten«, sagte er nach einer längeren Pause.

Die Kaiserin, die gerade ihren Silberbecher mit Wein zu den Lippen führen wollte, hielt mitten in der Bewegung inne. »Entgegen meinem Rat?«

»Euer Rat ist nicht unfehlbar, Madame.«

»Wie kannst du das behaupten? Es ist schon lange her, daß du auf mich gehört hast.«

»Laßt uns nicht streiten.« Heinrich nippte an seinem Becher mit Rotwein und schnitt eine Grimasse. Der Wein war erst vor kurzem aus Bordeaux eingetroffen und wurde bereits sauer. »Es dürfte Euch interessieren, daß Thomas abgelehnt hat.«

Die Kaiserin wirkte verblüfft. »Abgelehnt? Solche Katz-und-Maus-Spiele des Kanzlers können mich nicht täuschen. Schließlich wird er den Posten doch annehmen, wenn du dumm genug bist, ihn noch länger unbesetzt zu halten.«

»Vermutlich habt Ihr recht.«

»Natürlich habe ich recht. Im übrigen, was hat es mit diesem schmählichen Vorfall zwischen Thomas und der Dirne aus Rouen auf sich? Der Herzogspalast ist kein Bordell, und ich will nicht, daß du ihn in ein solches verwandelst.«

»Du lieber Himmel, Ihr hört Euch ja schlimmer an als ein Zisterziensermönch. Es war doch nur ein alberner Scherz, eine Probe, ob Thomas das, was er predigt, auch lebt. Wie habt Ihr davon erfahren?«

Sie bedachte ihn mit einem vernichtenden Blick. »Wenn ich einmal nicht mehr weiß, was hier in Rouen vorgeht, dann kannst du mein Grab schaufeln und mich beerdigen. Welche Gründe hatte Becket abzulehnen?«

»Mit der Hure zu schlafen?«

»Werde nicht unverschämt. Ich hätte es dir gleich sagen können, daß er es nicht tun würde, wenn du mich gefragt hättest. Welche Gründe gab er an, Canterbury abzulehnen?«

Heinrich zuckte mit den Achseln. »Keine sehr einleuchtenden. Er sei ein weltlicher Kleriker, sagte er, was allgemein bekannt sei, kein Priester. Zudem habe er schon als Kanzler soviel zu tun, daß er sich nicht vorstellen könne, beiden Posten gerecht werden zu können und so weiter.« Heinrich kratzte sich nachdenklich am Kinn. »Er sagte auch, er befürchte, unsere Freundschaft könne gefährdet werden, wenn er Erzbischof würde, was natürlich Unsinn ist.«

»Das hat Thomas Becket gesagt? Nun, soviel Scharfsinn hätte ich ihm gar nicht zugetraut. Aber natürlich hat er recht.« Seine Mutter tat sich gerade an einer Perlhuhnkeule gütlich.

Heinrich krauste die Stirn. »Ich verstehe nicht, warum dadurch unsere Freundschaft gefährdet sein sollte.«

»Nun, wenn du nicht von selber draufkommst, wirst du es auch nicht verstehen, wenn ich es dir sage.«

Es entstand ein kurzes Schweigen. Heinrich verfluchte sich selbst, weil er so dumm gewesen war, dieses Thema anzuschneiden. Er war vom Regen in die Traufe geraten.

»Stimmt es, daß du den kleinen Heinrich zu Thomas gebracht hast, damit er von ihm erzogen und unterwiesen wird?« Die Kaiserin schob den Teller zur Seite.

»Ja, er ist seit ein paar Wochen bei ihm.« Du lieber Himmel, gab es überhaupt etwas, das sie nicht wußte?

»Was sagt Eleonore dazu?«

»Ich habe es ihr noch nicht erzählt, aber wenn sie nach London zurückkehrt, sofern sie nicht ohnehin schon dort eingetroffen ist, wird sie es erfahren. Warum? Glaubt Ihr etwa, sie könnte etwas dagegen haben?«

»Warum? Warum? Du lieber Gott, weil sie seine Mutter ist. Sie hat ein Recht darauf, daß man die Zukunft ihres ältesten Sohnes mit ihr bespricht. Nur Gottfried von Anjou hat es gewagt, dich wegzuschicken, ohne vorher meine Zustimmung einzuholen... Ich sage nicht, daß Eleonore dagegen sein wird, sondern nur, daß sie hätte gefragt oder zumindest unterrichtet werden müssen!«

Heinrich registrierte, daß sie nicht sagte »dein Vater«, sondern »Gottfried von Anjou«. Er versuchte, sich zu erinnern, ob sie den Grafen je als seinen Vater bezeichnet hatte.

»Manchmal habe ich das Gefühl, in meiner Familie haben sich

alle Frauen gegen den armen Thomas Becket verschworen, den strahlendsten Diamanten im Diadem meiner Verwaltung. Du verachtest ihn, Eleonore ebenfalls, sogar Belle-…« Er biß sich auf die Zunge.

Seine Mutter heftete den Blick auf ihn. »Sogar Belle und weiter? Wer ist Belle?«

»Spielt keine Rolle.« Heinrich spürte, wie er rot wurde, und leerte schnell seinen Becher.

Er wand sich unter dem Blick seiner Mutter und sah sich im Saal um.

»Ich bin sehr stolz auf dich, mein Sohn.« Die Kaiserin legte ihre blaugeäderte Hand auf die seine. »Als König hast du meine kühnsten Erwartungen übertroffen, und ich bin die letzte, die sich in Dinge einmischt, die mich nichts angehen, aber sei vorsichtig.«

»Ich verstehe.« Heinrich nahm ihre Hand und küßte ihre knochigen Finger.

Ein Bediensteter hielt Mathilde eine Silberschüssel mit Wasser und weiße Leinenhandtücher hin. Die Kaiserin wusch sich die Hände und trocknete sie ab.

»Aber es gibt auch einige Angelegenheiten, bei denen ich dich gerne beraten würde.«

Heinrich brummte leise.

»Thomas Becket«, fuhr sie fort, »ist wie viele Männer niedriger Herkunft sehr ehrgeizig. Die Macht reizt ihn. Du hast ihm den mächtigsten Posten in England angeboten – nach deinem eigenen.«

Heinrich lachte. »Wollt ausgerechnet Ihr mir einreden, Ehrgeiz sei auf Menschen niedriger Herkunft beschränkt?«

»Du sollst nicht unverschämt werden.« Sie schwieg. »Aber in dieser Angelegenheit solltest du auf mich hören. Es besteht ein Unterschied zwischen jenen, die in die Macht hineingeboren wurden, und jenen, die hart darum kämpfen. Ich will damit sagen, du solltest dich vor Männern wie Thomas Becket hüten und verhindern, daß sie zuviel Macht in die Hände bekommen.« Sie drehte an ihrem goldenen Smaragdring.

»Im Grunde, Madame, verhaltet Ihr Euch auch wie jemand niederer Herkunft. Nun gut, Ihr habt mir Eure Meinung gesagt, und ich habe Euch zugehört.« Heinrich gähnte. Das Sitzen langweilte ihn, und er wollte aufstehen.

»Nimm Becket ernst und glaube ihm, daß eure enge Freundschaft Schaden nehmen wird, wenn er den Posten des Erzbischofs akzeptiert.« Die Kaiserin warf ihm einen beunruhigten

Blick zu und seufzte. »Dein Hof würde durch diese Torheit ins Unglück stürzen. Ich habe mich nach Kräften bemüht, dir das Regieren beizubringen, habe versucht, dir Urteilsvermögen zu vermitteln, offensichtlich mit Erfolg. Aber in diesem Fall machst du einen verhängnisvollen Fehler. Am Ende wird das Blut sprechen.«

Der Becher der Kaiserin rollte auf den Boden. Es war ihr inzwischen gelungen, den Goldring vom Finger zu ziehen. Sie hielt ihn fest umklammert. In dem beängstigenden Schweigen, das nun folgte, hörte Heinrich nur den keuchenden Atem seiner Mutter. Für einen Moment tauchten ihre Blicke ineinander. Er sah die tiefe Besorgnis in ihren Augen, die auch ihn bedrückte. Dann senkte sie den Blick; ihre Hände waren zu Fäusten geballt.

Heinrich beobachtete sie, wie sie um ihre Selbstbeherrschung kämpfte, und alles Mögliche ging ihm durch den Kopf. Kaiserin Mathilde war Mitte sechzig. Obwohl ihr Verstand nach wie vor messerscharf war, kränkelte sie und zog sich immer häufiger nach Fontevrault zurück. Sie spielte mit dem Gedanken, sich als Nonne ins Kloster zurückzuziehen. Das beunruhigte ihn sehr. Seit dem unseligen Vorfall mit ihrem Enkel in Cherbourg wollte Heinrich mit ihr über die Vergangenheit reden. Wenn seine Mutter etwas auf dem Gewissen hatte, das gesühnt werden mußte, dann war es besser, sie vertraute sich ihm an statt irgend jemand anderem.

Jetzt bot sich ihm die Gelegenheit dazu. Doch Heinrich fühlte sich seltsam gehemmt. Wollte er wirklich die Wahrheit erfahren? Welchen Sinn hatte das? Aber vermutlich würde es nie wieder eine solche Gelegenheit geben, und er mußte sie nutzen.

»Wie Ihr mir häufig erzählt habt, Madame, waren die Normannen für ihre Arglist und ihre Schlagfertigkeit bekannt«, hob Heinrich an. »Gottfried von Anjou, Gott habe ihn selig, war, auch wenn Eure Beziehung zu ihm sehr schwierig war und Ihr ihn ungern als meinen Vater bezeichnet, doch ein Mann mit hervorragendem Urteilsvermögen, vielleicht sogar der klügste Mann, den ich je kennengelernt habe.« Er schwieg und fuhr dann fort: »Auf wessen Blut spielt Ihr an?«

Die verhängnisvollen Worte waren ausgesprochen; gefaßt wartete Heinrich auf die Antwort.

Doch er sollte sie nie erhalten. Totenbleich erhob sich seine Mutter, taumelte und rief nach ihren Hofdamen.

»Mir ist nicht gut... ich fühle mich ganz schwach... kann nicht weiterreden... bitte, entschuldige mich...« Mehrere Bedienstete eilten ihr zu Hilfe.

Heinrich war erleichtert, aber auch enttäuscht und beobachtete voll widerstrebender Bewunderung, wie sie hinausgetragen wurde und ihr Geheimnis mit sich nahm. Sie war alt und hatte viele Kämpfe hinter sich, die ihre Narben hinterlassen hatten. Jetzt, angesichts des nicht mehr allzu fernen Todes, kämpfte sie bis zuletzt, verteidigte sich mit all den Waffen, die ihr als Frau zur Verfügung standen.

Heinrich, der die Frauen benutzte, wann immer sich eine Gelegenheit bot, hatte andererseits nie den Fehler begangen, die erstaunliche Macht, die sie ausüben konnten, zu unterschätzen.

Einmal hatte ihm die Kaiserin versichert, eher würden die Schweine das Fliegen lernen, bevor einer ihrer Söhne sie unterkriegen würde. Damals hatte sie seinen verstorbenen Bruder Gottfried gemeint....

Heinrich wußte, er würde dieses Thema nie wieder anschneiden. Er konnte ja seine Mutter nicht einfach fragen: »Ist Gottfried von Anjou mein richtiger Vater?« In seinem tiefsten Inneren kannte er die Antwort bereits.

Seine Mutter, distinguiert, elegant und respekteinflößend, war eine bemerkenswert schöne Frau gewesen – was auch heute noch erkennbar war. Heinrich erinnerte sich noch genau, daß sie mit ihrem rostbraunen Haar und ihren schiefergrauen Augen alle Männer durch ihre Schönheit bezaubert hatte. Es fiel ihm außerordentlich schwer, sich vorzustellen, daß sie in eine wilde, verzehrende Leidenschaft zu ihrem Cousin Stephan von Blois verstrickt gewesen sein könnte. War er das Ergebnis einer einzigen Nacht ungezügelten Verlangens? Oder kurzer Momente der Leidenschaft, die sich über mehrere Jahre hinzogen? Für Heinrich stand es außer Frage, daß seine Mutter Stephan mit ganzem Herzen geliebt haben mußte. Nur eine solche Liebe hatte sie dazu bringen können, die Krone ihrer Familie zu entehren und die königliche Erbfolge aufs Spiel zu setzen.

Während seines Aufenthalts in Rouen stellte er sich immer wieder diese eine Frage: Wessen Sohn war er?

Er hatte einmal geglaubt, er sei der legitime Nachfahre einer anerkannten Verbindung zweier großer Häuser – Anjou und Normandie –, deren Wurzeln Jahrhunderte zurückreichten, nun hatte er allen Grund zu der Vermutung, daß er der uneheliche Sproß einer verbotenen Liebe war... Es kam ihm vor, als stehe er vor einem tiefen Abgrund.

Mitte Dezember verließ Heinrich Rouen. Der Abschied von seiner Mutter verlief freundlich, aber recht förmlich. Auf der Fahrt über den Ärmelkanal wurde er von seinem Cousin William, dem Grafen von Gloucester, und seinen beiden Lieblingshunden begleitet. Das Meer blieb bis zum Anbruch des zweiten Tages ruhig.

Doch dann wurde es eine bewegte Fahrt, typisch für den Dezember. Tosender Sturm jagte dunkle Wolken über den steingrauen Himmel, und das Meer türmte sich zu Wellenbergen mit grünen Schaumkronen. Das Schiff wurde heftig durchgerüttelt. William wurde seekrank, aber Heinrich, der schon häufig solche Überfahrten erlebt hatte, kam mit der rauhen See gut zurecht. Er spürte das unwiderstehliche Verlangen, jemanden über die Vergangenheit zu befragen, jemanden aus seiner nächsten Verwandtschaft. Aber dies war mit Gefahren verbunden. Er durfte seine Zweifel niemandem verraten, auch nicht jenen Menschen, denen er nahestand: Thomas, Eleonore und Bellebelle.

Heinrich hörte, wie der Kapitän seine Befehle brüllte und wie die Männer antworteten. Ein rotes Segel flatterte ungestüm im Wind. Der Bug des Schiffes, der wie bei den alten Wikingern die Form eines Drachenkopfes hatte, erklomm eine hohe Welle und schoß auf der anderen Seite wie ein Falke wieder hinunter.

Selbst das Wetter konnte die Zweifel, die ihn quälten, nicht zerstreuen. Heinrich erinnerte sich daran, wie er abschätzig gelacht hatte, als jemand meinte, Stephan und er verhielten sich zueinander wie Vater und Sohn. Aber schon vorher hatte es leise Hinweise gegeben – seine Eltern lebten in ewigem Streit miteinander, zeigten deutlich, wie wenig sie sich mochten, und Heinrich hatte gespürt, daß sich hinter der eisernen Selbstkontrolle seiner Mutter eine tiefe Traurigkeit verbarg, ein Gefühl von Verlust, das immer gegenwärtig war.

Das Schiff bäumte sich auf wie ein Spielball des Meeres, der Wind heulte. Seltsam, aber er hatte keine Angst. Er glaubte an die Vorsehung und wußte, er würde überleben. Und was immer zwischen seiner Mutter und Stephan von Blois vorgefallen war, wie konnte es ihm heute schaden?

Seit sieben Jahren war er König, ein erfolgreicher Herrscher über ein großes Reich. Wer würde es wagen, Zweifel über seine Herkunft zu verbreiten, ihn als Bastard zu brandmarken? Aber selbst das leiseste Gerücht konnte die gesamte Erbfolge gefährden. Seine Feinde würden das Ansehen seiner Mutter ruinieren, im Hause Normandie einen Skandal verursachen. Es würde zu Aufständen kommen. Man würde bezweifeln, ob er rechtmäßig König war. Vielleicht würde man auch versuchen, ihn zu stürzen. Und wenn er sich vorstellte, daß der französische König über eine solch mächtige Waffe verfügte...

Grüne Gischt spritzte Heinrich ins Gesicht. Das eisige Wasser ernüchterte ihn. Weshalb ließ er zu, daß er Hirngespinsten nachhing? Er brauchte sich keine Sorgen zu machen, allenfalls wegen seiner eigenen Ängste. Und ihnen konnte er nur begegnen, indem er dafür sorgte, daß der kleine Heinrich zum König gekrönt wurde, sobald er dafür alt genug war. Wenn Thomas Erzbischof von Canterbury war, würde diese Krönung problemlos vonstatten gehen. Die Dämonen, die ihn peinigten, würden endgültig vertrieben werden.

Während die Mannschaft aufgeregt verkündete, daß Land in Sicht war, gestand Heinrich sich ein, daß er seiner Mutter grollte. Solange er sich erinnern konnte, hatte er sie auf ein Podest gestellt. Nun aber hatte er das Gefühl, daß sie ihn verraten hatte. Ihm kam es vor, als hätte ihn ein Messer durchbohrt. Wie hatte sie nur...

Mit einem Schlag riß der Vorhang über der Vergangenheit auf, und er sah, wie er mit vierzehn Jahren im Morgengrauen in einem englischen Wald stand und zu einem wohlgestalteten Ritter hochlächelte. Dieser erwiderte sein Lächeln und warf ihm einen Beutel Münzen zu – seine sichere Heimfahrt. Dieser Akt der Großzügigkeit hatte König Stephan und seine Nachfahren den Thron gekostet. Heinrich preßte die Zähne zusammen und umklammerte die Reling. Ja, das Blut würde sprechen! Seine Mutter hatte unrecht; er würde sich nie in seinem Leben so töricht, so schändlich benehmen...

In der Ferne erblickte er die Küste, weiße Klippen, über denen tiefe Wolken hingen. Bald würde der belebte Hafen von Dover in Sicht kommen.

Titel, Besitztümer, Reichtum, Macht, die Krone, Königreiche, ja sogar seine Kinder – all das würde ohne seinen Stammbaum bedeutungslos sein. Nur er verlieh ihm eine unverwechselbare Identität. Ohne Stammbaum... Verzweifelt versuchte Heinrich, das Bild des Mannes mit dem roten Bart und den kornblumenblauen Augen, den er immer für seinen Vater gehalten hatte, heraufzubeschwören. Er war der einzige Mann, den er sich als Vater wünschte: Gottfried von Anjou. Aber immer wieder drängte sich ein anderes Bild dazwischen, das Bild von Stephan von Blois mit seinem charmanten Lächeln und seinen smaragdgrünen Augen.

## 44. Kapitel

### Bermondsey, in den Jahren 1161/62

Im Dorf gingen die Tage friedlich dahin. Jeden Nachmittag, wenn Gottfried aus der Klosterschule kam, fragte ihn Bellebelle, ob er erfahren habe, wann sein Vater nach England zurückkehren würde.

»Ich weiß es nicht, Mama. Der Abt sagt, Vater sei zu beschäftigt, um nach Hause zu kommen. Er hat all seine Burgen an den Grenzen der Normandie befestigt, Burgen in Aquitanien, der Touraine und Anjou repariert und auch neue bauen lassen. In England wird er alles mit Stein neu aufbauen.«

Bellebelle blickte lächelnd in Gottfrieds strahlende Augen. »Was du nicht sagst. Aber du hast nichts darüber erfahren, wann er zurückkommt?«

»Nein.«

Als Gottfried wegrannte, um mit einem kleinen Windhund-Welpen zu spielen, den ihm der alte Ivo gebracht hatte, fühlte sie sich sehr erleichtert. Es wurde ihr also noch eine weitere Atempause gegönnt.

In der nächsten Woche, es war Mitte Dezember und ein sehr ungemütlicher Tag, ging sie ins Dorf, um mit der Wirtin zu plauschen und einen Krug Bier zu kaufen.

»Der König ist wieder zurück.«

Bellebelle ließ ihren mit Bier gefüllten Holzkrug fallen.

»Bist du aber heute ungeschickt, Belle.« Elfgiva beobachtete, wie sich die braune Flüssigkeit auf dem Boden verteilte. »Ich habe gerade einen neuen Schub gebraut.«

»Ich weiß, tut mir leid.« Der Geruch nach Gerstenmalz war heute besonders stark.

»Du mußt für einen weiteren Quartkrug zahlen. Ich arbeite ja nicht aus reiner Nächstenliebe, vergiß das nicht.«

»Das weiß ich.« Mit zitternden Fingern drückte Bellebelle eine weitere Münze in Elfgivas schmutzige Hand. »Weißt du das sicher – mit dem König? Gottfried hat nichts davon erzählt.«

»Und ob. Vor zwei Tagen ist er für Weihnachten an den Hof

zurückgekehrt. Mein Sohn, der Verwalter auf dem Landgut ist, hat gesagt, der Verwalter selbst hätt's ihm erzählt.« Sie versetzte Bellebelle einen leichten Knuff in die Rippen. »Wirst ihn bald selber sehen. Dürfte jetzt ungefähr zwei Jahre her sein, oder?«

Bellebelle nickte, griff nach dem Holzkrug und wartete, während Elfgiva ihn bis zum Rand füllte. »Nun, ich muß weiter. Danke.«

»Stimmt was nicht, Belle?«

Sie zwang sich zu einem Lächeln. »Nein. Alles in Ordnung.«

Elfgiva warf ihr einen prüfenden Blick zu, zuckte aber dann mit den Schultern, als sie ihren Bierstab aufstellte, einen langen Stock mit einem Reisigbüschel am Ende, damit die Gäste wußten, daß ein frisches Bier erhältlich war.

Auf dem Heimweg überlegte Bellebelle, wie lange es wohl dauern mochte, bis de Burgh mit Heinrich zusammentraf. Und wann würde Heinrich wohl nach Bermondsey zurückkehren – und wie würde er sich verhalten? Sie hatte keine Ahnung, und genau das war so beunruhigend. Wie sie Gottfried gegenüber schon erwähnt hatte, war Heinrich mit seinem hitzigen Temperament zu allem fähig. Sie befürchtete nicht, daß er ihr weh tun würde – jedenfalls nicht körperlich. Heinrich war trotz seiner Hitzigkeit und seiner Launenhaftigkeit kein gewalttätiger Mann. Wie oft hatte sie aus seinem Munde gehört, nur ein Dummkopf gebe der Gewalt gegenüber der Vernunft den Vorzug. Sie konnte nur zu Maria-Eleonore beten und wider alle Erwartung hoffen, daß Heinrich sie und Gottfried nicht im Stich ließ.

Kurz nach dem Dreikönigsfest des Jahres 1162 war Bellebelle an einem strahlend sonnigen Morgen, der mehr an den April als an den Januar erinnerte, damit beschäftigt, die Hühnereier in den Strohkorb, den sie am linken Arm trug, einzusammeln.

»Wenn man dich heute so sieht, kann man sich kaum vorstellen, daß du einmal Angst vor Hühnern gehabt hast.«

Bellebelle erstarrte. Ihr Herz hämmerte, als sie langsam hochblickte. Heinrich stand vor dem Gartentor. Allein. In einiger Entfernung und außer Hörweite standen ein paar Ritter, deren Pferde an einem Baum befestigt waren. Sie hatte nicht einmal das Pferdegetrappel gehört. Heinrich trug eine braune Jagdkappe, einen kurzen grünen Umhang und die üblichen braunen Stiefel mit den roten Sporen. Er sah aus wie immer, und ihr Herz klopfte. Vielleicht – sie suchte seinen Blick und stieß auf Eis.

Er wußte also alles.

»Willst du mich nicht ins Haus bitten?«

Bellebelle öffnete schnell das Gartentor und führte ihn ins Haus. Der Schäferhund und der Windhund-Welpe, die jetzt darauf abgerichtet waren, keine Hühner mehr anzufallen, knurrten, als sich Heinrich näherte. Aber als er sie streichelte, wedelte jeder von ihnen mit dem Schwanz.

Drinnen stellte Bellebelle den Korb auf den Tisch und schürte mit zittrigen Fingern das Feuer im Kamin. Heinrich entledigte sich seines Umhangs und blickte sich um.

»Nichts hat sich verändert – es sind zwei, fast drei Jahre vergangen, oder? Aber du bist noch schöner geworden, als ich dich in Erinnerung hatte, wenn auch schmaler. Straff wie eine gespannte Bogensehne. Genauso hast du ausgesehen, als ich dich das erste Mal sah. Bekommst du nicht genug zu essen?«

»Ich – ich hatte in letzter Zeit kaum Hunger.«

»Vielleicht plagt dich dein Gewissen?«

Bellebelle spürte, wie ihre Unterlippe zitterte. Du lieber Himmel, mußte er sie denn unbedingt quälen? »Ich habe dich vermißt, Heinrich, und Gottfried genauso.«

»Ich hörte, daß er sich in der Schule sehr gut macht und daß man im Kloster viel von ihm hält.« Heinrich ging ruhelos durch den Raum, berührte den Kamin, fuhr mit dem Finger über einen Holzlöffel, der an der Wand hing, und befühlte ein Bund Kräuter. »Ich habe dich auch vermißt, Belle. Und natürlich Gottfried. Der Herr helfe mir, aber das ist ja das Problem, daß du mir so sehr gefehlt hast.«

Er ging auf sie zu, faßte sie energisch unters Kinn und blickte sie aufmerksam an. »Du bist die letzte, von der ich Verrat erwartet hätte. Sogar jetzt, wenn ich dich so ansehe, kann ich es kaum glauben.« Er streichelte ihre Wange. »Deine Haut ist wie Rosentau, deine Augen sind außergewöhnlich blau – klar wie ein Sommerabend, wenn sich der wolkenlose Himmel verdunkelt. Sie wirken so unschuldig, so liebreizend.«

»Heinrich – ich…« Plötzlich fing Bellebelle an zu weinen.

»Laß das«, befahl Heinrich barsch und ließ ihr Gesicht los. »Du glaubst doch nicht im Ernst, du kannst mich nach dem Streich, den du mir gespielt hast, durch Tränen rühren? Wenn ich mir vorstelle, daß ich mir eine schmutzige Hure, eine halbe Mörderin eingefangen habe!« Er hieb mit der Faust so heftig auf den Tisch, daß die Eier hin und her rollten. »Das Schlimmste ist, daß du mich belogen hast. Du hast mich belogen!« schrie er unvermittelt. »Mich. Deinen König, den Mann, der dich aus dem Bordell geholt hat, dich beschützte, nichts von dir forderte, als daß er dich von Zeit zu Zeit besuchen darf. Du hast mir nicht genug vertraut, um mir die Wahrheit zu sagen!«

Bellebelle fiel auf die Knie vor ihm. »Wie hätte ich es Euch denn sagen sollen? Ich hatte Angst davor, wie Ihr reagieren würdet«, rief sie schluchzend. »Ich habe Euch so sehr geliebt – wie konnte ich Euch da gestehen, was ich früher war?«

»Sag's mir wenigstens jetzt. Alles. Ich habe mir angehört, was der flämische Misthund vorzubringen hatte – Thomas hat ihn mir vorgeführt. Nun erzähl mir deine Version der Geschichte. Aber dieses Mal möchte ich die Wahrheit hören…«

Bellebelle nahm all ihren Mut zusammen und erzählte Heinrich alles von Anfang an, von ihrer Begegnung auf der London Bridge, dem Zusammentreffen mit de Burgh in Gilberts Bordell, dem Tod ihrer Mutter, ihrer Flucht in die Gropecuntlane, ihr Treffen im Blauen Hahn und weshalb sie damals, als sie das Tablett mit den Honigkuchen bei sich hatte, nicht ihren gestreiften Umhang getragen hatte.

»Ihr habt mich für eine Verkäuferin von Honigkuchen gehalten, und ich ließ Euch in dem Glauben – ich weiß auch nicht, weshalb. Ich wollte nicht, daß Ihr schlecht von mir denkt, weil ich eine Hure war.«

Heinrich hieb erneut mit der Faust auf den Tisch. »Was glaubst du, wie ich mich jetzt fühle?« Seine Stimme klang wie Donnergrollen, sein Gesicht lief allmählich puterrot an. »Es kann mich wohl wenig entzücken, daß die Mutter meines Sohnes eine Hure und eine Verbrecherin ist, die im Bordell aufwuchs, und daß ich nichts davon wußte.« Er blickte auf sie herunter.

Bellebelle schlang die Arme um seine Stiefel. »Könnt Ihr mir vergeben?«

»Was hat das damit zu tun? Es geht um Vertrauen. Wie kann ich dir je wieder vertrauen?« Seine Augen, dunkelgrau vor Bitterkeit, waren die Augen eines Fremden. Plötzlich lachte er laut auf, was Bellebelle einen Schauer über den Rücken jagte. »Außer meinen Kindern und vielleicht Thomas habe ich nur dich, meine Mutter und meinen verstorbenen Vater aufrichtig geliebt…« Er hielt unvermittelt inne. Sein Gesicht war schmerzverzerrt und inzwischen seltsam rotviolett geworden. »Und Eleonore. Zweien davon kann ich nicht mehr vertrauen.«

Wer mochte die andere Person sein, überlegte sie. Seine Mutter? Oder Eleonore? Was hatten sie ihm wohl angetan?

Ohne Vorwarnung fiel Heinrich plötzlich zu Boden. Sein Körper zuckte, sein Kopf prallte gegen die Steinplatten. Er fletschte die Zähne, und an seinen Mundwinkeln bildete sich

Schaum. In diesem Zustand erinnerte er sie an einen tollwütigen Hund, der einst in Southwark sein Unwesen getrieben hatte. Er stammelte unverständliche Worte.

Bellebelle scheute sich, ihn zu berühren, wußte nicht, was sie tun sollte. Sie hatte noch nie einen solchen Anfall bei jemandem erlebt und hatte schreckliche Angst, er könne vor ihren Augen sterben. Sie stemmte sich hoch, rannte hinaus zum Tor und rief nach den Rittern. Die Hunde begannen zu bellen. Die Ritter kamen berbeigeeilt und stürmten ins Haus.

»Stirbt er?« stammelte Bellebelle. Heinrichs Zuckungen hatten nachgelassen, und seine Gesichtsfarbe normalisierte sich allmählich wieder. Aber er murmelte immer noch unverständliche Laute vor sich hin.

»Nein. Nur einer von den Anfällen Seiner Majestät«, sagte ein Ritter, ungerührt über diesen Anblick. »Er muß zur Ader gelassen werden, das ist alles.« Die drei Ritter nahmen Heinrich hoch und trugen ihn hinaus.

»Ihr müßt ihn sehr verärgert haben«, bemerkte ein anderer Ritter und warf ihr einen neugierigen Blick über die Schulter zu. »In den letzten drei Jahren hat er keinen so schweren Anfall mehr gehabt.«

Wie erstarrt vor Angst beobachtete Bellebelle, wie die Ritter Heinrich zu seinem Pferd schleppten und auf den Sattel hoben. Der Kopf war ihm auf die Brust gefallen, und er schien zu schlafen. Einer der Ritter schwang sich hinter ihm aufs Pferd und umfaßte seine Taille. Ein anderer band den Hengst des Königs los und führte das Tier am Zügel, nachdem er auf sein eigenes gestiegen war. Der dritte bildete die Nachhut. Bald war die Gruppe hinter einer Wegbiegung verschwunden, und Bellebelle war allein.

Sie stand noch lange unter dem Eindruck des soeben Erlebten und erwähnte Gottfried gegenüber kein Wort. Nachdem er in der Schule von der Rückkehr seines Vaters erfahren hatte, freute er sich auf dessen Besuch. Sie hatte schon Geschichten über die Wutausbrüche des Königs gehört – im Spaß hatte Heinrich selbst sie einmal vor seinem aufbrausenden Temperament gewarnt –, und manchmal war er ihr gegenüber durchaus kurz angebunden gewesen. Aber auf das, was sie heute erlebt hatte, war sie völlig unvorbereitet gewesen. Sie hatte immer nur einzelne Züge seines ungestümen Wesens mitbekommen. Sie wußte, nachdem sie Heinrich in diesem dämonenhaften Zustand erlebt hatte, würde sie immer daran denken müssen.

Wenn der Köng nicht mehr zu ihr zurückkehren würde, wußte sie, daß all ihre Ängste berechtigt waren. Würde er ihr je vergeben und ihr wieder vertrauen können? Schon einige Male hatte er ihr gegenüber erwähnt, er könne weder Gutes noch Schlechtes vergessen. Gottfried war verzweifelt und weinte sich jede Nacht in den Schlaf, bis sie ihm eine stark geschönte Version von Heinrichs Besuch erzählte.

Bellebelle rechnete täglich damit, daß sich etwas Furchtbares ereignen würde. Wie würde es passieren? Würden plötzlich Wachen vor ihrer Tür stehen und sie zwingen, das Haus zu verlassen, und damit ihren lebenslangen Traum von Sicherheit und Geborgenheit zerstören?

Aber nichts geschah. Bellebelle vernahm, daß der König durch England ritt und sich mit Plänen befaßte, die Burgen von Windsor, Arundel, Oxford, Scarborough und viele andere umzugestalten. Der Januar verging, der Februar brach an. Wie üblich überbrachte ihr der Sekretär des Kanzlers das Geld; nach außen hin schien alles weiterhin normal zu verlaufen. Anfang März hörte sie, Heinrich sei nach London zurückgekehrt.

In der zweiten Märzwoche kam Gottfried nicht von der Schule zurück. Bellebelle wartete bis zum Vesperläuten. Dann nahm sie eine Fackel und ging hinaus in die Dunkelheit, um ihn zu suchen. Sie konnte sich nicht vorstellen, daß ihm etwas zugestoßen war. Immerhin war er jetzt gut sieben Jahre alt, kannte den Weg und das Dorf genauso gut wie sie. Aus irgendeinem Grunde mußte er in der Schule aufgehalten worden sein. Sie hoffte, er würde ihr entgegenkommen.

Als Bellebelle die Klosterkirche erreichte, wirkte alles verlassen, aber durch das schmale Buntglasfenster, das die Heilung von Leprakranken darstellte, erspähte sie gedämpftes Licht. Sie öffnete die Holztür und trat ein. Im Licht von zwei hohen Kerzen in riesigen Goldleuchtern erkannte sie den Prior, der vor dem großen Silberkreuz über dem Altar kniete. Er bekreuzigte sich, stand auf, wandte sich um und ging das Kirchenschiff hinunter. Als er Bellebelle entdeckte, verharrte er kurz.

»Was führt dich hierher, mein Kind? Das Abendläuten ist vorbei.«

»Gottfried ist nicht heimgekommen«, antwortete Bellebelle. »Die Schule ist doch bestimmt schon geschlossen. Wo kann er nur sein?«

Der Prior blickte sie überrascht an. »Warum – du lieber Himmel, mein Kind, hast du es denn nicht gewußt? Der König persönlich hat Gottfried abgeholt – oh, es war kurz nach der Sext.«

Bellebelle kam sich vor, als öffne sich der Boden unter ihr. Sie taumelte. Der Prior eilte auf sie zu, nahm ihr die Fackel ab und faßte sie am Arm.

»Bist du krank? Ich hole dir Wein.«

Sie schüttelte den Kopf. Nach einem kurzen Augenblick hatte sie sich wieder gefangen.

»Wohin hat ihn der König mitgenommen?«

Der Prior überlegte angestrengt. »Moment – ich glaube, er sagte – war es Westminster? Nein, Tower. Er sagte, er wolle, daß der Junge in London nach den Regeln des heiligen Paulus erzogen werde. Eine einmalige Gelegenheit, ein Zeichen der Gunst des Königs.« Er schwieg. »Du hast es nicht gewußt?«

Bellebelle brachte keinen Laut heraus, nickte nur. Sie hüllte sich fester in ihren Umhang und verließ die Kirche.

Der Prior folgte ihr, gab ihr die Fackel. »Geht es dir gut? Vergiß nicht, du kannst von Glück reden, daß der König so großes Interesse an deinem Sohn entwickelt, der ja schließlich ein Bastard ist. Du solltest dankbar sein, daß Gott diesem Kind der Sünde seine Gnade erweist.«

Die Stimme des Geistlichen begleitete sie, ein geisterhaftes Echo in der Dunkelheit. Sie mußte daran denken, daß sie in den schrecklichsten Augenblicken ihres Lebens immer in einer Kirche gewesen war. Ungläubig und wie benommen schlug sie den Weg zu ihrem Haus ein. Auf halber Strecke ließ sie die Fackel fallen und fing an zu laufen. Sie hörte ihren Herzschlag. Die unbelaubten Bäume, die den Weg säumten, erschienen ihr wie einsame düstere Wachen, die sie umringten. Vollmond erhellte die Nacht. Atemlos kam sie bei dem Häuschen an.

Drinnen machte sie Feuer, schenkte sich zwei Becher Bier ein und leerte sie nacheinander. Auf dem Tisch befand sich das silbergefaßte Schachbrett von Heinrichs Mutter. Die Elfenbeinfiguren waren ordentlich aufgestellt, genauso wie Gottfried sie hinterlassen hatte. Der Anblick schmerzte sie. Ohne ihren Sohn herrschte hier Grabesstille. Wie sollte sie dies in Zukunft ertragen?

»Gottfried!« Bellebelle griff nach dem Bischof, seiner Lieblingsfigur, drückte sie ans Herz und rief unaufhörlich den Namen ihres Sohnes.

Das Bier machte sie benommen. Schließlich schleppte sie sich die Treppe hinauf zur Schlafkammer, wo sie sich in voller Kleidung auf Gottfrieds Bett fallen ließ, das neben dem ihren stand. Heinrich hatte sich gerächt, und zwar auf seine übliche gerissene Art. Wenn sie protestierte, konnte er ihr vorwerfen, sie würde seinem Sohn die Chance vorenthalten, eine standesgemäße Erziehung zu genießen.

Aber die Vorstellung, ohne Gottfried leben zu müssen, erfüllte Bellebelle mit solch überwältigender Qual, daß sie nicht wußte, wie sie das ertragen sollte. Sie durfte es nicht geschehen lassen, sie mußte einen Weg finden, Heinrich umzustimmen. Er war nicht nur rachsüchtig und grausam, sondern konnte auch unendlich gütig sein. Hilf mir, Maria-Eleonore, betete sie. Bitte, hilf mir, meinen Sohn zurückzubekommen, bitte… Dunkelheit senkte sich auf sie herab. Bellebelle hielt immer noch die Elfenbeinfigur umklammert, als sie einschlief.

## 45. Kapitel

Am nächsten Morgen erwachte Bellebelle vor dem ersten Läuten. Sie hatte das Gefühl, daß ein gnädiger, schützender Schleier sie umhüllte, unter dem alles unwirklich erschien, so wie damals im morgendlichen Nebel Southwarks. Ihre grenzenlose Verzweiflung vom Vortag hatte sich gelegt. Sie spürte, wie der Schmerz in den verborgenen Winkeln ihres Bewußtseins lauerte, wie ein wildes Tier im Dickicht, jederzeit bereit, sie ohne Vorwarnung anzuspringen.

Bellebelle verrichtete zerstreut ihre Morgenpflichten und beschloß, zum Tower zu gehen und Heinrich zu bitten, Gottfried wieder mit nach Hause nehmen zu dürfen.

Inzwischen war Heinrichs Ärger bestimmt ein wenig verraucht. Sie brauchte ihn nur davon zu überzeugen, daß Gottfried ihr ganzer Lebensinhalt war – abgesehen von Heinrich natürlich. Sie fand sich damit ab, daß sie Heinrich verloren hatte, falls er ihr nicht doch noch die Chance gab, es wiedergutzumachen. Aber wenn sie ihn und zugleich ihren Sohn verlor, dann würde auch ihr Leben seinen Sinn verlieren. Doch diese Möglichkeit verwarf sie sogleich wieder. Natürlich würde er Gottfried erlauben, nach Hause zurückzukehren. Sie war überzeugt, sie würde ihn umstimmen können.

Und wenn es nicht klappte, dann würde sie sich an ihre große Heldin, an Königin Eleonore wenden. Sie war ja auch Mutter und würde sie gewiß verstehen. Einen Augenblick lang sah sie Heinrichs verzerrtes, purpurrotes Gesicht vor sich, seinen zukkenden Körper, aber dann verdrängte sie das schreckliche Bild schnell wieder. Würde er sie heute besuchen, dann würde er so wie immer sein.

»Gottfried kommt heute nach Hause«, erzählte sie den Jagdhunden, als sie sie fütterte.

Bellebelle war jetzt voller Zuversicht und summte eine Melodie vor sich hin, als sie ihre besten Kleider anzog: ein neues grünes Überkleid über einem cremefarbenen Untergewand, den pelzbesetzten Umhang, den Heinrich ihr geschenkt hatte, Wollstrümpfe, schwarze Stiefel. Um den Kopf schlang sie einen dunkelblauen Schal. Unter ihrem Hemd hatte sie einen kleinen Stoffbeutel befestigt, der einige der Silber- und Kupferpfennige enthielt, die sie gespart hatte. Dann nahm sie das Schachbrett und legte es auf Gottfrieds Bett. Nach seiner Rückkehr würde er es als erstes sehen.

In den frühen Morgenstunden fuhren Karren mit Waren nach London, und Bellebelle hoffte, daß einer sie mitnahm. Sie gönnte sich eine dicke Scheibe Weizenbrot mit Schafskäse, dazu trank sie Honigwein. Danach wickelte sie den restlichen Brotlaib und den Käse in ein sauberes Tuch und verstaute alles in einem Strohkorb. Bei Tagesanbruch ließ sie die Hunde in den Garten. Dann trug sie die Hühner einzeln zum hinteren Schuppen mit den Ziegen, verriegelte das Gartentor und ging den Weg hinunter, der zum Dorf führte.

Nach einer Viertelstunde machte der Weg eine Biegung; die Bäume wurden spärlicher, und Bellebelle erblickte in der Ferne Ackerland, das in schweren silbergrünen Nebel gehüllt war. Die Luft war kühl und feucht, aber es sah nicht nach Regen aus. Bevor sie den Dorfanger erreichte, wo sich der Weg gabelte und eine Straße nach London abzweigte, hörte sie plärrende Kinder und die ratternden Räder eines Karrens, der näher kam. Sehen konnte sie allerdings nichts.

»Könnt Ihr mich Richtung Tower mitnehmen?« rief sie. »Ich kann zahlen.« Sie hörte, wie der Karren anhielt.

»Gut, spring auf, wenn du einen Platz findest«, brummte eine heisere Stimme. »Der Tower ist sowieso mein erster Halt. Ist heute morgen eiskalt, nicht einladend für Spaziergänge.«

Als sich Bellebelle näherte, stellte sie fest, daß die Stimme dem Lenker des Wagens gehörte, einem weißhaarigen alten Mann aus dem Dorf, der regelmäßig nach London fuhr. Sie suchte sich einen Platz im Stroh, schob Käselaibe, Butterfässer und Milcheimer aus Holz zur Seite. Neben den drei Kindern befanden sich auf dem Wagen noch zehn Gänse in großen Körben und ein trächtiges Mutterschwein. Bellebelle tätschelte die Kinder, die zu plärren aufhörten.

»Was willst du im Tower, Mädchen?«

»Ich will meinen Sohn sehen. Er besucht gerade seinen Vater, und ich werde ihn heimholen.« Sie waren immer noch von dem schützenden Nebelschleier umgeben. Bellebelles Zuversicht wuchs. »Er will ihn in die Schule von Saint Paul's schicken, aber ich finde, er ist noch zu jung, um seine Mutter zu verlassen. Natürlich weiß ich, daß er irgendwann gehen muß, aber noch nicht jetzt. Wenn seine Erziehung beginnt, kann man es ja vielleicht einrichten, daß ich ihn regelmäßig besuchen kann.«

Der alte Mann drehte sich nach ihr um und warf ihr einen seltsamen Blick zu, begnügte sich aber damit, etwas vor sich hin zu murmeln.

»Da sind wir, Mädchen«, rief der alte Mann. »Tower. Niederer Burghof, in der Nähe der Küche.«

Bellebelle war eingeschlafen, schreckte jetzt auf, rieb sich die Augen und blickte hoch. Eine fahle Sonne stahl sich durch graue Wolken. Sie nahm flüchtig einen Garten mit Obstbäumen, Weinstöcken und einem kleinen Fischteich wahr. Körbe mit gackernden Hühnern und anderen Vögeln waren an einer Wand aufgereiht. Der alte Mann lud seine Butterfässer und Milcheimer ab, die Hälfte der Käselaibe und alle Gänse. Ein Mann mit wichtigtuerischer Miene und einer protzigen Goldkette um den Hals registrierte die Waren auf einer Wachstafel, und Bedienstete verstauten alles auf Karren. Der Mann beachtete Bellebelle nicht und zog sich zurück, nachdem alles umgeladen war.

»Wir sind gut gefahren«, meinte der Alte. »Wenn du wieder zurück willst, ich fahr kurz nach dem Mittagsläuten in Smithfield ab.«

Bellebelle sprang vom Karren hinunter, gab dem alten Mann einen Kupferpenny und bedankte sich bei ihm. Der Lärm um sie herum hatte sie munter gemacht, aber sie war immer noch ganz benommen. Im Hof herrschte hektische Betriebsamkeit: Küchenjungen wuschen Geschirr in einem Trog, Stallknechte kehrten Pferdeäpfel zusammen, Bedienstete leerten Töpfe und Schüsseln, andere holten mit einem Netz Fische aus dem Teich.

Einige der Diener musterten Bellebelle neugierig. Sie hatte Angst, man könnte sie vertreiben. Sie ging auf eine Waschfrau zu, die Laken faltete.

»Könnt Ihr mir sagen, wo die Kinder sind?«

Die Waschfrau drehte sich um und musterte sie. »Die älteren sind im Unterricht, die kleineren bei ihren Kinderfrauen.« Sie starrte Bellebelles Brüste an und runzelte die Stirn. »Ihr seid doch keine Amme, oder?«

»O nein.«

»Nun, das ist gut. Das arme Kind müßte ja verhungern. Seid Ihr hier, um auszuhelfen? Ich kann mich nicht erinnern, Euch schon mal gesehen zu haben. Aber es kommen und gehen ja so viele, daß ich sie mir nicht alle merken kann.«

»Nein, natürlich nicht«, erwiderte Bellebelle, ohne eine direkte Antwort zu geben.

Die Waschfrau zuckte gleichgültig mit den Achseln und nahm den Korb mit trockener Wäsche auf. »Ich bring das nach oben. Ihr könnt mich begleiten.«

Bellebelle folgte ihr durch eine Hintertür einige Stufen hinunter, die zu einer riesigen Küche führten. Küchenjungen drehten Ochsen und Lamm am Spieß, andere rührten in großen Eisenkesseln. Köche bereiteten Gemüse auf langen Tischen vor. Der Boden war voller Blut, Federn und sonstigen Abfällen. Es roch nach gebratenem Fleisch und Abfall, und viele Stimmen redeten durcheinander.

Bellebelle war noch nie in einer Burg gewesen, und wenn sie es nicht so eilig gehabt hätte, Gottfried zu finden, hätte sie sich gern länger umgesehen. Statt dessen eilte sie der Waschfrau hinterher. Bald befanden sie sich in einem dunklen Flur, stiegen eine Wendeltreppe hinauf und gingen dann wieder einen Flur entlang.

»Hier sind die Kinderstuben, hier findet der Unterricht statt«, sagte die Waschfrau und deutete auf eine Tür. »In der Kammer daneben sind die Kleinen.« Sie ging weiter, bog um eine Ecke und war verschwunden.

Durch die offene Tür hörte Bellebelle, wie die Kinder sangen. Sie stieß die Tür ganz auf. In einem großen Raum saßen ein Junge mit blonden Locken, ein Mädchen, ein zweiter, kleinerer Junge und Gottfried um einen langen Tisch. Am Ende des Tisches stand ein Kirchenmann mit dem Psalter in der Hand. Er las laut auf Latein vor; die vier Kinder wiederholten seine Worte.

Gottfried wirkte zufrieden, schien sich in dieser Umgebung wohlzufühlen. Er und das Mädchen – es war wohl Heinrichs älteste Tochter Mathilde, hatten die gleiche kräftige Figur, das rostbraune Haar und die großen grauen Augen. Der Blondgelockte mußte Richard sein, Heinrichs zweiter Sohn, der kleinere sein jüngster Sproß, der ebenfalls Gottfried hieß. Keines der Kinder blickte sich um, schien die offene Tür bemerkt zu haben. Bellebelle beobachtete sie einen Augenblick und stellte fest, daß ihr Junge die lateinischen Sätze mühelos wiederholte, während die anderen Kinder sie nur stockend hervorbrachten. Sie wagte es nicht, Gottfried von hier wegzuholen, da ihm das Lernen anscheinend so leichtfiel und er seine legitimen Geschwister übertrumpfte. Sie wollte erst Heinrich aufsuchen und dann zurückkehren.

Bellebelle zog die Tür sachte hinter sich zu, blieb stehen, unschlüssig, was sie als nächstes tun sollte. Hier gab es so viele Flure und Wendeltreppen, daß sie nicht wußte, wo sie Heinrich suchen sollte. Sie entschloß sich, dorthin zu gehen, wo die Waschfrau verschwunden war.

Im Flur war es eiskalt, und Bellebelle fröstelte, hüllte sich enger in ihren Umhang. Als sie um die Ecke bog, hörte sie vom anderen Ende des Korridors Stimmen.

Irgend etwas am Ton dieser Stimmen warnte Bellebelle, daß hier ein heftiger Streit im Gange war. Aber sie wurde magisch davon angezogen. Lautlos ging sie weiter und hätte beinahe den Raum betreten, hielt aber gerade noch rechtzeitig inne.

Die Tür wurde aufgerissen. Bellebelle sah eine große Kammer vor sich, grüne, mit Silber und Gold verzierte Wandbehänge, einen Tisch, Schemel und ein riesiges Bett mit einem grünen Baldachin. Ihre Aufmerksamkeit wurde sofort auf die beiden Personen in der Mitte des Raums gelenkt. Es waren Heinrich, der finster dreinblickte, und Eleonore, die Bellebelle als Himmelskönigin verehrte, seit sie ihr Gesicht in der Muttergottesstatue der Kirche Saint Mary Overie erkannt hatte. Sie hatte sie bei der Krönung gesehen, sogar für einen kurzen Augenblick ihre Hand geküßt. Später war sie ihr noch ein paarmal begegnet, als sie in Bermondsey war und die Königin vorbeiritt. Jedesmal betrachtete sie Eleonore bewundernd; sie erschien ihr als die schönste Frau, die sie je gesehen hatte.

Die Königin, die inzwischen etwas älter geworden war, aber immer noch strahlend schön aussah, war heute nicht die anmutige, lächelnde Frau, an die sich Bellebelle erinnerte. Ihr Gesicht, das von einem elfenbeinfarbenen Wimpel eingerahmt war, der ihr Haar und ihren Hals bedeckte, war aschfahl; ihre schlanke hochgewachsene Gestalt, die in ein mit Perlen und Federn besetztes rotes Gewand gehüllt war, bebte vor Zorn.

»Wie kannst du es wagen, mich zu bitten, diesen Bastard aufzunehmen und zu erziehen, als wäre er mein eigener Sohn! Wie kannst du es nur wagen!« Die Stimme, heiser und zitternd, drang bis in den letzten Winkel der Kammer. »Wo ist er jetzt?«

»Er ist mit den anderen Kindern im Unterricht. Die vergangene Nacht hat er bei mir in Westminster verbracht. Heute morgen bin ich mit ihm hierhergeritten.«

»Er ist hier? Jetzt? Ohne meine Erlaubnis?« Ihre Stimme wurde schrill.

»Wo hätte ich ihn sonst hinbringen sollen? Es ist ja nicht für lange. Bald wird der Junge in Saint Paul's erzogen werden.« Heinrich ging auf und ab. »Eleonore, ich kann dir ja nachfühlen, wie dir zumute ist...«

»Wenn du das könntest, hättest du mich nie darum gebeten! Nie und nimmer!«

Heilige Jungfrau, sie sprachen wohl von Gottfried! Bellebelle fühlte, wie ihr die Kräfte schwanden, und sie mußte sich an die Wand lehnen.

»Ich will dieses Kind nicht aufgeben!« brüllte Heinrich plötzlich los. »Ich will es nicht in die Gosse stoßen!«»

Eleonore kreuzte die Arme über der Brust. »Gib ihn seiner Mutter zurück, dieser Londoner Hure. Er muß sofort hier weg.«

Bellebelles Wangen brannten wie Feuer, ihr war, als hätte man ihr ins Gesicht geschlagen. Es klang, als spräche Eleonore von einer räudigen Hündin, die durch Londons Straßen streifte.

»Ich kann nicht. Sie hat mein Vertrauen mißbraucht, mich belogen. Gottfried hat Besseres verdient.«

Eleonore zuckte zusammen, als hätte sie einen Schlag erhalten. »Warum – dir liegt viel an diesem Bastard, stimmt's?«

»Natürlich liegt mir an ihm. Für wen hältst du mich denn?«

»Ich glaube nicht, daß ich darauf antworten möchte. Und die Mutter? Diese üble Hure?«

»Auch aus ihr mache ich mir etwas, oder habe es zumindest einmal getan.« Heinrich blieb stehen und starrte seine Gattin an; er hatte eine drohende Miene aufgesetzt. »Sprich nicht so von ihr.«

»Wie rührend. Wie soll ich dann von ihr sprechen? Was macht dich eigentlich so sicher, daß der Bastard von dir ist?«

»Er sieht der kleinen Mathilde sehr ähnlich.«

»Wie?« Eleonores Stimme klang ungläubig. »Du wagst es, mir zu sagen, die Brut dieser Hure gleiche unserer Tochter? Ich kann es nicht glauben. Diese Hexe hat dir irgendwie eingeredet, daß der Balg von dir ist.«

Heinrich ging auf die Königin zu und streckte die Hände aus. »Wenn du nur bereit wärst, ihn dir anzusehen...«

»Faß mich nicht an!« Sie holte tief Luft. »Niemals! Ich werde nie auch nur einen Blick auf diesen räudigen Bastard werfen. Oder auf einen von den anderen!« Sie bedachte Heinrich mit einem so verächtlichen Blick, daß Bellebelle zusammenzuckte. »Wie viele Bastarde sind es inzwischen? Oder hast du die Übersicht verloren?«

Heinrich griff sich an die Schläfen. »Himmel, was spielt das für eine Rolle. Das ist doch wohl nicht das Problem, oder?«

Er sah krank aus, bemerkte Bellebelle. Seine rotumränderten Augen wirkten gehetzt; seine Kleidung war zerknittert, als ob er wochenlang darin geschlafen hätte.

»Der Junge kann nichts dafür, Eleonore, laß es nicht ihn büßen.«

»Was geht mich das an?« Eleonore ging auf Heinrich zu und versetzte ihm eine kräftige Ohrfeige. Er zuckte mit keiner Wimper; ihre Hand hinterließ eine rote Spur in seinem Gesicht. »Du besitzt die Unverfrorenheit, von mir, der Königin von England, zu verlangen, daß ich mich um deinen Hurenbalg kümmere!« Eleonore machte eine Armbewegung, als wolle sie ihn erneut ohrfeigen. »Zählt denn meine Demütigung gar nicht?«

Heinrich nahm ihre Hände und hielt sie mit eisernem Griff umklammert. »Natürlich bedeutet sie etwas!« Er schluckte. »Ich könnte es dir befehlen, und du müßtest es tun. Statt dessen habe ich mich soweit erniedrigt, dich zu bitten, gütig zu sein. Aber geh nicht zu weit.«

»Willst du mir drohen, weil ich dir nicht zu Füßen falle?« Sie versuchte verzweifelt, sich aus seinem Griff zu befreien. »Wie lange kennst du diese Kreatur schon, die dir soviel bedeutet?«

»Seit ich neun bin. Ich...« Plötzlich ließ er ihre Hände los und berührte die Strieme in seinem Gesicht. »Ich empfand – empfinde große Zuneigung für sie. Dich liebe ich. Sie nimmt – sie hat dir nichts genommen, Nell, das schwöre ich dir, aber sie war wie ein Teil von mir...«

»Seit du neun warst?« Eleonores Augen glitzerten; ihre Stimme sank zu einem Flüstern. »Du kennst diese Dirne seit deiner Kindheit? Warum hat sie dich vor mir kennengelernt?«

Heinrich vergrub die Daumen in seinem Gürtel und reckte das Kinn vor.»Nein, dich kannte ich schon früher. Ich war erst drei oder vier, als du mich bei deiner Hochzeitsfeier in Bordeaux bezaubert hast. Ich war so fasziniert von der schönen Dame, daß ich dir später einmal auf der Straße Blumen überreicht habe.«

Sie starrten sich eine Ewigkeit an, dann fuhr Eleonore fort: »Der Junge ist kaum älter als der kleine Heinrich, hast du gesagt. Dann mußt du vor deiner Krönung mit ihr zusammengewesen sein, als ich noch in der Normandie war.«

»Ja, ja, ja. *Mea maxima culpa.* Was spielt das jetzt für eine Rolle? Wie du ja weißt, gibt es auch noch andere – wird es immer andere geben. Sie spielen alle keine Rolle. Nur diese eine, die ich seit langem kenne, die bedeutet mir etwas.«

Heinrich wandte sich ab, als könne er den Anblick des schmerzverzerrten Gesichts der Königin nicht mehr ertragen. Eleonore wollte etwas sagen, aber kein Laut kam aus ihrer Kehle.

Beim Anblick des Paares hatte Bellebelle das Gefühl, ihr breche das Herz.

»Aber die Hexe hat mich verraten, und ich will sie aus meinem Herzen verbannen. Der Junge kann nichts dafür. Er wollte nicht geboren werden, und er soll dafür nicht leiden.«

Eleonore hatte ihre Sprache wiedergefunden. »Wer nimmt denn darauf Rücksicht, ob ich leide? Soll mich dieser Bastard ständig an deine Treulosigkeit erinnern?«

»Wenn du mir die Gelegenheit geben würdest, die Umstände zu erklären...«

Bellebelle hatte genug gehört. Mehr als genug. Sie stolperte den Flur hinunter. Der Schleier, unter dem sie ihr Gesicht verborgen hatte, war zur Seite gerutscht; alle ihre Nerven schienen bloßzuliegen. Es erfüllte sie mit unerträglichen Schuldgefühlen, daß sie verantwortlich war für die Qual, die in Eleonores Augen zu lesen stand, für die offene Feindseligkeit zwischen Heinrich und seiner Gemahlin. Wenn sie doch nur hätte weinen können, das hätte ihr Erleichterung verschafft, aber sie war nicht imstande dazu.

Sie war jetzt am Ende des Flurs angelangt. Sie zögerte, wußte nicht, wohin sie sich wenden sollte. Die Szene, die sie gerade erlebt hatte, nein, an der sie teilgenommen hatte, verschwamm vor ihren Augen. Sie stützte sich an die Wand.

Es gab keine Möglichkeit, Heinrich zu bitten, ihr Gottfried zurückzugeben. Nicht jetzt. Nach allem, was Heinrich gesagt hatte, zweifelte sie daran, daß er je wieder den Wunsch verspüren würde, sie zu sehen. Sie konnte Gottfried irgendwann, wenn Heinrich einmal nicht in London war, heimlich wegholen und dann irgendwie ihr gemeinsames Leben einrichten, oder sie konnte ihn auch seinem Vater zur Erziehung überlassen.

Sie hätte natürlich versuchen können, ihn gleich mitzunehmen, aber sie war davon überzeugt, daß sie aufgehalten und befragt werden würde. Sie fühlte sich so elend, so voller Sehnsucht, daß sie nicht wußte, was sie tun sollte. Die Vorstellung, ihren Sohn zu verlieren, konnte sie nicht ertragen. Aber was war das beste für ihren Sohn? Sie brauchte Zeit, um nachzudenken, zu einer Entscheidung zu gelangen...

Im Augenblick war es das beste, aus dieser Burg zu verschwinden und ihrer übermächtigen Scham zu entfliehen. Wenn sie doch nur die haßerfüllten Worte vergessen könnte, die ihr immer noch in den Ohren klangen. Hinter sich vernahm sie Stimmen.

Bellebelle bog um die Ecke und ging einen weiteren Korridor entlang. Vor ihr lag eine Wendeltreppe. Sie lief die Stufen hinunter, wäre fast gefallen vor lauter Hast, eilte über einen weiteren

Flur, der ihr vertraut vorkam, durch die Küche, in den Hof. Sie rannte die weiße Steinmauer entlang bis zum vorderen Hof der Burg. Wachen standen an den offenen Toren. Ritter zu Pferde, Kleriker, gutgekleidete Bürger überquerten die Zugbrücke, die sich über den Graben spannte.

Bellebelle mischte sich unter die Menge, ging über den Graben und gelangte zum äußeren Burghof. Bald danach befand sich sich auf der Straße, die nach London führte.

Bellebelle erinnerte sich vage, daß der Tower nicht weit von Aldgate entfernt war. Auf der Hauptstraße nach London drängten sich Karren, Pferde und Fußvolk. Ohne festes Ziel ließ sie sich treiben, passierte die massiven Stadttore und gelangte in die Innenstadt von London.

Nur flüchtig bemerkte sie den grauen Dunst, der über der Stadt hing, den Schmutz auf den Pflastersteinen. War es hier schon immer so schmutzig gewesen? Sie konnte sich nicht erinnern, wann sie das letzte Mal in London gewesen war. Sie wußte nicht, wie lange sie so dahingeschlendert war, bis ihr der Geruch von gerösteten Kastanien in die Nase stieg. Sie war jetzt an der Strand, in der Nähe der London Bridge. Die offenen Buden mit den Stoffen, Zwiebel- und Knoblauchschnüren, die lauten Stimmen – all dies war ihr vertraut.

Bellebelle wollte gerade über die Brücke gehen, mitgeschoben von der Menge, da nahm sie unter sich eine Bewegung wahr. Als sie hinunterblickte, sah sie das grimmige, vogelähnliche Gesicht eines Straßenbettlers, möglicherweise ein Taschendieb, der sich an sie herangeschlichen hatte. Gewohnheitsmäßig packte sie ihren Korb fester und überprüfte tastend, ob ihr Münzbeutel noch vorhanden war. Dann scheuchte sie den Bettler weg. Am Ende der Brücke sprachen zwei Frauen mit gestreiften Umhängen die Männer an. Dieser Anblick verstärkte ihren Schmerz. Unwillkürlich mußte sie an Gytha und Morgaine denken.

Bellebelle wandte sich ab und beugte sich über das Geländer. Kähne mit Wolle fuhren stromabwärts. Es mußte viele Jahre her sein, seit sie zu Fuß über diese Brücke gegangen war. Sie war nicht mehr hier gewesen, seit sie aus Southwark geflüchtet war. In der Gropecuntlane hatte sie Angst gehabt, sie würde auf die Flamen stoßen. Als sie im Dorf lebte, hatte sie es aus Angst, von ehemaligen Kunden erkannt zu werden, vermieden, zur Strand zu gehen oder das Gebiet um die Brücke aufzusuchen. Manchmal war sie nach Saint Martin-le-Grand gefahren, wo Gottfried geboren worden war, aber das war auch schon lange her.

Bellebelle holte den Käse und das Brot aus dem Korb und aß

davon, hatte aber keinen Appetit. Ein Stück weiter entdeckte sie wieder den zerlumpten kleinen Taschendieb, der sie mit seinen Blicken verfolgte. Er war wohl in Gottfrieds Alter oder noch jünger, sah aber auf Grund des harten Lebens hier älter aus. Sie hielt ihm das Brot mit dem Käse hin. Er näherte sich ihr vorsichtig, wie der wilde Dachs, den sie irgendwann einmal hinter ihrem Haus gesehen hatte. Er schnappte sich das Brot, schlang es hinunter und verschwand im Getümmel.

Hatte sie auch einmal so ausgesehen, war es wirklich schon siebzehn Jahre her, daß ein gutgekleideter Knabe ihr eine Schinken-Aal-Pastete zu essen gegeben hatte? Er hatte ihr erzählt, was er alles tun würde, wenn er einmal König von England sein würde. Vieles davon hatte er tatsächlich verwirklicht. Wieder überkam sie Verzweiflung. Sie wurde überwältigt von ihrer Qual, als sie das trübe Wasser unter sich betrachtete. Sie war jetzt achtundzwanzig Jahre alt und hatte das Gefühl, ihr Leben gehe zu Ende. Sie sah keinen Sinn mehr darin, weiterzuleben.

Unterwegs war Bellebelle klargeworden, daß eine Entscheidung gefallen war: Sie würde Gottfried dort lassen, wo er jetzt war. Heinrich konnte für die Zukunft des Jungen sorgen. Welches Recht hatte sie, die ehemalige Hure, dem Knaben die Zukunft zu verbauen? Keines. Was konnte sie ihm bieten? Nur viel Liebe. Das genügte nicht. Trotz des Schadens, den sie angerichtet hatte, des Schmerzes, den sie der Königin zugefügt hatte, trotz Heinrichs Zorn und Mißtrauen – Gottfried durfte nicht leiden. Heinrich hatte in dieser Hinsicht recht gehabt. Wenn ihr Sohn zu ihr zurückkehrte, würde er sich irgendwann ihrer schämen und nichts mehr von ihr wissen wollen.

Aber bei Heinrich würde er Chancen haben, die sich ihr nie geboten hatten. Es war klar, daß Heinrich die Königin entweder überzeugen oder sie zwingen würde, Gottfried aufzunehmen. Schließlich würde sogar Eleonore Gottfrieds Wert erkennen. Würde ihn die Königin schlecht behandeln, ihren Schmerz an ihm auslassen? Nein. Bellebelle war davon überzeugt, daß sie sich nicht so verhalten würde. Aber auch, daß Eleonore so heftig und bitter reagiert hatte, konnte Bellebelle ihr nicht übelnehmen.

Bellebelle erkannte, daß Eleonore trotz ihrer Machtfülle ein Mensch war, keine Statue der Jungfrau, sondern eine sterbliche Frau, die gekränkt worden war genau wie sie. Im Grunde ähnelten sie sich. Sie waren Frauen, die beide Heinrich liebten und seinetwegen litten.

Wenn sie nichts unternahm, würde Heinrich dafür sorgen, daß Gottfried gut versorgt wurde. Vielleicht würde er eines Tages zum Ritter geschlagen oder ein Kaufmann oder ein Kirchenmann werden, denn er konnte bereits lesen und schreiben. Es gab keine Regeln, die besagten, wie hoch der uneheliche Sohn eines Königs aufsteigen durfte. Wenn ihr Leben auch zu Ende war, der Junge sollte seine Chance haben.

Sie lehnte sich über das Geländer und warf ihren Korb hinunter. Einen Moment lang schwamm er noch oben, dann versank er. So schnell konnte man verschwinden. Vielleicht kostete es Überwindung zu springen, aber danach würde man nichts mehr fühlen, sondern im tiefen Fluß untertauchen und ins Meer hinausgetragen werden. So einfach war das – Bellebelle holte tief Luft und beugte sich weit über das Geländer.

Da entdeckte sie den Silberfisch mit den großen grünen Augen.

## 46. Kapitel

»Nun gut, erkläre es. Ich höre. Wann hast du diese Dirne das erste Mal gesehen?« Eleonore verschränkte die Arme fest vor ihrer Brust, als könne sie damit verhindern, daß ein wütender Dämon aus ihr hervorbreche.

»Damals war sie noch keine Dirne. Bellebelle war ungefähr zehn Jahre alt – ihr genaues Geburtsdatum ist nicht bekannt –, als ich sie zum erstenmal auf der London Bridge sah...« Heinrich runzelte die Stirn, begab sich zur offenen Tür und schloß sie.

Bellebelle! Heilige Radegund, sie hätte es wissen müssen!

Während Eleonore Heinrichs Erklärung lauschte und jedes Wort die Wunde in ihrem Herzen noch vertiefte, konnte sie es immer noch nicht glauben, daß er es wagte, ihr den Bastard dieser Hure aufzudrängen. Die Gerüchte über seine Lüsternheit, das Gerede über seine unehelichen Kinder, das Wissen, daß es zumindest ein oder zwei solcher Kinder tatsächlich gab – all das tat weh genug. Aber zumindest war ihr ein direkter Kontakt mit diesen Kindern oder deren Müttern erspart geblieben. Ihre Welt wurde nicht unmittelbar bedroht.

Eleonore konnte sich die anzüglichen Kommentare, die am Hof die Runde machen würden, lebhaft vorstellen. Sie fühlte sich in ihrem Stolz so sehr verletzt, daß sie sich nur mit Mühe zurückhalten konnte, ihre Wut herauszuschreien.

Mit äußerster Anstrengung zwang sie sich, dem Bericht über Bellebelles erniedrigendes Leben in einem Bordell in Southwark zuzuhören, über ihren Angriff auf einen flämischen Ritter, den Mörder ihrer Mutter, ihre Flucht nach London und in ein anderes Bordell und dann zehn Jahre später die feindselige Begegnung mit dem Flamen in ihrem Haus.

»Der kleine Gottfried besaß soviel Geistesgegenwart, den Wolfshund auf diesen flämischen Schurken loszulassen«, sagte Heinrich, »und das hat sie gerettet.«

Trotz ihres Ärgers und ihrer Kränkung war Eleonore gerührt. »Du bist ihr dann nur durch Zufall erneut begegnet?«

»In einer Schenke, lange vor meiner Krönung. Sie hielt mir ein paar Raufbolde vom Leib.« Heinrich schüttelte erstaunt den Kopf. »Das Unglaubliche daran ist, daß ich die Wahrheit über ihr Leben erst in den letzten beiden Monaten erfahren habe. Kannst du dir vorstellen, daß sie mich all die Jahre getäuscht hat?«

»Was zeigt, daß sie viel klüger ist, als du gedacht hast, und du viel leichtgläubiger bist.«

»Anscheinend. Aber ich kann es nicht einfach so hinnehmen, daß sie mich belogen hat, und ich kann ihr deshalb nie mehr vertrauen.«

»*Du* hast *mich* belogen! Und vertraue ich dir deshalb vielleicht nicht mehr?«

Heinrich, der am Fenster stand, schluckte. »Eine Unterlassung kann man wohl kaum als Lüge bezeichnen. Das ist ein riesengroßer Unterschied.«

»Tatsächlich? Das ist Haarspalterei. Auf jeden Fall stelle ich mich nicht auf die Seite der Hure.« Eleonore begab sich zu dem Eichentisch und schenkte sich einen Becher Wein aus einem Silberkrug ein. Sie nippte an der rubinroten Flüssigkeit und stellte den Becher wieder auf den Tisch zurück. »Du hast doch nicht im Ernst vor, wieder mit ihr anzufangen?«

Heinrich legte die Hand aufs Herz. »Ich schwöre es dir. Nenn mir eine Reliquie, auf die ich schwören soll.«

»Warum sind die Normannen so begierig darauf, einen heiligen Eid zu schwören, und so wenig bereit, ihn auch einzuhalten?«

»Das willst du mir doch wohl nicht vorwerfen?«

Eleonore wußte nicht mehr, was sie glauben sollte. Aus der Art, wie Heinrich über diese Dirne und ihren Sohn sprach, erkannte sie, daß die beiden auf irgendeine Weise sein Leben tief berührt hatten, was für Eleonore um so schmerzhafter war, da sie es nicht begreifen konnte. Was ihr allerdings nicht entgangen war – denn es lag offen zutage –, war die niederschmetternde Tatsache, daß Bellebelle in Heinrichs Alter war, während sie, Eleonore, elf Jahre älter war als er. Der Unterschied zwischen achtzehn und neunundzwanzig Jahren, ihr jeweiliges Alter bei der Heirat, war leicht zu überbrücken. Zwischen achtundzwanzig und neununddreißig aber bestand eine Kluft, die sich von Jahr zu Jahr vergrößern konnte.

Heinrich trat von hinten an sie heran, schlang seine Arme um sie und umfaßte mit den Händen ihre Brüste. »Nell…«

Eleonore schüttelte seine Hände brüsk ab. Wie konnte er den

Versuch wagen, sie auf diese Weise weich zu machen? Sie wirbelte herum. Heinrich griff nach ihren Händen.

»Mein Gott, deine Finger sind ja eiskalt.« Er rieb sie zwischen den Handflächen. »Bestrafe den Jungen nicht für die Sünden seiner Eltern«, sagte er leise. »Bitte, darf ich ihn dir vorstellen?«

Sie befand sich jetzt in einer Zwickmühle. Mit ihrer derzeitigen Taktik konnte sie den Kampf nicht gewinnen. War es besser, wenn sie sich einverstanden erklärte, den Jungen zu sehen? Sie war nicht davon überzeugt, daß dieses Kind Heinrichs Sohn war, auch wenn er ihm angeblich ähnelte. Der Bastard konnte von wer weiß wem stammen, und diese durchtriebene Hure konnte ihn Heinrich untergeschoben haben. Vielleicht war es ihr, wenn sie den Jungen mit eigenen Augen gesehen hatte, möglich, Heinrich davon überzeugen, daß es nicht sein Kind war. Und außerdem war sie, wie sie sich eingestehen mußte, mittlerweile auch neugierig geworden.

»Nun gut, bring ihn mir.«

Heinrich verließ den Raum. Während sie auf seine Rückkehr wartete, drehte sich alles in ihrem Kopf. Welche Faszination mußte Bellebelle ausüben, daß sie Heinrichs Interesse so lange Zeit hatte fesseln können? Nach seinem eigenen Bekunden handelte es sich bei den meisten Dirnen, die er in sein Bett zog, und auch bei jenen, die ihm Bastarde gebaren, um kurze Affären, die ihm nichts bedeuteten. Was also war bei dieser einen so anders?

Zerstreut griff sie nach dem Silberbecher, stellte ihn aber wieder auf den Tisch zurück, ohne daraus getrunken zu haben. Ein aufgeschlagener Psalter sowie ein Stundenbuch, die auf dem Eichentisch lagen, zogen ihren Blick an. Darauf waren das Jüngste Gericht und der Sündenfall abgebildet. Eleonore bemerkte die gefurchten Brauen und den wilden Ausdruck auf den grünschattierten Gesichtern, ein deutliches Abbild der Gefühle, die auch in ihr tobten.

Heinrich öffnete die Tür des Gemachs. An der Hand führte er einen kleinen Jungen. Hinter ihm ging ein Diener. Eleonore erschrak, sie mußte sich auf den Tisch stützen und hätte dabei fast den Weinkrug umgekippt. Der Junge war das getreuliche Abbild des kleinen Heinrich, wie sie ihn damals in Bordeaux gesehen hatte. Dieser uneheliche Sohn ähnelte ihrem Mann mehr als irgendeiner seiner legitimen Söhne. Die Dirne brauchte niemanden zu überzeugen, der Beweis war offensichtlich. Eleonore konnte kaum die Tränen zurückhalten, die ihr in die Augen traten.

Heinrich spornte seinen Sohn an. »Gottfried, das ist die Königin von England.«

»*Deus vobiscum*, Madame«, sagte der Junge, der offensichtlich ängstlich war, aber fest entschlossen, eine gute Figur zu machen.

Eleonore war sprachlos. Aus seinen ersten Worten schloß sie, daß er Latein ziemlich flüssig beherrschte. Der kleine Heinrich indessen, der Thronerbe, zeigte keinerlei Talent für diese Sprache. Hatte Heinrich dem Jungen eingebleut, was er sagen sollte? Was hatte er vor? Wollte er ihr beweisen, daß dieser Bastard besser war als ihre Kinder? Sie verhärtete sich innerlich.

»Danke…« Sie konnte sich nicht überwinden, seinen Namen zu nennen.

»Wenn Gottfried etwas älter ist, bringe ich ihn als Oblaten zu den Mönchen von Saint Paul's.«

»Eine ausgezeichnete Idee«, erwiderte Eleonore mit eisiger Stimme. »Jeder Vater sollte einen Sohn bei der Kirche haben – damit er für die Vergebung seiner Sünden beten kann. Ich bin sicher, er wird einmal ein ausgezeichneter Priester werden.«

Gottfried ließ den Blick zwischen Heinrich und ihr hin und her wandern. »Ich will nicht…« Er wurde blaß, schluckte und senkte den Kopf.

Eleonore erkannte plötzlich, daß der Junge nicht die Priesterlaufbahn einschlagen wollte, es aber auch nicht über sich brachte, dies seinem Vater zu sagen. Einen Augenblick lang konnte sie sich in ihn hineinversetzen. Er war ebenso ein Opfer von Heinrichs subtiler Tyrannei wie sie. Heinrich machte dem Diener ein Zeichen, der daraufhin den Jungen bei der Hand nahm und hinausführte.

»*Pax vobiscum*, Gottfried«, sagte sie spontan.

Sie wurde durch ein zaghaftes Lächeln belohnt, während der Junge seine Tränen unterdrückte. Dieser Anblick rührte sie mehr als Heinrichs Worte.

»Ich glaube nicht, daß die Kirche Bastarde aufnimmt«, sagte Eleonore, als sich die Tür hinter Gottfried geschlossen hatte.

»Der uneheliche Sohn eines Königs ist doch wohl nicht dasgleiche, oder? Er wird nicht lange bei uns bleiben, Nell.«

Heinrich ging auf sie zu, legte einen Arm um ihre Schultern und zog sie an sich. Sie wußte, er versuchte, Abbitte zu leisten, aber sie konnte nicht darauf eingehen.

»Du bietest der Kirche den Jungen als Oblaten an. Und die Mutter? Wem bietest du sie an?« Eleonore schüttelte seinen Arm ab, begab sich zu einem der Öfen und kehrte ihm den Rücken zu.

Nach kurzem Schweigen sagte Heinrich: »Dieser barsche Ton ist deiner unwürdig, Nell.«

»Bitte, verzeih mir. Welcher Ton würde dir besser gefallen?

Glaubst du denn, du kannst meine Gefühle mit Füßen treten, und ich falle dir dafür um den Hals?«

»Ich habe nur deinen Stolz verletzt«, seufzte Heinrich. »Natürlich möchte ich, daß Bellebelle versorgt ist. Sie kann das Haus in dem Dorf in der Nähe von Bermondsey behalten...«

Eleonore wirbelte herum. Nur ihren Stolz verletzt! War denn der Mann blind? »Du hast ihr ein Haus in der Nähe von Bermondsey geschenkt, wo sich *mein* Landsitz befindet? Das hast du mir nicht gesagt.«

»Du hast mich nicht danach gefragt.« Heinrich hakte die Daumen in seinen Gürtel und wippte auf seinen Absätzen hin und her. »Was glaubst du denn, wo sie bisher gelebt hat?« brüllte er plötzlich los, und sein Gesicht lief puterrot an. »In der Gosse oder in einem Rattenloch? Verdammt noch mal, Nell, sei doch vernünftig. Es ist vorbei, und Schluß damit.«

»Tatsächlich?« Nach kurzem Schweigen wandte sich Eleonore, die vor Kälte zitterte, wieder dem Kohlenbecken zu. »Aber der Junge wird hier sein, mich immer an sie er-...«

»Sag jetzt nichts, was du später bereust. Ich habe dich gebeten, den Jungen nicht dafür verantwortlich zu machen, was geschehen ist. Wenn du unbedingt jemandem Vorwürfe machen mußt, dann halte dich an die Mutter.«

Sie wandte sich ihm zu und bedachte ihn mit einem eisigen Blick. »Ich weiß, wer schuld ist, und wie gern du anderen die Schuld in die Schuhe schiebst. Hast du sie deshalb bestraft?«

»Ich, sie bestraft?« Heinrich blickte verblüfft drein.

»Glaubst du wirklich, das Haus kann sie für den Verlust ihres Sohnes entschädigen, den du ihr ohne Vorwarnung weggenommen hast? Das ist eine grausame, herzlose Bestrafung.«

Heinrich blickte betreten vor sich hin wie ein kleiner Junge. Er sah unwiderstehlich aus, registrierte sie kalt. »Nun, ich war sehr verärgert über ihre Täuschung, sehr verärgert. Ich gebe zu, ich war, wie du ganz richtig sagst, grausam und herzlos. Aber es ist geschehen, und ich kann die Zeit nicht zurückdrehen.«

Eleonore wunderte sich nicht darüber, wie leicht ihm das Eingeständnis, falsch gehandelt zu haben, über die Lippen kam. Heinrich war jedesmal unwiderstehlich, wenn er seine Sünden beichtete – nachdem alles vorbei war.

»Du wirst diese Hure nach wie vor von Zeit zu Zeit sehen, wenn sie ihren Sohn besucht. Wird das nicht...«

Heinrich schüttelte den Kopf und machte eine wegwerfende Geste. »Sie kommt nicht hierher. Niemals. Ich will nicht, daß sie Gottfried sieht.«

»Das kann doch nicht dein Ernst sein.«

»Doch. Ich finde, je mehr Abstand der Junge zu seiner Herkunft bekommt, desto besser. Ich will, daß er weiterkommt.«

Eleonore wußte, daß sie unter normalen Umständen gegen sein hartes Urteil protestiert hätte. Aber dies hier waren keine normalen Umstände. Im Augenblick besaß sie keinen Funken Mitleid. Eleonore wärmte ihre schlanken, ringgeschmückten Finger über den warmen Kohlen. Sie hatte immer gedacht, ihre Finger seien besonders anmutig. Zum ersten Mal fielen ihr die blauen Adern auf dem Handrücken auf. Wie häßlich sie aussahen. Und alt. Schnell zog sie ihre Hände zurück und verbarg sie auf dem Rücken.

»Gottfried hat sich mit Bellebelles Erklärung nicht zufrieden gegeben und mich gefragt, warum der Flame versucht hat, seine Mutter zu töten«, fuhr Heinrich fort. »Was hätte ich antworten sollen? Daß sie eine Hure gewesen ist? Das hätte nur weitere Fragen nach sich gezogen. Muß er denn unbedingt wissen, daß seine Mutter in einem Bordell in Southwark unter dem Abschaum der Menschheit aufgewachsen ist? Und daß auch ihre Mutter eine Hure gewesen ist, und Gott allein mag wissen, wer Bellebelles Vater war – ein Mann adeliger Herkunft, hat man ihr erzählt. Heinrich schüttelte den Kopf. «Dem Jungen soll das alles erspart bleiben. Eine saubere Trennung ist das beste. Er wird es mir später danken.»

Erwartete er von ihr, daß sie wie die Mutter des Jungen handelte? hätte ihn Eleonore am liebsten gefragt. Statt dessen fragte sie: »Und was wird aus dem Flamen?«

»Er wurde vor einer Woche des vorsätzlichen Mordes für schuldig befunden.« Heinrich stapfte in der Kammer auf und ab.

»Wirst du ihn hängen lassen?« Eine übereilte Verhandlung mit einem Urteil, das von vornherein feststand, wenngleich der Mann den Tod durchaus verdient hatte.

»In England ist es nicht üblich, Männer adeliger Herkunft zu hängen.«

Also würde er enthauptet werden. Vielleicht war es auch schon geschehen. Eleonore beobachtete Heinrich, der wie ein gefangener Löwe mit wildem Gesichtsausdruck hin und her stapfte, und fragte nicht weiter nach.

»Die Kinder fanden es doch bestimmt seltsam, als du heute morgen einen Fremden mitgebracht hast. Was wirst du ihnen sagen?« fragte sie. »Was erzählst du den anderen?«

»Die Wahrheit, was sonst? Der kleine Heinrich, Mathilde

und Richard sind alt genug, um es zu verstehen. Ich habe noch andere Bastarde...«

»Die leben aber nicht bei uns, und ihre Mütter sind keine Huren.«

»Du machst zuviel Wind darum. Mein Großvater hatte eine ganze Reihe Bastarde einschließlich meines Onkels Robert, die an seinem Hof aufwuchsen. Auch mein Vater hatte mehrere. Deiner ebenfalls. Du hast mir doch auch einmal erzählt, wie sehr du deine unehelichen Halbbrüder magst.«

»Das ist etwas anderes«, konterte Eleonore, obwohl sie genau wußte, daß sie unrecht hatte. »Interessiert es dich nicht, daß ich, deine Königin, die Zielscheibe von Hohn und Spott sein werde?«

»Wer würde das wagen?« Heinrich trat zu ihr, umschlang ihre Arme und zog sie, obwohl sie sich sträubte, eng an sich. »Im Gegenteil, man wird deine Großmut loben.« Sie stieß ihn zurück. »Sei vernünftig. Nimm den Jungen auf. Tu es für mich, Nell, und ich werde es dir nie vergessen.«

Bitterkeit stieg in Eleonore auf, schnürte ihr die Kehle zu. »Heinrich, du hast nicht zufällig weitere Überraschungen dieser Art für mich auf Lager? Ich schwöre bei der Heiligen Jungfrau, daß ich es nicht ein zweites Mal ertragen werde – nicht ertragen kann. Ich meine damit nicht deine kurzen Affären, wenn du auf Reisen bist, sondern...«

»Ich weiß, was du meinst.« Er wollte sie erneut umarmen, aber sie entzog sich seinem Griff. »Nie, nie, nie. Ich schwöre es. Können wir jetzt das Thema wechseln, Nell?«

»Da ist nur noch eines, was ich wissen will. Was hatte dieses Geschöpf an sich, was dich so lange gefesselt hat?«

Heinrich hob verzweifelt die Hände, hakte dann erneut die Daumen in den Gürtel. »Allmächtiger, warum nur kannst du es nicht lassen? Sie hat dir nichts genommen, Nell, das schwöre ich. Nichts.«

»Beantworte meine Frage.«

»Ich weiß nicht... « Er zuckte hilflos mit den Schultern. »Nun, sie war eine gute Freundin, aufrichtig, vertrauenswürdig, mit der man gut reden konnte.« Er sah sie vielsagend an. »Sie hielt immer ihre Zunge im Zaum.«

»Was willst du damit sagen?«

»Ich hatte nie das Gefühl, auf der Hut sein zu müssen, daß sie ein locker dahin gesagtes Wort in den falschen Hals bekommt und es gegen mich verwendet.« Er schwieg.

»Weiter. Da muß noch mehr sein.«

Heinrich fuhr sich ungeduldig durch die Haare. »Sie war sehr darauf bedacht, meine Bedürfnisse zu befriedigen, und hat so wenig dafür verlangt.«

»Du meinst, deine fleischlichen Gelüste?« Sie wollte es eigentlich nicht unbedingt wissen, aber trotzdem mußte sie diese Frage stellen. »Mit einer erfahrenen Hure, die allerhand Tricks auf Lager hat, hat es dir bestimmt viel Spaß gemacht?«

Heinrich blickte grimmig. »Leg mir nichts in den Mund. Nein, nicht meine fleischlichen Gelüste. Ich habe mehr aus Gewohnheit als aus Begierde mit ihr das Lager geteilt, das schwöre ich dir. Ich begehre keine Frau mehr als dich, und es gibt keine, die mich mehr befriedigt.«

Eleonore faßte ihn scharf ins Auge. Konnte sie ihm glauben? Er sah sie an, ohne zu blinzeln, aber sprach er die Wahrheit? Wollte er sie einfach nicht noch mehr verletzen? Sie konnte es nicht beurteilen.

»Diese enge Verbindung zwischen Bellebelle und mir«, fuhr er langsam fort, »entstand, als wir uns als Kinder begegneten. Wer kann das Unerklärliche erkären?«

Eleonore getraute sich nicht, etwas zu sagen. Sie war töricht gewesen, danach zu fragen. »Ist gut, ich verstehe.«

Aber Heinrich war jetzt nicht mehr zu bremsen. »Und – ich weiß, für eine Frau, die so stark und selbständig ist wie du, eine Königin und Herzogin, die in Macht und Einfluß hineingeboren wurde, ist es schwer, das richtig zu verstehen, aber Bellebelle war so schrecklich hilflos. So abhängig. Sie brauchte mich, denn sie war einem hoffungslosen Leben in Schmutz und Armut ausgeliefert. Du und ich, wir können uns ein solches Leben überhaupt nicht vorstellen.« Er bekreuzigte sich, war offensichtlich bewegt. »Ohne mich hätte – hat – sie rein gar nichts.«

Er blickte sie an und seufzte. »Bist du nun zufrieden?«

Eleonore war tiefbetrübt. Sie liebte ihn verzweifelt und hatte schreckliche Angst, seine Liebe zu verlieren. War sie nicht genauso abhängig von ihm? Waren ihre Bedürfnisse weniger wichtig? Vielleicht dachte Heinrich, sie hätte keine.

Es lag ihr auf der Zunge, ihm ihr tiefstes Inneres zu enthüllen, aber wenn sie sich so weit offenbarte, wäre sie dann nicht völlig seiner Gnade ausgeliefert? Wie diese Hure. Vor dieser Möglichkeit schreckte sie zurück.

Heinrich schien vollkommen vergessen zu haben, daß es an dem armen Opfer Bellebelle noch eine andere Seite gab: Sie war imstande gewesen, auf einen Ritter loszugehen, um jemanden zu beschützen, den sie liebte. Diese hilflose Kreatur hatte immerhin so viel Geistesgegenwart besessen, ihren Feinden zu entkommen, die Härten eines Londoner Bordells zu überstehen, ganz bewußt Heinrich über ihre Vergangenheit zu täuschen, ihn dazu zu bringen, gut für sie und ihren Sohn zu sorgen, und ihn acht Jahre lang in ihrem Bann zu halten.

So schrecklich hilflos! Heilige Jungfrau!

Heinrich blickte sie forschend an. »Du nimmst also den Jungen auf und behandelst ihn wie eines deiner eigenen Kinder?«

Eleonore musterte ihn einen endlosen Augenblick. Der Kampf war noch lange nicht vorbei, aber sie würde ihn nicht gewinnen, wenn sie Heinrich jetzt vor den Kopf stieß. Sie mußte den Anschein erwecken, als akzeptiere sie die Niederlage mit Fassung. Sie mußte abwarten. Sie sah den Jungen vor sich, der seine Tränen unterdrückte. Mit dem Kind konnte sie sich abfinden, aber die Mutter betrachtete sie immer noch als Bedrohung.

»Habe ich dir jemals etwas verweigert?« Sie schenkte Heinrich ihr anmutigstes Lächeln, um die Wut zu bezähmen, die in ihr hochstieg.

»Nell, das vergesse ich dir nie.« Heinrich ging mit ausgestreckten Armen auf sie zu und strahlte vor Erleichterung.

»Faß mich nicht an. Ich entspreche deinem Wunsch, das muß genügen. Erwartest du von mir, daß ich dich dafür auch noch liebe?«

Eleonore ließ ihn mit einem schalen Gefühl im Mund und schlaffen Armen stehen und verließ das Gemach. Konnte sie Heinrichs Beteuerungen vertrauen, er würde die Hure künftig nicht mehr sehen? Vielleicht hatte er es tatsächlich vor, aber würde die Verführerin, die Heinrich so viele Jahre in ihrem Bann gehalten hatte, ihn so ohne weiteres ziehen lassen?

Eleonore schloß die Tür hinter sich und schritt langsam den Flur hinunter. Wenn diese schmutzige *affaire du coeur*, oder wie immer man es nennen mochte, zu einem Ende kommen sollte, würde sie selbst dafür sorgen müssen. Ein für allemal. Irgendwie und irgendwo würde sich die Gelegenheit dazu bieten.

## 47. Kapitel

Bellebelle beobachtete, wie die Fische an die Wasseroberfläche kamen und dann langsam wieder verschwanden. Sie trat vom Geländer zurück. Als sie erneut hinunterblickte, waren die Fische weg. Aber sie hatte ihn gesehen. Im richtigen Augenblick – genau in jenem Moment, als alles verloren schien und das Leben ihr nichts mehr bedeutet hatte.

Ihre Verzweiflung hatte nicht nachgelassen, sondern war noch genauso grenzenlos wie zuvor. Aber es schien keine Lösung zu sein, sich von der Brücke zu stürzen. Bellebelle machte einen zögernden Schritt in Richtung der Strand, hielt inne und wandte sich dann in die Gegenrichtung. Diese Straße führte nach Southwark. Welchen Weg sollte sie einschlagen?

Bellebelle fühlte sich wie eine Wölfin, die der alte Ivo im Wald gefangen hatte. Sie war nicht imstande, sich in irgendeine Richtung zu bewegen. Sie konnte nicht so weiterleben wie bisher, dafür hatte Heinrich gesorgt. Vor ihr lag eine schwarze Leere, ein Leben voller Einsamkeit. Sie hatte niemanden mehr, um den sie sich kümmern, niemanden, dem sie die Liebe schenken durfte, die sie so in reichem Maße besaß.

Hinter ihr lagen die Erinnerungen an ihre zerstörten Kindheitsträume. Sie erkannte, daß ihr das sichere, geborgene Leben, nach dem sie sich so sehr gesehnt hatte, entglitten war. Sogar in der Zeit, als sie sich der Illusion hingegeben hatte, ein solches Leben zu führen, hatte im Hintergrund stets die Gefahr gelauert. Sie hatte mit einer Lüge gelebt, hatte Heinrich getäuscht, Gottfried, ihre Freundin Elfgiva und vor allem sich selbst. Sogar in diesem Augenblick fühlte sie sich bedroht. Was würde Heinrich als nächstes unternehmen? Jetzt, da der König nicht mehr ihr Beschützer war, konnte de Burgh vielleicht denken, er hätte freie Hand. Hinter jeder Ecke schien Gefahr zu lauern.

Bellebelle wußte, daß sie sich im Augenblick mehr als alles andere auf der Welt wünschte, getröstet zu werden. Aber wo fand sie Trost?

Ganz automatisch ging sie über die Brücke in Richtung Southwark. Vielleicht arbeitete Morgaine noch in Gilberts Bordell. Die walisische Dirne würde ihr helfen, würde ihr Trost spenden. Sie fing an zu laufen.

Als sie Southwark erreicht hatte, erblickte sie zur Linken das graue Steingebäude von Saint Mary Overie. Sie wandte sich nach rechts, lief die Bankside entlang und bog dann in eine enge Gasse ein. Alles war noch so wie früher. Abfallberge stapelten sich am Straßenrand, und der Geruch von faulem Fisch verpestete die Luft. Ausgemergelte Kinder in Lumpen durchstöberten den Müll nach Nahrungsresten. Sie warf ihnen ein paar Pennies zu.

Bellebelle bog in eine Gasse. Über den Dächern erblickte sie die Türme von Saint Mary und Saint Margaret. Zweimal stolperte sie. Es konnte nicht mehr weit sein. Plötzlich gelangte sie in eine Sackgasse und verlangsamte ihren Schritt. War sie etwa schon am Bordell vorübergelaufen, ohne es zu erkennen? Es hatte doch hier gestanden?

Aber statt des Bordells und der Schenke daneben fand sie nur noch Überreste aus Holz und Stein. Ungläubig starrte sie auf die Ruinen.

Eine alte Frau humpelte vorbei, schleppte einen Holzeimer mit Wasser.

»Was ist mit der Schenke passiert, die sich einst hier befand, Mütterchen?«

»Ist niedergebrannt, und das Bordell ebenfalls, was ein Segen ist.«

»Wann – wie lang ist das her?« Es war nicht sonderlich ungewöhnlich, in Southwark brannte es oft, ja in ganz London. Aber Bellebelle konnte es einfach nicht glauben.

»Zu der Zeit, als der neue König gekrönt wurde. Ist sieben oder acht Jahre her. Kann mich nicht genau erinnern.«

»Wie ist es passiert?«

Die alte Frau bekreuzigte sich. »Gott hat sie bestraft, wie einst Sodom und Gomorrha. Genau das hat Vater Sebastian in Saint Mary Overie gesagt, als es passierte.«

Vater Sebastian! »Und die Bewohner? Leben noch welche davon?«

»Weiß nicht. Das Feuer brach im Bordell aus und hat dann auf die Schenke übergegriffen. Aber die Huren und ihre Kunden konnten sich nicht mehr retten, keiner von ihnen, hab' ich gehört. Sie hätten sowieso in der Hölle geschmort, warum dann nicht gleich jetzt?« Sie kicherte.

»Wißt Ihr, wo die Huren beerdigt sind?«

»Wie soll ich das wissen? Natürlich nicht auf heiligem Grund. Warum fragt Ihr?«

Die Alte warf Bellebelle einen mißtrauischen Blick zu, dann humpelte sie weiter, wobei das Wasser in ihrem Eimer überschwappte. Von beiden Kirchen läuteten die Glocken die Sext ein. Bellebelle blickte erneut auf die Trümmer zu ihren Füßen. Ihre Vergangenheit lag endgültig hinter ihr; alles, was sie einmal gekannt hatte, war zu Asche und Staub zerfallen.

Unwillkürlich drehte sie sich um. Die Frau hatte die Kirche Saint Mary Overie erwähnt. Bellebelle ließ sich durch die gewundenen Gassen und engen Straßen von Southwark treiben, am Clinke vorbei und dem prachtvollen Haus des Bischofs von Winchester, bis sie bei der Kirche ankam. Vielleicht wußte Vater Sebastian, der Priester, der ihr einst geholfen hatte, wo die Dirnen beerdigt waren. Zumindest konnte sie dann Morgaines Grab und das ihrer Mutter besuchen.

Bellebelle verharrte unentschlossen vor den Holzportalen, zog sich dann den blauen Schal über den Kopf und trat ein.

Ein junger Priester, den sie noch nie gesehen hatte, stand vor dem Altar, und eine lange Reihe von Gläubigen wartete auf den Empfang der Hostie. Nach kurzem Überlegen ging sie zur Marienkapelle.

Ein paar Frauen waren ins Gebet versunken. Bellebelle schlüpfte in eine leere Bank. Auch hier hatte sich nichts verändert. Die Kirche wurde wie früher von flackernden Kerzen schwach beleuchtet. Vor dem Altar befand sich die Statue der Jungfrau Maria in ihrem golddurchwirkten blauen Gewand und mit der juwelenbesetzten Krone auf dem Kopf. Sie sah genauso aus, wie Bellebelle sie in Erinnerung hatte. Jetzt begriff sie nicht mehr, wie sie je die Jungfrau Maria mit Eleonore hatte verwechseln können. Sie hegte keinen Groll auf die Königin, aber Bellebelle hatte inzwischen die Frau hinter der Krone gesehen.

In einer Stunde der Not, in der sie Trost und Beistand brauchte, war sie nach Saint Mary Overie gekommen, wie schon früher einmal. Aber was konnte ihr dieser Ort heute geben? Ihre Mutter und Morgaine waren tot. Eleonores Macht war geschwunden; Heinrich hatte sie verlassen und Gottfried mitgenommen. Wer blieb ihr noch?

Die Gestalt der Muttergottes, die von einem Heiligenschein umgeben war, flirrte vor ihren Augen. Was geschah hier? Sie öffnete den Mund, aber kein Laut drang hervor. Wieder verschmolz die Jungfrau mit Eleonore, wie Bellebelle sie zuerst gesehen hatte, strahlend und zuversichtlich, ganz anders als das entsetzte, gequälte Gesicht der Königin im Tower. Dann verwandelte sich dieses Gesicht in das ihrer Mutter und danach in Morgaines. Deutlich hörte sie ihre Stimme: Das Leben ist kein Paradies. Morgaines Gesicht ging über in das von Elfgiva, das der Waschfrau im Hof des Tower und schließlich in das der alten Frau, die sie gerade vor den Ruinen des Bordells getroffen hatte. Dann erkannte sie sich zu ihrer Verblüffung plötzlich selbst in dem Gesicht. Es lächelte sie an, heiter, friedvoll, strahlte Trost und Liebe aus.

Sie hatte bis jetzt keine Tränen vergießen können, aber nun flossen sie in Strömen, rollten ihre Wangen hinunter. Sie konnte nicht mehr aufhören zu weinen.

Bellebelle hatte keine Vorstellung, wie lange sie in der Kapelle verweilt hatte. Dann raffte sie sich auf und verließ die Bank. Sie fühlte sich erschöpft, erschüttert, aber trotzdem seltsam ruhig. Bevor sie aus der Kirche ging, warf sie noch mehrere Silberpennies in den Opferstock. Dann eilte sie hinaus. Sie hatte fast ihr gesamtes Geld gespendet, hatte nur noch so viel, um den Lenker des Karrens, der sie hergebracht hatte, bezahlen zu können. Es war kühler geworden, und der Himmel hatte sich bewölkt. Sie atmete tief durch, sog die frische Luft in tiefen Zügen ein. Wenn sie die Rückfahrt ins Dorf nicht versäumen wollte, mußte sie sich beeilen, um bis zur verabredeten Stunde in Smithfield zu sein. Bellebelle überquerte erneut die Brücke. Als sie in der Strand angelangt war, blieb sie stehen und blickte sich um, bevor sie ihren Weg nach Aldgate fortsetzte, wo sie durch die Stadttore gehen mußte, um zum Marktplatz von Smithfield zu gelangen.

Waren die Farben leuchtender geworden, die Gerüche – gebratenes Fleisch, heißes Brot – jetzt durchdringender? Hatten die Londoner Bürger immer so gelächelt? Waren ihr je die roten Dächer der Stadt so deutlich aufgefallen?

Sie mußte über so vieles nachdenken, so viele Entscheidungen treffen. Trotz der Trauer um ihren Sohn und um Heinrich, die wohl nie ganz vergehen würde – das wichtigste war, daß sie wieder Hoffnung geschöpft hatte. Sie wußte mit völliger Gewißheit, sie würde überleben, und zwar mit Würde.

Bellebelle überquerte die Newgate Street; vor ihr befanden sich die vertrauten, mit Eisenbeschlägen verstärkten Pendeltüren: Aldgate. Es herrschte das übliche Gedränge; Pferde und Karren sammelten sich hier, die in die Stadt hinein- und aus ihr hinausfuhren. Wie früher patroullierten Wachen mit ihren Speeren auf den wuchtigen Steinwällen.

Plötzlich konnte Bellebelle keinen Schritt mehr gehen. Bevor sie es verhindern konnte, stieß sie einen Schrei aus. Die Menschen betrachteten sie neugierig; einige verlangsamten ihre Schritte, um zu sehen, was los war. Ein Mann fragte sie, ob ihr etwas fehle.

Bellebelle hatte alles um sich herum vergessen, starrte nur noch auf das, was sie über dem Torbogen erblickte: das blutige Haupt von Hans de Burgh. Als sie vorher das Tor passiert hatte, voller Angst und Verzweiflung, hatte sie es nicht bemerkt. Der Flame war wohl erst vor kurzem enthauptet worden, vielleicht sogar erst heute morgen oder gestern, denn das Blut war noch nicht richtig trocken. Schwarze Raben kauerten über dem Tor. Einer davon machte sich gerade daran, an einem Auge zu picken.

Sie hörte die Stimme eines vor Zuversicht strotzenden Jungen aus ferner Zeit: »Wenn ich König von England bin, wird es keine blutigen Häupter über den Toren mehr geben.« Es waren in letzter Zeit tatsächlich nur sehr wenige gewesen.

Bellebelle hatte gedacht, sie sei zu erschöpft, um noch weiter zu weinen, doch die Tränen, die ihr jetzt in die Augen traten, waren völlig anderer Natur. Man hatte sie also doch nicht im Stich gelassen.

Heinrich hatte ihr wohl Gottfried weggenommen, ihr aber auch Recht zuteil werden lassen.

# 48. Kapitel

## London, im Jahre 1162

»Ihr erinnert mich an eine sich zierende Jungfrau, Thomas, die nein sagt, aber ja meint.«

Thomas Becket, der ein neues scharlachrotes Gewand trug, betrachtete bewundernd die Perlen an der Manschette seines Ärmels.

»Von Jungfrauen versteht Ihr mehr als ich, Sire, aber was Euch betrifft, ist Scheu unangebracht.«

»Ha! Wollt Ihr damit sagen, daß sie in meiner Gegenwart nicht mehr lange Jungfrauen bleiben?« Heinrich wandte sein Gesicht den fahlen Sonnenstrahlen dieses milden Aprilmorgens zu.

»Habe ich das gesagt?«

»Aber Ihr habt es gemeint, gebt es zu.«

»Du lieber Himmel, Sire, wenn ich immer sagen würde, was ich denke – wo würde das enden?«

»Wo denn?«

Sie grinsten sich an. Thomas, der neben Heinrich auf einer Steinbank saß, beobachtete träge die emsige Geschäftigkeit im nördlichen Hof von Westminster. Jäger schärften die Spitzen von Jagdspeeren und polierten Jagdhörner, Bogenschützen überprüften Bogensehnen und Pfeile, Stallburschen striegelten Dienstpferde und die Reitpferde der Damen, Falkner gingen mit ihren Vögeln, denen eine Haube übergestülpt worden war, in der Sonne spazieren, Diener führten zottige Wolfshunde und drahtige Windhunde umher. Heerscharen von Schreibern, Pagen, Lehnsmännern und Bewaffneten strömten durch das Nordtor in den Außenbezirk des Palastes.

»Der Bischofssitz von Canterbury war ein Jahr verwaist, Thomas. Die Mönche der Abtei sowie der Papst wollen jetzt endlich einen neuen Erzbischof.«

»Die gesamte Kirche, ganz zu schweigen von Euren Laienmagnaten, wären bestürzt, wenn Ihr Euren Kanzler wählen würdet.«

Heinrich runzelte die Stirn. »Was geht mich das an? Das kanonische Recht besagt, daß die Domherren einer Kathedrale einen neuen Bischof wählen – in diesem Fall den Erzbischof. Theoretisch ist jedermann wählbar, sofern ich zur Wahl meine Zustimmung gebe.«

»Man erwartet, daß Ihr Gilbert Foliot, den Bischof von Hereford, ernennt.«

Heinrich warf Thomas einen ungläubigen Blick zu. »Ich soll den Domherren von Canterbury erlauben, Foliot zum obersten Magnaten des Reiches zu wählen, der seinerzeit Stephan unterstützt hat?«

»Zum Oberhaupt des Klerus, Sire.«

»Ihr solltet die Geschichte besser kennen, Thomas. Seit im letzten Jahrhundert Erzbischof Anselm meinen Großonkel, König Wilhelm Rufus, öffentlich wegen Unzucht anprangerte, stellt Canterbury auch die Vertretung des Volkes dar.« Heinrich verzog spöttisch den Mund. »Um es gegen die Tyrannei eines absoluten Herrschers zu schützen. Zumindest hat es Theobald mir gegenüber einmal so formuliert. War das vielleicht eine Warnung?«

Thomas spürte, wie ihm die Röte in die Wangen stieg. Dieses Beispiel war sehr unpassend. Warum hatte Heinrich es gewählt? »Unser gottesfürchtiger Theobald neigte dazu, den Einfluß von Canterbury zu überschätzen«, fügte er hinzu und bekreuzigte sich.

»Genau. Da kann man sich schon zu Lebzeiten auf seinen Nachruhm freuen.« Heinrich schlug ungeduldig mit der Faust gegen die Handfläche. »Wir haben darüber doch schon hundertmal gesprochen.«

»Was passiert dann mit meinem Kanzleramt?«

Heinrich schüttelte den Kopf in spöttischem Unglauben. »Nicht schon wieder. Ihr werdet beide Ämter bekleiden. Der Kaiser des Heiligen Römischen Reichs ist ebenfalls Erzbischof von Mainz.«

»Das habt Ihr schon einmal erwähnt, Sire, aber das Reich ist...«

»Ist nicht England. Wenn ich das noch einmal höre, übernehme ich keine Verantwortung für die Folgen.«

Thomas war sich der Probleme, die die Ausübung beider Funktionen mit sich bringen würde, sehr wohl bewußt. Um Kirche und Staat im Gleichgewicht zu halten, mußte man die Dinge immer von zwei verschiedenen Blickwinkeln aus betrachten. Gott und Kaiser. Heinrich war sich dessen doch wohl auch bewußt? Aber was er wußte und was er wollte, das waren zweierlei Dinge.

Thomas betrachtete Heinrich von der Seite, denn er war heute ganz besonders von seinem Anblick angetan. Heinrichs durchdringende graue Augen strahlten Wärme und Fröhlichkeit aus. Und ausnahmsweise verdiente sogar seine Kleidung Anerkennung: der kurze rotbraune Umhang, der an einer Schulter mit einer goldenen Spange zusammengehalten wurde, paßte gut zu dem goldbestickten karmesinroten Gewand und den engsitzenden roten Beinkleidern. Die rostfarbenen Stiefel aus Cordovanleder waren wohl neu? Bei der Zusammenstellung dieser neuen Ausstattung hatte bestimmt die Königin die Hand im Spiel gehabt.

»Ihr wißt, daß Eleonore heute nach Dover abreist?« fragte Heinrich, als hätte er Thomas' Gedanken gelesen, was nicht ungewöhnlich war, wenn zwischen ihnen Harmonie herrschte. Als Thomas nickte, fuhr er fort: »Sie wird kurz vorbeikommen, um den kleinen Heinrich mitzunehmen, dann reist sie weiter in die Normandie, wohin ich ihr nächste Woche folgen werde. Und ich rechne mit Eurer Anwesenheit am österlichen Hof.«

»Natürlich.«

»Eleonore hat die Angelegenheit mit Bellebelle gefaßter aufgenommen, als ich es erwartet hatte. Aber natürlich war sie verstimmt.«

»Ihr habt es mir berichtet.« Verstimmt war wohl eine starke Untertreibung. Thomas hatte erfahren, daß Heinrich und Eleonore seit dem Vorfall mit dem Bastard nicht mehr das Lager miteinander geteilt hatten.

»Nun, sie hatte allen Grund, verstimmt zu sein. Sie ist noch nicht darüber hinweg. Ich fürchte, ich habe da ganz schön was angestellt.« Heinrich betrachtete mißmutig einen Stallburschen, der sein Pferd hin- und herführte. »Frauen können wie der Teufel sein, Thomas. Es ist nicht einfach, Ehegatte, Vater und König zugleich zu sein.«

»Der heilige Hieronymus nannte die Frauen ›das Tor zur Hölle, das Symbol der Verruchtheit und den Biß der Schlange‹.«

»Das sieht dem alten Frauenhasser ähnlich. Ich kann mich dieser Ansicht nicht anschließen.«

»Wie macht sich Gottfried im Tower?« erkundigte sich Thomas, um Heinrich von dem brisanten Thema Eleonore abzubringen.

Der König lächelte. »Er ist doppelt so gescheit wie Richard, hat man mir berichtet. Und wie kommt der kleine Heinrich voran?«

»Gut, wie immer. Es ist mir ein Vergnügen, ihn zu unterrichten.« In gewisser Weise stimmte das auch. Thomas zögerte. »Natürlich hat der Kleine nicht, äh, nicht das Zeug zu einem Gelehrten, aber…« Er spreizte hilfos die Hände.

»Aber das Zeug zu einem guten Krieger? Macht sich schon hervorragend bei den Übungen mit der Stechpuppe. Habe ihn beobachtet.« Heinrich rieb sich mit seinem beringten Finger die Nase. »Das ist ein weiterer Grund, weshalb Ihr Erzbischof werden sollt, Thomas. Wie ich Euch bereits mitgeteilt habe, beabsichtige ich, Heinrich bereits zu meinen Lebzeiten zu krönen, wie es in Frankreich und Deutschland üblich ist. Nur der Erzbischof kann den König salben, und falls es damit Ärger gibt – schließlich wurde dieses Verfahren noch nie in England durchgeführt –, könnt Ihr meine Absichten so erfolgreich in die Tat umsetzen, wie auch sonst alles, was Ihr in die Hand genommen habt.«

Die Angelegenheit mit dem kleinen Heinrich war nicht ein »weiterer« Grund, sondern vielleicht einer der Hauptgründe, weshalb Heinrich wünschte, daß er das Amt des Erzbischofs übernahm.

Thomas wußte, was auch schon andere Leute vermutet hatten, daß der König eine fast panische Angst hatte, seine Erben würden ihm nicht auf dem Thron nachfolgen können. Unklar war, ob seine Befürchtungen daher rührten, daß es in England kein richtiges Erbfolgegesetz gab, oder ob sie durch die bitteren Erfahrungen seiner Mutter entstanden waren, die von den Magnaten im Stich gelassen worden war, welche geschworen hatten, ihren Thronanspruch zu unterstützen, oder ob es noch einen ganz anderen Grund gab. Wie auch immer, der König schien besessen zu sein von der Idee, seinen Erben frühzeitig den Thron zu sichern.

Der kleine Heinrich. Thomas seufzte. Was sollte er sagen? Daß Englands künftiger König verwöhnt und liebenswert war und zerstreut im Unterricht saß? Daß er mehr Attraktivität und Charme besaß, als für ihn gut war? Daß er auf diese nicht unerheblichen Trümpfe baute, um seinen Weg zu machen? Freilich war der Junge erst sieben Jahre alt. Er hatte noch genug Zeit, in seine großen Aufgaben hineinzuwachsen – zumindest hoffte Thomas dies inbrünstig. Doch wenn er an den jungen Prinzen dachte, wurde er unangenehm an König Alfreds Ausspruch erinnert: Ein ungebildeter König ist wie ein gekrönter Hintern.

»Ihr favorisiert den niedrig geborenen Gottfried, nicht wahr, Sire?« fragte Thomas, um weitere Diskussionen über Prinz Heinrich zu unterbinden.

Heinrich lächelte reumütig. »Ja, gewissermaßen. Obwohl ich

Heinrich genauso liebe.« Er kraulte einen Windhund am Kopf, der seinem Betreuer entkommen war und seine beiden Vorderpfoten auf Heinrichs Schoß gelegt hatte. »Es war sehr schwer, Gottfried klarzumachen, daß er seine Mutter eine Weile nicht sehen würde, aber er scheint sich damit abzufinden.«

Der Hund sprang hoch und leckte Heinrichs Gesicht. »Das ist Joyeuse, nicht wahr?« Lachend brachte Heinrich sein Gesicht vor der feuchten Zunge in Sicherheit.

»Ich kann kaum einen Hund vom anderen unterscheiden«, sagte Thomas. »Es erstaunt mich immer wieder aufs neue, daß Ihr jeden Hund, mit dem Ihr einmal auf der Jagd wart, sofort wiedererkennt.«

»Nun, Joyeuse kommt zum Einsatz, wenn das Wild aufgestöbert werden soll. Seht Ihr, wie kräftig ihre Muskeln im Vergleich zu denen der anderen Hunde sind?«

Thomas, der keinen großen Unterschied entdecken konnte, nickte geistesabwesend. Er empfand ungewohntes Mitgefühl für Heinrichs unehelichen Sohn, der so brüsk seiner vertrauten Umgebung entrissen worden war.

»Was bleibt dem Jungen auch anderes übrig, als sein Schicksal zu akzeptieren? Welche Wahl hat er?«

»Gut gesagt, Thomas. Kinder sind tatsächlich nichts anderes als Schachfiguren ihrer Eltern; die Eltern wiederum Schachfiguren ihrer Stammbäume und Königshäuser. Wir stellen die Regeln auf und werden dann selbst deren Gefangene.«

Heinrich seufzte und kraulte den Hund an der Brust. »Kann überhaupt jemand von uns frei wählen? Sind wir nicht alle Opfer der Umstände? Kann dieser Hund wählen, wo oder wann er welches Wild jagen wird? Es ist eine harte Lektion, die Gottfried lernen muß – je früher, desto besser.«

»Gott hat uns den freien Willen gegeben, Sire. Allerdings gebrauchen ihn einige von uns nicht so weise, wie es angebracht wäre.«

»Das ist die Sprache des gewieften Anwalts! Ich befürchte, ich bin philosophischen Diskussionen mit Euch nicht gewachsen, denn im allgemeinen gewinnt immer Ihr.« Der Windhund wurde von seinem Betreuer weggeführt. »Ich nehme an, Gottfried vermißt seine Mutter sehr.«

»Die Dirne aus Southwark?« Thomas war ehrlich überrascht. »Nur der Himmel weiß, mit wem sie sich jetzt eingelassen hat.«

Heinrich runzelte die Stirn. »Bevor ich in die Normandie aufbreche, wollte ich sie aufsuchen, um ihr Nachricht über ihren Sohn zu bringen. Wenn sie sich mit jemand anderem eingelassen hat, werfe ich sie aus dem Haus, unterstütze sie nicht länger... habt Ihr irgendwelche Anhaltspunkte?«

»Nein. Reine Vermutung. Einmal eine Hure, immer eine Hure, so heißt es doch.« Thomas hätte gern etwas anderes gesagt, aber er wagte es nicht. Er wußte nicht, was die kleine Hure zur Zeit trieb, zudem kümmerte es ihn auch nicht. Es war allerdings unverkennbar, daß Heinrich immer noch Interesse an ihr hatte.

Von Zeit zu Zeit fragte sich Thomas, ob Heinrich noch an ihre Blutsbrüderschaft dachte, und sann darüber nach, was sich damals am Lagerfeuer im Wald von Verte abgespielt hatte. Oft – viel zu oft – kehrten seine Gedanken zu jener Nacht zurück, als ein Verlangen in ihm erwachte, das er mit Gewalt unterdrückt hatte. Da er nie Heinrichs wahre Gefühle erfahren würde, fühlte er sich verletzbar. Hatte Heinrich erraten oder vermutet, was Thomas empfand? Dieser Gedanke quälte ihn. Nach außen hin war Heinrich ganz der alte: zutraulich, kameradschaftlich, herzlich. Aber es war schwer festzustellen, was sich hinter diesem jovialen Äußeren verbarg.

Thomas haßte Ungewißheit, haßte es, bei allem, was er sagte und tat, auf der Hut zu sein. Als Primas von England würde er sich nicht mehr benachteiligt fühlen müssen, sondern würde mit Heinrich fast auf gleicher Stufe stehen. Er würde sein eigener Herr sein, nur dem Papst verantwortlich – und der Heilige Vater war weit weg in Rom. Aber die einzigartige Beziehung zwischen ihm und Heinrich, ihre enge Freundschaft und lockere Kameradschaft würde sich verändern, vielleicht sogar grundlegend. Diese Unsicherheit ließ ihn immer noch zögern, das Amt des Erzbischofs anzunehmen.

Genauso die Zweifel, ob er tatsächlich Heinrichs Kanzler bleiben würde, auch wenn ihm der König dies vehement versichert hatte. Seltsam, daß Heinrich die Fallstricke, die doch so klar erkennbar waren, nicht zu sehen schien. Aber das war der wunde Punkt des Königs. Er raste los wie ein wilder Eber hinter seiner Beute, sah nur das Ziel und blickte nicht nach links und nicht nach rechts.

»Welche tiefschürfenden Gedanken bewegt mein Kanzler in seinem Kopf?« fragte Heinrich und legte ihm die Hand auf die Schulter. Thomas ging diese Berührung durch und durch.

»Ja oder nein, Thomas? Ich will die Antwort jetzt, oder ich werde den Posten diesem ausgemergelten Foliot anbieten.«

»Und angenommen, es tritt eine Situation ein, in der die Heilige Kirche in direktem Widerspruch zur Politik des Königs steht? Was geschieht dann?«

»Genau deswegen möchte ich Euch in Canterbury wissen – damit Ihr einen Fuß in beiden Lagern habt. Dann kann solch eine Situation erst gar nicht eintreten.«

»Laßt es mich anders ausdrücken. Die Heilige Kirche ist bereits der Ansicht, daß Ihr Euch zu sehr in ihre Angelegenheiten einmischt. Angenommen, Canterbury selbst stünde in Opposition zur Krone? Denkt an die Zwietracht, die man in diesem Fall zwischen uns säen könnte.«

Heinrich sprang hoch, streckte sich und seufzte tief. »Und was wäre, wenn uns der Blitz treffen würde? Du lieber Himmel, alles ist möglich. Aber wir waren bisher immer einer Meinung – Toulouse war die einzige Ausnahme. Warum sollte sich das ändern, wenn Ihr Erzbischof seid? Ihr werdet Oberhaupt der Kirche sein und gleichzeitig die Staatsgeschäfte lenken. Somit kann ich mich mehr meinen Reichsteilen auf dem Kontinent widmen. Zusammen können wir beide für jedes Problem eine Lösung finden.« Er wippte auf den Absätzen seiner Stiefel hin und her. »Keine Ausflüchte mehr. Ja oder nein?«

Er konnte den König nicht mehr länger hinhalten. Thomas stellte sich als Erzbischof von Canterbury vor. Primas von ganz England! Nur der König stand noch über ihm. Eine Position von ungeheurem Einfluß. In seinem Kopf überschlugen sich die Gedanken. Aber in tiefster Seele schätzte sich Thomas richtig ein – er war kein Mann, der sein Leben Gott allein weihte. Es gab nur eine Antwort, die er Heinrich geben konnte.

»Ich nehme an.« Eigentlich hatte er das gar nicht sagen wollen. Überrascht über seine eigene Kühnheit, wartete er auf eine Reaktion.

Die Welt stürzte nicht ein. Der Blitz traf ihn nicht. Im Hof herrschte immer noch geschäftiges Treiben. Es war alles wie immer. Heinrich grinste übers ganze Gesicht und tätschelte Thomas den Rücken als Zeichen seines Wohlwollens. Er konnte die Worte nicht mehr zurücknehmen – und er wollte es auch nicht. Alles würde so geschehen, wie Gott es vorgesehen hatte – ob im Guten oder Schlechten.

»Madame?«

Eleonore, die gerade damit beschäftigt war, den Kinderfrauen dabei zu helfen, ihre Kinder im vorderen Hof des Tower in zwei Chaisen unterzubringen, wandte sich zerstreut um und blickte in das besorgte Gesicht des Haushofmeisters.

»Ich habe im Augenblick keine Zeit. Ich muß mich um die Kinder kümmern, damit wir nach Westminster aufbrechen können. Dort hole ich Prinz Heinrich ab, und dann geht's weiter nach Dover.«

Der Verwalter sagte etwas, aber bei dem Lärm und dem allgemeinen Durcheinander verstand sie kein Wort. Im Hof der Burg waren Stallknechte damit beschäftigt, Karren zu beladen und Satteltaschen auf den Pferden zu befestigen. Die kleine Eleonore weinte. Mathilde und ihr jüngerer Bruder stritten sich wegen einer Holzpuppe, und Richard schmollte, weil er nicht in derselben Chaise reisen durfte wie sie.

»Was? Redet lauter!«

Der Haushofmeister hob die Stimme. »Die Frau ist wieder hier. Im Küchenhof.«

Eleonore, die gerade in ihre Chaise steigen wollte, blieb stehen. »Was für eine Frau?«

Der Verwalter wirkte verlegen »Die – die Mutter des Bastards Gottfried.«

Eleonore erstarrte; ihr Herz klopfte. Sie spürte, wie Ärger und Eifersucht ihr die Brust zuschnürten. »Was meint Ihr mit ›wieder‹? War sie schon einmal hier?«

»Ja, Madame. Es ist das dritte Mal in den letzten vierzehn Tagen. Ich wollte Euch damit nicht belästigen. Jedesmal wenn sie kommt, wiederhole ich die ausdrücklichen Anweisungen des Königs, daß sie ihren Sohn nicht sehen darf. Jedesmal führt eine Wache sie hinaus und erklärt ihr, sie brauche nicht wiederzukommen. Nur dieses Mal... « Er zögerte.

»Was ist dieses Mal?«

Der Verwalter wurde rot vor Ärger. »Dieses Mal war der Junge draußen. Bei all dem Wirbel hat es niemand bemerkt. Er sah, wie seine Mutter den Hof betrat, und jetzt klammert er sich an sie und weigert sich eisern, sie loszulassen. Natürlich zögern die Wachen, den beiden weh zu tun. Da der König in Westminster ist, erbitte ich Euren Rat, Madame.«

»Ja, ich verstehe. Ich werde tun, was ich kann. Sie ist im Küchenhof, sagt Ihr?«

»Ja.«

»Sehr gut. Überlaßt das Ganze mir. Kümmert Euch hier um alles, bis ich zurück bin. Es wird nicht lange dauern.«

Eleonore spürte, wie sie voller Erwartung zitterte. So war also ihre Feindin hier in der Burg. Nie wieder würde sich ihr eine so günstige Gelegenheit bieten. Sie zog ihren mit Fuchspelz besetzten schwarzen Umhang zurecht und holte tief Luft. Dann schritt sie mit hocherhobenem Kopf über den Hof, eine unsichtbare Lanze in der Hand, Schwert und Schild an der Seite. Diese Hure war hartnäckig, genauso wie ihr Sohn. Aber trotz ihrer Verbitterung brachte sie es nicht fertig, auf den kleinen Kerl wütend zu sein. Gottfried war so klug, so sympathisch und so liebenswürdig. Außerdem konnte er sich erstaunlich gut gegen die feindlichen Kräfte, die ihn umgaben, zur Wehr setzen.

Diese Kräfte bestanden aus Richard, der sofort eine ungewöhnliche Eifersucht auf ihn entwickelt hatte, und ihrem eigenem Gottfried, einem verschlagenen dreijährigen Knaben, der insgeheim die anderen Kinder gegen den Jungen aufhetzte. Mathilde, ein liebenswürdiges Mädchen, hätte sich bestimmt freundlich zu ihm verhalten, wenn Richard sie nicht so eingeschüchtert hätte. Prinz Heinrich, der in Beckets Hofstaat lebte, hatte ihn bis jetzt noch nicht gesehen.

Als sie den Küchenhof betrat, bot sich ihr ein erstaunliches Schauspiel. Unmittelbar vor ihr, umringt von Wachen und neugierigen Bediensteten, stand eine schlanke junge Frau, der ein dicker Zopf lockigen schwarzen Haares vorne über die Schulter hing. Gottfried klammerte sich an sie, als hinge sein Leben davon ab.

Als Eleonore sich näherte, trat die Menge zurück. Plötzlich blieb sie stehen, unfähig, sich zu rühren. Ihr Herz klopfte zum Zerspringen. Das also war Bellebelle. Die Hure hatte einen bronzefarbenen Teint und riesige Augen von ungewöhnlichem Blau. Ihre Lippen, die so rot waren wie Erdbeeren, hatte sie herausfordernd zusammengepreßt. Sie sah unverschämt jung aus. Verärgert stellte Eleonore fest, daß sie denselben Umhang trug wie sie. Heinrich hatte wohl zwei davon anfertigen lassen.

Sie wußte nicht, was sie eigentlich erwartet hatte, aber bestimmt nicht dieses entzückende Geschöpf, das wie ein scheues Reh wirkte, so verletzlich, daß einem das Herz brach.

Unvermutet stiegen in Eleonore alle ihre Zweifel und Ängste hoch und türmten sich zu einer bedrohlichen Welle. Was auch immer Heinrich sagte oder versprach oder beabsichtigte, konnte er wirklich eine Frau aufgeben, die so reizend war wie diese Dirne?

Bellebelle war wachsbleich geworden, als sie Eleonore erblickte, aber sie blieb unbeweglich stehen und umklammerte Gottfried.

»Ich will ihn ja nicht mitnehmen«, sagte Bellebelle mit zitternder Stimme. »Ich will ihn nur von Zeit zu Zeit sehen.«

Wollte sie wirklich nur Gottfried sehen? Oder hoffte sie, dadurch auch wieder an Heinrich heranzukommen? Glaubte sie immer noch, sie könnte ihre Klauen nach ihm ausstrecken?

Auch wenn Bellebelle hilflos wirkte, Eleonore blieb mißtrauisch.

»Laßt uns allein«, befahl sie den Wachen und den Wäscherinnen, den Köchen und anderen Bediensteten. »Kümmert euch um eure Geschäfte.«

Sie zerstreuten sich. Eleonore wußte, der Klatsch würde sich wie ein Waldbrand in der Burg verbreiten und bis zum Hof Kreise ziehen. Nun, sie konnte es nicht verhindern.

»Gottfried, ich würde gerne mit deiner Mutter allein reden. Warte dort auf sie...« Sie deutete auf eine Ecke. »Es geschieht ihr nichts«, fuhr sie fort, als sie den ängstlichen Gesichtsausdruck des Jungen bemerkte. Sie erkannte, daß sich der Kleine vielleicht nicht an seine Mutter geklammert hatte, um Schutz zu suchen, sondern um sie zu beschützen.

Gottfried blickte zu seiner Mutter hoch. Sie nickte, und er lief davon. Eleonore wartete, bis er außer Hörweite war. Sie hatte sich inzwischen überlegt, wie sie diese Bedrohung abwenden konnte.

»Ich weiß, wer und was du bist. Heinrich hat mir alles über eure – Liaison erzählt«, sagte sie, »also versuche nicht, mich zu täuschen.«

Bellebelle starrte sie schweigend an.

»Nun«, fuhr Eleonore fort, »ich bin bereit, ein Übereinkommen mit dir zu treffen.«

Ein wachsamer Ausdruck trat in Bellebelles Gesicht. »Welche Art von Übereinkommen, Madame?«

»Du darfst den König nie wieder sehen. Ich möchte darauf dein feierliches Versprechen.«

Bellebelle schüttelte verwirrt den Kopf. »Aber Heinrich hat doch nichts mehr mit mir zu tun. Nach allem, was passiert ist. Er vertraut mir nicht mehr.«

»Das behauptet er jetzt. Wenn du ihn aber so gut kennst wie ich, und ich glaube, das ist der Fall, dann weißt du auch, daß Heinrich sprunghaft und unberechenbar ist. Er ändert seine Meinung von einer Minute zur anderen.«

Bellebelle nickte widerwillig. »Aber ich glaube nicht, daß er seine Meinung über mich ändert. Er vergißt es nie, wenn ihn jemand belogen hat. Nein, Madame, es ist aus zwischen uns. Aber selbst wenn er mich behalten würde, wäre ich nie eine Bedrohung für Euch. Keine einzige Minute. Er liebt nur Euch, Madame.«

Eleonore erstarrte. »Ich muß mir nicht von deinesgleichen die Gefühle meines Gemahls erklären lassen.« Sie schluckte. »Wenn du einverstanden bist, ihn nie mehr wiederzusehen, werde ich dafür sorgen, daß du deinen Sohn besuchen kannst. Wenn du das Versprechen brichst – und ich werde es erfahren, wenn das der Fall sein sollte –, wirst du Gottfried nie mehr wiedersehen.«

»Natürlich bin ich einverstanden«, flüsterte Bellebelle. »Sollte Heinrich zu mir kommen, kann ich es nicht verhindern, aber ich werde nie wieder mit ihm zusammen sein, wenn Ihr das meint. Auch wenn ihn das bei mir eigentlich nie besonders interessiert hat, höchstens, um sich daran zu erinnern, daß er ein Mann ist und daß dies von ihm erwartet wird.«

Eleonore überraschte diese unerwartete Direktheit – und die scharfsinnige Beurteilung Heinrichs durch die Hure. »Ja, das meinte ich.«

Plötzlich gingen ihr die Worte aus, denn sie stellte fest, daß es ihr immer schwerer fiel, in dieser Dirne eine Widersacherin zu sehen. Die Situation drohte, ihr zu entgleiten; sie mußte wieder Herrin der Lage werden.

»Wenn du Geld brauchst...«, begann Eleonore.

Bellebelle wirkte gekränkt, genau das hatte Eleonore beabsichtigt.

»Nein. Ich gebe Euch mein Wort. Ich werde nichts tun, was König Heinrich Ärger macht oder Euch kränkt, ich will nicht zwischen Euch stehen, das wollte ich nie, ich schwöre es. Wenn Ihr mir nur glauben würdet.« Ihre Augen glitzerten von unterdrückten Tränen.

Eleonore erkannte schmerzhaft, daß die Hure – diese Bellebelle – Heinrich offenbar genauso liebte wie ihren Sohn. Genauso tief, wie sie, Eleonore, Heinrich liebte, aber viel selbstloser. Plötzlich fühlte sie sich beschämt. In diesem Augenblick löste sich der Knoten aus Ärger und Eifersucht. Hier stand ihr keine Feindin gegenüber, keine berechnende Rivalin, die sie übertölpeln oder Heinrich ausnutzen wollte. Eine Mischung aus Mut und Feigheit, Stärke und Hilflosigkeit, Unterwürfigkeit und Selbständigkeit charakterisierte Bellebelle, aber im Grunde war sie einfach eine Frau. Genau wie sie. Ein Stein fiel ihr vom Herzen. Erleichterung und Verständnis verdrängten Groll, Eifersucht und Angst.

»Verzeih mir«, hörte sie sich sagen, »ich verstehe jetzt, weshalb Heinrich dich all die Jahre als – Freundin wollte. Er hatte eine gute Wahl getroffen.«

Spontan streckte sie die Hand aus. Bellebelles Gesicht veränderte sich. Mit glücklichem Lächeln nahm sie Eleonores Hand und küßte sie. Ihr Blick strahlte solch innige Bewunderung aus, daß Eleonore, geblendet von dem Licht, den Blick abwenden mußte.

Sie winkte Gottfried herbei, der sie keinen Augenblick aus den Augen gelassen hatte. Er rannte zu ihnen.

»Deine Mutter kann dich besuchen, wann immer sie will. Ich werde es mit dem Haushofmeister arrangieren, aber ich verlange von Euch beiden, diskret zu sein. Gottfried, sprich darüber weder mit deinem Vater noch mit sonst jemandem.«

Gottfried, der erleichtert wirkte, nickte und umarmte seine Mutter. Bellebelle flüsterte ihm etwas ins Ohr. Er wandte sich Eleonore zu und umfaßte ihre Taille. Als sie sich niederbeugte, um seine Umarmung zu erwidern, begegnete sie Bellebelles Blick. Einen Augenblick lang waren sie nicht mehr Königin und Hure, sondern Komplizinnen. Jede von ihnen hatte ihre Kämpfe mit Heinrich ausgetragen, und gemeinsam waren sie im Begriff, ihn insgeheim zu überlisten, indem sie seine gedankenlosen Verbote außer Kraft setzten. Vielleicht war es kein großer Sieg, doch kein Sieg, und war er noch so unbedeutend, durfte geringgeschätzt werden, wenn er über Heinrich Plantagenet errungen wurde.

Bellebelle wandte sich zum Gehen. »Ich danke Euch, Madame. Ich hätte es wissen sollen, daß Ihr mir helfen würdet. Wie Ihr es immer getan habt.«

Eleonore sah ihr aufgewühlt hinterher, als sie den Hof überquerte, eine tapfere kleine Frau, die einen Schatten warf, der länger als das Leben war.

»Was meinte deine Mutter«, fragte Eleonore Gottfried, als sie um den Tower herumgingen und sich zum vorderen Hof begaben, »als sie sagte, ich hätte ihr auch früher schon geholfen?«

»Oh, als sie sehr jung war, hat sie Euch so sehr bewundert, Madame, daß sie glaubte, Ihr und die Jungfrau Maria seien ein und dieselbe Person. Sie pflegte immer zu Maria-Eleonore zu beten. Natürlich ist sie jetzt klüger.«

»Davon bin ich überzeugt«, erwiderte Eleonore und blickte mit Tränen in den Augen auf Gottfried, diesen Heinrich in Miniaturformat, hinunter. »Davon bin ich überzeugt.«

## 49. Kapitel

Einen Tag, nachdem Eleonore nach Dover aufgebrochen war, um dort in die Normandie in See zu stechen, beschloß Heinrich, nach Bermondsey zu reiten. Dort wollte er sich in das Dorf begeben und Bellebelle ein letztes Mal treffen. Er wollte ihr von Gottfried berichten und sie überreden, keine Versuche mehr zu unternehmen, den Jungen wiederzusehen. In den letzten zwei Wochen hatte sie mehrmals versucht, ihn zu besuchen. Er mußte dem ein Ende bereiten.

Einerseits vermißte er Bellebelles beruhigende Art, andererseits war er ihr immer noch böse, weil sie ihm ihre Vergangenheit so viele Jahre verheimlicht hatte. Frauen konnten sich viel besser verstellen als Männer, dachte er.

Er brach vor dem Morgengrauen auf, nahm ein paar Jäger und Hunde mit, da er hoffte, in dem Wald hinter dem Dorf Wild aufzustöbern. Als sie Bermondsey erreichten, löste sich der Morgennebel auf. Die Sonne erstrahlte an diesem Aprilmorgen über dem Land, in dem überall die Knospen sprangen. Das Tal, der Sumpf, das Waldland und die Felder waren in sanftes Frühlingsgrün getaucht. Auf den Wiesen grasten Schafe mit ihren Lämmern. In einem der Obstgärten, die zu dem Landsitz gehörten, den er Eleonore geschenkt hatte, waren Leibeigene bereits bei der Arbeit, pflanzten Pflaumen- und Apfelbäume. Sie nahmen ihre Mützen ab und grüßten. Heinrich winkte zurück.

Durch diesen Besuch würde er Eleonore gegenüber nicht wortbrüchig werden, beruhigte er sich. Seit Gottfried in den Tower gekommen war, waren sie sich in gewisser Weise fremd geworden. Heinrich litt darunter, vermißte ihre Wärme, ihre Heiterkeit und Schlagfertigkeit, das Prickeln, das ihre bloße Anwesenheit verursachte. Sie bereitete ihm solch ungeheuere Befriedigung, daß er, wenn er bei ihr war, nie an andere Frauen dachte. Wenn er ihr das nur begreiflich machen könnte. Wenn er unterwegs war, verhielt es sich natürlich etwas anders, was sie anscheinend auch akzeptiert hatte.

Gestern morgen, als Eleonore Prinz Heinrich in Westminster abgeholt hatte, um ihn mit nach Dover zu nehmen, glaubte er, Anzeichen zu erkennen, daß sich ihre eisige Haltung ihm gegenüber ein wenig gelockert hatte. Er wünschte es sich so sehr. So konnte es zwischen ihnen nicht weitergehen. Er hatte ihr noch nicht einmal erzählt, daß Thomas den Posten des Erzbischofs von Canterbury angenommen hatte.

Heinrich erreichte Bellebelles Haus, als sie gerade im Garten auf den Knien lag und Samen in die Erde legte. Sogar auf ihren Wangen waren Erdspuren, aus ihrem Zopf hatten sich einzelne Lokken gelöst, und ihre Hände waren schmutzig. Sie wirkte beunruhigt, als sie ihn vor dem Gartentor stehen sah.

»Morgen reise ich ab in die Normandie«, sagte Heinrich ohne Begrüßung. »Zuvor wollte ich dir noch mitteilen, daß es Gottfried sehr gut geht.«

Bellebelles Gesicht war blaß, als sie sich erhob, die Hände abrieb und das Tor öffnete.

»Ich – ich bin froh, daß es ihm gut geht. Begleitet er Euch?«

»Nein. Ich werde die Osterfeiertage in Falaise verbringen, und es wäre nicht klug, ihn dorthin mitzunehmen – im Augenblick jedenfalls. Natürlich, wenn er älter ist, kann er mich überallhin begleiten.«

Bellebelle schien sich unbehaglich zu fühlen, wich seinem Blick aus, was er bei ihr gar nicht kannte. Nun, es war schließlich ein peinlicher Augenblick.

»Willst du mir nicht etwas zu trinken anbieten?«

Heinrich trat hinter Bellebelle ins Haus, wo sie ihm einen Becher schäumenden braunen Bieres aus einem Holzkrug eingoß. Er leerte den Becher mit einem Zug und ging dann unruhig auf und ab.

»Hör zu, Belle, vielleicht habe ich übereilt gehandelt, als ich dir Gottfried wegnahm. Aber ich war ziemlich wütend auf dich. Aber jetzt – jetzt erkenne ich, daß es auch anders hätte ablaufen können, hätte sollen.« Er musterte sie aus den Augenwinkeln. Sie war ungewöhnlich still. »Aber es ist nun einmal geschehen, und ich glaube ehrlich, daß es das Beste für den Jungen ist. Er hat einen klugen Kopf, und ich will, daß er in Saint Paul's unterrichtet wird, damit er später die kirchliche Laufbahn einschlagen kann.«

Bellebelle runzelte die Stirn. »Gottfried hat eher das Zeug zum Krieger als zum Kirchenmann. Das dürfte nicht unbedingt nach seinem Geschmack sein.«

»Wie kann er in seinem Alter schon wissen, was er später einmal tun will? Eine Kirchenlaufbahn bedeutet mehr, als nur von der Kanzel zu predigen. Sieh dir nur Thomas an. Anwalt, Staatsmann – die Möglichkeiten sind unbegrenzt. Ich werde entscheiden, was das Richtige für Gottfried ist. Ohne dich beleidigen zu wollen, Belle, ich glaube wirklich, daß es das beste für den Jungen ist, wenn du ihn nicht mehr siehst – zumindest bis er älter ist und besser verstehen kann, was du in deinem – deinem früheren Leben getan hast.«

»Daß ich eine Hure war, wollt Ihr sagen?«

»Und auch die schlimme Geschichte mit deiner Mutter und de Burgh. Ja, im Prinzip meine ich das. Ich will Gottfried die Chance geben, seine Herkunft zu vergessen, etwas aus sich zu machen.«

»Ihr denkt, ich verbaue ihm diese Möglichkeiten?«

»Das habe ich nicht gesagt. Es ist nur – die Kirche weigert sich heutzutage, Bastarde in ihre Reihen aufzunehmen. Er wird all die Privilegien benötigen, die ich ihm geben kann.« Heinrich bedachte sie mit einem gewinnenden Lächeln. »Du kannst inzwischen in diesem Haus bleiben, solange es dir gefällt, und ich werde für dich sorgen.« Er schwieg. »Übrigens weiß ich, daß du versucht hast, Gottfried zu sehen. Der Haushofmeister hat Anweisung, es zu verhindern, und daran wird sich nichts ändern.«

Bellebelle errötete. Als sie sich einen Becher Bier eingoß, sah er, daß ihre Hände zitterten. »Ihr wollt mich bestechen, mich von Gottfried fernzuhalten und keinen Ärger zu machen?«

Ihre Unverblümtheit beunruhigte ihn. »So habe ich es nicht gemeint...«

Sie bedachte ihn mit einem schiefen Lächeln. »Ich kenne Euch schon lange, Heinrich. In der Gropecuntlane habt Ihr mir einst erklärt, Ihr würdet sagen, was Ihr denkt, aber würdet nicht immer das meinen, was Ihr sagt. Damals habe ich das nicht verstanden. Sagt mir also, wie Ihr es gemeint habt.«

»Versuch nicht, aus mir einen Narren zu machen, Belle.«

»Dann hört auf, mir etwas vorzumachen.«

Heinrich mußte unwillkürlich lachen. »Das war ein Volltreffer. Also gut, ich habe gemeint: *Quid pro quo*. So werden solche Dinge geregelt. Zufrieden?« Etwas an ihr war anders, etwas hatte sich verändert, aber er fand nicht heraus, was es war.

Sie schenkte ihm Bier nach. Heinrich nippte daran. »An deiner Stelle würde ich die Gropecuntlane und dein Leben dort vergessen. Es sei denn...« Er furchte die Stirn.

»Nein. Dieses Leben ist vorbei. Nachdem ich Euch kennengelernt hatte, wie hätte ich …« In ihrer Stimme lag etwas Endgültiges; es war nicht zu verkennen.

»Das höre ich mit Erleichterung.«

»Aber ich schäme mich meiner Vergangenheit nicht.« Plötzlich funkelten Bellebelles Augen auf eine Art, die er noch nie an ihr bemerkt hatte. »Ich habe damit meinen Lebensunterhalt verdient, und das ist besser, als betteln zu gehen.«

»Ja, das stimmt.« Heinrich stellte seinen Becher ab und nahm ihre Hände in die seinen. Sie waren warm und zitterten immer noch leicht. »Laß uns als Freunde scheiden, Belle. Ich will dich nicht kränken. Wie ich bereits sagte, gehört dieses Haus dir.« Er küßte ihr die Hand. »Du hast es verdient, hast mir all diese Jahre geschenkt, was bestimmt nicht immer leicht war.«

Ihre dunkelblauen Augen glitzerten. »Hatte nie Grund zur Klage.« Sie schluckte. »Bis ich mich entschieden habe, was ich künftig tun werde, wäre ich dankbar, wenn ich hierbleiben könnte.«

»Du brauchst nichts zu tun, und du mußt auch nicht ausziehen. Das Haus gehört dir, das wird in das Gemeinderegister eingetragen. Ich habe dir gesagt, ich würde mich um dich kümmern, und das werde ich auch tun – vorausgesetzt, du hältst dich an unser Abkommen und verzichtest darauf, Gottfried zu sehen.«

Bellebelle löste ihre Hände aus den seinen, nahm ein langes Messer und schnitt damit zwei dicke Scheiben von einem Brotlaib ab. Heinrich deutete ihr Schweigen als Zustimmung.

Sie bot ihm eine Scheibe Brot an, die er gerne annahm.

»Ich habe den Kopf des Flamen in Aldgate gesehen. Danke, Heinrich. Gott sei Dank ist dieser Alptraum vorüber.«

»De Burgh hat einen besseren Tod bekommen, als er verdiente. Oh, fast hätte ich es vergessen.« Heinrich wühlte in dem Beutel an seinem Gürtel und zog ein Silbermedaillon heraus, das mit fünf Smaragden besetzt war. »Da, das gehört dir, wenn du es willst. Ein *memento mori.*«

Bellebelle starrte das Medaillon an und streckte langsam die Hand danach aus. »Me – memento was?« Sie sprach das Wort zögernd aus, als handele es sich um eine Schlange, die beißen könnte.

»Denk an den Tod, heißt das. An diesen Tod im besonderen. De Burgh hat für den Tod deiner Mutter gebüßt.« Heinrich biß von dem Brot ab. Es bestand aus Weizen und Roggen und war grobkörnig, anders als das, was er gewohnt war.

Zu seiner Überraschung legte sich Bellebelle die Kette um den Hals.

»Ich werde es Euch nie vergessen, Heinrich, daß Ihr meiner Mutter Gerechtigkeit habt angedeihen lassen.«

Heinrich senkte den Blick, verwirrt über die Intensität ihrer Dankbarkeit, die wie eine brennende Kerze in ihren Augen leuchtete. »Ich werde dich vermissen, Belle.« Heinrich wunderte sich, wie belegt seine Stimme klang. »Auf meine Weise liebe ich dich immer noch, werde es wohl immer tun.«

»Ich weiß, mir geht es genauso.«

Ihre Blicke versanken ineinander. Heinrich streckte eine Hand aus, ließ sie dann aber mit einem tiefen Seufzer fallen. Zuviel war geschehen. Es würde nie mehr so sein wie früher. Es bedurfte nicht vieler Worte, denn er wußte, Bellebelle würde es verstehen.

»Ich würde gern etwas für dich tun«, sagte er, um das Gefühl des Verlustes und seine Verlegenheit zu überspielen.

»Ihr habt bereits soviel für mich getan. Wenn Ihr nicht gewesen wärt, wäre ich immer noch von irgendeinem Bordellwirt abhängig, müßte anziehen, was er will, tun, was er sagt – ich wäre nicht besser dran als ein Sklave, der an seine Kette gefesselt ist.«

»Es hört sich unfair an, wenn du es so darstellst.«

»Auch Huren verdienen Gerechtigkeit«, fügte sie leicht entrüstet hinzu. Dann hielt sie sich den Mund zu. »Hört Ihr mir zu?« Ihre Wangen waren rosig angehaucht. »Ihr dürft nicht böse sein, das alles habe ich jetzt hinter mir.«

»Du hast sehr viel gesagt. Nun, ich muß weiter, Belle.« Mit großer Willensanstrengung wandte sich Heinrich zur Tür und trat in den Garten hinaus. Er hätte nicht geglaubt, daß es ihm so schwerfallen würde, sich von ihr zu trennen. Bellebelle folgte ihm. »Natürlich werde ich dafür sorgen, daß du über Gottfrieds weiteres Schicksal informiert wirst, und vergiß nicht, das Haus gehört dir.«

Am Tor wandte er sich noch einmal um. »Für mich bleibst du immer eine meiner engsten Vertrauten, die erste Freundin, die ich in London gewonnen habe.«

Tränen liefen Bellebelle über das Gesicht, hinterließen Spuren auf ihren von der Arbeit schmutzigen Wangen. In diesem Augenblick sah sie fast wie die schmuddelige Göre aus, der er auf der London Bridge begegnet war. Heinrich ging zum Tor hinaus und schloß es hinter sich. »Solltest du in irgendwelche Schwierigkeiten geraten, dann kann dir Fitz-Stephen, der Sekretär des Kanzlers, helfen. Er weiß immer, wo ich zu erreichen bin. Er bringt dir auch jeden Monat Geld.«

»Danke.« Bellebelle rieb sich die Augen. »Vor einer Weile bin ich über die Brücke gegangen und hab' den Fisch gesehen. Hätte nicht gedacht, daß er noch da ist. Ich wollte es Euch gleich berichten.«

»Den Fisch?«

»Spielt keine Rolle. Ich wünsche Euch viel Glück, Heinrich.«

Das schien das Stichwort zu sein, sich zu verabschieden.

Heinrich wandte sich nicht mehr um; es hatte keinen Sinn, zurückzublicken. Voller Bedauern und mit einem flauen Gefühl in der Brust bestieg er seinen Hengst, pfiff nach den Hunden und ritt, gefolgt von den Jägern, in Richtung Wald davon.

Er und seine Männer drangen in den Wald ein. Die Hunde fingen an zu bellen und mit den Nasen auf der Erde umherzuschnüffeln.

»Sie haben Wild gewittert, Sire«, bemerkte einer der Jäger, der neben ihm ritt.

Plötzlich straffte Heinrich die Zügel. »Der Fisch! Du lieber Himmel, wie hatte ich es vergessen können!«

»Welchen Fisch meint Ihr, Sire?« Der Jäger blickte Heinrich verständnislos an. »Eure Augen tränen. Ein Zweig muß Euch gestreift haben. Paßt auf!«

## 50. Kapitel

### Falaise, Normandie, im Jahre 1162

Eleonore saß in einem Lehnstuhl im Söller der Burg von Falaise und diktierte einen Brief an ihren Onkel Ralph, den Seneschall von Aquitanien. Seit sie vor ungefähr acht Tagen an der Küste der Normandie gelandet war, hatte sie unerklärlicherweise das Gefühl, daß etwas Verhängnisvolles bevorstand.

Heinrich sollte morgen eintreffen. Die Aussicht, ihn zu sehen, bedrückte sie noch mehr. Seit ihrer Begegnung mit Bellebelle hatte sie kein richtiges Gespräch mehr mit ihm geführt, und sie war sich nicht im klaren, was sie ihm gegenüber empfand. Auf jeden Fall waren ihre Gefühle zwiespältig. Gewiß, sie hatte Frieden mit dem Mädchen geschlossen. Zu ihrem Erstaunen hatten sich Zuneigung und Respekt zwischen ihnen entwickelt, und sie wollte mithelfen, daß sich Gottfrieds Leben so angenehm wie möglich gestaltete, bevor er nach Saint Paul's geschickt wurde.

Obwohl sie Verständnis aufbrachte für die Beziehung zwischen Bellebelle und ihrem Ehemann, hatte sie mit Heinrich noch keinen Frieden geschlossen, ihm noch nicht vergeben. Auch wenn sie sich noch so bemühte, konnte sie ihre Abwehr und ihren Groll nicht unterdrücken.

»Bitte, wiederholt den letzten Absatz, Master Roger«, sagte sie zu dem Mann, der ihr in der Normandie als Schreiber diente.

Er griff nach der Wachstafel. »... der König beabsichtigt, Thomas Becket zum nächsten Erzbischof von Canterbury zu ernennen, ihn aber gleichzeitig als Kanzler von England zu behalten. Meine Meinung ist ...«

Ihre Meinung. Ralph wußte, wie sie über Thomas Becket dachte, ebenso wie sie seine Meinung kannte. Noch nie hatte sie mit jemandem darüber gesprochen. Sie erinnerte sich daran, daß ihr Onkel vorausgesagt hatte, der Kanzler würde sich eines Tages übernehmen und einen Fehler begehen. Bis jetzt war das nicht geschehen. Er war von Triumph zu Triumph geeilt, ohne Fehler zu machen. Aber wenn er erst einmal eine Machtposition innehatte, die jener des Königs fast vergleichbar war ...

Eleonore seufzte. Es hatte keinen Sinn, ihren Onkel mit ihren Zweifeln zu belasten – Zweifel waren alles, was sie vorbringen konnte. Nicht gerade eine Grundlage für eine sachliche Beurteilung. Ralph wußte nur allzu gut, daß sie eifersüchtig war auf die enge Beziehung zwischen Heinrich und Becket, sich ausgeschlossen fühlte, wenn die beiden zusammen waren. Nein, es war nicht der richtige Zeitpunkt, das Feuer zu schüren. Zumal Ralph in Aquitanien seine üblichen Probleme mit Heinrichs Statthalter hatte, dem Grafen von Salisbury. Sie mußte ihn davor warnen, übereilt zu handeln. Unermüdlich versuchte sie zu verhindern, daß die Lage in ihrem Herzogtum, die wie stets kritisch war, sich noch weiter zuspitzte. Manchmal fühlte sie sich wie ein Gaukler, der mit zu vielen Bällen jonglierte.

»Nehmt den letzten Satz weg«, befahl sie.

Eleonore erhob sich, räkelte sich und warf einen Blick in die Wiege ihrer Tochter Eleonore. Und dann besah sie sich flüchtig die große Altardecke, die ihre Hofdamen für die Kathedrale in Rouen stickten.

Die Altardecke, die von Kaiserin Mathilde beaufsichtigt wurde, würde ein Meisterwerk der Stickerei darstellen, wenn sie einmal vollendet war. Was bei dem untrüglichen Auge ihrer großartigen Schwiegermutter auch nicht anders zu erwarten war. Sie saß an diesem Morgen in einem Lehnstuhl neben Eleonore. Mit ihrem elfenbeinfarbenen Schleier, dem purpurroten Gewand und dem schwerem Goldkreuz, das sie an einer goldenen Kette um den Hals trug, sah sie sehr fürstlich, sehr korrekt aus.

Eleonore trat an das vor kurzem vergrößerte Fenster. Draußen war es trüb und windig. Es war der letzte Tag im April. Im Hof unten sah sie ihre drei Söhne – den kleinen Heinrich, Richard und Gottfried. Sie taten wieder einmal das, was sie immer taten, wenn sie zusammen waren: raufen. Mindestens zwei Wachleute waren nötig, um sie wieder auseinanderzubringen. Mathilde und Heinrichs junge französische Gemahlin Marguerite saßen auf einer Steinbank und schauten der Rauferei zu. Eleonores Zuneigung zu dieser Prinzessin wurde immer stärker – obwohl sie ihrem Vater Ludwig glich.

Im Söller war es dunkel und kühl. Nicht einmal die hell brennenden Kerzen in ihren silbernen Leuchtern, die blauen, grünen und karmesinroten Wandbehänge an den dicken Steinmauern oder die beruhigenden Frauenstimmen konnten die düstere Stimmung verdrängen, die sie wie ein Leichentuch einhüllte.

»Madame?« Der Schreiber blickte sie fragend an. »Wollt Ihr noch etwas hinzufügen?«

Eleonore wandte sich zerstreut vom Fenster ab. »Ich weiß noch nicht, Master Roger. Lassen wir's im Augenblick gut sein.«

Der Schreiber nickte, nahm seine Wachstafel und seinen Stift und zog sich unter Verbeugungen zurück.

»Hat Becket beide Posten angenommen?« ließ sich die Kaiserin zum erstenmal vernehmen. »Ich weiß es nicht, Heinrich berichtet mir ja zur Zeit sehr wenig.«

Eleonore zögerte. »Ich weiß auch nicht mehr als Ihr, Madame, aber da der Bischofssitz schon so lange vakant ist und der Papst darauf drängte, daß er wieder besetzt wird, glaube ich, daß Heinrich Becket überredet hat, den Posten zu übernehmen. Ich glaube, er wird es am österlichen Hof offiziell bekanntgeben.«

»Nun, ich habe schon vermutet, daß es so weit kommen würde.« Die Kaiserin bedachte Eleonore mit einem prüfenden Blick. »Ich stelle fest, Ihr habt die gleichen Vorbehalte wie ich. Ein Mann, der zwei Herren gleichzeitig dienen möchte – König und Gott –, wird unweigerlich in einen Konflikt geraten.«

Diese Bemerkung spiegelte Eleonores eigene Gedanken wider. Beunruhigt wandte sie sich vom Fenster ab, durchquerte den Raum und stellte sich neben den Stuhl ihrer Schwiegermutter.

»Becket war stets eine große Hilfe für Heinrich«, sagte sie aus dem üblichem Pflichtgefühl heraus, ihren Gemahl zu unterstützen. »Ein großer Teil der Erfolge in unserem Reich ist dem Einfluß des Kanzlers zu verdanken.«

»Natürlich, er hat dem Königreich wie jeder loyale Diener der Krone gedient. Genau wie Ihr.«

»Ich diene der Krone? Ihr meint damit meine Kinder?«

»Nanu, meine Liebe, seht nicht so verblüfft drein. Nein, ich meine nicht Eure Kinder, auch wenn diese Leistung nicht zu unterschätzen ist. Ich dachte mehr an Eure eigenen Beiträge.« Die Kaiserin hob die Augen. »Vielleicht hat es nicht jeder gewürdigt, aber ich habe nicht vergessen, daß Ihr anstelle des Königs und Beckets an der Beisetzung Theobalds in Canterbury teilgenommen habt. Ich weiß, wie oft Ihr für Heinrich durch England gereist seid, häufig hochschwanger, und dabei Schreiben und Urkunden ausgestellt habt. Ihr habt Edelleuten und Prälaten geschrieben und Streitigkeiten geschlichtet. O ja, ich weiß sehr wohl, welche Hospitäler und Klöster auf Euer Betreiben hin gebaut wurden, kenne Eure unermüdlichen Anstrengungen, Differenzen zwischen der Krone und Aquitanien aus dem Weg zu räumen.«

Eleonore konnte kaum glauben, was sie da hörte.

»Nichts blieb unbemerkt oder unbeachtet«, fuhr ihre Schwiegermutter fort. »Weder von Euren Untertanen noch von Heinrich selbst.« Sie schwieg einen Moment. »Aber natürlich würdigt er nicht alles, was Ihr getan habt, sondern nimmt es als selbstverständlich hin.«

»Und erntet dafür den Ruhm.« Eleonore sprach die Worte aus, bevor sie darüber nachdenken konnte. Sie hätte sich auf die Zunge beißen können. Sie führte sich auf wie ein winselndes Opfer.

Die Kaiserin beäugte ungerührt eine Ecke der Altardecke. »Natürlich. Heinrich ist ein großer König, er hat das Bedürfnis, alles unter Kontrolle zu halten, die einzige Quelle zu sein, von der alle Wohltaten ausgehen. Wie auch immer er sein mag, wild in seinem Haß und in der Liebe, unaufrichtig, selbstsüchtig, treu oder verräterisch – eines ist er auf keinen Fall: der Lakai einer Frau. Er wird nie in ihrem Schatten stehen. Ihr erledigt die Arbeit im Namen der Krone, aber der Ruhm gebührt ihm.« Sie schnaubte verächtlich. »Ehrlich, meine Liebe, was glaubt Ihr, welche Art von Mann Ihr geheiratet habt?«

Ja, welche Art von Mann! Eleonore war sprachlos. Noch nie hatte ihre Schwiegermutter so zu ihr gesprochen.

»Ludwig ließ Euch nicht einmal die Arbeit tun. Wenigstens dafür solltet Ihr Heinrich dankbar sein. Was Ihr vollbringt, trägt den Lohn in sich.«

Eleonore versuchte, Dankbarkeit dafür zu empfinden, daß sie für Heinrich die Arbeit machen durfte – es gelang ihr nicht.

»Erwartet keine Anerkennung. Denkt daran, daß Ihr mit einem großen König verheiratet seid und daß eben Opfer gebracht werden müssen.«

»Ich denke daran, Madame. Die ganze Zeit.« Sie war überzeugt, sollte sie dies je vergessen, dann würde sie bestimmt irgend jemand – im allgemeinen Heinrich oder seine Mutter oder jemand aus seiner Umgebung – daran erinnern.

»Mein Sohn hat auch wunde Punkte«, fuhr die Kaiserin fort, »deren er sich nicht bewußt ist.« Ihre Hände lagen schlaff in ihrem Schoß, und sie starrte blicklos in die Ferne. »Manchmal handelt er nicht in seinem eigenen Interesse. Dazu gehört wohl die Geschichte mit Becket.« Sie seufzte. »Ihr kennt doch gewiß auch seine Schwächen, sein mangelhaftes Urteilsvermögen, Eleonore, und Ihr müßt alles in Euren Kräften Stehende tun, ihm beizustehen.«

»Ihr verlangt von *mir*, daß ich gegen die Schwächen in Heinrichs Charakter angehe...«

»Wenn er seinen Willen durchsetzt und nicht an die Folgen denkt, ja.«

»Wenn ich das nur könnte.« Eleonore starrte ihre Schwiegermutter fassungslos an. »Aber diese Geschichte mit Becket – es kann die klügste Entscheidung sein, die er je getroffen hat. Ich bete darum, daß die Sache gut ausgeht.« Eleonore nahm wieder auf ihrem Stuhl Platz. »Außerdem habt Ihr viel mehr Einfluß auf ihn als ich.«

Die Kaiserin erhob sich. Kerzengerade ging sie auf Eleonore zu.

»Nicht mehr. Meine Zeit ist vorbei.« Sie blickte Eleonore mit ihren unergründlichen grauen Augen an. »Ihr seid die Herrin seines Herzens, egal, was er sagt oder wie er sich verhält. Ja, ich weiß alles über die kleine Hure aus Southwark und ihren Sohn – den Bastard, den Ihr aufziehen sollt. Eine Frau muß sehr viel Großmut besitzen, um das zu tun, womit Ihr Euch einverstanden erklärt habt. Aber diese kleinen Schwächen des Fleisches bedeuten nichts. Gar nichts! Vergällt Euch nicht Euer gemeinsames Leben, indem Ihr ihn weiterhin bestraft.«

»Hättet Ihr es getan, Madame?« fragte Eleonore kühn, betroffen über den Tadel. Die Kaiserin schien wohl alles zu wissen, was im Königreich geschah. »Hättet Ihr das für Gottfried von Anjou getan?«

Die Kaiserin lächelte kalt. »Niemals. Aber das war etwas anderes, wie Ihr bestimmt wißt. Zudem, was nützt es, alt zu werden, wenn man andere nicht davon abhalten kann, Fehler zu begehen?«

Eleonore spürte, wie ihr die Röte in die Wangen stieg. Wieviel wußte die Kaiserin von ihrem Flirt mit Gottfried von Anjou? Doch dies war das einzige Mal in fast zehn Jahren, daß sie eine persönliche Unterhaltung mit ihrer mächtigen Schwiegermutter führte. Sie zweifelte daran, daß sich ein solches Gespräch wiederholen würde. Es gab so viele Fragen, die sie ihr gern gestellt hätte. Eleonore erinnerte sich an die Andeutungen ihres Onkels Ralph, der von den Gerüchten gesprochen hatte, die über die Zuneigung der Kaiserin zu ihrem Cousin Stephan von Blois kursierten, von den Spekulationen über Heinrichs richtigen Vater...

Aber was spielte das alles jetzt für eine Rolle? War sie nicht selbst Opfer boshaften Geschwätzes und scheußlicher Intrigen gewesen? Man sollte die Vergangenheit ruhen lassen.

»Ich – ich habe Heinrichs kleine Geliebte gesehen. Er hat ihr verboten, ihren Sohn zu besuchen. Ich habe dafür gesorgt, daß sie ihn weiterhin sehen kann.«

»Natürlich. Das ist auch richtig. Mein Sohn kann so fürchterlich gedankenlos sein.«

Zu Eleonores Erstaunen nahm die ansonsten sehr reservierte Kaiserin plötzlich ihre Hand und hielt sie fest umklammert.

»Hört, Eleonore. Ich habe nur noch wenige Jahre zu leben. Nein, nein«, wehrte sie ab, als Eleonore protestieren wollte. »Ich habe ein langes, erfülltes Leben hinter mir. Der größte Teil davon war Heinrichs Belangen gewidmet – und meinen natürlich.«

Unvermittelt ließ sie Eleonores Hand los und ging im Raum auf und ab. »Jahrelang fühlte ich mich an die Pflicht gebunden, fühlte Verantwortung wie Ihr auch. Aber Ihr habt die Liebe, die mir fehlte.«

Sie ging wieder auf Eleonore zu. »Auch wenn sie nicht vollkommen sein mag, aber Ihr habt diese Liebe. Wenn ich tot bin, hat Heinrich nur noch Euch. Nur bei Euch kann er völlig sichergehen, daß Ihr in seinem Interesse handelt. Seid klug genug, ihm nicht zu zeigen, daß Ihr genau das tut.« Sie schwieg, schluckte und atmete tief durch. »Ich wollte nicht, daß er Euch heiratet, das wißt Ihr ja.«

»Ich weiß.« Ihre Blicke trafen sich und ruhten ineinander.

»Ich habe mich geirrt. Das war die weiseste Entscheidung, die er je getroffen hat. Laßt uns beten, daß dies auch für seinen Entschluß gilt, Becket zum Erzbischof von Canterbury zu ernennen.« Ein schmerzliches Lächeln huschte über ihre strengen Züge. »Wir beide ähneln uns in mancherlei Hinsicht, Eleonore. Frauen wie wir kommen immer irgendwie durch. Wenn alles gesagt und getan ist, greifen wir auf unsere inneren Reserven zurück. Ob wir einen Triumph oder eine Tragödie erleben – unser Leben hängt nicht vom Wohlwollen eines Mannes ab.«

»Ja, man vergißt dies so leicht«, flüsterte Eleonore.

»Man muß sich jedoch vor ehrgeizigen Menschen hüten.«

»Sich vor ihnen hüten, Madame?«

»Habt Ihr noch nicht bemerkt, daß jene, die mit großem Ehrgeiz begnadet oder verflucht sind, allzuoft den Keim der eigenen Zerstörung in sich tragen, und zwar in gleichem Maße wie den Wunsch, die Ereignisse voranzutreiben und zu manipulieren?«

Spielte die Kaiserin auf Heinrich an? Auf Becket?

»Auf welche Männer bezieht Ihr Euch?«

»Wie kommt Ihr darauf, daß ich mich nur auf Männer beziehe?«

Der Pfeil hatte ins Schwarze getroffen. Beschämt beobachtete Eleonore, wie die Kaiserin in den Kreis der stickenden Frauen zurückkehrte und ihren Platz wieder einnahm.

Heinrichs Mutter hatte ihr allerhand zu denken gegeben.

Sie hatte über Ehrgeiz, Macht, Loyalität und Liebe gesprochen. Und Eleonore noch mehr Verantwortung aufgeladen – und Groll. Würde sie den Rest ihres Lebens damit verbringen, um ihren treulosen Gatten herumzutanzen, der seinen Ruhm nicht teilen und ihr keine echte Verantwortung übertragen wollte? Sie war es leid, sich stets nur im Glanz von Heinrichs Macht zu sonnen.

Eleonore sprang hoch und eilte durch den Raum. Sie war jetzt neununddreißig Jahre alt, und irgendwann im Laufe ihrer Ehe hatte sie ihr eigenes Leben verloren.

Das war der eigentliche Grund ihres Grolls, die wahre Ursache ihrer Verbitterung. Heinrich war lediglich der Auslöser.

Wir verdanken unser Leben nicht dem Wohlwollen irgendeines Mannes, hatte die Kaiserin gesagt. Heilige Jungfrau Maria! Wie hatte die Königin von England vergessen können, was Eleonore von Aquitanien immer gewußt hatte?

# 51. Kapitel

»Irgendwelche Zweifel seit unserem letzten Gespräch in Westminster?«

Heinrich warf Thomas einen Blick aus den Augenwinkeln zu. Sie hatten gerade in der Saint-Prix-Kapelle in der Burg Falaise den Abendgottesdienst besucht, und das war die erste Gelegenheit zu einem Gespräch mit seinem Kanzler, nachdem dieser aus England eingetroffen war. Heinrich war zwei Tage früher gekommen.

»Wenn Ihr damit meint, ob ich meine Meinung darüber geändert habe, ob ich den Posten des Erzbischofs von Canterbury annehmen soll, lautet die Antwort nein«, erwiderte Thomas.

»Ich hatte auch nicht ernsthaft daran gezweifelt. Morgen werde ich bei einem besonderen Fest die letztendliche Entscheidung verkünden. Ein Gesandter Seiner Heiligkeit wird auch dabeisein.«

»Ich bin beeindruckt, Sire. Ihr habt wirklich an alles gedacht.«

Sie gingen den langen Flur hinunter, der zum großen Saal führte. Edelleute und Prälaten, die ihnen entgegenkamen, verneigten sich.

»Habt Ihr Euch vor Eurer Abreise noch mit der Angelegenheit der Southwark-Bordelle befaßt, Thomas?«

Thomas griff in die Tasche, die er an einem Gürtel befestigt hatte, und reichte Heinrich eine Pergamentrolle, an der ein rotes Siegel baumelte. »Wenn Ihr einverstanden seid, wird es nach meiner Rückkehr in Kraft gesetzt. Obwohl ich immer noch nicht verstehe, weshalb es dieses Erlasses bedarf, der den Bordellen von Southwark – den bekanntesten in ganz England – Schutz angedeihen läßt. Warum schafft man sie nicht einfach ab? Damit wäre die Sache erledigt.«

»Und damit wäre der ehrenwerte Bischof von Winchester so arm wie eine Kirchenmaus. Ohne die Bordelle in Southwark müßte er betteln gehen.« Heinrich lachte, obwohl Thomas das offensichtlich nicht amüsierte. »Nein, die Bordelle sollen nicht abgeschafft werden, aber man kann sie gewissen Regeln unterwerfen. Alle. Das« – Heinrich glättete die Rolle und überflog sie – »bezieht sich in erster Linie auf die Bordelle in der Bankside, aber auch jeder andere Bordellwirt in London und anderswo, der nur einen Funken Verstand in seinem gierigen Kopf hat, wird sich diesen Regeln unterwerfen.« Er las das Dokument und gab es Thomas zurück. »Scheint alles in Ordnung zu sein. Sehr schön.«

Thomas, der sein Mißfallen nicht verbergen konnte, rollte das Pergament wieder auf und steckte es in die Tasche an seinem Gürtel. »Ein ungewöhnlicher Erlaß.«

»Nicht unbedingt.« Heinrich verkniff sich ein Lächeln. »Wußtet Ihr, daß die Prostituierten in Rom eine eigene Zunft bildeten?«

»Solcherlei Informationen waren in meinem Studium des Römischen Rechts nicht enthalten, Sire.«

»Schade. Was macht Ihr für ein Gesicht, mein Freund? Sauer wie Essig. Ich danke Euch, daß Ihr Euch um diese Angelegenheit gekümmert habt, trotz Eurer Vorbehalte.«

»Eine meiner letzten Amtshandlungen als Kanzler.«

»Ihr meint wohl als Nur-Kanzler. Ihr bleibt ja nach wie vor Kanzler, wenn Ihr den Posten des Erzbischofs übernommen habt, erinnert Ihr Euch?«

»Ja, Sire, das kann man wohl kaum vergessen.«

Trotz Thomas' düsterer Miene betrat Heinrich zuversichtlich den Saal. Er überlegte, was Bellebelle sagen würde, wenn sie von dem Erlaß hörte. Wie gerne hätte er den erstaunten Ausdruck auf ihrem Gesicht gesehen. Er seufzte. Zumindest konnte er sich damit trösten, daß sein Gewissen rein war, denn er hatte für Gerechtigkeit gesorgt und seine Ehrenschuld beglichen.

»Wenn ich tot in meinem Leichenhemd daläge«, sagte Heinrich am nächsten Tag beim Mittagsmahl zu Richard de Lucy, »würdet Ihr Euer möglichstes tun, meinem Sohn und Erben den Thron zu sichern?«

Trotz des Stimmengewirrs am hohen Tisch im großen Saal von Falaise und dem lauten Gesang der Troubadoure entging Heinrich nicht, wie sich seine Mutter und Eleonore einen langen Blick zuwarfen. Seit seiner Ankunft hatte er noch keine Gelegenheit gefunden, sich mit seiner Gemahlin zu unterhalten. Mit Genugtuung nahm er die überraschten Blicke und das Geflüster unter den Edelleuten wahr, die sich an seinem österlichen Hof eingefunden hatten.

»Mit meinem Leben, Sire, wenn es sein müßte«, erwiderte de Lucy mit Nachdruck.

»Donnerwetter, man könnte es nicht besser formulieren, meine Herren.« Heinrich hob seinen schweren Silberbecher und ließ den Blick durch den Saal schweifen

Die Gespräche am hohen Tisch, das Gelächter und die rauhen Stimmen, die von den unteren Tischen kamen, verstummten plötzlich. Die Troubadoure ließen ihre Hand auf der Laute ruhen, Diener und Pagen, die zwischen Küche und Saal hin und her eilten, verharrten in der Bewegung. Innerhalb weniger Augenblicke senkte sich Stille über den Saal. Heinrich wußte, die Aufmerksamkeit aller Anwesenden war auf ihn gerichtet, als würden die Bewohner der Burg, ja der gesamten Normandie, ihren Atem anhalten und wie gebannt der Dinge harren, die da kommen sollten.

»Dann erwarte ich von Euch, daß Ihr Euch genauso eifrig bemüht, meinen Kanzler, Thomas Becket, zum Erzbischof von Canterbury zu machen.« Heinrichs Stimme drang durch den ganzen Saal. »Seid versichert, daß ich in dieser Angelegenheit den Segen des Papstes habe.«

Er deutete auf seinen Gast, den Kardinal von Pisa, einen Sonderbevollmächtigten des Papstes, dessen Anwesenheit seiner Ankündigung wohl noch mehr Nachdruck verleihen sollte.

An den bestürzten Mienen vieler Gesichter war abzulesen, daß die meisten Mitglieder seines Hofes alles andere als eine derartige Mitteilung erwartet hatten. Dies war kaum erstaunlich, da nur Heinrichs engste Mitarbeiter von seiner Absicht informiert gewesen waren. Alle Blicke richteten sich auf Thomas Becket, der dankbar lächelte. Heute war der Kanzler sehr extravagant gekleidet. Er trug ein scharlachrotes Gewand, das mit einem Zobelfell besetzt war, rote Lederstiefel mit Silbersporen und mehrere Goldketten um den Hals. Heinrich legte die Stirn in Falten. Sein Aufzug war dem Anlaß nicht gerade sehr angemessen.

Richard de Lucy verneigte sich als Zeichen der Zustimmung. »Ich werde sobald wie möglich nach England in See stechen und den Mönchen in Canterbury berichten, daß der König seinen Kandidaten nominiert hat und sie nun über die königliche Erlaubnis verfügen, die Wahl durchzuführen.«

»Der König kann seinen Kandidaten benennen, aber die Mönche entscheiden sich in freier Wahl, habe ich recht?« meldete sich John von Salisbury, ein Mitglied im Hofstaat des verstorbenen Erzbischofs, zu Wort. Er saß mit anderen Klerikern an einem der unteren Tische.

Er gab also offen zu verstehen, daß er die Wahl von Thomas Becket mißbilligte.

Mit kühlem Lächeln wandte sich Heinrich den Gästen an den unteren Tischen zu. »Natürlich ist es eine freie Wahl, Master John. Was sonst? Als König kann ich lediglich meinen Kandidaten nominieren.« Niemand ließ sich durch diese Worte täuschen, doch die Formen blieben gewahrt.

Heinrich leerte seinen Becher und nahm wieder Platz. Die Gespräche kamen wieder in Gang, die Diener schleppten Platten mit Speisen herbei, die Troubadoure spielten und sangen. Aber die Atmosphäre war spannungsgeladen. Einige Gesichter drückten deutlich Mißbilligung aus.

Heinrich war sich immer bewußt gewesen, daß er sich in gefährlichen Gewässern bewegte. Deshalb konnte ihn die Reaktion seiner Magnaten nicht aus der Fassung bringen. Er wußte, seine Wahl stieß nicht überall auf Zustimmung. Es würde Leute innerhalb und außerhalb der Kirche geben, die sich ernsthaft seinem Willen widersetzen würden. Aber letzten Endes würde er sich durchsetzen, wie es bisher immer der Fall gewesen war.

»De Lucy, Ihr und Thomas müßt unverzüglich aufbrechen. Es ist besser, wenn ich nicht mitkomme.«

»Aber bei der Wahl ist Eure Zustimmung wichtig, Sire«, bemerkte de Lucy stirnrunzelnd. »Ihr müßt mit uns zurückkehren.«

Heinrich zögerte. Er hatte recht. Eine Hand berührte seinen Arm.

Eleonore, die am hohen Tisch neben ihm saß, neigte sich zu ihm und flüsterte: »Ich glaube nicht, daß alle schon begriffen haben, daß dein Kanzler auch Primas von England sein wird. Je schneller diese Wahl durchgeführt wird – ohne deine Anwesenheit –, um so besser für alle Betroffenen.«

»Aber wie de Lucy sagte, ist meine Zustimmung erforderlich«, murmelte Heinrich.

»Sende Prinz Heinrich an deiner Stelle«, sagte Eleonore laut. »Es wird höchste Zeit, daß der Prinz seine erste offizielle Aufgabe als Gesandter des Königs erfüllt, indem er in deinem Namen die Zustimmung erteilt.«

Heinrich bedachte sie mit einem dankbaren Blick. »Ein ausgezeichneter Vorschlag, meint Ihr nicht auch, Thomas? De Lucy?«

»Ja, ausgezeichnet.« Thomas schenkte allen am Tisch Versammelten ein überlegenes Lächeln.

Auch der Justitiar nickte zustimmend.

Heinrich spürte, wie die Spannung von ihm wich. Er hatte

jetzt den entscheidenden Schritt getan, der jene Kette von Ereignissen auslösen würde, die zu Thomas' Ernennung als Primas der Kirche führen würden.

Eleonore hatte seine Entscheidung trotz ihrer Vorbehalte gegenüber Thomas unterstützt. Zudem hatte sie wieder einmal Geistesgegenwart bewiesen und ihm aus der Patsche geholfen. Er warf ihr von der Seite einen Blick zu. Sie sah heute zauberhaft aus in ihrem neuen golddurchwirkten Gewand mit den modernen Ärmeln, die vom Ellbogen zum Handgelenk hin weiter wurden. Sie schien ihm gegenüber jetzt erheblich milder gestimmt zu sein. Sobald das Fest vorüber war, wollte er mit ihr irgendwohin reiten und wiedergutmachen, was noch im argen lag...

Seufzend konzentrierte sich Heinrich wieder auf die Anwesenden. Er wünschte sich, es läge auch in seiner Macht, Nells Einstellung – und die seiner Mutter – zu Thomas zu verändern. Wenn er sie nur dazu bringen könnte, anzuerkennen, was er und Thomas zusammen alles geleistet hatten: Gesetzesreformen, Wohlstand und Frieden in England, Macht und Ansehen auf dem Kontinent. Aber auf diesem Auge schien Eleonore blind zu sein.

Jetzt, da die Angelegenheit so gut wie erledigt war – er konnte jedenfalls keine Hindernisse mehr erkennen –, fühlte sich Heinrich so frei und war so beschwingt, daß er sich kaum beherrschen konnte. Wenn Thomas in Canterbury sicher im Sattel saß, würden Kirche und Krone friedlich zusammenarbeiten. Sie würden zwar weiterhin offiziell getrennt sein, in beiden aber würde ein und derselbe Standpunkt zum Tragen kommen – seiner.

Wenn Thomas Primas war, würde der junge Prinz noch zu Heinrichs Lebzeiten zum König gekrönt werden. Das war zwar ein Bruch mit der Tradition, mit den Regeln, doch Regeln waren schließlich dazu da, um hin und wieder gebrochen zu werden. Hatte nicht seine ganze Familie genau das getan? Wilhelm I. hatte England erobert; Wilhelm Rufus, ein Sodomit, hatte sich mit der Kirche angelegt; sein Großvater, Heinrich I., hatte eine Tochter zur Thronerbin bestimmt. Seine Feinde konnten tun, was sie wollten, gemeine Gerüchte in die Welt setzen, wenn es ihnen Spaß machte. Heinrich war auf alles gefaßt, aber die Nachfolge wäre gesichert, wenn Prinz Heinrich erst einmal zum König gekrönt war. Einen umstrittenen Thron zu usurpieren war etwas anderes, als gleich zwei gesalbte Könige abzusetzen. Endlich konnte er wieder durchatmen.

Am liebsten wäre er auf den Tisch gesprungen und hätte einen Freudentanz aufgeführt.

Als das Fest zu Ende war, griff er nach Eleonores Hand.

»Wir treffen uns in einer Stunde vor den Toren.« Als er ihr erstauntes Gesicht sah, fuhr er fort: »Dein König befiehlt es. Und bring keines der Kinder mit.«

Eine Weile später schlenderten Heinrich und Eleonore am Ufer eines breiten Flusses entlang, der außerhalb der Mauern der Burg von Falaise floß. Auf den Zinnen hielten Bogenschützen Wache. An diesem dritten Tag des Mais hatte das Wetter aufgeklart; eine strahlende Sonne schien von einem blaßblauen Himmel, an dem weiße Wolken dahinzogen.

»Ich habe dich vermißt«, sagte Heinrich.

»Ich hatte bisher nie das Gefühl, daß dir meine Abwesenheit besonders zu Herzen gegangen wäre.«

»Ja, aber es gab auch noch nie ein ernsthaftes Zerwürfnis zwischen uns; wir haben höchstens ein oder zwei Tage miteinander geschmollt. Zu meiner Überraschung habe ich festgestellt, daß ich ständig an dich denken muß.«

Eleonore schenkte ihm ein mattes Lächeln. »Ich denke auch oft an dich, wenn wir getrennt sind.«

»Das erwartet man von Frauen. Aber wie kann ein Mann ein Königreich regieren, wenn er dic ganze Zeit an eine Frau denkt? Das funktioniert nicht.« Er nahm ihre Hand und führte sie an die Lippen. »Auf jeden Fall bin ich froh, daß du hier bist – und mir nicht mehr böse bist?«

»Nein, das bin ich nicht mehr.«

Von den äußeren Ästen der Apfelbäume lösten sich Wolken rosiger Apfelblüten und rieselten herunter auf den grünen Pfad, auf dem sie dahinschlenderten. Heinrich hatte Falaise immer gemocht, die alte riesige Festung der normannischen Herzöge, mit den vierzehn Türmen, die das winzige Dorf überragten, das in eine Schlucht eingebettet war. Hier wurde er immer an seine Urgroßmutter Herleva und deren unehelichen Sohn Wilhelm erinnert, der zuerst Herzog der Normandie war und später zum Eroberer Englands aufstieg.

»Hast du gewußt, Nell, daß im letzten Jahrhundert hier alles begann?«

Sie hob fragend die Augenbrauen.

»Mein Vorfahr Robert der Furchtlose, der Sohn von Herzog Richard, entdeckte hier Herleva, die in diesem Fluß Wäsche wusch. Die Chronik berichtet, sie soll sehr schön gewesen sein, und obwohl sie nur die Tochter eines Gerbers war, schenkte er ihr seine Gunst. Als Robert Herzog wurde, hat er sie nicht vergessen – auch nicht ihren unehelichen Sohn Wilhelm.«

»Ja, ich erinnere mich. Das ist eine schöne Geschichte.«

»Weißt du, was Thomas gesagt hat, als ich sie ihm erzählte?« Heinrich nahm eine starre Haltung ein, setzte eine arrogante Miene auf und sagte mit tiefer Stimme, die an die des Kanzlers erinnerte: »Und aus solch bescheidenen Anfängen entstand eine große Dynastie. Dies ist eine erneute eindrucksvolle Bestätigung der Lehren des Evangeliums.«

Eleonore lachte aus vollem Hals. Oh, welch ein Segen war es, sie so lachen zu sehen.

»Offensichtlich meinte er sich selbst, spielte auf sein neues Amt an«, sagte sie. »Thomas Becket, der Mann Gottes.«

Sie gingen weiter in schweigendem Einverständnis.

Ein Gefühl schicksalhafter Bestimmung beschlich Heinrich, als er an diesem Morgen an Wilhelm den Eroberer und an seine Herkunft dachte.

»Weißt du, Nell, manchmal wundere ich mich über die seltsamen, unergründlichen Wege unseres Schicksals. Weil der Sohn eines Herzogs damals ein schönes Mädchen am Fluß erblickte und sie begehrte, weil sie einen unehelichen Sohn in die Welt setzten, der Herzog der Normandie wurde, und weil dieser Herzog einem Traum folgte und England eroberte, deshalb wurde ich auserwählt, aus diesem Traum ein großes Reich zu schaffen.«

»Wilhelm der Eroberer würde stolz sein auf deine Leistungen, Heinrich.«

»Glaubst du das wirklich? Nun, was ich erreicht habe – was wir erreicht haben – ist erst der Anfang. Schließlich habe ich ja noch viele Jahre vor mir, nicht?«

Die Erinnerungen an seinen berühmten Vorfahren ließen ihn unwillkürlich an seinen eigenen geliebten Bastard Gottfried denken. Ein begabtes, hochintelligentes Kind mit Bellebelles herzlichem Wesen. Was würde er eines Tages auf die Beine stellen?

Heinrich blieb bei einem Apfelbaum stehen und nahm Eleonore in die Arme. »Ist unser Zerwürfnis beigelegt? Hast du mir vergeben?«

»Ja.«

Er blickte in ihre haselnußbraunen Augen, deren unergründliche Tiefen so dunkelgrün wie ein Waldteich waren. »Aber etwas quält dich noch, stimmt's?«

»Ich kann wohl nichts vor dir verbergen?«

»Das hoffe ich. Was habe ich jetzt wieder angestellt?«

»Das hat nichts mit dir zu tun, Heinrich, sondern mit mir.« Sie löste sich aus seinen Armen und lehnte sich an den Baumstamm. »Ich weiß nicht, ob ich es erklären kann.«

»Versuch es.«

»Ich habe das Gefühl, ich habe mich verirrt, verlaufen. Wie ein Wanderer in der Dunkelheit, dem kein Leuchtfeuer den Weg weist.«

Er starrte sie an. »Ich verstehe nicht.«

»Ich auch nicht richtig.«

Heinrich fuhr sich mit der Hand durchs Haar. »Was erwartest du von mir?«

Sie raffte all ihren Mut zusammen. »Ich möchte nach Aquitanien reisen.«

»Jetzt?« Was um Himmels willen war mit ihr los? »Aber ich brauche dich hier bei mir. Jetzt mehr denn je. Thomas wird in Kürze aufbrechen, und da ist so vieles...«

»Du brauchst mich immer, und es gibt immer wichtigere Dinge als Aquitanien. Laß mich gehen, Heinrich. Ich bleibe nicht lange. Aber das muß ich jetzt unbedingt tun.«

»Wenn es nur für kurze Zeit ist, begleite ich dich. Seit Toulouse bin ich nicht mehr dort gewesen.«

»Nein!« Eleonore schloß für einen Moment die Augen. »Nein.« Sie ging auf ihn zu. »Ich möchte alleine dort hin. Ohne dich oder die Kinder. Betrachte es als eine Art Pilgerreise. Als ob ich zum Heiligen Grab pilgern würde. Diese eine Bitte darfst du mir nicht abschlagen.«

»Aber warum? Warum?«

»Ich habe es dir doch gesagt, ich kann es nicht erklären.«

»Dir haben doch noch nie die Worte gefehlt.«

»Während all der schrecklichen Jahre mit Ludwig in Frankreich, als die tyrannischen Kirchenmänner versucht haben, mich und mein Herzogtum zu bevormunden, und trotz der furchtbaren Tragödie von Vitrey, der Freveltaten in Poitiers, dem sinnlosen Tod meines Onkels Raimund – immer wußte ich, wer ich war. Jetzt aber weiß ich es nicht mehr.«

Heinrich lachte. »Was für ein Unsinn. Natürlich weißt du es. Du bist meine Königin, Mutter meiner Kinder. Eine Frau von unvergleichlicher Schönheit und großem Wissen, ohne die ich nicht regieren, mein Reich nicht vergrößern könnte.«

»Genau das meine ich.«

Heinrich sah, daß eine Träne in einem ihrer Augen glitzerte. »Ich habe Angst, du hast mich verloren.«

»Heinrich...«

»Meine geliebte Nell, ich will dich nicht gehen lassen...« Heinrich zog sie in seine Arme und küßte sie mit solcher Leidenschaft, daß sie sich mitreißen ließ.

Ihre Lippen öffneten sich bereitwillig, und sie schlang die Arme um seinen Hals. Beide wurden überwältigt von ihren Gefühlen. Es gab nur noch sie. Aber plötzlich riß sie sich von ihm los, stemmte die Hände gegen seine Brust.

»Nein«, sagte sie keuchend. »Das ändert meine Meinung nicht.« Sie kämpfte um Fassung, versuchte, sich wieder unter Kontrolle zu bekommen. »Ich liebe dich, ich begehre dich. Ich werde dich nicht verlassen – aber ich muß das tun.« Sie schwieg. »Ich hätte gerne deine Zustimmung, aber ich bin auch bereit, ohne deine Einwilligung zu reisen.«

Offenen Mundes starrte Heinrich ihr nach, als sie auf dem Absatz kehrtmachte und am Fluß entlang zur Burg zurückzugehen begann. Eine Pilgerfahrt nach Aquitanien? Jetzt? Du lieber Himmel! Die Frauen blieben ihm einfach ein Buch mit sieben Siegeln. Auch wenn er hundert Jahre alt werden sollte, würde er sie nie verstehen.

## 52. Kapitel

### London, im Jahre 1162

Mitte Mai, einen Monat, nachdem sie Heinrich das letzte Mal gesehen hatte, stand Bellebelle schon im Morgengrauen auf. Sie zog ein rosafarbenes Gewand an und sorgte dafür, daß das Medaillon mit den Smaragden unter ihrer Kleidung verschwand. Sie trug es jeden Tag über dem Halsband aus blauen Steinen, das sie von Morgaine erhalten hatte. Anfangs hatte sie gedacht, sie würde es nicht über sich bringen, etwas zu berühren, was dem verhaßten Flamen gehört hatte, doch zu ihrer Überraschung gewann sie eine seltsame Kraft daraus, als handele es sich um eine heilige Reliquie.

Sie nahm Brot und Bier zu sich und begab sich dann ins Dorf, wo sie einen Karren zu finden hoffte, der nach London fuhr. Sie wollte Gottfried besuchen und dann in die Gropecuntlane gehen, um sich das Geld zu holen, das sie dort vor acht Jahren bei Hawke hinterlegt hatte. Wie immer beflügelte sie die Aussicht, wieder einmal nach London zu kommen. Im Grunde ihres Herzens war sie eher ein Stadtmensch, bevorzugte den Lärm und die Gerüche der Stadt gegenüber dem langweiligen Landleben.

Es verging zwar kein Tag, an dem sie nicht an Heinrich dachte, doch der Schmerz war mittlerweile erträglicher geworden. Bellebelle fühlte sich ein wenig schuldig, weil sie Gottfried besuchen wollte, aber eigentlich bestand dafür kein Anlaß. Sie hatte Heinrich schließlich nicht wirklich *versprochen*, daß sie nicht versuchen würde, ihren Sohn wiederzusehen. Er hatte es wohl angenommen, aber was ging das sie an? Und außerdem hatte sie Königin Eleonores Einverständnis. Nur das zählte. Als sie an die Königin dachte, trat ein Lächeln auf ihre Lippen. Auch falls sie sie niemals wiedersehen sollte, wußte sie, daß sie in ihr eine echte Freundin gefunden hatte; Gottfried würde bei ihr gut aufgehoben sein.

Ein Karren rumpelte vorbei, und es gelang ihr, den Bauern und seine Frau zu überreden, sie mitzunehmen. Sie kauerte sich auf den Boden des Gefährts, umgeben von Körben mit Weiß-

und Rotkohl, roten Zwiebeln, wohlriechenden Lauchbündeln und gelben Rüben.

Der Bauer konnte seine Neugier nicht verbergen. Immer wieder wendete er den Kopf, um einen Blick auf sie zu werfen. Auch die Bauersfrau, rund und stämmig wie ein Weinfaß, beäugte sie während der gesamten Fahrt argwöhnisch.

Bellebelle achtete nicht darauf, sondern dachte an Heinrich. Früher oder später würde er von ihren heimlichen Besuchen bei Gottfried erfahren. Sogar die Königin würde sie dann nicht mehr schützen können. Ihr Herz begann schneller zu schlagen. Was konnte schlimmstenfalls passieren? Würde man es ihr unmöglich machen, Gottfried weiterhin zu sehen? Sie aus dem Haus werfen und ihr den Unterhalt streichen? Nun, sie mußte jedenfalls auf alles gefaßt sein. Deshalb wollte sie auch Hawke aufsuchen.

Es läutete zur Terz, als der Karren in East Smithfield in der Nähe des Tower haltmachte. Bellebelle dankte dem Bauern, ignorierte seine ausgetreckte Hand und drückte statt dessen der Bäuerin einen Silberpenny in die Hand. Sie erntete ein überraschtes Lächeln, und die beiden boten ihr an, sie auch wieder mit zurück nach Bermondsey zu nehmen. Sie würden zwischen dem Mittags- und dem Vesperläuten aufbrechen, sagte die Frau.

Bellebelle ging langsam auf den White Tower zu, dessen vier Zinnen unter den Strahlen der Morgensonne feuerrot leuchteten. Das gesamte Gebaren der Bauersfrau hatte sich verändert, nachdem Bellebelle sie bezahlt hatte. Nicht zum ersten Mal war ihr aufgefallen, daß die Menschen bereit waren, über ihre wahren Empfindungen hinwegzusehen, sobald Geld ins Spiel kam. Einmal hatte sie Gottfried nach Saint Ethelred in Bermondsey zum Sonntagsgottesdienst mitgenommen. Der Priester hatte darüber gepredigt, um wieviel einfacher es sei, daß ein Kamel durch ein Nadelöhr gehe, als daß ein Reicher in den Himmel komme. Bellebelle war das seltsam erschienen, und sie verstand es auch heute noch nicht. Jeder, der in Southwark lebte, wußte, daß Geld untrennbar mit dem Leben verbunden war. Wenn man Geld hatte, konnte man sich alles kaufen, ohne Geld war man ein Nichts. Sogar Gottfried war, wie sie erleichtert festgestellt hatte, nicht in der Lage gewesen, ihr den Sinn dieser Predigt zu erläutern.

Später, als sie Heinrich davon erzählt hatte, hatte dieser gemeint, es handele sich dabei um eine Parabel, ein Gleichnis, das man nicht wörtlich nehmen dürfe. Doch es war ihr auch dadurch nicht klarer geworden. Wenn es stimmte, was der Priester gesagt hatte, warum hatte sie dann noch nie einen Reichen gesehen, der versuchte, sich seiner Reichtümer zu entledigen? Wollten die Leute gar nicht in den Himmel kommen? Wenn man dieses Gleichnis nicht wörtlich nehmen und entsprechend handeln sollte, weshalb predigte der Priester dann darüber? Es ergab alles keinen Sinn.

Doch irgend etwas an diesem Gleichnis berührte sie, so wie sie auch die anderen Geschichten aus der Heiligen Schrift berührten, die sie gehört hatte. Vielleicht war die Heilige Schrift doch nicht ganz verkehrt – es hielt sich nur kaum einer an sie. Darüber nachzudenken lohnte sich vielleicht!

Gottfried freute sich, seine Mutter zu sehen, und erzählte gleich voller Stolz, daß er im Unterricht gerade mit dem Trivium abgeschlossen hatte und bald mit dem Quadrivium beginnen würde.

Bellebelle hatte keine Ahnung, wovon er sprach, aber er wirkte glücklich und zufrieden, und das allein zählte.

»Fühlst du dich einsam, nachdem die Königin und ihr Gefolge in die Normandie gereist sind, um dort die Osterzeit zu verbringen?«

»Nein, dafür habe ich viel zuviel zu tun. Ich habe Master Adelhart, den Erzieher, ganz für mich allein, und bis Vater zurückkommt, werde ich schon wieder viel mehr gelernt haben.«

»Ihr müßt jetzt gehen, Mistress.« Der Haushofmeister näherte sich ihnen und blickte sich ängstlich um.

Obwohl Bellebelle schon eine ganze Weile hier war, hatte sie das Gefühl, gerade erst gekommen zu sein. Sie und Gottfried hatten sich immer so viel zu erzählen.

»Ich verstehe. Ich geh' gleich.«

»Ihr wißt, Ihr dürft nicht darüber sprechen, daß Ihr Euren Sohn besucht, und Ihr dürft Euch hier auch nicht zeigen, wenn der König zugegen ist.«

»Ja, das ist mir klar.«

Sie befanden sich in einem abgelegenen Teil der Hofküche, und die wenigen Leute, die hier anwesend waren, achteten nicht auf sie. Doch der Verwalter war erst zufrieden, als er sah, daß sie die Tore des Palastes passiert hatte. Der arme Mann. Er tat ihr leid, denn er versuchte, gleichzeitig zwei widerstreitenden Anweisungen Folge zu leisten – jenen von Heinrich und jenen von Eleonore.

Bellebelle durchquerte Aldgate und machte sich auf in das Zentrum der Stadt. Der Kopf von de Burgh, der immer noch über dem Tor steckte, war inzwischen unkenntlich geworden;

die Raben hatten das Fleisch herausgepickt. Bellebelle wußte, daß sie eigentlich Mitleid mit de Burgh hätte empfinden sollen, aber sie war froh, daß ihn endlich sein Schicksal ereilt hatte.

Eine Gruppe von Leprakranken bat am Straßenrand um eine milde Gabe. Sie ließ ein paar Silberpennies in eine schmutzige Hand fallen, die schon zur Hälfte abgefressen war. Der Anblick bewegte sie zutiefst, und sie war dankbar dafür, daß ihr ein derart grausames Los erpart geblieben war. Zu ihrer Rechten tauchte die Abtei Holy Trinity auf, zu ihrer Linken sah sie das kleine Benediktinerkloster und den Friedhof, dann breiteten sich die Marktstände vor ihr aus, an denen frische Erdbeeren, Maulbeeren, Pflaumen und Kirschen angeboten wurden. Von einem Hufschmied in einer benachbarten Straße drangen so laute Geräusche herüber, daß sie sich am liebsten die Ohren zugehalten hätte; der Anblick eines Barbiers, der einen Eimer voller Blut vorübertrug, verursachte ihr Übelkeit.

Sie kam in eine schmale Straße, die von vielen Gassen gekreuzt wurde, trat in ein Abflußloch und versank fast knöcheltief im Schmutzwasser. Kläffende Hunde und ausgemergelte, von Ungeziefer starrende Waisenkinder durchwühlten die Abfallberge. Zwei Halbstarke, die sich gegenseitig Beschimpfungen an den Kopf warfen, kamen die Straße entlanggelaufen und hätten sie fast umgerannt. Der Gestank, der überall in der Luft hing, war überwältigend.

Aber das war eben London. Genauso ein Teil von ihr wie ihr Fleisch und Blut. Zum ersten Mal seit unendlich langer Zeit fühlte Bellebelle sich wieder wirklich lebendig.

Als sie in die Gropecuntlane gelangte, erkannte sie die Straße nicht gleich wieder, denn sie hatte sich in den vergangenen acht Jahren beträchtlich verändert.

»Wie weit ist es noch zur Gropecuntlane?« fragte sie einen Mann mit einem Korb auf dem Rücken.

»Das *ist* die Gropecuntlane. Oder war es. Heute heißt sie Groppecountelane.« Er zwinkerte. »Hat sich rausgemacht. Genau wie die Schenke da unten.« Sie folgte mit den Augen seinem ausgestreckten Finger. Ein nagelneues Schild hatte den Blauen Hahn ersetzt. »Löwe und Adler nennt sie sich jetzt.« Er musterte sie. »Stammst wohl aus dieser Gegend, was?«

»Ja.« Sie schaute ihm ins Gesicht. »Ich war eine Hure. Hier in dieser Straße.«

Der Mann wirkte verblüfft, dann lächelte er und ging weiter. Bellebelle empfand eine kindische Selbstzufriedenheit. Es tat gut, die Wahrheit offen auszusprechen.

Als sie sich in der Straße umschaute, glaubte sie, ihren Augen nicht trauen zu können. Die Schenke sah aus, als wäre sie erst vor kurzem gebaut worden, hatte einen neuen Anstrich und ein weiteres Nebengebäude bekommen. Auch die übrigen Häuser waren frisch gestrichen. Es gab jetzt noch eine weitere Schenke, und neben der alten Garküche stand eine zweite, vor dem eine lange Schlange von Kunden wartete. Ihr Blick kehrte wieder zu dem scharlachroten Wirtshausschild zurück, auf dem ein goldener Löwe und ein Adler abgebildet waren. Diese Schenke, in der sie und Heinrich sich kennengelernt hatten, trug jetzt seinen – und Eleonores – Namen. Das würde ihn bestimmt amüsieren; sie mußte es ihm erzählen. Aber dann wurde ihr sogleich schmerzlich bewußt, daß sie jetzt ja keine Möglichkeit mehr hätte, ihm überhaupt etwas zu erzählen.

Sie unterdrückte ihre Tränen und blickte die Straße entlang. Neu waren auch die festen Marktstände, an denen man Wolle, Kohle und Wasser kaufen konnte. Langsam ging sie die Straße hinunter und blieb dann stehen.

Wo war denn das Bordell? Heilige Jungfrau Maria, sie stand ja gerade davor. Das Haus war nicht mehr wiederzuerkennen mit seinem neuen blauen Anstrich, den pflaumenfarbigen Fensterläden und den schnörkelhaften Verzierungen über der Eingangstür.

Klopfenden Herzens – sie hatte immer noch Angst vor dem Bordellwirt – pochte Bellebelle an die Tür. Ein adrett gekleideter junger Mann öffnete.

»Ja?« Er musterte sie von oben bis unten. »Willst du dich bewerben?«

»Ich möchte Hawke sprechen.«

»Und wer bist du?«

»Sagen wir – jemand, der ihn gern sehen möchte.«

»Warte hier.«

Nach wenigen Augenblicken erschien Hawke. Er war noch dicker geworden und füllte den ganzen Türrahmen aus. Mißmutig blickte er auf sie herunter.

»Nun, was willst du, Mädchen. Suchst wohl eine Stelle, was?« Er war wie ein wohlhabender Mann gekleidet, trug rote Lederstiefel und ein schwarzes Obergewand. Eine schwarze Samtmütze bedeckte seinen kahlen Schädel, und auf seiner Brust hing eine schwere Goldkette.

»Zur Zeit sind wir voll besetzt, aber ...« Seine frostigen Augen verengten sich. »Kenn' ich dich nicht von irgendwoher? Du hast schon mal für mich gearbeitet, hab' ich recht? Mädchen, die für mich gearbeitet haben, vergesse ich nie. Du kommst mir vor wie … es liegt mir auf der Zunge … Herrgott, die bist Bellebelle, nicht wahr?« Er lächelte und entblößte dabei seine verfaulten Zähne. »Komm rein, komm rein!«

Drinnen war alles sauber und ordentlich, und auf dem Boden lagen frische Matten – undenkbar zu jener Zeit, als Bellebelle noch hier gelebt hatte. Sie folgte Hawke über den schmalen Gang zu der Kammer, an die sie sich noch gut erinnern konnte. Auch sie war frisch gestrichen worden und beherbergte jetzt einen großen, glänzenden Eichentisch, auf dem Zinnbecher, silberne Krüge und ein schwerer Kerzenhalter mit dicken weißen Kerzen standen. In einer Ecke befanden sich zwei eisenbeschlagene Truhen, und im gesamten Raum waren gepolsterte Stühle verteilt. Hawke deutete auf einen der Stühle. Bellebelle setzte sich, die Hände fest ineinander verschlungen.

»Hab' schon seit Jahren damit gerechnet, daß du zurückkommen würdest.« Er schien wirklich erfreut zu sein, sie zu sehen. »Du siehst so bezaubernd aus wie eh und je, aber in dem Aufzug hätt' ich dich für ein Landmädchen gehalten. Willst wohl wieder anfangen zu arbeiten, hab' ich recht?« Er stand vor ihr, die Arme vor der Brust verschränkt, den Kopf leicht zur Seite geneigt, die Lippen geschürzt.

»Nein. Mit der Hurenarbeit habe ich Schluß gemacht.«

»Schade. Wenn ich die ehemalige Mätresse des Königs in meinem Stall hätte, könnt' ich ein Vermögen verdienen.« Hawke ging zum Tisch und goß sich einen Becher Rotwein ein.

»Das habt Ihr mir schon einmal gesagt.« Bellebelle schüttelte den Kopf, als er auch ihr einen Becher anbot.

»Er hat's also rausgefunden, hab' ich recht?«

Bellebelle nickte und senkte den Blick.

»Du kannst nicht behaupten, ich hätte dich nicht gewarnt. Aber wahrscheinlich wärst du ihm über kurz oder lang sowieso lästig geworden. So läuft das eben, damit muß man sich abfinden. Die Männer wollen immer wieder mal was Neues ausprobieren. Du hast dich immerhin acht Jahre gehalten, eine lange Zeit, nach dem, was man so alles über die Hurerei von Heinrich Plantagenet hört. Du sollst sogar einen Sohn von ihm haben?«

»Woher wißt Ihr das alles?«

»Du warst einfach zu lange weg, Mädchen.« Hawke fuchtelte mit einem Finger vor ihr herum. »In den Schenken und Bordellen erfährt man immer alles zuerst, wenn du dich erinnerst. Der Löwe hat dir eine gute Versorgung versprochen? Muß er wohl, sonst würdest du ja wieder eine Arbeit suchen.«

»Ich werde jedenfalls nicht verhungern.«

Hawke schnaubte. »Du hast in Sachen Geld immer schon ein geschicktes Händchen gehabt, Belle.« Er beäugte sie forschend. »Du kommst wegen dem Geld, das du mir damals anvertraut hast?«

»Ja.«

Bellebelle wagte kaum zu atmen, während sie ihn beobachtete, wie er zu einer der Truhen hinüberging, sich niederkniete, sie mit einem rostigen Schlüssel öffnete und einen fleckigen Lederbeutel herausnahm, von derselben Art wie jener, den Thomas Becket ihr vor so langer Zeit in der Schenke gegeben hatte. Er schüttelte ihn, und Bellebelle hörte das Klimpern der Münzen. Sie schloß die Augen und atmete aus. Der Heiligen Muttergottes sei Dank, Hawke versuchte nicht, mit ihr ein falsches Spiel zu treiben.

»Das ist mehr, als du zurückgelassen hast«, sagte er und erhob sich. »Ich hab' mir dein Geld geborgt, um nicht zu dem Juden Hakelot gehen und Zins zahlen zu müssen. Willst du nachzählen?«

Sie schüttelte den Kopf. »Ich vertraue Euch. Wofür habt Ihr das Geld gebraucht?«

»Für die Ausweitung des Geschäfts natürlich. Ich habe das Haus nebenan gekauft, wie du siehst, außerdem die alte und die neue Garküche, und auch die neue Schenke gehört mir zur Hälfte. Natürlich betreibt sie jemand anderes.« Hawke musterte sie neugierig.

»Du bist jetzt eine wohlhabende Frau. Wie sehen deine Zukunftspläne aus, Belle?«

»Das weiß ich noch nicht. Gottfried, mein Sohn, wird von den Kanonikern von Saint Paul's erzogen. Wahrscheinlich schlägt er die kirchliche Laufbahn ein, deshalb braucht er mich jetzt nicht mehr.«

»Das glaube ich auch. Seine Zukunft ist gesichert, würde ich meinen. Du bist frei wie ein Vogel und siehst immer noch gut aus. Was willst du mehr?« Er schüttelte den Kopf. »Du bist unter einem Glücksstern geboren, Belle, soviel steht fest. Hast du überhaupt schon einmal nachgedacht über deine Zukunft?«

»Ich hab' mir gedacht, wenn ich mein ganzes Geld zusammenlege, dann habe ich genug, um ...« Sie verstummte.

»Um was zu tun?« fragte Hawke. »Genug, um eine Mitgift zusammenzubringen? Wenn du nur genug Silbergeld hast, werden die meisten Männer gern darüber hinwegsehen, daß du früher eine Hure warst.«

»Ich will keinen Ehemann. Um nichts in der Welt. Brauche auch niemanden, der sich um mich kümmert.« Sie machte eine

Pause. »Ich will etwas für mich selber schaffen. Etwas, das mir gehört, das mir keiner mehr nehmen kann.«

Hawke lachte kurz auf. »Du bist ja richtig bescheiden. He, Belle, Leute wie du und ich, wie haben's immer schwer auf der Welt. Wir kriegen nur selten das, was wir uns wünschen, und die meisten von uns finden sich mit dem ab, was sie bekommen. So läuft das eben.«

Bellebelle erinnerte sich an die Unterhaltung, die sie einmal mit Morgaine auf der Treppe des Bordells in Southwark geführt hatte. Was sie sich damals gewünscht hatte – sich aus der Gosse hochzuarbeiten, nur mehr einem einzigen Mann zu gehören, sich sicher fühlen zu können –, all das hatte sie erreicht. Wenn auch nicht in der Form, wie sie es sich vorgestellt hatte.

»Wahrscheinlich gibt es nichts, das in der Wirklichkeit genauso ist, wie man es sich erträumt hat«, erwiderte sie. »Wolltet Ihr das sagen?«

»Ja, genauso hab' ich es gemeint. Du bist auch schlauer geworden in all den Jahren, Mädchen, das muß ich sagen.«

Von oben hörte man, wie ein schwerer Gegenstand auf den Boden stürzte. Die Decke vibrierte. Hawke brummte ungehalten.

»Verdammt, was ist denn da oben los? Irgendwer muß immer Rabatz machen.«

Er ging zur Tür. »Besser, ich schau mal nach.« Er reichte ihr den Lederbeutel. »Hier hast du dein Geld und noch ein bißchen was extra dafür, daß ich damit arbeiten konnte. Ich bin kein reicher Mann, aber ich bezahle immer meine Schulden.«

Von oben ertönte erneut Gepolter. Eine Frauenstimme aus einem der hinteren Räume verlangte laut brüllend nach Ruhe. Oben begann ein Betrunkener zu singen, gefolgt von kreischendem Gelächter. Bellebelle lächelte, als sie die wohlvertrauten Geräusche hörte, die Erinnerungen an Southwark, an Gytha und Morgaine in ihr wachriefen. Sie erhob sich und folgte Hawke zur Tür.

»Werd' mir wahrscheinlich noch ein weiteres Wirtshaus bauen«, brummte Hawke. »Irgendwo außerhalb von London. Im Land ist alles ruhig und friedlich dank des Königs. Der Handel über den Ärmelkanal nimmt zu. Das heißt, es kommen immer mehr Reisende, und das wiederum bedeutet, es werden immer mehr Wirtshäuser gebraucht und immer mehr Kunden müssen bedient werden, hab' ich recht?«

Bellebelle nickte. Als Hawke die Tür öffnete, kamen zwei junge Dirnen die Treppe heruntergelaufen.

»Wie gehen nur schnell zum Garküche, Hawke«, rief eine von ihnen. »Sind im Moment keine Kunden da. Es dauert nicht lange.«

Bellebelle beobachtete sie, wie sie redend und lachend die Straße entlanggingen. Irgend etwas war bei ihnen anders.

»Sie sind gegangen, ohne Euch um Erlaubnis zu fragen, Hawke. Und sie tragen keine gestreiften Umhänge.«

»Die verdammten Huren wissen heutzutage nicht mehr, was sich gehört. Das ist ein Ergebnis der neuen Verordnung, die herausgekommen ist.« Er hob seine struppigen Augenbrauen. »Hast du noch nicht davon gehört?«

»Nein.« Bellebelle starrte immer noch verwundert den Dirnen nach. »Welche Verordnung?«

»Nun ja, sie gilt zwar in erster Linie für die Bordelle in Southwark, aber ich befolge sie auch, einfach um auf der sicheren Seite zu sein.«

»Ich habe keine Ahnung.«

»Nun, dann will ich sehen, ob ich's noch zusammenkriege. ›...daß Bordellbetreiber den Dirnen gestatten sollen, jederzeit zu kommen und zu gehen, wenn sie eingetragen sind. Daß Bordellbetreiber die Frauen aushäusig unterzubringen haben und keine Frau gegen ihren Willen festgehalten werden darf...‹ So ähnlich geht's dann weiter. Es wird vorgeschrieben, wieviel Geld man von den Huren nehmen darf, wie sie einen Kunden zu bedienen haben, der für eine ganze Nacht zahlt, daß der Amtmann das Bordell jede Woche zu inspizieren hat, daß keine verheirateten Frauen darin arbeiten dürfen, und so fort. Es sind mehr als dreißig Vorschriften. Sollen die Huren und auch die Kunden schützen. Sogar ich bekomme Schutz, so lange mein Laden lizensiert ist.«

»Wollt Ihr sagen, daß die Dirnen nicht mehr im Bordell leben müssen, daß sie kommen und gehen können, wann es ihnen paßt?«

»Jawohl. Die Zeiten haben sich geändert, Belle.« Er grinste. »Willst du's dir vielleicht doch noch mal überlegen?«

»Nein.« Bellebelle hatte einen Kloß im Hals. »Der König hat das veranlaßt?«

»Ja. Sein Rat hat zugestimmt, und der Erlaß ist erst vor kurzem herausgekommen.« Hawke grunzte. »Muß jetzt nachschauen, was da oben los ist. Alles Gute, Mädchen.«

»Das wünsche ich Euch auch, Hawke.«

Bellebelle ging wie benommen die Straße hinunter. Alles, was sie Heinrich über ihr Leben in Southwark und der Gropecuntlane erzählt hatte – es war kaum zu glauben, aber er hatte ihr tatsächlich zugehört und dann sogleich Maßnahmen ergriffen, um diese Zustände zu ändern! Am Ende der Gropecuntlane – *Groppecountelane* hieß die Straße jetzt, sie mußte es sich einprägen – drehte sie sich um und warf einen letzten Blick zurück. Die Schenke, das Bordell – das lag nun alles hinter ihr. Sie hätte am liebsten laut zu singen angefangen.

Sie durchquerte die Strand, warf lächelnd einen Blick auf die Brücke, die von Fußgängern bevölkert war, und ging zurück nach Aldgate. Sie passierte den Friedhof und verlangsamte dann ihre Schritte, als sie zum Benediktinerkloster kam. Die Glocken von Saint Paul's läuteten zum Mittagsoffizium. Wenn sie sich nicht beeilte, würde sie die Rückfahrt mit dem Bauernkarren nach Bermondsey verpassen. Aber sie würde bestimmt auch jemand anderen finden, der sie mitnahm. Sie konnte sich noch etwas Zeit lassen.

Vor dem Kloster lag ein kleiner Garten, der von einer niedrigen Mauer aus verwitterten grauen Steinen umschlossen wurde. Komischerweise war ihr das früher nie aufgefallen. Eine Nonne in schwarzem Habit kniete auf der Erde und jätete Unkraut. Sie lächelte Bellebelle zu. Der Weg zum Eingang war mit unebenen, aber sauber geschrubbten Steinplatten gepflastert. Obwohl das Kloster mitten in London lag, herrschte hier eine außergewöhnliche Stille.

Bellebelle war noch nie in einem Kloster gewesen, doch es kam ihr alles so vertraut vor, als habe sie sich an derartigen Orten schon immer heimisch gefühlt, ohne es zu wissen. Elfgiva würde sie fragen, ob sie jetzt völlig übergeschnappt sei, Hawke würde ähnlich reagieren. Auch Heinrich würde erstaunt sein – aber letztlich eine Art Gerechtigkeit darin sehen. Gottfried würde es verstehen, ebenso Königin Eleonore, sogar Morgaine, wenn sie hier wäre. Bellebelle wußte, sie hatte genug Geld, mehr als genug, um eine ordentliche Mitgift zusammenzubringen – die aber nicht einem Ehemann zufallen sollte. Sie lächelte.

Diesem Schritt war sie ihr ganzes bisheriges Leben lang ausgewichen, erkannte Bellebelle. Jetzt hatte sie endlich gefunden, wonach sie die ganze Zeit gesucht hatte.

Sie war nach Hause zurückgekehrt, an den Ort, der ihr Sicherheit bot.

## 53. Kapitel

### Normandie, im Jahre 1162

Ende Mai begleiteten Heinrich und Eleonore Thomas Becket, Richard de Lucy, den kleinen Heinrich und ihr Gefolge auf ihrer zweitägigen Reise nach Barfleur. Hier sollten Thomas, de Lucy und der kleine Heinrich sich nach Southampton einschiffen. Es war ein strahlend schöner Tag, nach Heinrichs Meinung ein gutes Vorzeichen für die Reise und die Angelegenheiten in England. Eine leichte Brise trieb weiße Wolkenfetzen über den azurblauen Himmel.

Heinrich und Eleonore umarmten und küßten ihren siebenjährigen Sohn zum Abschied und hievten ihn dann vorsichtig hinunter in das kleine Boot. Danach stieg de Lucy hinein; prall gefüllte Satteltaschen und verschnürte Bündel wurden nachgereicht. Schließlich folgte noch ein Falkner mit einem isländischen Wanderfalken, der sich ängstlich an dessen ledergeschütztes Handgelenk klammerte. Er war Heinrichs Geschenk für seinen Sohn, der ganz überwältigt war vor Begeisterung über seinen ersten Falken, vor Aufregung über die bevorstehende Reise und von der Aussicht, in England seinen Vater vertreten zu dürfen.

»Tu, was der Kanzler und der Justitiar dir sagen, mein Sohn«, ermahnte Heinrich ihn und blickte seinen Thronerben liebevoll an.

Zu seiner großen Erleichterung war der Junge mit zunehmendem Alter kräftiger geworden, und sein Haar hatte eine goldbraune Farbe bekommen so wie das von Heinrich. Mit Ausnahme seiner grünen Augen verblaßte die Ähnlichkeit mit Stephan von Blois von Jahr zu Jahr immer mehr…

Ein Seemann ergriff die Riemen, und das Boot begann sich auf das Schiff zuzubewegen, das aufgetakelt draußen vor der Küste lag.

Eleonore wendete sich an Heinrich. »Ich warte unten am Kai auf dich, damit du mit unserem zukünftigen Erzbischof noch ein paar Worte unter vier Augen wechseln kannst.«

»Danke, Nell.« Er beobachtete sie, wie sie zum Kai hinunterging und bald außer Hörweite war. »Wirklich eine taktvolle Frau, nicht wahr, Thomas?«

»In der Tat.«

Heinrich und Thomas standen dicht nebeneinander und warteten auf die Rückkehr des Bootes; ihre Umhänge blähten sich im Wind.

Spontan packte Heinrich seinen Kanzler an den Armen und rüttelte ihn kräftig. »Nun, mein lieber Freund, wenn wir uns das nächste Mal begegnen, werdet Ihr schon Erzbischof von Canterbury sein!« Er sog theatralisch die Luft ein. »Gütiger Himmel, mir scheint fast, Euch umgibt schon jetzt ein Geruch von Heiligkeit.«

Thomas lachte und versuchte, sich aus Heinrichs Griff zu befreien. Sie rangelten kurz miteinander.

»Wie sehr werde ich Eure geschliffene Zunge und Eure scharfsinnigen Argumente vermissen. Wer sonst kann mir auf nahezu jedem Gebiet Paroli bieten? Mein lustiger Gesell, Ihr werdet eine große Lücke hinterlassen.« Heinrich seufzte gespielt. »Nun, Ihr bleibt weiterhin mein Kanzler, das darf ich nicht vergessen. Wir werden auch künftig nicht auf gemeinsame Abenteuer verzichten müssen.« Er lachte. »Erinnert Ihr Euch, wie wir in der Nähe des Tower einmal miteinander gerauft haben, und an diesen Bettler, der mit Eurem Umhang abgezogen ist? Oder an unser erstes Abenteuer in dieser Schenke in der Gropecuntlane? Wie hieß noch gleich der Schurke, der Euch die Vorhaut unseres Herrn Jesus verkaufen wollte?«

»Das war der Schwarze Hugo.«

»Was für ein Gedächtnis. Mein Gott, diese Nacht werde ich nie vergessen ... all diese Siebener, die ich gewürfelt habe, einen nach dem anderen ...« Er schüttelte verwundert den Kopf. »Das Glück hat mich seitdem nur selten im Stich gelassen, wenn ich zurückdenke.«

Thomas beobachtete Heinrich mit einem unergründlichen Blick und senkte dann seine Stimme. »Erinnert Ihr Euch auch noch an jene Nacht, in der wir uns Blutsbrüderschaft schworen?«

»Ich erinnere mich daran, daß wir beide etwas zuviel Wein getrunken hatten.«

»*In vino veritas* ...«, begann Thomas.

»Wir müssen auslaufen, mein Lordkanzler«, rief der Seemann, der wieder an den Kai zurückgerudert war.

Langsam streckte Thomas die Hand hin. Heinrich ergriff sie und umarmte dann seinen Freund herzlich. Für einen Augenblick spürte Heinrich die Anziehungskraft zwischen ihnen und eine innere Spannung, die sich in ihm von Kopf bis Fuß ausbreitete. Er trat zurück.

Thomas zog seinen scharlachroten Umhang bis über die Knie hoch und ließ sich von dem Matrosen in das schwankende Boot helfen. Der Bug deutete hinaus zu dem Schiff.

Heinrich, der auf dem Kai zurückblieb, wurde sich plötzlich der Weite des Meeres und des Himmels bewußt. Die Sonne brach sich in den Wellen. Thomas' scharlachrote Gestalt stand am Bug und bemühte sich, das Gleichgewicht zu halten, während das Boot über die grünen Wellen schaukelte. Das Meer wirkte so klar und frisch wie eine neu geprägte Münze.

Dann war Heinrich nicht mehr allein, Eleonore war neben ihn getreten.

»Nell«, fing er an und mußte zu seiner Überraschung feststellen, daß er nicht weiterreden konnte. Schweiß stand auf seiner Stirn, und es schnürte ihm die Kehle zu. Was in Gottes Namen war los mit ihm?

Eleonore nahm seine Hand in die ihre und drückte sie. Der Kloß in seinem Hals löste sich. Von Eleonore ging eine Welle des Mitgefühls und der Zärtlichkeit aus, die ihn mit solcher Macht erfaßte, daß er am liebsten geweint hätte. Es gab nichts zu erklären. Allein ihre Gegenwart genügte, um die plötzliche Leere zu füllen. Heinrich war nicht darauf gefaßt gewesen, daß ihn der Verlust von Thomas derart berühren würde. Es kam ihm vor, als habe er zugleich seinen Vater, seinen älteren Bruder, seinen Ratgeber und einen guten Kameraden verloren.

Erschüttert und zugleich getröstet, legte Heinrich einen Arm um Eleonore und küßte sie sanft auf den Mund. »Ich muß mich jetzt ganz auf dich verlassen, meine Liebe. Du wirst meine Vertraute sein, meine Ratgeberin, meine Kameradin – und die Geliebte meines Herzens.«

»Wie stets, mein Herr und Gebieter.«

So standen sie nebeneinander, Arm in Arm, und beobachteten das Schiff, das vor dem Horizont immer kleiner wurde. Als es schließlich verschwand, hatte Heinrich sich wieder einigermaßen gefangen. Was war in ihn gefahren? Es gab nichts zu betrauern, im Gegenteil, er hatte allen Grund zu feiern. Neue Zuversicht durchflutete ihn. In seiner Welt war alles zufriedenstellend geregelt, und nicht nur das, auch jenen, die von ihm abhängig waren, ging es gut.

Bellebelle war in Sicherheit. Ihr unehelicher Sohn Gottfried, ein Kind, an dem sein Herzblut hing, wie Heinrich immer wieder feststellte, wurde wie ein königlicher Prinz erzogen.

Sein guter Freund Thomas hatte die Chance erhalten, all den Einfluß und den Erfolg zu bekommen, nach dem er sich, wie Heinrich wußte, stets gesehnt hatte. Damit würden am Ende vielleicht auch die Dämonen von Thomas' niederer Herkunft vertrieben werden, und er würde endlich jene Größe erlangen, derer Heinrich ihn schon seit langem für fähig hielt.

Und dann gab es noch seine legitimen Kinder. Richard würde von seiner Mutter das Herzogtum Aquitanien erben. Außerdem befaßte Heinrich sich schon mit der Möglichkeit, Gottfried, seinen jüngsten Sohn, mit der Erbin der Bretagne zu verheiraten. Bald würde er auch damit beginnen, seine Töchter unterzubringen und durch die daraus entstehenden Bündnisse sein Reich weiter auszudehnen.

Der kleine Heinrich, sein Thronerbe, den er noch zu seinen Lebzeiten zum König von England krönen lassen wollte, würde die Linie des Hauses ohne Zweifel in die Zukunft fortsetzen.

Und zu guter Letzt hatte er immer noch seine geliebte Eleonore, die jetzt in seinem Arm ruhte, ihre Wange an sein Kinn gebettet. Sie war immer noch die entzückende Circe, die sein Herz verzauberte, sein Verlangen anstachelte und seinen Geist herausforderte. Aber immer mehr begann sie auch zu seiner Penelope zu werden. Beständig wie der Mondaufgang, verläßlich wie der Sonnenuntergang, war sie so ein Teil von ihm – wie sein Atem, sein Blut, sein Fleisch. Alle Fäden seines Lebens hatten sich jetzt zu einem großen, neuen Strang vereinigt.

Heinrich spürte, wie sein Geist sich auf unsichtbaren Schwingen in die Lüfte erhob. Er wußte, an diesen Augenblick reiner, ungetrübter Freude würde er sich zeit seines Lebens erinnern.

# Epilog

Da ich das Bedürfnis zu singen verspüre,
werde ich ein Klagelied schreiben;
niemals mehr werde ich Sklave der Liebe sein
weder in Poitou noch im Limousin.

Laut sang Eleonore dieses Lied vor sich hin, das ihr Großvater geschrieben hatte.

Die Hufe ihres Pferdes auf der Straße nach Poitou ließen eine wohlklingende Melodie erschallen. Wie angenehm duftete die milde, von Wohlgerüchen erfüllte Juniluft, die sie atmete. Überall um sie herum blühte es: die roten, blauen und gelben Blumen am Wegesrand, die zarten grünen Blätter an den Bäumen, die saftigen Weiden, die die Landschaft von Poitou prägten.

Hinter sich vernahm sie die gleichmäßigen Geräusche ihres Trosses – die normannischen Ritter, die Karren und Packpferde, die Stallknechte und die Hofdamen in der Chaise, in der auch sie die Reise in der Normandie begonnen hatte. Eleonore hatte ihre Schwester aufgefordert, sie zu begleiten, doch Petronilla, die nach dem Tode ihres Gemahls in einem Kloster Zuflucht gesucht hatte, hatte sich von den Dingen dieser Welt abgewandt.

Mit Bedauern – denn sie wußte, sie würde sie vermissen – schob Eleonore alle Gedanken an ihre Schwester beiseite. Sie war zu aufgeregt, um sich dem Kummer hinzugeben, und auch zu ungeduldig, um in der beschwerlichen Chaise zu reisen. Am liebsten hätte sie eine schärfere Gangart angeschlagen, wäre über die Hecken am Straßenrand gesprungen und über die Felder galoppiert, den Wind im Rücken und umfangen von der warmen Sonne Aquitaniens.

Domfront, Le Mans, Angers, Touraine, dann die Loire. Rechts die Straße nach Fontevrault, dann den Fluß Vienne entlang über Chinon und Châtellerault – all diese Orte hatten ihren Weg begleitet. Es kam ihr vor wie eine Pilgerreise in die Vergangenheit, eine Rückkehr zu den wichtigen Stationen ihres Lebens.

An jedem dieser Orte hatte sie einen neuen Titel, eine neue Verantwortung, eine neue Identität erhalten. Königin von England, Gräfin von Anjou und Maine, Herzogin der Normandie – all dies war verbunden mit Heinrich, ihren Kindern und der aufregenden Mischung aus Hofintrigen, Politik, Macht und Ehrgeiz.

Natürlich wußte Eleonore, sie würde zurückkehren müssen. Die Liebe, die Ehre, die Verantwortung und der Ruf der Sirenen, die sie lockten, erneut ihren Platz in jener Welt einzunehmen, in der Männer und Königreiche heute aufstiegen und morgen stürzten, würden sie zur Rückkehr bewegen. Aber zunächst mußte sie wieder zu sich selbst finden, ihren Wurzeln an der Quelle ihres geliebten Aquitanien neue Nahrung geben.

Heinrich war verzweifelt gewesen, als sie ihn verlassen hatte. Er habe, so sagte er, seinen rechten und seinen linken Arm eingebüßt – Thomas und Eleonore –, in Wirklichkeit aber hatte er keinen von beiden verloren. Er hatte geweint, einen Wutanfall bekommen, gebettelt und gedroht. Nach einer leidenschaftlichen Liebesnacht, die er so schnell nicht vergessen würde, wie Eleonore zufrieden feststellte, war sie einfach abgereist.

Sie bezweifelte nicht, daß Heinrich bald wieder beginnen würde, neue Gesetze zu erlassen und neue Schachzüge zu ersinnen, um noch mehr Land und noch mehr Menschen unter seine Kontrolle zu bringen. Er würde weiter darüber nachdenken, welche Könige und Kaiser er als künftige Ehemänner für seine Töchter in seinem Netz einfangen konnte. Es hätte Eleonore auch nicht überrascht, eines Tages zu erfahren, Heinrich sei es durch eine ausgeklügelte Intrige gelungen, irgendeinen willfährigen Prälaten auf den Papstsessel zu hieven. Und sie war überzeugt, daß er in demselben Augenblick, in dem ihn noch der Schmerz über ihre Abreise plagte, schon begehrliche Blicke auf irgendein hübsches junges Mädchen warf.

Eleonore wußte, sie würde ihn nie ändern können.

Aber sie wußte auch, daß sie sich mit der gegebenen Situation abgefunden hatte. Sie versuchte zu verändern, was in ihrer Macht stand, akzeptierte andererseits aber Heinrich und ihr Leben, so wie es war. Sie waren Feinde und Geliebte, Freunde und Gegner zugleich, manchmal auch Rivalen, die um die Macht kämpften – aber sie wußte, Heinrich liebte sie auf seine Art so sehr, wie auch sie ihn liebte.

Solange sie sich nicht selbst verlor, solange sie wußte, wer und was sie war und woher sie kam, würde sie sich in Ehren behaupten können.

Eine Gruppe von Poitevinern kam ihnen entgegen – Frauen,

Kinder und Männer. Ein alter Mann führte ein Maultier an der Leine, dessen Tragekörbe mit Hühnern, Eiern und Käse gefüllt waren. Die Leute traten zur Seite, um die Reisegesellschaft vorbeizulassen.

»Wartet!« rief jemand aus der Gruppe.

Eleonore zügelte ihr Pferd und wandte den Kopf.

»Heilige Radegund, das ist doch Herzogin Eleonore!«

»Unsere Herzogin! Willkommen, willkommen!«

Die Leute scharten sich um ihr Pferd, zogen die Mützen und strahlten vor Freude. Sie drückten ihre Hand, hoben kleine Kinder auf die Schultern, damit auch sie Eleonore sehen konnten, und einige versuchten sogar, den Saum ihres purpurnen Umhangs zu küssen.

Eleonore spürte, wie die Freude in ihr aufwallte. Die Bürden der Macht und der Liebe, die Sorgen wegen der ungewissen Zukunft – all dies war mit einem Schlag wie weggefegt.

Eleonore von Aquitanien war wieder zu Hause.

## Nachbemerkung zur Gestalt der Bellebelle

Ungefähr zur selben Zeit, als Eleonore Wilhelm, ihrem ersten Sohn, das Leben schenkte, gebar auch ein Straßenmädchen namens Ykenai einen Sohn. Laut Master Walter Map, einem Erzdiakon aus Oxford, der im 12. Jahrhundert lebte, war sie »eine gemeine Metze, die sich zu allen Schamlosigkeiten bereitfand«* und die nach Maps Ansicht Heinrich dazu brachte, zu glauben, das Kind stamme von ihm. »Ohne Grund und wegen zu geringen Urteilsvermögens«**, so Walter Map, habe der König schließlich diesen Knaben als seinen Sohn akzeptiert und ihm den Namen Gottfried gegeben.

Berichtet wird ferner, daß Eleonore in den ersten Jahren von Heinrichs Regentschaft den Jungen in ihren Hofstaat aufnahm. Ein Grund wird dafür nicht angegeben.

Das ist alles, was wir über Ykenai wissen. In den Schatzkammerrollen von Heinrichs Reich erschien (einige Jahre später, als ich es dargestellt habe) folgender Eintrag: »Für Gewänder, Kapuzen und Mäntel sowie für das Verzieren von zwei Umhängen aus Samit und für die Gewänder der Königin und Bellebelle, zum Gebrauch durch den König... auf Geheiß des Königs.« Es gab Spekulationen, daß es sich bei dieser Bellebelle um die Mätresse des Königs gehandelt haben könnte. Ich habe beide – die Hure und die Mätresse – miteinander verbunden, um die Romanfigur der Bellebelle zu erschaffen.

Heinrich II. begünstigte seinen illegitimen Gottfried sehr; sein Schicksal wird im zweiten Buch der Geschichte von Eleonore und Heinrich weiter ausgeführt werden. In diesem Zusammenhang möchte ich aus dem Buch *Harlots, Whores and Hookers* von Hilary Evans zitieren, einer Darstellung der Geschichte der Prostitution: »Bemerkenswerterweise wurden erstmals in England Gesetze zur Prostitution formuliert, die auf ihre Regu-

* Walter Map, *De Nugis Curialium (Courtiers Trifles)*
** ebd.

lierung, nicht auf ihre Unterdrückung abzielten. Die Vorschriften, die unter Heinrich II. erlassen wurden…, um die Prostitution in den Bordellen von Londons Bankside zu regeln, sind ein Schlüsseldokument für die historische Forschung zu diesem Gegenstand.«

Die Spekulationen über den Sohn einer Dirne beziehungsweise Mätresse, der im königlichen Haushalt erzogen worden sei, und diese Gesetze zur Regulierung der Prostitution in der berüchtigten Bankside sind in meine Romangestalt Bellebelle eingeflossen.

Und schließlich: Die Gropecuntlane existierte tatsächlich.